教育社會學

The Sociology of Education: A Systematic Analysis

Jeanne H. Ballantine ● 著

黃德祥 ● 校閱

黃德祥、林重岑、薛秀宜 ● 譯

EDITION 5

The Sociology of Education

A Systematic Analysis

JEANNE H. BALLANTINE

Wright State University

譯序

國內教育學術研究在近幾年來有長足的進步與發展，教育理論與方法更不斷推陳出新，呈現一片欣欣向榮的景象。但不可諱言的，在國內教育學的五大研究領域中，包括教育史哲、教育行政與政策、課程與教學、教育心理與輔導、教育社會學等，教育社會學研究的社群人數相對較少，相關理論與方法相對較為薄弱，甚至著作與出版也較少。也因此，不斷聽聞有同仁找不到適合引領學生進入教育社會學領域的教科書，學生也經常表示找不到深入了解教育社會學的書籍。

筆者也曾試圖找志同道合的教育界同仁編寫教育社會學中文教科書，但都功敗垂成，因為當前大學教師的研究與教學負擔都非常沉重，更何況年輕教師要兼任行政工作，又要忙於升等，更遑論要照顧家庭或相夫教子了。後來筆者思考或許翻譯相關教育社會學著作會是一條捷徑，經不斷地搜尋與比較，發現美國俄亥俄州萊特州立大學（Wright State University）教授 Jeanne H. Ballantine 的《教育社會學：系統分析》（*The Sociology of Education: A Systematic Analysis*）一書，最為簡明、易懂，也最具體系與內容，對教育社會學相關議題分析也最為深入。因此，個人乃徵求出版社同意購買版權後，開始進行翻譯。無奈個人除教學與研究工作外，所兼任的行政工作也一直無法擺脫，翻譯工作因而時斷時續，眼看時日拖延甚久，新書儼然快變成舊書了，乃邀請個人指導的兩位彰化師範大學教育研究所博士班的學生林重岑與薛秀宜共同翻譯，他們兩位對本書的完成居功厥偉。他們都是現職老師，一方面要選修博士班課程、準備學科考、博士論文，又要教書、兼辦行政工作，異常繁忙，個人也於心不忍。所幸他們都是可造之材，潛力無窮，在個人多方激勵、敦促後，我們師徒三人終於將本書翻譯完成，呈現給國內大眾，個人也深深以兩位學生的付出與成就為榮。

本書的翻譯一直延續個人長期的教育理念，要為國內學術發展做奠基的工作，雖然國內譯作已不能當教師研究積點，但總要有人做基礎工作，才能引領年輕學子早日進入教育學術殿堂。

此外，本書的翻譯雖然無法完全符合信、達、雅的三原則，但也沿襲個人過去研究論著與翻譯引述的精神，力求文字的流暢與通順，概念的清晰與明確，體系的統整與完整，使學術書籍變得更容易親近與吸收。但儘管如此，相信本書仍有甚多的疏漏與謬誤，請各位讀者一經發現，立刻捎來電子郵件指正，以便再版時更正。

本書得以完成，除特別感謝個人徒弟林重岑與薛秀宜的努力外，也要謝謝心理出版社洪有義董事長的長期教誨，以及林敬堯總編輯的購置版權、協助出版和林汝穎小姐的編輯校對。

黃德祥 謹識

2007. 6. 2 於大葉大學

huang@ms7.hinet.net

本書之主要目的在於將教育社會學中重要與多樣的 xiii
課題加以統整，並顯示它們之間的關聯。本書強調本領
域之理論方法與議題的多樣性，以及相關知識在教育與
學校教學上之應用。教育正快速變遷當中，要將本動態
領域之多樣與紛歧的主題加以有趣的呈現，必非易事。
本書以有意義的方法，亦即以一個統整性的架構——一
個開放系統方法（an open systems approach）——將題
材呈現給學生。這意味著本書提供了一致的架構，不偏
離教育社會學的理論與實徵性內容。在本原文書第五版
的教科書中，有一些改變需要敘明。本版新增三章，其
一探討教育體系中的學生，包括影響成就的因素，尤其
是家庭與同儕。前版探討各國學校教育之一章已經區分
並擴充為兩章，一章處理各種教育體系中的理論，另一
章在理論架構中提供教育體系的案例研究，反映各種社
會的不同樣貌，從核心至邊陲，從已發展到未開發的不
同政治經濟體系。此外，密集的更新教育問題的研究發
現，並且將所含資料也加以更新。

在將教育社會學教給大學生與研究生，以及使用
各種教材之後，我關切教材的可用性，儘管品質卓越，xiv
但仍然無法廣惠社會學、教育學，以及其他主修的大
學生。很多教科書的層次十分先進，有些教科書的主
題有其涵蓋面，或有方法上的限制，也有些教科書有
一定深度，而超過大學生的程度。在我進行的「教導
大學生社會學計畫」（Project on Teaching Undergraduate
Sociology）中，我將焦點放在對大學生的教材呈現，
我並試圖將一些已發展的理念加入教科書之中。本書
非常適合於大學部或研究所的教育社會學與教育的社
會學基礎等課程之用。

本書的論著有下列的目標：

1. **使本書對學生具綜合性與有用性**：我了解多數學生對如何將本領域的知識用以處理他們面對的問題感到興趣，所以我重視研究發現的有用性。對於所要涵蓋的研究與主題已做了篩選。對這些篩選，學生可能具高度興趣，也可以幫助學生與學校體系互動。

2. **以一致的架構呈現教材**：教學者有權在開放的體系中加入各種主題，將本書的某些部分加以排除，在理論架構中重新安排主題，而不失其連續性與統整性。

3. **在教育社會學中呈現多樣的理論方法**：今日社會存有一些有價值的觀點，本書透過本領域的理論與方法提供例證。

4. **各主要篇幅涵蓋不同主題，不必然由甚多作者所提出，但會是學生感興趣的現代或興起中的重要主題**：有不同的章節專注於高等教育、非正式的教育（「氛圍」與「潛在課程）、學校環境、世界教育，以及教育運動與另類教育。

5. **指出改變如何發生，以及社會學家扮演什麼角色**：增加對應用社會學的強調以及更多課程內容，包括各主題之應用層面的資訊。這是最後一章的焦點，但卻貫穿全書。

6. **刺激學生融入教育體系之中，在此他們可以運用教科書上所學習到的知識**：本教科書以邏輯方式藉以激勵與鼓勵對納入課程中的其他感興趣之主題的討論。本書具實用性的特徵在於可以擴展教學效能，包括各章之末的計畫、涵蓋的議題，以及擁有教室教學輔具、技術與問題的「教師指引」（Instructor's Manual）。

　　本書不企圖使用單一理論去排斥其他。尤有甚者，本書把焦點放在一些有價值的各種理論方法之上，以及它們在處理相同議題上的不同之處。本書是一種綜觀，探討整個領域，而非對少數的主題提供綜合的覆蓋面，因此也讓教學者有彈性去擴展所需。

　　本書提供更新的議題與資料，也因應新的趨勢與發展修正了一些理論。　　　　　　　　　　　　xv

　　感謝許多從第一版初稿開始對本書提供建議的人：Peggy Hazen、Paul Klohr、Alan McEvoy、Reece McGee、Matthew Melko、Darryl Poole、Ted Wagenaar，以及英國 Bulmershe 高等教育學院的同事。我也要謝謝對第五版初稿提供評論的人：加州大學 Irvine 分校的 Edythe M. Krampe、北科羅拉多大學的 James P. Marshall、堪薩斯大學的 Lewis A. Mennerick。感謝協助研究的印第安那大學研究生 Jeffrey Dixon，也要謝謝 Harden Ballantine 博士有關另類教育的章節。在提供最後成品的材料內容與氣氛方面，要感謝 Antioch 大學圖書館、雷丁大學（英格蘭）圖書館、倫敦大學與 Bodleian 圖書館。我要特別感謝 Prentice Hall 公司的支援團隊，尤其是 Nancy Roberts 與 Sharon Chambliss，他們所提供專業的出版協助。

　　最後，我在本領域的興趣不斷地被我持續成長、改變的小孩所激勵，一如他們所經歷的就學階段，並分享他們的經驗，再如有了 Hardy，他在教育領域的知識與創意帶給這項工作原始的動力，以及持續的支持與鼓舞。

Jeanne H. Ballantine

目錄 CONTENTS

CONTENTS

（正文頁邊數字係原文書頁碼，供索引檢索之用）

Chapter *1*

教育社會學
——獨特的教育觀點

　　教育是終身的歷程，始於出生，終於死亡。在不同的社會中都可以發現教育的存在，它有各種形式，所涵蓋的範圍從「極度封閉的學校」，或從經驗中學習到正式機構，或從後工業化到非工業的社區，從鄉村到都市環境，從年輕人到老年人。

　　猶記第一天上學的情形嗎？滿心期待這天的到來，宛如父母代理人的老師整學年的爲你服務，孩子如你也終將了解自己是否喜歡他們。教育是成長過程中被設定且是強制性的一部分，讀大學也已經是「高中畢業後自然而然的事」。但世界上仍有許多地區，教育僅是某些特定團體的特權，在這世上估計仍有超過 8 億 8,500 萬人是文盲（占開發中國家成年人總人口數的 49%），且在某些貧困地區的初等教育輟學率高達 100%。雖然過去幾十年中，全世界的初等與中等教育入學人數逐年提高，但實際上仍有許多學齡兒童未能入學就讀，約 54%非洲國家地區的年輕女性，以及 37%的南亞與西亞人是文盲（Population Action International, 1998; UNESCO, 1995）。

　　社會學專家對於各類型的學習經驗，不論是正式或非正式的學習均抱持極大的興趣，因爲這些學習經驗正反映廣大不同族群的生活方式。本章主要目的在於讓你熟識教育社會學的獨特觀點：它所提出的各種問題、所使用的理論方法、研究教育體系的各種方法，以及本書所採取的開放系統理論。

1

2

教育社會學的領域

對學生、家長和社會人士而言，各種教育問題接踵而至，請思考下列的問題：

我們的兒童在學校安全嗎？ 根據對美國社會大眾的調查發現，最嚴重的學校問題是缺乏紀律，其次是打架、暴力與幫派（Rose & Gallup, 1999）。然而，即便在當年哥倫拜高中（Columbine High School）發生槍擊案不久，仍有 86%的社會大眾相信學校「非常安全與有秩序」或「部分安全與有秩序」（Rose & Gallup, 1999, pp. 41-56）。

高中生的基本課程如閱讀與算數的最低程度能力要求是否必要？ 許多國家及美國某些城市與州，要求高中生需通過閱讀測驗方能入學或畢業。有些教育專家質疑這種能力測驗的要求，將迫使教師採取以考試為導向的教學方式，然而也有人認為學校應對學生的學業能力持續地承擔責任，考試是讓學校負責的一種方式。必要性的考試究竟有何意義？

教育應該如何籌措資金？ 許多國家採行中央化資金籌措和政策決定，但在美國，納稅義務人對於教育稅額可以進行投票，造成有些學校因為經費短缺被迫刪除某些教育計畫。這是對學校目前推動的業務的一種抗議嗎？拓展其他經費來源是必要的嗎？此將會導致社區控制的現象嗎？

何種教師和教室環境才能提供兒童最佳的學習經驗？ 教育學者一直在爭辯演講式與經驗式學習、合作學習與個別教學孰優孰劣？有效能的教學策略研究（例如：Pescosolido & Aminzade, 1999）會提供資訊，幫助教育工作者能適切的扮演他們的角色。

社會學研究的理論觀點將影響教育問題的解決方向，有助於教師、民眾和行政決策者決策決定，因此，了解當前國家教育制度，洞悉其意義並建立理論基礎應為首要步驟。

□ 社會學家研究什麼？

　　社會學家研究各種不同團體情境中的人們。在宏大的研究範圍架構中有許多形形色色不同的特殊領域，大致可區分為：社會制度研究、歷程研究、其他相關團體情境研究；而社會的組織架構可以六種──家庭、宗教、教育、政治、經濟、健康的社會學科領域來呈現，像學校既是正式、複雜的組織，也是社會制度的一部分。

　　歷程（processes），是社會活動的一部分，使組織結構充滿無限動力。經由社會化的學習歷程，人們學習社會所預期的角色，而在社會階級形成的歷程中，不但決定了人們所應適應的社會組織結構，也形成個人的生活風格。組織變遷是必然存在的歷程，迫使學校及其他組織必須加以調整以因應新需求，我們均受學校正式教育和家庭、同儕、媒體及其他非正式的生活教育所影響，雖然並非所有兒童均接受正式的學校教育，但他們所經驗的種種歷程均是將來扮演成人角色的重要基礎。

　　教育制度也需依賴與其他組織互動，例如家庭對於教育的態度傾向會影響兒童對於教育的反應，本書將陸續呈現不同例子，並以開放系統理論模式加以說明。

□ 為何需研究教育社會學？

　　為何需研究教育社會學？理由繁多，因為你終將可能成為教育或其他相關領域的專業人員；即使你尚未準備好，最終仍將成為納稅義務人，你也將成為學童家長。你目前正是接受高等教育的學生，那又何以選擇這門課程？如果你主修社會學，那麼你所研究的教育組織便是社會主要組織其中之一；如果你主修教育，研究社會學將會為教育領域帶來不同的觀點；也可能在大學中此方面的知識或本課程為必修課，或者你只不過是為了修學分而已，也可能本課程的授課老師極為優秀，抑或是本課程所安排的時間剛好符合你的課表需求。且讓我們更進一步深入思考這些原因。

教師和其他專家　1996 年有超過 9%的大學畢業生（約 105,509 人）從
教育領域畢業（*The Chronicle of Higher Education Almanac,* 1999-2000, p.
32），大多數人從事教職。其他大學院校畢業生則分別接受與學術領域或
學校政策的相關職務。某些專業領域如：處理顧客和受雇人員問題時的社
會工作與商業領域，均需與學校經常保持密切接觸。

納稅人　納稅人籌措資金供給初等、中等、高等學校運用。在美國，
學校經費幾乎 100% 均花用在種植花木、補充材料及支付員工薪資及其他
教育必需品上。學校主要三大稅收來源是：地方、州和聯邦政府的營業稅、
所得稅及財產稅，也因此，美國學區將可能因為學生家長收入的高低而產
生所得經費上的差異，更導致各州間極大差異。在中等收入家庭的學區，
地方政府撥款比率範圍為 28%至 56%，聯邦政府撥款則為 3%到 12%，在
低收入區每位小學生支出費用平均為 6,028 美元，而高收入區則高達 7,504
美元（National Center for Education Statistics, *Condition of Education,* 1999, p.
108）。行政區如有超過 25%的貧戶，則地方政府撥款比率增為 27%，州政
府為 60%、聯邦政府為 13%（National Center for Education Statistics, 1991）。
因此研究社會學將幫助納稅人能更深入明瞭學校體系。

父母　在美國成年人總人口數中，父母人數即占很高的比率，其中雙
親年齡層為 18 到 44 歲者即占父母總人口數的 43%（U.S. Department of Com-
merce, 1993），1996 年每戶平均人口數為 2.62 人（U.S. Bureau of the Census,
1997, p. 9）。根據蓋洛普民意調查成年人的教育態度傾向顯示，成年人希
望學校能教導學童基本技能、管教兒童、灌輸價值觀及責任感，美國民眾
非常關注學校能年年持續展現高水準的教育功能（表 1-1）。械鬥、暴力、
幫派在 1995 年成為三大主要關切問題，而 1999 年所較重視的兩大問題則
為家長須為其子女教育進行選擇，以及從教育社會學所進行的研究中，可
以幫助父母了解學校體系之運作。

學生　大學吸引各種不同教育經驗、動機與目標的學生，因此了解自

已與他人的目標，將有助於個人接受教育並獲得最大的效果。

教育社會學主要研究重點在對教育體系及其他相互依賴的社會組織，提供另一獨特的看法，且對不同的教育議題，深入調查其教育背景、教育機構與其他社會機構間的動態互動關係，以獲得新視野。這些教育觀點，將賦予教育機構更具能力處理更為複雜的組織性、人際性的議題，如：教師與行政人員間的衝突對立。

其他理由　知識的重要目的乃在運用所學，此為研究教育社會學另一重要理由。

表 1-1　當前學校所憂心的重要事件

1991	1995	1999
1. 濫用毒品	1. 缺乏常規	1. 缺乏常規／控管
2. 缺乏常規	2. 缺乏資金支持	2. 械鬥／暴力／幫派
3. 欠缺適當的資金支持	3. 械鬥／暴力／幫派	3. 缺乏資金支持／基金／經費
4. 好老師難尋	4. 濫用毒品	4. 濫用毒品／大麻
5. 課程粗略／缺乏標準	5. 教育的標準與品質	5. 學校過度擁擠
6. 超大型學校／過度擁擠	6. 過度擁擠的學校	6. 犯罪／破壞行為
7. 雙親冷淡漠不關心	7. 缺乏尊重	7. 好老師／高能力教師難尋
8. 學生欠缺興趣／曠課	8. 缺乏健全的家庭結構／家庭生活問題	8. 雙親缺乏支持／冷淡漠不關心
9. 種族融合／校車接送制度	9. 犯罪／破壞行為	9. 關於標準／品質
10. 教師薪資低	10. 種族融合／區隔／種族歧視	10. 教師薪資低

資料來源：Elam, Stanley M., Lowell C. Rose, and Alce M. Gallup, "The 23rd Annual Gallup Poll of the Public's Attitudes Toward the Public Schools," *Phi Delta Kappan,* September, 1991, p. 55; "The 27th Annual Gallup Poll," September, 1995, p. 53; Rose, Lowell C., and Alec M. Gallup. "The 31st Annual Phi Delta Kappan Poll of the Public's Attitudes Toward the Public Schools," *Phi Delta Kappan,* September, 1999, pp. 41-56.

☐ 教育社會學者所探討的問題類型

閱畢本書和其他社會學的教育資源，即可了解當前教育社會學家所提出的教育問題，以下所列舉的問題將提供研究者一個較爲宏觀的研究觀點：

1. 允許學生家長參與學校事務是否有助於學校辦學更爲成功？
2. 對於不同類型與能力的學生，採用不同的教學策略、學習風格、教室組織是否有助於教學？
3. 社區如何影響學校？這種影響如何迫使學校行政決策更具效率，特別是對於正處於社會化的年輕學子？
4. 教師專業化如何影響學校體系？精於考試教學導向的教師是否能提升教學品質？
5. 機會均等與種族等議題如何影響學校？在種族融合的學校中，少數民族學生是否能學得更好？
6. 某些學生過度學習，這是否有利於他們的就業機會？
7. 教育對於資金收入有何影響？

6

雖然問題形形色色，但許多國家正積極著手研究這些問題，教育社會學相關書籍與課程極爲關注這類重要問題，本書也將陸續討論。

教育社會學之應用　目前爲止你閱讀吸收到什麼？有哪些教育社會學議題引發你的興趣？

教育社會學的理論方法與發展

教育社會學是一門相當新的學術研究領域，過去半個世紀一再強調，教育是一種較爲特殊的制度，是極爲客觀的研究領域。這段期間的研究者較關注教育上的社會議題，如：對於低社經地位貧戶提供教育機會、學校教育所造成的價值系統衝突、同化外來移民，以及促進教育均等上所扮演的角色。

在 21 世紀的今天，教育社會學研究可區分為不同的分析水準，從大量的鉅觀分析如：教育是社會的組織，到小量的微觀分析如：班級互動研究，科學家利用不同理論觀點對於這些事件所發生的原因提出解釋，並著手研究這些理論觀點所提供的指引，或社會如何運作的這些特殊觀念。當然，這些觀點也將影響研究者所見所思。

因我們對於生活中所發生的事件自然會形成許多不同解釋，故所採用的社會學觀點來解釋所發生事件的原因更是多不勝數，甚至對於相同資料或資訊所持的理論也有不同的解釋看法。如同每個人均會根據個人成長背景來解釋所面對的種種情境一樣，而教育社會學家也會以不同的角度來關注各種研究問題。

理論方法有助於在研究進行中尋獲答案，有時許多理論是可以合併採用的，下一段將探討三個重要理論的歷史與重要觀念，近年來這些理論方法嘗試解釋知識的獲得，以及對於班級教室的意義，社會學專家也企圖運用每一種理論，在教育社會學領域中盡最大貢獻，我們將於本書中陸續探討。

功能理論與衝突理論對於社會運作有不同觀點，系統理論則關注於處理社會情境中的互動狀況。此三種理論的分析層次也有所不同：功能理論與衝突理論傾向以鉅觀角度來處理社會關係和校園文化（即大規模社會性、文化性的系統），反之，互動理論傾向小規模，如：個人和小團體的互動。本書將以開放系統理論架構為核心來進行解釋。

功能理論

功能主義（functionalism）為社會學主要理論之一，也稱為結構功能主義（structural-functionalism）、共識（consensus）或均衡理論（equilibrium theory）。社會學家運用此理論首先假定社會與社會中的任何機構（如教育）是互相依存的，對於整體社會功能而言，每種活動均有一定貢獻，這種理論宛如人類身體的生物性功能：在整個系統中每個小環節均扮演著一

定的角色，而且彼此賴以爲生。如同人體中的心臟與大腦，均是人類生存之所需，教育系統也是社會生存之必要成分。

回顧過去，教育社會學的研究已然建立一套完整的理論性與實用性的標準基礎，爲我們提供此領域的歷史觀點。雖然許多哲學家、教育家、社會科學家在教育的社會學知識上各有不同高見，但早期社會學家均將教育視爲社會機構般來進行科學探究。

涂爾幹對於功能理論的貢獻　涂爾幹（Émile Durkheim, 1858-1917）在教育領域上提出傳統功能理論，當他在還未被公認爲社會學領域的權威前，曾在巴黎 Sorbonne 學院擔任教育學教授，至 1906 年才正式被授與文理學院教育社會學教授，往後幾年成爲此領域的權威直到去世。因此，在法國，社會學爲教育學領域的一部分，因爲涂爾幹的學生均是教育系的畢業生，許多學生承襲他的觀點並加以發揚光大。

涂爾幹最初受聘於教育系講學，其社會學理論爲他的獨門貢獻，他的核心觀念爲：社會與其他機構間均存在著一種相互依存的關係。他也關心社會的瓦解與崩潰問題，以及從傳統到現代社會中所產生的連帶責任與凝聚力的變遷。涂爾幹於 1800 年代末期所講述的許多議題於現今社會中依然發生，如：社會中各種不同組織結構的需求均與教育有關，以及學校常規與青少年將來踏入社會的關聯中，教育所扮演的角色。更重要的是，涂爾幹企圖了解當前教育所採的形式，而未評斷其原因。

涂爾幹在教育社會學的重要作品收錄在 1961 年所出版的《道德教育》（*Moral Education*）、1977 年《教育思維的演進》（*The Evolution of Educational Thought*）及 1956 年《教育與社會學》（*Education and Sociology*）書中，在這些作品中，他概述教育的定義和社會學所關注的重點、教育所創造的社會道德價值基礎的重要性，並對未來的社會學者定義其研究領域範圍。他寫到：

　　　教育是訓練成年人爲因應未來社會生活而準備的。其目標是

激發並發展兒童達到政治、社會及特殊文化所要求一定程度的身
體、智慧、道德水準。（1956, p. 28）

　　涂爾幹發現教育會在不同時空背景下展現不同的形式，故不得將教育
自社會學領域中單獨分離出來，因兩者是相互影響的。在《教育思維的演
進》書中除描述法國教育史，並結合歷史性、社會性教育作品中的某些觀
點，也一再重申教育不論於任何時空下，都與當前其他體系、社會價值觀
和信念緊密關聯。

　　在《道德教育》一書中，涂爾幹略述學校的教育功能與社會關係，涂
爾幹強調道德價值是社會秩序的重要根基，社會藉由教育體系得以永續存
在，這種關係有助兒童價值觀的教導，因此，社會中所發生的任何變遷現
象也連帶影響教育系統，反之亦然。事實上，教育在社會變遷過程中扮演
著相當活躍的積極角色。書中他主張學校「班級」是一種小型的社會化媒
介。學校具備家庭倫理情感和社會宗教倫理生活的傳遞功能，並篤定認為
班級「常規」是教室的倫理基礎，如果無班級常規，學生上課將如暴民一
般混亂無序。

　　今天教育上的一些重要問題，如：人才篩選的功能、成人角色的分派、
學校現況與社會對學校預期之間的差距，涂爾幹並未提出任何具體解決之
道。首先他僅關心能維繫社會穩定性價值觀的傳達，卻未考慮傳統觀念和
工業化社會變遷所需價值和技能之間所可能產生的衝突。他主張教育必須
在政府的控制之下，不受制於任何特殊利益團體，但實際上，政府大多受
到利益團體的影響，此種趨勢與壓力又影響了社會。因此關於學校課程內
容領域的外在環境壓力是極為殘酷現實的。

　　涂爾幹所主張的理論與見解對於社會學者的研究發表極其重要，包括　　9
教育的功能、教育對於社會變遷的關係、跨文化研究、學校和班級教室的
社會系統（Brookover & Erickson, 1975, pp. 4-5）。他的論述與指導方針對
於未來教育社會學領域上的研究具有重大的貢獻。涂爾幹的理論為教育領
域中當代功能理論階段的重要代表。他所主張的論點也影響了教育的共識、

衝突及結構的解釋觀點。

　　當代功能理論　　傳遞必要的知識與行為，維持社會秩序是學校教育最主要的功能。兒童需要經由與他人接觸互動，才能學習成為社會的一份子，發展適當社會價值觀，而學校正是最重要的訓練場所。依據涂爾幹的論點，社會學者認為學校所傳遞的道德感、技職教育、生活常規和價值觀均是將來生存於社會的必要條件。

　　功能理論認為不論任何組織都是整體社會或社會系統的一部分，所以應探討系統中每一部分的功能與目的，及系統各部分間相互依存與相互整合（integration）的程度，並假定系統如能整合完全，則系統才能穩定、順利運作。成員價值觀的分享與成員間的共識是系統的重要元素，均有助於維持系統的平衡狀態。

　　功能理論主要研究組織的結構與功能，例如，社會學者引用此理論來研究教育組織結構中所有可能的職位，甚至包括次級系統及在組織結構中的職位，以及如何達成特定目標。社會學者運用此理論觀點來加以研究，解釋各事件之因果，並探討教育對於社會的重要功能。

　　功能理論也飽受批評，認為此理論並無法辨識出不同的利益、意識型態和衝突團體，而且功能理論學者卻將學校視為支持不同利益團體的重要系統。此外，據某些批評（Hurn, 1993, pp. 50-55），學校當前所提供的教育、技能和工作並不恰當、不公平。因為在由不同種族所形成的多元化社會中，每個次級團體對於學校各有不同的關注重點，如：未來所獲利益。

　　另外，互動分析的困難度也是經常被提出來討論的問題，如：教師與學生間或學生間的教室動力學。評論家批評功能理論無法處理教育歷程中的基本問題（Karabel & Halsey, 1977, p. 11）：教什麼？如何教？因為人不但在組織結構中扮演積極角色，並能進一步創造修正角色。

10　　　此外，功能理論主張社會變遷的發生是緩慢且謹慎的，無法顛覆系統的平衡狀態，但在許多實際情境中並非如此，這種如「連鎖反應」（chain reaction）的變遷現象並非真實出現在穩固的社會或快速變遷的社會中。

　　1958 年，新古典分析學派佛勞德（Jean Floud）和哈爾西（A. H. Halscy）認為自涂爾幹及韋伯（Max Weber）之研究貢獻後，在這領域上雖然仍小有進展，但結構功能主義的主要理論，在社會面臨不斷變遷下，其重要的穩固地位已無法再驅使此領域更向前邁進發展。結構功能主義學者卻仍一意孤行的主張社會的統整乃基於價值觀的分享，而教育的意義是激發個人表現出適當行為，以維持國家社會的均衡狀態。此種固執的觀點顯然低估了社會變遷問題，已然不適合用來分析現代化工業社會（Floud & Halsey, 1958, p. 171）。組織各階層間的互動問題也是結構功能主義所欠缺解釋的面向，因此，衝突理論開始在此領域扮演另一重要角色。但更重要的是我們必須明白，功能與衝突理論兩者對於教育如何維持社會地位的解釋，均有極大貢獻。

□ 衝突理論

　　衝突理論（conflict theory）相對於功能理論，主張社會中必然存在著一種緊張的狀態，部分是因為個人與團體間利益的競爭。此理論源自於馬克斯（Karl Marx）及韋伯（Max Weber）。馬克斯所主張的資本主義社會階級系統，是以剝削勞工為條件的思想，遠遠影響了衝突理論並立下根基，他認為社會中的競爭團體大致可區分為「擁有者」（haves）與「匱乏者」（have-nots）兩者，彼此間呈現持續性的緊張對峙關係，將可能導致鬥爭，「擁有者」控制著權力、福利、物質、財富、勢力（也包含接受最好的教育機會），當「匱乏者」欲尋求更佳的社會福利享受，則需不停的挑戰這種緊張情況。此權力鬥爭有助於組織結構與功能的決定，而階級制度就是這種權力關係鬥爭之下的結果。「擁有者」通常會採取高壓手段企圖操控社會權力，本理論認為當利益發生衝突而導致推翻了現存的權力結構時，社會變遷終歸不可避免，且有時發生得極為快速。

　　韋伯對於教育社會學的貢獻　韋伯（Max Weber, 1864-1920）提出獨樹一格的衝突理論，他相信團體間的權力關係根源於社會基本結構，以及個

11 人在團體中所確認的身分地位。韋伯相較於涂爾幹對於教育社會學和教育系統的論述貢獻較少，他僅研究與社會學相關的領域，然其觀點也有助於了解教育上許多不同層面。他的作品著重在科層體制（bureaucracy）與團體地位關係（status group relationships）的概念，他認為學校的基本活動是在教育出特殊的「身分地位文化」（status cultures）。權力關係和個人或社會團體間的利益衝突會影響教育系統，因為利益與社會團體大多企圖去形塑與影響學校教育，韋伯的獨特理論鉅觀的結合外在環境對學校教育中所帶來的影響，並去定義解釋此情境。

　　韋伯以為學校裡某些「局內人」（insiders）的地位文化會透過在學校教育的歷程而增強，反之「局外人」（outsiders）在學校中常會遭受阻礙。轉換此觀點運用於今日學校系統，來處理少數民族貧窮學生的問題，確實與韋伯的衝突理論有明確相關，他的理論著重於團體間衝突、權勢、福利、權力、社會地位鬥爭的處理。這些團體差異之處在於個人所擁有的財物、文化地位不同，或者是權力來源不同，如：政府或其他組織，但對某些團體而言，例如少數民族團體，教育是達成人生終極目標的重要途徑。韋伯衝突理論和馬克斯理論相同之處在於：教育受菁英所控制和探究，為軍事、政黨或其他領域的勞力訓練場所。

　　韋伯的著述常運用跨文化的範例去調查前工業時期和現代化社會，並傳遞不同時空社會下教育的角色觀念（Weber, 1958）。在前工業化時期，教育提供最初步的分化作用，目的在於訓練學生適應將來生活和社會特殊地位。然而在工業主義時期，教育面臨了為獲得在經濟系統中更高社會地位的向上流動人員所給予的新壓力，因此，教育機構在訓練人們社會新角色上之重要性漸增。

　　韋伯也描述了現今社會中具備科層體制傾向的相關組織，並解釋由理性專家領導（rational-expert leadership）成為現代官僚組織的特色之一。領導者需通過考試被挑選出來，以符合在不同官僚制度中的工作。現在，具魅力領導者和天生具有權力地位的領導者不再支配整個組織，包括教育機構，他們均是經過考試合格的行家（Weber, 1961）。

　　韋伯在〈教育的合理化與訓練〉（The Rationalization of Education and Training）（Gerth & Mills, 1946）文中，提出教育應發展「特殊類型的人」（specialist type of man），以面對他所描述當時早期中國教育系統中所產出的舊類型「文化人」（cultivated man）。再者，目前高等教育機構所積極探討的職業教育存在價值與全人教育兩大議題，均和韋伯的著述相關聯。 *12*

　　當代衝突理論　韋伯與馬克斯所奠定的衝突理論觀點為當代社會學家所承繼，衝突理論之研究著重在權力與衝突所產生的種種緊張對峙狀態，終將引發組織變革的觀點。有些衝突理論學者認為教育泰半已淪為社會資本家的控制工具，如高等教育透過篩選方式為入學條件、分派安置學生、操弄大眾輿論之手段來控制整個教育方向。另外遵循馬克斯傳統思想的社會學者柯林斯（Randall Collins）提出「資格主義」（credentialism），主張個人如想進一步改變自己的身分地位，提升高等教育水準是為一種有效的管道（Collins, 1978）。多數衝突理論學者深信必須等社會、經濟、政治系統全面性的改變，教育才有可能提供公平的機會捷徑（Bowles & Gintis, 1976）。

　　應用衝突理論可分析學校或教室層級，華勒（Willard Waller）認為學校持續存在著一種不平衡的狀態，因為學生缺乏常規，且學術專業權威持續遭受學生、家長、學校董事會、校友代表的威脅，學校系統中利益團體間競爭激烈，學生認為上學是被逼迫的、是沉重無意義的，終而導致老師即將面臨失業的威脅（Waller, 1965, pp. 8-9）。

　　另一類的衝突理論稱為文化再製與阻力理論（cultural reproduction and resistance theories），認為當前具支配性的資本主義系統會迫使每個人去迎合其個人所特有的目標，此為相當普遍的現象。早在 1960 年代開始，歐洲有些理論學者已開始思考如何透過家庭和學校來傳遞文化的種種形式（Sadovnik, 2001; Bourdieu & Passeron, 1977），「文化資本」（cultural capital）的成效是個人身分地位的重要指標，家庭和學校提供兒童不同文化資本上的影響力，例如：預備學校（preparatory school）比都市貧困區的學校對菁英份子能提供較佳的文化資本，再製理論主要研究學生學習知識文化及傳遞知識的過程。有關學校本身的阻力是近來許多研究的議題，這些理論細節將於下一章節陸續討論。

衝突理論認為系統是易變的，因為身分地位、文化資本、機會和其他資源分配不平等之故，可能導致組織嚴重的崩潰瓦解。本理論最值得引為採用的觀點是試圖對於衝突存在情況的解釋，然而關於學校課程與資本主義的關聯性卻未清楚說明，僅呈現微薄的實驗資料來佐證其觀點也遭到嚴重批評（Anyon, 1981）。本理論也無具體說明關於系統與部分系統間或系統與成員間互動平衡狀態的存在。衝突理論與功能理論均非著眼於個人方面，而個人所定義的地位或教育系統的互動狀況將為第三種理論——互動理論所探討的重點，將於下一段討論。

□ 互動與詮釋理論

社會學的第三類型理論著重於個人和他人的互動，如果人與人之間有相似的社會化歷程、經驗和期望，則每個人在許多社會情境的文化經驗分享極有可能會利用相似的方式去詮釋定義。因此，一般社會規範是逐漸穩固發展而成，以指導人與人之間的行為，但人與人間的相異點仍必定存在，因為每個人的經驗、社會階級和地位不同。本理論的重要代表為米德（G. H. Mead）和庫里（C. H. Cooley），他們對藉由社會互動所形成的自我發展是否也存在於學校或其他情境中，提出許多重要看法。

互動理論（interaction theory）自第二次世界大戰漸次受到重視，主要以社會心理學的角度來探討社會現象。互動理論是由著眼於宏觀角度的結構功能理論與衝突理論混合互動所發展形成，此理論著重於組織的發展歷程與結構方面，但本理論卻完全忽視如何塑造兒童未來的學校生活動態。互動理論僅僅探討學校參與者之間的一般互動。教育社會學者常引用本理論來探討同儕間、師生間、老師和校長對於學生態度、學業成就、學生價值觀與學生自我概念對成就抱負的影響、社經地位和學生成就之相關。由此理論可以了解教師對於學生所抱持的期望如何影響學生的成就表現、學生能力分組，以及學校所有制度的研究（例如：Mehan, 2001）。

　　標籤理論（labeling theory）和交換理論（exchange theory）是在教育社會學中經常運用的兩種互動理論，如果有位學生經常被罵愚蠢，只會簡單計算，他很可能會將這種標籤深刻嵌入自我概念中，而其行為也將可能會表現如標籤的意涵一般。證據顯示學生表現的好壞全依賴教師對他的期望，標籤理論將於本書其他章節中進一步探討。

　　交換理論其基本假定為，我們所有的互動均是一種關於成本和酬賞的過程，互惠性的互動行為約束著每個人和團體的義務，例如：學生若努力學習則老師酬賞，此酬賞行為的結果將可能持續其學習行為。這些理論對於了解教室中各種動態現象極為有用。

　　有些學者嘗試綜合上述微觀與鉅觀的理論，主張如果想更透澈的了解教育系統，此兩方面的理論都必須仔細斟酌（Bernstein, 1990），這種觀點和開放系統理論之主張相同，也為本書的理論基礎。 *14*

□ 教育社會學近代理論

　　1970 年代早期，「新式」（new）的教育社會學理論引起英國許多社會學家高度關注，而在美國與其他國家地區也有推崇者。在與鉅觀的（macrocosmic）大型理論觀點相互交流下，也稍微強調組織間的互動方面，這些理論如：象徵性互動、民族方法論、現象學的觀念均主張如欲真正了解教育系統，必須以教育社會學理論角度來解釋。這種理論著重於了解我們對於真實世界的常識──我們如何看待事件的原委及我們與周遭情境之互動過程。而於教育上的應用，此類理論已經開始著重研究班級教室的互動過程、知識的運用與管理，以及應該教導何種議題與課程內容等。

　　本理論的兩大重要提倡者：伯恩斯坦（Basil Bernstein）以及波爾迪（Pierre Bourdieu）（Sadovnik, 2001; Karabel & Halsey, 1977, p. 60）意圖綜合鉅觀與微觀理論，而非提出一完全新型的理論（Bernstein, 1975; Bourdieu, 1973）。伯恩斯坦一生主要的工作目標為「遏止勞工階級教育所帶來可能性的浪費」（Bernstein, 1961, p. 308），他對社會、學校、個人間進行相關

分析，並解釋社會不平等的原因（Sadovnik, 2001）。伯恩斯坦認為結構式的教室和權力均與社會系統息息相關（鉅觀分析），需整合每個人所接受的學校教育歷程（微觀分析），才能更進一步了解教育系統（Bernstein, 1974）。他的著作中處處可見整合的努力，他認為社會階級現象是永續存在的，家庭的階級地位不但決定個人談吐模式，也依序影響個人將來的社會地位，例如：勞動階級的兒童在班級的學業表現較差。他也指出需評估教師在進行班級教學時所產生的偏見，以及對於學生表現結果的教育意識型態之必要性。

伯恩斯坦往後的作品較著重於課程與應用教學法來傳達知識。課程所教導的內容，被定義為「有效知識」（valid knowledge），是基於社會階級和權力的關係來企圖影響各種不同團體的學生。他也試圖整合社會性、機構性、互動性、內在心靈性的不同知識領域。無論如何，有更多實驗結果證實其理論的必要性，因在教育實務上及政策應用上均有其需求（Sadovnik, 2001; Bernstein, 1990）。

文化資本是波爾迪著作的主要核心概念，來自較高社會階級的兒童擁有較多的文化資本（例如：合宜的言語、藝術性的知識、音樂、戲劇、文學和重要的世界性知識觀點），對於在學校和將來在職場上其獲取較高等的職位也是一種極為普遍的交易行為。因此，所具備文化資本的條件讓學生透過家庭和學校教育，再製了與他們當前社會地位相當的身分地位。

最近出現許多基礎教育理論的教育革新研究計畫，現代主義（modernism）是歐美教育制度的主要觀點，包含一些現代理性思維、科學與技術的發展、人本主義、民主制度（平等、公平、自由），以及最重要的超越固有權威之個人主義（Elkind, 1994, p. 6）。此進步性、普遍性和規律性的觀點取代了君權神授的觀點，引導現代教育制度。許多教育系統變遷的研究計畫，如：建立具國際水準的管理目標，像是目標 2000 年計畫（*Goals 2000*）、革新師資教育與培訓制度，均具備現代主義的特色（Darling-Hammond & McLaughlin, 1995）。

後現代主義（postmodernism）受到現代主義所激發，超越工業時期種種現象，嘗試周全的解釋當前世界現象。後現代主義學者強調理論對於當地局勢的重要性、理論與實踐的相關性，以及民主主義、反集權主義、反種族主義的觀點。他們欲喚起當前社會重視，並了解各種差異性。因此也稱為「批判性的教育理論」（critical education theory）（Sadovnik, 2001, p. 32），許多當代學者如：弗來爾（Paolo Freire, 1987, 1970）和季勞斯（Henry Giroux, 1991）均是倡導此理論的代表學者。

後現代主義學者尊重人類的差異性、變化性、模糊性，以及人們在相同情況和學習中其不同的看法，也承認教育發生於政治情境中。教育的起源必須參考社會中所重視的價值系統及利益，因此，教育牽連著複雜的權力結構（Cherryholmes, 1988）。「後現代主義並非全然拒絕接受規格化，只是要求也需考慮非規格化」（Elkind, 1994, p. 12）。教育的意義在於各學科課程間的統整、強調普及性的技術，如：批判思考能力，並透過不同途徑進行個別化的學習，以達成目標。本模式所控制的重要變項大多為學校個人方面，兒童學業成就可經由多元化方式，如：測驗、檔案評量、實作評量、方案評量來加以評鑑，因此學校任何的實施運作都應為兒童進行最妥善的安排（Bernstein, 1993; Sizer, 1992）。

依據上述種種理論方法，對於教育社會學上某些待答問題的解釋仍有其效用，並有助於了解和運作教育系統。

教育社會學之應用 哪些理論在你所感興趣的研究議題上是有幫助 *16*
的？

▢ 美國教育社會學

美國教育社會學產生的最初動機是為了革新社會，佛蘭克華德（Lester Frank Ward）是美國社會學六大發明之父之一，也是美國社會學協會（American Sociological Association）的首位會長，1883 年他主張教育是人類進步和改革原動力的重要資源，能夠助長社會道德責任感，促進認知的良好發展（Bidwell, 1979）。社會學領域和教育社會學關係極其密切，教育社會學著重在實踐政策議題和規劃的提議。1920 年代晚期,「教育社會學」的正式名稱才由羅伯‧安琪(Robert Angell, 1928)所提出採用,安琪等人認為教育機構是科學資料的重要資源,認為社會學不能且不該斷然對於教育問題提出任何解釋或提出任何改革建議。當今教育社會學家有兩個重點:實踐客觀性研究的團體,與解釋並執行科學發現的教育任務。今後任何機關團體都需接受科學方法論的訓練,並協助學校實施教育訓練。

本書將探討學校教育理論的研究,以及在學校班級教室的應用實施。而本書所提出的觀念均非常重要,因為為人父母者或教授專家者均可能有朝一日會運用這類知識。社會學不僅僅是抽象理論,且能夠運用實踐,並進而影響政策決定。

開放系統理論

直到現在,確實仍有許多理論方法被用來研究教育機構,也對此複雜的教育系統提供許多有價值的見解。然而我們應如何應用執行才能使人更易了解?

有些社會學家偏好採取某種理論方法以執行其專業能力,也有人因問題不同而選擇不同的理論方法。本章主要目的是欲了解教育系統,並對每種理論貢獻能有所深入了解。為了這個理由,本書的結構涵蓋整個教育系統,以此模型,便能化繁為簡以利研究。某一種研究理論可能比另一理論方法更合適於部分系統或系統中所發生的教育問題。此模型也使我們能更清楚了解系統各部分與理論的互動模式,現在讓我們引用此模型來進行解釋。

17 如果我們想了解教育系統的完整、統整、動態本質,我們將需面對許多問題。許多研究焦點僅著重於系統的某一特定部分,且不同研究方法各有不同特殊重點,因此當我們研究嘗試獲得系統的完整圖像,雖然所採用的開放系統理論的觀點,對於將來所面對種種問題並非全然是萬靈丹,但有助於概念化整體系統,並了解系統每一小部分如何組合一起,或哪一部

單間教室之學校

分無法進行整合。模型能提供較有效的方式去假想系統中各元素之關係，並有助於整理、安排所發現的結果與資料，呈現元素間複雜的互動狀況和利害關係的全面性圖像（Griffiths, 1965, p. 24）。本書所提下列的模型並未建議需採取哪一種特別的組織與理論方法，反之，僅提供我們在許多教育環境中常見之特色的一種思考架構。

雖然本模型明確指定整體系統各成分，但也未明確說明在何種情境或系統事件之下應採用何種理論較好，也未建議研究系統各部分應採用何種最佳的理論方法。本模型僅提供當我們進行假設時所可能獲悉的系統部分，以及對於整體系統的關係，可清楚發掘各系統部分最適當的組合，以及對於整體系統所應負擔的關係為何。

歐爾森（Marvin Olsen, 1978）就開放系統模型的說明如下：

18　　　　開放系統並不是特殊的社會組織類型，是一種分析模型，能夠應用於社會組織發展過程中的任何實例，範圍包含從家庭到國家……，故並非是獨立的理論，雖然有時被稱為社會學理論。此模型具高度普遍性、內容自由性，此乃因基於不同的社會組織理論所獨立組合而成的概念架構。（p. 228）

　　　　圖 1-1 呈現出社會系統的基本要素。我們採用五個步驟加以討論，每個步驟的範例均取材自教育環境中（詳見圖 1-2），有助我們說明系統中每一部分的重要內容與功能。

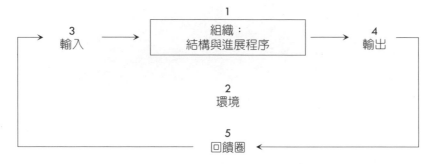

圖 1-1　系統模型

資料來源：摘自 Ludwig Von Bertalantly "General Systems Theory—A Critical Review." *General Systems*. Vol 7, 1962, pp. 1-20.

19　　　　**步驟一**　將焦點擺在中央大方格──組織（organization），這是整體系統的活動核心和研究者主要關切之所在。中央方格應包括社會（如：美國）、機構（如：教育或家庭）、組織（如：特殊學校或教堂），或次級系統（如：教室）。為便於討論，我們僅說明組織的活動發源地，及所具備的結構、地位、角色、功能。組織界限範圍以內與次要部分、地位與角色均是持續發展的結構，雖然組織是一種活性實體，實際上也與執行組織活動的組織人員及組織決策有關，在實施程序中為組織帶來源源不絕的生氣活力。組織中的重要關鍵成員進行決策決定、組織成員間的溝通、組織

18

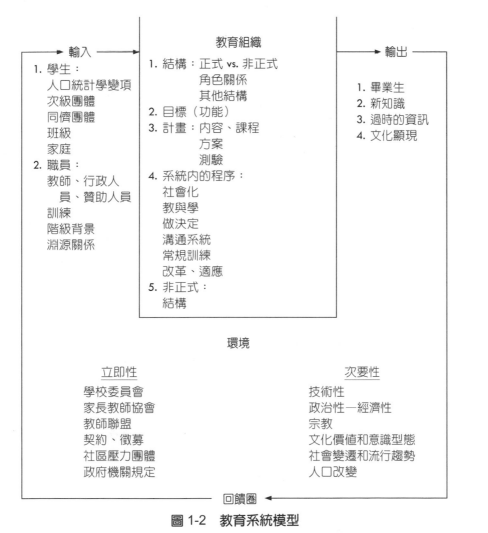

圖 1-2　教育系統模型

19

地位的社會化等許多活動都持續不斷進行中。

　　有些理論特別強調組織內部的分析，但這些分析過程並非可處於絕對真空狀態之下，因掌握權位與在組織中扮演決策者的角色，需對組織內部與外部雙方的要求不斷反應，且組織的界限範圍並非固定不變，而是彈性和圓滑的，許多系統會允許去接觸與接受外界刺激，此稱「開放界限」

（open boundaries）或「開放系統」（open system）。

　　教育組織中的正式關係僅是整體圖像中的某一部分，學校中非正式系統的關係，如：誰和誰吃午餐、誰曠職、老師傳達給學生的敏感信號、教師休息室的閒言閒語，都是我們可隨時觀察到的正式的角色與結構的功能。

　　步驟二　開放系統理論主張組織與組織外在環境間的互動關係。

　　著重焦點──環境（environment），包含環繞組織周遭的所有人事物及來自四面八方的影響力。一般環境都應包括其他環繞於周圍的各種不同系統。如以國家而言，其環繞的系統極可能為世界其他國家；以組織而言，則可能是其他競爭或合作組織。除此之外，技術性環境因為持續不斷地開發新技術，進而影響整個系統活動；政治性環境則常透過設立法規來控制影響系統；經濟性環境，則影響系統所能獲取的資金；其他也包括社區及其他主流態度傾向、價值觀、規範和社會環境變遷的影響；當社會變遷、流行趨勢或人口結構改變等，都勢必影響整個系統環境。

　　對不同組織而言，其主要環境有所不同，且經時間而有所改變，學校視所遭遇的議題來決定其教育發展方向，無論如何，環境的重要性並不會改變。組織之所以依賴環境，是為了尋求更多必要資源並獲取更有用的資訊。

　　每所學校與每一學區都將不斷面臨來自環境中各種不同的挑戰。學校與環境的互動是必要的、目的的，有時雖未能如預期獲得圓滿達成目標。學校和環境的互動關係常發生在我們系統模式的輸入與輸出過程中。

　　步驟三　組織接受來自外在環境形形色色的輸入（input）類型，如：資訊、原始材料、學生、人員、資金和新觀念，再者，隸屬於外在環境其他組織的成員也會為組織帶來莫大影響。

　　組織為求生存發展，外在環境有時會強制性的輸入組織某些資訊，其所輸入訊息均有不同的重要影響程度。雖然對許多組織而言，有些輸入的訊息是令人生厭的，但卻又無法避免，如：新制定的法律約束力、競爭或資金壓力。有些組織能控制某些輸入訊息，例如：學校對於新進教師、教

20

科書、其他課程材料均有一套選擇管理的機制，在某些組織中有某種身分者，就像是組織與環境間的緩衝器般或成為聯絡者來進行溝通活動，例如：公司秘書接聽電話時，具有保衛性和控制性的重要功能；而組織中的社工人員和諮商師都與外在環境有所關係。

　　步驟四　輸出（output）包括物質項目以及脫離組織層級的非物質性的觀念，例如完整的產品，如研究發現、畢業生、廢棄物、資訊、演進中的文化和新技術。此產品能為個人在組織界限內連接組織和外在環境間的隔閡。不論是否為製造業，組織中的每個人均有責任銷售組織產品，或大學院校對於每一畢業生要有提供職業安置的功能。

　　步驟五　系統模型最重要的觀點是回饋（feedback）的程序。這個步驟顯示組織應不斷適應與修正，並接受外在環境中任何新資訊的需求，例如：組織中每個人須比較當今事件所欲優先完成的目標，以及環境對新課程方案決定的回饋影響。這些正面或負面回饋都需以不同的反應來處理。此基本模型（圖 1-2）能提供我們許多方法，本模型為本書的基本組織內容架構，早期擁護本模型者認為此模型是最具包容性的、彈性的，有助科技整合研究。仔細思考波汀（Kenneth Boulding, 1956）所述：

> 　　科技整合的變遷已盛行一段時間，其主要設計經常混雜著不同原則來加以發展……發展成一般性的領域為普遍系統理論主要的目的之一，藉由發展出普遍性的理論架構，以協助某人成為其他相關領域的溝通專家。（p. 197）

教育社會學家不能單獨閉守在教育和社會學領域內討論各種議題，其相關例子極多：經濟和學校資金、政治科學、權力的政治議題、家庭和兒童、宗教與國家分離的爭辯、對於兒童健康領域與醫療照顧、人性和藝術、早期兒童的社會角色訓練等。
　　許多社會科學家指出開放系統理論在組織領域的重要價值。例如：伊

21

教育社會學
The Sociology of Education: A Systematic Analysis

斯頓（David Easton）認為系統理論比完全的自我意識主張與發展出最佳的均衡理論更為有效，此理論不但更具有擴張力、更具包容性，其理論結構也更具彈性。於本書中此理論不僅提示主要目的，也有助於調和其他相關複雜領域。本書將於各章中詳細描述教育系統中不同部分的系統或過程。

教育社會學的研究方法

　　理論是研究的索引，不但決定所需蒐集的資料和材料，並引導對資料的解釋。然而，理論僅是一種準則，其研究內容仍必須加以擴充。運用科學上的客觀技術，來決定所蒐集資料的有效性及對於事件理論性解釋之正確性。

　　社會學家即為科學家，因此，需利用科學方法來從事問題研究。有些社會學家將研究焦點集中在教育機構與其他相關議題，其所採用的研究技術如同在其他領域研究一般，本質是相同的。

　　在 1950 年以前，教育研究較無客觀性的標準和測量，經常運用奇聞軼事與價值判斷來說明其所支持的主張，後來漸漸地從最初較強調以出版著述為目標，轉為強調以實驗研究結果為標準，教育社會學開始運用許多研究方法，如：參與觀察法、調查法、次層次分析（secondary analysis）、實驗控制研究和個案研究。研究者須針對不同研究議題、分析的程度、可能的相關資訊來決定所採用的研究方法，然後研究者也必須選擇特定的研究團體或人口，並決定是否研究全體或部分人口。研究者也可能會與研究對象進一步面對面直接交談，從中觀察其對象所從事某些任務的狀況，並利用測驗得分結果來獲取統計資料或合併採用其他技術。

　　許多極為著名的學校觀察研究（Lubeck, 1985; Willis, 1979; Metz, 1978; Jackson, 1968），利用在學校和教室中所發現的資料來進行研究所欲調查的問題，研究者須考慮學生和教師如何建構教室的社會情境。例如：研究美國高等教育學校對於不同社會地位的學生所提供服務品質的差異性，瑪滋（Mary Haywood Metz）經由觀察學生班級情形、訪談學生、閱讀每所學校

22

的文獻資料來研究教師的工作。瑪滋所發現的結果就是常見的「一般文本」（common script），文本中所有的角色與情節均頗爲相似，但布景與演員的動線則因學校社會階級地位不同而有所差異（Metz, 1990）。

　　另一項著名的研究爲班級環境的控制，羅森陶（Robert Rosenthal）和傑考遜（Lenore Jacobson）研究不同的班級情境中，教師不同期望對於學生表現的影響。他們分派某些學生進行實驗特別處理，其餘學生則留在正常班級實施一般控制處理（Rosenthal & Jacobson, 1968）。這項實驗雖然頗接近實驗室控制的實驗設計，極力排除來自外在環境因素對實驗結果的影響，但如要完全排除影響研究結果的外來因素極爲困難。

　　又有另一項著名研究，柯爾曼（James Coleman）等人（1966）調查結果發現，美國學校教育機會約有5%的均等程度。在此鉅型研究中，針對五年級學生實施標準化測驗，並蒐集有關學生校內與校外資料進行調查和次層次分析研究。所以，當我們在探討形形色色不同學生時，還有許多不同的資料蒐集方法技術可供考慮。

　　同時，合併運用多元的研究方法與技術來獲取更準確的研究結果是非常有用的。例如：柯爾曼也遭受批評，認爲其並未採用觀察法或其他技術去詳細描述研究樣本學校的實驗操作處理過程。類似這種採取多元化研究技術來蒐集資料的方法稱爲「三角測定法」（triangulation）。

21 世紀的教育社會學

　　許多著名的教育社會學專家被問及預測這個學術領域上的未來發展趨勢時，大部分均預測近幾年美國學校所面臨的問題將會有些微改善，這些學校所面臨的問題也反應出當前社會問題，社會學家建議應利用社會學的理論和方法，以盡最大貢獻去深入了解社會因素和學校即將面對的相關動態問題。處理 21 世紀的問題必須具備這類知識，尤其現今身處都市地區貧困生活與教育危機中的兒童人數正快速增加。例如：柯周爾（Kozol）的《野蠻的不平等》（*Savage Inequalities,* 1991）和麥可李歐（MacLeod）的

23

《未完成》（*Ain't No Makin' It*, 1996）書中明確指出貧富學校間的不平等以及貧民區學校的生活。

　　學生人口呈現戲劇化的改變，因此，美國學校將很快地需面對處理這些形形色色不同的學生團體。1996 年，從一到十二年級學生中，非裔美國人占全體學生總數的 17%，西班牙籍則占 14.3%（National Center for Educational Statistics, *Condition,* 1999, p. 126）。

　　　西元 2000 年，將有超過 10 州多數學生的祖先來自非洲、西班牙世界、太平洋群島、阿拉伯或其他各地，其人數將遠超過歐洲白種人。洛杉磯公立學校已經開始著手教導學生 81 種語言，且至少需比英文還精通。我們社會中經濟上的不平等現象正逐漸擴大。（*Sociology of Education Newsletter,* 1992, pp. 4-6; 亦參見 Natriello, McDill, & Pallas, 1990）

　　學校總是期望統一如此零散的社會，並造就出能表現最佳狀態的社會人，希望了解在何種範圍中如何著手才最有可能產生此結果。因教育社會學家對於在學校、班級、家庭、社會系統知識均有所貢獻，對於不平等因素、影響兒童學習成就的非學術性因素，以及教育系統的其他相關領域上均不斷貢獻心力。例如：受虐兒童和棄兒均很難成為未來具備全方位能力的社會人士等議題。從縱貫研究（長時間的研究處理同一群學生）、人種誌，和重要研究方法所蒐集之資料，都將成為分析學校的重要資料（*Sociology of Education Newsletter,* 1992）。

本書的組織架構

　　本書中每一章節都極力描述教育系統中各種不同面向。讀者閱讀時，都必須先行了解所討論的每個環結，而閱畢本書你將會擁有更完整的教育系統圖像。書中的各章亦可單獨研讀，仍不失其完整性。本章所討論的理論方法從頭到尾均有相當的實用性，除此之外，經由「從事」（do）社會學，學習相關研究方法，成為知識生產者與消費者，你也能增強有效處理校務的能力。各章最後會有本章摘要和相關議題的建議方案，藉由從事研究這些方案，也將會對你有所激勵，促使本學科學習更為成功有效。例如讀完本章後，可以試著詢問自己，教育社會學還有哪些議題應該被提出探討，在閱讀過程中，時時保有這些想法，並進一步研究這些問題。

　　現在，讓我們準備好進入這個充滿活力與動力的組織──學校，讓我們闔上書本仔細觀察其中的奧妙之處。

24

摘要

　　在這一章中我們所討論的教育社會學觀點如下：

1. 教育社會學的領域

　　社會學家研究團體生活。教育是社會機構組成之一：就如其他團體生活一般，也為社學家所感興趣。在生活中所有人都與教育有關，並與教育密切互動，也與社會其他機構相互依賴。

　　研究教育社會學是因為它與我們所即將扮演的角色，如：納稅人、為人父母、專家、學生息息相關。

　　教育社會學的研究者研究許多領域，如：社會化歷程、教育和階級形成的關係、教育控制等等。

　　教育的目標與功能在許多國家極為相似，但經實施後產生的結果卻有極大差異，包括：學習成為具生產性的社會成員、傳遞文化、篩選、訓練和個體在社會中所安排與分配、改變與革新，及社會與個人的發展。這些功能的實施不可能總是能順利進行，因社會所實施的政策極可能就是衝突的原因。

2. 教育社會學的理論方法與發展

教育社會學是一門相當新的領域，過去半個世紀發展出許多的文學著述，源自於歐洲社會學家涂爾幹、馬克斯和韋伯的著作。

近幾年，這個領域已從強調實用性目的轉為強調理論標準的現象，雖然二者至今仍然不斷持續併用，目前有三種理論類型主導教育社會學的研究如：大型系統、特殊機構和教育情境互動。以下三種各理論重點不同，在於分析程度的差異，以及對於研究所使用的方法不同。

◆ 功能理論將教育系統視為統整的、整體性系統，部分間彼此相互關聯，以求社會永續生存，實踐某些程度的功能有其必要性。系統因價值分享而聚集一起，涂爾幹是最早應用社會學觀點和方法來研究教育的代表學者。

◆ 衝突理論主張因為利益團體的競爭，而使社會產生緊張的對峙關係。「持有者」控制權力和資源，因此教育系統是通往高級教育程度的重要門路，也可能產生鬥爭的現象。比起涂爾幹，韋伯的貢獻較少直接放在教育的研究領域上，而多著重於組織領域和訓練社會成員的領域上。

◆ 互動理論著重在個人以及他們如何解釋周遭世界，標籤理論和交換理論是互動理論的兩大類型。近年來教育社會學的觀點應包含「新式」教育社會學，它和互動理論有關，並主張成為非主流的鉅觀理論。

3. 開放系統理論

本書是依據圖 1-1 中呈現的開放理論模式所組織架構而成，教育系統每個部分——組織、環境、輸入、輸出和回饋——均依序被探討。運用這種理論促使假想整個系統、每個次級部分對於整體的關係，和環繞系統周遭的環境。此模式並幫助我們假想各部分間的關係。

4. 教育社會學的研究方法

研究教育系統所運用的社會學方法包括：觀察法、調查法、透過測驗分數以獲取既存的資料、實驗室控制實驗法和個案研究法。任何一個研究法或者合併各種方法加以使用──依靠理論和所使用的分析程度──以此理論架構來蒐集資料，將有助於我們回答種種問題。

5.21世紀的教育社會學

美國與世界其他國家有兩個影響教育系統的重要改變，其一，教育選區選民結構的變化，如：更多學生對於教育品質的要求，在美國，這情形意味著將有更多少數民族在學校中接受教育。其二，學校重大變化將牽連到為全體學生提供技術訓練的管道。

教育社會學研究的問題範例

以下是在最近研究中探索過的研究問題範例：

◆大學院校是引導社會的重要路徑嗎？

◆社會階級和學校成就相關如何？

◆為何女生比男生更少選擇數學與科學課程？

◆學校是否製造了我們所獲取之權力的差異？

◆什麼樣的教學風格最為有效？

◆非本土語言的人應該學習他們自己的語言或使用英文即可？

◆教師對於學生期望不同，會導致學生表現出何種差異？

◆什麼是學校最重要的非正式系統？

◆看電視對於教育成就有何影響？

26

運用社會學作業

1. 評估自己進入大學院校與選擇這門課程的動機，了解自己的目標可以幫助自己從這門課中獲得更多符合自己的教育需求。

2. 寫下你所關心的學校與相關問題，並利用功能主義來回答這些問題。

3. 從涂爾幹、馬克斯、韋伯所提出的觀點簡明描述，今天教育所面臨的議題與這些理論觀點之關係。

4. 運用功能理論時、衝突理論、互動理論，有哪些相關教育問題引起注意？

5. 觀看紀錄片《高中》（*High School*）的影片，圖示出這所學校運用系統模型的要素，提出人們所扮演的角色和行為表現的過程，並與自己所受高等教育的學校經驗進行比較。

6. 引用範例，來解釋開放系統如何幫助我們對於整個組織運作形成概念化？

7. 運用各理論觀點來考慮回答相關問題，運用什麼方法能有助於你回答各種疑問？

8. 本章所列之方案僅提供一個參考架構，請試著發展屬於自己的研究方案：理論性觀點、研究的問題或方法學。對於你所感興趣的問題發展一個研究方案。

Chapter 2

教育的衝突功能
和歷程

本章旨在探討與學校有關的爭議問題，教育的每一項功能或目的都存
在著與權力、路線及知識有關的爭論。學校存在於大型的社會架構中，舉
凡社會的經濟、政治、文化領域的動態狀況都與學校每天的活動息息相關
（Apple & Weis, 1986），因此，社會的相關爭議均會成為校內爭論的議題。
本章將首先介紹衝突的功能、性質與其在教育系統歷程中的重要性，接著
我們將檢視與教育功能有關的特定議題與爭議。

教育的衝突功能

任何社會，必須教導學生過團體生活的方式及必要的技能，以符合社
會及個體之所需。在多數社會中，教育的基本功能和目標是相同的，但是
這些功能的重要性與達成的手段，各個社會則有甚大差異，甚至每個社會
中的團體與社會階級之間均有不同。例如：社會工業化的程度將會影響教
育的內涵與形式，政治系統的形式也會影響教育歷程的內涵與控制機制。
家庭企求兒童將來成為具生產力社會成員的社會化期望，也將影響教育的
內涵與型態。這些是社會系統各部分間相互依存的範例。

功能一：社會化——學習成為具生產力的社會成員並傳遞文化　每一
新世代的兒童均需要學習對與錯，以及與生俱來的社會角色。在學習他們

教育社會學
The Sociology of Education: A Systematic Analysis

的角色中，兒童被社會化，被教導如何符合別人對他們的期望。教育系統促成學生社會化，讓學生成為社會一份子，並在相互依存且複雜的社會網絡中扮演有意義的角色。然而某些評論家認為，學生在學校系統中，因其社會階級、種族背景或生活區域，以及其他影響教育之變項的不同，而在學校體系中會有不同的教育經驗。

功能二：文化的傳遞　同樣的，文化的傳播常存有爭論，每個團體均希望其教育計畫、課程或價值觀被廣為推展，除此之外，不同團體的學生被教導不同的規範、技巧、價值觀和知識，因此，學生如被定位將成為領導者或菁英份子時，可能會與成為藍領工作者具備不同的技術訓練和知識。

功能三：社會控制和個人發展　社會控制同樣有所爭議。即使防衛方式相同，常規訓練也常會因社會階級、種族或族群團體與性別之不同而有差異；其爭論者，如：搜索與逮捕。學校人員為了「保護學生」，具有檢測與蒐查周遭武器與毒品的權力嗎？特別是這些搜索行動可能不當的影響某些團體之學生時。

功能四：社會的篩選、訓練與個人安置　學校功能最受爭議的可能是篩選、訓練與個人安置。批評者認為我們藉由教育政策與高等教育篩選學生的方式，正在「複製」（reproducing）社會階級和維持既有社會階層。但有些政策，如：考試制度則提供「表面」（appearance）的公平。

學生獲取專業技術的途徑影響他們未來的競爭機會，學生擁有電腦經驗和其他高科技機械技術，將使這些學生居於領導地位的附近，因為這些學生獲得未來所需要的技術。因此，如何在追求個人未來教育與職業成功的決定上取得平衡點，是重要課題（Apple & Weis, 1986, p. 14）。本書第三章與第四章將以此功能作為探討之焦點。

功能五：改變與革新　改變與革新是教育被預期的功能。新科技正挑戰學生，所有的教師也要改變教學方式，但體制卻常抗拒改變，因而影響例行的工作任務，對於教育的影響也不例外。

29

教育系統歷程的重要性

你曾經嘗試利用許多動詞來描述你上學的情形嗎？今天*起床*，*穿衣服*，*吃早餐*，*穿上外套*，*走路到學校*，*進入教室*，*坐在位置上*，*打開書本*，當老師在傳授知識時，*做筆記*，*學習*相關教育知識。這些斜體字均在描述受教育的歷程，顯然成為生活的一部分。學習、教導、社會化、訓練、篩選、革新、做決定和改變，都僅是教育系統活動的部分過程。教育系統是相當穩定且持久性的組織。教育的歷程則是行動的一部分，如：日常所發生的事一般。

沒有一件事的結果是恆久不變的，人、事和組織總是不斷在改變過程中翻新。我們總有垂垂老矣的一天，但仍需不斷地學習新行為，不斷調適以因應圍繞於我們周遭的變化。教育體系影響我們的改變歷程，也被周遭環境所影響。

結構（structure）是指教育系統能夠被描述，且能加以分解成各個部分，如：角色、社會階級、組織、機構、社會。人們在結構中活動，為結構帶來活力，促其行動，這些活動就是歷程。人們擁有個人的性格，以及對於情境與行動的解釋。結構和行動無法區隔，因為沒有歷程，就沒有結構；沒有歷程，結構將無意義。我們並非是單純的社會階級與角色而已；我們是這些組織結構與歷程運作的結果。

開放系統理論確實也是一種歷程，能讓任何系統成為具動態性、運作的單位。有些歷程幾乎都能在任何組織中發現，如：互動、做決定、衝突、合作，但也有某些歷程在特殊系統中具主導作用。歷程除了讓系統正常運作，並給予系統生命力之外，也會產生爭議性的問題。

歷程與組織關係密切，就如教育系統與環境之關係一般，舉例而言，溝通歷程涉及學校、家長、社區領袖與州的立法人員。

社會化的功能：我們學習什麼？如何學習？

根據功能理論，為了繁榮社會，必須訓練其組織成員具有生產力、表現出適當角色。然而，爭議之處在於如何、何時，以及應該為誰訓練。對社會化過程的批評相關的議題頗廣，這裡我們聚焦於兩方面：早期幼兒教育，以及媒體在社會化中所扮演的角色。

▢ 早期幼兒教育的爭論

從我們出生那刻起，社會化過程就成為我們生活的一部分；其影響力透過家庭、社會、宗教、機構和工作地點而能感受到。學習成為社會的一份子，有正式與有計畫的成分，也有非正式的層面。

早期幼兒教育尤其重要，因為兒童正處於發展自我概念和社會知覺的階段。從心理和生理方面的研究，我們得知嬰兒早在約兩個半月大時即能展現學習能力（Raymond, 1991, p. A5）。實際上，幼兒50%的普通智力約在出生到4歲發展完成（Begley, 1996）。這裡所探討的主題如：早期社會化，包括認知發展應該於何時開始（在家中或學校）；多大年齡的小孩應該開始接受正式教育；如何造福雙薪家庭或貧民區兒童的學前教育；以及學前教育與幼稚園方案對於兒童社會化的角色。

家庭是兒童接受初始社會化的重要環境。早期幼兒的社會化過程差異極大，視不同社會、社會階級與家庭背景而定。隨著兒童日益成長，開始擴展並接觸外在的社會機制，如：親戚、鄰居、教會、托兒所、玩伴。但在此重要的過渡期，卻少有為兒童將來進入正式學校機構做準備。

世界上有超過半數的國家有3到5歲的早期幼兒正式教育，有些國家如中國或以色列，更設置了從出生開始的照護機構，有時是強制的；而其他像瑞士或英國，也均立法補助白天照護與幼兒學校（Feeney, 1992; Swedish Institute, 1994; "Under Five," 1992, p. 19）。在美國約有43%的3歲兒童、64%的4歲兒童、92%的5歲兒童正接受核心基礎教育方案（center-based

「為學習作準備」激勵幼小兒童為入學作準備

program）（National Center for Educational Statistics, 1999, p. 122）。

　　這幾年，由於婦女團體對於政府和工作機構的施壓，制定支持早期幼兒教育的議案已經在國會審議中，聯邦政府的「目標 2000 年」（*Goals 2000*）計畫中也包括倡導學前教育的「為學習作準備」（Ready to Learn）方案，雖然政府補助的啟蒙計畫（Head Start）是個「楷模」（model），但截至目前為止，縱使擁有 5 歲兒童的職業婦女人數逐漸增加，日間照護迫切需求，許多早期幼兒教育的法案立法卻仍告失敗。

　　政府反對日間照護的主要原因是因為必須考慮它對於家庭與為人母親之角色的威脅，除此之外，早期幼兒教育遭到質疑之處，是因為此方案對象目標設定為特殊班級以及少數族群，如非裔美國人。雖然這是對這群人謀福利，但此種「特別關注」（special attention）已被一些理論學者解釋為一種永續的階級結構，在訓練社會成員順從。然而，如回歸到最佳投資上，依據早期幼兒教育所做的一項評估發現，對於處於危機中的低收入戶家庭

3 到 5 歲兒童提供其學前教育，有莫大助益。危機狀況包括低收入戶、少數民族、非說英語家庭、單親家庭、大家族、殘障狀況，以及未完成高中學業的未成年懷孕少女（Hofferth et al., 1994, p. iii）。許多來自低收入戶的 3 歲兒童進入托兒所，其語言與智力發展卻遠遠落後一般兒童九個月。為了預防這些差距損失，提出了一些新的訓練方案，使新手父母的孩子於生命之初即獲得一個良好的開始，並促進負責任與有效的親職發展（Reynolds, 1991; Russell, 1994; White, 1991）。

以下是盡早實施早期幼兒教育的一些論點：

1.早期的幼兒教育提供家庭所沒有的有價值的學習經驗。
2.幼童必須與其他兒童或父母親之外的其他大人進行互動。
3.父母親及兄弟姊妹對兒童並非是最有能力加以掌握的人。
4.對於許多家庭來說，日間照護是必要的，因為雙親必須工作，尤其單親家庭唯一的選擇是兒童照護。
5.好的日間照護中心比起將兒童隨便交給親戚或鄰居更為合適。

早期幼兒教育並非是家庭照顧的替代，但卻可以為兒童提供超越家庭的經驗（Ochiltree, 1994）。

對於高危險群兒童之學前教育途徑與品質的研究報告中指出，像啟蒙教育（Head Start）計畫的學前教育品質與來自高收入家庭兒童的學前教育品質相比，條件較少（National Center for Education Statistics, 1994）。另一項針對 3,000 個多數為非裔美國人或貧困家庭兒童所做的調查研究顯示，學前教育計畫的持續性效果，主要有下列五項：

1.受益者很少會被分派到特殊班級或矯正班。
2.對於退學與留級有相同的持續效果（很少因為低成就而重回原學年重讀課程）。
3.藉由學前教育，10 歲兒童（四年級）在數學方面的成就表現卓著，證據顯示在相同年齡間，其閱讀測驗分數也有較高的趨勢。

4.來自貧困家庭的兒童接受學前教育計畫後，在史丹佛比奈智力測驗（Stanford Binet IQ test）得分上高於控制組兒童，得分提升程度達三年。在許多方案中，這些得分優勢都持續保持著。

5.接受學前教育的兒童有較高「成就導向」（achievement orientation），其母親對兒童比她們對自己有更高職業的抱負（Halsey, 1980, pp. 172-73）。

雖然早期幼兒教育的爭論可能持續，但兒童照護的需求，將不會因為更多父母外出工作而減少。

教育社會學之應用　早期幼兒教育對於不同的兒童有何影響？某些或所有兒童應該為了此教育而離家嗎？

□ 媒體與商業在社會化中的角色

很多社會機制與學校互補或競爭，以吸引學生的注意力，商業行銷與媒體更是兩個主要機制。在世界各國，走進其學校與班級，可以發現學校課本的封面和電視螢幕上有巨幅的商業廣告。轉到由廣告所支持的免費電腦網路上，提供了學生從螢幕上收看廣告。這些設備也可能由市場研究機構所免費提供，以使學生成為團體研究的焦點。可口可樂與百事可樂公司都可能成為學校的「欽定飲料」（official drink），以換取提供技術與設備（Labi, 1999, pp. 44-45）。

大型企業對於能訓練提升工作人員能力的教育頗感興趣，並加以支持，同時也想推銷產品。有錢的企業之影響力持續受到爭議，學校不想受影響，但學校又需要金錢購買設備與儀器。學校如何受到不當影響？企業與其他利益團體是否影響學校的教育內容及教學？也因此許多學區日漸關切企業對學校內部的衝擊。

電視是另一項受爭議的社會化機制。美國第一頻道（Channel One）透過懷特通訊（Whittle Communications）於 1990 年春天開播，並允諾將其錄

影技術和創新新聞節目提供給美國 6 到 12 年級的班級。最近,已有超過 12,000 所學校和 800 萬名青少年——亦即 40%的 12 到 18 歲美國青少年——平均接收十分鐘的新聞節目,以及兩分鐘的商業廣告(Hays, 1999)。

這兩分鐘的廣告內容包括零食、個人日常用品、電影、服飾和電子產品,此也引發許多學區的爭議。雖然這些廣告公司也為每一所學校提供若干設備——如衛星天線、每間教室的電視機、錄放影機、音響、教學錄影帶與公共服務,如:留在學校(stay in school)與遠離毒品的宣導影片——但學校不適當地涉入影響學生的購買行為之中,因而受到非議。

對第一頻道節目的評估研究發現,學生喜歡新聞故事,而且都已經在電視上看過許多這些廣告(Tiene & Whitmore, 1995)。學校老師贊許這些節目,評分大多評在 A—到 B+之間,61%的校長相信因為第一頻道開播,而使學校變得更好(Johnston, 1995)。但並非所有人都贊同第一頻道是有價值的資訊來源;批評者認為它助長營利主義、浪費班級時間,而且其所減少的教學時間更讓納稅人浪費約 18 億美元(Hayes, 1999; Sawicky & Molnar, 1998)。

電視自 1950 年代開始廣為流行散布,許多人認為此將解決教育問題,可將教育傳播至數百萬計人口的世界各個角落,就範圍而言,這項功能是可被理解的。許多國家利用電視衛星與遠距教學播送各種不同的教學節目,範圍從基礎識字訓練到高級的大學課程;試舉一例:歐洲廣播聯盟(European Broadcasting Union)已經著手計畫為許多國家觀眾,設置利用多語言的教育衛星頻道(Couglan, 1995)。因此,教育可以為更廣大的人口散布文化與觀念。然其受到爭議的是:電視所帶來的教育利益甚於其所帶來的負面影響嗎?學生學業成就表現與收看電視時間的關係;電視對資訊的可能性扭曲;以及電視對於負面行為如:攻擊行為與自殺傾向的影響等,也是受到關注的焦點。

證據顯示,收看電視與學業成就的關係極為複雜;收看電視時間過多,也意味著從事其他活動如:閱讀和做家庭作業的時間減少。一般來說,如果過度收看電視,則會降低成就。高成就者每週收看電視時間最高約 10 小

34

時，而低成就者每週則約 30 到 40 小時。因此，限制收看電視、依電視播出的節目型態決定是否收看，能正面的影響我們的思考與學習。雖然收看電視可能比閱讀或從事其他活動能滿足更多不同需求，但閱讀所帶來的樂趣卻更有益於學業成就。報紙閱讀已經銳減，字彙使用也在下降（Glenn, 1994）。有趣的是，調查結果顯示，40%表示寧願閱讀而不願看電視的學生，卻花了近兩倍閱讀的時間在收看電視上。

其他變項諸如：種族、性別、雙親教育背景、教育資源，以及智力，也都是影響電視行為的重要因素。對於關心收視問題的人而言，有一項令人鼓舞的全國民意調查顯示，將「收看電視當作美國人最喜歡的休閒娛樂」總人口數，已從 1966 年到 1974 年下降 46 ％，到 1986 年降至 33%，到 1999 年再降到 31%，而其中約 18%的成人表示閱讀是夜間最喜歡從事的休閒活動（Newport, 1999）。

教師抱怨電視世代期望在學校能有娛樂，否則就關機。有一項「注意力分散假說」（distraction hypothesis）認為電視的收看將導致學生難以忍受「緩慢的」教學進度，憂心學生將遭受電視機映像管的催眠，因此，有些評論家開始質疑我們是否能周詳地去評估收看電視的影響，以及是否不經審慎考慮就接受簡單的解釋？

或許最嚴重的爭論點在於收看電視對行為的影響力。擔心電視會將兒童社會化成具反社會與攻擊行為之人。電視是什麼樣的老師？暴力娛樂教導了暴力是「合法的、正當的、有報酬的、有用的、俐落的、英雄的、男子氣概」的觀念（Slaby, 1994, p. 81）。電視遊戲、電影、電視卡通的聲光影響了兒童，一般兒童（平均每天看電視 2 到 4 小時）離校後，他們平均每小時會看到超過 26 個暴力動作鏡頭（Smith, 1993），此將導致許多下列可能的結果：

◆ **攻擊者效應**（aggressor effect）：兒童看見什麼就可能會表現什麼，最近的例子是，在地下鐵的代幣小攤引發了一場火警，隨後一些青少年真的在地鐵複製火燒的行動。有項針對電視節目與自殺行為之

關係的研究顯示，播送自殺有關節目後的一到兩個星期中，自殺行為會增加。這種「模仿」（copycat）自殺現象普遍發生在處於高危險的學生之中。一項長達二十五年有關媒體暴力的研究發現指出，戲劇性的暴力對行為會產生短期或長期的效果（Huesmann & Miller, 1994）。

◆**受害者效應**（victim effect）：當兒童認同自己是受害者，他們會經常表現害怕、不信任他人，甚至可能攜帶槍械。

◆**旁觀者效應**（bystander effect）：對於暴力行為已經感到麻木不仁的態度，旁觀者已經失去敏感性（Molitor & Hirsch, 1994）。

雖然飽受民眾團體的批評，電視行政部門仍堅稱電視節目「滿足人們的需求」，但民意測驗對於哥倫拜高中屠殺事件的研究結果發現，美國人相信媒體所呈現的暴力導致真實生活中的暴力（Newport, 1999），致使美國喪失對於暴力的敏感度（Smith, 1993）。美國國會反應國人所憂心的問題，因此要求自 2000 年 1 月 1 日起，所有 13 吋或大型電視均應附加裝置 V 晶片（v-chip）的設計，加裝上 V 晶片或暴力晶片的電視，能讓家長藉由網路控制小孩所收看的電視節目（Federal Communications Commission, 1999; Newport, 1999）。

證據清楚顯示，電視對於社會化和學習的影響因素有二。第一，家長如果參與小孩的電視收看，會產生有力的影響。對於小學階段的兒童而言，因為兒童的認知與行為傾向都和家庭類型有關。關於收看電視的問題有兩點需要特別注意：家長必須扮演積極的角色，幫助兒童了解他們周遭世界，包括他們在電視上所看到的節目內容；此外，家長也必須限制兒童收看電視的時間。第二個證據顯示，兒童教育性電視節目，如《芝麻街》（*Sesame Street*）對於兒童普遍具有正面的影響效果（Biagi, 1998）。

1990 年，國會通過「兒童電視法案」（Children's Television Act），其目的是讓電視節目更具教育意義，並且不鼓勵商業性電視節目。此項立法來自於外界遊說團體的訴求，如「兒童電視行動組織」（Action for Children's

Television, ACT），而有了一些改變，但仍有許多的規範猶待考慮立法執行（Kunkel & Canepa, 1994）。

有些學校提供課程教導兒童有關電視的影響力，以及如何成為有智慧的收視者（Walker, 1995, pp. 66-67）。「兒童電視工作坊」（Children's Television Workshop）（芝麻街的製作人）和美國 CNN 新聞室正在為老師製作特別節目，使他們方便透過索引系統引導學生。教育性的電玩遊戲也正持續開發當中。

另外，兒童也被電腦與網路遊戲這類新的有趣刺激所吸引，兒童心智的戰鬥仍將持續著。

教育社會學之應用 從學校電視的商業節目中，你發現什麼議題？而家長如何掌控兒童的電視收視內容？

36

文化傳遞的功能和傳遞文化的歷程

「我們社會的教育基礎即將因為世俗化的潮流崛起而腐敗，嚴重威脅我們的國家與國民的未來。一個世代之前無法想像現在會發生什麼——其他事務正在與教育匹敵與壓制我們的教育目標。……事實上，我們已經未經考量、片面的刪減教育預算」（Bell, 1983, p. 5），這段敘述摘自 1983 年美國「國家在危機中」（*A Nation at Risk*）的報告內容，自此開啟了問題和自我批評之門。

對美國人民來說，難以啟齒的是美國「文化素養」（cultural literacy）與文盲問題。年輕人有學習足以支撐國力的共同核心知識——資訊被全體所了解與共享嗎？資訊被充分理解和分享嗎？有些人認為知識核心正以幾種方式而被瓦解（Hirsch, 1987, p. 152），舉例而言，他們批評我們不再教導批評者所認為是核心知識的西方文學。

試想走進一家商店，卻無法閱讀罐頭上的標籤說明，年輕人和成年人文盲已是一項嚴重問題。這些人也許會嘗試掩飾，但在許多地方，成年人

約 20.8%到 23.6%在美國識字測驗得分上是屬於低分組（National Center for Education Statistics, *Condition,* 1999, p. 16）。據估計，美國有近 2,700 萬成年人屬於功能性文盲，無法閱讀簡單的解說，而有超過 4,700 萬人無法完整閱讀。6%的美國公民在 20 歲時其閱讀能力低於四年級程度，5%不能完成處理例行事務及非複雜的任務，如填寫工作申請表或是銀行存款單上總計的欄位（Otto, 1990, p. 360）。文盲問題也影響貧窮婦女甚鉅。

　　教育學者調查為何一年級學生閱讀程度能力最低的兒童之中，十個有九個終其小學教育情況依舊。最近有項針對能閱讀繁雜文章的教導計畫，重要的是為兒童採用新式或合作的教學方式去教導閱讀技巧，有些學者提倡低收入戶的兒童應回歸基礎語音法（phonics-based）取代全語言（whole-language）方法，基礎語音法獲得較多支持。另有些人認為，將錢花費在密集與個人化的早期兒童教育上，遠勝於往後幾年所付出的代價。對年紀較長的學生而言，教育學者認為也應為他們提供機會，從取得駕駛執照到提高學業成績，並且留在學校之中，提供不同領域的識字訓練，如：工作情境的識字訓練。

　　多數的大一新生都未準備好開始接受大學教育，這也是一項警訊。資料顯示 13%的大學生正在矯正閱讀習慣，17%的學生正在矯正寫作，而有 24%的學生參加數學補救課程。研究也顯示科學性文盲（scientific illite-racy）正在擴散之中（National Center for Education Statistics, *Condition,* 1999）。

☐ 影響學習的因素

　　學習是一種歷程，不僅受到教師、教學技術的運用、教室環境、正式和非正式的教材影響，也受兒童自我能力、動機、學科興趣、學習準備度、記誦、價值觀和態度、與教師的關係、自我感覺、同儕關係、背景經驗和其他無數可能原因的影響。環境對於學習的壓力、學習時間的分配、家庭對於學習的支持程度、學校和教室的氛圍也是重要的影響因素。兒童學習經驗的不同是許多變項，如：種族、性別和階級不同而產生的結果，因此，將兒童的學習差異歸為單一因素（如智力），則解釋過於草率。

因為「回歸基礎」（back-to-basics）教育的運動與成就測驗得分衰退有關，高中教育課程已經有了明顯的改變，特別強調數學與科學，對此教育學者認為美國正逐漸失去過去曾有的競爭優勢條件，特別是在高級技術領域上。「科學與技術素養的低落將致使美國社會陷入險境，這也將使機械工程、數學、科學等相關行業……深受困擾」（National Science Foundation, 1992, p. 1）。所以國家科學基金會（National Science Foundation）已開始評估美國的科學和數學課程。

「國家在危機中」的報告倡導對高中有更嚴格的要求，其反應已趨於積極，促使高中畢業生修習更多學術課程，尤其是數學與科學。學生成就也已提升，國家教育發展評鑑（National Assessment of Educational Progress, NAEP）報告指出，從 1990 到 1996 年，數學與科學測驗得分已增加 9 個百分點（Carnegie Commission on Science, Technology, and Government, 1991; National Center for Education Statistics, *Condition,* 1999）。

影響數學與科學教育有許多因素，有些大學對年輕學生提供特殊方案，特別針對女生與少數民族學生，鼓勵他們努力學習數學與科學。有些企業甚至贊助高中學校畢業生免費進入大學，以使他們能持續接受學校教育。

在「國家在危機中」的報告之後，另有一些由基金會、政府機構或學術界所支持的報告被提出，這些報告將在本書中陸續加以討論。有些報告建議在師資教育上更嚴格的控制課程與要求，以便教師在教學專科領域上能夠專精。

諸如此類的建議，在學業成就上美國已開始顯現積極趨勢，例如：目前學生的成就水準大約為 1950 年代和 1960 年代的程度，多數與少數族群的差距也正逐漸減小，且較前十年差距更小（Alexander, 1997）。

❑ 如何傳遞文化

「如何」傳遞文化的爭辯議題，範圍涵蓋教材、教科書、所運用的技術，到教育哲學。本段著重在傳遞文化的兩大相關議題：什麼樣的教學技

術對學習結果最為有效，以及批判思考在教育上扮演何種角色。

　　提倡「回歸基本教育」的教育哲學引發一些爭辯，強調基本教育者重視基本技巧的學習，而反對「進步」（progressive）教育者，後者主張教育應重視周遭環境，並關注學生未來的社會參與。正式教育的歷史久遠，兒童被教導許多大家所認為對社區、對兒童本身發展重要的知識。杜威（Dewey, 1916）對於教育有重大的影響，他認為教育兒童生活相關的知識將會對學習產生最佳效果。杜威的進步主義主張，學校對於學生的生活並不重視，因而與經驗疏離；背誦技術與獨裁式的教育氛圍，並不利於學生的學習。他認為教學應運用兒童日常生活經驗，讓兒童主動學習。杜威的很多著作被詮釋、誤解與修正，但他的主張影響了 20 世紀以來的教育運動，包括當代的後現代主義與結構主義運動。此外，超脫於杜威核心理念的是兒童中心課程，重視學習者的需求與興趣，設計環繞他們之需求的課程。當前自由（free）、另類（alternative）與特許學校（charter schools）也採行了這些理念。

　　最近有關促進文化傳遞的運動已經包含「跨課程寫作」（writing-across-the-curriculum）、使用電腦教學、績效與評鑑、嚴格的常規訓練、增多家庭作業，並且提倡批判思考——是一種反思與理性的思考，決定我們該相信什麼或做什麼。這些理念來自於社會的力量——成就測驗分數、對學校的批評，以及更成熟之思考與學校應教哪些課程之間缺少聯繫。批判思考的觀念正好與僅專注於事實層面的教育風格成對比。此與布魯姆（Bloom, 1976）的課程目標分類與「高階的思考技巧」（higher order thinking skills）有關，批判思考在做決定之前需要評估證據與支持結論。

　　有些教師會將批判思考的要素融入教學之中，但此情形也僅見於大學院校或資優生班級教室中，少見於將來可能是工人階級的兒童教室中，也少見於經由少數族群兒童之教育所產生的系統改變之情境中。所有的學生需要透過口語或書寫的形式真誠表達自己的思想，並且評估對一些議題的價值立場。批判思考的訓練有助於這些歷程的發展，但並非全然的有用。

　　近來關於美國教育地位的報告（Borman et al., 1996; Chaddock et al.,

1999）建議，需要延長教學日數、實施全學年學制（year-round school）、更嚴格的畢業標準、升級的精熟測驗、更多家庭作業，因而導致在全國許多學區產生變革。

☐ 需傳遞何種文化？

　　另一項爭論與文化傳遞有關，焦點在於學校應「教些什麼」（what is taught）。何種文化應被傳承，以及哪些必須傳承？誰應該決定這些困難的問題？課程的目標應該為何？多數國家對於這些問題是充滿期待的，通常沒有訴諸文字，而且關切一位成功的成人能夠做些什麼，以及學校的「產品」（products）應如何的相關理念。建構課程的一項假定是：應導入某些新觀念、修正一些迷思概念，並補充現有知識，才可企求學生現存的知識結構有所改變。課程透過「有計畫的經驗」（planned experiences）提供教學一些可行的方向。

　　誰應對課程內容做決定？　許多團體爭相競爭決策責任，很多團體對決策有影響力。我們曾經提及環境對於課程決定的影響，因為教育工作者均曾受過專業訓練處理教育與課程的相關問題，他們自然願意保有對學校課程的決定權力，並排除外來政治與其他的壓力。教育工作者採取不同的技術來持續維持教育的決定權，並保持學校獨立於外在影響力之外；掌控學校之內所發生的訊息，發布經過選擇的正面消息，並選派立場相同的社區成員，這些都是例證。

　　「學術自由」（academic freedom）意味著學校與大學院校企圖將來自　　40
於外在環境的控制與影響降至最低。學校能夠在課程領域範圍內保有自主性，讓教職員不受爭議。但爭論仍會發生，自主權仍會受到威脅。教育是一種開放系統，因而容易遭受外在環境的壓力與檢視。

　　在沒有中央集權教育體系的異質性社會中，課程計畫者將會面對不同個人與團體的壓力；在州政府中央集權教育體系中，其決策更在免於公眾的檢視與挑戰。美國社會是一個異質性社會，也是一種去聯邦中央化的體系。

　　應該教些什麼？　雖然教育範圍極其廣泛，正式的課程中應教些什麼，可以容易且正確地加以決定。檢核課程計畫與教科書即是一個開端，一般而言，小學的課程著重於發展基本技能；中學則精進這些技能，並增添內容。數學、語文技巧、科學、藝術、音樂、社會科學、體育和歷史是中學課程的共通成分，其他特殊教育內容的傳遞（如性教育），在許多社區中也是受爭議的科目，因爲性教育的責任與知識的掌握應由家庭或教育系統來承擔，也是問題之一。

　　功能理論者視學校爲傳遞文化的重要組織，使學生能成功地進入成人世界。學校是兒童從溫暖的、保護的、接納的家庭環境中，移轉到競爭的、成就取向氛圍工作世界的中繼站。兒童學習到了可以運用在所有層面的規則，在這方面，學校被認爲是爲年輕人步入社會而預做準備的關鍵性角色（Dreeben, 1968; Parsons, 1959）。

　　衝突理論者將價值觀和規範的文化傳遞，視爲是在迎合資本主義社會的需求，而不是在爲失去人性化和與歷程疏離的個體服務（Bowles & Gintis, 1976）。學校很少能全然有效地傳遞這些文化價值，因此許多學校最終陷入混亂或反抗就是例證。傑克森、布史東和漢森（Jackson, Bootstrom, & Hansen, 1993）評估發現，學校正式的與非正式的教導價值觀；有些價值觀已成爲潛在課程（hidden curriculum）的一部分。

　　教育所教導的內容爲何，是學校外在與內在力量的反映，內在教育力量是那些對學校課程與教學過程具有直接影響力的，例如：老師與校長可能表達對於某些教材和班級組織的偏好，而且否決其他，而學校之內的任一結構、組合、階層、哲學理念和建築對於課程內容都會產生影響。

41　　　除了內在教育勢力影響課程外，還有許多校外環境影響因素。回想一下系統模式，環境應包含校外所有可能引發校內事件的因素，請思考下列各點：

　　1.地方、州、聯邦均規定一定程度的課程標準，例如：州教育董事會要求學生畢業前，均需修習州的歷史；聯邦政府可能要求學校教育應涵蓋某些課程內容，以便能接受聯邦補助款。

2.認可機構反映了州或地區對學校標準的決策，他們可能會具體說明所要求之課程的觀點。

3.測驗服務社發展出不同年級程度與大學入學成就測驗工具，影響了知識教材內容，有些州已開始要求高中畢業生必須接受能力測驗。

4.全國性研究、報告與革新計畫都有對於課程改革的建議（Anderson, 1995）。

　　課程內容常受社會之關切與趨勢的影響，諸如生涯教育、婦女研究、少數民族研究（非裔美國人、墨西哥奇卡偌民族、美國原住民、阿帕拉契民族、華人）、多元文化和雙語教育、環境教育、都市研究、毒品和性教育、技職素養和社區服務等議題均已被引進學校課程內容中，此現象已成為社會的必然趨勢。

　　要求課程內容公平呈現美國少數民族的歷史與文化地位，促使多元文化教育運動的興起。教學的種族、階級、性別等議題逐漸受到重視（King, 1999, 1990）。有些人倡議針對少數民族的課程與教育方案；有些人推動在現存課程中能精確地描述少數民族的歷史與貢獻；另有些則倡導全球性課程，使學生熟悉會影響他們的廣泛全球性議題。社會學家最有資格去發展跨文化模式（cross-cultural models）的課程，使之能微觀與鉅觀解釋（micro- and macroexplanations）社會與變遷。試圖將課程多元化已招致批評，批評者反對減少傳統西方文化的教學，傳統西方文化是美國高中與大學多數課程的核心。有建議希望改變少數民族教育，轉而重視學前到研究所的教育革新（The Carnegie Corporation, 1990），這些觀點也許會成為過去，或者統整進入課程之中，或者他們依然會有鮮明的研究領域。不論如何，在社會中擁有權力者普遍有教育決策權。

　　我們接下來將簡述已在許多社區中所發生的激烈爭論，並且是美國多元社會之反映的三大領域課程決策：性與藥物教育、宇宙創造主義（crca- 42 tionism）和教科書的審查。

教育社會學
The Sociology of Education: A Systematic Analysis

教育社會學之應用　　在學校應該教什麼？誰應做決定？什麼因素影響了你回答這些問題？

　　性、藥物濫用和教育　學校成了販賣保險套的地方？此問題在多年前是難以想像的，由於 AIDS 帶給年輕人日益嚴重的威脅，「保險套的意義早已是一般常識」。全國各級學校董事會正持續爭論「什麼文化應該被教導」的議題，在此同時，愈來愈多都會學校系統，包括紐約、費城、洛杉磯的學校，都讓學生容易取得保險套，以預防青少年懷孕、感染性傳染病和愛滋病。前美國軍醫署署長（Surgeon General）愛爾德斯醫生（Dr. Jocelyn Elders）因為有爭議地直率講演青少年的性議題，而遭到開除。

　　性和愛滋病的教育在增加之中，雖然仍有少數家長和社會團體反對，認為這些是屬於家庭的課題。他們認為學校不應該鼓勵性活動，不應經由班級去鼓勵性活動及發放保險套。其他人則認為，如果性和愛滋教育是課程的一部分，則道德教育更應該如此。有調查指出，約 80%的美國成年人對於以學校為本位的性教育計畫表示贊成（Kyman, 1998）。

　　事實上，美國青少年從事性活動的年齡日漸降低，許多未滿 19 歲的女孩表示已有過婚前性行為，其人數甚至超過 60%，而年齡在 15 歲者也有 30%曾發生過性行為。女性認為未來在學校或在工作上少有成功機會者，比認為自己能掌控未來的女性，其性活動通常較早。其他高風險活動如：使用藥物、參與犯罪活動，及參加多重性伴侶的活動，也都與較早發生性活動有關。雖然避孕的使用率增加，然研究顯示，青少女較年長女孩有較少保護措施，因此，許多學校方案特別關切疾病傳染（Hess, Markson, & Stein, 1996, p. 174）。

　　藥物使用是 1999 年全國民意調查被評為第四大公眾所關心的校園問題（Gallup, 1999）。這種憂心事出有因，由過去幾年年輕人的藥物使用變動趨勢即可知悉。在學生之間的藥物濫用與其他問題，導致一些耀眼的運動員與明星死亡，運動員之中也有嚴重濫用的情形。聯邦行政當局目前已經有打擊毒品的計畫，有些學區的計畫包括毒品搜查和尿液篩檢，其施行過程遭致法院的挑戰。

最成功的方案似乎應該是公開的無藥物政策，爲在困擾中的學生提供
幫助，並且納入學生領袖；這些藥物教育方案越早實施越好，可以早於幼
稚園階段，並且可以納入整個社區一起對抗藥物。最有成效的策略是綜合
性環繞（comprehensive-encompassing）同儕團體、家庭、學校、媒體、社
區組織，以及廣泛應用各種理論方法，提供資訊、發展生活技能、善用同
儕催化力量，以及改變社區政策與規範（U.S. Department of Education, "Re-
aching the Goals," 1993）。「藥物濫用抗拒教育」（Drug Abuse Resistance
Education, D.A.R.E.）就是這樣的一套計畫，從小學階段開始，學生必須誓
言遠離毒品。事實上，D.A.R.E.已成爲一項國際性的運動。

對許多青少年而言，最喜歡的藥物是酒精（如圖 2-1，在校的使用狀
況），雖然有研究報告指出，高三學生過去幾年飲用酒精的人數自 1979 年
的 88%緩慢下降到 1998 年的 74%（"Monitoring the Future Study," 1999, p.
41）。酒精使用的訊息是經由文化而傳播，主要來自於雙親、廣告、同儕。
許多低年齡飲酒者，其父母也會喝酒，估計美國 18 歲以下會飲酒者已增加

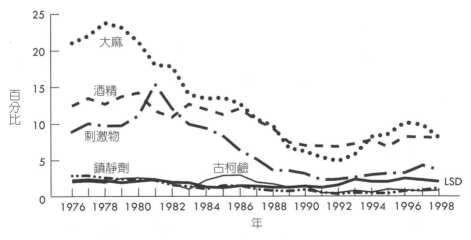

圖 2-1　高中高年級學生報告前一年酒精與藥物使用情形（1976-98）

資料來源：University of Michigan, Survey Research Center, *Condition* 1999, p. 83.

至 1,500 萬人（McEvoy, 1990）。藥物的使用也減少了：高三學生吸大麻的比率自 1979 年的 51%下降到 1993 年的 22%，但 1998 年則又攀升至 38%（"Monitoring the Future Study," 1999, p. 41）。藥物使用增加的因素包括：家族的犯罪、藥物使用或酒癮歷史；不良的小孩教養類型；低度教育投資；青少年不良行為；或學業失敗、過早藥物使用。這些小孩是被虐待、意圖自殺、逃學、少年犯罪、低學業成就的高危險群，同時處理藥物濫用與濫用的原因，是打擊藥物濫用最有效的方案。

44

物質濫用（substance abuse）與其他方案也再度引發爭辯——學校與家庭在教育子女上的角色。學校可以提供藥物和酒精諮商與復建、性和愛滋病教育、懷孕諮商和檢查、避孕，以及自殺預防的方案嗎？或者應該將個人和道德議題留給家庭？美國軍醫署在柯林頓政府的主導下，並未懷疑官方的地位：學校明確的性教育課程是防止愛滋病擴散之所需。

教育社會學之應用 學校在教導道德議題時的角色為何？誰該做此決定？

教科書與圖書館書籍的審查 猥褻的、性、裸露的、政治或經濟的「偏見」、不雅的語言、粗鄙或有爭議的英文、種族歧視或種族憎恨、反宗教或反美觀念，全部都被當作學校審查教科書與圖書館書籍的理由。有許多書籍如：《魯皮雷斯脫斯金》（*Rumplestiltskin*）、《包法利夫人》（*Madame Bovary*）、《冰魂》（*Soul on Ice*）、《憤怒的葡萄》（*The Grapes of Wrath*）、莎士比亞的《哈姆雷特》、喬叟（Chaucer）的《磨坊主之說》（*The Miller's Tale*）、阿里斯托芬尼斯（Aristophanes）的《呂西斯特拉塔》（*Lysistrata*）都是一些組織想查禁的「黑名單」（hit list）書籍。有些在最近幾年引起極大爭議而屢次遭審禁的書，包括：索荷科（Sophocles）的《安蒂格妮》（*Antigone*）、赫胥黎（Huxley）的《美麗新世界》、沙林傑（Salinger）的《麥田捕手》、海勒（Heller）的《進退兩難》（*Catch-22*）、史坦貝克（Steinbeck）的《憤怒的葡萄》、莎士比亞的《威尼斯商人》、歐威爾（Orwell）的《1984》、馮內果（Vonnegut）的《第五屠宰場》、李（Lee）的《梅岡城故事》（*To Kill a Mockingbird*）（Simmons, 1994）。這些書屢遭拒絕出版，因其內容語言粗俗、不雅或有性暗示。至於其他受爭議的書籍，與其受質疑的理由如下：《安妮少女的日記》（*The Diary of Anne Frank*）（其中有篇章主張所有宗教都是有價值的）；而《灰姑娘》、《綠野仙蹤》與《馬克白》（描述好女巫，並鼓吹宗教狂熱）；《羅密歐與茱麗葉》（浪漫化的自殺）；茱迪斯·葛斯特（Judith Guest）所著的《凡夫俗子》（*Ordinary People*）（沮喪與厭世）；愛麗絲·華克（Alice Walker）所著的《紫色姊妹花》（*The Color Purple*）（有關種族關係和人類性行為的煩亂觀點）；以及《頑童歷險記》（因對非裔美國人有冒犯性的語言與圖像）（Hodges, 1995, p. 16; Foerstel, 1994; Bjorklun, 1990, pp. 37-38）。錦囊 2-1 所列為 1999 年最受爭議的十本書（American Library Association, 2000）。此議題涉及父母是否有權力將某些特定書籍從班級教室或從學校圖書館中加以移除，尤其當他們僅是少數父母的代表，但卻是受到國家團體與組織的支持，使他們在他們的社區中有不成比率的影響力。最高法院判例規定「學校董事會不可以只因為他們不喜歡書中的觀點，而任意將書本從學校圖書館的書架上撤除」。此外，在移除有爭議的書籍之前，他們必須建立與遵從合理的程序（*Board of Education* v. *Pico*, 1982）。　*45*

　　有關書籍的爭論糾紛已遍及所有各大圖書館與班級教室所陳列的教科書，此現象將嚴重導致與當前社會脫節，沒有任何社區無一倖免於受到審查機制的檢視（Brinkley, 1999）。分析早期受爭議之書籍，社會學家派奇（Page）和克來任（Clelland）調查研究西維吉尼亞州的卡納瓦（Kanawha）　*46* 城市之後發現，爭議性乃根源於「政治生活風格」（politics of lifestyle）（Page & Clelland, 1978, p. 265）。有些團體覺得公民權受剝奪，或缺乏權力以合法方式去抒發他們的理念與挫折，因而透過禁書表達不滿。例如：極端基本教義者（ultrafundamentalists）（極端基本教義者也有政治主張）「尋求在公立學校課程之中能保有禱告儀式，因為禱告儀式是宗教價值與信仰系統的象徵性再保證」（Provenzo, 1990, p. 88）。查禁書籍象徵在政治

◆◆◆ 錦囊 2-1　1999 年備受質疑的書 ◆◆◆

在 1990 年到 1998 年之間，「智慧自由署」（Office for Intellectual Freedom）總共受理 5,246 件報案，其中 1,299 件有「露骨的性描述」（sexually explicit），1,134 件有「詆毀的語言」（offensive language），1,062 件「不適宜年齡層」（unsuited to age group），744 件是「宗教狂熱或鼓吹狂熱及撒旦主義」（occult theme or promoting the occult or Satanism），另有 474 件屬於同性戀或「鼓勵同性戀」（promoting homosexuality）。其他特殊受質疑的題材，有涉及宗教觀點（373 本）、裸露（276 本）、種族主義（219 本）、性教育（190 本）或被認為反家庭（186 本）。大約 70% 遭受質疑的書籍是來自於學校或學校圖書館，另外 26% 則來自公共圖書館。60% 受質疑的書籍由父母所購買，16% 為一般顧客所買，10% 由行政人員購得（智慧自由署並未綜合公布調查紀錄。有研究顯示，未報案的件數是有報案件數的 4 到 5 倍之多）。下列是 1999 年最受質疑的書籍：

1. 「哈利波特」系列叢書（Harry Potter series），作者 J. K. Rowling，因為書中充滿巫術與魔術。

2. 「愛麗絲」系列叢書（Alice series），作者 Phyllis Reynolds Naylor，因為書中內容使用詆毀語言，且不適宜未成年團體。

3. 《巧克力戰爭》（*The Chocolate War*），作者 Robert Cormier，是 1998 年最受質疑的小說，書中內容使用詆毀語言，不適宜未成年團體。

4. 《鯨脂》（*Blubber*），作者 Judy Blume，內容使用詆毀語言，不適宜未成年團體。

5. 《墮落天使》（*Fallen Angels*），作者 Walter Dean Myers，因為使用攻擊性語言，且不宜未成年團體閱讀。

6. 《人鼠之間》（*Of Mice and Men*），作者 John Steinbeck，內容使用詆毀語言，不適宜未成年團體。

7. 《我知道為何籠中鳥在唱歌》（*I Know Why the Caged Bird Sings*），作者 Maya Angelou，因為書中太過於詳細描寫強姦與性虐待過程。

8. 《使女的故事》（*The Handmaid's Tale*），作者 Margaret Atwood，因為書中充滿性暗示的內容。

◆◆◆ 錦囊 2-1　1999 年備受質疑的書（續）　◆◆◆

9. 《紫色姊妹花》（*The Color Purple*），作者 Alice Walker，書中包含性
   與詆毀語言。

10. 《愛在冰雪紛飛時》（*Snow Falling on Cedars*），作者 David Guter-
    son，因為文中隱含性與詆毀語言。

資料來源：American Library Association（copyright 2000），"The Most Frequently Challenged
Books of 1999." http://www.ala.org/bbooks/challeng.htm1#mfcb（檢索日期：March
1, 2000.）

上的勝利，以及能回復 1960 年代社會革新時期所失去的傳統價值。由於宗
教獲得政治權力，書籍查禁的案例在公立學校與圖書館中已經增多。在 1970
年代中期到 1990 年代中期所發生的查禁案例總共超過 300 件（Jenkinson,
1994）。

　　很多教育學者認為審查制度威脅學術自由；部分團體則要求停止爭辯，
他們為了保護兒童，使他們免於世俗主義、猥褻言語和其他負面的影響。
雖然法院裁決結果不盡相同，但某些書籍基於學術自由被留存下來，有某
些地區仍舊保留這些受爭論的書籍，為父母不贊同這些書籍的兒童，提供
不同的選擇（Brinkley, 1999）。

　　文化政治學（cultural politics）也牽涉到教科書的選擇。州層級的教科
書選擇權並涉及民眾與利益團體，導致利益競逐，壓力因而加在學校專業
人員身上，他們轉而注重教科書的附加套裝教材，藉以減輕壓力（Wong,
1991）。德州與加州是教科書最大的買家，對於出版何種類型的教科書有
著重大的影響力，這兩州占有五分之一的教科書出版市場，因而他們對於
教科書的內容具有主要影響力，包括有爭議性的課題，如：進化論和宇宙
創造說（"California," 1991, p. 11），甚至連課本上的歷史主題都加以審查，
在實務上有特殊利益與政治立場的團體已經滲透其中（Loewen, 1996）。

　　學校是每個人和社區均能深耕與立足的地方，有些事件在其他機構中

可能難以掌控。課程內容的決定呈現了對權力與人民生活之控制、對兒童之影響、社區之改變等寬廣的議題。大部分農村和小鄉鎮地區對於課程變革常有較大的抗拒，其居民會因為變遷快速與都市化的世界會威脅他們長期保有的信仰與價值，而備感壓力。

利益團體與課程　文化傳遞並非直線的歷程，而是多元化社會之動態與異質性觀點的一種反映。考慮上帝創造說與世俗的人道主義對立的議題，此議題也反映了美國憲法的宗教與國家分離的觀點。許多州的最高法院已考量此一議題；2000 年美國總統候選人雙方的立場，均偏向應教導上帝創造說，而多數美國人則偏愛教導雙方面的觀點。

> 美國人支持應教導上帝創造說與進化論兩方面的觀念，此反映他們對於人種如何存在的問題持歧異的觀點，根據最新蓋洛普民意測驗調查顯示，47%的美國人相信上帝約於一萬年前完美的創造了人類，同時有 49%的人認為人類是從較不進化的生命，經過數百萬年的演化所發展而來。（Moore, 1999）

這個備受爭論的觀點，因年齡與教育之不同而有所差異，約 56%的年輕人和受較高教育者接受進化論；而年齡在 65 歲以上者有 60%排斥這種觀念。41%未接受大學教育者拒絕進化論的解釋，有 58%的大學畢業生與 66%的研究所教育程度者則接受進化論（Moore, 1999）。此種爭論性議題是學校系統中衝突的一個事例，類似的問題是學生應該學習什麼樣的資訊，以及如何教導他們。

教育社會學之應用　學區應如何處理利益團體間的競逐？

社會控制功能與個人發展

　　社區民眾期望學生學習必要的技能，以成為具生產力、遵守法律的公民。根據功能理論的論點，學生透過正式與非正式的方式學習價值觀，如：常規、尊敬、服從、守時和恆心。這些價值觀被人認為是在工作場域與學校中存活的重要條件。學校被期望應該灌輸與控制社會及個人發展有關的價值觀。如此，社會問題才能減少，因為個體被訓練能以被接受的方式去適應社會。衝突論者對於社會控制則有不同見解，他們聲稱學校只是資本主義社會的工具——控制訓練、在社會體系中將人類做分類，而且導入不公平的階級體系。我們將利用這些理論觀點思考學校中社會控制的以下例證。

　　學校利用各種方式傳遞社會控制的技巧，其範圍從獨裁主義到人道主義的方法。常規訓練的過程是學校教育最主要的增強控制方法，這意味著在學校之中達到社會控制的目的，並且能為有紀律的工人做準備，也為學校與社會製造了兩難與矛盾。有三個相互關聯的議題可以用來說明此種論點，分別是：學校中的暴力、紀律和幫派。 *48*

☐ 暴力和學校紀律

　　年紀約在 15 到 19 歲的白種男孩其死於槍擊事件的機率，遠超過自然原因死亡的機率，約有半數的非裔美國年輕人死於槍擊（Steinberg, 1994）。雖然學校與社會其他情境相比大致上是相對地安全，不過高中高年級學生死亡率在 1976 至 1997 年間並無多大變化（"Monitoring the Future Study," 1999），「校內與鄰近環境的暴力直接影響教育工作者與學生，導致學校效能降低、抑制學生學習。據此而言，不安全的學校環境可能讓處於學校失敗危機中的學生，未來發展更加不利」（National Center for Education Statistics, 1995, p. 134）。

　　1998 年學校犯罪與安全（School Crime and Safety）之研究結果發現，

之前至少有近 9%的高中高年級生每隔四週至少會有一次攜帶武器到學校，1993 年則爲 14%；所攜帶的武器中有 3%是槍枝。男性學生（特別是非裔美國學生）最有可能攜帶武器，其中 15%的人攜帶武器時間爲每個月至少一次，而美國白種年輕男孩則爲 8%（National Center for Education Statistics and U.S. Department of Justice, 1998）。有時會發生嚴重的犯罪與傷害事件，因此某些都會學校裝置了金屬探測器，並有定期守衛或警察在大樓巡邏。不論地區性或全國性，或許這些嚴重事件令社會大眾知覺到學校「缺乏常規」、「打架、暴力和幫派」與「藥物濫用」是美國學校所面對的嚴重問題（Rose & Gallup, 1999, p. 46）。

雖然在 1976 與 1997 年間學生整體犯罪人數並無增加，然而校內街頭幫派的人數卻增加了（National Center for Education Statistics and U.S. Department of Justice, 1998, p. 13），在 1990 年大約有 15%的學生表示曾有幫派在校內出現過，1995 年其人數增加至 28%（School Crime and Safety, 1998, p. viii），爲此引發學生是否有權攜帶幫派臂章或塗上特定顏色到校，以及校園幫派出現後所有校內學生的安全問題的爭議。學校應該成爲守護學生的堡壘，或者應較少強制性和懲罰性？這些潛在的麻煩製造者是否應該將之從學校安全的環境中隔離開來？或是他們可以依照校規繼續受教？

此亦導致學校應該實施何種常規訓練的爭議性話題，施行專制方式進行體罰與停學處分，是當前美國聯邦行政人員爲在安全的校園中保護師生所偏好的處罰方式。有研究指出，嚴格的常規訓練方式是低收入城市學校學生學業成就的重要因素。紐約前任首席法官雷蒙‧柯汀（Ramon Cortines）建議對所有攜帶槍械的學生均應停學一年，或送至特殊常規訓練學校（Hodges, 1995, p. 17），有些學校已經採用較爲嚴格的常規訓練，並在學校大樓設置警衛，有時宛如武裝營區一般，有些地區的高中與國中學生已經對如此的校園氣氛感到憤怒與蔑視。

另外值得探討的是，積極的校園氣氛是激勵學生成就之所需。有些社會學家認爲常規問題代表體系中學生與大人間的權力鬥爭，在此體系中學生沒有權力，而且時常反叛限制了他們的思想和行爲的專制規定。這些社會學家同意，除非這種讓學生避而遠之的強制性、疏離性的權力結構能徹底改變，否則常規訓練依然會是問題所在。諾加拉（Pedro Noguera, 1995）認爲有些校園活動可能反而助長暴力文化，在錦囊 2-2 中將加以討論。

很多體罰的研究結果顯示，體罰只是一種控制機制，不只無效，而且會繁殖暴力。心理學家指出負向增強是無效的，如體罰，無法使行爲轉爲良好。有些教育學者也指出，體罰使學校非人性化，不只不適用於學校環境，而且會增加不當的、反叛性的行爲與阻礙學習。學校強調嚴格的社會控制，反而讓校園產生宛如監獄般的氛圍，無助於情境的改善（Noguera, 1995）。多數接受體罰的學生是已經與學校疏離的學生，處罰、批評，不只會削弱學生做成功的努力，也會導致教師對他們貼上負向標籤，重點是教師與學校會因爲使用身體力量而教導了暴力。

學校可以改採其他替代性的技術來處理問題，包括男女分班、強制家長參與，或聘用制服警察在學校大樓中執勤（Elias, 1995, pp. 54, 56）。對於學校停學處分的政策評估顯示，在美國許多非裔男學生遭受不適當停學處分的案例很多，最近發生了幾位非裔美國學生在伊利諾州德凱特（Deca-tur）的足球競賽中打架的事件，而引起全國媒體的注意。一位名叫傑森的學生辯稱因爲犯錯而遭受兩年的停學處分過於嚴苛（後來縮減了處分）。雖然停學處分可以解決消除問題的立即目標，但處罰學生會導致長期的問題，使社會付出代價，例如：會減少停學學生過具有生產力生活的機會，限制了教育機會，增加了輟學比率（Bowditch, 1993），也導致需要依靠社會福利服務，可能被監禁在監獄中，或需要安置在療養醫院。因此，在教室與學校所採用的技術會影響氛圍與師生互動。更多系統性的研究引入權力結構、常規技術，以及施行的結果中，是必要的。

所有人類都有確切的基本需求——食物、保護、愛與隸屬、尊重、信任、知識和眞理（Maslow, 1962），如果最基本的需求無法獲得滿足，兒童極可能會表現出具破壞性的行爲，例如：如果學生餓著肚子上學或者缺乏家人關愛，他們可能會在學校表現出破壞性舉動。老師經常沒有時間、精力或興趣直接去處理這些問題，取而代之便訴諸常規技術或控制，如體罰、

51

◆◆◆ 錦囊 2-2　預防學校暴力：創造積極氣氛 ◆◆◆

　　都市公立學校的社會關係功能普遍不良，此並非意外，其起因是都市內部嚴重的社會與經濟問題所導致的結果。然而這並非無可避免的，仍有一些例外，其中有些學校，教師與學生相互支持，以追求更高的個人與集體目標。然而此種學校並非典型或普遍存在的。更甚者，都市學校平均都屬於大型學校，是非人性化、不安祥的，在此學校的警鈴與安全警衛企圖管制學生的活動，學生無法看到教育與個人的成長，他們會質疑每週五天到這個冷淡學校上學的理由。

　　我曾拜訪都市學校，發現這些學校有效解決暴力問題的方式，這種方式並非依靠強制性或極端性的控制形式。就有這樣的學校寧願不雇用安全警衛，而是雇用學校附近一位老祖母來監管學生，她不採體罰脅迫的方式來執行她的職責，而是以擁抱來招呼學生，當學生有些行為可能將遭受處罰時，她也會隨時告誡學生遵守規定，告訴學生她期望他們表現出更好的行為。之後我陸續又訪問另一所高中，那裡的校長封閉了校區，不允許學生午餐時間外出，學校雖未設置圍欄或其他安全裝置，但他單純與學生溝通有關購買食物的其他不同選擇，讓學生感覺不需要外食，而現在學生也經營校園商店來服務教師與學生。這些考量均是有效的，因為讓兒童與成人彼此人性對待成為一種可能，而非是以匿名的角色在演戲而已。

　　增進學校藝術特質包含學校環境的藝術設計，或在校內為學生做空間利用，創造花園或溫室，如此能使學校更令人愉快與具吸引力。同樣的，也需要克服學校與社區的分離，在此社區中學校欠缺成人權威，以及來自於學生的尊重眼神。因此，可鼓勵住在社區中的成年人參加自願性義工服務，如果可能，聘請他們擔任師傅、教師、導師、教練，進行表演或協助學校所舉辦的各種不同活動。

　　透過武力或常規方式來達成社會控制的目標，已持續很長一段時間，現在許多都市年輕人不再被動，也不順從。在獎勵追求更高尚的工作與物質財富方面，有些在校表現良好的年輕人認為學校獎勵辦法過多，不但不必要，也難以達到。因此，新的教育策略就是提供一種教育，讓學生感到有意義並具重要性，而且能成為所有個體的內在欲求，以期獲得更大的個人

◆◆◆ **錦囊 2-2　預防學校暴力：創造積極氣氛（續）** ◆◆◆

自我實現，這種策略應該加以規劃與支持。任何短期計畫都只會讓我們陷入困境中，並增加每日成長的沮喪感與危險性。

　　很多都市學校均覺得校園安全不需要裝置金屬探測器，或武裝安全警衛，校長也不必攜帶棒球棒。是什麼促使這些學校有強烈的社區意識與集體責任感？這些學校被學生視為稀有疆域，因為太特別，不至於滋生犯罪與暴力，而且太重要，以致不想被學校排除在外。這樣的學校並不多，但它們的存在證明飽受暴力問題之苦，或遭受特定機構控制，僅將教育目標鎖定在教學生聽話之學校，仍然可以有不一樣的選擇。

資料來源：摘自 Pedro A. Noguera, "Preventing and Producing Violence: A Critical Analysis of Responses to School Violence." *Harvard Educational Review*, 65(2), Summer 1995, pp. 189-212. Copyright © 1995 by the President and Fellows of Harvard College. All rights reserved.

開除（多於 10 天）、停學處分（少於 10 天）、留校查看、轉班或轉學、剝奪特權、用藥物鎮定學生，或使其進入特殊教育班級。有關學校問題不易回答，尤其某些問題是大社會的問題反映。

教育社會學之應用　　何種情境運用獨斷式的常規訓練最為有效？人道主義常規？或應該採取停學處分？如果是，應於何種情況下運用？

篩選與分派的功能：分類的歷程

　　什麼方式是取決你或是其他人能獲得最完好的大學教育安排、獲准進入你的領域、將來能獲得高薪與最具社會聲望的職業的最佳方式？本議題將在第三章與第四章陸續討論，這裡我們僅討論高度工業化國家較常採取的方式

——測驗（testing）。此爭議點在於考試在安置上扮演何種角色？對所有人來說是否具公平性？

測驗遊戲

　　許多現代化工業社會非常強調成就與績效，在這種以測驗為導向的社會中，熟練測驗的技能是相當有利的。大多數人都曾接受過智力測驗（IQ）、性向測驗、成就測驗、職業興趣量表、心理測驗、公民服務測驗、學術能力測驗（SATs）、美國大學測驗（ACTs）、米勒類比測驗（Miller's Analogy test）、研究所入學測驗（Graduate Record Examination）、工作性向測驗（job-aptitude tests）等。學校在不同學習關卡中利用考試來對學生進行追蹤或分流學生，並確認學生是否能達成本學年的學業水準，因為社區要求學校要有績效。現在許多州均要求學生必須通過考試才能從高中畢業，而且學生必須接受學術能力測驗（Scholastic Aptitude Test, SAT）或美國大學測驗（American College Test, ACT）來取得大學入學資格。測驗成為我們生活的一部分，也幫助教育工作者與他人能根據能力進行選擇與分派，然而是否有某些團體在測驗的過程中較占優勢呢？

　　智力測驗分數的運用在近幾年來備受爭議，比奈（Alfred Binet）在法國最先發展智力測驗工具，用以診斷心智遲緩和其他領域中個人的困難與弱點。比奈認為個人智力並非為固定不變的特質，可能經由專家訓練而提升。利用智力測驗來進行安置並非是他的主張，但卻快速成為社會普遍現象。美國軍隊徵兵時即實施智力測驗，將之分為非文盲（α組）與文盲（β組）兩組，以便分類與挑選士兵在軍隊擔任不同的角色。學校為了分組目的也開始利用測驗工具，導致智力測驗的利用被增強。實務上智力測驗已飽受批評攻擊，但仍有許多學區持續使用智力測驗，對兒童進行一般安置。自1970年代起，許多有關智力測驗工具的特質與使用說明的書籍與文章陸續出版後，引發激烈的爭論，喚起大眾關心智力測驗的性質：

　　1.我們真正要評量些什麼？

2.遺傳與環境因素對於智力測驗的結果影響程度為何？

3.我們能發展出無文化影響（culture-free）的測驗嗎？

教育社會學之應用　　記下你所知某人智力的特質，並與其他人比較
　　　　　　　　　　你對於智力的觀念，在定義上也許你們有些重
　　　　　　　　　　疊，也有些差異，為什麼？

　　第一個要處理的問題是智力的性質：社會科學家試圖準確的去定義智力的真正意涵；對於人類的天生特質有哪些或者如何去發現它，以及環境因素如何影響智力，然這些並無全然的共識。

　　目前約有 23 個不同的心理能力含括在智力的定義中，如：口語流暢度、空間知覺、類比推理、連續與系統操作、記憶和創造力。在嘗試為智力下定義時，我們不需要界定所包括的種類數量，而是應把智力視為複雜的推理系統。葛登納（Howard Gardner）於 1987 年主張人類功能是有各種領域，此即「多元智能」（multiple intelligence）──包括實用、社會、音樂、空間能力等，自從他在 1983 年提出多元智能的觀念後，葛登納也不斷增加其智能的項目內容，最近他提出「自然觀察者的智慧（naturalist intel-ligence），是一種能辨認周遭環境植物與動物的個體能力」（Gardner, 1999）。其他學者也相信智力是訊息處理歷程的一種架構，訊息的處理包括我們對時間的知覺到我們行動的時間。這意味著，會有某些人較其他人更能熟練地處理某類型的訊息。

　　第二個要處理的爭論問題是關於遺傳和環境因素對智力的影響，1969年詹森（Arthur Jensen）認為智力測驗所評量的遺傳占 80%，20%是文化因素。這項陳述及內容刊登在《哈佛教育評論》（*Harvard Educational Review*），引發的爭議仍然持續至今。詹森和其他學者如赫斯坦（Herrnstein, 1980）推論出不同的社經地位、不同社會或種族團體，其智力不同，根本原因都是遺傳基因的因素所影響。

　　赫斯坦和慕雷（Herrnstein & Murray, 1994）的著作中提出「鐘型曲線」

53

（The Bell Curve）理論，在科學社群中引起風暴，其論點主張低智商與遺傳基因、社會階級安置，以及社會疾病都有直接的關係。他們暗示種族、IQ和社會階級切合，而貧困者常因其地位而飽受責難之苦。他們的論文假定智力是可以被了解的、可定義的、可測驗出的，而且我們會有可以準確評估人類智力的測驗。如果假定智力測驗是有效的，而且智力是先天遺傳而來的，有些人則會認為根據智力結果來分配社會地位是公平的——其所應爭議的在於哪些人較其他人更具有能力。某些個體確實擁有較優異能力，只是我們必須確信在決定此種準確性之前，能有測驗的人口分布基礎。這些因素全都是值得懷疑的，並未受到嚴格的檢視。

科學家批評這些相關研究，從它的基本假設到方法學，每樣都加以批評。有一項主要的批評是資料的可能解釋，顯示經濟成功有賴於社會階級，而非IQ，而且我們必須正視超乎個體特質之上的社會結構，以發現不公平的成因。其影響因素從父母的財富到國家的勞工法案、教育、納稅的減免等政策所導致的不公平的酬賞分配。種族差異是社會不公平的結果，而非導致社會不公平的原因。有些作者建議應採行能提供更多機會的政策（Fischer et al., 1996）。

第三個爭議的問題是運用智力測驗來分類社會成員，是否可能設計出免於文化偏見的測驗——階級、種族、地域，及使我們國家與學校體系多樣化的其他變項。請仔細思考下列的問題：兒童被要求畫一匹馬，你認為誰可能畫出「最好」的馬？美國原住民兒童生長於新村地區，可以畫得最好，因為這是他們熟悉的主題。

其他會影響智力測驗的環境因素是一個人所來自的地區。第一次大戰後智力測驗對美國軍隊徵兵有所幫助，有研究者注意到，軍隊徵兵不應存有非裔美國人測驗分數一定比白種人得分較低的刻板印象，但其軍人不同居住地的得分卻有顯著差異。北方白人測驗得分最高，接下來分數依次序為：北方非裔美國人、南方白人、南方非裔美國人。有研究指出，參與增進方案計畫的兒童其IQ提高了，因而顯示環境是智力測驗的重要因素。還有其他許多影響測驗得分的變項：測驗情境的種族因素、施測者的性別、

54

動機，以及接受測驗當天的感覺──甚至測驗當天是否吃頓豐盛的早餐都有所影響。你可能還記得測驗當天的緊張心情，有些學生身處於壓力中反而表現更好，有些學生則表現得更差，有些學生則選擇放棄去面對這樣的威脅與困難的情境，這些個體因素都顯著地影響測驗分數。

　　所有研究均指出，基於測驗得分而分類或評定等級，是不可靠且容易改變的，而且測驗得分受環境情境的影響。因此研究學者認為智力──典型測量而得──並非固定不變的，先天只是一個變項，其他也視刺激與文化和環境因素而定。

□ 成就測驗

　　學生在信箱旁著急地等待，憂心忡忡的打開「信封」，這是全世界各地所熟悉的場景。這封信是掌握著很多年輕人未來命運的重要關鍵──成就測驗分數。因為大學入學名額有限，許多國家需要依靠入學考試來限制大學學生名額。這些測驗分數便決定了學生是否進入大學或被拒絕，所以這些分數是重要的──也是有爭議的，因為它挑起了問題的核心，在社會中我們對人是如何的評量與安置。

　　在美國，有兩種國家級專為高中畢業生所設計的成就測驗：美國大學測驗（ACT）與學術能力測驗（SAT）。學術能力測驗的分數在 1994 和 1998 年間提高了 14 分，而同樣在這段時間，美國大學測驗得分持續穩定（U.S. Department of Education, 2000）。然而，非裔美國學生的得分仍然明顯低於白種人或某些少數族群。有些教育學者批評這些測驗，認為這些測驗無法準確測出學生於教室的真實狀況，它們只能形塑教室的動向。SAT 與成就測驗的作者教育測驗服務社（Educational Testing Service），已經修正了測驗，使之更為接近教室經驗。

　　測驗編製者將會持續不斷地提高測驗的效度，教育學者也將持續質疑課程教材與測驗題目之間的關係；家長和學生也會持續關切測驗對於人生機遇的意義；少數族群的擁護者也將對測驗的偏見持續保持警戒。然在菁英制度之測驗形勢下，測驗的不完美可能將會持續下去。

55

變革與創新的功能：期待未來的處理[*]

學校提供與未來的連結，透過研究與教育，下一代獲得社會進步的新知識，大學位處於學術研究的最前線，傳遞知識給學生。雖然很少人會否定變遷的必然性，但也產生一些問題，如變遷如何發生？誰掌控變遷？

在 21 世紀中誰擁有科技與知識，誰知道如何取得對未來有所幫助的重要資訊，便能提升其社會階層。學校能教導與運用這些新科技嗎？這些工具對所有的人都是公平的嗎？

電腦技術的發展日新月異，經由電腦，各個層次的教育工作者將資訊傳達給學生。因而在「傳統教室」（traditional classroom）中是聽老師講課，在「後現代化教室」（postmodern classroom）中教學者則利用高解析度的電腦圖表、虛擬聲光效果，和頗受歡迎的多媒體平台，如 PowerPoint、Astound、Hyper Studio 等來增強授課效果。在傳統教室的學生借助於閱讀一套的書籍文本，才能學習遙遠的文化，但在後現代化教室的學生則可經由網路與不同文化背景的人進行互動與溝通。

在後工業化的社會中，各個層次的教育工作者擁有科技日益重要，柯林頓總統在國會中報告「目標 2000 年」（*Goals 2000*）的部分內容，即非常強調能發展策略，讓全國各班級教室能有效運用電腦科技（U.S. Department of Education, 1995），雖然全國人民對於使用電腦與網路的技術並未充分了解，但有證據顯示後現代化教室已快速取代了傳統教室。

擁有電腦設備及網際網路的公立學校比率逐年增加，在 1997 年，公立學校平均 75% 擁有電腦，從 1994 到 1998 年，學校擁有網際網路的比率也從 35% 快速攀升至 89%（National Center for Education Statistics, 1999）；擁有網際網路的電腦教學教室比率也逐漸增長，擁有網際網路的教學班級在 1999 年已增加至 63%，在 1994 年時僅有 3%（"State of American Education

56

---

[*] 註：與印第安那大學 Jeffrey Dixon 所合著。

Address," 1999）。

　　依賴電腦技術對高等教育機構同樣重要，特別顯著的是遠距教學，這是能以最低成本教育最多學生的教學方式，經由雙向互動的電視連結與網際網路，學生可以在線上選修學分（Dunn, 2000）。在 1995 年有三分之一的高等教育機構提供遠距教學課程，其他有 25%的學校指出未來三年也將跟進（National Center for Education Statistics, 1999），目前已有許多大學完成此目標，1998 年已有 44%的學校提供遠距教學課程（Department of Education, 1999）。

　　雖然上述所列舉的資料不斷更新，初步研究顯示，電腦技術對學生學業成就表現有正面積極的影響效果。1999 年由教育部長召集舉行的教育科技會議中，教育工作者評估電腦技術的使用與標準測驗得分的關係。由於密集連結，或「後現代」的作用，西維吉尼亞和愛達荷州的學校校長均誇耀其學生在愛俄華基本能力測驗（Iowa Test of Basic Skills, ITBS）、學術精熟測驗（Test of Academic Proficiency, TAP）及其他標準測驗得分均提升約 15 分。然而也有些教育學者批評這些研究所使用的研究方法並不恰當，質疑難以將電腦技術當成一個變項，不提升也不阻礙學業成就表現（McNabb, Hawkes, & Pouk, 1999）。殊不論個案為何，這些初步研究結果已引發關於科技的分配及其在教育上之涵義的尖銳課題。

　　隨著科技日益昌盛，問題也隨之產生，雖然有些是老問題，但也有新的問題出現。在這些問題之中，最令人關切的還是電腦技術並沒有做公平性的分配。在 1998 年，學校中僅少數學生是來自貧困家庭背景的，約有 62%的教室可運用網際網路，而較多貧困學生的學校則僅有 39%（"State of American Education Address," 1999）（見圖 2-2），同樣的不公平現象也存在於「高少數族群入學率」的學校（high-minority-enrollment schools）和「低少數族群入學率」的學校（low- minority-enrollment schools），高少數族群入學率學校是指少數民族學生入學率超過 50%的學校，其教室比較不可能利用網際網路（National Center for Education Statistics, 1999）。然而，學生在家的電腦使用或上網搜尋資訊的機會受限於家長的經濟購買力，「約

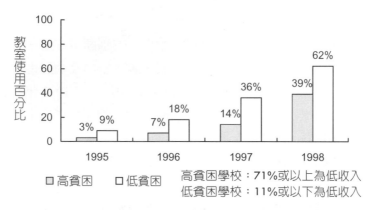

圖 2-2　高貧困和低貧困學校教室使用網路上網百分比

資料來源：美國教育部，國家教育統計中心，1998 年 2 月公立學校網路上網；2000 年 2
　　　　　月美國公立學校教室網路上網；貧困標準基於學校免付費或低價午餐資料，
　　　　　此將可能低估學校貧困程度，尤其是對於年紀較大的學生或移民的學生。

　有 13%的學生其家庭年收入在 25,000 美元到 29,999 美元之間，在家會使用
電腦完成學校的家庭作業，年收入超過 75,000 美元的家庭學生則為 45%
（National Center for Education Statistics, 1999, p. 472）。

　　教育工作者和行政決策者在 21 世紀面臨了巨大的挑戰。處於電腦科技
57　支配的社會中，他們必須盡速決定如何在教室中有效地運用電腦與網際網
路，以及如何公平地分配科技。如果這些議題不盡速提出討論，某些學生
可能會被遺忘停留在 20 世紀中。

教育社會學之應用　教育專家如何為學生將來預作準備？

　　我們選擇進行調查的任何教育議題，最後都會回歸到教育功能之中，
這裡所討論的提供了一些新的範例，現在我們轉至討論教育的篩選與分配
功能上，經由社會階級化的歷程，篩選與分配因而發生。

摘要

本章我們探討了五個重要的教育功能及讓教育系統功能運作的歷程：

1. 教育的衝突功能

說明教育系統的動態特質，討論每種功能所環繞的爭議性話題。

2. 教育系統歷程的重要性

歷程是系統的行動部分，牽連到系統內部與系統外在環境，所討論的每一種都涉及教育的歷程。

3. 社會化的功能：我們學習什麼？如何學習？

在此討論了兩項爭議：

(1)早期幼兒教育的爭論：爭論包括誰必須提供早年照護，以及早年照護的長期效果。研究發現對貧困兒童提供早期照護與長時間照護，均有長期正面效果，如果持續努力，早期幼兒教育並無害於兒童。

(2)媒體與商業廣告的角色：爭論包含傳播媒體在教育或娛樂上所扮演的角色、收看電視可能帶來的負面影響、過度收看電視者其學業成就表現較差、電視暴力鏡頭可能導致侵略行為的增加。有清楚證據顯示家長對於收看電視的干涉行為有決定性的效果，以及教育性電視節目對於兒童都有正面影響成效，最近的產業評比與 V 晶片的使用，更能有效控管電視收看的品質。

4. 文化傳達的功能和傳遞文化的歷程

關切學生普遍缺乏技能的問題，顯現於標準測驗的得分結果與文化性文盲兩方面，有些學者建議應設計較為嚴謹的核心課程，以矯正不足。而教導什麼內容？或者該由誰來決定？也是兩個值得爭論的問題，尤其處於

The Sociology of Education: A Systematic Analysis

異質性的社會中。本章也探討兩類爭議問題：(1)藥物濫用與性教育；(2)教科書和圖書館書籍的審查，以及其他特殊爭論的問題如：進化說與上帝創造說。

5. 社會控制功能與個人發展

學校爲了維持社會控制而引發兩個衝突性的爭議問題：常規訓練和幫派。爭論的重點在於：常規的使用、幫派在爭取吸引學生注意的問題，以及在學校中如何處理幫派和暴力。

6. 篩選與分派的功能：分類的歷程

個體如何被安置是主要的爭論點，因爲測驗在學校與職場上被密集的用來做安置，其公平性已加以討論（此中功能將在第三章與第四章之中加以深入討論）。

59 ### 7. 變革與創新的功能：期待未來的處理

誰在社會中必須接受技術訓練以獲得晉升，是本議題爭議重點所在，有些學生比其他人更易取得資源，他們在未來的安置上會更具有獲得安置與成功的機會。

運用社會學作業

1. 討論你在當學生時之角色的主要過程。
2. 有哪些關於課程內容的爭論問題已出現在你所熟悉的城鎮之中，而你覺得司空見慣？在這些爭議點上有哪些社會學因素？
3. 拜訪並觀察幼兒學校，兒童正接受何種類型的社會化經驗？其與家庭經驗有何差異？
4. 訪談幼兒的家長、老師，討論他們對於早期幼兒教育的觀感。
5. 訪談基本教義宗教領導人，關於他們對學校課程的看法，有哪些應該改變或應該補充？如果有，他們想看看嗎？如果在你所住的地區中有堅守基本教義的教會學校，試著拜訪、觀察，並學習他們的課程。

6. 與學校董事會成員、學校行政人員討論壓力團體如何影響學校決策？有哪些議題？採用何種策略？

7. 與幾位教師討論何種技術他們認為最能有效幫助兒童學習，他們在教室中採用哪些常規技術？

8. 在你居住地區的學校所面臨最嚴重的常規問題是什麼？拜訪不同類型的社區學校，找出相同的資訊。在常規問題上有何相同或差異之處，其原因何在？這可能涉及學習如何處理常規問題。

9. 訪談不同年齡層的學生，了解他們對於紀律與學生權利之看法。

Chapter 3

教育與階層化的歷程

學校教育的危機

學校教育是影響國家未來發展的重要關鍵因素，大多數人都堅信教育能協助個人將來事業經營成功。正因如此，學校受到評論家、激動與充滿敵意的家長、教育學者、學生，及政策制定者等各界人士在公開場合所表達關切之意見的影響。

一般人普遍同意學校是社會使人成才的訓練場所。但學校教育該如何進行，或學校教育如何實施，則飽受爭議。學校必須達成傳遞基本技能的重要任務，而且公眾亦對學校教育抱持著高度期盼，並密切督促學校教育的過程。本章我們將探討學生的篩選、定位及階層化等議題，其中最具意義者就屬教育機會均等的問題。其他議題則是關於學校對於兒童與成年人的影響、公立與私立學校、能力分組、家庭與社區環境、教師與學生期望以及其他議題。

☐ 美國教育與階層化

有些教育評論家指出當前教育已出現嚴重危機（Young, 1990），因為教育環境瞬息萬變，致使學校所預定的目標難以實現。美國作家艾傑（Horatio Alger）白手起家成功的故事已不可能再度實現，昔日被稱為

「機會之鄉」（land of opportunity）的形象也正逐漸消失。但美國人仍相信教育能協助人們達成任何事，那些繼承其原有社會地位的貧困移民，他們在社會階級的結構中，仍待力求爬升，希冀獲取任何得以充分發展潛能的機會。1848年，美國教育之父曼恩（Horace Mann）寫道：「教育是調節人們生存條件的重要工具，且遠勝於其他方式，教育如同社會機器的平衡之輪。」（Mann, 1891）但事實上，教育並未如預期的發揮功用。

美國昔日早期歷史文化，生存的基本技能必須藉由家庭代代口耳相傳，隨著工業發展，傳承知識的責任必須由許多新興的正式機構所承擔，因而這項傳遞功能逐漸由家庭轉由學校負責。學校不但代替工商企業肩負起訓練勞工的責任，並負責將外來移民的次文化同化為主流文化。過去許多學校也對工廠裡的童工進行勞工教育，利用「監視系統」（monitorial system）提供小規模的學習活動，如：閱讀、寫作、算數等，民眾就在受教師指導的監督者之下學習。這類學校教育為「大眾教育」（common schools）提供另一種學習方式，並受曼恩所支持，企圖結合所有力量，創造出共通的身分認同。首先，他們對所有白人學生開放入學管道，後來，原本實施種族分離政策的學校也跟進改變，並開始接受非裔美國學生。然而，正當有些學生藉由學校教育而在社會階級結構中嶄露頭角時，美國原住民（印第安人）及得到自由的奴隸（黑人）則遠遠被拋在後頭了。因此，有些移民團體並未滿足於接受公立學校教育，他們透過自行興學的方式以滿足自身的需求。

當工業化和正式教育逐漸擴展時，控制資本與決策的人與被控制者之間的分工開始定型，進而造成不均等的後果。如私立學校係專為社會菁英所設立的，目的在永續保有菁英階級優勢的社會地位；一般大眾教育則被鼓勵對於勞工人員提供諸如守時、服從權威、負責等基本的訓練。人們多認為接受教育能使勞動者的未來更有美好的盼望，說實在，對許多人而言，這樣的希望是可以理解的，然而教育卻也提供資本家與勞工兩者之間階級區別永存的機制，顯然這種分軌（tracking）的作法對那些條件較優勢的學生較為有利。

　　整個社會需要訓練有素的勞工為骨幹，好讓「工業之輪繼續運轉下去」。為此，需要各式各樣不同層次的訓練課程。為了實施這些課程，學校開始篩選學生並加以安置（allocation）。一方面人們期望學校系統能增加每個人將來獲致更好生活的機會，並提供均等的機會，一方面又要能辨認哪些學生最具資格擁有重大影響力與獲得社會名聲地位。然而這種內在的矛盾勢必招致不滿，因為照理說，學校應協助兒童提高其能力，實情則不然，因為它同時也導致某些學生未來進入社會中較底層的職位（Kozol, 1991; *Learning to Fail,* 1991）。

　　今日的許多次級文化團體想要維持他們民族的特性；少數民族的訴求已然改弦更張，過去的目標是想要同化融入主流社會，如今則訴求對少數民族自身的尊重與保護，以及提供進入社會、經濟及政治機構的管道。如同我們所將看見的，這個模式的結果相當混淆，且有關取得管道的爭議仍甚囂塵上。

🔲 全世界的教育和階層化

　　有些人主張透過改進美國社會中各個不同團體的教育機會將可促進社會公平。雖然絕大多數的團體成員已全然接受正規教育，然而要達到收入的公平性還遙遙無期。據統計，美國在 1996 年有 19.8%（即約 1,380 萬）的兒童仍過著貧窮生活，其中 40%為非裔兒童，40%西班牙裔兒童，其中只有 16%是美國白人（U.S. Bureau of the Census, 1996）。

　　過去兩個世紀以來，世界各地的公民教育已經非常普及，在未開發國家中，大約有 60%的學齡兒童入學接受各類型的正式教育。雖然各國進入中學就讀的人數也有所增加，但就讀人數仍非常少。目前許多國家的初等與中等教育課程也都採取與他國相似的標準模式，但也有些國家設計了專門技術的中等教育課程（Kamens, Mayer, & Benavot, 1996, p. 824）。

　　世界各國人口如：性別、種族、家庭地位等因素，對於個人接受教育的可能性，及將來職業、收入、前途都大有影響。赫斯坦和慕雷的「鐘型曲線」（Herrnstein & Murray, 1994）理論即主張，社會中個人的地位大多是先天即已

決定好的，依據此一觀點，支援或支持性的教育經費法案與政策，對於個人社會地位影響不大。社會科學家已從各種不同角度來評論此理論，認為其理論所處理的資料有瑕疵、專有名詞如 IQ 的定義甚為褊狹、研究假設不夠周全。許多人認為社會因素才是造成美國及世界各國社會不均等現象的根本原因，所以這些因素我們都必須深入了解之（Fraser, 1995; Hauser, 1995）。

為了處理階層化歷程和教育之間的複雜關係，我們需提出幾個相關議題加以討論，針對這些重要問題，本章與第四章也將陸續提出基本架構來加以說明解釋。

1.階層化在社會系統中扮演何種角色？
2.教育在社會階層化歷程中扮演何種角色？
3.學校內外，有哪些重要因素影響階層化？
4.對所有人而言，教育能促成機會均等嗎？

63

階層化歷程：無法避免不均等？

許多人對於階層化的意義有一共同概念：階層化與社會地位密切相關。美國社會是由開放性的階級系統所主導，當有人問及我們的社會地位時，多數人可能會回答「中產階級」（middle class），所謂「中產階級」其意是指「平均一般化」的生活風格──擁有房子、車子的白領階級薪資勞動者。在不平等的社會階級結構制度或社會階級系統所建構的社會中，所有人自出生那刻起即已固定其地位了。

從開放系統理論的觀點來看，階層化被認為是整個社會組織或系統中最為複雜的部分。了解階層化的現象必須從整個系統的角度切入，不能單獨區隔出任一個組織來探討分析。雖然我們將焦點著重在教育方面，但也必須結合家庭、政治和經濟的觀點。圖 3-1 呈現出階層化歷程與教育系統間的相互關係，須特別留意在教育系統的範圍內，階層化的團體以及社區裡參與學校活動的人員，即教師與學生。

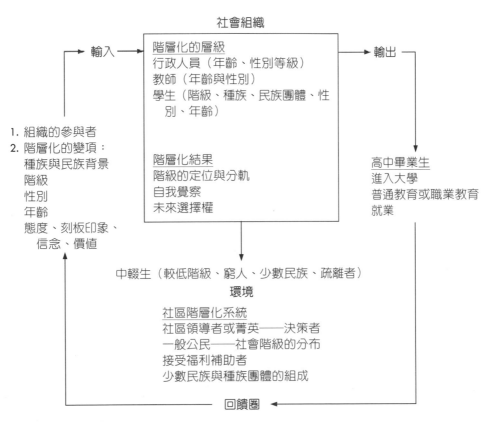

圖 3-1　階層化與教育系統

□ 社會階級的決定因素

　　研究階層化的社會學家，認為「社會階級」（social class）旨在探討社
會對於個人的重要性及影響。韋伯（Gerth & Mills, 1946）將「階級」描述
為一種多重概念，並認為有三種重要的決定因素：財富、權力與聲望。「財
富」包括個人資產、資金和收入。一項引人注意的資料顯示，美國 80% 的
財富集中於全國二十分之一的人口中，其中名列前 5% 的人口所擁有的總資
產超過全國所有財產的一半，形成極大的貧富懸殊現象。近幾年來許多國

家的民眾生活水準提高，但相關財富的分配仍然維持相當差距，透過繼承或高薪資待遇而擁有財富者，穩居社會階級制度金字塔頂端的現象，仍然普遍存在於各個社會中。

權力（power）意涵著能行使強大的決策能力，進而影響他人，以獲取某一特定利益的行動。權力大多集中在行政管理與商業機構中的重要層級，米爾斯（Mills, 1956）認為由經濟、政治和軍事菁英所共同組成的「權力菁英」（power elite）團體正支配著社會，並掌控重大決策方向，其他如聯合工會的利益團體與其他團體則相互競爭以贏得權力（例如 Dye & Zeigler, 1997），對比之下，一般人則罕有機會可為自己的利益做出任何的決定。

職業（occupation）是決定個人聲望的重要因素，教育影響將來的職業地位，而收入與個人職業密切相關，不同的職業有不同的等級聲望及影響他人的能力。

美國階級社會系統受到許多社會學家的關注，1920 年代，林登（Lynds, 1929）是首位研究社會階級與學業成就之關係的學者，他深入分析美國中西部的小型城市，發現勞動階級的兒童在教室中說話與行為的技能微弱，而這些正是學習成功的先決條件。華納、哈維赫特與李歐伯（Warner, Havighurst, & Loeb, 1944）在很多美國的社區研究中發現，學校往往是依照學生將來向上流動的可能性來為學生進行排序，而低社會階級的兒童一般常被看作是無能的。其他後續以社會階級與教育學業成就相關為題的研究，也都複製了此發現。

表 3-1 呈現出美國學校社會階級的類型，由表中可以看出階級與教育間的關係。學業成就與社會階級有高度相關，來自低階級的學生即使擁有高能力，將來進入大學院校就讀的機會，仍較高社會階級的兒童為低。

在階級系統中，個人地位隱含著某種特定的生活風格、隸屬於某特定團體、有特定的聯合政策、生活改變的傾向、健康狀態、養育兒童的模式，亦即每個團體在生活上均與其他團體有不同的觀點。從嬰幼兒階段起，我們就已開始被社會化成為某社會階級的一份子，並發展出個人對階級價值標準的強烈忠誠感，例如對於教育的傾向。

表 3-1　社會階級類型論　　　　　　　　　　　　　　　　　　　　*65*

階級與人口百分比	教育	兒童教育
高階級（1-3%）	菁英學校的博雅學科	兩性都有權利接受大學教育
中高階級（10%-15%）	研究所訓練	教育系統對他們有利
中低階級（30%-35%）	高中與大學	與勞工階級兒童相比有較多進入大學的機會
勞工（40%-45%）	小學與高中	教育系統對他們不利；傾向於參加職業學程
低階級（20%-25%）	文盲，特別是功能性文盲	對教育無興趣、高中輟率

資料來源：Daniel W. Rossides, *Social Stratification: The American Class System in Comparative Perspective* (Englewood Cliffs, NJ: Prentice Hall, 1990), pp. 406-408.

　　在美國，我們總是期望能藉由接受良好的教育以及努力工作，以改善未來的生活地位，而社會中每個成員都能有相同的機會經歷到向上的流動。教育水準較高者擁有更多的機會取得更好的工作與待遇，但老問題猶在：誰才能得到更高水準的教育呢？

　　勞動者的平均薪資與所完成的學校教育大有關係。以 1994 年的定值美元為基礎，25 歲以上的男性，受教年限在八年以內者，其平均年薪只有 17,555 美元，而女性則只有約 8,000 美元。如果多完成了中學的四年教育，則男性年薪的數字就跳到 22,000 美元，而女性則為 14,000 美元；進一步完成大學四年學業者，則男性的平均年薪為 38,565 美元，女性為 26,709 美元（U.S. Department of Commerce, 1998）。

　　學歷愈高，收入愈高（National Center for Education Statistics, 1995, p. vi）。「能獲得較高的薪資待遇是學歷所帶來的另一附加價值。年齡介於 25 到 34 歲未完成高中教育的白人與黑人男性，其收入較領有高中畢業文憑者少了 27%」（National Center for Education Statistics, 1991, Tables 357-358）。相似的，白人女性少了 39%，黑人女性少了 42%（National Center for Education Statistics, 1992, p. 84）。依人們的能力將之排序進入職業的類別，教育扮演著重要的角色。然而仍有許多不甚明確的因素，也影響到此

教育社會學
The Sociology of Education: A Systematic Analysis

一排序過程，茲臚列如下：

1. 各國、各地域或各區中可獲得的教育的品質與水平是有差異的。
66
2. 不同的社會階級地位、宗教、民族、種族、血統有不同的路徑來獲取教育的援助。
3. 由於個人動機、價值與態度不同；雙親經濟能力、觀念與資金供給不同，以及其他重要他人的心理支援，均致使個人潛能的發揮有所不同（Sewell & Shah, 1967）。

形成身分地位的模式（見圖3-2）呈現出六個影響個人教育和職業地位的天賦（ascribed）變項與成就（achieved）變項。

1. 父母的教育程度、父親職業、家庭收入。
2. 由成就測驗或智力測驗（學術性向）測驗加以衡量的能力。
3. 學術表現。
4. 重要他人的鼓勵。
5. 教育／職業抱負。
6. 教育成就對於職業成就的直接影響。

如箭頭所指，這些因素也會影響與外在資源的互動關係、決定了個人的社會地位。
67
雖然近年來學校教育計畫，包括一對一的教導方式、提供更多的學術課程、高期望等，已證明其對學生學業成功有所助益。不過，如果我們生活中沒有其他有利因素，光就學本身實難對個人將來的經濟與社會成功有何影響。

教育社會學之應用 思考社會階層系統中，個人的地位對其教育成就的影響。

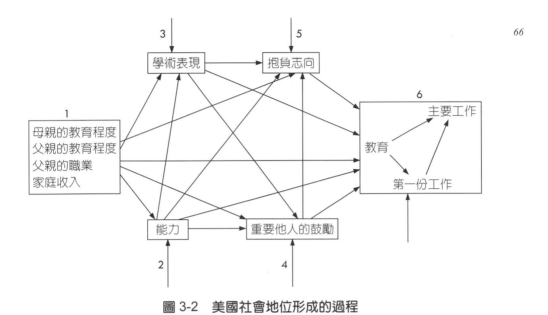

圖 3-2　美國社會地位形成的過程

資料來源：Beeghley, Leonard, *The Structure of Social Stratification in the United States,* 2/e. Copyright © 1996 by Allyn and Bacon. Reprinted with permission.

☐ 階層化的重要解釋

　　我們對社會的運作方式都有些想法，也知道為什麼有些人獲得成功而有些人則失敗，對此社會科學家自有其看法。從我們的系統觀點出發，我們得到觀察階層化過程的普遍架構。單靠學校教育是不能引發或解決階層化歷程結果所產生的諸多問題，因為學校僅僅是全體而統整之系統的一部分。因此，要了解學校在階層化歷程的角色，就必須注意學校、家庭、政治、宗教、經濟與社會等各個部分之間的相互關係。這是我們討論階層化歷程的主要強調，如同古典的社會學理論家所呈現的。

　　功能（共識）理論和衝突理論這兩個對立的理論是最常被用來解釋社會階級系統不均等的問題。我們的討論並無法對與這些複雜理論有關、成篇累牘的詳細分析作出公正的判斷；然而，我們卻能呈現某些圍繞這些相

關之階層化理論的重要議題。

　　階層化歷程的功能（共識）理論　根據功能論的觀點，社會每一部分在整個社會系統中均和其他部分相互關聯。為了維持各部分的平衡運作，系統有些明確的要求與合意的規則。由此起點，功能論者認為不均等是無法避免的，並解釋教育在階層化過程中所扮演的角色。學校的主要功能之一在依照個人能力的水準加以開展、排序、篩選，以填滿各個層級的職位；功能論者主張這是基於個體特長的一種理性過程。藉由學者戴維斯和摩爾（Kingsley Davis & Wilbert Moore, 1945）在一篇有關階層化的經典文章，教育在階層化歷程的角色變得更為清楚：

1. 人們受教導去做社會所需要的事，社會又以外在獎賞（金錢、聲望）來驅動個人實現其角色。
2. 社會中重要的特殊角色或欠缺的人才，往往得到較高的職位聲望。例如：醫生所擔任的角色被認為比起酒吧的侍者更重要，故其職位聲望高，薪水也更優渥。
3. 最複雜、最重要的職位所要求的技能與訓練最多，換句話說，教育是最上算的投資。

　　一個合理的推測是，當一個人完成更高等的教育時，在社會中必更具生產力與價值，因此，階層化系統是逐漸演進而成的，也是不可避免的，某些人勢必將比其他人獲致更多的教育機會，也因而取得更高的職位。

　　舉世皆知的理論家帕森思（Talcott Parsons）為功能論奠下扎實的基礎。他主張社會透過規範與價值觀，方能判斷或評價其所屬的成員。那些愈能滿足社會需要及價值的成員，愈可能獲得較高身分地位和職業聲望（Parsons, 1970）。根據帕森思的說法，社會不均等現象是無可避免的，有些人永遠處於金字塔頂端，因為他們具有必要的社會價值；反之，有些人則處於金字塔底端，對於帕森思而言，其主要問題已不再是不均等應否存在，而是多少的不均等才算是合理的。此類問題並無法輕易解決，但帕森思仍主張

68

某些不均等反而能刺激社會成員努力工作、持續進步，並進入保持社會運轉所必需的職務中（Sadovnik, 2001）。

　　決定個人未來社經地位的篩選過程早在就學階段即已開始，而且功能論者主張學生所受到的安置，與其說是因著種族及性別團體的差異，不如說是依照個體的能力。有些功能論者主張勞工階級的學生能藉由在學校的成就表現而達到社會流動的目的。他們認為整個系統是彈性的，允許大多數的美國學生都有機會進入大學。他們強調因為窮人、少數民族及婦女的教育成就水準已有改善，由此可推論，能力的考量確實是優先於種族及性別。豪瑟與費德曼（Robert Hauser & David Featherman, 1976）在一篇關於男學生的著名研究中指出，少數民族團體的成員中所得到的學校教育期間愈來愈長；他們認為這顯示教育不均等的現象正在減少。

　　不過，功能論的社會觀點不只有廣大的支持擁護者，也有許多的批評者。這些批判主要落入幾個範疇，但我們主要的關切則是意識型態的批判：

1.功能或共識理論持保守派的觀點；許多人認為功能論支持現有的系統以及主流的有力團體，不論其好壞，並致力維護社會秩序。功能論努力使事物能在既有系統之下繼續運作，而不去找尋免除戰爭、不均等和恐懼的方法（Hurn, 1993; Gouldner, 1971）。

2.人們必須滿足系統的需要，而非系統須滿足人們的需要，這個命題的弦外之意被某些批判者認為是虛假且誤導的。相似的，教育的功能可能是代表那些追求自身利益的有力人士或團體而已（Hurn, 1993; Levitas, 1974, p. 165）。

3.以為我們能夠藉由學校或其他機構找出最有天賦及動機的個人，這個假定是值得懷疑的，特別是當我們檢視一些有關社會中成功人物的統計時。學生的社經地位是其大學能否畢業的重要決定因子。與之一致的，高社經地位的學生比低社經地位的學生完成大學的比率更高（Sewell & Shah, 1967）。

4.假定外部酬賞像是財富與聲望，是個人接受特定職業之訓練的主要

69

動機,這種想法可能也是錯誤的。個人可能會有其他動機(諸如人道主義者的目的),以進入某種職業中。此外,並非所有想要成為醫生或律師且具有天賦的個人,都能有機會追求那些職業。

我們現在轉向教育系統的另一種對立的觀點。

衝突、新馬克斯和階層再製理論　衝突理論學家對於階層化系統和機會均等有不同的見解。他們認為教育系統裡的問題是源自於社會整體裡的衝突。教育只是系統裡的一部分而已,這個系統裡有兩種人,「擁有者」(haves)與「匱乏者」(have-nots)。衝突論之父馬克斯認為教育系統使現有的階級結構永續下去。當教育的類型及各種團體的人取得知識之途受到操縱時,進入社會地位的途徑也就被把持住了。因此,教育系統的運作乃是在永續現有的階級系統——在受到社會主流團體控制的資本主義、科技社會中,為孩童的角色做預備。

社會階級的成員共享相同的社會化歷程,使他們有相似的特質,諸如共同的語言、價值觀、生活風格、禮儀及興趣。這些「地位高超的團體」在道德評價的許多方面——榮譽、品味、養育、尊敬、禮節、教養、良好同儕、日常生活,都與其他人有別。每一個團體都在競爭取得財富、權力及聲望,以得到「幸福人生」(the good life),而正是因為這種競爭,衝突在所難免。有些人尋求教育能減少不均等的現象,但根據衝突理論者,教育事實上再製了權力、收入及社會地位的不均等現象(Carnoy, 1974)。社會的價值觀、規範和社會制度,反映出主流團體、統治階級的利益;這可由教育制度在分配資源的方式上得到證明。

包爾斯(Samuel Bowles)由衝突論的觀點,描繪教育的角色,並主張:

(1)美國學校雖有改進,但不是為了追求社會均等,而是為了滿足資本家雇主對更多受過技能訓練之勞動力的需要,學校也提供社會控制的機制,以維持政治的安定;(2)隨著擁有專業技術能力和受過良好教育的勞動者重要性日增,不均等的學校系統之於

一代傳一代地再製階級結構，也益形重要；(3)美國學校系統到處
充斥著階級的不均等，已過半個世紀，迄今仍未見到有何減緩的
徵兆；(4)凌駕學校董事會及其他教育決策團體之上的不均等控制，
並不能予以學校系統裡不均等現象的持久性及普遍性充分的解釋。
（Bowles, 1977, p. 137）

　　不均等起因於社會階級結構、資本主義和現代性，而教育正反映了這
些。不均等是資本主義系統的一部分，大概也會一直伴隨資本主義而繼續。
衝突論者主張雖然統計數字顯示各團體之教育水準的鴻溝已縮小，但此現
象並未轉換成更公平的社會財富分配。勞動者的特徵，諸如年齡、性別、
種族和社會階級，都會影響教育所附加的金錢價值。個人所處的城市與經
濟結構的特徵也會影響工作機會及人們所受之教育的價值。例如：男性白
人的大學畢業生在各類的經濟活動中受益，而接受同等教育的女性卻顯得
不利許多（Young, 1990）。

　　學校教育受到那些想要尋求幸福卻得到挫敗的少數民族團體日漸加增
的攻擊。許多用以增加機會的新取向及特殊計畫也紛紛在教育系統中創行。
衝突理論家認為要對社會秩序的脈絡進行全面性的變革，則抨擊造成不均
等的根本原因是必要的。

　　「批判理論家」（critical theorists）是一新興團體，他們質疑低社經地
位者是否有可能擁抱機會。再製論者（reproductionists）、修正論者（revi-
sionists）和新馬克斯主義者（neo-Marxists）已對階層化現象提出許多不同
解釋，從其理論觀點來看，中高社會階級者「共謀」（conspire）去限制其
他團體獲得教育機會的途徑，從而永續其個人階級。這些理論家說明下層
階級者被送到資源匱乏的中學、社區學院、職業學校以及較低層級的工作
崗位上。在此過程中，學校則教導窮人及少數民族孩童那些使他們在學校
中遭致失敗的知識、窮困的職業地位，以及主流文化的知識（Giroux, 1994;
Apple, 1993, p. 215）。

　　包爾斯和季提思（Bowles & Gintis, 1976）認為學校是再製社會生產關

係的代理者，以確保資本主義社會系統正常運作。學校教育和家庭一如經濟生產，有些學生獲得更多的「文化資產」（cultural capital）而獲得成功，有些則不然，此即是社會階級結構的再製現象，且與「符應原則」（correspondence principle）有關。

有實徵的證據支持階級再製的觀點。在一份美國教育結構及「勞心—勞力」（mental-manual）（或智識、白領階級—勞動階級）分工之再製的研究中，柯爾柯拉夫和貝克（Colclough & Beck, 1986）探討三個影響階級再製的關鍵因素：公立或私立學校教育、學校社區的經濟地位、學校課程的分軌，並發現約 56% 到 76% 的男學生會再製其本身的階級地位。「結果顯示課程分軌是再製現象的關鍵因素」。他們並也發現「勞動階級的學生被安置在職業訓練教育的軌道上的機會高出兩倍」，由此他們進入了勞動階級的工作崗位（Colclough & Beck, 1986, pp. 172-173）。

1960 年代後期到 1970 年代早期，歐洲社會學家探索有關學校文化的形式與內容如何影響社會階層化與再製的議題。伯恩斯坦、包爾迪、派森龍等人（Bernstein, Bourdieu, Passeron, and others, 1977）接續楊格（Young）所著《知識與控制》（*Knowledge and Control, 1971*）一書，指出知識的組織、傳遞的方式和學習評量都是工業社會中階級文化再製的重要因素（Sadovnik, Cookson, & Semel, 2000; Apple & Weis, 1986, pp. 19-20）。

有些社會階級較低的學生力圖對抗階級再製的現象，學習獨立思考，甚至認清了他們的失利處境。威利斯（Willis）描述英國學校裡勞動階級男學生的反文化運動，他們反對教育過程中優勢者的價值觀和規範（Willis, 1979）。雖然威利斯所述的反文化運動者僅為少數，大多數勞動階級的學生都恪遵規範，並試圖讓這種社會運作能對個人發揮其功效。階層化系統中最低與最高階級者通常會固守在其原有的階級地位，僅中間階級者較具社會流動性。因此，教育應提供學生能理解的知識，並給予他們進步及獲得成功的機會（Giroux, 1994）。

從國際觀點來看，有些學者認為美國學校教育相對於其他的歐洲國家而言，社會階層化的程度較小。魯賓森（Rubinson）指出美國的政界已立法限制政治決策對學校教育的影響程度。因此，根據他的觀點，階級的分析固然重要，但階級分析不必然能左右美國的學校教育（Rubinson, 1986）。

在美國，較低階級者、少數民族和女性學生，落在經濟階層底端的比例偏高。這三個團體——階級、種族和性別團體——是本章及下一章有關教育機會均等議題的重點。性別及種族在下一章有更進一步的討論。

社會階級背景對學生可能是幫助，也可能是阻礙。學校對中產階級者所產生的「不公」（bias）態度，與中產階級學生的價值觀、行為模式有密切相關。學生的社會階級是由家庭環境所決定，並反應在成績、學業成就的表現、智力測驗分數、課業失敗、逃學或停學處分，以及追求高等教育的企圖心和未來的教育計畫。其實社會階級並非是唯一影響學生學業成就的變項，而且每一階級內部也有很大的變異，不過階級與成就之間有明確而顯著的關係。

雖然性別差異一開始對女性有利，但之後就反轉過來了。在中學階段女生的成績與男生一樣高或是更高。標準化成就測驗結果顯示某些學科領域測驗，男生的分數高於女生，如數學與科學；女生在閱讀與寫作方面的得分則高於男生。較多女生自中學畢業，不過進入高等教育的男女生人數卻相同，此後男性就領先女性，接受更多年的學校教育並取得更高的文憑。 72

其他有關教育與社會不均等問題的討論，如：誰有管道接受教育、教育的內容為何，以及用權力聲望和經濟收入的眼光來衡量教育過程的結果。衝突理論的「新左派」（new left）主張，正是教育的長期結果在某種程度上決定了階級結構。其他現代論者則認為權力（power）與壓迫（coercion）均是決定經濟與社會階級不均等最重要的因素。不均等的另一種全然不同的解釋觀點是現象學，現象學關注那些會讓階級系統繼續存在下去之教育歷程的內涵與資訊。無疑地，造成不均等階層化系統有許多複雜因素，當某理論觀點影響了政策決定，也會轉而影響學校革新與資源分配，其結果不論對是否為資優生、危機中的學生、須接受特殊教育的學生、屬於低或高社經程度的學生、少數民族學生、生長於都市或鄉下的學生，均可能會產生利益不均等問題。本章接下來的任務，是更仔細地去探討階層化歷程

中，教育所扮演的角色。

教育社會學之應用　想一想那些位在學校成就階層最底端的學生，
　　　　　　　　　　你認為是什麼因素造成他們在系統中的地位？

階層化與教育機會均等

只有當不論性別、少數民族的地位，或社會階級，就算沒有任何社經地位、財富或利益團體的身分，所有人達到高社經地位的機會相同時，機會均等現象才得以存在。這需要掃除妨礙個人成就的因素，如偏見、漠視，以及能治癒的缺陷（Gardner, 1984, p. 46）。

☐ 「教育機會均等」之意義

柯爾曼（Coleman, 1990）研究均等與不均等的概念，提出兩個互相對立的理論觀點。其一，如果不均等現象是為社會中非特權者或全體提供利

73　益時，則不均等是可以容忍接受的。其二，每個人都配得自己賺得的事物。對比這兩種極端，恰好顯出美國社會中的兩種價值觀：齊頭式平等（equal access）或個人自由，亦即「政府有實施公平安置的權利」對比「個人有選擇自己學校的權利」。規定白人學生與黑人學生同搭校車（busing）[1]的爭論，是此項衝突的代表事例。不過隨著時間的遞嬗，教育機會均等的意義已由具有同等學校資源，轉變成能有相同的產出。

實務上，每個社會擺在兒童面前的機會，都被視為是合宜而有價值的，社會也企圖讓每個孩童都有均等的機會在此架構內互相競爭。但有些具特殊能力的兒童可能在個殊的社會中並不獲賞識。美國與其他異質性的社會中都存有許多互相競爭的價值系統，那些受到冷落漠視的少數民族者，認為在他們所屬的價值體系內，學校並未給他們公平的成功機會。

---

1. 譯按："busing"是美國教育當局為了達到種族融合的一種作法，即要求黑人與白人學生同搭一台校車上下學。

衝突肇因於學校中的差別待遇，以及教育過程在財富、職業地位及機會上之不均等的結果。假定學生有不同的能力與需求，能期待他們有某種結果上的均等嗎？假使不均等的結果打破了種族、族群、社會階級或性別界線呢？更具爭論的提議是主張，因為生活的機會對某些人並不公平，而為了要確保「均等的結果」，社會應該分配工作職位與財富。這些提議從藉以限制極端的窮困或財富的累進式所得稅，到全面重整社會的經濟系統（Apple, 1993）。柯爾曼（Coleman, 1990）的結論是：單憑公平的對待學生，並不能產生均等的結果。

社會階級的再製：有關公私立學校的爭議

學生需接受最佳的教育將來才有可能在社會上爭取到較好的職業。何為最佳教育？如何獲得？這些都是問題。有些人願支付私立菁英學校的龐大高額學費，以爭取特殊「身分地位權」（status rights），並爭取在複雜的社會網絡中被默許的特權管道，藉此希望能維持其特權地位或幫助他們將來能獲取更好的職位。例如：對女子菁英寄宿學校的研究揭露，此類學校的畢業生教育成就較高，其接受高等教育的結果也與他校的畢業生有極大不同（Persell, 1992; Persell & Cookson, 1985）。菁英中學將多數的學生社會化，使他們成為菁英的同儕團體，形成他們成年以後的主要團體及身分地位（Cookson & Persell, 1985）。選擇單一性別以及私立教會學校通常是基於家族傳統與偏好（Lee, 1992）。

私立學校學生的成績表現是否顯著高於公立學校學生，此為重要的研究問題，也引起熱烈的爭論。若果真如此，衍生的問題則為公立學校的角色定位、用教育券的方式補助私立學校經費，及特許學校（charter schools）。*74*
1982 年柯爾曼等人出版一份頗富爭議的研究《公私立學校》（*Public and Private Schools*）（Coleman, Hoffer, & Kilgore, 1981）。全國 1,016 所公私立學校及教會學校，有 58,728 位高二與高三學生接受測驗，結果發現由於家庭背景因素而選擇就讀私立教會學校的學生，其學業成就顯著高於公立學校學生。私立學校多採用小班教學方式，且大多數學生對於學校活動參與度較高，遵守紀律、重視安全，在此學校氣氛下有助於學業成就表現。此外，私立學校的學生家庭作業較繁重，學生上課出席率極高，均是私立學校學生有較高學業成就表現的原因（Hoffer, 1985）。

柯爾曼指出：「證據顯示，教會學校的運作較接近美國人心目中理想學校的類型：比公立學校更為有教無類，接受來自不同背景的學生，以更為一致的方式教導他們。」（Coleman, 1990, p. 242）另外報告書中也提到教會學校十到十二年級的學生，其語文與算數能力比其他高中的學生更能產生正面積極學習成果，其學生的能力超前其他學校學生一年半到一年的學業程度。這項結果對於少數民族及低社經地位的學生是極其重要的。

在都市貧民區（inner city）² 的教會學校，學生成就測驗得分遠高於同區之公立高中的學生得分，其校內亦較少出現幫派問題，也無常規懲處與退學問題。教會學校的學生多半會選修某些進階課程，接受更多的價值訓練與品格塑造（MacFarlane, 1994, pp. 10-12）。家長對於學校活動的參與力高，在私立學校的非裔美國學生多半會選修許多大學預科的相關課程，且其學業成就得分也較高（Walsh, 1991）。

柯爾曼的研究也有備受爭議之處，大致可歸納為三點：方法論的問題；解釋的正確性、變通的發現；以及這些發現的政策意涵。許多研究者將柯爾曼的資料做二次分析，並挑戰私立教會學校較為優越的結論。如果將背景變項如社會階級、種族、學校所提供的課程及教師素質均加以控制，會發現優秀的公立學校、教會與其他私立學校在學業成就上的表現並無顯著差異（Topolnicki, 1994）。

就如什麼是成就有顯著差異也受到質疑。有人主張不能因為私立學校

---

2. 譯按："inner city" 一詞直譯為「內部城市」或「城市內部」，但美國的工商業及住家型態不同於台灣。在台灣住在大都市如台北市者，有某些區是寸土寸金，居住其中者社經地位往往甚佳。但在美國如紐約市，白領階級下班後會離開市中心回到郊區居住品質較高、治安較好的住宅區。城市內部所居住的反而是那些無力在「好區」置產並通勤上班的下層社會民眾。準此，本書之後將此詞翻為「都市貧民區」，而不翻為「城市內部」，以免讀者對其意義發生誤解。

的學生成就表現的程度超越一年半到一年，就宣稱私立學校較優越（Alexander & Pallas, 1985, 1984, 1983）。

　　支持聯邦政府以教育券、所得稅學費扣除額（tuition tax credits），或其他聯邦補助者，往往引用柯爾曼的研究發現與建議以支持其政策論點。然而，反對者則認為聯邦政府的補助會擴大學校宗教與種族的隔閡。

　　對柯爾曼報告變通的解釋也意涵著其他的政策。麥可帕特蘭和麥克迪爾（James McPartland & Edward McDill, 1982, pp. 77-78）認為學生的組成比例可以解釋學校效能，因此建議「決定學生組成的安置作法」應值得考慮；而校車接送政策（busing）就是其中一種作法。 *75*

　　儘管眾人對柯爾曼的發現在學業成就及取得最佳教育管道上有所爭議，但柯爾曼的研究揭示了使公立或私立學校有效能的諸多特徵。其中一些特徵為高的標準與成就期望、全力投入的教職員、學生有良好的自我概念、有效能的領導、適當的獎賞，以及彈性的異質分組（Brookover, Erickson, & McEvoy, 1996）。如何提供全體學生均等的機會，相關議題的爭論仍將持續下去。

□ 「選擇權」的爭議

　　如果公立學校是匱乏不足的，或者如果私立學校接受聯邦政府的經費補助，那麼我們是正在破壞大眾公立學校這個社會的基本制度嗎？有些政治人物及教育領袖在回應有關我們在使公立學校軟弱無能的爭辯時，倡導「選擇權」（choice）的策略——允許家長在學校中進行挑選。選擇權是改革與重構的一種策略，通常選擇權計畫依學生給每個家庭教育券，並允許家長在許多學校中選擇一所，私立學校亦在選擇之列。

　　1999 年蓋洛普民意調查詢問民眾對學校選擇權的態度，結果發現「支持以國家經費補助就讀私立學校者已稍微減少，但公眾對此爭議的看法仍然勢均力敵」。問到「你贊成或反對讓學生及家長使用公眾支出，選擇就讀私立學校？」時，反對這種選擇權者占 55%，較 1998 年的 50%上升一些。甚至天主教及其他私立學校的家長也不贊成動用公立經費，去支付私立學校教育（Rose & Gallup, 1999）。贊成者則主張學校在爭取學生之際，將會提高辦學品質。選擇權幫助增加績效責任，並給予家長及學生對學校更多的所有感。事實上，選擇權似乎已在某些行政區發揮作用，如麻薩諸塞州（Viadero, 1995）、明尼蘇達州、德州；有些都市如密爾瓦基市（Milwaukee）、懷特普林市（White Plains）與紐約哈林區（Harlem）正在進行選擇權計畫的實驗。目前全美有超過半數的州有某種形式的選擇權計畫（Cookson, 1994）。

在選擇權議題的爭論中，丘伯（Chubb）和莫兒（Moe）質疑學校系統是否應受到個人選擇權與教育市場力量的機制所影響。研究的重點置於公私立學校學生的成就差異及學校實務上，而他們的結果支持選擇權這一方（Chubb & Moe, 1990）。他們認為大多數的學校系統在政治及官僚體系上是如此的複雜，但能夠鼓勵高成就的要素，包括自主性、學校教職員的專業性都十分受到限制。在自由市場系統之下，教育人員方能設計他們認為能成功爭取學生的任何方案。而事實上，這也是許多特許學校或社區學校背後的理念。

反對選擇權者則批評，選擇權將導致公立學校（common school 或 public school）在數量上及品質上的滑落，他們指出只有能力差的學生會留下來，也凸顯出那些準備不足之學生的問題，而最好的老師將會離開去任教於較佳的學校。學校選擇權可能會使種族及階級之間的宗教與社會隔閡加劇，不過有些研究則顯示非裔美國人及西裔的家長，甚至是他們之中教育層次較低者，都因學校選擇權而受惠（Schneider et al., 1996）。批評者也指出目前公立學校學生與私立學校學生間的不平等，除非從基礎上重新建構整個系統，否則不可能有所改善。圖 3-3 顯示依照家庭收入，每一種學校教育的學生百分比。請注意高、低收入類別之間的差異處（National Center for Education Statistics, *Condition,* 1999）。

檢視了不同政治立場間的爭論，並對諸多城市與州的教育選擇權計畫進行個案研究後，庫克森（Cookson, 1994）認為與各學區自主實施促進公平與卓越的改革方案相比較，教育選擇權計畫並不會讓學生的學業成就表

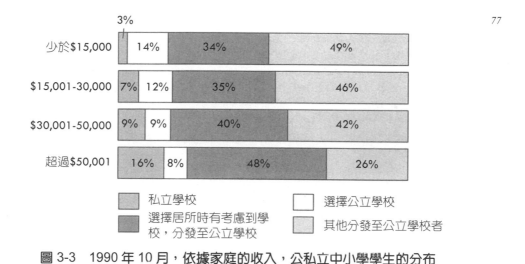

圖 3-3　1990 年 10 月，依據家庭的收入，公私立中小學學生的分布

資料來源：U.S. Department of Commerce, Bureau of the Census. Reprinted in National Cetner for Education Staistics, *The Condition of Education 1994,* p. 3.

現、學校進步、公平性等獲得較多的改善。例如：密爾瓦基市、紐約哈林區所實施的選擇權實驗計畫，目前尚無證據可支持它們改善了學校成就（Tashman, 1992）。庫克森的結論是龐大科層化的教育系統無法滿足社會大眾的需求（Cookson, 1994）。

　　最近佛羅里達州、緬因州、佛蒙特州、俄亥俄州、賓夕法尼亞州等法院的判決結果不利於學校教育券，引起教育券系統之合憲性的問題。例如：佛羅里達州法院判決佛州將公家經費花在私校教育上違反佛州法律，而將全國第一個州教育券系統三振出局。2000 年時美國已超過 20 州有教育券系統的研議，但因著前述法院的判決，大多數教育券系統不太可能會通過實行。有關將國家財源挹注到私立學校的關切及其對階層化系統的影響，可能會隨法律判決而減少。

76

教育社會學之應用　你所在之學區的教育選擇權計畫有何利弊得失？

□ 能力分組與教師期望

　　許多高度工業化的社會都聲稱要成為「功績體制」的社會，這種社會企圖基於個人的優點以安置並晉升之。然而少有社會達成能力與責任的完美配對。我們於第二章曾討論過，考試是一種較常被運用來決定教育與職業安置的方法，但許多人反對運用標準化測驗以安置個人，並察覺到貧困、少數民族、殘障和女性學生因此類測驗而處於不利。值此要求學校及教師績效責任之際，許多州及學區制定了安置測驗的制度，其結果之一便是能力分組（ability grouping）。

　　能力分組　基本問題在於如何對來自不同背景與不同能力的學生提供最好的教育服務，同時又不會妨礙後段的（lower-track）學生受教的機會。這是個合理的問題，然而努力處理這個問題時，常發現低收入家庭與少數民族的學生位居能力分組系統的底層（Burnett, 1995）。這裡便是問題所在。

　　能力分組是學校普遍存在的活動，因為大部分的老師都相信教導能力相同的學生會使教學更順利。不同的組織結構發生不同的分組型態，端賴結構的限制及學校的氣氛，或「文化」。結構限制的例子之一為，學生只能安置在某一個別的軌道上（Kilgore, 1991, pp. 201-202）。分組通常是基於學生的閱讀與數學程度。

　　依據全美的資料顯示，大多數被研究的學校，都有相似的數學分軌系統及教學順序（Hoffer & Kamens, 1992）；自然科學課程的教學順序變化更大，儘管數學與科學的安置常是並行的。研究顯示早在八年級時，學生的科學分組對其未來精通科學課程的機會有所影響（Schiller & Stevenson, 1992）。

　　遺憾的是，並非所有學生的興趣與能力都被謹慎的評估以進行安置，考試是決定安置最基本的方式，但此種方式也加劇社會階層化的現象（Darling-Hammond, 1994）。研究都會貧民區學校，發現在學生安置這件事上有許多因素在運作——充實自學區（study halls）或招生不足的班級，以及填滿補救教學的科目，好使學校繼續得到經費補助，而教職員也對科目的安排有所偏好（Riehl, Natriello, & Pallas, 1992）。學生在區軌間的流動（主要是根據學業成就）常是向下的。學生社經地位仍影響學生的安置，高社經地位學生進入大學的比例遠高於低社經背景的學生（Lucas, 1992）。

美國學校比其他各國更加嚴重依賴教育分軌（Oakes, 1990），不過課程順序（sequencing of courses）上則又比其他國家更混亂，因為美國學校是受當地行政機構所控制，而非受中央政府所拘束或全國性測驗所支配。在美國，由教師組織所訂的標準及大學入學的規定，對全國的科目順序及學生分軌有某些影響（Schiller & Stevenson, 1992）。

日本是個重視團體一致性的國家，社會接受校際之間採取異質編組，校內則依相同年齡實施有教無類。因此學校內部進行分軌很罕見，但學校間的分軌則是全國皆然的現象，有些學校被公認為是菁英學校。日本家長與老師相信每個學生都能有相同成就的哲學，儘管有些學生必須比其他人更努力；而美國教育則假定即使努力朝向均等，有些學生仍將注定失敗。

衝突理論主張美國的菁英份子不可能改變對其階級有利的基本結構（Oakes, 1995, 1987）。教育改革雖然嘉惠一些人，但不能改變他們的教育與經濟地位。能力分組從小學階段開始持續到高中階段，學生依照分軌架構的安排去接受既定的課程模式，然而誰該被安置在哪裡，根據衝突理論的觀點，安置學生直接與學生的背景、語言技巧、外表以及其他社經變項有關（Oakes, 1986）。

1967 年最高法院對華盛頓特區「霍布森與漢森」（*Hobson* v. *Hansen*）的判決指出，將學生區隔為緩慢或快速，違反憲法有關隔離少數民族與非少數民族的規定。然而，86%的公立中等學校仍然提供核心課程，以彌補學生能力之差異（National Center for Education Statistics, 1993）。許多老師認為師生之間如能找到彼此「適配」，則班級教學效能將較高，而且學生的能力分組也使因材施教成為可能（National Center for Education Statistics, 1993, p. 47）。

79

　　不同能力組別的學生其學習經驗將十分不同。低能力組的學生會遭遇更惡劣的學習環境（Mekosh-Rosenbaum, 1996），反之，桂冠班級的學生學習參與情形較佳（Gamoran et al., 1995）。學習環境影響將來的成功機會、自我概念、動機、智商和學業成就、其他教育觀念與工作經驗。再製理論主張階級是再製的（例如：公立或私立學校、學校社區的社經階級組成，和學生的能力分組），研究顯示教育分軌是再製歷程的重要機制。柯爾柯拉夫和貝克（Colclough & Beck, 1986, p. 469）認為勞動階級背景的學生比其他學生有超過兩倍的機會可能被安置在職業路徑上。表 3-2 說明這些因素對階級再製的重要性。

　　如此說來，能力並非是能力分組正確無誤的預測因子。其他影響能力分組的因素尚包括學校的特徵，如「篩選性」（學生如何被分派到軌道上）、包羅性（inclusiveness）、其他學校政策；再加上學生的特徵〔社經地位（SES）、社區、種族、學校裡少數民族的百分比、該校學術軌道上學生的比率、分軌的方法──學生自己選擇或接受安置〕。社經地位愈高的學生愈可能被安置在學術軌道上（Jones, Vanfossen, & Ensminger, 1995）。每一年的安置方式都相當穩定，我們知道高能力班級與低能力班級相比，其教學內容更豐富，教學速度更快，這使得低能力組的學生欲迎頭趕上更顯困難。

　　研究不同學校裡學生的社經地位組成，也甚有啓發性。安亞（Anyon, 1980）研究五所小學學生家長不同的職業地位，其中兩所學校家長多為勞動階級、一所學校多為中產階級、一所學校的家長較有經濟能力、一所學校的家長多為經理主管階級。他比較不同社經地位學生的學習內容，結果發現各校依學生社經地位階級給予不同訓練。勞動階級學校的學生遵循機械式的程序與重複的行為；中產階級的學校則給予學生上課回答的權利，但需遵守一定的指導方針，允許某種程度的選擇權利；家長有錢的學校則強調獨立性的創造活動，讓學生充分表達個人意見、觀念，強調概念的靈活應用。家長多為經理主管的學校則以發展學生分析能力、智力、學習推理、創造高品質的學術作業為重心。使各個元素彼此適配而將規則概念化，

表 3-2　學校階級和學校教育的結構 *80*

學校教育的結構	勞心階級	勞力階級	全體
1.學校類型			
公立學校			
學生來源百分比	33.37	66.63	—
階級成員再製的百分比	52.92	70.85	64.87
私立學校			
學生來源百分比	43.93	56.07	—
階級成員再製的百分比	62.02	53.94	57.49
2.學校社區			
少數民族居多的社區			
學生來源百分比	26.59	73.41	—
階級成員再製的百分比	45.27	71.13	64.25
少數民族較少的社區			
學生來源百分比	36.29	63.71	—
階級成員再製的百分比	55.33	70.72	65.14
3.課程軌道			
一般軌道			
學生來源百分比	26.96	73.04	—
階級成員再製的百分比	33.41	81.91	68.83
職業軌道			
學生來源百分比	19.70	80.30	—
階級成員再製的百分比	16.67	90.27	75.77
大學領域軌道			
學生來源百分比	45.63	54.37	—
階級成員再製的百分比	69.32	44.95	56.07

資料來源："The American Educational Structure and the Reproduction of Social Class: Table 3, Social Class and School Structures" by Glenna Colclough and E. M. Beck from *Sociological Inquiry* 56:4, p. 469. Copyright © 1986 by the University of Texas Press. All rights reserved.

是個關鍵的目標。

80   　　分軌制度對於學生有其他方面的影響力，如各軌道之內發展出各自不同的「學生文化」，這種文化使得不同社會階級的學生態度與行為固定，並再製社會階級。以色列是多種族所組成的社會，相同種族的學生自然會聚集一起。職業教育受到質疑，因為它將相同階級的學生予以再製，使他們有相同的職業（Yogev & Avalon, 1987）。很多作者對於能力分組的影響有諸多批評，摘要如下：

1. 低能力組的學生大部分都是低階級者與少數民族的學生；此種階層區隔降低學生的教育成就，並進而影響學生將來的工作成就與收入。

81   2. 來自低社經地位背景的學生因為測驗得分低，比較可能安置在低能力的班級，但有人質疑能力測驗結果並非完全正確。除此之外，這些學生常受到苛責，其成績遠落於其他組的學生之後。

3. 每所學校都有各自的階層化系統，學生進入系統時就已決定了其位置。每一組內的學生在社經地位及種族上均甚為同質，但與全校整體相比則不然。另外，學校編班與學生背景具高度相關，當學生一旦被標記分組後，幾乎少有機會能從某一組轉移至另外一組。不同鄰里的學校有不同的產出，例如：在高社會階級地區的學校品質佳，使學生有更多大學預科課程可資選擇（Jones, 1996, p. 21; Spade, 1994, 1997）。

4. 高能力班級以高社經背景的學生所占比例偏高，這些學生更具學習動機，學業成績、班級排名、測驗得分等均較高，這些都足以讓他們於高中畢業後有很好的開始。老師對於高能力組的學生大多會給予較多的回饋與稱讚，並設計更多具創意的活動以供學生學習。這一切都與低能力班級的情形成對比。這種社會階級所造成的不同也發生在專科學校及社區大學的職業及學術的分軌上。

5. 有關能力分組之影響的研究指出，此種作法嘉惠資優的學生，以及那些被安置在前段的學生。但對於低能力組的學生則因較少受到教師關注、教學內容較貧瘠，導致學生成就遠遠落後，更無力追求均等的機會。能力分組通常會增強種族、階級的隔閡以及刻板印象，致使低能力組的學生企圖心與自尊心較低。

6. 最有問題的是分組之效果出現相互矛盾的證據。斯拉文（Slavin, 1990）檢視 29 篇有關能力分組效果的研究報告後，發現能力編組僅具些微益處。不過，他並未分析學生所經驗到的制度與課程上的差異，而只分析學生的測驗得分。

　　不僅許多研究的結果都不支持學術分軌的作法，這些研究也質疑如本書第一章曾經說明的，將學生從普通班級中「拔除」（pull out）的不當（Oakes, 1990）。其中一個研究甚至報告說，少數民族學生不當的被安置在低數理能力的班級中，使他們接受未具教師資格者的教導、缺乏電腦與科學設備、閱讀品質低劣的教科書（Hallinan, 1990）。低能力組的學生伊始就未打好基礎，故在閱讀與數學成就測驗上表現不佳。而早在小學一年級即已開始的編班，將持續影響學生此後多年的求學過程（Pallas et al., 1994）。

　　支持學生能力異質分組的人相信，依照假設性的能力為基礎所進行的分軌，會傷害那些被安置在後段（lower tracks）的學生，也對那些被安置在前段的學生沒有助益。支持不分軌的人也主張，分軌所造成的不公平，悖離民主的價值，使被安置在後段的學生產生低學習能力的自我概念，與自我價值的貶損。許多人認為基於假定的能力將學生加以分軌，將產生兩種不幸的後果：「更多的學業挫敗，以及加強種族與社會階級間的仇恨」（Brookover et al., 1996, p. 116）。

　　是否有任何辦法可解決同質分組與異質分組的問題？大多數學者建議應重構教室裡的分組：學生大致上一同學習許多科目，而閱讀、文藝、數學則分組上課。不可令低成就學生感受到污辱，或使他們覺得自己是「蠢蛋」（dummies）。低成就者在班級中僅是少數，所以老師能給他們所需要的協助。專家建議教學如要成功，需提高師生比、教師對學生保持高度期

82

望、多方面的與學生口頭溝通、教師必須具豐富而有效的教學經驗（Levine & Stark, 1993）。

英國與美國有些小學則嘗試取代能力分組的變通方案，以建設性的方式運用學生的多元能力及背景。這些學校的學生以符合自己的程度來進行閱讀與數學的學習。老師可以採主題教學，給適合學生能力範圍的上課材料，採個別指導或小組教學，有時則由助教協助，鼓勵學生共同合作學習。例如：可以指定那些已了解某個數學概念的學生去幫助其他同學，此種方式不但促進同儕間的合作關係，也讓學生因而感受到自我價值，因為每位學生的特殊天賦都能得到珍賞。此方法也可避免教師對學生貼標籤的問題。

教師期望與學生成就　教師對學生的期望對學生表現有何影響？羅森陶與傑可遜（Robert Rosenthal & Lenore Jacobson, 1968），曾研究教師期望對師生互動、成就水準和學生智力的影響。其後研究一所低社經階級學生及墨裔美國學生百分比高的舊金山小學，結果也支持他們當時的研究假設：學生如一旦被教師或其他人所標籤分類，則易產生「自驗預言」（self-fulfilling prophecy）的效果，亦即老師如果對學生表現的行為有某種預期，則學生就會產生所預期的行為，且這種預期模式一旦建立就很難改變（Bonetari, 1994）。

批評者認為這種研究方法尚有缺失，並指出該研究的發現主要適合低年級的學生。師生互動間存在著許多影響因素，但是此研究卻開啓一個重要的研究領域，師生間的動力關係是值得持續探討的課題。從羅森陶與傑可遜的研究後，大量的研究顯示教師的期望對於學生學習多寡與學習成效，有重要的影響（Bamburg, 1994）。最近的研究焦點則在教師對班級的期望對其教學方法及班級氣氛有何影響？

影響教師期望有許多因素，包括學生過去的表現與測驗成績的紀錄、學生穿著打扮、姓名、外表、吸引力、種族、性別、語言、腔調、家長職業、單親家庭、母親的身分地位（Cooper, 1995），以及學生對教師的反應方式（見錦囊3-1）。一項以墨裔學生為研究對象的結果發現：學業成就與

83

教師與學生互動的方式影響學生的成就

教師態度和期望有關；教師看待墨裔美國學生與盎格魯裔學生是不同的。
與墨裔高成就學生及盎格魯裔學生相較，低成就的墨裔學生比較珍愛其本
土文化的傳統，而當他們的文化傳統受到排斥或被邊緣化時，也較會產生
抗拒學習的行為。此外，學業成就也和順從（compliance）、相貌、溝通風
格及願意支持盎格魯主流社會規範等有關（Pena, 1997）。

　　教師期望（teacher expectations）呈顯於教師對個別兒童的行為及處遇，
以及班級情境裡兒童的分組上。兒童察覺到這些細微的線索；「自驗預言」
使他們相信他們具有某些能力，並影響到未來的行為。低成就學生學校裡
的老師對兒童學習能力感到挫折，他們對學生學習的期望降低，所產生的
自驗預言便是：教師期望甚少，而學生付出得也少。學生受其教師期望的
影響，他們也內化那些期望。縱使有些學生已無意升學，他們仍不喜歡那
些未實現教育中相信之力量（illusion of believing）的教師。

　　教師藉由能力分組及創造班級內的其他分組，以操弄班級情境，好能
影響學生表現。其中一例是愛荷華州某位教師進行的實驗所發現的。她擔

85

◆◆◆ 錦囊 3-1　影響教師期望的原因 ◆◆◆

我們應提防下列的因素，不要將低期望加諸於學生身上：

性別：年紀較輕的男生和年紀較長的女生有時會接受低學業期望的偏見。這通常是有關男生的成熟度，以及有害女生之性別角色差別待遇的錯誤信念。

社經地位：教師對於家庭社經地位較低與父母教育程度低的兒童，常抱持低期望。基於家長的職業及居住居域的社經地位，常被用來判斷學生。

民族與種族的認同：教師對非裔、西裔及原住民美國學生的期望比較低。對亞裔學生則有較高的期望。

對學生的負面評論：其他老師或校長的負面評論常會造成教師的低期望。

學校所處的環境地位：鄉村與都市貧民區學校的教師比郊區學校教師對學生期望較低。而民族、種族和學校收入的水準，也是這種成見的原因之一。

外表：低期望與穿著打扮不入流有關，如衣服質料低劣、非名牌的商標、在廉價用品店購物、折扣店的搶購行為。

說話腔調的模式：使用非標準英語多為低期望的基本原因。

乾淨程度：低期望學生常被認為是髒亂、字跡潦草或具有其他不良指標。

月暈現象：基於過去學生的表現評價，以標記學生目前的學業成就。

準備程度：如果老師假定學生的成熟速度或過去成長所欠缺的知識與經驗是無法改變的，也因而是無可改善的，就會產生消極的影響。

座位安排：低期望的學生普遍被安排坐於教室兩旁或教室後面。

資深教師帶來的社會化：富有經驗的教師傾向於向新進教師強調某些學生的限制，而非改進學生表現的必要。

學生行為：如果學生缺乏任何成就表現，教師會以低成就期望來對待。

師資培育機構：某些師培機構的教師仍對個別學生的限制存在著一種迷思與意識型態，使得無數的學生得到低期望的判斷。

師資培育的教科書：有些教科書也存有一些迷思與意識型態，認為個別學生是有限的，這也會增強教師對學生低期望的判斷。

分軌或能力分組：學業後段的學生被錯誤的假定為，他們被安置在其中是有好的理由（亦即，因他們能力有限，所以不能期望他們能學習到重要的知識與技能）。

資料來源：Brookover, Wilbur, et al. *Creating Effective Schools: An In-Service Program.* Holmes Beach, FL: Learning Publications, Inc., 1996, pp. 75-76.

心學生是否真了解種族歧視的影響力，所以設計一項實驗，實驗結果連她　*85*
自己也甚感驚訝。她的班都是白人學生，她將他們分為兩組：藍眼與棕眼。
第一天，其中一組被授與特權讓他們感受到優越感，隔天則將情境交換，
全部學生均非常認真的扮演自己的角色。優越者樂於嘲笑拙劣者，並在作
業上表現優異的一面。不論是藍眼組或棕眼組，扮演拙劣者那一天的表現
就會被另一組超越。雖然這只是短期的實驗研究（Peters, 1971），但此證
實了他人所給予的標籤確實會影響學生自我概念及其他人對他們的態度。
教師期望研究在政策上主要的意涵為，如果學生要能相信自己能完成任務，
則教師對學習應持正向的態度；有些都市貧民區（inner-city）裡的學校已
提高對學生的期望，因此學生的學業成就也提高了。

教育社會學之應用　教師如何影響班級互動及學生的自我知覺？

美國學校的教育經費

　　財力雄厚的學區常吸引最優秀、最富經驗的教師前來任教，因為他
們提供高薪資、最優良的設備和教材、最佳的行政團隊，以支援各種教學
問題，並培養較具潛能的學生群。而貧窮及少數民族團體的學校則擁有較
多新手或無經驗的教師。身為少數民族的教師更可能被安排任教於少數民
族學生集中的學校，從而剝奪所有學區成為一個統整之教學團隊的機會。
這些是間接影響學生成就的因素（Elliott, 1998）。

　　這種不平衡已促成了多次有關教育財政均等化的法院訴訟案。1974 年
重要的里程碑「瑟拉諾對普斯特」（*Serrano* v. *Priest*）的法案，加州最高
法庭判決，強制學區必須大部分仰賴地方財產稅，此舉使得州內各學區間
不平等的問題益形尖銳。1976 年加州政府又下令在 1980 年之前，須降低各　*86*
學區間的差距。除加州外，尚有很多州的法院審理財政方面的訴訟案，其
中一例上訴到最高法院——在「聖安東尼市獨立學區對羅德萊吉茲」（*San
Antonio Independent School District* v. *Rodriguez*）的案件中，最高法院判決
授權各州自行決定學校的財產稅基金（property tax funding of schools）。財

產稅是地方學校經費的主要部分，但卻不是分配教育經費最公平的方式。與窮學區相比，富有的學區在每位學生身上所花費的金額，可能多達四倍。都市裡的財產稅極為昂貴，所以許多中產階級移居到其他地區，企業也外移到其他地方，結果便是稅基的縮小。都市學生常需要不同的教學計畫，如：雙語教學、職業訓練、補救教學或特殊教育，這些教學計畫均賴學校額外花費。基於均平的觀點，如果學校學生較高比率是出身於貧困家庭，則可接受來自州政府與聯邦政府較高額的學校經費補助，不過聯邦政府大部分的經費補助僅只針對特殊的教育計畫，如補救教學等（National Center for Education Statistics, 1995, p. 151; 1992, p. 335）。

　　州政府所支援的教育經費，多來自於所得稅、營業稅和樂透彩券收入；學區則提供接近學校預算 50% 的教育經費。這就是衝突產生之處，因為有些學區的稅收遠比其他學區高很多，故能對學生提供更好的教育服務。聯邦政府卻常準備好要修理（holds a big stick over）地方與州所興辦的教育，威脅學校若未遵照聯邦法律，在教育計畫中禁止種族偏見，如 1964 年民權法案第四章（Title IV of the Civil Rights Act of 1964）所規定者，就要撤銷經費補助。

　　教育工作者將持續不斷努力，運用各種方法，使全體學生均能完滿獲致最佳的教育。一方面需要設法改變學校中低社經階級學生所帶來「文化資產」的不利，另一方面則需重整教育系統使學生獲得最完善的安置，不再受家庭背景和經濟因素的影響。下一章我們將討論教育政策的影響，並探討特定學生教育機會均等的問題

摘要

　　許多團體因學校而受挫。學校既是人們領先的途徑，又是讓某些學生維持落後的網羅。

1. 學校教育的危機

　　許多專家認為，學校教育存有危機。公眾與教育工作者都關注學校教育不符預期的證據。但事實上，我們期望學校能解決許多問題，但其問題根源大多出自於社會制度的結構上。本章指出階層化系統，在教育、社會和教育機會均等上所扮演的角色。 *87*

2. 階層化歷程：無法避免不均等？

　　階層化是指我們在社會中所占的位置，也是貫徹於整體社會結構中互相交織的歷程。美國人的階層化結構與社會階級是由許多因素所決定，如：財富、權力和聲望。學業成就的獲致也與這些因素緊密關聯，除此之外，教育也被用來將學生重新洗牌進入未來社會的某個角色。因此眾人皆冀望教育能提升他們的社會地位。

　　本章提出兩個解釋階層化系統的重要理論。功能理論認為不均等現象無法避免，教育篩選與訓練學生進入社會互不平等的位置中。問題是：應該容忍什麼程度的不均等？對功能論的諸多批評之一便是指控其理論藉著不均等的假設，假定了現狀的永存不變。

　　衝突理論並不同意不均等現象是不能避免的。他們認為此現象之所以存在是因為既得利益者刻意使之永存的。我們已被區隔為不同地位的團體，受到具支配能力之團體的控制。衝突論認為單靠教育雖無法解決社會中的不均等問題，但卻能使整個社會重組，以帶進變革。

3. 階層化與教育機會均等

　　機會均等是指所有人，不分性別、種族、階級，均擁有公平機會達到高社經地位。就學校而言，機會均等意謂各校有同樣的設施、財政與便利性。各種不同的處理與結果均產生相同問題──特定團體總是處在社會階層的最底部。

　　社會階級透過許多機制而被再製，如：菁英與私立學校、分軌與能力

分組和教師期望。例如：某些學校政策會對某些團體有負面影響；考試對中產階級、白人學生有較大的優勢；能力分組常落入種族與階級之區分；教師行為和期望會影響學生的學業成就表現。以上這些因素均影響學生的學業成就。

　　許多想法被提出來以促成改變，包括通過法案、學校財政的改革和補救教學。

運用社會學作業

1. 從你所在的社區，你看到哪些「危機中的學校教育」的證據？

2. 你能否證實你的社會階級、種族或性別已影響你的教育經驗？試著寫下來，並與其他人討論他們的經驗。

3. 請描述你的社區或其他社區相關資料中，因種族、性別或階級而產生成就表現不同的例子。結構功能論者如何解釋這些例子？衝突論者如何解釋？

4. 與學校教師及學校行政人員訪談有關會影響階層化的學校政策：測驗、能力分組、教師期望。

Chapter 4

種族、階級和性別——
達成教育機會均等的企圖

非裔美國人和白種人、女性和男性、印度人和回教徒、有錢人和窮人   *89*
——這種地位的二分法,也意涵著教育經驗與結果之連續向度上的不同
點。個人在社會與教育系統中所占有的角色常被種族、性別、文化背景和
社會階級因素所影響。這些背景因素也將影響教育系統的階層化及整個社
會,如果不考慮這些因素,將無法真實了解系統中的動態關係。本章首先
聚焦於男女在教育系統中的經驗,以及這對他們的地位和男女性別角色的
影響。〔本章所討論的「性」(sex)與「性別」(gender)的名詞將在此
作一區隔,「性」為個體生物學的概念;而「性別」則是社會文化概念,
用來決定行為的適當模式(Rothenberg, 1995, p. 8)。但本章所提到的
「性」與「性別角色」(sex roles)的名詞是兼具生物與社會文化層面。〕
本章的第二節,我們關注一些修正教育系統內的種族、民俗和其他弱勢族
群所遭受不公平對待的努力,並檢視這些努力的成果。

性別與教育機會均等
90

耶魯法學院有人散發著傳單,五名女性被「品頭論足」(Total Pack-
ages)一番(使用與性有關的字眼)(Fox-Genovese, 1995, p. C7)。由康乃
爾大學的一群男人所製作的性歧視圖形列出了「為什麼女性不該享有言論
自由的 75 項最佳理由」,其內容也在網路上廣為流傳,如:「如果讓她們

開口,除了抱怨還是抱怨」、「幫我買啤酒時她應該住嘴的」、「高速公路車禍死亡率將下降超過90%」,其他72句的用字遣詞更是極盡不堪,不適合刊印在書上。研究發現亂開性玩笑與敵視女性的態度有關,男性享受性玩笑更與強暴的態度信念、性侵犯行為有正相關(Ryan & Kanjorski, 1998)。這只不過是三個例子,顯示歧視女性者(sexist)仍活躍於許多大學校園中。這些事件重起學術界對女性偏見的激辯;這些辯論幫助解釋為何男孩與女孩進入相同學校與相同的課室系統後,卻出現不同的教育經驗、結果、興趣、成就水準和期待(Renzetti & Curran, 1999)。這種兩性不同教育經驗的理論解釋與科學研究,其討論重點為社會化歷程、社會中教育的角色,以及「生物學上的宿命」(biological destiny)。

□ 性別角色的社會化

　　社會化過程自我們出生那天即已開始進行,到生命終了才得結束。非正式教育是一生之久的連續過程,而正式教育則局限於人生的某些階段,從出生開始,女生與男生就有著不同的社會化經驗,進入托兒所後,大多數的孩子已從父母親、手足、電視或其他「社會化媒介」(socialization agents),明確的知道自己的性別身分(gender identity)。

　　學校也能產生社會化作用,學生每天逾六小時在學校或教室從事相關的學習活動,老師和學校成為學生表現適當性別行為的重要資訊來源;兒童藉由觀察與模仿成人的角色,包括教師與行政人員的角色而學習。他們觀察男女性的比例,以及教育階層中的權力結構,且透過正面鼓勵與負面禁止,亦透過教科書,學習適當的性別行為。

　　兒童玩具在性別的社會化過程中也扮演極重要的角色。「男生的玩具」如:化學器材、醫生道具、望眼鏡、顯微鏡,這類玩具多半鼓勵男生去操弄模擬環境,比一般「女生的玩具」更具職業傾向且更昂貴(Richmond-Abbott, 1992, p. 87)。家長常有意地去購買適合自己小孩性別的玩具,而玩具的選擇機會也常發生在兒童玩遊戲時,兒童在進入托兒所前,早已經學會去選擇適合自己性別的玩具。受歡迎的電玩遊戲也同樣出現性別角色刻

91

板印象的問題，遊戲中所出現的女性常被當成性目標或暴力攻擊的對象。曾有研究調查 33 種受歡迎的電玩遊戲，其中 41%並無女性角色，28%的遊戲將女性當成性目標（Dietz, 1998）。

　　教科書中的性別偏見也引起極大關注。書籍是傳遞性別角色訊息的重要來源。很多有關閱聽者與故事書的研究之中，最負盛名的是 1988 年由位在普林斯頓及新澤西市的研究團隊所進行的，其研究名為「文字與圖像中的女性」（*Women on Words and Images*）。他們評估兒童讀者對性別的描繪，當全美 18 家主要的教科書廠商釋出新版的教科書時，研究團隊亦更新他們的研究發現。藉由教科書文本的內容分析，檢視主要的性別人物、性別示例、男人與女人的正面與負面形象、刻板印象，以及其他許多關於教育系統中性別角色塑像的因素。最近的分析顯示已有改善，但在角色塑像及角色分派上仍明顯偏好男生（Goodman, 1993; Purcell & Steward, 1990）。兒童繪本的主題、圖片和重要角色也大都與男性有關（Tepper & Cassidy, 1999）。研究顯示有關科學、社會研究，甚至連數學課本也描述女孩及女人的性別刻板角色。例如：數學應用題如果牽涉到女孩，通常會描述她們正在進行跳繩、買衣服、縫紉、烹飪或記帳等活動（Goodman, 1993）。這些社會化經驗影響男生與女生學習性別角色的內容。雖然教科書出版商在教科書文本的舉例及涵蓋上已經力求改善，但許多學校卻買不起這些新版的書籍（Cohen, 1992, p. A1）。

　　行為差異早在幼兒時期即已開始，三歲半左右的幼兒即已開始影響同儕玩伴，女孩較易被男生甚至是老師所忽略，可能會自此放棄吸引他人注意。女生大多喜歡結交親暱的朋友（chumships），男孩則透過活動（如體育運動）團體來結交朋友，與未來職業結構相似。男女生甚至連說話方式也極不相同，男生說話表現得較自我中心；女生說話則較注重社會的連帶關係（Hibbard & Buhrmester, 1998; Tavris, 1990; p. B5）。

　　女生在校接受性別偏見者的「潛在」（hidden）課程（Sadker & Sadker, 1994, p. 2），例如：男生比較常被問到解決問題的方法、較常被管教，也與教師互動較頻繁。這些累積的訊息可能造成女孩子經驗到其他問題或失調，包括：飲食問題、侵擾、懷孕、退學以及低自尊。

　　社會上有關兩性行為的刻板印象，很早即為兒童所學習，而這些刻板印象也出現在世界各地。兩性入學註冊率與識字率的統計，清楚說明社會對性別的期望（見圖4-1）。約有50個國家在學的人數女生顯著少於男生，這些國家大多位於如南亞、非洲和中東。根據「國際人口活動」（Population Action International, 1994）的研究，在貧困地區的國家中，只有23%的女生接受中學教育（United Nations Development Program, 1993）。欠缺教育的女性無法完全參與社會的經濟與政治層面，同時，識字與教育依然是世界上大多數國家人口組成的主要問題。1995年北京所舉行的聯合國第四屆女

92

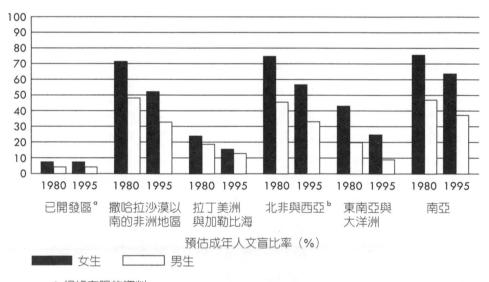

　　　a 根據有限的資料
　　　b 也包括吉布地、茅利塔尼亞和索馬利亞

圖 4-1　1980 和 1995 年 15 歲以上男女生文盲比率

資料來源：United Nations Educational, Scientific and Cultural Organization, "Statistics on adult illiteracy; preliminary results of the 1994 estimates and projections" (STE-16). Based on estimated total illiterate population in each region. Reprinted in United Nations, *TheWorld's Women 1995,* p. 90. © United Nations. All United Nations rights reserved.

性會議，指出西元 2000 年全世界將有超過一半的人口其年齡未滿 20 歲。其中女性大約占一半，如果她們的國家想要減少貧窮，則這些女性需要接受教育（Geewax, 1995, p. A16）。

□ 教育系統的性別差異

美國性別角色教育的差異並非現在才發生，美國清教徒除了閱讀《聖經》以確定救恩（salvation）之外，並不鼓勵女性識字。美國革命後，教育子女與傳遞道德觀念成為女性的主要責任，在由男性所主導支配的社會中，女性有限度的接受教育是可容許的，或許還可能受到鼓勵。以下引用 1880 年代一位教育觀察家所作的紀錄來說明當時的狀況：

> 我們注意到所有男孩都具寫作能力，但並無任何女孩會寫作；就轉向我的朋友突利斯（Tullis）請他解釋說明，他說學習寫作對女生而言並不安全，因為學習寫作將會助長寫情書、私定終身和私奔等惡習。他說女性僅可以被允許去學習算術，例如目前波利小姐（Miss Polly Caldwell）已學會長除法，而凱利女士（Mrs. Kyle）雖是寡婦也已學會約分。波利小姐是位紡織娘，需要數字之助以計算紡線（*History*, 1973）。

93

社會系統必須依靠學校不斷傳遞重要的信念與價值觀，其中包括性別角色行為與期望。這種傳遞部分是透過課程中正式的科目與教材，或者依照性別結構分派權利與任務。但大多數的社會期望經常是透過非正式的潛在課程來傳遞（於本書第八章中有進一步的探討），包括材料、活動、不同的待遇和意見的交換。學校的性別角色是社會的縮影，我們對兩性的行為與期望，從養育活動到學校期望，大都受社會刻板印象所影響（Rothenberg, 1995, p. 8）。社會大眾對男女兩性特徵所持的刻板印象相當一致，即：女生應該是溫馴、高雅溫和、合作、親愛情深、養育的；而男生應是充滿幹勁、好奇、競爭、野心勃勃的。

　　高等教育對女性而言呈現混合的圖像；愈來愈多女性進入大學，但不是所有的領域。1833 年歐柏林學院（Oberlin）是美國第一所正式對女性開放的大學，但所提供的課程僅限於家政學科。隨著女子學院蓬勃發展，19世紀也出現了幾位著名的女權改革者及女性專家。從那時候起，女子教育才呈現穩定的進展，不但有純女子的學院，也有男女合校（coeducational）的學校出現，使女生得以進入更廣大的專業領域。近年來，許多向來堅持只招收男生的學校也開始轉型為男女合校。目前，有關高等教育的訴訟案持續進行中，指出大學違憲之處：與男子運動相比，大學甚少支持女子運動項目，而教育修正案第 9 條[1]則要求平等對待（Lederman, 1994, p. A51）。

　　過去二十年來，25 至 29 歲的男女進入大學的人數差距已逐漸消失（見圖 4-2），預估到 2007 年時，美國將有約 920 萬名女性進入大學，而男生僅 690 萬人（Sommers, 2000）。女性進入大學研究所就讀人數也持續增加，並在教育、健康專業、社會與行為科學等領域大放異彩（見表 4-1）（National Center for Education Statistics, 1999, p. 150）。

　　雖然人數增加，但女性的智性成就並未得到應有的敬重。例如非裔美籍知識份子（特別是女性），即深陷泥淖，生活在本質是「反智的社會」（anti-intellectual society）中。她們經常感覺自己的智性成就比起激進主義者（activists）所做的更無價值（Hooks & West, 1991），雖然她們的貢獻常為激進主義打下基礎。「要聰明，但別太聰明——可以預期我們必須與殘酷的現實持續抗爭。」一位女性提出這樣的忠告。

　　證據顯示，有些女子在學校表現非常優秀，反而是男生的退學人數較

94

---

1. 譯按：1972 年，為了改變女性在教育方面受到不平等待遇的局面，美國國會通過教育修正案第 9 條，經尼克森總統簽署成為法律。在這條法律通過之前，美國的教育體制偏袒男性，有的時候甚至公開歧視女性。那時，學校可以限制女性的招生人數，很多高中課堂採男女分班。教育修正案第 9 條規定，任何人都不應該因為性別的原因，被排除在由聯邦資助的教育和活動計畫之外，以及被剝奪這個計畫和活動提供的待遇，或者因為性別原因受到歧視（2006/12/28 取自美國之音中文網，http://www.voafanti.com/gate/big5/www.voanews.com/chinese/archive/2005-02/l2005-02-01-voa70.cfm）。

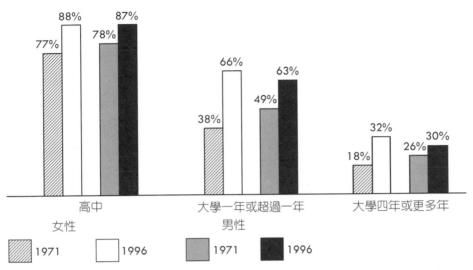

圖 4-2　依性別 25 至 29 歲者教育程度的百分比（1971 與 1996 年 3 月）

資料來源：U.S. Department of Commerce, Bureau of the Census, March Current Population Surveys.

多，進入大學的人數也較少。許多有關教育參與及成就表現的統計資料顯示：目前狀況女生占優勢（Sommers, 2000）。不過，這些教育上的進展並不總是能順利轉移至所有領域、較佳的工作機會，以及畢業後均等的薪資待遇。

　　學校性別角色的組成　教育系統結構內的組成份子在性別比例上仍有差異。例如：1996 年美國公立學校教師約 74.4%是女性，女教師在小學所占比率超過86%，而中學的女教師則只占56%（National Center for Education Statistics, *Digest,* 1995, 1997）。

　　學校教育層級愈高，女教師則愈少的情況，在大學亦復如此，大學女教師的比例只有 32.5%，且職位較低（*The Chronicle of Higher Education Almanac,* 1999-2000, p. 36）。為何產生這種不均等的現象？社會化歷程影響了態度，而組織結構則阻礙了管道。教育系統的改變是緩慢的，例如：社會化與組織階層和權力結構，均影響女性不去尋求行政管理之職責；當有

教育社會學
The Sociology of Education: A Systematic Analysis

95

表 4-1　依學科領域，女性與男性獲取學士學位分布的百分比

主要領域	1972		1992	
	女性	男性	女性	男性
總計	100	100	100	100
生物學／生命科學	3	5	4	4
商業	3	22	20	26
通訊	1	2	5	4
電腦科學	0	1	1	3
教育	37	10	14	4
工程	0	10	2	13
英文	11	5	6	4
現代外國語文	4	1	2	1
健康科學	6	1	8	2
數學	2	3	1	2
物理學	1	4	1	2
心理學	5	5	8	3
社會科學	15	20	10	14
其他	13	13	19	18

資料來源：*Digest of Education Statistics, 1994,* tables 268-285. Reprinted in National Center for Education Statistics, "The Educational Progress of Women." Findings from *The Condition of Education 1995,* U.S. Department of Education, p. 13.

　　抱負的女性面對支配性的權力結構時，便遭逢人際的障礙；組織與制度上的阻礙常發生在徵募新進人員、選派、安置、評鑑與其他過程中。因此，女性須面臨層層阻礙，方能達到組織中較高的地位。

　　單一性別的高中與大學自 1960 年代以後漸次減少，但研究顯示單一性別的學校能有助於切割青少年對學業及社交的關切，對女孩子特別有益。有些學區現在已開始考慮在數學和部分科學課程上酌採男女分班的教學方式（Estrich, 1994, p. A11）。根據倡議者的說法，男女分班能使學習風格的差異及教師對兩性學生的反應問題減少（Fox-Genovese, 1995, p. C7）。學業成就、課業所習、教育抱負、減少性別刻板印象、對學業持正向的態度，凡此種種男女分校均較爲有益。不過，因爲幾個城市的法院判例，未來男女分校是否會普及仍有待商榷（Brown & Russo, 1999）。

　　高等教育領域中申請就讀女子大學的人數日益增加。研究指出就讀女子大學的婦女更具自尊心與自我控制感（Riordan, 1992），雖然關於單一性別的大學教育的存在價值仍時有爭論，研究證據則顯示男女合校的大學教師較常將男性的貢獻帶到課堂上來討論，並且允許男性去主導一切（Fiske, 1992, pp. 52-53）。研究那些由女校轉型成男女合校的大學後，發現所有班級的教室整體互動變少了，這種改變被歸因於性別的政治環境所致（Canada & Pringle, 1995）。當加州女校米爾斯學院（Mills College）決定讓男生入學時，校園反對聲浪四起，以當時的情況，學生普遍希望學校能保持女校的傳統。沒有男女合校的干擾，伴隨著學術焦點的規範，單一性別的機構更被鼓舞追求卓越。雖然尚無從法律途徑來的挑戰，但單一性別的大學未來可能會遇到「分離但均等」[2]的挑戰。

　　學校的經驗與活動　　兒童活動所接觸的人──家長、班級教師、行政人員和其他學校行政決策者──都須加以考量，俾能了解女子在學校裡的經驗。小學老師最有可能爲女性，雖然大多數的班級都是男女合班，很多班級裡的活動仍與性別脫不了關係。證據指出，女生並未獲得教師與男生相等的關注，例如：教師常會鼓勵男生主動去解決問題，對女生則直接給答案。如此一來，教師的行動便增強了性別的刻板印象。通常教室打掃工作都是指派女生澆花，而男生擦黑板；兒童依性別排隊參與活動。甚至連在訓誡及老師對學生所花的時間，也有性別差異；研究發現男生接受較多較嚴格的訓誡外，老師也會在他們身上花較多時間指導或給予較多的讚美。教師期望除依學生性別不同而有差別待遇外，還受到階級與種族因素的影響（National Association for Women in Education, 1996）。

---

2. 譯按："separate but equal"「分離但均等」之說的挑戰觀點爲「分離就不可能均等」。最明顯的例子就是黑人與白人若分校，則黑人與白人在受教權上就不均等。男女分校可能會面臨法理上相同的挑戰。

活動也反映出刻板的態度,以班級教室和操場遊戲行為的研究為例,學齡前女生的遊戲較偏向合作性的活動,而男生的遊戲則較偏向實用性與「目的性」的活動(Neppl & Murray, 1997)。事實上,小學階段的男生已開始相信避免從事任何女生做的事,就是具男子氣概者(Jordon, 1995)。如某位觀察操場活動的研究者所記錄的:

> 性別間的差異處在操場上可以很輕易察覺到,通常男生只會允許少數熱愛足球或彈珠遊戲的女生參加,這些女生即為一般所俗稱具男孩子氣的「湯姆男孩」(tomboys),少數膽怯的小男孩則留在較年長女生的保護之下。一般來說,男生比女生較自我中心、有魄力、競爭、充滿幹勁和大膽勇敢。他們喜歡搞笑愛表現,不介意自愚愚人,提供許多笑話,因這是操場娛樂活動中的重要部分。他們專注於遊戲中。(Opie, 1993, p. 7)

許多年輕女孩所經歷的性騷擾事件多源自於學校同學的相處(見錦囊4-1)。最近針對八到十一年級生的研究顯示,85%的女生和76%的男生都曾經歷過某種形式的性騷擾,最常見的是講黃色笑話、做姿勢、批評閒話一番後,接續以具性暗示的觸摸和擁抱。性騷擾對女孩子帶來更嚴重的傷害,讓她們在學校感到不安及恐懼(American Association of University Women, 1993)。

成就與動機:數學與科學的個案　一般女生都會察覺到就讀大學以前,所受教育的阻礙「有系統地不鼓勵」她們繼續學習,從而減少她們將來能有較好工作待遇的機會(American Association of University Women, 1991)。1992年「學校如何欺騙女性」(How Schools Shortchange Girls)的研究結果成為當時的頭版新聞。此後數學與科學課程即產生一些變化。女生開始選修更多的數學與科學學分,雖然所選修的課程並非是最高階的,其中仍有性別差距,尤其是物理學與電腦科學。電腦科學的性別差距尤其

◆◆◆ **錦囊 4-1　惡意的走道** ◆◆◆

　　在你整個求學期間，是否有任何人（包括學生、教師、其他學校雇員或任何人）對你做出下列事情，而當時你並不希望他們如此，若有則遇到的頻率如何？

◆發表性評論、黃色笑話，做出不雅姿勢，或當你在場時緊盯著你。

◆展示、給予或留下性圖片、照片、文字說明、訊息或紙條。

◆在浴室牆上或公共衣物櫃上寫下或塗鴉關於你的性傳言。

◆散布關於你的性謠言。

◆說你是男同性戀或女同性戀者。

◆你在學校換穿衣服或淋浴時曾被偷窺。

◆突然被偷拍或跟蹤。

◆觸摸、抓緊你，或以性暗示拍打你。

◆觸碰你的衣服引誘性交。

◆具性暗示的故意擦撞你。

◆脫掉你的衣服。

◆具性暗示的擋住你的去路。

◆逼迫你去親吻他（她）。

◆逼迫你去做與性有關的事，不只是親吻。

資料來源：American Association of University Women, *Hostile Hallways: The AAUW Survey of Sexual Harassment in America's Schools,* 1993, p. 5.

嚴重，此課程猶如「男孩們的俱樂部」（boys' club）（American Association of University Women, 1998; National Center for Education Statistics, 1997）。雖然女生在公立學校教育中獲得較佳的成績，她們仍被「有系統地分流到傳統且有性別區隔（sex-segregated）的職業中，且遠離科學、技術、工程等能獲得高薪的學習領域」（Lawton, 1992, p. 17; National Research Council, 1989）。這種無形的「玻璃天花板」（glass ceiling）開始於小學與中學。「性別教育均等法案」（The Gender Equality in Education Package）已經列入國會議案，試圖矯正這些性別差異（Hegger, 1993, p. A5）。

98

　　國中起，因著青少年期的改變影響，女生已開始思考自己是誰，以及該如何舉止，這些覺察開始影響她們生涯的選擇。到了高年級時，女生對未來職場的計畫與價值觀，已十分接近實際職場中的性別差異。

　　在標準化的學業成就測驗中，男生與女生在測驗各項得分上各有其獨特表現，女生在閱讀、寫作和語文方面的成績較佳；而男生則在數學與科學上得分較高。SAT 和 ACT 的總成績男生略高，但雙方差距不大（*The Chronicle of Higher Education Almanac,* 1999-2000）。高中女生在科學得分上稍微比男生高，尤其是參與運動項目的男生（Hanson & Kraus, 1998）。但男生比女生傾向選修更多的數學與科學課程（National Center for Education Statistics, *Conditions,* 1997）。

　　為何世界各國（除台灣以外），男生的數學成就測驗成績會比女生高呢（National Center for Education Statistics, 1995, p. 64）？以「國際數學與科學教育成就趨勢調查」（International Mathematics and Science Study）的平均得分來看，男生為 518 分、女生為 485 分。這個問題十分值得關切，主要是基於女性的機會均等，以及當有些人在數學與科學成就上無法達到高水準時，將造成寶貴人力資源的喪失。此外，有些學者認為成就測驗的編製與內容存有性別偏見，這對女性申請大學或爭取獎學金上都會產生不均等的問題（例如 Levine & Levine, 1996）。

　　女生修習各種科學與數學科目的人數百分比已持續穩定增加中。例如：女生修高中物理課程的百分比自 1982 年 9.4%增加到 1994 年的 22%，修微積分的人數百分比從 4.6%增加到 9%以上（National Center for Education Statistics, *Digest,* 1999, p. 152）（見表 4-2）。但有更多男生修電腦科學相關的學科，以及須運用數學知識為基礎的科學課程。男女學生修習數學科目的數量如果相同，則雙方成績表現應該相近；但在進階課程的結果上則不明確，似乎男生較擅長此道。那些對數學有天賦的學生，不論男女，都喜愛並修習更多的科學課程。但物理學卻例外，男生修習的比例較多，許多女孩過了 12 歲以後則對此領域開始失去興趣（Marklein, 1992, p. D6），女生較少會選修科學課程或退選，因為她們覺得這些科目極為乏味（Fennema & Leder, 1990）。

表 4-2　高中畢業生選修數學與科學課程的人數百分比

99

數學與科學課程	1982		1994	
	女性	男性	女性	男性
數學				
幾何學	49	48	72	68
代數 II	36	38	62	55
三角函數	11	13	18	17
微積分	4	5	9	9
科學				
生物學	81	77	95	92
化學	31	32	59	53
物理學	9	18	22	27
生物、化學和物理	7	13	20	23

資料來源：U.S. Department of Education, National Center for Education Statistics, National Assessment of Education Progress, *The 1994 High School Transcript Study Tabulations: Comparative Data on Credits Earned and Demographics for 1994, 1990, 1987, and 1982 High School Graduates,* 1996.

　　大多數研究者推論數學成就不同是因為社會化歷程，和男女生經驗不 98
同之故。這些經驗從小學階段即已開始。白人男性經常被鼓勵獨立思考、
發展具創意的方式處理數學問題，而非恪遵數學死板的公式規定。而女生 99
就和少數民族學生一樣，相信自己對於數學或科學不如男生聰明。因此，
她們就停止在這方面的努力（Gose, 1995, p. A31; Bellisari, 1991）。許多老
師預期男生能成為較佳的問題解決者，老師通常詢問男生的問題會比詢問
女生的問題更深入，而成績好的女生所受到的注意也不如成績好的男生。
簡言之，「男生常將成功歸因於內在因素，而將失敗歸因於外在或無法控
制的因素；女生則常將成功歸因於外在因素或無法控制的因素，而將失敗
歸因於內在因素」（Fennema & Leder, 1990, p. 82）。

在美國與其他各國，家人的支持與參與也會影響其子女選擇數學、科學與其他課程的態度傾向（Tocci & Engelhard, 1991, p. 280）。高社經地位的家長較可能成為「積極管理者」（active managers），為他們的女兒選擇教育課程（Muller, 1998; Useem, 1991）。因此其子女傾向選擇更多進階課程，此結果也依序轉成社會階級的再製效果（Useem, 1990）。一些跨文化研究探討家長支持度、教師期望、學習習慣、價值和信念的差異，對學業成就的影響，指出有些國家的女生數學成績很優異。這得歸功於該國教育的性別階層化與眾多的職業機會（Baker & Jones, 1993）。日本學校的數學課程內容經常鼓勵兒童全面而透澈的思考問題，而非直接給予解答。相比之下，美國教育並未教導女生與少數民族學生如此的思考方式，而只一味對她們呈現一系列的公式與計算步驟。

100

　　如果女性進修數學、科學與專門技術的人數少得不成比率，全世界又愈來愈重視且獎勵這些技能，則她們在未來很可能遠遠落後於男生。這個問題促使美國提出好幾項聯邦補助的研究計畫以釐清原因。因為數學與科學的性別不均等問題是個國際性問題。哪裡婦女的地位低，那裡數學與科學的兩性成就差異就大（Baker & Jones, 1991）。

　　為了試圖將男女生數學表現差距縮小，已產生許多數學教學創新計畫，並從學習態度與組織結構兩個觀點解決此問題（McCormick, 1994; "What We Know," 1993; Clewell et al., 1992）。例如：根據美國密西根州立大學的研究，提供女生較多需動手進行的實驗室課程，並減少教科書中性別歧視的偏見，就能縮小兩性差距（"Science Study," 1995, p. E2）。此外，樹立正向的女性角色楷模，是另一種能增加年輕女性對自己能力有信心的好方法（Otter, 1994）。若能以積極正向的方式，改變學生修習數學的社會化經驗與學校結構的元素，我們將可持續看見良性的變化，以及數學與科學的性別差距漸漸縮小。

　　有證據指出男女生教育經驗不同的根本原因，是與生俱來的特徵，亦即生物因素已然預定了兩性中的優勝劣敗。社會生物學家尋求性別差異的生理因素，俾能解釋女生的數學與科學能力、兩性生理的學習風格，及兩性的普遍智力。但生物學解釋所產生的問題是：它們未重視文化期望與環境對學生的限制所產生的強大影響，因而無法單獨提出完整的解釋；有關生物因素在學習與成就的性別差異上所扮演的角色，現有的證據仍不適宜作出結論。雖然研究者尋找從生物學的角度來解釋數學成就測驗的性別差異，但卻無法解釋美國亞裔女性在科學與工程學地位的成就相對的比美國全體人力爲突出。這可在文化與家庭環境因素裡得到解釋（Bellisari, 1989）。

對抗性別差異

　　證據指出整個教育系統對男女生的待遇，有著具體而微的差異。並無任何一帖萬靈丹能處理這種差異問題，但以下步驟或能減少處於不利地位的男生或女生，在教育系統中所受到的負面影響。

1. 師資培育上，對自我身分、刻板印象、普通班級實務的覺察，能使教師對永續這些性別差異的實踐，更爲敏銳（McCormick, 1994, p. 52）。班級實務的簡單改變，是最容易下手的。
2. 處理並關心女性在教室外所面臨的問題，即幫助她們在教室內的學習。如人際關係問題、生涯抉擇、暴力與未來，這些都攸關對學習過程的衝擊（Gilligan, Lyons, & Hanmer, 1990, p. 26）。
3. 教育修正案第 9 條（Title IX）明文規定，學區必須提供無歧視的教育環境；法條內容包括依據性別，合理地分配入學名額；依據性別提供不同課程以及運動項目計畫。學校所做相應的調整包括：分析現有的學校計畫，以及在修課、獎助學金、諮詢、服務與雇用上，公平對待所有學生。事實上，目前許多學校計畫的改變都要歸因於第 9 條。

　　或許第 9 條修正案的最大衝擊是在男性與女性的運動項目上。各種設施、體育設備，以及所提供的科目對於男女生都必須均等。然而，在 1998 年，排名前 300 名的大學中，僅僅只有 3 所答應接受這項計畫。自從 1992 年起，全美超過 350 隊的大學男性運動隊伍遭到解散，男生參與運動項目

女性在運動團隊的機會增加是教育修正案第 9 條的結果

的機會少了 12%，而女生參與機會則增加了 16%（Gavora & Schuld, 1999）。

社會中的每一個制度，都受到男女角色演變的影響。此變化發生極快，我們尚未見到其對教育、其他社會制度或女性機會均等的最終效果。

階級、種族和修正教育機會不均等的嘗試

如何達成教育機會均等的問題是社會決策者所考慮的議題。此問題包括失利、貧窮、差別待遇。社會是否有責任要做些事以修正種族上的弱勢團體所遭受的不正義？肯定行動（affirmative action）背後的一項前提是，前述問題的答案須是肯定的。

學生的教育失利（educational disadvantage）其來有自：學校教育、家庭和社區資源都是因素之一，卻不是任何學生個人所能控制的。要求均等

的學校設施、有經驗且受過訓練的教師、每生經費均等、種族平等、提供優惠的待遇，並以肯定行動[3]彌補過去的不公平（Coleman, 1990）。當少數民族人口成長時，這類要求也將持續增加。

公立學校招生的趨勢

公立學校註冊人數正發生引人注目的改變。美國大部分的州，白人學生入學人數逐漸減少；反之，非裔美國人和其他少數民族人數卻增加。1996年公立學校新生有 37.5%為少數民族學生，其中非裔美國人占 16.7%，西裔占 11.9%為最多（見表 4-3）（National Center for Education Statistics, *Conditions,* 1999, p. 126）。這種局面比起 1966 年的情況是截然不同的，當時非裔美國人及西裔的畢業生占全體畢業生比例的 19%。1994 年全國 25 至 29 歲的人口中有 86.1%有高中文憑，其中白人 91%有高中文憑，非裔美國人 84%，西裔 60%（National Center for Education Statistics, 1995, p. 72）。在哥倫比亞行政區有 98%高中畢業生是少數民族者。約 1995 年時，加州、夏威夷、密西西比和新澤西州，少數民族學生占了大多數。圖 4-3 顯示各州少數民族學生的分布情況。

亞裔與太平洋各島裔的人口快速成長，因為移民與高出生率，不到十年的時間人數增加了 58%。西裔高中畢業生人數增加最多，而非裔美國人與白人高中畢業生人數卻減少。值得注意的是，人數持續成長的少數民族人口，其畢業生比率並未與白種人相同，也常未做好就業準備。美國原住民高中學生的退學率為 27%，亞裔 2%，非裔美國人 11%，西班牙裔 18%，白種人 8%（Zuniga, 1991）。

下層社會與處於危險中的學生

「下層社會」（underclass）一詞是由瑞典籍的迦納麥爾達（Gunnar

---

3. 譯按：肯定行動（affirmative action） 也叫「積極的差別待遇」，是一種政策或方案，其目標為平衡過去或現在的差別待遇，以確保均等的機會，通常是關乎教育、就業或國會席次及政府人員的任用（http://en.wikipedia.org/wiki/Affirmative_action）。

102

表 4-3　1976 至 1996 年公立學校各種族註冊人數百分比

	1966	1976	1986	1996
總計人數	43,039[a]	43,714[b]	41,156[c]	43,775
		百分比		
白種人	80.2	76.0	70.4	62.5[c]
全體少數民族	19.8	24.0	29.6	37.5[c]
黑人	14.3	15.5	16.1	16.7
西裔	4.6	6.4	9.9	11.9
亞裔	0.4	1.2	2.8	4.4[c]
美國印第安人	0.5	0.8	0.9	1.0[c]

a：單位人數以千計。

b：根據美國政府推估至 1997 年的資料。

c：根據美國資料的外插法估計而得，以及其他人口參考資料（Ornslein, 1984; Bouvier &
　Davis, 1982）。

資料來源：取自 *The Condition of Education 1989,* Vol.1 (Washington, DC: U.S. Government
　　　　　Printing Office, 1989), pp. 110-111; *Digest of Education Statistics 1976* (Washing-
　　　　　ton, DC: U.S. Government Printing Office, 1977), p. 40; and *Projections of Educa-
　　　　　tional Statistics to 2000* (Washington, DC: U.S. Government Printing Office, 1989),
　　　　　p. 5; and *Conditions of Education Digest, 1999,* p. 152, Table 138.

103

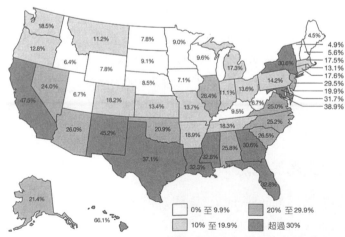

**圖 4-3　1997 年時，各州少數民族入學人數比率（地圖中所顯示的登記註冊學
生人數百分比，包括美國印第安人、亞裔美國人、非裔美國人、西裔）**

資料來源：*The Cronicle of Higher Education,* December 17, 1999, p. A53.

Myrdal），在觀察了美國的社會之後所創用的字眼，後由威廉‧朱利斯‧ *104*
威爾遜（William Julius Wilson）引進現行的用法。貧困的下層社會具備以
下特徵：低志向抱負、欠缺教育、家庭不安定、違法、失業、犯罪、藥物
成癮、酗酒、經常生病、早逝（Wilson, 1987, p. 4）。這個詞主要是指少數
民族團體。

　　然而有些科學家並不同意上述「下層社會」的概念，及其所隱含受害
者應該為所造成之問題受責難（"blaming the victim" [4] for the problem）的意
義；因此，下層社會問題已成為政治性的政策議題。赫柏特甘（Herbert Gans）
以如下的方式描述此一政策議題：「對右派與左派而言，前者主張下層社會
的行為是黑人窮人所具有的諸多文化缺陷，且無意願遵守美國人的工作倫
理；後者則宣稱下層社會是工業經濟變革的結果」（Winkler, 1990, p.
A5）。一項有關西裔人口的研究指出，雖然西裔者貧窮且受剝削，但並無
許多下層社會者的行為特質，如：健康欠佳和家庭瓦解的問題（Moore &
Pinderhughes, 1993）。

☐ 教育機會均等的研究

　　雖然有關教育均等的文獻數量充沛，但有兩項特別傑出的研究：柯爾
曼報告（Coleman Report）（Coleman et al., 1966）以及傑克（Jencks）對不
均等現象之研究（Jencks et al., 1972）。這兩項研究引人注目是因其引來持
續不斷的爭辯，加上廣泛綜合的資料蒐集、分析，對理解不均等現象卓有
貢獻。

---

4. 譯按："blaming the victim" 一詞據說是為了批判有關貧民區形成過程的研究而創造
的，該研究即默依尼罕（Daniel Patrick Moynihan）在 1965 年的著作——《黑人家
庭：國家行動的個案》（*The Negro Family: The Case for National Action*），通常稱之
為「默依尼罕報告」（Moynihan Report）。1971 年萊恩（William Ryan）寫了一本
以 "Blaming the victim" 為名的書，是首先對默依尼罕報告提出的批判。主要的論點
是個體有善盡避免風險或危險的責任。資料來源：Victim blaming (2006, December
25). In Wikipedia, The Free Encyclopedia. Retrieved December 28, 2006, from http://en.
wikipedia.org/w/index.php? title=Victim_blaming&oldid=96444314。

　　柯爾曼報告　柯爾曼報告是廢止種族隔離計畫中極知名的研究。在「布朗決議」（*Brown* decision）應用到美國各州的教育事務十年後，美國健康教育福利部（The Department of Health, Education, and Welfare）邀請柯爾曼及其同僚進行研究。柯爾曼的研究結果有些在預期之內，有些則相當令人意外。事實上，這份研究報告引發爭議，部分是因爲它挑戰一些攸關學校與教育中，重要卻未經過考驗的假定。

　　該研究的目的是要透過比較少數民族學生與其他白人學生，評估少數民族學生的教育機會與表現。柯爾曼研究的調查對象廣及全美 5% 的學校，研究樣本爲 645,000 名學生，涵蓋了五個不同的年級。研究樣本接受數種類型的測驗，蒐集關於學生的背景與態度的資料，要求學校行政人員填寫有關學校現況的問卷。柯爾曼的研究發現很多有趣的重點：

1. 除亞裔美國人外，少數民族學生的測驗成績，各年級均比白人學生的成績低，從一年級到十二年級，差距愈拉愈大。柯爾曼將此現象歸諸學校之外環境因素，其中許多是集中在家庭因素：貧窮、父母教育，和其他環境因素。

2. 進行柯爾曼研究的當時，大部分的弱勢族群學生都就讀於種族隔離的學校。學校教師也大部分教授與自己相同種族的學生。

3. 學校的社經組成、家庭背景和校內其他學生的背景，都是影響學生學校成就產生差異的重要因素。這是個驚人的發現，由之亦建議種族隔離制的學校應該加以統整，使不同種族—階級的學生得以混合。

4. 另一驚人的研究發現，課程與設備對學生的成就差異幾乎沒有影響。事實上，以主流的非裔學校與白人學校的成就差異而言，學校設施幾乎沒有影響力。

5. 白人兒童雖有稍多的機會接觸到物理、化學、語言實驗室、教科書、大學課程、更勝任及待遇更好的老師，但這些所造成的差異均不大。

　　這些發現已被許多研究考驗再考驗，雖然研究結果互有出入，但都支持柯爾曼的主要結論。這些發現導引柯爾曼建議：提升貧困學生與少數民

105

族學生之學業成就的辦法之一，就是統整原先互相隔離的學校，讓少數民族學生與白人學生在一起，提供有利成就產生的環境，並提供教育的角色楷模。此研究也刺激更多有關廢止種族隔離的努力，特別是透過校車接送（busing）的運用。

傑克的教育不均等研究　另一項經常被引用的知名研究，則質疑利用學校以達成社會中的機會均等。傑克與其研究團隊重新分析柯爾曼的研究資料，並加上許多其他資料，主張並無任何證據顯示學校改革能帶來學校之外的重大社會改革。其研究發現摘要如下：

> 證據顯示教育機會均等只能些微地促進成人的均等。如果全國小學的效能都均等，六年級學生認知不均等現象將降低 3%；……十二年級生的認知不均等則幾乎完全不變，而他們最終成就的差異可能只縮小不到 1%。如果就讀大學能排除經濟與學校因素的障礙，可能僅能稍微縮小學生教育成就的差異，但此改變並不大。（Aronson, 1978, p. 409）

傑克指出，過去二十五年的經驗顯示，即使能縮小少數民族與白人的教育成就差距，成人世界在經濟上的不均等現象仍會繼續存在。

傑克的結論指出，學校對於改變人們畢業後的社會地位，罕有作用。甚至連學校改革與補救教學，實質上對改變成人間的差異亦無效能可言。這樣的結論不但令人震驚，聽見學校無重大影響的結論亦令人不悅。傑克並未在研究中否認學校對每一人的重要性——但他的的確確說學校並不能解決諸多社會問題。他的結論也如柯爾曼所言，兒童學業成就取決於一個主要因素——他們的家庭。家庭背景與家庭對教育的態度，基本上是學校經驗的決定因素。傑克主張因爲學校不能幫助達到均等主義的社會及經濟公平，所以我們必須藉著將經濟制度與社會系統轉型成更爲社會主義的系統，將經濟收入重新分配。

106

進一步分析資料後，傑克指出家庭背景能夠解釋職業地位48%的變異，以及個人收入差異 15%到 35%的變異。接受教育的多寡與家庭地位息息相關（Jencks et al., 1979）。

雖然許多研究一再考驗柯爾曼和傑克的結論，提出各種互有出入的結果，但大多數研究結論均支持學生的家庭和同儕背景的重要性。廢止種族隔離的重要性將於下段討論，學校「氣氛」（climate）的重要性也將於本書第八章討論。

☐ 廢止種族隔離所需面對的抗爭

貧窮與種族主義已成為美國歷史上醜陋的事實。對人口組成中的大部分所遭受的不公平對待，面對著綁架、私刑、群眾暴力、虐待的威脅，抗議聲浪從未平息。如同社會的其餘部分，這些問題也反應在學校系統中，在美國的許多地方，學校已然發展成實施種族隔離的制度。

當探討廢止種族隔離時，許多人常會將「廢止種族隔離」（desegregation）與「消除種族差別待遇」（integration）兩個名詞交替使用，然而嚴格來說，二者意義仍有不同。學校「廢止種族隔離」是指有關學生的入學模式，欲求讓不同種族學生能上同一所學校，使不同種族的學生不會被區隔在互相分離的學校或班級。「消除種族差別待遇」則是使不同種族的學生，除可以一起上學外，尚採取一些步驟克服少數民族學生的不利條件，發展出不同種族的正向關係（Ornstein & Levine, 1985, p. 398）。

☐ 廢止種族隔離的法院判例

1954 年最高法院「布朗對教育委員會」（*Brown* v. *Board of Education*）訴訟的判決，提出「隔離即不公平」的劃時代里程碑，該判決對某些人來說是祝福，對某些人則彷彿是咒詛。此判決對教育或少數民族團體的社會地位有何影響？在布朗案的判決十年後，各法院仍然未對廢止種族隔離的意涵，作出重大的裁決。因此，1964 年「民權法案」（Civil Rights Acts）裁定不能再容忍廢止種族隔離政策的拖延。為了達成機會均等，廢止種族隔離之命令意謂學校必須保障 20%至 30%的名額，讓不同種族團體入學。有些廢止種族隔離的重要努力（特別是在美國南方），已產生某些改變，但許多大城市則依然故我，甚且種族隔離的程度益形加劇。1973 年的法院訴訟，判定丹佛市（Denver）存在著有意的種族隔離，且該市必須改變此種型態。這項判決也導致許多都市跟進，且大部分都市都是利用校車接送學生來達成這些目標。因為從最高法院到地方法院的判例規定的並不一致，所以強制執行的方式也有些變化。自從 1954 年最高法院規定「隔離是不公平的」，並下令以審慎的速度進行改變，各級法院則忙於應付所屬行政區要求詮釋該規定的內容。整個局面現仍顯得混沌不清。

　　從最高法院拒絕自發的（voluntary）廢止種族隔離，取而代之的，要求各城必須提出廢止種族隔離的計畫，已過了三十年，但有關廢止種族隔離的全國性辯論仍未少歇。種族隔離制度就像一張雜湊的拼布床單，有些區域已成功地廢止種族隔離，但也有某些區域仍是幾乎排除非裔學生或白人。

　　有關廢止種族隔離的努力大約可以區分為五個階段：第一階段，1954年最高法院之判決；第二階段 1968 年，要求南方鄉村學校採行廢止種族隔離的計畫；第三階段 1973 年，當法院要求丹佛市修正種族隔離的制度，廢止種族隔離的運動已從南方蔓延至美國北部和西部；第四階段，有些城市正在進行法院訴訟，要廢止強制性校車運送的作法；第五階段，強調改善少數民族學校的品質。所謂少數民族學校即全校學生中有 90%以上為少數民族學生者，在 1980 年，近三分之一非裔學生就讀這類型的學校。大部分的少數民族學校其學生中則有 50%或以上是少數民族學生（Orfield, 1983）。

　　柯爾曼報告說明了美國公立學校目前種族隔離的程度，以及消除種族差別待遇對於兒童的益處。藉由柯爾曼報告的資料，倡議消除種族差別待遇的努力逐步進行而有強制族群統合之舉，也因而帶來許多訴訟案件有待法院審理。但到了 1980 年代中期時，廢止種族隔離的努力似乎緩慢而穩定地回頭修正。

現今法院訴訟的關鍵趨勢則是，讓學區在廢止種族隔離的努力上，不再需受法院的監督。幾個最高法院的判決已同意學校刪除有關廢止種族隔離的計畫，只要參考「單一標準」（unitary standards）即可（DeLacy, 1997）。例子包括如下的訴訟案：1991年「奧克拉荷馬州教育委員會對多威爾案」（*Board of Education of Oklahoma v. Dowell*）、1992年「弗利曼對皮茲案」（*Freeman v. Pitts*）、1995年「密蘇里對吉肯斯案」（*Missouri v. Jenkins*）、1996年康乃狄克州的「雪佛對歐尼爾案」（*Sheff v. O'Neill*），以及1998年「威斯曼對吉特斯案」（*Wessmann v. Gittens*）。廢除的結果是許多學生回歸至種族隔離的鄰近學校就讀。種族隔離的學校在過去十五年有穩定的成長，尤其是在南方以外的各州（Weiler, 1998）。原因甚多，包括：刪除廢止種族隔離計畫、由移民（特別是都會地區）所造成人口特性的改變，和都市郊區的成長。西裔學生比非裔學生在教育上受到的孤立隔離更加嚴重（Orfield et al., 1997）。更多焦點投注在受教育的機會與校內的分軌，這些都會影響少數民族學生的學業表現。

「廢止種族隔離－消除種族差別待遇」之問題的範圍　針對校車接送制度與廢止種族隔離，社會科學家執行超過一百項研究，其研究主要關切以下幾個基本的問題：

1. 廢止種族隔離計畫是否能達成消除學校內之種族差別待遇的目標、改善少數民族學生的教育品質，並改善各族群間的關係？
2. 受「白人遷徙」（white flight）現象影響的學區，是否因努力廢止種族隔離反而造成社區與學校的種族隔離現象更加嚴重？
3. 消除種族差別待遇對兒童的學業成就與自我概念有何影響？
4. 校車接送制度真能實現社會裡機會均等的終極目標？還是我們只是帶著我們社會的種族問題蜂擁而上黃色的學校巴士，然後再關上門而已？

在某些都市貧民區中，教育官員順應日漸增加的種族隔離學校，試圖藉由為少數民族的成員，提出革故鼎新的計畫，以改善問題。是否「較佳但隔離」（better but segregated）只是回復到「隔離但公平」（separate but equal），也引起一些質疑。有關廢止種族隔離的重要性與價值仍舊爭論不休，很多學者包括歐爾菲德（Gary A. Orfield）提出過去二十年來社會科學研究的摘要陳述。這些發現包括四個領域，顯示：

1. 學區的廢止種族隔離能積極影響社區居民消除種族差別待遇。
2. 廢止種族隔離政策與少數民族學生的一般學業收穫有關，且不危及白人學生。
3. 盡可能涵蓋所有年級學生，涵蓋的地理區域愈大愈好，長期推動並有明確具體的目標，如此廢止種族隔離的計畫將能運作得最理想。
4. 有效的廢止種族隔離是與其他類型的教育改革相連結的。（Orfield et al., 1992）

　　另外，歐爾菲德近期所研究的「哈佛計畫：學校廢止種族隔離」，發現從 1960 年代中期到 1970 年代，美國南方實施種族隔離制度的現象明顯減少，之後便保持穩定。1988 年以後迄今，種族隔離又呈現增加的趨勢（Orfield, 1997, 1994）。 *109*

☐ 廢止學校裡種族隔離之努力的影響

　　當白人學生與少數民族學生同上一所學校會發生何事？對學生有何幫助或傷害？已有研究探討如下的主題：人際關係、學生自尊、學業成就、非裔美國人與白人學生各自的社會角色與學業成就，以及「白人遷徙」對社區的影響。以上的主題每一項都有長篇累牘的資訊，舉例說明如下。

　　自尊、自我概念與學業成就　　自尊對於學生在校成就很重要。心理學家關切非裔美國學生已有多年，由種族偏好的測量可知，他們對於自己的種族認同和自尊缺乏正向的感受。1940 年代的幾個複製研究，詢問學生比較喜歡非裔美國人娃娃或是白人娃娃：「選出好的、壞的、漂亮的娃娃，

和你最想和它玩的娃娃。」65%的非裔美國學生與 75%的白人學生偏好選擇白人娃娃（Talan, 1987, p. E11）。這項研究發現對就讀於種族統合學校的非裔美國學生而言特別重要。由之生發的問題是，是否正常自信的非裔美國學生在種族統合學校中比較沒有信心？一些研究發現，縱使在校表現較佳、就讀大學更普遍、在找工作上更成功也獲得更高的薪資，就讀於種族統合學校的非裔美國學生，其自信、自尊與抱負水準，比就讀於種族區隔學校的非裔學生更低（Trent, 1997）。雖然學校可能是非種族隔離的（譯按：指各種學生皆可入學），但仍須關切學校內的分軌政策所造成的校內種族隔閡（Weiler, 1998）。

☐ 學生目標、抱負和未來前景

非裔美國學生有高的抱負（aspirations）。從教師及家長而來的正向高期望，可以幫助抱負成真（Voelki, 1993）。事實上，非裔美國人的高抱負水準也可能是非裔美國人與白人間的教育差距縮小的原因，高抱負對非裔美國人達成進步是有用的（Portes & Wilson, 1976）。

廢止種族隔離對於學生抱負與學業成就的影響已引起許多研究者關注，特別是因為非裔美國人比白人就讀大學的人數下降。讓非裔美國人和白人學生能完成四年大學的計畫增加了，但這些計畫實行後卻反而使非裔美國學生人數減少（Hauser & Anderson, 1991, p. 272）。

高中裡主流的常態會影響學生的信心。因此，非種族隔離學校的非裔學生，尤其是男生，比在種族隔離學校的學生更有可能進入大學，完成更多年的學校教育。這可能與學校的願景、成就水準，和將來可能獲得的機會有關。非種族隔離的高中其非裔學生比在種族隔離學校就讀者，更可能獲得較好的工作，及較多的晉升機會（Trent, 1997; McPartland et al., 1985）。廢止種族隔離制度對於非裔學生的閱讀成就也小有幫助，但對數學成就則無影響（Schofield, 1995; McPartland et al., 1985）。扼要的說，廢止種族隔離很少降低少數民族學生的學業成就，大部分都是提升了。而且，幾乎無任何證據顯示廢止種族隔離會導致白人學生學業成就低落。

　　許多研究結果指出，要獲致種族的統合與正向的種族關係雖非易事，但還是能從成功計畫中取法借鏡，達成這些目標。這些成功計畫的關鍵是教室中良好的人性關係、利用合作學習納入所有的學生，並減少能力分組（tracking）[5]、積極鼓勵學生參與課外活動、校內常規清楚且公平執行、家長與其他社區成員積極參與。

　　「白人遷徙」　當公民與政策制訂者猶在爭論校車接送制度的效果，社會科學家已開始探討「白人遷徙」（white flight）的問題。因著白人搬離都市以避開種族統合的學校，是否原先要達成廢止種族隔離的校車接送制度及其所衍生的威脅適得其反，造成各城的種族隔離問題比過去更加嚴重？

　　1975 年，柯爾曼釋出新的研究結果，結論指出學校進行廢止種族隔離的政策，將造成大城市「白人遷徙」現象，並催化都市行政區的再種族隔離（resegregation）。許多白人離開非裔美國人比率高的大型或中型都市。柯爾曼與其支持者現在似乎建議暫緩種族統合的努力，並應採取更多種族區隔政策去補救「白人遷徙」的現象。

　　表 4-4 說明在 1968 到 1998 年，美國主要都市學校少數民族學生的百分比，繼柯爾曼之後，其他研究亦揭露與「白人遷徙」有關的重要變項，用以說明大型都市白人數量減少的原因：

1. 出生率高的少數民族家庭產生更多的學齡兒童。
2. 經濟與階級向上流動的差異使得白人遷往郊區。
3. 新的少數民族家庭遷入都會區居住。
4. 少數民族若到郊區居住會受到歧視。
5. 「白人不穩定性」的差異與非裔人口集中的百分比有關。（McDonald, 1997）

111

---

5. 譯按： "tracking" 這個字本意是分軌，用在班級教學中便是能力分組；用在學校教育中便是能力分班；用在整個學制上，其意義則接近於分流，如有的學生讀高中，有的讀高職。此處是指班級教學的 tracking，故譯為「能力分組」，意近於 "ability grouping"。其他如男女分班、大學設科分系等也都可以視之為一種 "tracking"。

（表 4-4　25 個大都會學校系統少數民族學生的招收概況，1968-1998 年

城市	1968 學生入學	1968 少數民族百分比	1978 學生入學	1978 少數民族百分比	1988 學生入學	1988 少數民族百分比	1998 學生入學°	1998 少數民族百分
紐約	1,063,787	54.2c	998,947	71.3	960,000	79.0	935,000	85
洛杉磯	653,549	42.6c	556,236	70.3	594,802	84.4	635,000	92
芝加哥	582,274	61.5c	494,888	78.5	410,230	87.6	355,000	94
費城	282,617	61.0	244,723	69.0	191,141	76.5	160,000	81
底特律	296,097	61.2	220,657	85.8	175,469	95.5	135,000	98
休士頓	246,098	46.2	142,553	70.6	190,381	84.5	235,000	94
邁阿密	232,465	41.3	229,254	62.2	251,100	68.0	275,000	79
巴爾的摩	192,171	65.1	149,465	77.6	107,250	83.0	90,000	88
達拉斯	159,924	38.4	133,289	66.2	131,582	81.8	145,000	91
克利夫蘭	156,054	57.9	103,627	67.6	73,350	76.0	60,000	85
華盛頓特區	148,725	93.5	108,903	96.0	88,631	96.5	75,000	99
密爾瓦基	130,445	23.9	95,502	49.4a	88,832	68.3	80,000	80
聖地牙哥	128,914	21.7	115,007	38.3	117,057	58.6	125,000	70
孟斐斯	125,813	53.6	113,108	74.0	103,099	78.0	93,000	82
聖路易斯	115,582	63.5	72,515	74.8	47,117e	80.7	40,000	88
亞特蘭大	111,227	61.7	76,625	90.5	61,718	93.4	55,000	96
新奧爾良	110,783	67.1	88,714	85.8	85,113	92.7	75,000	96
哥倫布市	110,699	26.0	82,691	36.8	65,160	50.4	55,000	60
印第安那波里	108,587	33.7	73,569	48.2a	50,143e	50.6	40,000	55
丹佛	96,577	33.4	68,830	55.6	58,626	64.8	50,000	72
波士頓	94,174	27.1	71,303	60.4	54,765e	75.5	45,000	85
伏渥斯	86,528	32.7	68,224	52.6	68,410	64.4	75,000	74
阿布奎基	79,669	37.7	81,913	46.7a	84,783	51.0	85,000	55
聖安東尼奧市	79,353	72.9	63,214	87.1	61,246	93.1	70,000	96
紐阿克	75,960	81.8	65,575	90.7	49,728e	92.3	40,000	95
總計	5,468,072	51.9b	4,519,334	71.3b	3,863,027	85.8b	4,028,000c	87.2b

a：1980 年時，這些學校系統（密爾瓦基、阿布奎基和印第安那波里）超過 50% 是少數民族。

b：少數民族的加權百分比是以全體人口爲基準。

c：估計數包括學生入學人口稍微增加，大多在加州與德州。

d：對於少數民族招生的估計是保守的，以 1978 和 1988 年的 50% 或更低的成長率爲基準。此假定是「白人遷徙」已經發生，然而移民的趨勢與少數民族家庭的大小將影響學校的招生數。

e：從 1968 到 1978 年，有 25 個學區是全美最大的學區。在 1988 到 1989 年間，摩比港市（69,000）、那什維爾（63,000）、夫勒斯偌市（65,500）、土桑市（57,000）已取代了聖路易斯、紐阿克、印第安那波里、波士頓擠進前 25 名。

資料來源：Allan C. Ornstein, "Urban Demographics for the 1980s," *Education and Urban Society,* August 1984, p p. 477-496, Ornstein, 1990, preliminary data from a nationwide survey, unpublished; reprinted in Ornstein, Allan C., "The Relationship of the School Organization to Minority Students," *Peabody Journal of Education,* Vol. 66, No 4, Summer 1984, published 1991.

各法院的規定不盡相同：在丹佛、波士頓、孟斐斯（Memphis）及其他 *111* 都市，法院規定「學校必須維持該區整體種族組成的 10% 到 15% 之內」，就算動用校車接送亦在所不惜。其他法院如達拉斯與休斯頓地區，基於消除種族區隔是不切實際的，故允許少數民族學校可維持種族區隔；然而其他非少數民族的學校還是必須廢止種族隔離（Levine & Levine, 1996, p. 266）。大都市學校廢止種族隔離的計畫已在進行新的分析，以研究各種計畫的效果（Carter, 1995）。

一項全國性的研究，評估學校實施種族統合計畫對白人公立學校入學趨勢所帶來的衝擊。比較了廢止種族隔離的行政區與未廢止的行政區，發現廢止種族隔離的行政區其招生趨勢與未廢止者相同。廢止種族隔離前，招生人數減少，其高峰是發生在實行廢止種族隔離及增加種族接觸的那一年。非裔美國學生人數在三分之一以上的學區，於招生時人數經歷了雙倍的損失（Wilson, 1985）。與白人學生招生減少有關的行政區層次的特徵，包括行政區內非裔美國學生的比例、廢止種族隔離計畫的實施，和高比例的西裔學生（Ornstein, 1991, p. 66）。除此之外，少有證據指出廢止種族隔離反而促使種族的再隔離（Smock & Wilson, 1991）。

如果以對多數人有利的角度來衡量，努力廢止種族隔離的整體結果似乎是正面的。因為很多學校主體仍然是少數民族，目前的努力多著重於這些學校教學之改進（Levine & Levine, 1996, p. 268）。

種族統合的嘗試

目前有許多學區已經實施各種廢止種族隔離的計畫——重新規劃行政區、磁性學校（magnet schools）、校車接送計畫和學生轉校制度。雖然有些學區已廢止種族隔離，但種族隔離仍存在於校園內。以班級隔離種族、以分組隔離班級內少數民族學生、運動項目及課外活動有種族區隔、差別性的管教及壓迫性的實行，以及教師指派的作業等，這些全都可能會阻礙學校和班級中種族統合的努力（Metz, 1994）。

為達成學校內或學校間的教育均等，有許多學區已採用大量的計畫。其中最知名的是由聯邦政府所補助的補救教育方案。1965 年所通過的「小學與中學教育法案」（Elementary and Secondary Education Act）明訂目標在改善貧窮學生與少數民族兒童的教育。一開始，分配 10 億美元的經費，嗣後補助的金額愈來愈多。主要由聯邦政府出資的補助教育計畫，項目包括學前教育到高等教育，其中幾個方案描述如下：

1.**早期幼兒教育**（Early childhood education）：「啟蒙計畫」（Head Start）和「延伸計畫」（Follow-Through）是早期教育計畫中最普及的方案。「啟蒙計畫」企圖幫助失利的兒童在進入一年級之前做好準備。「延伸計畫」主要是維持兒童的準備度（readiness）並在低年級就為那些曾參加一年「啟蒙計畫」的兒童補充所學。這些早期幼兒計畫鼓勵兒童自發的活動，而非教師指導的活動，此計畫幫助兒童短期或長期的學習與社會發展，參與計畫的兒童獲益良多，是那些未被提供服務但條件相同的兒童所沒有的（Schweinhart, 1997）。

2.**雙語教育**（Bilingual education）：大約有近 300 萬名公立學校學生無法使用英文完成一般性的作業，最高法院規定州政府必須協助「有限英文學力」（limited-English-proficient）的學生，但此規定並未具體指示如何進行；州政府已發展出各種不同方案，從雙語教育到以英文為第二外國語言的訓練。1997 年已有 11 個州受命進行雙語教育計畫，有 3 個州則禁止實施雙語教育（Garcia & Morgan, 1997）。重點與計畫內容或有不同，但它們都共同關注非以英語為母語的兒童。說西班牙語的兒童是這些計畫的主要目標團體。圍繞著雙語教育的爭議乃是：什麼才是將不會說英語者，統整融入美國社會最好的方式（McGroarty, 1992, pp. 7-9）。人們如何習得第二語言的讀寫能力，係受到文化和他們接受語言訓練時社會脈絡的影響。有效的計畫必須考慮這些因素以發展教學方法（Ferdman, 1990, p. 201）。教授英文為第二外國語言者，關切聯邦補助兒童學習雙語的時間有多長；目

114

前的限期是五年，但許多人則認為需要更長的時間，才能使兒童預備好進入正常班級且適應無礙（Schmidt, 1992, p. 21）。對能教雙語班級的老師需求孔亟，很多學校有聘不到雙語老師的困難。單就加州而言，即欠缺將近八千位雙語教師（National Center for Education Statistics, *Conditions,* 1997, Indictor 45; Office of Bilingual Education and Minority Languages Affairs, 1996）。

3. **輔導與諮商計畫**（Guidance and counseling programs）：對失利者提供各種社會、心理和職業服務，社工人員與社區義工均已投入協助銜接學校與家庭的鴻溝。

4. **高等教育**（Higher education）：特殊的高等教育計畫包括如下：(1)早在中學時期就應辨認出學生進入大學的可能性，並充實這些學生的學習計畫；(2)大學接受條件特殊者與學術條件較差的申請案；(3)在申請條件中允許開放入學申請，藉此每位高中畢業生均有機會進入大學接受二至四年的大學教育。如此一來，那些原本可能無法獲准入學的低學業成就者，便能夠受惠；(4)過渡計畫則是要使失利的青少年，一旦進入大學後有更高的成功機率；(5)特殊的獎學金、助學貸款或工作機會，只提供給有財務需要及少數民族的學生（Ornstein & Levine, 1985, pp. 546-548）。

115

特殊方案也幫助學校修訂課程、購買教學材料、雇用教學助手，並提供成年教育計畫。

也有些補償教育的結果不甚明確。「向上銜接」（Upward Bound）是一項聯邦計畫，旨在幫助失利學生進入大學並獲致成功。學生在高中的第一年或第二年時進入這個計畫，直到高中畢業的那個暑假。該計畫提供教學、輔導和諮商。有關學習成就的統計結果並不一致，許多學生只是短期接受計畫，並且該計畫對於高中畢業率影響甚微；然而也可能會影響學生後期中等教育的計畫與經驗（Myers & Schirm, 1999）。儘管計畫的影響力並無結論，然而參與其中、年紀尚輕的少數民族學生及白人學生，可能從

未與其他種族學生一起生活、一同讀書、一塊遊樂，並且建立新的友誼關係。整體的氣氛是樂於合作的，這些計畫有許多是在大學校園中舉行的，參與學生不只經驗到大學的氣氛，也離家一起同住在學校宿舍。在此經驗之前，這些學生過去可能不曾見過大學生活及其可能性。

在悲觀的方面，有些學者（如 Levine & Levine, 1996）相信補償教育的經驗對於社會改革並無明顯幫助，也不足以對抗現存的差異現象。學校反應並增強外在世界的偏見，這些偏見無法被特殊的計畫、教師品質的改善，和其他拼湊式的處方所均等化。根據有些衝突論者的觀點，增加資源並無法等化內建在社會中的不均等：

> 解決之道可能是為所有兒童改變教育的方式，並創造教育的進程，不要預先設定兒童的社會角色，也不要明確定義兒童必須學什麼，和如何學。此進程必須運用新式的測驗以衡量結果，並由不同於以往的教師來實施此種教育。此類型的教育容許學生褪去自我與他人的刻板印象，並代之以個人的關係。另一項策略則是藉著相信所有兒童都是令人滿意的，創造不同兒童團體間的均等。（Carnoy, 1975, pp. 188-189）

學校結構、科層的角色結構、師生關係，和學生角色的知覺，都須被修正以帶進真實的變革。是否社會中的領導者願意作出劇烈的改變，頗令人質疑。

幾個美國少數民族的教育經驗

116

我們已經把所有不同團體都混在一起，一般性地探討少數民族，但焦點著重在非裔美國人。然而不同的特殊團體各自面臨不同的獨特差異，例如：移居農場的工作者，罕有機會接受一致性或持續性的教育，雖然機動學校計畫（mobile school programs）已經開始施行，隨著移民拔營起行。不以英語為母語的兒童，在中產階級美國人的學校中常遭受語言限制之苦，因此在非英語團體集居之處提供各種雙語學程，例如：學校學生人口中有高密度的墨西哥籍和波多黎各籍的兒童，則應實施雙語教育。此外東南亞裔、古巴和海地難民聚居處，也產生實施特殊語言和文化學程的需要。

☐ 西裔學生

　　今日近半數的美國人口成長來自移民，其中主要是西班牙裔（Hispanics）[6]與亞裔（Macionis, 2000）。西裔是美國公立學校成長最快速的種族團體，在過去二十年成長兩倍，從 1973 年占 6% 至 1997 年占 15%，預估到 2030 年大約可以成長至 20%。西裔學生的種族隔離現象在 1970 到 1997 年急劇升高，約 75% 的西裔學生就讀於少數民族學校（見表 4-5）。超過三分之一的西裔學生所在的學校，少數民族學生比例超過90%（"A New Divide...," 1999; "The Educational Progress," 1995, p. 3）。隨著人數劇增，西裔人口最多的幾個州，種族隔離現象也增加了。西裔學生比例最高的 50 所學校中，其中 85% 的學校位於德州、加州和佛羅里達州（"Whites House In-itiative on Educational Excellence...," 1999, www.ed.gov/offices/OIIA/Hispanic/hssd/）。因為西裔家庭生育率較高，且移民人口多為年輕人，所以西裔美國人的平均年齡較白人更年輕。西裔學齡前兒童與美國白人兒童或非裔兒童相比，較少進入托兒所（preschool），但此種情況在幼稚園時便會趨於緩和（"Hispanic Education Fact Sheet," 1999）。

　　雖然講西班牙語的居民常聚集成群，且被外人標記為「西班牙佬」（His-

---

6. 譯按：Hispanic 在本書中係指母語是西班牙語的美國人。根據字典，Hispanic 與 Latino 兩字相似，但有時又有明確區別，為了使華文的讀者更了解其意義，茲說明如下：前者可泛指全世界所有講西班牙語或與西班牙文化有關的人，後者則指祖先來自拉丁美洲的人。因為在美國，大部分的 Hispanic 本身或祖先來自拉丁美洲，因此這兩字在美國人的著作中有時是可以混合使用的（http://www.thefreedictionary.com/hispa-nics）。以本書作者而言，作者較少用 Latino，而是使用 Hispanic，譯者大部分譯為「西班牙裔」或「西裔」，唯「西班牙裔」並不是指其地理上直接來自西班牙，而是指與西班牙語言及文化有關。

表 4-5　西裔學生就讀於少數民族為主體的學校、90%至 100%為少數民族之學校的百分比，1968-1992 年

年份	少數民族為主體的學校	90%至 100%為少數民族的學校
1968	54.8	23.1
1970	55.8	23.0
1972	56.6	23.3
1974	57.9	23.9
1976	60.8	24.8
1978	63.1	25.9
1980	68.1	28.8
1986	70	33
1992		34

資料來源：Orfield, Gary, *Public School Desegregation in the United States, 1968-1980* (Washington, DC: Joint Center for Political Studies, 1983), p. 4. U.S. Department of Education data; and *The Condition of Education,* 1995.

panic），這些群體間也存在一些差異之處，如：古巴裔和一些拉丁美洲裔比白人、波多黎各裔、墨西哥裔，在學校所受的待遇較好（Velez,1994）。有關西裔族群與學校之間有兩項引人注意的因素，第一是學校的種族區隔議題增加，第二則是有關雙語教育的議題（Moore & Pinderhughes, 1993）。

117　　　逐漸增加的種族區隔造成幾個後果：當某個區域的西裔人口增加，則西裔學生在學校裡的百分比也將增加；很多西裔人口都集中在白人人口正在流失的都市區域。語言與文化障礙也可能限制人際的互動歷程，並助長西裔人口的集中化現象。西裔高中生的輟學率是白人學生的兩倍，16 至 24 歲的人中有將近 25%並未在學，而非西裔者則僅 8.6%。出生在美國境外的西裔美國人有高達 38.5%未完成高中學業（National Center for Education Ststistics, *Conditions,* 1999, p. 112）。

　　　使輟學率增高的行為包括：曠課、休學、過早開始約會、比班上其他同學年齡較長、身為女性、懷孕。學校在預防上應考慮的因素諸如諮商、分軌、轉學以及學生在學區間的流動、移民時間的久暫，和所來自的國家。重要且值得注意的是，在美國出生與成長的墨裔美國人，通常能與其他來自不同背景的學生發展得一樣順利。

　　雙語教育　西裔人口的密集意味著兒童生活周遭（不論在學校抑或在家裡），充斥著說西班牙語的人。雙語教育所產生的問題已經爭論許久，不只針對西裔族群也包括其他少數民族。州政府與聯邦政府應該提供特別的補助經費，去教導少數民族自己的語言嗎？以少數民族的母語來教導兒童，是幫助或不利呢？對州與國家而言，其結果是什麼？

　　許多人認為運用鄉土語言來教育兒童，在競爭的社會系統中反而會危害他們，並且英語能力對於拔得頭籌及成功是很重要的（Levine & Levine, 1996, p. 324）。其他人則主張以兒童不熟悉的語言教導他們才是不利的，他們也希望保留自己文化的語言，對於他們的本相（the way they are）被認為是「不可取的」（unacceptable）則感到憎恨。就是少數民族自身對此問題也仍在爭議中。在 1993 至 1994 學年，有 23%的四年級兒童在學校接受雙語教育，52%在學校學習英語為第二外國語。現在的思考似乎偏好雙向的（two-way）雙語教育，即讓說英文的兒童與其他原住民兒童學習兩種語言；此政策已在加州實行（Garcia, 1993）。一項墨西哥裔中學生的研究，發現精通英語和西班牙語兩種語言的學生，九年級結束時，與那些英語能力有限或只會講英語的學生相比較，成績較高，修得的學分也較多（Rumberger & Larson, 1998）。研究對象中大部分的學生都想學習英文，第二代移民只有少數尚能流利地使用他們父母的語言（Portes & Hao, 1998）。

❏ 移民者

　　移民是一種「由衷的奉承」（sincerest form of flattery）[7]，人們根據自

---

7. 譯按：西諺云「羨慕就是由衷的奉承」（Envy is the sincerest form of flattery.）亦即如果別人誇讚你或表示對你的羨慕，他可能只是在討好奉承你。此處只是說移民者因嚮慕新國家，而選擇離鄉背景前往新國度。

己的喜好而選擇國家。也意味著從歐洲到美國的「移民開放季」（open season on immigrants）（Rumbaut, 1995, p. 307）。許多最近的移民行動來自前蘇聯集團的國家、伊拉克北方的庫德族、前南斯拉夫，以及中美洲和柬埔寨人。移民常是肇因於戰爭或軍事占領，以及經濟問題與經濟機會；一旦家庭成員在新據點落腳後，家中其他成員也陸續加入，就在新定居地點擴張成移民者的社區。

　　許多移民者均鼓勵兒童在新國家的學校中努力求學，爭取好成績，以之作為成功晉階的途徑；兒童可能會相信在社交上的調劑更重要，而這兩種觀念會互相扞格（Ogbu, 1991）。兒童的族群認同影響他們的自尊、文化吸收，以及他們對學校教育的態度（Rumbaut, 1994）。

　　1991 年，美國合法的移民人數為 1,827,167 人，為二次世界大戰以來的最高紀錄。在 1993 年，人數下降到 904,300，但如果加上非法移民人數，則數字可能仍接近 1991 年的數據。合法移民者通常都會有保證人或美國在地的雇主（若是難民，則雇主就是美國政府）。超過 75%的移民與在美家族聯繫緊密。其中 145,843 位移民，其配偶是美國公民（Rumbaut, 1996, pp. 1-2）。

　　移民可以解釋美國過去十年來人口成長的五分之一（Stewart, 1992），這些移民大多來自拉丁美洲（特別是墨西哥和古巴）以及亞洲（特別是東南亞）。近年來，60%的移民來自拉丁美洲和加勒比海，27%來自亞洲，來自歐洲和加拿大者約 18%（Aguirre & Turner, 2001, p. 227）（見表 4-6）。1990 年的移民法律，不但使獲准移民的人數提高 40%，且允許更多歐洲人與非洲人移民到美國，這意味著將有更多來自不同國家的學生與教職員成為美國教育系統的一部分。法律也規定移民者必須尋找就業機會，或學得一技之長，使他們能在社會階層中流動。不同團體各有不同的歷史，訴說著他們為什麼要移民，以及他們在新國家的生活經驗（Sowell, 1994）。

　　一項有關八、九年級移民子女的教育抱負及成就的研究，研究對象包括：來自不同的移民團體、出生於美國和國外的移民學生。結果發現其中四分之三都偏好說英語，只有居住在靠近邊界的墨西哥裔例外。有些團體

表 4-6　移民遷入美國的數據，1951-1993 年

來源區域	1951-60	1961-70	1971-80	1981-90	1991-93	1997
歐洲與加拿大	67.7%	46.3%	21.6%	12.5%	13.1%	18.4%
亞洲	6.1	12.9	35.5	37.5	30.0	26.5
拉丁美洲與加勒比海	24.6	39.2	40.3	47.1	49.9	61.5

資料來源：Elizabeth Rolph, *Immigration Policies: Legacy from the 1980s and Issues for the 1990s* (Santa Monica, CA: The RAND Corporation, 1992); U.S. Department of Justice, 1991a; U.S. Bureau of the Census, 1995; U.S. Bureau of the Census, March 1997; Current Population Survey, Internet release date: October 5, 1999.

有高教育成就與抱負，在數學和其他標準化成就測驗的得分均高於常模，特別是亞洲人（中國、日本、韓國和印度），接著是越南、菲律賓、古巴、哥倫比亞人。低於常模的移民團體包括清邁、墨西哥和柬埔寨移民，此也反映了這些家庭的社經地位。然而清邁人與許多其他團體比較，得到很高的平均成績（grade point average, GPA），花在做家庭作業的時間亦較長。整體看來，移民團體在 GPA 的表現優於土生土長的美國人（Rumbaut, 1996, pp. 23-24）。

　　在新移民潮中，許多議題益形重要。每一個身懷技能的移民進入新國度，即造成母國「人才外流」（brain drain）的現象。新移民各有不同需求，學校被迫考慮各種價值系統與行為模式（Stewart, 1992, p. 23）。語言障礙為學區帶來挑戰，而非法移民所衍生的則是關於這些團體的教育權利問題。

120

□ 亞裔的美國學生

　　亞裔美國人的文化和語言包羅廣泛──中國、菲律賓、夏威夷、韓國、日本──使得分類極為困難。1999 年亞裔占美國總人口 4% 以上，約 11,022,000 人（U.S. Census Bureau, 1999）。預估到 2050 年將會增加到 3,200 萬至 3,400 萬人（U.S. Department of Commerce, 1996）。移民到美國的東南亞難民──越南、柬埔寨、寮國、清邁──在 1975 年時已超過 80 萬人。

目前總人數已超過 100 萬人，其中有 40%住在加州。因為這些移民在某些影響教育之層面的價值觀與美國人不同，教育工作者有必要察覺這些差異之處，並善加因應。例如「孝道」（filial piety），就是對父母親及其他權威人物絕對忠誠及順服，這種孝道觀念意味著家長不必與教師溝通；然而父母的參與對幫助孩子而言是重要的。有幾個因素直接與父母參與有關：知識水準、教育程度，和對學校期望的知覺（Morrow, 1991, p. 20）。

　　許多亞裔來自龐大而關係緊密的宗族；最大的團體是中南半島（Indo-chinese）及菲律賓人；亞裔團體之間有顯著的差異，越南兒童一般說來是最成功的（Blair & Qian, 1998; Rumbaut & Ima, 1987）。在亞洲文化中，特別是儒家的價值系統，因為家庭關係緊密及高度重視教育，強調家庭的緊密關係以達成共享的目標（Caplan, Choy, & Whitmore, 1993），學生樂意合作，而老師十分受到敬重。一般的看法為亞裔學生是好學生，而亞裔學生比例高的學校則是好學校。

　　儘管有語言障礙，亞裔學生在「國際數學及科學教育評鑑」（International Assessment of Educational Progress）與「國家教育進展評量」（National Assessment of Educational Progress）的標準化測驗，得分超過其他少數民族、土生土長的白人學生，和其他國家的學生（Bracey, 1998; Levine & Levine, 1996, p. 312; National Education Goals Panel, 1993）。許多亞裔學生比其他學生選修更多外國語言、數學和自然科學的科目，亞裔的高中生參加大學預科課程及高中資優教育課程的比例也較高。

　　亞裔美國學生（特別是華裔的美國人）教育成就甚高的解釋，與他們傳統的家庭價值及看重教育的價值有關，尤其家長自身具有高學歷時更是如此；有利的社經地位、中小企業主都篤信教育，也都是世代流動的重要管道（Goyette & Xie, 1999; House, 1997; Sanchirico, 1991）。

　　然最近研究顯示，現在第二代以後亞裔美國人的成就差異已經與白人學生成就相似，不再呈現出超越的狀況（例如：Goyette & Xie, 1999）。這可能部分是因為家庭與社區緊密結合的長期沉重壓力，以及他們可能已經融入主流同儕團體的價值體系之中。

121

❑ 美國原住民學生

美國境內原住民的情形是相當獨特的。當移民者初履斯土,美國原住民的語言超過 2,000 種,其中 300 種直到今天仍持續使用中。一開始美國原住民的教育是由傳教士所提供,到了 1890 年代,原住民教育已在政府控管之下(Chavers, 1991, pp. 28-29)。政府與教會咸認為「使印第安人開化」(civilize)、縮小語言與文化上的差異,為其職責所在。原住民被放逐到窮鄉僻壤,因著收入匱乏、欠缺教育、經常失業,或未充分就業,至今許多仍生活在貧困中(Diamond, 1993)。

在 19 世紀早期,國會撥款成立「開化基金」(civilization fund)。設立寄宿學校使兒童不受部落及家庭的影響,並將他們同化到美國文化中。1928 年的「馬林報告書」(Meriam Report)(Report of the Board of Indian Commissions, 1928, pp. iii, 41)質疑政府是否「尊重印第安人,⋯⋯視他們為居住在自由之土者」,並批評政府的寄宿學校政策,當時約 40%美國原住民兒童就讀此類寄宿學校。

政策逐漸地修正;寄宿學校已轉型為日間學校(day schools),並且雇用具備雙語能力的美國原住民教師。1968 年,當時的詹森(Johnson)總統鼓勵將美國原住民學校的控制權交還美國原住民之手,而 1972 年「印第安民族教育法案」(Indian Education Act)通過,允許各部落監控與管理自己的學校。在大多數的情況下,這種轉變已發生,且不太可能使學校重回「印第安事務局」(Bureau of Indian Affairs)的控管之下。其中,密西西比保留區的巧克陶族(Choctaw)印第安人,已經被賦予教育計畫的全部控制權,他們已經建造新式的現代化學校。免於印第安事務局的管轄,地方自治的結果乃是,各項教育計畫更適合社區的需求,更多學生入學,並留在學校教育中更長的時間(Johnson, 1995)。

在 1990 年代早期,約 30 萬的美國原住民學生,其中 80%以上在公立學校就讀,許多是在主要的城市,其餘則留在原部落就讀當地所興辦的學校。在非原住民所控制的學校中,家長參與度較低,曠課率較高,高中退學率接近 50%，僅 25%的高中畢業生繼續進入大學接受教育，其中 65%的學生未獲得文憑便離開學校（Gipp & Fox, 1991, pp. 2-4）。情況並不全然無望，仍有某些團體的高中畢業率提高，進入大學人數增加，部落大學滿足了許多學生的需求（Johnson, 1995）。得到家庭支持、接受學生支援服務，及參加大學預科課程計畫如「向上銜接」的學生最可能在大學中成功。少數民族大學生所遭到的挫敗，常與財務問題及文化差異有關（Jenkins, 1999; Kastl, 1997）。

為了增加美國原住民的教育機會，一些部落領袖已經開始在保留區內設立賭場等商業。有些經營得相當成功，可將所需的資金挹注到部落中（Richardson, 1993, p. A11）。

錦囊 4-2 說明美國原住民兒童在傳統學校所遭遇的文化衝突經驗。為滿足美國原住民兒童的需求，教育工作者應了解其文化，並敏銳察覺這些兒童的需求，設計適合的學生中心課程、維持高的期望，並保持家庭與學校的良好關係。

特殊教育學生

什麼樣的兒童才能進入正常班級上課？哪些學生又應該採取部分或全部分開上課的方式？這是學校與班級組織的問題。殘障學生適合在哪種環境受教的問題，引發種種評論與研究。所謂的殘障兒童係指有健康條件上的缺損：(1)兒童無法展現生活行動的能力；(2)該問題須持續經過一段長時間。健康條件包括：學習障礙；語言、聽力、骨骼外形、視覺障礙；嚴重情緒困擾；及其他不同形式的障礙。

1975 年美國國會通過「殘障兒童教育法案」（Education for All Handicapped Children Act）（PL 94-142），自此進入特殊教育的新紀元。法案明文規定所有障礙兒童都必須盡可能在「最少限制的環境」（least restrictive environment）中學習。最近「殘障者教育法案」（Individuals with Disabilities Education Act）（PL 99-457）要求學區應教育所有 3 至 21 歲的障礙孩子。這些法案的解釋方式以及如何實現其意圖，變化相當大，但卻使教育

◆◆◆ 錦囊 4-2 一個印第安家長的懇求 ◆◆◆

親愛的老師：

容我向您介紹我的兒子——風狼，他就如您所認爲典型的印第安小孩一樣，他在保留區出生成長，有著一頭棕黑色的頭髮、藍眼睛、橄欖色的皮膚。如同其他同齡的孩子一樣，他在班上很害羞、很安靜。他現在只是個 5 歲的幼稚園小孩，我不明白您爲何認爲他是「緩慢的學習者」（slow learner）。

他與其他西方社會的同伴相比較，已經過相當的教育。他在傳統原住民的出生禮中，緊密的連於親生母親及大地之母。出生禮之後，他便一直受到他的父母親、姊妹、表兄弟、舅父舅母、祖父母及其他部落家庭綿密的照顧。

傳統的印第安嬰兒籃成爲他的「龜殼」（turtle's shell），也成爲他課室的第一張座椅。我們祖先使用這種嬰兒籃已好幾千年了，它是專爲小孩設計，提供他在文化與環境生存所必要的知識與經驗。

風狼的手腳被皮飾綁住，以適度限制手腳的活動。雖然西方社會可能認爲這會妨礙動作技能發展與抽象推理能力，但我們則相信，這會讓兒童發展直覺官能、理性的智力、符號思考以及五種感官。風狼過去一直與母親有著極親密的身體接觸，她會背他、抱他吸奶。不論她去哪裡都會帶著他，且每晚他都與父母親一同睡覺。因著這樣，風狼的教育環境不但安全而且也是多采多姿、複雜、敏感而多元。

隨著他日漸成長，他開始從他的搖籃爬出來，發展動作技能，探索周遭世界，當害怕受驚或睡覺時，仍會回到他的嬰兒籃，就像烏龜躲回龜殼裡。這樣的內在旅程讓人私下深思所學習到的一切，並將新知識深深內化到潛意識與心靈深處。形狀、大小、顏色、紋理、聲音、嗅覺、感覺、味道與學習過程因此合而爲一——身體與靈魂、物質與能量、意識與潛意識、個人與社會。

◆◆◆ 錦囊 4-2　一個印第安家長的懇求（續）　◆◆◆

　　此過程得花許久時間去吸收消化，並反省這些經驗，所以這可能就是
您為何認為我的印第安小孩學習緩慢的原因。當他的舅母和祖母在原住民
籃子裡排列材料做抽象設計時，他們教他計數及認識數字。我們用傳統原
住民手戲（hand game）用的樹枝教他數數兒，藉以學習數學。所以他可能
會比較緩慢去掌握您在教室所採用的方法與工具，但這些方式對他的白人
同學卻是相當熟悉，但我希望您能耐心教導他。適應新的文化系統與學習
新事物需要時間。

　　他不是文化「失利」（disadvantaged），而是文化「差異」（differ-
ent）。

資料來源：Lake, Robert, "An Indian Father's Plea," *Teacher Magazine,* Vol. 2, September
　　　　　1990, pp. 48-53. Reprinted with permission from *Teacher Magazine.*

122 工作者及大眾注意到考慮每位兒童特殊需求的重要性，然後設計適合於他
們的學習計畫。

　　在聯邦法案下，從出生到 21 歲者（大多在 6 到 17 歲），約有 13%的
學生符合「殘障兒童教育法案」的第一章或「殘障者教育法案」B 部分（Part
B）所規定的資格，得以接受特殊服務。1977 到 1997 年間，學生被診斷為
學習障礙的百分比，已從全部障礙者的 22%提升至 51.1%，並且所有 6 至
21 歲年齡者具有說話及語言損傷、心智遲緩、嚴重情緒困擾者也增加了
41.4%（見圖 4-4）（Seventeenth Annual Report to Congress, 1995）。

　　95%的障礙生在一般學校的建築物與課室中接受教育。約 30%的學生
全天都在一般教室上課，38%的學生則每天至少有部分時間在資源教室接
124 受特別服務，7%則在分離的教室（separate classrooms）或建築物上課。為
各種學生提供所需的服務。教育一個障礙兒童所花經費是 PL 94-142 頒布前
的兩倍，但即使是現在，仍有許多障礙兒童未能受到特殊教育。部分原因
是衡鑑（assessment）的困難：決定一個兒童是學習障礙還是有其他的問
題。

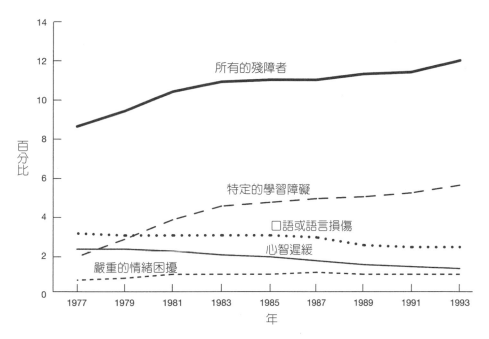

圖 4-4　聯邦計畫所服務的各種障礙學生人數，占公立 K-12 總招生數的百分比

註：包括接受 ECIA 法案第一章及 IDEA 法案的 B 部分所服務的學生。在 1987-1988 學
　　年之前，符合各類障礙條件的學齡前兒童也計算在內。唯自 1987-88 學年起，州政
　　府不需再逐項報告學齡前（0 至 5 歲）障礙生的資料。

資料來源：U.S. Department of Education, Office of Special Education and Rehabilitative Ser-
　　　　　vices, *Annual Report to Congress on the Implementation of the Individuals with Di-
　　　　　sabilities Education Act,* various years. Reprinted in National Center for Education
　　　　　Statistics, *The Condition of Education,* 1995, p. 125.

　　許多研究顯示盡可能融合特殊教育學生於正常班級上課，能得到一些
正面的效果：障礙學生能從同儕楷模身上學習社會技巧及能力，而其他學
生也可認識到有關殘障失能者的事物。融合特殊教育學生到課室中，能提
供學生楷模及期望，這些對他們的影響力甚大。然而，特殊教育學生回歸
主流（mainstreaming）時，伴隨而來的低自尊應予關切。有些研究指出，
在一般班級比在隔離的班級中，特教學生在學業成就方面的自我概念更低
（Ayres, Cooley, & Dunn, 1990）。進行特殊安置而將學生分類的結果會影

125

教育社會學
The Sociology of Education: A Systematic Analysis

響同儕－團體的關係，但研究尚未證實分隔安置或回歸主流對學生有任何傷害。少數民族學生被判定為遲緩或學習障礙的人數，是主要關切的所在。據估計西裔者被歸類到障礙者的比例，比平均高出三倍。無疑的，細心而公平的衡鑑是必要的。

□ 資優的學生

少有人認為資賦優異者也是失利的學生，但如果他們的才能未經發展，我們或許能主張他們也是處於不利的地位上。社會需要發展並運用其中最資優者的才能，但在民主體制的國家中，這卻呈現兩難的局面與爭議：挑選某些學生施以特殊處遇或訓練，是對少數人的偏祖，亦且創造出菁英知識階級；然而，如果拋開其他因素（如家境），只考慮能力的話，我們乃是在開發並運用所需的人力資源。

126　　有關學校如何將學生安置在資優教育方案，仍有爭議。國會法案PL95-561 對「資優」（gifted）的定義包含了一般智能、特殊學術性向、創造力或生產性思考、領導、視覺及表演藝術的才能。但誰才算資優，實際上仍由各方案如何篩選學生，使之接受特殊訓練而定，而爭議處便是在此（見錦囊 4-3）。測驗分數低以及機構的差別待遇，都可能會埋沒有些學生的才能，特別是少數民族學生。

我們知道資優學生能從同質性的能力分組中獲益。但在此過程中，有些學生被認定比其他人「更好」，接著自驗預言會形成，由之個體感受到要成功的壓力與推力（stress and pressure），並在社會中扮演「捨我其誰」（significant）的角色。

儘管缺乏單一策略的共識，許多人覺得個別化教學，再加上與其他學生合辦共同的班級活動，對這兩群學生都有好處。當學生被安置在資優軌時，勢必有些學生會從同儕中被抽出來，送到特殊方案或班級，或者是為著任何目的而設立的班級。對資優及其他學生而言，那些能支援多種學習風格計畫（Raywid, 1989, p. 44），並在教學過程中善用學生的方案是最有利的。

◆◆◆ 錦囊 4-3　「愚蠢」天才的案例 ◆◆◆

　　或許一個語言發展遲緩的男孩是一個好的開場白。他出生後直到 2 歲才開始開口說話，當他進入成年期也仍有語言困難。他在學校表現很差；他脾氣暴躁，經常在教室中表現出嚴重的破壞行為。他的父母親與老師都認為他愚蠢，對他的未來也不存太多指望。

　　然而 14 歲那年，在一個偶然的機會下，他的雙親將他送進一所截然不同的學校，學校以更全面的教育方式教學，而非僅強調語言層面。這男孩突然開始成長茁壯，他的世界因此改變——他就是愛因斯坦（Albert Einstein）。愛因斯坦後來的寫作透露問題的關鍵在於：即便成人了，他並不像我們多數人，他是透過視覺圖像，而非透過文字來思考。因此，他可能早已察覺到課堂上的咬文嚼字十分難搞。（值得注意的是，他明顯的語言缺陷，使他學生時代不能施展，卻可能增強他能成為一個創意的天才。據說愛因斯坦超越傳統物理學的能力與他能夠在複雜概念中保持獨立有關，因為他代之以視覺圖像的方式來處理之。）

資料來源：Raywid, Mary Anne, "Separate Classes for the Gifted? A Skeptical Look," *Educational Perspectives,* Vol. 26, No. 1, 1989, p. 44.

為少數民族學生改善學校

　　美國學校系統是建立於此前提之上：不論種族、民族團體、性別、能力或其他特徵，所有學生都該接受教育。這項責任已委託給州政府及聯邦政府，它們應扮演積極的角色以確保少數民族，包括非裔美國人、西裔、其他國家的移民、婦女，和其他失利團體的權利。雖然教育改革迫在眉睫，然而任何一項新方案都該將全體學生列入考慮；因此，改革必須來自新舊的點子、來自社會上有權勢者及不是那麼有權勢者，以及來自各種受改革影響的團體（Coleman, 1990）。少數民族學生的處境不會有真實的改變，除非個人與結構發生改變，這些個人與結構因素包括教育、家庭，和其他增權賦能而非削弱少數民族學生的團體。這是個艱鉅的任務，因為牽涉到

改變社會權力關係。很多計畫只是使結構保持現狀，也很少產生變革，部分是因為他們只處理系統中的某個環節。有研究結論並建議「在危機」中的學生需要學校早期介入、確認學生花時間在課業上、對學生維持高期望、使潛在的中輟生融入學校生活、為他們的父母提供支援如日間托兒服務、縮小班級規模使人數少於 20 人（Lindjord, 1998）。許多研究者以及政策制定者正著手實驗一些方案構想使學生留在學校裡，例如：多元文化教育方案、自學校氣氛去除偏見、社區服務，和職業參與方案。

有效能的學校　有效能的學校能製造出積極學業成就的環境，並提高學生自尊、降低學生疏離感及不良行為、鼓勵族群間的友誼、將種族平等教學融入學校課程（Hammack, 1990）。所有學生都能高度參與課外活動，教師展現支持種族統合並去除偏見的行為。除此之外，在有效能的學校中，許多家長扮演活躍的角色。有效能的學校應該使所有學生均能獲益，包括對少數民族學生，為這緣故，以下議題應予注意：

1. 明確的目的與目標。
2. 足夠的資金與合宜的經費使用。
3. 高品質的學程。
4. 有效的評估計畫及有效的進程監控。
5. 父母、家庭和社區的參與。
6. 教職員的發展。
7. 對學生的高期望。
8. 完善的支持服務。
9. 充足的學校設施。
10. 豐饒的學校氣氛與文化。
11. 多元文化的教學和敏感性。（"Effective Schools," 1998; Levine, 1995）

選擇權方案、教育券、特許學校　為了使教育恢復活力，倡導選擇權方案、教育券和特許學校方案，使家長能選擇合乎自己小孩需要的學校類型。理論上，這應該能促進競爭及改善學校。然而，如同本書其他章節所概述的，此種概念仍有許多困難。

合作學習　合作學習是由 4 到 6 位異質性成員組成小組，一同工作達成目標。此構想來自斯拉文（Slavin），以及在約翰·霍普金斯大學（Johns Hopkins University）「學校的社會組織中心」（Center for Social Organization of Schools）的研究者（Slavin, 1995, 1983）。結果顯示合作學習能正面影響學生關係與成就。

學校與教師的態度　在最近許多探討如何使學校進步的文獻中，《什麼才行得通》（*What Works*）及《創造有效能的學校》（*Creating Effective Schools*）也值得注意。他們從研究中證實許多使學校有效能的發現。其一般研究結論都支持我們本章所討論的，需要改善少數民族學生的成就表現及對他們的態度。教師須對所有學生傳達高的期望；學校需要強而有力，且強調學業成就的教育領導；父母必須積極參與子女的教育（Brookover, Erickson, & McEvoy, 1996; *What Works*, 1986）。

128

社區參與　如系統理論模型所建議的，社區參與指明需要從不同的角度切入，以改革學校。學校自身並無法改變少數民族學生的處境，家長、企業界的參與是改變其處境的兩個方法。例如：有位紐約市的企業家向其母校的六年級學生承諾，若他們能完成高中教育，將在財務上支援他們進入大學就讀。原本的輟學率一如常模高達 75%，結果目前已有 83% 完成高中教育，且有許多學生進入大學就讀。這個單一案例引發了全國性的企業與學校結盟，「擁抱夢想基金會」（I Have a Dream Foundation）要幫助一萬名兒童追求高等教育（Sommerfeld, 1992, p. 1）。

雖然我們可能並不完全同意所有的建議，但為了要帶進變革，這些建議一再指出考慮系統中所有的層次是極其重要的，這些層次從個體到整體教育系統及其環境皆有之。

　　階層化歷程充斥整個教育系統，一方面階層化歷程是社會及制度裡階層型態的反映，另一方面也是增強並永續社會裡階層型態的機制。從兒童的家庭、鄰居和同儕團體到政治與經濟系統，兒童不斷的被社會化，以扮演社會角色，並在社會系統中占有一席之地。只要有人遭受社會不公平對待，以及缺乏均等機會以得到社會所能提供的酬賞，機會均等議題就不會平息。教育成為眾矢之的，因為眾人皆意識到教育的重要性，教育能提供未來生活更好的機會。在為機會均等而戰的這件事上，開放系統的觀點提醒我們，達到均等的艱鉅遠超過教育本身所能發揮的作用。學校可能是消除差別待遇與統合各族群的苗圃，但均等的居住條件、同工同酬、均等的就業機會，以及其他各方面，在這場硬戰中也都應加以考慮。

　　簡言之，對許多學生而言，教育仍是社會流動的途徑，但對於那些禁錮在少數民族學校與區域的學生，以及那些刻正遭受不利條件之苦的學生而言，學業成就更是嚴峻的挑戰。

摘要

　　本章我們已探討教育與社會的階層化歷程。我們將焦點放在學校性別不均等的問題，並試圖修正性別歧視主義，接著討論在美國教育中少數民族所面臨的問題，包括探討非裔美國人、美國原住民、西裔及亞裔美國人的處境。

1.性別與教育機會均等

　　女孩和男孩有不同的社會經驗，部分是因為在所得到的期望、鼓勵和待遇上二者皆有差異。性別角色社會化自出生即已開始，社會化影響兒童感受什麼對他們的性別才是合宜的。男性與女性的成就表現受到諸多因素影響，包括：父母的期望；書籍、教科書和其他材料；電視和媒體；玩具；成就動機；性別角色楷模；教師刻板印象和期望；同儕團體的壓力。探討影響兩性數學成就差異的研究，結論是尚罕有證據能支持兩性差異是由生

129

理影響的解釋。對抗性別歧視主義之負面影響的努力，如教育修正案第 9 條亦在討論之列。

2.班級、種族和修正教育機會不均等的嘗試

學校是造成差異的關鍵嗎？與此問題有關的發現指出，家庭與學校間存在著複雜的交互作用，並影響機會均等。因著少數民族的教育機會不均等，所以政治和法律系統已經開始介入。許多法院的判例已命令學區透過校車接送學生的方式來消除種族隔離。校車接送的嘗試以及校車接送的效果、「白色遷移」、自我概念、學業成就都一併加以討論。

3.種族統合的嘗試

描述並評估企圖藉著補償教育方案，彌補、調整教育機會的不均等。

4.幾個美國少數民族的教育經驗

西班牙學生人數成長最快速，也是學校種族區隔最明顯的團體，同時他們來自許多不同的背景。應該用英語還是用他們祖國的母語教導他們，這是個具有爭議性的問題。哪一種方式能使他們未來有較多的機會？

美籍亞裔學生在所有少數民族團體中表現最好，反之，美國原住民可能處境最為艱困。其他團體如特殊教育學生，本章中亦簡要加以討論。

5.為少數民族學生改善學校

本章已討論過幾個試圖改變學校中少數民族學生處境的方案，如：改變學校中的互動型態、多元文化教育方案、學校氣氛和社區參與都是其例。

運用社會學作業

1. 你所在的地方圖書館中，隨機選擇幾本童書為樣本，完成下列表格：

	男生	女生
故事主角的性別	_____	_____
插畫的數目	_____	_____
故事呈現……的次數	_____	_____
從事主動遊戲	_____	_____
運用自發性	_____	_____
表現獨立	_____	_____
解決問題	_____	_____
賺錢	_____	_____
接受認可	_____	_____
發明創造	_____	_____
參與運動	_____	_____
害怕或無助	_____	_____
接受幫助	_____	_____

2. 先訪談一組八年級女生，接著訪談男生，訪談內容是關於他們的抱負、未來的生涯規畫，與高中課程的計畫。並比較兩者的差異。

3. 與那些為了廢止種族隔離而搭乘專車的學生談一談。他們對專車接送及其對學校、功課表現、自身的態度、友誼，或同儕團體關係的影響，有什麼經歷與感受？

4. 在你所在的區域，專業學院（醫學、法律、護士、牙醫）之於種族與性別的入學政策是什麼？

Chapter 5

學校即組織

　　星期一早上 8 點 45 分，我們正走進某所高中的校門。人聲鼎沸，衣物櫃上鎖聲砰砰不絕於耳，學生奔跑聲傳入我們耳中，在我們身後那扇厚重的校門猛然關上。上課鐘聲穿透混亂的場景，學生紛紛自走廊消失無蹤。於是嶄新的一天就此揭開序幕，每個學生都清楚知道自己在學校中適當的位置。如果某位學生遲到，破壞了常規，學校的訓導人員會企圖使這個學生行為轉變以符合群體生活之需要，並灌輸守時的價值觀。

　　學校即組織有許多種詮釋的角度。第六章我們將著重討論學校的角色結構，第七章則討論學校的非正式組織——課室互動、教導和學習的歷程、學習氣氛。此章我們著眼於學校系統的重要結構要素，並分析學校即科層體制的層面。

　　儘管每所學校都有自己的文化與次文化，各種傳說、英雄、奇聞軼事、儀式、典禮，但特定的組織事實與所有學校的討論均有關。例如：學校規模與組織結構的類型及科層化的程度有關——學校愈大，則科層化的程度愈高。一國行政區域的劃分及學校的環境影響集權化的程度——許多鄉村學校傾向變成較為集權，因為所涵蓋的區域人口稀少；都市學區的社區民眾通常會推動分權，因為不同的都市人口有多樣的需要。社區的階級與種族組成影響學校的結構與氣氛，而私立學校或宗教學校則受其他特殊因素所影響。

　　在考量學校即組織的社會結構時，我們的開放系統界限落在學校與課

室的周圍（見圖5-1）。雖然我們著眼於學校系統的內部結構，我們也需銘記此系統乃是在與環境互動時被形塑而改變。學校為其他組織與機構的目的服務，並且學校也不能自外於其他組織而單獨存在。舉例言之，當討論學校目標時，我們實際上是在討論環境所期待於學校的是什麼，以及這些期待是如何反映在學校目標中。只是為了分析的目的，我們將學校組織從整個教育系統中分出來，以了解整個教育系統。

學校的社會系統

根據功能論者的取向，學校是由許多不同的次級系統或部分所組成，每個部分各有其目標；把這些部分放在一起就構成了功能運作的整體（見圖5-2）。如果其中一部分遭遇問題或瓦解，或無法實現其應有的功能，其他獨立的部分會受影響。每一個部分都依賴其他部分，才能平順的運作、取得運作時所需的材料與資源，甚至才得以存立。當你一邊閱讀時，也可一邊描繪出你熟悉的學校。

1. 當我們進到學校，我們就被導引到辦公室。學校職員之一（通常是秘書）接待我們，並詢問我們的來意。此間辦公室及人員的作用如

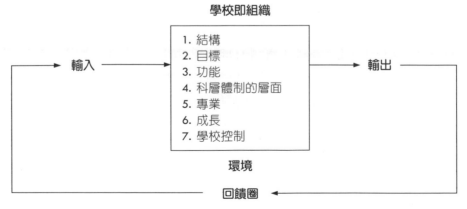

圖 5-1　教育組織的開放系統模式

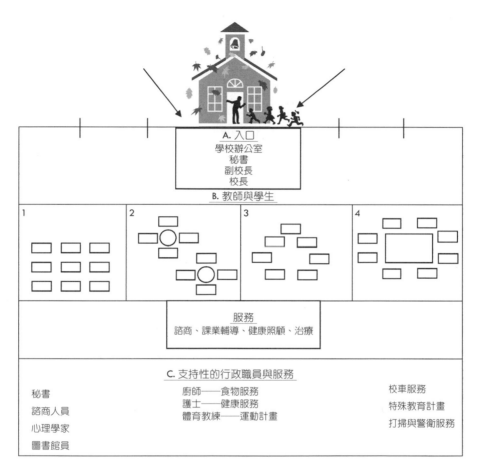

圖 5-2　學校系統階級與角色

同緩衝裝置一般，保護學校其他部分的例常活動不會受干擾。　　*132*

2.教室占掉學校大部分的實體結構；老師與學生是教室的主要使用者。　*133*
　然而教室的規則包括教室座位安排、工作小組、位置、領導風格、
　班級大小和學生類型，均影響著教室內的個體與他們於其內所扮演
　角色間的關係，而這些回過頭來又影響發生於教室之內的各種活動。
　每一間教室各有不同的教室氣氛與社會結構。

3. 支援服務對課室運作是必須的；標準的服務項目包括食物、警衛，和緊急健康問題等服務。除此之外，大部分學校都提供場所並提供諮商與特殊服務，如：心理測驗、個別的課業輔導、校車服務和圖書館服務。整個學校系統存立於社會大環境中（包括地方社區），伴隨著特定的社會階級及少數民族團體的組成，利益團體、地方環境、州政府同其教育委員會、立法團體、法規章則、聯邦政府同其法規管制與經費補助。學校系統──人、建築物、課室、教科書、設備──在與環境互動過程中，成就其當下的樣貌。

學校系統的目標

　　正式目標對學校系統有好些用途。正式目標可爲學校系統的各種活動提供指引，並將焦點置於所屬成員的一切活動；它們意涵著社會接受所陳明的目標，以及達成它們的方式；正式目標亦使系統內的活動顯爲正當合法。然而，對何種目標應該最優先以及應如何達成目標，經常無法得到共識。揆諸學校課程的爭論：有些成年人認爲學校不夠強調基本技能，且課程計畫中包括了太多「炫耀性的裝飾」（frills）（例如：藝術和音樂）；但另有些人則主張兒童應接觸廣泛的課程內容。學校也從社區成員那裡得到壓力，他們希望學校承擔更多的角色，特別是在社會服務層面，諸如課後的兒童照護計畫，以及對個人與家庭的介入計畫。

　　因此，依照有權勢者的利益與學校系統的需要，學校目標不斷經過「折衝協調」（negotiated），並一再斟酌損益。現在我們簡要的考量不同社會部門之目標期望對學校官方的目標有何影響。

□ 社會與社區的目標

　　每一個社會對其教育系統都有確定的目標，理想上，這些目標會在學校與班級中付諸施行。在同質性較高的社會中，其重要目標較易有共識，國家教育方案則決定了制式統一的（uniform）課程與教材；但在異質性的社會中，不同立場的團體往往有相競的目標。功能論者認為這些目標指引學校方向，並幫助學校平順的運作，進而支持整個社會系統。衝突論者主張這些目標僅是屬於社會中主流的權力團體，也僅代表社會中的一個片斷。學校的目標在為鞏固階級化系統而效力。社會裡頭其他的團體持有相競且矛盾的目標。為著資源與理念的控制，學校系統常是處在政治鬥爭的中心（Torres, 1994）。

長期以來，學校目標一直在改變。例如：早期的社會學家涂爾幹提及學校課室的社會組織能催化道德習慣，使社會得以連繫一起（Durkheim, 1961）。今日的教育工作者則爭辯學校課程、結構、產出的目標，甚至是應該教導哪些價值觀與德行，如果有的話（Jackson, Boostrom, & Hansen, 1993）。

目標與期望在美國的多樣性，由下列事實可知：學生、社會科學家、教育工作者、父母、政治人物等各界人士，他們對學校都有攸關自身的利益，但彼此間卻少有共識。對學區而言，這些目標的多元性呈現兩難局面，使他們很難滿足各種的顧客群。

美國歷任執政政府都提出其教育目標。在布希政府期間，所提出的計畫稱為「美國 2000：教育策略」（*America 2000: An Education Strategy*）（*America 2000,* 1991）。柯林頓政府的計畫則稱為「目標2000年：教育美國法案」（*Goals 2000: Educate America Act*）（*Goals 2000,* 1994），呼籲有系統的全國性改革。下屆政府將會提出其他的目標陳述，以支持一些政府的補助與管制活動。在 2000 年美國總統大選期間，重要的候選人也提出不同的教育宣言，表明有關政府教育角色的哲學（"Comparing Two Plans for Education," 2000, p. A18）。

其他改革計畫也受到全國性的注意。在 K-12 教育方面，賽茲（Theodore Sizer）呼籲授課科目應減少，內容應加深，要求學生成為主動的學習者，學校只有當學生精熟特定的科目後才授與文憑，這些對教育改革都有其影響力（Sizer, 1985）。其他改革如：派迪亞教室（Paideia classroom）（Roberts & Billings, 1999），及為危機中的學生所設計的「加速學校」（Accelerated

學校的目標之一為平順的運作

Schools）、「要素學校聯盟」（Coalition of Essential Schools）、「學習社
區」與「學校發展」（Wang, Haertel, & Walberg, 1998），這些都已經開始
在全美各校中實施。約翰・古萊德（John Goodlad）是另一位具有遠見的學
者，以其改革教育的主張，刺激了師範學院的改革（Bernhardt & Ballantine,
1995; Goodlad, 1984）。

　　各個社區對於學校的期望遠比社會的一般目標來得具體且特定許多。
例如，位於老舊、小型城鎮的鄉下學校，如同古典作品《艾姆鎮的年輕人》
（*Elmtown's Youth*）（Hollingshead, 1975）所描述的，較會強調辛勤工作、
道德導向，和其他主要的美國人的主流價值觀（Williams, 1970）。其內主
流的社區成員（商業領導者、政治人物）把持住學校董事會的選舉，摒除
可能想要改變現狀的教師。而都市學校因著人口異質性高，對學業目標較
少有共識，而花較多的精力在訓導懲戒與控制的「目標」。郊區學校更可
能會專注於成功與成就目標。校徽、校訓與學生手冊所載明的一般目標，

136

不斷被重新定義及賦予操作性定義，以滿足社區的需求及期待。地區學校的目標受到社區團體的政治壓力所影響，尤其是當決策權在地方學校之手時（Hannaway, 1993, p. 147）。準確的說，由於一直有要求改變的壓力，所以學校目標的陳述才能維持在全面而廣被接受的程度之上。此也避免了學校與政府、社區、家庭和其他團體間扞格不入。然而，浮泛且一般的目標陳述也意謂著學校易因利益互相衝突之團體的影響與壓力而受傷害。

學校目標

　　大多數學校正式的目標陳述，其廣為接受的模式是由「國家教育重組中等教育委員會協會」（National Education Association's Commission on the Reorganization of Secondary Education）在 1918 年所發展的。該模式建議中等教育應該「在每一個體之內，發展知識、興趣、觀念、習慣和本領，藉此個體將能發現自己的地位，並運用地位塑造個人與社會二者朝向更高貴的終點」。雖然上述建議已為明日黃花，此一陳述卻也反映出一些美國人的基本價值，這些價值理想上也應被反映在地方學校中：培養好公民，或使之適應社會；以及個人主義，以可接受的方式獲得成功。揆諸現實，這些目標對美國社會中的某些團體是行不通的；機會均等並不符合實際的情形，如我們在第三、四章所討論的。

　　學校所陳述的目標常不同於操作的程序，這些目標概述該發生什麼，每一所學校該實行什麼計畫。這些程序著眼於課程內容、課室型態及組織結構，以達成所陳述的目標。在學校中，目標陳述必須被轉換成行動；在此過程中，可能會發生目的與解釋的衝突。

　　社區及學校的次級系統也可能各有非正式未明言的目標，這些目標與學校所陳述的正式目標不同，甚至可能互相矛盾。舉例言之，教師面對來自社區民眾時可能會尋求減緩衝擊對他們的影響，進而保護其專業自主權；學校可能會宣稱對家長與社區成員採取開門政策，但同時卻又設置保護的障礙，以維持學校運作的目標與掌控整個學習計畫。

　　學校組織的控制有兩種主要的模式：高度分權的學校，其教師較有工

作自主權,另外一種為由上而下控制的科層體制模式,其教師較無自主權。
有些人假定大型、科層化的行政區比較有由上而下的決策過程與目標設定,
但資料顯示小型私立學校常常也是集中控制的。調控目標的程度、目標是
言明的或潛在的,和教師與學校的自主權,在各種不同類型的學校中,這
些端賴活動的類型而定,也受教育董事會、校長和教師控制程度之差異的
影響(Ingersoll, 1994)。

☐ 個人目標

居於組織不同角色的成員也可能擁有不同的目標。例如:行政人員與教
師期望高品質的教育,但他們也有私人的動機諸如金錢、聲望和知識。對學
生而言,就學是義務的,他們別無選擇。學生的目標端賴個人動機而定,如
16 歲時畫下在校學習的休止符或繼續就讀大學。如果學生了解修課的報酬,
他們便能被鼓舞去修習那些可以勝任(不是太困難)的學術科目(Kilgore,
1993, p. 81)。家長的目標有時會與學校政策相衝突,如我們將要探討的。

學校職責:學校的效用

前述目標反映出教育在社會中的職責(functions)[1]或用途(pur-
poses),在於協助社會預備兒童。學校有好些外顯的(明顯、敘明的)職
責適用於工業化社會所有的學校系統,這些職責通常在目標陳述中會顯而
易見。但相競的利益則例示關乎學校的職責在觀點上仍有分歧之處。

☐ 不一而足的職責

因為學校兼容多樣的功能,實是反映社區內的各種相競團體,所以由
系統內部的不同觀點——社會、社區、家庭、學生個人——來討論學校教

---

1. 譯按:"function" 如果是指學校組織職務上「應盡的」責任而言,譯為「職責」;如
   果是指涉社會學功能論者的理論詮釋,則譯為「功能」。

育的功能是很有用的。

　　從社會的角度來看，學校重要的職責乃是：極力讓年輕學子適於社會生活之需要，展現所需的成人角色；充實年幼者；延緩進入就業市場；協助社會永續生存；使年幼者適應社會的價值觀、傳統與信念；培養生活於社會中所需要的技能，諸如閱讀、寫作，以及責任感；選擇並分派年幼者到社會所需要的角色中，這些角色從專業到勞動工作者皆有之。

　　對社區與家庭而言，他們相信學校職責的重要性在正式的施予社會化的經驗，特別是在正式的學習中；以及催化促成同儕互動；建構社會化的經驗；協助家庭達到子女成功的目標；給予兒童在競爭的市場中更多的選擇自由；產生能適應並融入社區的年輕人。一個社區之內，個別團體或家庭可能會因社會階級、宗教歸屬或弱勢狀態而有不同的目標。

138

　　對個別學生而言，學校提供與同儕相聚、投身運動或其他活動的機會。學生對成人的態度與合作，能幫助他們自身適應團體生活，養成令人滿意的態度與行為，提供他們技能與知識，好適合於社會競爭的科層中。

　　雖然這些職責互相重疊，但不同團體對各種職責的重要性，以及在學校環境中如何實現這些職責的方法，互有矛盾也是顯而易見的。

❑ 學校功能非預期的結果

　　前面所提到學校功能的每一項，都有正面的與負面的兩種結果；所意圖的用途常常不是唯一的結果，甚至不是教育歷程主要的結果。例如：學校將同年齡層的同儕聚在同一間課室及其他學校的活動中。此種同類相聚使得友誼團體或結黨發生，青少年次文化亦由之蓬勃發展；這些團體繼而可能會對學校有深切的影響，如我們在第七章所要看見的。原來延緩青少年進入職業市場的意圖或是為了能使更多成人得到雇用，而學生則能接受更多的教育；但過度教育[2]所造成的人力失調（strain），則使抵達就業市

---

2. 譯按：過度教育（overeducated）即所謂的高學歷高失業（unemployment）或未充分就業（underemployment）的現象。

場的年輕人無法順利就業。

☐ 互相衝突的目標與功能

　　社區成員與學校間針對某些議題（諸如課程與學校建設），常發生爭論。許多家庭都希望他們的子女學習，但不要接觸那些與家人的價值觀及教導相忤逆的思想觀念。例如：學校老師可能認為性教育對青少年很重要，但有些家庭則反對學校接管這項教育任務。其他社區與學校衝突的例子還包括由宗教團體，如阿曼派（Amish）和基要派（fundamentalist）的基督徒所提出的法院訴訟。

　　針對青少年早期可以做些什麼呢？這是有關中學制（middle school）結構的特徵與國中制（junior high）或其他組織相比較時，問題爭論的所在。中學制通常為 6-7-8 年級或 7-8 年級，此模式勝出且成長快速。「過去二十年的趨勢顯示從國中制（7-9 年級）到中學制（5-8 與 6-8 年級）的轉移」，超過 55%的學校為 6-7-8 年級的中學形式（National Middle School Association, 1995）。中學階段作為由養護性的小學過渡到全然重要的高中。而正是在青少年早期的階段，有些學生表現出他們的行為，開始了學業失敗然後輟學的循環（Ames & Miller, 1994）。

139

　　有潛力的中學方案具備數個特徵：個別化教學、決定進度的評量技巧、有彈性的暫時學生分組，避免過早將學生分類、留意不同的學習風格、家人的參與、學生對學習的責任感、充沛的教職員和資源，以及學校教職員的發展（Epstein & Salinas, 1991）。「中學的組織方式盡可能的對應到年齡介於10 至 15 歲的青少年，分明不同的發展需求」（George et al., 1992, p. 38）。

　　卡內基教育與年幼青少年工作小組（The Carnegie Task Force on Education of Young Adolescents）提出一份報告「轉捩點：預備美國少年迎向 21 世紀」（*Turning Points: Preparing American Youth for the 21st Century*）。其中指出 10 至 15 歲者的智力及情緒的需求，與中學年級的組織與課程間的不協調；例如：他們建議使學生藉著形成小型的工作組而全神貫注於社會關係，並且能有成人隨時可以與個別的學生談話（Carnegie Task Force,

1989）。約翰霍普金斯大學的中小學研究中心（Johns Hopkins University Center for Research on Elementary and Middle Schools） 的執行長建議應設置一個轉銜團隊，以輔導並控制由小學到高中的移動 （MacIver & Epstein, 1990）。

　　學生個人也會面臨各種衝突。正式的學校教育可能會拓展機會與生涯的選擇，但也可能會縮小選擇學習的內容，以及如何行止的自由。學生可能會從同儕團體或「青少年次文化」獲得安全感、歸屬感與獨特的價值觀；但同時這些團體的價值觀可能會與學校的學業計畫互相牴觸，以及與家庭目標諸如成就、成功、順從發生衝突。

　　學校的目標和職責是在正式結構中得以實現。要理解學校組織，我們的下一步是要探查構成學校系統的結構元素。

教育社會學之應用　你居住地的學校，學校董事會議中有哪些主要的目標與功能上的衝突？

學校即組織

　　喬瑟芬（Sally Joseph）是一位五年級的老師，受到學生及家長歡迎，因為她的閱讀與數學造詣不錯，也有能力教好她班上的每個兒童。在物理空間的條件及學區所列舉的概略目標之內，如何組織並呈現她的教材大部分是由她決定。然而，她乃是在一個較大的、給她機會與限制的組織系統內任教。傳統上，社會學家視喬瑟芬的工作情境為科層組織，但社會科學家也指出用此模式來解釋教育組織的限制；在正式科層組織（如商業組織）行得通的，未必在學校中能起得了作用。另一模式觀點則視教育系統為「鬆散結合」（loosely coupled）的組織。我們將探查學校的科層體制特徵，以及有關於此模式的問題。

140

學校即科層體制

　　科層體制！多少次我們對繁雜的手續、表格、冷漠的態度及官僚的冷淡無情，兩手一攤表示憎惡。將人視爲數字般的對待是何等的令人不悅？在科層體制刻板印象之後的，有著數百萬人與我們有相似的歷史、感受及經驗。是什麼使我們對科層體制的概念如此的敵視？科層體制是完成任務並依據其貢獻而酬賞個人之理性而有效的方式。然而，科層體制也意味著冷淡、無效率、笨拙的組織、對人的需要反應遲鈍，如同你在排隊要完成某事諸如登記註冊、付款、更換新的駕照時，或許曾經驗到的。

　　將組織區分爲正式和非正式兩個部分（於第八章討論），使我們更能理解運作中的科層體制及其與學校關聯的方式。儘管有所抱怨，科層體制在我們的社會中提供不可或缺的功能。例如：一個用人唯「親」、偏祖私人，不依照實際績效選用晉升的系統，必然因不公與歧視導致怨聲載道，並且在大多數社會也是無法運作的。

　　討論學校即科層組織時應格外謹愼，因爲學校是一種獨特的組織。如克利斯多夫・漢（Christopher Hurn）所指出的，學校與眾不同，因爲眾人預期學校是傳遞價值、觀念、知識分享的地方；催化認知與情緒的成長；排序並選擇學生進入不同的分類——進大學的料子、有潛力的、聰明的等等——這些深深影響學生未來成人時的社會地位。就組織而言，學校劃分爲課室、一天劃分成數節、所有學生則依照年級或考試的表現分爲許多組別（Hurn, 1992）。其他的科層組織則有不同的目的和結構。

科層體制的特徵

　　在西歐與美國，科層體制的組織型態在工業革命期間逐漸普及，主要是因爲科層體制被認爲是高生產力與高效率組織最有效率及合理的組織形式。

　　韋伯（Max Weber）的理論觀點已在本書第一章先行簡要討論，他曾描述科層體制組織的構成要素（Weber, 1947）。其特徵的類型學就是大家所

稱的「理念型」（ideal type）；並沒有任何真實的組織完全符合這些特徵，
但理念型提供一組特徵，可資用以與真實的組織相比較。以下六點中楷體
的部分是韋伯所提的特徵，其他則為大衛・葛斯林（David Goslin）所概
述，解釋這些特徵與學校的關係（Goslin, 1965, p. 133）。

141

1. 益形精密的分工，在學校行政與教學兩個層次上，將人員配置到適
   當的位置，使人職合宜，並將招募及晉升人員的政策定型化。
2. 行政階層的發展，其具體化便是明確的命令鏈，以及指定的溝通管
   道。
3. 漸增的特殊程序規定，涵蓋每件事，從諮商輔導到全校性或全系統
   性的測驗計畫，以及對歷史、公民、社會等科目涵蓋主題的要求。
4. 不強調師生間及教師與行政管理人員間的私人關係，並順理成章的
   重新導向至正式且有效的中性角色關係。
5. 強調整個組織及其內所發生之每一個程序的合理性。一般而言，特
   別是在中等學校的階段，學校正朝向理性的科層組織方向移動，就
   如大多數政府機構及許多工商業公司所代表的那樣。
6. 除了葛斯林所討論的這些特徵之外，韋伯亦指出個人在組織所占的
   職位仍然屬於組織。因此，當一名行政人員、教師或學生離開系統
   後，新的成員就加進來填補該空缺。

讓我們更仔細的探查韋伯所提之科層體制理念型的各個特徵。

分工、受雇和解雇、晉升政策和職權系統

分工：我們每一個人在工作與家庭中都有特殊的任務，我們成為專家。
在忙碌的行程表中，如果我們每一個人都知道自己負責哪一項任務，並且
變得精通於此，則效率就會高。由高度專門化而產生的問題之一是枯燥乏
味──想像生產線上的工作，日復一日，每天8小時面對單調連續的工作。
然而，對一名老師而言，每個學生和班級是不同的、富有挑戰性的。教材
與技術不斷在更新，知識的學習亦無止境。這雖減緩了枯燥，但是勞力密

集仍然會造成精力耗竭，此問題將在第六章討論。

受雇與解雇的理由是基於能力與技能：以下是某位來自大型學區之教師的職業描述：

> 教師的職務：校長分派給教師的班級，教師必須負起責任。教師被要求需為教學、進步及班級常規負責，在學校上課時間教師應該毫無保留的克盡厥職。當校長在學校主導各種教育計畫時，包括親師座談、學生諮商，以及走廊、午餐時間、操場的督導、參與專業教師會議，教師應該提供協助。（教師職務的描述）

大量的資格規定與測驗、人事政策、甄選會議與程序、均等機會的規定，學校人事部門必須明確的訂定職缺的資格。訓練機構益形重要，以預備個體能具備職務所需的技能與態度。教育大學通常受州政府與區域組織的委託，它們必須傳授所需要的職業技能，並且須遵照聯邦與州的教育管制規定。大學也是篩選的單位，能適合於系統並符合規定者有可能被推薦到學校系統中。

依據功績的晉升和薪資：薪資結構表和晉升標準通常是由主管機關訂定，並由學校董事會認可。這二者與個人教育程度及服務年資密切相關。

職權的層級系統　你必須花一些時間去學習誰是老闆、誰是員工。任何科層組織的職權層級皆可用圖示表達，而大部分的學校符合圖 5-3 的模型。此層級模型意涵學校系統溝通的管道。個人收發不同數量與類型的訊息，是隨著其在層級中的位置而變的。設想你的大學課室：有多種教學風格、班級規模與資訊流，其中一種典型是由教師向下流至學生的溝通。有些教育家建議修正這種單向的溝通方式，並鼓勵更多的互動，以減少大型科層組織所衍生的疏離感。愈來愈多教師願意由「指導者」（directors）或單向的溝通者，轉變成為學習過程的「催化者」（facilitators）。

個體在層級之中的責任包括相互的關係，亦即，與組織中其他人的關

142

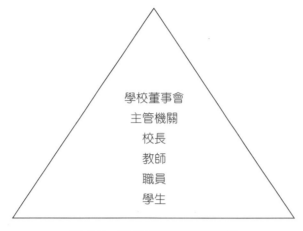

圖 5-3　學校的職權層級系統

143

聯。這可由名字的運用來說明：教師對學生可以直呼其名，但反之則不然。層級的差異可在正式的職稱中見到。正式的組織層級表本身並無法提供職務與權力及其運作方式的全貌，它僅提供結構與形式關係的概況。

　　章則、規範和程序　學校的一天從早上 8 點 40 分開始，遲到的學生必須向辦公室報到，8 點 50 分學生進入教室上第一節課……。這是學校章程所定的常規，除此之外，章程尚包括學校中行為舉止應有的方式，包括服裝儀容、上洗手間、用餐時間、課間休息、課後活動、搭乘校車等等。

　　每個人都接受調整以適應系統的章程與規範。通常這些章程在新生始業輔導時向學生宣導周知，或登載於學生或教師的手冊中。然而，大多數的期望是以非正式的方式傳達的，如觀察、討論、挪揄數落，或者是違犯章程時予以嚴重的制裁。我們進入新環境時的焦慮，部分也是來自擔心違犯規則、做出失禮的舉動，或是被挑出來數落一番。每個人都會極力去避免發生這類窘境，所以我們盡力遵守規定。貝爾・卡夫曼（Bel Kaufman）在他對科層體制戲謔而引人深省的經典描述中，提供我們有關章則與規範的鮮明範例。在錦囊 5-1，她列出某個老師在個別輔導時間（homeroom period）要完成的任務。

錦囊 5-1　今日個別輔導時間計畫
（請於今天離開教室前，檢核每一項工作）

◆填寫資料卡與安排座位
◆點名
◆填寫點名表
◆送出缺席卡
◆製作成績單給轉學生
◆參考主要的課程卡中（藍色），製作三份學生的課程卡（黃色），依字
　母順序標記後送至 201 室
◆製作教師的課程大綱卡（白色），影印五份，送至 201 教室
◆簽署學生的車票卡
◆申請相關用品
◆分配衣物櫃並將名單及號碼送至 201 室
◆填寫各年齡層之報告
◆公告張貼集會計畫並分配禮堂座位
◆公告及張貼火災、避難及疏散訓練之規則
◆檢查上學期的書籍及牙齒狀況不佳的黑名單
◆檢查圖書未還的黑名單
◆填寫教室條件的報告[3]
◆選擇班級幹部
◆鼓勵參加 C.O.保險，然後開始收錢
◆指定教室布置組長，然後開始布置教室
◆向國旗致敬（只有未參加週會或 Y2 組才要）
◆說明個別輔導時間的性質與作用：字面上來看，"homeroom" 就是像家的
　一個空間，在此學生可以發現友善的氣氛，並發現所需要的輔導

老師額外的時間都用來支援需要留意的活動，以及向辦公室提出各種報告。

資料來源：Reprinted with the permission of Simon & Schuster from *Up the Down Staircase* by
　　　　　Bel Kaufman. Copyright © 1964, 1988 by Bel Kaufman.

---

3. 譯按：檢查的項目包羅萬象，從溫度、溼度，到是否有任何的損壞物品，如多媒體
　　設備故障、漏水，或是牆壁上有坑洞、塗鴉等（參考 http://www.indiana.edu/~classrms/
　　classrmsurvey.pdf）。

形式且情感中立的角色關係：在科層組織占有一個位置的個體，他們 *143*
都受到相似的、一種形式「中立的」（neutral）對待方式；至少，這種方
式應能避免偏袒的傾向。下面的例子大家並不陌生：學校舉行標準化測驗
時，所有學生在考場裡排排坐好，每個人都拿到測驗題本，並被告知測驗
「開始」、「停筆」、「現在請翻頁」、「闔上你手上的題本」和「請從
你的右手邊傳過來」。

規則的例外對科層體制可能造成問題。效率是基於相同的假定，而每一
個例外都會耗費組織額外的時間與精力。如果有人的待遇「與眾不同」，便
可能會遭來偏袒、偏見或歧視的非議。形式化且冷陌的對待彌漫在我們學校
系統的許多層面，但只要有人性關係的涉入，形式關係就難免不受到挑戰，
如同我們在第七章所將要討論的。人類頗為複雜，並無法簡單加以論斷。

整個組織的合理性 組織管理傾向於尋求實現功能最有效的方法。學校
也不例外，企圖能達成更高的效率；隨著學校規模的擴大，形式化、專門化、 *144*
集中化將更為明顯。然而有許多學區則刻正朝分權化（decentralize）努力。

職位隸屬於組織 退休晚宴中擠滿了前來祝賀者；這位老師是個受同
事與學生歡迎的教師，她即將退休，但這個職位將有人取而代之。秋天的
時候，某位新進的年輕教師將會前來任職，並帶來全新的人格特質和不同
的才能。

有件事是再清楚不過的：職務描述（工作執掌）隸屬於組織，說明該
職位的權利與責任。個體受雇後擔任某個角色，會以獨特的方式完成其執 *145*
掌，將他或她自己的人格與經驗投射到該工作中。我們知道瓊斯老師管教
學生的嚴格是出了名的，史密斯先生擅長教導數學概念云云。但每個人都
是在相同的職務描述中克盡厥職。

職位的擔任者對他人有權威或合法性，但僅限於在職務相關的領域。
權威是一種權力形式，授予任職者決策權，並發揮影響力與掌控特定的領
域。在學校系統中，合法性是以專門知識及層級系統中的職位為基礎。教
師如逾越職位所賦予的權力，該教師的合法性便要遭受挑戰。例如你的老

師或教授不能要你好好休息一晚、好好吃頓早餐,或花幾個小時在校外參與和學校有關的活動。

當教師退休、辭職或被解雇,其接替的任職者承擔相同的責任,新任職者被要求必須忠誠負責。個人維持忠誠的理由可能不盡相同——注重權威、個人的專業知識,或有關個人執掌安全、金錢等權力形式的知識,或評定等級的責任——但職位依然相同。

專家通常接受過高深的訓練,與層級地位較低者相比,專家在角色的執行方式上也有更多的自主權與自由。他們有多少的自由與他們彼此的角色及工作情境有關,稍後將於第六章討論。

學習我們在組織中的角色,其中一部分也包括理解彼此的角色。象徵互動論(symbolic interaction theory)解釋,此過程常發生在我們對情境的調適,如同「擔任他者的角色」。這幫助我們學習我們自己的角色及其限制,並預期相互角色之擔任者的心向,好能理解並達成他們的期望。此過程將於本書第七章再進一步討論。

☐ 學校科層體制的發展

在 19 世紀,學校散布在全國各地;學校的規模與所在地有關,但大部分的學校與今日都市貧民區及鄉村聯合型的學校相較,顯得小很多。

> 1865 年時,公眾學校系統已建立完成,遍及北部、中西部和西部各州……。此期的公眾學校在規模、組織與課程上均受地理位置影響而互異。當時大多數的美國人都生活在鄉村地區,一所學校可能只有一到二間教室,而學生的課程進展不是依據年級來劃分,而是由完成某份課程文本,接著再進入下一本時來劃分的。只有在較大的城鎮,才有年級制的引進。(Binder, 1974, pp. 94-95)

146　　大眾中等學校教育運動,迫使早期的高中轉變為更現代的模式。主要的改變包括:(1)公眾教育的科層體制化;(2)個別創新結構的學校轉而趨向集權化的結構與行政；其中的教師罕有權力可言。

　　自 20 世紀起，學校規模愈來愈大，益形科層化，呈現出許多相似於韋伯「理念型」科層體制的特徵。此種學校人數規模的改變，以及搬遷到市中心的結果便是學校的集權化與科層體制化。各學區合併的行動，部分是因州的科層組織漸漸現代化所推動的改變，以及學生人數漸增之故。公私立中小學自 1970 到 2008 年的入學人數見圖 5-4。

　　根據梅爾和羅溫（Meyer & Rowan, 1978）指出，「集體學校教育」（corporate schooling）的成長與全世界的國家發展趨勢有關；教育科層組織為社會服務，而非為個人或家庭服務，其本質乃是幫助許多社會中的團體「排序、篩選、分派」個體。系統的標準化有助此過程的進行，並且造成愈來愈大的科層組織，其內行政人員愈來愈多。今日學校每十位老師就有一位以上的行政人員，而且在某些行政區，教師人數不到全校員工的一

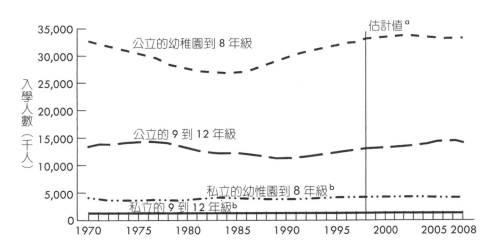

圖 5-4　自 1970 到 2008 年秋，根據學校屬性與年級的中小學入學人數

a：入學包括幼稚園到 12 年級，以及有些托兒所的學生。
b：自 1980 年秋天起，資料包括私立學校的估計值。
資料來源：U.S. Department of Education, National Center for Education Statistics, *Digest of Education Statistics 1998* (based on Common Care of Data) and *Projections of Education Statistics to 2008,* 1998.

半。這許多的行政人員主要的角色是,向州政府或聯邦政府更高的行政管理階層作出回應。

近年來,許多研究者指出城市與鄉村的小學校,兼有學業及人性的價值;小學校傾向有較高的學業成就、更人性化、教師與學生的滿意度與士氣較高、輟學率低、行為問題少、學生參與課外活動更踴躍。對於失利的學生更有特殊的益處(Raywid, 1999; Cotton, 1998)。學校規模與混亂脫序存在著微小而穩定的關係;小型學校較安全,有更多的溝通交流、表現回饋,亦有更多個體涉入做決定的過程(Raywid, 1999; Gottfredson, 1986)。因為小型學校具備明顯的優勢,有些教育工作者正創建迷你型學校(mini-schools)或在較大的學校建築物中設立校中校(schools-within-schools)(Lashway, 1999)。事實上,有些研究者主張,如果要產生有意義的學校改革,學校規模小是很重要的。

☐ 教育科層組織的問題

無論何時我們試圖將人做分類,以最大化組織的效率,必然有某些人無法分類進去。進一步的困難在於,科層體制的結構可能會導致學校遭遇問題。請考慮下列問題:

1. 大規模的招生係以學生的測驗分數,作為篩選與安置學生的主要標準,而非對學生的家庭、背景、問題、動機和其他個人特徵做全面的了解,便以此方式決定學生的未來。
2. 因為無人情味的人際關係,學生(特別是失利的學生)無法得到諮商和支持,或接觸到發展正向自我形象所需的適當角色模式。
3. 官方規定傾向於過度控制學校人員的行為,而當問題發生時又窒礙難行。
4. 教師與學生對於改變學校的運作常感無力,所以對於問題解決也變得冷淡。
5. 教師(特別是行政人員)會發展出科層體制式的人格特質,變得無安全感、過度保護飯碗、狹隘的專業、愈來愈不關心教學，以及日常行為欠缺彈性。

對順從科層體制期望的學生，學校生活最有可能獲得酬賞。然而，對於許多學生而言，學校的科層體制呈現一種迷惑與疏離的困擾，因而他們必須奮力掙扎。

當系統日益龐大，我們愈受到法令規章的限制寸步難行，再加上被對待的方式彷彿我們只是數字而已，我們對科層體制的負面觀感即油然而生。以下是節錄自羅吉（Roger）對紐約市學校科層體制的經典描述《110 立銘　*148*斯頓街》（*110 Livingston Street*），描寫無人性系統裡的困境：

　　紐約的學校系統是社會科學家所稱「病態科層體制」（sick bureaucracy）的典型代表——意指這種組織的傳統、結構與運作顛覆了原來的使命，並且使組織對顧客改變中的需求，變得僵化無法調適。它具有所有大型科層組織的特徵，但是它們已被制度化到一個程度，不再發揮其原先的任何用途。這些特徵包括：(1)過度集權化，發展出過多層級的命令鏈，以及焦慮下屬的晉升傾向；(2)垂直的與水平的碎裂，單位間彼此的隔離，限制了溝通與運作的協調；(3)結果個別單位發展出對自己單位的死忠，反應在保護與擴展自身的權力；(4)單位內同儕間強而非正式的壓力，要求順服內部的規則，形成政治面的保護與擴張，卻忽略了組織較寬廣的目標；(5)接著就強制性的規定及強迫執行；(6)位階較低的視導人員背叛總部的指導，有時則又為了評等及晉升變得過度服從；(7)當內部的政治與個人生涯的利益凌駕服務各種公眾的利益之上時，逐漸與顧客絕緣；(8)傾向於凡事都在會議中做決定，使得釐清責任與職權變得很困難，這是此種機構最主要的毛病。（Roger, 1969, p. 267）

　　系統愈大以及科層體制愈明確，則對變革就更抗拒，如上面所描述紐約市的學校系統。老師每一節課必須面對 30 位以上的學生，一天六節課，不太可能辨識每位學生的問題，並花時間與精力解決這些問題。所以個別學生就愈來愈退縮，成為這所高中裡無個性的大眾之一，該學校系統裡面有五千個「徒具軀殼」的人。有許多種解決科層組織漠視人性的方式已被提出，如：決策過程的分權化、課程改革、人性化的教學，以及讓學生在社區情境中更多的參與。

學校即鬆散結合的組織

　　如果組織某個層級的活動與決策不見得會影響其他層級，即可被稱為「鬆散結合」（loosely coupled）的組織。此描述符合許多學校的特徵。此問題部分來自教育系統的階層每個都有其自主性以及具有實體的分隔。教師（如前面例子中曾提到的喬瑟芬）就處於空間分隔、專業自主的教室中（Gamoran & Dreeban, 1989）；許多喜歡自主性的教師都希望維持這種教學環境。藉著賦予老師們對課室組織的控制權，行政人員亦會催化教師的自主權。將學校視為鬆散結合的組織，可能更貼近教師們所面對的真實；傳統理論著重科層體制、學校的控制機制或環境壓力，這些並不能充分解釋教師的行為與做決定時控制的感受。

　　想要介入教室中的教學活動事實上幾乎不可能；因此，行政層級的決策對課室罕有影響。大多數的行政人員很少花時間在教學的事務中，學校與行政人員的困境在於教育活動的協調折衝，因為教師對於大部分的事物保有自主權。

　　然而也有些學區的學校受到較嚴密的控制。如果學校的行政人員握有資源分配及使用的控制權（諸如購買材料的經費），此種教育系統的各單位間可能會較為彼此依賴。學校系統是緊密結合或鬆散結合的程度，也可能隨年級與學科而變化（Gamoran & Dreeban, 1989），以及受到來自社區對學校系統及教師績效的壓力所影響。

　　鬆散結合教育系統的其中一例，可見於具有多層級行政特徵的大都會行政區（請參考紐約市模式，圖6-2）。相反的，美國的私立學校，像是大學的預科學校（preparatory school）及天主教會興辦的學校，則緊密結合且行政層級也比較不複雜；這種學校的課程具有較高的連貫性（Scott & Meyer, 1984）。天主教學校教師依據課程指引，對班級實務的控制感較高，也能帶進較高的滿意度（Lee, Dedrick, & Smith, 1991）。

教育社會學之應用　科層組織模式有哪些層面對學校有用？有哪些層面是不起作用的？

集權化與分權化的決策方式：學校控制權之爭

　　每個系統都有權力的中心，也就是做決策的地方。在學校的社會系統中，權力之爭已持續好幾年。問題的關鍵在於權力應該是集中於一核心的職位，或分散於系統的各部分、誰有權為誰做決定，以及在哪一種層次上。從督導者到班級教師，以至於學校中的個人，系統內每個階層的人員都可做出一些決定（Barr & Dreeben, 1983）。大部分的模式將做決策分為兩類：集權的（centralized）與分權的（decentralized）（Ingersoll, 1994, p. 150）。

☐ 集權化的決策方式

150

　　決策方式的集權化程度，隨著系統規模、系統內人員的同質性，以及人員對系統的目標而異。在國家、州、地方可以發現各有不同程度的集權化。的確，掌控財政大權是決定權力所在的重要關鍵（Meyer, Scott, & Strang, 1986）。例如：近幾年美國聯邦政府藉著決定國家關注的領域，並將經費分配到這些教育領域之中，由此逐漸獲得漸增的控制力。

　　當聯邦經費挹注到新的計畫時，便要增聘新進行政人員，負責這些計畫的運作。這便使地方教育科層組織擴大以及行政支出增加，但卻未將行政單位加以統整。這種只一味增加行政方面的規模，卻未加以適當統整的現象，被稱為「碎片式的集權化」（fragmented centralization）。在1950年

代「人造衛星時代」（Sputnik Era），當時美國政府關切前蘇聯在太空科技上獲得領先，於是將聯邦經費挹注於此，以加速科學與數學的計畫。最近，立法通過了所有殘障生均需接受教育（Americans with Disabilities Act, 1990）。然而，集權化的權力與教育決策未必能代表地方社會的利益與關切的所在。

力量大的國家及組織會影響未開發國家的政策及計畫。舉例而言，世界銀行（World Bank）制定貨幣政策，也「幫助指引並創造知識」，以達到知識的產出。又例如，外國的援助對非洲教育系統確有影響；教育對一國之發展是不可或缺的，而許多非洲教育系統卻仍然處於混亂的局面中。因此，依賴外國的資金是必須的。其代價則是對於如何教導自己國家的公民，往往缺乏當地的構想及主動的地位。「相反的，當研究淪為一組由外人定義的龐大規則，詳列出可接受的行動途徑，它就失了方向並受到限制」（Samoff, 1993, p. 221）。

受到許多聯邦及私人基金會的委託報告的刺激，這些報告一再指陳教育環境條件的惡劣，州政府對教育改革的倡議逐漸浮上檯面。州的教育董事會與委員會以前所未有的速度推出新的政策：更嚴格的畢業條件、能力測驗、更新教科書與課程的版本、上學日數增加、採行學年制，和其他許多的改制。

州所發起的許多改革，其核心乃是教學歷程──教什麼、如何教，以及誰教──使地方董事會及行政人員與教師的自主性與決策權遭到限縮。最近堪薩斯州對於教學革新的討論值得參考，當時堪薩斯州學校董事會表決通過，不再參照州的教育革新標準（"Poll: Origin Theories," 2000）。然而，州的代表則主張，除非地區組織或專業組織能承擔起領導的責任，否則捨我其誰。理論上，地方以及州層級所推選或任命的教育委員會擁有最終的決策權。但在實務上，隨著學區日益擴大，並且更加集權化──以及隨著議題變得更複雜，需要訓練有素的專家──學校董事會傾向於將教育政策的議題留給學校的行政人員去處理，使自己淪為橡皮圖章。他們僅保留自己扮演介於學校與社區之間中介者的角色。如此一來，專業的教育人

151

員便得到了政策議題上更多的自治權。

　　另一個爭奪「教育控制」的競爭者是私人組織，如基金會和企業團體，他們正漸漸增加對教育實務及政策的參與。學校董事會與那些能夠提供便宜又大碗之服務（services）的公司協商，把更多的服務委外處理，這些包括第二章所討論過的科技服務。例如：維吉尼亞州的費爾法斯克縣（Fairfax County），以及德州的休士頓已經開始執行「最後一擊」（last-resort）或「第二春」（second chance）計畫，他們將危機中或被開除的學生送到由私人經營的學校，好讓這些學生能得到教師更多的關心（Hardy, 1999）。這種委外服務最常發生在庶務工作的領域，諸如伙食與警衛門房的服務，但也慢慢轉向教學方面的服務。在康乃狄克州的哈特佛特（Hartford），「迫切尋求解決高輟學率、低測驗分數、每況愈下之建築設備的補救之道，（教育董事會表決促成）全國第一個將其公立學校系統全權交由私人公司負責的城市」。（"Hartford First," 1994）然而，這項實驗招來相當多的反對，並於數年後以失敗告終（Uline, 1998）。另一個例子是私人公司保證能提高兒童閱讀水平的計畫。在某些地區，企業正提供教師訓練與特殊兒童計畫的財務補助。私有化（privatization）讓學校董事會有更多時間處理教育的議題，但也使其他組織介入影響學校的決策，這也意味著另一種層次的教育控制。

　　許多郊區學校以一批動機強的學生及家長為其核心，他們涉入並影響學校董事會及學校當局的決定（Wexler et al., 1992）。如果班級人數少、期望高、獎懲公正而堅定、課室採取能滿足更多學生需要的合作學習的結構，而非嚴格僵硬的結構，則參與是可能的（Eccles, 1994, p. 10）。在都市學校則很難使父母參與。像紐約市這種大型的學區，地區學校控制權猶有爭論，因為關心的地方公民想要參與有關職員的聘用與解雇、建物的保養維修、建築計畫和課程方面的決策。

❏ 分權化

　　分權化是一個模糊的字眼。有些人認為分權化只是行政管理的手段──

152 行政管理由國家移動到州或市政府，或是從城市的主管辦公室到地方的學校。另一些人則堅持分權化計畫應該具體化為一項設計，將權力由中心的行政機構有意義的轉移到地方社區中，這不只是一種行政管理上的調整，這些計畫應該超越教育，而達於其他領域，如健康照護。倡導地方控制的人主張，只有這種計畫能緩和官僚的權力壟斷及決策壟斷。研究那些被重構之學校，發現學生在學業與成就上都有進步；這對小型高中尤為真確。社區改革超越了決策的層次，而要滿足地方的需求，具彈性、提倡跨領域的合作、對學生的才能與能力有反應、提供混合能力並合作學習的班級。地方上的學校能夠挑出一些重要的目標，並創新作為（Lee & Smith, 1995）。

分權化的意義因人而異，通常是指「地方本位管理」（site-based management），此概念在討論教育改革時甚為常見，其概念包括將公眾教育的倡議權由學校董事會、督導、核心的管理機關移到個別的學校。這個概念目的是要賦予地方上的學校更多學校運作上的責任（Bauer, 1998; Hannaway, 1993）。例如在芝加哥，家長由基層推動學校本位管理，結果促成了「學校改革法案」（School Reform Act）的誕生。

在一項以都市與郊區學校系統為主的研究中（Hill & Bonan, 1991），研究者對地方本位管理得出五項結論：

1. 雖然地方本位管理聚焦於個人學校，然事實上卻是整個教育系統的革新。
2. 只有當地方本位管理是學校系統最基本的改革策略，而不僅是眾多策略中的一項，則地方本位管理才能在學校層級造成真實的變革。
3. 本位管理的學校傾向於與時俱進，發展出具個殊的特徵、目標和運作風格。
4. 一個有特色的地方本位管理的學校系統有必要重新思考績效責任。
5. 一個有特色的地方本位管理的學校，其最終的績效責任機制，在於家長的選擇。

　　系統轉變成本位管理需要有學校董事會、教師工會、企業和社區領袖及學生家長的支持。「這包括一種趨勢，逐漸擴大教育系統之使用者（家長與學生）的決策權，以及其執行者（教師與校長）的決策權」（"Information and Decision Making," 1994, p. 1）。在幾個機構的協助之下，費城補助一所學校的倡議案，給地方學校更大的自主權，以統整學科與年級間的課程及教學。教師一起努力是改造學校組織結構的關鍵，也是分權化決策方式持續成功的關鍵。此大型實驗的成功，顯示重構的倡議應由地方上的教師來推動，輔以外在變革代理者（change agent）的改變，以及在開始階段能獲得必要的補助（Useem, 1994）。賦予教師決策權使教師感到他們每日的生活與教學品質有所不同。像俄羅斯等其他國家，也正在實驗教育系統的分權化，並賦予教師更多的自主權（Poppleton, Gershunsky, & Pullin, 1994, p. 323）。

　　雖然權力的競爭仍持續著，有些家長透過子女完全退離所在的學校，進入私立學校就讀，以表達他們對學校方針的關切。有些另類教育結構的提案在紐約等地亦以另類學校或自由學校（free schools）[4]的形式實現了。特許學校（於本書第三章及第十一章有所討論）如雨後春筍般的出現，但其快速增加亦隨之產生一些問題、法院訴訟、一些失敗的案例。父母與學生進入決策過程，是鑲嵌於這些學校結構之內的。像艾文‧依黎胥（Ivan Illich）（1971, p. 154; National Center for Education Statistics, 1995, p. 160），就建議教育應整個加以重構或「去學校教育化」（deschooling），目的是為了要改變權力的中心位置（這些變通方案將在第十三章討論，包括教育的選擇以及各種改革運動）。

　　有件事很清楚的：控制權所在之爭仍然持續發燒中。學校控制的議題不只是關乎教育的控制而已；對弱勢族群團體而言，這也反映控制生活機會的議題。

---

4. 譯按：自由學校在 19 世紀末與 20 世紀初興起於西班牙。自由學校是一個技能、資訊、知識共享的網絡，沒有階層之別，也沒有正式學校教育的制度化環境。自由學校比較開放的結構，用意在鼓勵自我依從、危機意識與個人發展（http://encyclopedia.thefreedictionary.com/free+schools）。

The Sociology of Education: A Systematic Analysis

教育社會學之應用	考慮地方需求、國家需求、教師和學生的士氣和相關因素，對學校而言最佳的組織模式是集權化抑或是分權化？

教育系統內的專業人員

　　所謂專業具有幾項特徵：專門能力包括智性的成分；以特殊能力為基礎對事業有強烈的承諾；因特殊能力而提供獨占性的服務；運用特殊能力而有影響力與責任；對顧客採服務導向。據此，有些職業像是法律與醫藥，便很明確的落入專業的範疇。

　　因著專業人員對專業領域的同行，以及對專業組織的承諾，科層體制管理原則與專業管理的原則，二者會產生衝突。因此，專業人員通常對於科層體制的結構有一段艱困的適應期。

　　學校系統則代表一獨特的局面。老師──構成教職員的主體──是「邊緣化的專業人員」（marginal professionals），或者一般所稱的「半專業化人員」（semiprofessionals）。他們與護士、社工員、圖書館員等，共享這個不是十分專業的地位。這些半專業有一些共同的特徵：他們均包含了養護性、幫助性和支持性。在這些行業中女性較占優勢，例如：1961 年美國公立中小學女性教師占 69%，1971 年是 66%，在 1981 年和 1983 年是 67%，1991 年為 72%，1996 年則占 74.4%（Digest, 1999）。雖然每年有更多的男性進入教學現場，但很多男性被挑選進入行政管理職，移動到握有權力的地位。即便在中學階段，雖然男性與女性教師間已取得更大的平衡，但教學已被塑造為「女性的角色」。

　　此引起強烈的爭議，男性為主的行業才能獲得專業的地位，而女性為主的行業則不能達成同樣的專業地位。因為政治經濟上的男性菁英，壓抑教師與其他半專業人員的職業地位與薪資，並使他們在科層體制系統之內有較少的自主權。

154

　　教師為了要取得較高的聲望與薪水，已提出專業地位的訴求，但仍未發展出「教師次文化」（群體的團結）以要求完全的專業地位（Ingersoll, 2000）。箇中困難來自幾個有關教學本質的因素。首先，美國直到 19 世紀中期，教學都尚未被視為是「正規的」（regular）行業；直到免費的公眾教育時代來臨，以及 1857 年「國家教師協會」（National Teachers Association）〔即現今之國家教育協會（National Education Association）〕的專業組織設立，教學工作才獲得正式的職業地位。然而，教師仍然受聘於科層組織之下，在校長、教育局長、教育董事會的指揮管理之下；教師對此並未提出抗議。因此，科層組織的指揮管理便凌駕於專業組織之上。

　　造成專業地位不明的另一個因素是成員特性的問題。專業對其成員有清楚明確的資格限制，然而，教職的成員身分則未清楚定義。

　　專業在職業等級上有較高的聲望，然而教學工作並非位於頂端。比較美國與六十個國家的職業聲望等級，高中教師在 90 個等級中分別排在第 64 與 63.1 位（Tremain, 1977）。美國中學教師職業聲望等級分數為 66，與合格登記的護士職業等級分數相同，是兩個最高等級「女性」職業的第二位；而小學教師的分數為 64 分（*General Social Survey*, 1998）。一般而言，這顯示職業等級自 1920 年代開始蒐集資料以來，只有些微的改變。儘管如此，教學工作依然是婦女容易取得之較高聲望的職業之一。

　　鑑於大部分的專業其執業是基於「服務有價」（fee-for-service）的基礎，教師以教導學生換取薪資，並且人們期望教師為學生離校後的生活做好準備。進一步的區分則是，專業人員受過專業訓練，具有知識權威，一般門外漢是不具有的，而且專業人員是接受同行的檢視。然而，教師並不具有獨特的知識（雖然他們的技能是專門化的），而且接受科層組織及外行的社會大眾所檢視並管理。直言的說，專業知識與技能固然重要，但「從來沒有人死於一個切斷的不定詞」（no one ever died of a split infinitive）[5]（Hannaway, 1993）。

155

　　在科層組織的環境中，教師必須應付緊密的督導、規定的束縛和集權式的決策。這些標準化與集權化的因素亦排斥那些想要得到專業待遇的成

員。在科層組織的情境中追求專業地位，以及試著得到認可、聲望、自主權、更高的薪資所遇到的挫折，已經造成改革運動、交戰狀態、教師的工會化，這些將在第六章討論之。

摘要

本章我們已討論了學校即組織，將焦點置於學校內部運作的正式層面。在我們的系統模式中，以實際的學校或系統加以考慮並代表。為達分析目的，這裡將焦點著重在組織內部，而非組織與環境的互動。然而，在討論目標、集權化或分權化的決策時，環境的影響力是無法忽略的。以下摘錄主要重點。

1.學校的社會系統

討論了組織對系統模式的關係，並簡要說明系統的結構要素，諸如教室與校內參與者的位置。

2.學校系統的目標

學校目標提供定義系統活動的多重意圖。目標並不是孤立之教育系統的產物，而是反映較大型社會、社區、學校的參與者，和個人關切的所在。

3.學校職責：學校的效用

對學校而言，社會有一些外顯的功能，係與其永續生存有關。社區修正這些功能以代表他們個殊的需求。因為有時在單一社區或社會之內有多

---

5. 譯按："split infinitive"在英語寫作上是極富爭議的寫法，似乎對又似乎錯，沒有一個明確的答案（http://en.wikipedia.org/wiki/Split_infinitive）。所以「從來沒有人死於一個切斷的不定詞」似乎意謂著沒有明確標準的事物並不會是生死攸關的（vital）。由上文看來，此處是指教育固然重要，但專業標準未明導致專業地位的不確定，故亦沒有夠大的影響力。

· 184 ·

種不同的需求，所以目標的一致性很難達到，可能因此爆發衝突。目標也
提供一些潛在的功能——即未明言的功能。

4.學校即組織

　　討論了兩種學校組織模式：科層體制與鬆散結合。韋伯所提的科層體
制特徵亦加以討論：

　　⑴分工、招募、晉升政策。
　　⑵職權的階層系統。
　　⑶章程、規範和程序。
　　⑷同工同酬。
　　⑸組織的合理性。

　　並概述運用科層體制模式於教育情境的問題，以及學校的成長與科層
體制間的關係。鬆散結合的組織反應在某個層級所進行的活動與決策，另
一個層級卻未必實現之。因為教師有自主權，所以鬆散結合的模式可能較
能契合許多學校。

5.集權化與分權化的決策方式：學校控制權之爭

　　愈來愈多的學校採取更為集權化的決策方式。然而，大型科層組織系
統所屬的地方居民，已強迫學校當局尋求更大的地方代表性。分權化的其
中一個風潮是地方本位管理，另一個則是「選擇權」，於本書第三章與第
十一章均有討論。

6.教育系統內的專業人員

　　專業人員對組織提出特殊的挑戰。探討教學工作的半專業地位、職業
的男女兩性組成，和教師與科層組織的衝突。

運用社會學作業

1. 拜訪一所高中（如果可能，最好是你就讀過的那一所）。在你的田野調查中，指出韋伯科層組織特徵的例子，以及此所學校和其班級做決策的方式。

2. 想像你來自不同的文化；以你好像從來不熟悉這所學校的方式，描述你所訪問的學校。記下其中的規範（章則、行為模式、溝通模式等等），以及該組織的運作。

3. 你最難忘的學校經驗是什麼？這些經驗與本章的內容有何關係？（例如：你在結構中的地位如何？）

4. 比較當你還是高中生時你認為的高中教育目標，與現在你認為的高中教育目標，二者有何異同。當你是高中生時，你進大學的目標是什麼？這些目標是否改變了呢？

Chapter 6

正式的學校地位與角色
——「應然之道」

我們每一個人在地位上都有某種程度的不連續性。我們或許在某個社 157
會情境中位居高的地位,如:身為父母、兄長、其他員工的管理者、俱樂
部的會長,同時在另一些情境則地位卑微,如:病人、學生、鄰里體育
場中的「小角色」[1]。

角色的意義

試著回憶你小學與高中時代的學生經驗。不只當你在整個系統中進步
時你的地位與角色會改變,在某些上課情境中你的地位可能也會高於其他
的上課情境。也許你贏得英文作文比賽,但卻不擅長數學;你可能是操場
上跑得最快的人,但卻不會拼「whether」這個單字。

☐ 在系統裡的地位與角色

本節探討組織中的地位與角色結構,是延續我們對教育系統的內部組
織結構的討論(圖6-1)。組織是由彼此有關的一組地位或職務所構成的,
系統的成員任職於其中。他們必須完成職責並達到系統的目標。個體居於 158

---

1. 譯按:"low-guy-on-the-totem-pole" 亦作 "low-man-on-the-totem-pole",即組織中居最
   不顯眼位置者(http://idioms.thefreedictionary.com/low+man+on+the+totem+pole)。

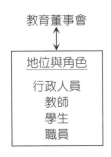

教育董事會

地位與角色

行政人員
教師
學生
職員

圖 6-1　職位的階級

某個職位就會被期望能夠善盡其職責或本分，他們的表現活動構成角色。
有時候對職位的特定要求是白紙黑字明言的，這些要求代表對此職位的理
想；有時候職位只是大略定義，允許相當大的空間決定個體自己的角色行
為。通常角色表現有相當大的彈性，特別是個人在階層中位置晉升或更為
資深時。所有個體帶著自身的經驗與人格進入職位中。儘管工作執掌可能
相同，但校長甲並不等同於校長乙。

　　角色之外的人對該角色的期望，影響個人對特殊職位的選擇。對職位
的選擇可能反應主流的刻板印象或常模，就如鼓勵選擇女性進入小學的教
職，或鼓勵男性進入行政職位。

□ 學校組織與角色

　　我們扮演角色時所處的組織環境，定義並限制了我們舉止的方式。例
如：羅吉斯（David Rogers, 1969, p. 272）說明紐約市的系統中，集權化壓
力的形式：「確保全市的制式標準，保留專業自主免受地方層次而來的外
在政治干預，防止種族隔離，對各地辦公室維持總部的控制。」此種組織
趨勢的結果，影響實現個人角色的決定過程與自主性。「大部分有關課程、
人事、預算、後勤補給、營建、修繕的決定是由核心總部的專業人員所制
定，其他學校自身的幾個層次則被摒除」（p. 271）。

　　集權化只是影響角色表現的其中一項組織因素。其他因素是各種章則，
特別是嚴格要求教師、父母、學生行為的章則，都是重要的因素。然而，

教師在自主的課室中，對於如何執行計畫與課程有很大的彈性。　*159*

□ 角色期望與衝突

　　人們若對角色期望想法一致時，則學校的職責便能順利進行；然而，若未能獲得共識，則將產生衝突。此處的關鍵問題是教育的目標常是模稜兩可，甚至是矛盾的，也未普遍分享目標，這造成角色期望的混淆。

　　第五章曾經討論過教育系統的不同成員彼此間的目標衝突，角色期望也會隨個人在組織中的職位而異。當個體自身的角色期望與其他人的期望相衝突時，或者個人的期望無法達成時，就會引發角色衝突。舉例言之，當學生必須準備考試又必須善盡家庭責任時；又或者個人的期望與系統中其他成員的期望相衝突，例如：當教師與家長對課程內容或懲罰技巧意見不同時。當職位的定義或職位的功能要滿足系統目標，同時卻與組織中成員的期望相左時，角色衝突可能就會產生。

□ 有關角色的觀點

　　該如何看待角色頗富爭議。從功能論的觀點來看，由組織所定義的角色期望，藉由幫助維持系統，使眾人都一體均霑。如果個體實現其角色，則組織就能平順的運作。教師應該圓滿達成工作契約與工作執掌所期望的，然而，這不總是那麼簡單。從衝突的觀點，某些人的角色使他們據有優勢的職位，可以獲得社會中稀有的資源，例如：聲望與薪資。角色的職權愈多，此角色與那些職權較少的角色之間發生衝突的可能性就愈高。例如：居於教師角色的個人有權支配居於學生角色的個人。衝突理論認為這種宰制是藉由社會化歷程，以細微的方式達成，強制學生屈從於下位的角色。這兩種理論觀點對某些情境的分析與解釋各有用處。本章我們將著重在學校雇員之「理念型的」（ideal-typical）[2] 角色類型；同時體會到依照系統內的職位與個人所使用的理論取向，個體的角色期望與表現，存在著相當大的變化。

---

2. 譯按：這是韋伯「理念型」（ideal type）的形容詞。

教育社會學之應用 描述你在教育系統中有哪些彼此互相的角色。

學校中的角色

角色將我們置放於與其他相關職位者的關係中，因為角色不能存在於真空中。依據角色的階層，我們現在需著眼於每一個任職者的角色責任，並評估他們彼此的關係。

□ 學校董事會：學校與社區之間的聯繫

這是一場刺激的會議！全鎮半數的人出席表達觀點，並聽取討論，討論有關該鎮中學實施性教育課程的議題。七年級學生在學校觀看了生理解剖的影片以及避孕用具，可是一大群家長並不同意學校這麼做，家長認為這些事應該由家庭來處理。其他家長則持不同立場，認為青少年需要一切他們可得的資訊，特別是當青少年懷孕比率節節高升時。因為許多家庭並未處理性教育的主題，所以學校應該涵蓋之。此一情境是全美各地的學校董事會所面臨的典型衝突壓力。

地方學校董事會的角色 理論上，州賦予地方的學校董事會極大的權力，此權力起源於我們國家由民主的外行人控制學校的傳統。這一群人就是眾所知悉的攝政董事會（board of regents）、教育董事會（board of education）、受託董事會（board of trustees）、董事會（board of directors）、學校董事會（school board）。不論其名稱如何，幾乎每個層級的公私立學校都有自己的董事會。

國家學校董事會協會（National School Boards Association）編纂代表學校董事會法定角色的正式職責列表，如下：

1.聘請教育局長（superintendent）、校長及教師。
2.決定教師薪水與契約內容。

3.提供學生交通運輸工具。

4.決定學校預算的多寡。

5.決定學期的長度。

6.建築新學校與設備。

7.改變學校招生範圍的限制。

8.選擇教科書及教學科目。

9.整飭學校的獎懲。

　　實際上大體而言，一旦董事會選出教育局長之後，就不太過問行政管理與教學的事宜，而主要關注於學校的政策面。

　　州教育董事會通常是由州長提名，州立法委員同意後設立，監理州的教育標準、學區政策，尤其關切州公帑的去處。在最近大型學區的破產案例中，州教育董事會在策畫新的財務計畫上，扮演主要的角色。雖然有關課程的決定基本上是屬於地方的事務，但州可能對經費支出及經費補助方法的決定有相當大的影響力。

　　學校董事會的推選及任命　　美國各州均以法律來規定董事會成員的推選方式，並依法授與某些權利給地方的學校董事會。過去維吉尼亞州是唯一規定以任命的方式產生學校董事會的州，目前有 19 個州允許依地方的偏好選舉或任命學校董事會，其他的州則規定以選舉的方式產生董事會（Underwood, 1992）。新馬克斯主義者包爾斯（Samuel Bowles）和季提思（Herbert Gintis）認為在資本主義系統中，學校乃是為那些操縱經濟者的利益而服務（Bowles & Gintis, 1976）。受任命的學校董事會成員與那些藉由選舉產生的成員相比，更可能代表那些有權力者的資產階級利益，並且與其他社群之利益團體的衝突潛勢甚大。

　　以紐約市教育董事會為例：過去受任命的董事會，對來自社區團體的外來政治壓力不甚有反應。今日，在紐約市，主要歸功於社區的壓力團體要求對學校的控制權，已有地方社區的董事會是由分權化系統下的行政區中選舉出來。在麻薩諸塞州，州長簽署一項法案允許波士頓的市長任命七

The Sociology of Education: A Systematic Analysis

人小組（Freeman, Underwood, & Fortune, 1991）。

學校董事會的組成與期望　董事會主要是由已婚、白人、具有研究所學歷的專業男性、41 到 50 歲、有子女在學校就讀的人士所組成。以全國而論，女性占董事會的 33.8%，非裔美國人占 4.6%，西班牙人 1.4%。

許多衝突論者認為這種董事會的組成意味著弱勢族群的觀點在決策上無法適當呈現或具有影響力。並非所有人都同意這種說法。自願進入學校董事會的社區的成員一般對教育系統有真誠的興趣，並代表社區各個層面的利益，然而他們通常對這項工作所知不多，也缺少必備的訓練。

社區成員對學校董事會成員有特定的期望。雖然這些期望可能會隨個體在社區結構中的位置而異，但有以下六種角色期望相當醒目：提高教育的公益、捍衛社區的價值觀、聽取抱怨與牢騷、監督學校人員、節省資源、發揚個人在學校內的權利與利益。

162　　當比較學校董事會的成員與大眾的優先性時，其差異為董事會關心管理的問題，與社區及父母關心的並不相同。事實上，民眾和董事會成員在許多議題上，彼此觀點差異甚大；如詢問學校是否運作有成效，71%都市的董事會成員會回答「是」，但僅有 37%都市的成年人會同意這種回答。雖然 82%都市的董事會成員主張其行政區能有效使暴力與毒品遠離校園，但只有 33%都市的成人同意此說法（National School Board Foundation, 1999）。董事會也影響學校經費的使用。留意學校董事會成員的想法，如錦囊 6-1。

影響董事會決定的因素　董事會成員所面臨最麻煩的議題是州政府的命令與經費問題，例如：需要財源以汰換更新學校設備。董事會可能會深陷各種爭議的泥淖中，使他們無法進行長期性的計畫並處理政策問題。

董事會的效能與影響力受到限制，部分是因為他們常夾在選舉人或任命者的要求與學校的需要二者之間。如同本節開頭所揭露有關性教育的例子，學校董事會所面臨的有些議題是明確的，或者說是特異的利害關係，這些議題形成短暫的衝突事件。然而，多數董事會的決策通常是例行公事，

◆◆◆ 錦囊 6-1　學校預算和國家的優先權 ◆◆◆

　　以下是下年度的預算報告書。帳本盈虧結算：不足金額接近 100 萬美元。我想這約略只是一枚愛國者飛彈的造價。經過快速的計算，我理解到每次引爆一枚愛國者飛彈，我們實際上是讓增加 43 份學校教職、或增購 1,500 間教室的電腦、或增加 25 到 30 人接受大學教育的機會告吹。

　　不知如何的，假設國防部長錢尼（Dick Cheney）願意傾聽我說幾分鐘，我發現自己懷疑我該告訴他什麼，以呈現學校董事會成員理想的預算。此處的列表是為了我們 K-12 年級的 8,300 名學生，我所思考而得的：

◆ 在我們 16 所學校中，建置互動影片學習科技的電腦實驗教室：120,000 美元。
◆ 在 16 所高中建立全套設備的科學實驗室：70,000 美元。
◆ 雇用 40 位諮商員，追蹤、監控、指導每位 K-12 年級的兒童：1,250,000 美元。
◆ 建立核心的電腦程式，追蹤每位 K-12 年級的兒童，以免忽略對他們的照顧：200,000 美元。
◆ 興建一所學校以紓解過度擁擠：5,000,000 美元。
◆ 供應每位挨餓的兒童早午餐熱食：100,000 美元。
◆ 提供課後個別輔導：45,000 美元。
◆ 降低班級人數需雇用 50 位新教師：1,500,000 美元。
◆ 為了教師專業發展，給予每位教師 1,000 美元的學費補助：530,000 美元。
◆ 補助教師休假，以預防教師職業倦怠，使教師恢復活力：1,900,000 美元。
◆ 增加差旅費預算，讓半數的教師得以參加兩次專業性的研討會：$530,000 美元。

　　「秘書長先生，」我可能要這麼說：「這些一共要 1,120 萬美元。如果我的數字是正確的話，長官，這約略只是一次偷襲轟炸花費的 47 分之一。」

　　不過最終，我們還是得面對嚴酷的現實。

資料來源：Nolen, Donald M., "Smart Bombs or Smart People?" *The American School Board Journal,* September 1991, p. 52.

162　互動的對象主要是家長會（PTA）[3]、行政人員、教師。學校董事會並無法下令指揮專業教育者（教育局長、校長、教師）的知識，這項事實限制了董事會決策的空間與控制力。事實上，董事會在做決定時，通常會依賴專業教育者的專門知識與技術。有些教育分析家覺得，在考慮到董事會成員的角色有此限制後，董事會的權力太多了，主張地方學校董事會的角色應稍受限制；其中一項建議是州政府對於地方決策應承擔更多的責任（Education Commission of the States, Draft Report, 1999）。

　　學校董事會和系統內的其他角色間有彼此互相的關係。最直接的關係是董事會與其所聘雇的教育局長。這種關係可以比擬為結婚，大部分的夥伴關係都相當幸福，董事會全力支持教育局長。然而關係破裂的確也會發生，主要是因為喪失信心與信賴，或有證據顯示經費管理失當。

　　角色間的互賴關係也會影響決策。董事會得到的爭論議題等訊息，都是來自教師和行政人員仔細篩選後的；因此有些議題可能會被過濾，因而不可能傳至董事會。有效能的教育局長已發展出良好的溝通與信賴關係，而且他們所擁有的知識是其他董事會成員不可能完全嫻熟的；另一方面，因為教育局長控有資訊，他們對董事會決策便有極大的影響力。

教育社會學之應用　你的社區如何選出學校董事會，他們代表社區的哪些團體？

教育局長：學校系統的管理者

163　　偌大的辦公室，一張長桌占據整個房間的一隅，桌上放滿電腦輸出的報表與圖表，辦公室的另一端，兩張輕便椅子的對面有一張更大的桌子。有關行政業務、教學、課程的文件排放在牆壁周圍的書架上。當我進入這間辦公室的時候，教育局長自椅子上起身，看來相當寬心地將他的目光從數字圖表中移開幾分鐘，並談論他的角色。小型學區教育局長的責任包括

---

3. 譯按："Parent-Teacher Association, PTA" 即家長—教師協會，此處譯為「家長會」。

許多例行公事：定期編製預算報告；與下屬協商；回覆信件及電話；與校長、職員及其他人開會；為各種方案的例行剪綵；對於支持與贊成給予象徵性的指示；預備向董事會、州政府和聯邦政府提出報告；調整以符合新規定；回應問題；對職員提供建議。這些事務占了部分時間，如果時間有餘的話，才能論及長期性計畫與課程評鑑等事宜。 *164*

危機事件會打亂正常的工作流程，使嚴謹的行程難以安排。例如，非預期內的加熱燃料短缺，會使得突然間必須安排兩次的會期。成功的教育局長能夠有技巧地應付各種顧客社區團體、學校董事會、校長、教師、職員。在大型的行政區中，教育局長的角色責任可能會均分給許多助理局長，每位助理局長各自獨當一面，諸如課程、公共關係、人事業務。

教育局長通常是由中產階級的白人男性擔任。雖然公立學校教師有三分之二為女性，全美的教育局長卻有 88%是男性（Vail, 1999）。為何會有如此現象？雖然極少對此現象的研究，但也有人提出解釋：教育局長一職是甚無保障的「電椅」（hot seat）；如果女性在決策時太過強勢，她們可能會冒著受譴責的危險。但根據某些專家指出，強勢作風正是此職位所需要的（Vail, 1999）。

都市大型學區發現愈來愈難吸引教育局長候選人。為什麼？其理由包括董事會的敵意、低劣的待遇、名聲不佳、貪污腐敗、衝突難免、死板的工作規定等。

行政人員的出現　直到 19 世紀末期以前，董事會負責所有學校的運作。由於當時學校規模較小和義務教育年限較短，這是有可能的。然而當學校系統日趨龐大，也日漸複雜，一群受過訓練、專職的專業人員就接管了日復一日的學校運作；學校董事會信賴這些執行者，並授與他們重大的權力。

專業行政人員的人數與分工狀態主要是決取於學校規模與系統的複雜性。小型學區可能只有一位通才的教育局長，如本文先前所提到的例子。大型學區則需要細分各種領域的管理專家，如日常事務、法律事宜、人事、

公共關係、資料處理。

今日行政管理的結構隨系統的規模而變。龐大的紐約市教育董事會系統的階層設計見圖 6-2（NYC Board of Education, 2000）。在如此複雜的系統中，很難給予其行政人員的職責單一的描述。

166　　**教育局長的權力**　教育局長對系統的決策，握有多少實權與多重因素有關，如：社區的類型、學校董事會、嬰兒潮造成學生人數增加、教師罷課、教師、學生與社區對權力與自主性的要求、聯邦政府的指導與控制、法院的命令。

當試圖執行權力時，教育局長可能會面臨來自學校董事會、教師、其他選民互相衝突的要求。例如：教育局長可能受到壓力要撙節開支，同時教師則正要求提高薪資。

通常權力衝突的結果取決於教育局長的風格。彬彬有禮態度溫和的與董事會及公眾幹旋，運用專業知能的最大優勢，能使教育局長站在最有力的位置上。如同早期美國教育社會學史中，瓦勒（Willard Waller）所建議：

> 我們必須作出結論，教育局長個人技巧的差異，能夠說明與學校董事會幹旋的能力……那種能夠溫和有禮的控制學校董事會的能力，相較於管理師生的學校系統的能力，對決定個人在這一行的晉升是更重要的因素。（Waller, [1932] 1961, p. 94）

不論權力的分配與程度，教育局長的角色已經堅定穩固的確立起來，並且變成大部分行政區不可或缺的一部分。

☐ 校長：夾在中間的學校老闆

校長是管理者也是協調者，他們的角色包括支援教師、懲罰學生、輔導學生和教師、管理預算、安排上課進度，以及處理學校每日所發生的各種問題。

控制
(718) 935-3536 一般稽核（聯合報告）
(718) 935-2599 工會關係
(718) 935-2049 特殊調查
(718) 935-5858 政風官
(718) 935-5300 諮詢董事會（聯絡）
(718) 935-3299 NYPD 學校安全部（聯絡）
董事會秘書（聯絡）
(718) 935-3294
特派的調查長官（聯絡）
(212) 510-1500

對外關係
(718) 935-2799 分區辦公室
(718) 935-3566 特別方案監視
(718) 935-3104 年幼者成就
(718) 935-2482 社區學校行政區事務
(718) 935-3910 學校的生涯計畫
(718) 935-3470 監督與學校改善
(718) 935-3281
(718) 935-3700 學生安全與防治服務
(212) 979-3352 私立學校
(718) 935-4970 區代理
(718) 935-3160 職業教育顧問會議（聯絡）
(718) 935-3220

經費與社區資源
(718) 935-3240 家長支援與投入
(718) 935-3040 發展辦公室
商業與社區關係
(718) 935-3370
員工特殊方案首席 (718) 935-5177
跨部門事務（聯合報告）(718) 449-2013
公共事務（聯合報告）(718) 935-4330
集權管理區助理 (718) 935-2790 (718) 935-3570

教學
(718) 935-2777 學生支持服務與行政區 75
(718) 935-4042 社區學校行政區教育局長
(32) 高中教育局長
(6)

計畫發展
(718) 935-5626 教學支援
(718) 935-4259 藝術資深助理員
(718) 935-3554 行政與新學校發展
(718) 935-5814 運作教育局長
(718) 935-2401 雙語教育
(718) 935-3891 多元文化教育
(718) 935-3984 接受註冊資格審察之學校 SURR
(718) 979-5443 集權管理學區
(718) 935-2767 評鑑與績效
(718) 935-3767

運作
(718) 935-5210 複審董事會（聯合報告）
(718) 935-2936 主要財政長
(718) 935-3331 膳食服務與交通
(718) 729-6100 機會均等辦公室
(718) 935-3314 人力資源
(718) 935-2988 教學科技及資訊科技
(718) 935-4500 學校設施執行首席
(718) 391-6466 學校建構專家（聯絡）
(718) 472-8001

圖 6-2 紐約市教育董事會（2000 年）

166 　　**校長的角色**　仔細觀察校長的角色，定義上，最特出的部分在校長與其他人的互動——教師、教育局長、家長、學生。校長比教育局長與民眾有更直接的接觸，他們是處在中間的位置上，擺在他們前面的利益常是互相衝突的。他們是學校的老闆，因此必須對教師的聘用與解聘提出建議，也必須給予教師道義上的支持。處理這種潛在的衝突責任並非易事。許多變項影響校長的角色與對校長的期望，諸如學校與行政區的規模、位於鄉村或大都市、入學兒童的社會階級背景。

　　校長必須周旋於教育領域的專業人員和科技專家、家長和社區成員、
167 教育局長與學生之間。學校效能的研究強調校長（或被指定的領導者）即教學領導者的重要性，以締造支持優越學業與成就的學校文化（Brookover, 1996）。如果校長獲得教學團隊的支持，有計畫的變革較有可能發生（Deal & Peterson, 1993）。

　　校長可以透過獎勵合作的教師，以及讓不合作的教師處境艱難，如學生分班、分配較難管教的學生，及差勁的課表等機制，施行校長對教學團隊的控制。校長對教師的期望以及教師的士氣、表現和自我概念影響甚深；教師指出能清楚陳述其期望，並獎勵良好工作成效的校長，是最讓教師滿意的校長。不過，教師仍主張其專業地位及自主性的需求。當教師的職權遭受挑戰時，他們期望校長能站在教師這一邊，有時教師會運用集體的力量讓校長清楚這一點（Becker, 1973），如：提出申訴或罷課。

　　如果校長室很少傳出什麼雜音，則事情可能進行得相當順利。校長忙碌於管理學校，催化各種過程發生，處理日復一日、例行的教師需求，以及學生關注之事，與校外團體維持良好關係。許多校長報告他們的任務優先性是由學校效能的測量結果而形成的，像是標準化測驗、致力確保校園安全、發展優良教師、維持有效的社區關係、營造校內目標的共享感（Genzen, 2000; Lyons, 1999; Smith, 1999）。

　　學校行政人員每一天有部分時間是用來處理突發狀況，這包括一些災難，諸如校車交通事故、自殺或謀殺事件、炸彈或武器威脅，或是颶風等天然災害。以下是一位小鎮的小學校長自述其典型的一天：

　　當學校還未開門之前，我的工作即已經展開。我檢查校園以確定建築物都沒問題，教師們也都就位完畢。如果可能，我喜歡站在川堂和學生打招呼，看見學生向我揮揮手。

　　我與許多教師的互動是在川堂裡發生的，在那兒我們針對一些事情或問題簡短的交談幾句話。教師們大多數的問題都能以此方式獲得解決。當然，我們還有教學團隊召集人的會議。

　　只有嚴重的訓導問題才會由我來處理。大部分的訓育問題都是在教室內解決，但如果學生破壞公物，或危及其他學生，或打架，那麼就由我接手。

　　每天總有一些例行事務——做報告、課程事宜、預算等等。但如果家長前來拜訪，我會盡可能的停下手邊工作，先接見這位家長。

　　我想很多人覺得我們只是坐在辦公桌前，忙碌於案牘之中，但這只是冰山一角。我訂有每日計畫，但多半有事情發生需要即時的處理。（本書作者訪問小學校長）

　　中學（middle schools）或國中（junior high schools）的校長與小學校長 *168* 所面臨的情境類型不同。此階段年齡組的學生常被形容為「混亂的賀爾蒙」（jumble of hormones）。學生正試著「從容的搞定一切」（get it all to-gether），每位學生以不同的方式因應這種生理的變化。常規訓練在此階段可能最成問題，學生在教室內可能難以管理，因此更需要校長與副校長涉入其中。

　　高中校長額外的角色是為學生升學或進入職場做準備。高中校長與學區要為學生每年的升級與畢業負責。已有數起控訴學校系統的訴訟案件發生，理由是學生在十二年級或十年級畢業時，竟然不會讀或寫。某些州與學區已開始舉行學生的能力測驗與新進教師的甄試。這些問題將在本書第十三章中進一步討論。兼具有效能的管理者與教學的領導者是困難的，因此有些人認為這兩項任務不應同時落在同一個人身上。

學校系統中有許多人扮演著與校長互補的角色，包括教師、督學等。校長展現其角色時，不能不考慮他們的表現會對其他角色有何影響或妨害。本質上，這些角色對於校長角色的定義及輪廓描述相當重要。

在某些學校，安全問題是最重要的。在 1988 年，有 44%的學生認爲學校是安全的，到了 1999 年則只有 37%的學生這麼認爲（Horatio Alger Association, 1999）。感到學校不安全的學生指出這不安全感來自校園欺凌與武器威脅（McEvoy, 1992）。其他學生，包括相當高比例的非裔美國人與西裔學生，則指出害怕在學校或在上下學途中被攻擊，通常是來自街頭混混的（U.S. Department of Justice, 1998）。「當災難發生」（*When Disaster Strikes*）[4]建議必須備妥應變計畫，以處理安全問題或悲劇事件。運用社會科學的知識處理問題，了解並預期會有的反應方式與悲痛的感受，以及備妥處理機制，這些都是重要步驟，使校長能夠防範災害的擴大（McEvoy, 1992）。

出乎意料地，有關校長的研究極少，既有的研究提供我們有關校長特徵的資訊。表 6-1 呈現某份研究的結果。

雖然教育領域中女性教師占多數，但女性行政管理人員則不多；1994年，公立學校中女校長只占 36%（79,618）。然而女性校長在私立學校（13,410）則占多數（54%）（National Center for Education Statistics, *Digest,* 1999）。女性帶著不同的領導、溝通、決策風格與技巧進入學校領導之中（Gross & Trask, 1991）。她們花更多時間在教學領導活動，像是「與教師互動時像是資源的提供者、教學資源、溝通者、可見的同在」（Andrews & Basom, 1990, p. 38）。在學校中，此種教學領導風格較符合有效能之領導行爲的特徵：

◆強調成就，並傳達給教師他們促成學業成功的承諾。

◆設定教學策略，並承擔促進這些策略達成的責任。

◆建立守秩序的校園氣氛，確定學校氣氛適宜學習。

◆依據對學生表現的預期，經常評估學生的進步情況。

170

---

4. 譯按：詳細內容請參見 http://www.pta.org/archive_article_details_1125419347921.html。

表 6-1　公立學校的校長

選擇特徵	校長最高學歷的百分比 [b]					經歷的平均年資		
	總數 [a]	學士	碩士	教育專家	博士與首要專家	校長	其他學校職位	教師
性別								
男性	58,585	1.9	55.7	34.3	8.2	11.2	3.6	9.0
女性	19,118	3.9	46.6	37.8	11.3	6.1	4.0	12.3
種族／民族								
白人 [c]	69,048	2.5	53.7	35.0	8.6	10.1	3.6	9.6
黑人 [c]	6,696	(e)	51.4	36.9	11.5	8.8	4.8	11.8
西裔 [d]	2,483	(e)	54.2	30.2	(e)	6.6	5.4	9.8
亞裔或太平洋島裔	434	(e)	52.8	33.4	(e)	7.7	4.5	10.8
美國印第安人或阿拉斯加原住民 [c]	821	(e)	51.2	(e)	(e)	9.9	4.6	9.1
年齡								
40 歲以下	14,430	3.6	54.7	33.7	(e)	4.3	2.5	7.8
40-44	17,755	2.0	49.0	39.7	9.2	6.8	3.7	9.2
45-49	16,408	0.0	52.8	35.8	9.6	10.0	4.0	10.3
50-54	14,936	2.2	56.6	33.2	7.9	13.2	4.3	10.6
55 歲或以上	13,891	2.7	55.9	31.7	9.6	16.5	4.1	11.4
總數	77,890	2.4	53.4	35.1	8.9	10.0	3.8	9.8

註：本資料未達百分之百是因為四捨五入以及部分題項未回答。

　　a：本表總數與其他表格資料有出入，是因為不同的調查程序和所涵蓋的時間範圍。

　　b：學歷低於學士者，其百分比不予呈現。

　　c：包括西裔血統的人。

　　d：西裔血統的人可能屬於任何種族。

　　e：樣本個案太少（少於 30）無法準確估計。

資料來源：National Center for Education Statistics; reprinted in *Education Week,* February 5, 1992, p. 7.

170　◆統整各種教學計畫，使之與學校及整體的計畫目標一致。

◆支持教師的專業發展。（Shakeshaft, 1986）

校長的權力與對學校變革的影響　校長和其他行政管理人員均有權力透過領導與互動方式來影響學校效能。經營成功的學校，校長會定期與教師開會、詢問有關課程的建議，並給予教師有關效能的資訊（Brookover, Erickson, & McEvoy, 1996）。關切學校效能的人士，認為校長應將大部分的時間用來改善教學，但罕能如此，因為校長有許多種責任。

教師的主要責任是在課室之內；教師感到在全校性的決策上他們的努力大多不成功，此也強化了教師自主的「教學文化」（culture of teaching），並且也成為校長所提之變革與創新的障礙。

雖然校長有權經營學校，然而他（她）也遭受環境的限制：教育局長、董事會、教師工會、學生要求、州政府及地方政府的法規。校長必須多方面的進行決策，而同時與其他互動的角色分享責任。

教育社會學之應用　校長有哪些衝突角色？

☐ 最前線──教師

回首我們過往的學校經驗，我們記憶中，在學校最讓人喜歡或最惹人討厭的往往都是教師。偶爾校長也會給我們深刻的印象，或者某位諮商人員影響了我們的決定，但只有教師最常與我們接觸，在他（她）的班級中，我們敞開接受檢視、讚美與批評。甚至就連父母花在我們身上的時間也不及教師，也不像教師那樣了解我們的能力。

教師為何而教　教師為什麼選擇成為教師？大多數教師均會指出一到數個理由：樂意與年輕人一同工作並傳授知識；喜愛小孩；想要做些對社會有價值的事並發揮影響力；喜歡面對教學工作的挑戰與責任；對教學及學科領域的興趣與志向；安全感與經濟的報酬；實現夢想（Phillips & Hatch, 1999）。

教師的特質　美國小學與中學約有近 2,164,000 位正式雇用的專業教育從業人員。教師的某些特徵臚列於表 6-2（National Education Association, 1997）。小學與中學教師中，90.7%是白種人，7.3%是非裔美國人，少數民族教師的總數則自 1991 年的 13.7%下降至 9%（National Education Association, 1997）。1997 年教師年平均收入為 36,498 美元，初任教師則為 24,641 美元（National Center for Education Statistics, 1997）。教師薪資的中位數增加，部分是因為教學經驗從 1981 年的平均十二年，到 1996 年的十五年（National Education Association, 1997）。個體若在填表時於職業欄中寫下「教師」，通常會歸入「中產階級」的範疇之中。許多人認為教職是一種可從較低階級往上晉升到較高階級的方便途徑；不只是因為專業訓練成本較其他職業低廉，且其職務眾人亦不陌生。對教師一職我們都「心知肚明」。

在 1960 年代，由於戰後嬰兒潮，學齡兒童人數急速增加，導致教師人手嚴重不足。到了 1970 年代此現象才告終了，卻又產生 60 萬名「超額」（surplus）教師，其中大部分都無法就業。低靡的教職市場直到 1983 年才過去，教師的處境已有改善。預估 2007 年，班級教師人數將增加至 317 萬人，遠超過 1997 年的 304 萬人，與 1984 年的 251 萬人（National Center for Education Statistics, 1999）。公立小學學生平均人數由 1961 年每班 29 人，下降至 1996 年每班 24 人，部分原因是更多教師投入特殊教育、補救教育、雙語教學的小班教學。

並非所有學者均同意教職短缺的問題將趨於緩和，他們指出在經濟衰退期間所累積的合格教師人數仍未就業、申請師範大學的人數增加、初任教師薪資提升，這些條件勢必從其他領域中吸引專業人士投身教育。有人主張，市場的供需力道終將維持均衡。然而對於教育行政管理人員最感困難的任務之一則是，如何預估所在行政區內的人口波動情形，以備妥適量的教室與老師。*174*

教職有一度曾是具有優異條件的女性及少數民族，少數的就業路徑之一。1972 年有 37%的女性大學畢業生投入教職；到了 1995 年則只剩 14%（National Center for Education Statistics, 1995）。大學畢業生中僅 9%主修

表 6-2　1990 至 1991 年公立中小學教師的部分特徵 [a]

特徵	單位	年齡				性別		種族			階層	
		30 以下	30-39	40-49	超過 50	男性	女性	白人[b]	黑人[b]	西裔	小學	中學
教師總數[c]	1000	312	732	1,003	514	720	1,842	2,216	212	87	1298	1,264
最高學歷:												
學士	%	84.1	56.4	43.8	41.6	44.7	54.7	51.5	50.8	61.0	56.7	46.9
碩士	%	14.4	39.1	48.8	49.9	47.0	40.1	42.7	42.1	32.9	38.7	45.5
教育專家	%	1.2	3.4	5.9	5.9	5.3	4.3	4.5	5.0	4.3	4.1	5.2
博士	%	—*	0.4	1.0	1.4	1.3	0.6	0.7	1.3	0.9	0.4	1.2
專職教學經驗:												
少於 3 年	%	40.0	8.4	3.0	1.3	7.1	9.3	8.7	5.9	13.0	9.4	8.0
3-9 年	%	59.8	37.1	14.5	6.1	18.9	27.1	25.0	19.0	31.8	26.2	23.3
10-20 年	%	0.2	54.4	49.8	24.8	37.6	41.0	40.0	41.7	41.4	40.3	39.8
超過 20 年	%	NA	0.13	2.7	67.8	36.5	22.5	26.4	33.6	13.8	24.1	28.9
專職教師	1,000	283	650	925	481	666	1,273	2,015	199	81	1,170	1,169
總收入（元）		24,892	30,126	36,095	38,642	37,895	31,897	33,631	33,666	32,960	31,972	35,241
固定薪資（元）		22,754	27,934	33,702	36,361	33,383	30,501	31,313	31,707	30,774	30,611	32,034
學年附加契約:												
教師人數	1,000	121	231	313	122	353	434	701	49	25	238	549
固定薪資（元）		1,675	2,045	1,914	2,088	2,663	1,357	1,977	1,664	1,709	1,172	2,276
學期附加契約:												
教師人數	1,000	56	118	169	65	164	244	334	46	19	167	241
固定薪資（元）		1,608	1,952	2,003	2,284	2,309	1,763	1,919	2,272	2360	1,803	2,104
非學校受雇教師:												
家教	1,000	13	30	47	20	39	70	95	8	5	41	69
教育相關	1,000	9	18	28	12	31	36	59	5	2	23	44
非教育相關	1,000	32	63	91	42	130	99	203	16	5	52	147

173

a：此處指學年。基於調查，並受抽樣誤差影響；詳細請見資料來源。

b：非西裔。

c：包括無學位及副學士，二者未分開顯示。

＊：—代表 0 或四捨五入爲 0。

NA：表示資料不適用。

資料來源：National Center for Education Statistics, *Digest of Education Statistics,* 1993.

正式規則與條例指引師生的行為

教育，然而其中女性所占的比例為 75.8%，相當的高。如果詢問她們要是可以重新選擇，是否將再次選擇教學工作為職業，32%確定會，31%回答可能會，20%回答可能不會或確定不會（National Education Association, 1997）。

　　眾所周知，女性在較低層次年級以及專業層次低的教育崗位中占多數。此事實並未被教育研究者及女性主義者忽略。小學教師中，85%為女性，15%為男性；高中教師，46%為男性，54%為女性。自 1900 年代早期起，初等教育教師約有 80%至 90%為女性，同時期中等教育女性教師人數比率在 47%與 65%之間波動。整體而言，在 1996 年，公立學校教師有 74.4%為女性（National Center for Education Statistics, *Digest,* 1999, p. 80）。學校行政管理人員及教育局長則男性占多數。

　　任行政管理職務的女性，與男性相比，較慢轉入行政管理職務，也耗費更多年在班級教學上。似乎有兩個互相重疊的因素造成這種不平衡的現

175　象：亦即便利與歧視。對於女性而言，教職是比其他職業更易獲得及更能被接受的行業；與其他領域相比，教育的可近性較高；得到教育學位所需的時間與金錢較其他領域者少；上班時間、假期、時間表等工作條件，能配合家庭及小孩；許多地方均可獲得教職；對許多人而言，「養育」（nur-turing）經驗與生活經驗是相一致的（Tannen, 1991）。歧視是造成此種不均衡的另一個因素，因為在訓練或求職的層次上，有許多事業的途徑對女性是封閉的。男性則有較多不同的職業機會可供選擇，許多男性教師是意會到別無選擇之後，才選擇教學為職業。然而，當有更多其他職業可供選擇時，僅少數優秀的女性及少數民族會去選擇教職。

公立學校教師中，每年都有90%以上會留任教職。未留任教職者，最常見的原因是退休，接著是追求其他事業，以及懷孕和照顧小孩、其他家庭或私人理由。很少人是因為不滿意而離職（National Center for Education Statistics, "Schools and Staffing Survey," 1993-94）。

典型的教師生涯周期依循三階段：在新情境中存活與發現新挑戰；中間幾年趨於穩定狀態；隨著職業生涯告終，在教學事業大量投資中抽離。教師承諾的程度視職業階段不同而異，中間第二階段的教師其職業承諾較低（Rosenholtz & Simpson, 1990）。

今日教師年齡的中位數為44歲，比1981年的37歲高（National Education Association, 1997）。擁有許多資深教師會帶來某些優勢。他們有許多的教學經驗，且視自身為專業人員。整體看來，他們比年輕教師參加更專業的組織，對於社區有更多的聯繫。但也有不利之處像是：某些終身職的教師並不勝任，卻必須繼續聘用他們；資深教師對教育系統而言成本較昂貴；他們的存在妨礙了年輕教師任職的機會。年輕教師帶來了新教育觀念及專門學科上的新發展，可以協助資深的同事與其專門領域保持接觸。因此，資深與新進教師間產生了雙向社會化的現象。

我們對於教師的要求過高嗎？思考下列一則假設的廣告，該廣告陳明對教師角色的期望：

誠　徵

　　學科主修的大學畢業生（碩士更佳）。需具備優異的溝通能力／領導技巧。願意接受挑戰，每天服務 150 位客戶，緊湊的工作進度，每天研發五種不同的產品以滿足個別的需要，同時還要符合多重的產品規格。良好的適應能力是有幫助的，因為供應商未必總能及時傳遞物資，所以任職者必須自行安排支援服務，而且顧客也幾乎不知道他們要什麼。理想的應徵者須能在孤立無援的情況下仍能愉悅的工作。這個複雜的工作讓受雇人員可以在上班及下班時段練習打字、書記、執行法規、社工技巧。一週工作時數：通常為 50 小時。由於工作本身特殊，並無便利設施如電話或電腦，但工作本身有許多內在酬賞。起薪為 24,661 美元，十五年後可調升為 36,495 美元。（"What Matters Most," 1996, p. 54）

176

　　對教師角色的期望　教師是對兒童實施社會化的主要人物；亦即，他們在教導兒童如何成為社會的一員上扮演重要的角色。與教師互動的主要角色便是學生（Brophy & Good, 1974）。對雙方而言，這都不是自發的關係。教師掌握權力，有許多行使權力的方法，如：成人的權威、成績、滯留或責罵等處罰，也包括動之以情的行為、讚美、增強和個人接觸。有人認為如何以最有效的方式社會化青少年，是學校所面臨最急切的問題。雖然家長與校長可能在背景中決定課程與教學，然而「傳達有效教學氣氛的最終責任仍在於教師」（Brookover et al., 1996, p. 101）。

　　一般咸認為教師應該教導兒童 3R[5]、管理並協助班級、建立能達成最佳學習的氣氛、在各方面做控管學生及活動流程的守門員。身負施行社會化職責的教師是十分引人注目的角色，他們應該為學生立下良善的道德典範。然而「良善的」該如何定義則常有爭議。例如：有些法院訴訟案反對教師因為穿著、外表、校外酗酒或藥物濫用、特殊的性傾向，或對學生有不合

---

5. 譯按：三 R 即讀（Reading）、寫（wRiting）、算（aRithmetic）。

宜的行爲，以致對學生有負面的影響。

不論教師是否有終身職的保障，唯有當原因適宜而公正時，才能將教師解聘。這些原因雖然難以證實，但一般包括不適任（缺乏學科材料及教學方法的知識）；不道德（說謊、僞造文書、盜用公款、詐欺）、藥物濫用、對雇主攻訐毀謗的言論；語言猥褻。

師資的預備　第一次上台面對教室坐滿學生的事實，挑戰著每一位新進的教師——新進教師約占每年教育人力的三分之一（National Center for Education Statistics, 1996, 1992）。新進教師其中三分之一爲自他校轉調而來，57%則直接來自大學應屆畢業生（National Center for Education Statistics, *Condition,* 1996）。50%以上的公立學校教師重回學校進修碩士、專士（specialist）、博士學位，大部分教師在自己主要教學領域上具備證照（National Center for Education Statistics, 1995）。大多數公立學校教師（71%）均確信自己受過良好訓練，足以維持班級秩序及常規，然而認爲自己受過良好訓練，可以執行新式教學法（41%），或由州政府及行政區而來的命令者（36%）則較少。相信自己已預備好能統整教育科技於教學方法中的人數則最少（21%）。隨著各種新方案、科技、學生特性的改變，對教師的要求已遠遠超過他們曾受的訓練甚多（National Center for Education Statistics, *Condition,* 1999, p. 48）。

許多師範大學已開始著手修改師資培育計畫。改革者如古萊德（John Goodlad, 1998, 1984）及「準備就緒的國家：21世紀的教師」（*A Nation Prepared: Teachers for the 21st Century,* 1986）報告書，均提出改革師資培育的模式。其中建議包括：教師應有學科領域的主修、給予教師更多有關學校發生之事的發言權、建立全國性的標準委員會、增加少數民族教師的人數。事實上，「國家教學專業標準委員會」（National Board for Professional Teaching Standards）已經成立，且正在執行這些建議。

社會大眾對學校的不滿意已迫使教育工作者檢視整個系統，包括師資培育的部分。評估課程並重新設計內容，以符合當前眾所關切的每件事，包括班級經營到多元文化與全球化教育，乃至國中階段教學的特殊訓練，以至於改善數學與科學教學的品質，正視男女生學習風格的差異（Banks, 1999）。

人們從事教育事業的興趣，從 1970 年代至 1990 年代早期持續穩定下降，但目前隨著學生及教師人數從 1997 至 2009 年將增加 4%，對教職的興趣正緩慢上揚（National Center for Education Statistics, *Projections,* 1999）。然而，當大批同年齡的新生同時進入學校系統時，學校可能會遇見教師荒。學區訴諸多種策略以滿足此項需要：其一是讓領域需求較少的現職教師，重新接受其他不同領域之訓練。另一種是「變通認證」（alternative credentialing），吸收來自不同領域的高能力者投身教學工作（"Alternatives, yes," 1989）。大部分的情形是，開始教學之後同時提供教育學方面的訓練。來自全美各師範院校的教育專家所組成的「霍姆斯團體」（The Holmes Group），建議應該提供大學畢業生第五年的研究所教育，才能授與新進教師證書（Levine & Levine, 1996, p. 405）。一般社會大眾均偏好聘請具備學科領域專長者，特別是如果他們具備教學才華的話（Elam, Rose, & Gallup, 1995）。

有些教育專家建議教師應擁有大學的碩士學位，好能在內容領域方面促進教師效能。然而有些批評指出，這些所需額外花費的時間與金錢可能會使少數民族學生裹足不敢修習教學的學位。其他的努力則專注於提供實習教師在專業發展的學校中接受班級教學的訓練。這些學校與師範院校共同合作以訓練新進教師（Holmes Group, 1995）。

考試與執照 為了努力達成標準，目前大部分的州要求教師候選人必 *178* 須通過國家或州的測驗；大多數要求教師通過最低能力／基本技能測驗。在 1998 年僅阿拉斯加、愛荷華州、猶他州、佛蒙特州、懷俄明州等少數幾個州，未要求修習師資培育學程時需接受最低程度的入學考試（National Center for Education Statistics, *Digest,*1999, Table 156）。現行「國家教師測驗」（National Teacher Examination）已有許多學區廣泛採用，也有許多有

競爭力的測驗公司提供其他選擇，還有些州則自行發展測驗。兩個全國性的教師工會「國家教育協會」（National Education Association）及「美國教師聯盟」（American Federation of Teachers），都支持教師測驗，不過他們對測驗內容及測驗目的為何，所持觀點或有不同。

關於測驗與教師證照的爭論方興未艾，有些爭論在於技能測驗可能是無效的，也不是衡量教師能力的唯一評判標準，甚至也可能是對少數民族教師的歧視。支持測驗者則認為教師如缺乏基本技能，將對學生造成傷害。幾個州已經發生挑戰州測驗公平性的法院訴訟案。

全國性報告及教學建議　退學率上揚、美國學生在國際性測驗表現不佳，以及其他問題所引起的關切，在美國教育部已敲響警鐘，致力於改善教育的私人基金會及組織亦未置身事外。1980 年代有多份研究報告處理「教育危機」（crisis in education），並提出一些激烈的變革建議。

許多研究報告認為美國在提升教育方案與課程之前，必須讓教學工作成為更具吸引力的專業。隨著資深富經驗的教師退休，有才華的年輕教師另謀發展，教學主力的資格將隨之萎縮。在教師人數短缺之際，除非能提升待遇規格及薪資，否則美國將面臨「無才可用山窮水盡」（scrape the bottom of the barrel）的處境。

弔詭的是，當教育行政管理者必須制定政策以控制教育的品質時，教育領域就愈吸收不到專業知能良好的教師。好教師渴望專業自主、需要有吸引力的薪資，以及合宜的工作條件；然而教師的時間約 10%至 50%不是用在教學的本職上，而是用來做紀錄；監看操場、餐廳及走廊；拷貝資料，這些有很多均妨害重要教學任務的進行。

教育改革的其中一份報告是來自洛克菲勒基金會（Rockefeller Foundation）及紐約卡內基公司所補助的「全美教學與美國未來委員會」（National Commission on Teaching and America's Future, 1996）。報告中提出如下的目標：「2006 年時，美國將提供全國所有學童他們與生俱來的教育權：獲得有能力、細心且合格的教師。」為了達成這個遠大的目標，該委員會提出一份改革議程，「最重要的課題：為美國的未來而教」（*What Matters Most: Teaching for America's Future*）（National Commission, 1996），列舉如何培養、招募、篩選、任用、支援教師，以及學校如何支援、評估及獎賞教師的努力。

　　另一份「全美教學與美國未來委員會」的報告為「國家師範教育卓越委員會」（National Commission on Excellence in Teacher Education），主要提供兩項建議：所有教師均需接受能力測驗，以及師資培育計畫應予改進並延伸為五年——尤其是教師在個別領域得有學士學位後，要再接受一年的師資訓練。雖然這些建議引起許多回響，但為期五年的師資養成計畫恐怕會使某些具潛力的教師望之卻步。

　　這些報告透露的主要訊息是，如果我們希求在教育領域上吸引與保有更多高品質的人才，則必須使教師獲得更高薪資、更受尊重、更專業的禮遇，以及更多晉升的機會。某些建議已獲得進展，像提高薪資，然而教師仍然認為他們對學校的政策少有影響力，而且對班級層次的決定也只有中度的控制權。

　　功績制薪酬、獎金或依表現給薪，已成為獎勵卓越教師的方式之一，有些行政管理者正在進行這類的計畫。大多數民眾偏好功績酬賞的系統，美國許多州正在研究功績制薪酬。然而，有些人主張這些計畫會降低教師的士氣，並引發衝突爭執、形成競爭性的環境，以及難以管理。

　　學校必須將許多不良條件先加以修正，否則真實的改革無由發生。私立學校與教會學校用在薪水的錢較少，這類學校所建構的系統中教師擁有更多自由，較少繁文縟節的規定限制，更容許專業人員在團隊的氣氛中執行並分享共同的使命。公立學校則因為階層制度及科層體制，許多事都要慣例化、標準化，以及符合各種規定限制。有些人認為家長及學生可以利用學校選擇權及教育券制度，達到控制的效果（Chubb & Moe, 1986）。

　　教師壓力及耗竭　學校失去教師有三種情況：教師離開教學工作、轉調他校、解聘。學校間的遷調是較好的情形（Boe et al., 1998）。因為聘雇的實務作法，許多班級常由未具資格的教師擔任，主要是任教科目與自己專業領域不符（Ingersoll, 1997）。

　　學校中的問題也影響教師壓力與耗竭（burnout），特別是在都市地區。教師經常感覺他們的工作毫無意義，也無力改變現況。有很多因素形成這個問題：某些是教師個人特徵造成的，其餘則源於社會壓力。例如：耗竭多開始發生在教學七至十年間，耗竭的程度隨年齡及教學年資而升高（Byrne, 1998），耗竭的高峰在 41 至 45 歲，之後則逐年下降。高學歷的教師，對職業期許也較高，所以也經歷較多的挫折感（Friedman, 1991）。造成教師耗竭的主要因素是未能得到行政管理人員及學生的尊重及關心。

180

　　有研究列舉教師耗竭的特徵清單，摘引如下。更準確的說，該報告指出耗竭的教師通常是：

1.未滿 30 歲。
2.白人及中產階級社會背景。
3.較無經驗，教學年資少於五年。
4.在種族上孤立，所任教的學校其學生主體的種族與教師本身不同。
5.在所任教學校感受到自己種族的成員成為被歧視的對象。
6.被分派到不喜歡的學校任教。
7.相信自己的人生受到命運及運氣所控制，因此，自己的未來並非掌握在自己手中。
8.不同意校長扮演適當的校園管理者的角色。

　　本研究顯示最能預測教師離職可能性的單一因素是教師的耗竭感。想要離職的教師也符合耗竭的教師所具有的特質。（Dworkin, 1985, p. 9）

　　某些都市學校環境的教師備感身心痛苦，此環境增加教師的壓力與耗竭。研究指出有 60%的都市學區報告有學生攻擊教師的問題，28%的學區則反應有學生對老師施暴，約有四分之三的教師聽聞過對教師的語言辱罵（National School Boards Association, 1993; McEvoy, 1990）。

　　造成教師耗竭和離職，學校文化及結構同等重要（LeCompte & Dworkin, 1992）。高度組織化的學校可能無足夠的彈性讓教師自動自發，或嘗試新的點子。教師需要感受到對環境有某種的控制力，也需要感受到自己在學校政策上有發言權。有效能的教師對班級有一種控制感；他們能藉由做個良好的經營者並執行必要的規定，將班級浪費的時間減到最少。

　　有解決之道嗎？有研究提出兩種嘗試性的觀念：第一，教師必須感受到能駕馭自己的專業領域，如此他們便能是有創意的且自發的；第二，校長的支持是降低教師壓力及耗竭的關鍵因素（Dworkin & Townsend, 1993; Dworkin et al., 1990）。

　　總之，當團體面臨來自外在環境的威脅，諸如低職業聲望和低薪資，差勁的工作條件，欠缺自主權和專業性，身體威脅，難搞的學生使教師自尊心受損，來自憤怒的少數民族、家長、行政管理人員的批評時，必定會產生回應（如壓力、耗竭、離職，以及加入教師工會），爲更好的工作條件及更多的自主權而戰。

　　改善教師角色的建議　「我喜歡小孩；我喜歡我的職業；我滿意我工作中所獲得的一切成就；但我不覺得我的工作是社會真正重視的。看看我們的薪資等級，以及身爲專業人員的我們，是如此的缺乏自主權。所以我不知道對我或對教學專業而言，未來有什麼是可以掌握的」（Dworkin & Haney, 1988）。專案小組及委員會的報告書已提出些建議刮起變革之風，有些我們已討論過了。教師對於自己目前的處境有何感受？儘管問題仍然存在，對於教學專業，現今教師看起來似乎較十年前的教師更加快樂，而且幾乎60%的教師說他們可能會或確定會再次選擇執教（National Center for Education Statistics, *Digest,*1997）。部分原因是在當前社會中，教師所扮演的重要角色已獲得較大的認可及肯定。

181

　　1979年美國德州休士頓開始給予教師幾種類目的獎金：執教於高優先區的學校、任教於師資不足的學科、熱心參與活動、接受專業訓練、學生在標準測驗上獲得進步、執教於實驗學校。根據官方的說法，此制度的推行結果是正向的。然而，這種功績酬賞制之論功行賞的觀點，仍有爭議，也未獲得許多的支持；因為建立公平的教師酬賞標準確實有其困難，而且教師工會也反對由行政管理人員掌控評鑑系統。無疑的，教師與行政管理人員之間在如何改進教學專業的某些領域上已有共識，有些變革也正在進行著。

　　教師每天與學生在一起，對學生有一定程度的角色期望，而有關學生的角色及師生間相互的角色關係，將於下一章再進行討論。

　　教育社會學之應用　描述一位你所認識且具有良好效能的教師。是什麼使這位教師有效能？

□ 學校裡的配角：居於幕後

　　學校教職員：守門員　許多學校擁有專業的行家及服務工作人員兩種支援性的員工。一進入學校，我們最先接觸到的通常是櫃檯後方的職員（office worker），他提供了重要的「緩衝」（buffering）及「過濾」（filtering）功能。盛怒的家長要求立即見到校長；教科書銷售員希望找到校內「負責」此事的對象談談。職員必須決定該抱怨或請求的適當地點何在，擋掉對學校人員不必要的干擾，以及幫助訪客配對找到適合的對象。

　　辦公室的職員也掌握著某些重要資訊，如檔案的內容。例如：副校長需要有關食物供應商交貨協議的資料時，他（她）仰賴職員去存取這些檔案。老師與學生也須仰賴此角色以獲許多服務及資訊。著眼於此，職司此角色的個人可能產生很大的影響。

　　其他重要的配角還包括：圖書管理員、特教老師、輔助性專業人員、廚工、校車司機及學校護士。還有一個經常被忽視的重要角色——學校工友（janitors）[6]占有獨特的地位。雖然他們在科層體制下甚少正式的權力，

182

但他們可能在學校所處的社區中極有影響力。工友對於學校的運作瞭如指掌，因而具有局內人（insider）的觀點，其優勢地位幾乎無人能及，甚至校長亦望其項背。雖然多數工友相當中立，然而也有些人會以政治手腕的方式運用此職位，以下引文係摘錄自瓦勒（Waller, 1965, p. 80），可加以例證：

> 工友往往是地方社區的成員之一，反之，教師則被歸屬於外界。……工友很「重要」，因為他們是蜚短流長、搬弄是非之徒（talebearer）。通常他們視自己為社區的法定觀察員（official lookout）；他們的角色就是眼看四面、耳聽八方，好向朋友及人際網絡以謠言的方式報告一切。

學校的另一個重要角色是輔助性專業人員──大多未具備四年制大學的文憑。雖然他們並未全權控管某個班級，他們卻在班級與學校中執行許多任務。絕大多數是與特殊教育方案的工作有關，包括輔導班（remedial class）及雙語班（Blalock, 1991）。

校護的角色則產生了較大的改變，從繃帶包紮、預防注射到慢性疾病及過動兒的藥物服事，再到處理濫用（abuse）[7]的問題，再及於其他會影響健康服務的社會問題。有時候這也包括與社工員取得聯繫，並幫助兒童取得他們所需要的協助。在某些學校此角色比較有爭議的層面是性教育、懷孕測試及分發保險套。

諮商員：篩選與分配功能　隨著高中的教育計畫規模逐漸擴大，提供更多樣的科目，學校人員也變得更專門化。許多學校系統聘雇諮商員，大多數與高中階段的學生有關。他們通常擁有學校諮商的學位也具有教學經

---

6. 譯按："janitor"譯為工友，其在學校的主要任務是清掃，有時亦負責學校建築或設施的維護與修繕，以及維護校園安全，如：看門的工作（http://en.wikipedia.org/wiki/Janitor）。

7. 譯按：包括物質濫用，如嗑藥、酗酒、抽菸、嚼檳榔；言語濫用；性虐待；家暴事件等等，都是"abuse"。

驗。「美國學校諮商員協會」（American School Counselor Association,
ASCA, 1999）網站上有一份政策文件，其中清楚的定義諮商人員的正式角
色：

183 　　　　　專業的學校諮商人員是經過認證，具有執照的教育人員，他
　　　　們透過執行學校發展諮商計畫，以滿足學生廣泛的需求。……學
　　　　校諮商員必須針對全體學生進行服務，包括被認為是高風險（at-
　　　　risk）的學生，以及有特殊需要的學生。……他們透過四種方式對
　　　　學生提供協助：個人與團體諮商（individual and group counseling）、
　　　　班級團體輔導（large group guidance）、諮詢（consultation）及協
　　　　商（coordination）。

　　諮商員有很大的權力可以決定每位學生的遭遇——一如「守門員」的
角色。當學生即將自中學畢業時，諮商員協助學生決定往後的人生途徑
（Brookover et al., 1996, p. 100）。他們也掌握所有學生的紀錄資料，並輔
導學生進入分科教育及教育方案中，以契合學生及社會的需求。諮商員為
青少年作出影響一生的決定。諮商員不但採用學生學期成績及測驗分數的
客觀標準，也運用他們對學生的印象，通常這是在幾年的簡短接觸中形成
的。教師與同儕對學生的分類（labels）也會影響諮商員對學生的印象。學
生的階級背景、穿著、言談舉止等因素也影響諮商員對於學生將來能做何
事的判斷，以及影響諮商員給學生有關未來計畫的建議。對諮商員而言，
兩難困境在於一方面他們應該將「社會的」（societal）目標銘記在心，熟
知學生到足以計劃他們的未來，另一方面要和學生及家長一起努力，企求
達到有時不甚實際的目標。

　　特殊的配角　因各界逐漸關注 1970 年代美國學生基本技能下降的問
題，「小學與中學教育法案第 1 章」（Title I, Elementary and Secondary Edu-
cation Act）立法通過，提供補助金給地方行政區，增聘額外的人員及執行

特殊方案。如果兒童在標準化測驗上的表現低於第三級，學校可以聘僱閱讀、數學，以及必要時學齡前教育的專家，與學校一同合作。除此之外，第 1 章也提供貧困兒童一些援助性的服務，如：食物、藥品、牙科服務、衣物。如果特殊教育人員不放棄邊緣學生（marginal students），特別是注意力缺陷、學習障礙、情緒障礙，或心智障礙者，維持對他們的高期望並提供支持，則勢必會對邊緣學生起重大的影響（Brookover et al., 1996, p. 105）。

全國性報告「國家在危機中」提議運用「個人、企業與市民團體的自願行動，一同合作致力於強化教育方案」（National Commission on Education, 1983）。由華盛頓特區、都市聯盟（Urban League）、公立學校所執行的「救援行動」（Operation Rescuc），運用居民、企業、組織和教會，指導有基本技能障礙的小一到小三的學生。「本來是一萬名會遭到挫敗的學生，如今卻使他們超過七千名以上順利進入下一年級，這部分要歸功於學生由「救援行動」所得到的一對一的或小團體的個別指導（Epperson, 1991）。「救援行動」計畫亦已加入「起作用的學校」（*Schools That Work*）報告書中所建議的事項（U.S. Department of Education, 1989）。

184

學校運用義工計畫的報告甚多。在經費及人員都缺乏下，進行特殊任務的額外援手特別寶貴。退休教師及其他專業人員、具備特殊技能的社區民眾、家長、企業人士、代課教師，甚至程度較好的學生或自願協助個別家教的大學生、班級小老師；以上人員或提供特殊主題的教學；在辦公室、圖書館或其他方面提供協助；擔任帶隊老師、執行課後的運動計畫或其他特殊興趣的活動。有些方案運用社區資源安排學生進行實習，而其他社區裡，企業也可對學校特殊方案提供所需的人力及資源。

校友是學校最大的援助者，也是學校最強烈的評論者。他們提供經費支援學校，特別是在大學階段，他們通常也是高中同鄉的社團成員，參與運動項目，並在各方面出錢出力志願協助。

然而校友也可能成為學校改革的障礙。某所極負盛名的私立高中（preparatory school）定下每年限額招收一定百分比的少數民族學生，並考慮之

後要轉型爲男女合校。結果遭來校友的抗議,並失去他們的支持——包括
經費上的協助。

　　每個人如何實現自身的角色其差異甚大。下一章我們將討論學生在學
校系統中的地位及角色。

教育社會學之應用　描繪一所學校,並說明該所學校之內的各種角
色。

摘要

　　若無個體填滿每個必要的角色,系統將無法順利進行工作,每個角色
克盡厥職,則系統就會充滿了活力。雖然大多數職位的主要責任都定義得
很明確,然而扮演角色的同時,每個人都帶著個人獨特的特徵、訓練、能
力、經驗背景。因此系統中的每一個角色都富於變化且展現多疊繁複的面
貌,難以言盡。

1. 角色的意義

　　角色是指個體在社會系統中所扮演的各個部分。在學校組織中,角色
包括行政管理人員、教師、學生及支持性的職員。執有特定角色者,其要
求若互不相容就可能會產生衝突。教育系統中角色的相互關係說明了各部
分的相依性;舉例言之,教育系統中如無學生角色,則此系統亦無存在之
必要。個體承擔某個角色後,通常很迅速的調整自己以進入該角色中;很
少有人能忍受角色定義不明時的不確定感,也少有人想要面對違反角色期
望時所受到的揶揄及懲罰。因此,進入學校系統的新人,保證很快就會適
應系統,而不會造成系統的分崩離析。這也是爲何學校系統的變革通常甚
爲緩慢的因素之一。

185

2. 學校中的角色

學校董事會是由外行的社區成員所組成,他們對學校的人事、預算及政策有不同程度的控制;這些可能是張力所在之處。

教育局長是區內每所學校的整體管理者,他們提供學校、董事會與社區間的聯繫。

校長是個別學校的負責人,但他們的職權僅介於教育局長與教師之間。這常使校長必須以中庸之道行事,使雙方都能滿意。

教師站在班級經營的第一線。教師追求自主權與來自環境壓力間的衝突,會形成張力。近年來,教師績效、師資測驗、教師訓練等層面備受爭議。幾份全美的委員會報告,提出了如何改善教學的解決之道。

還有許多配角存在於學校,對學校整體功能的發揮而言,每個角色都很重要。

運用社會學作業

1. 想像自己在某個學校系統中扮演幾種不同的角色。比較自己在每一種角色上的角色行為。
2. 試著回想身為學生角色,你在各級學校教育中,最精采的教育片段是什麼。在不同層級的學校教育中,角色期望有何差異?
3. 觀察某所學校的人,記下不同的角色及他們之間相互的關係。
4. 觀賞紀錄片《高中》(*High School*),試著把你看見、個體所表現的正式學校角色找出來,並描述相互的角色關係。
5. 檢視「教學問題系列」(Problems in Teaching Series)(Science Research Associates)幾則影片中,有關教學的遺聞軼事,並找出教師、學生、行政管理人員在表現他們正式的角色時,所正扮演或可能想要扮演的角色。

Chapter 7

學生
——學校的核心

我曾與一群小學四年級的男孩聊聊他們的學校經驗。毫無疑問他們知道成人世界對他們有何期望，以及了解他們為何要上學。他們都聲稱在學校中他們必須學習閱讀與寫作，才能生存於當今的世界，如果無一技之長，將來恐難有就業機會。在學校裡做個好孩子或壞孩子意味著什麼？他們同樣不需要停下來思考（不假思索）就能回答：好孩子就是能按時繳交作業、上課專心聽講、不會漫無目的浪費時間的瞎混；壞孩子總與破壞有關，時而卑鄙與逞凶好鬥，對學習漠不關心。在學校當個好孩子很困難嗎？當老師吹毛求疵或心情很糟時，是很困難；但大部分時候，只要你想要做好，並不難。這樣的感覺似曾相識，與我做國小學生的時候相比，事情並沒有太大的改變，這些期望的連續性（continuity）是鮮明的。

學生的特徵

不同學生有不同的體型、相貌、智力及動機水準。他們可能是積極的學習者、被動的出席者，或者是破壞性的麻煩製造者。據估計全世界 6 到 9 歲間的兒童大多數全日或部分時間上學，但小學三年級之後情況就不是 如此了。工業化國家學童的入學率幾達百分之百，但未開發國家的比率卻低許多，如同我們在第十一章將見到的（見錦囊 7-1）。

1983 年，「國家在危機中」報告書中建議，學生必須完成「新基本能

188

◆◆◆ 錦囊 7-1　1998 年到 1999 年學校註冊人數 ◆◆◆

根據「美國教育部國家教育統計中心」（U.S. Education Department's National Center for Education Statistics, 1999）的資料，在 1998 至 1999 年期間，就讀於全美公私立中小學 K-12 年級學生的人數預估約 5,860 萬。其中有 5,200 萬人就讀於公立學校，1984 年則為 3,920 萬人。私立學校就讀人數約為 660 萬人。公立學校就讀入學人數自 1984 年增加了約 1,280 萬人，私立學校的就讀人數則維持相當穩定。

「在 1993 年，全美入學人口超過 6,300 萬人，幾乎每四人裡面就有一人就讀於小學、中學、學院或大學。這包括幼稚園到八年級有 3,700 萬人，九年級到十二年級共有 1,300 萬人，二年制專科則有 600 萬人，四年制學院與大學約有 900 萬人」（National Center for Education Statistics, 1995, p. 104）。

「1970 年代，公立學校從幼稚園到八年級的入學人數衰減，1984 年為最低點，之後便逐年增加。1976 到 1990 年，公立學校九到十二年級的入學人數漸減，在 1980 年中期波動甚微。之後在 1990 到 1994 年才漸次增加，且預計將持續增加」（National Center for Education Statistics, 1995, p. 106）。

187　力」（new basics）才能獲取畢業證書。這包括四個英文教學單元，科學、社會研究、數學科目各三單元，以及半單元的電腦科學。自 1982 到 1994 年，公立學校學生課程完成率已從 13% 跳升至 32%。現在高中生的必修課程比 1982 至 1983 年增加更多（每學年七門學科），但他們在這些課堂的作業上所花的時間較少。上課課程時數增加最多的就屬數學及科學，但社會研究及英文科時數也增加。1994 年將近有 39% 的學生選修外國語言。目前學校教育的趨勢是開設更多學科供學生選修，這可能回應了早期委員會主張我們需要提升課程的報告。這些改變正影響所有類型與能力的學生，也影響教育系統的所有層級。以下將描述目前某些學生的狀況及其需求。

在中心商業區之外都會區公立學校，其少數民族學生占入學人數的 10%，比 1970 年的 6% 增加。在 1996 年，都市中心商業區的公立學校中，每四位即有一位學生是西裔學生（National Center for Education Statistics, 1999）。2000 年時，美國已有十個州其少數民族學生為學校的主體。這些學生需要少數民族學生的角色楷模，以及學校的中產階級文化與少數民族次文化間的橋接。然而少數民族教師人數卻從 1980 年的 12.5%下降至 1996 年的 9%（National Center for Education Statistics, *Digest,* 1999, p. 80）。預估到 2020 年，少數民族學生可能增加 39%，但少數民族教師在教學人力上卻仍為少數。

考慮到班級與教室的教學條件不具吸引力，教職薪資相對較低，甚至有些人認為目前的教師檢定考試具文化偏見，因此，少數民族教師人數較少是可以理解的（Stephens, 1999）。要增加少數民族教師的人數，在策略上必須由許多層次上碰觸這個問題，從個人誘因，到師範大學的課程，以至於州與國家的政策。公平的安置程序、提供誘因獎勵、吸引人的薪資、師徒制計畫（mentoring programs）、學科領域的招募、多元文化的訓練等均在建議之列（Stephens, 1999）。喬治亞州已制定計畫，訓練學區中無教師資格的受雇人員，其中大部分是輔助性專業人員（paraprofessionals），補助他們學費及給予支持，使其能成為領有證照的合格教師（Dandy, 1998）。增加少數民族教師人數，可能可以為來自學業渠道的眾多學生提供更多的角色楷模。

對學生角色的期望

188

大部分公立學校系統中，對學生正式角色的期望是依據年級而加以標準化的。對學生應該具有何種學習地位（academic position）均有詳盡的計畫加以列舉。學生的正式角色——社團幹部、體育項目的成員、倒垃圾者、擦黑板者、交通指揮——常見於許多學校中，但這些角色並不能準確傳達班級與學生角色的神韻及多樣的面貌。

學生文化是一種複雜的「奇風異俗」（strange customs），形成「神秘的參與、個人關係的複雜儀式、一套生活方式（folkways）、團體習俗（mores），以及非理性的制裁力量，由此約束力量的基礎上形成一種道德

習俗」（Waller, [1932], 1961, p. 103）。這個描述是學生非正式角色的一部分，也反應了學生文化的獨特性。

在描述我們對學生在校角色的期望時，必須考慮學生文化正式與非正式的兩個層面。過去我們曾經都是屬於其中一份子，但隨時光流轉記憶褪去，學生文化就與成人世界漸行漸遠。學生位在權力的角色階層結構中的底層，這種權力結構籠罩在他們的心裡；雖然他們在系統中數量上占優勢，但在做決策上卻是明顯的弱勢。大家常說學生是與環境格格不入（alien）的一群——有待學校教職員加以「打倒」（subdued）、調教或征服。

學生次文化決定青少年為了在同儕中存活，可被接受的行為有哪些，這些行為常與成人所期望的相衝突。同儕團體以不同類型的樣貌出現：有些支持學習及成就的重要性、有些則對社交活動較感興趣、有些同儕團體則專門從事非法勾當。朋友是關心學習的這些學生，其教育結果會比朋友對學習沒興趣的學生來得好（Chen, 1997）。

如果學生的友誼型態「品質高」（high-quality），意即與重視教育的學生交朋友，學生就可能會適應環境，甚至會擔任領導角色。然而，如果學生所交往的朋友被許多人認定為具有行為問題，則他們可能有段難以適應的時期，尤其是國中階段（Berndt, Hawkins, & Jiao, 1999）。兒童選擇交友對象不只是個人的選擇，也是文化的過程，並且可能會影響自我概念，影響他們對自己社會地位的感受，以及對某些學校措施（如分班）的感受；換句話說，友誼型態也可視為階級再製歷程的一部分（Corsaro, 1994）。

接著所提到「陽光男孩」（jocks）與「耗竭者」（burnouts）、「運動員」與「非運動員」的兩個研究提供學生次文化的例子。在青少年同儕團體中，處處可見階級再製的歷程。「陽光男孩」、與大學有關、中產階級的學生，投注心力在學校系統中；「耗竭者」、勞動階級背景的學生，在學校環境中常感到敵意或疏離，並為人所輕蔑。勞動階級的學生所從事的行為經常阻礙他們在高中獲得成功（Eckert, 1989; Willis, 1979）。與那些純運動型的學生以及既不是學業型也不是運動型的學生相比較，學業運動兼顧的學生及純學業型的學生，有較高的自尊，也參與較多的課外活動，具有較佳的領導能力；例如，參與運動的女性（啦啦隊除外），其科學成就亦較高（Hanson & Kraus, 1998; Snyder & Spreitzer, 1992）。

影響學生角色的另一個變項是性別。即便是細微如語言的用法對學生的經驗都有其不容小覷的影響。如果教師覺察到這些語言的不同用法，他們便可以有效的運用此知識來教導女孩與男孩。根據某個學生語言使用的研究，女生會將秘密告訴自己最要好的朋友，而男生則參與較大團體的活動，並發展自己在階層中所處的地位。男生更安於讓自己向前衝，也更願意堅持己見，而女生則抗拒有「敵意」的討論。因著此類的差異，有些人認為單一性別的教育可能會引領女性學生獲得積極的社會與學業結果（Riordan, 1990）。性別與成就的討論見第四章。

習得學生的角色

每年都會有一群新的學生必須藉由社會化，進入他們的角色中，以符合幼稚園或小學課室的期望。因其尚未習得他們的角色期望，預備進入新的班級或學校的學生關切自己是否會在其他同儕面前犯下錯誤，或遇到麻煩。大多數的學生均希望能被接納。大部分學生角色的習得與社會控制的功能有著不可分割的密切關切——學習如何適應環境、守秩序與服從。成為好學生意味遵循學校的標準程序與規定。這些早期的經驗對往後學生的調適及對學校教育的態度有重要影響。

190

學校發展兒童的智能；相對的，家庭則發展兒童的全人。學前教育方案及幼稚園將兒童引進教育制度，並被稱為是一種「學業的新兵訓練營」（academic boot camp）。在一篇描述幼稚園例行程序的文章中，葛蕾西（Gracey）記錄師生一天的生活，藉此指出兒童進入正式世界的社會化歷程（Gracey, 1967）。學生是教育系統最迅速的過客，他們在教育系統中經歷過，最終會離開系統；學校系統是用來催化學生在系統中成功的移動。移動需要有進展，這回過頭來需要控制及合作。因為學生進入學校是無可選擇的，所以大多數的學校發現很需要藉由運用正增強及有趣的科目，或

學習規則、角色與例行事物是成為「好」學生的一部分

額外的作業、愛校服務（detention）[1]、勒令停學（suspension）的處罰，與
成績的誘因等，這些誘因可用來控制學生，並使他們達成學校的目標。

　　每年一起入學的學生會變成一個「集合」（class），在學校系統中整
團或同期群（cohort）的接受處理。想像一個巨人用層層篩子篩選東西，學
生被放在篩子的最上層，然後穿過層層的篩子，可穿過的洞愈來愈小。凡
是不能通過篩子任一層的，就被分別出來，或由排序篩選的過程中加以去
除。只有到達底層的才能畢業。

　　如果有共同經驗與價值的學生依照能力水平加以安置分類——智者、
陽光男孩、失敗者——這些標籤可能會影響學生的角色模式。學生被安置

191

---

1. 譯按：detention 譯為「愛校服務」，其作法包括放學後留校或週末到校接受處罰。
　 包括在拘留室限制活動或從事其他勞務，請見http://encyclopedia.thefreedictionary.com/
　 Detention+(academia)。

在不同的學習軌道上的事實，也點出學生教育經驗互異的主要原因。學生所選的科目一般會受他們未來要升學或就業的計畫所影響，並在此基礎上選擇修習的科目。在某些歐州國家（以德國與英國為例），分軌或分流（streaming）隨著學生在教育系統中移動，變得日益嚴格。在德國、在英國 16 歲的學生、在日本的大學入學考試，以及其他許多國家，幾個教育階段的考試對學生未來的教育機會有重大的影響。美國的大專院校也要求學生提供 SATs[2] 或其他測驗的成績。

□ 對學生角色期望的衝突

眾人期望學校能使兒童社會化成為社會成功的一員，此也意味著學校應發展學生的學術及社會技能。根據帕森斯（Talcott Parsons）指出，在小學階段，學校期望學生能達到兩個成就要素。第一是資訊的認知學習 —— 技能、參考架構及有關世界的事實性資訊；第二是道德要素，包括公民責任、尊重、體貼周到、合作、勞動習慣、領導能力、主動出擊（Parsons, 1959）。至於學生同儕團體對上述目標的抗拒，分隔與衝突就由之而生。高中學生可能另有一套目標，集中在同儕團體的參與及接納。瓦勒（Willard Waller）很有力的指出成年人與學生價值間的衝突。他的分析描述學校基本功能是文化的傳遞：

> 無可迴避的文化衝突是學校生活的中心。……師生間會產生衝突，因為教師代表較寬廣的團體文化，而學生則被區域性的社群文化所泡透。……第二個衝突的原因，也是更普遍的師生間衝突，是因為老師是成人，而學生不是，所以教師是成年社會文化的承載者，他們試圖將之加諸學生身上，反之，學生則代表兒童群體的既有文化。（Waller, 1965, p. 104）

---

2. 譯按：即眾所周知的學術能力測驗 Scholastic Assessment Tests（SATs）。

□ 學生的應付機制

學生運用不同的應付機制，以達到教育系統的各階段。學生取用各種角色——領導者、丑角、恃強欺弱者。扮演這些角色需要因應不同情境的要求。

192　　　　　領導者可能仍然是領導者，但他（通常）必須因應教師的上層壓迫而改變領導的方式，他可能透過聯盟、反對、敵對行為或其他方法。丑角仍舊是丑角，但他表現的蠢笨行為都必須經過喬裝，可能變成隱晦，或可能以無知的方式表現，以及口無遮攔的愚蠢姿態。（Waller, 1965, pp. 332-333）

瓦勒指出伶俐的教師應該能辨識出學生的角色，操弄這些角色，並有效運用之。對高期望及低期望的學生，教師的說話是不同的。學生能獲知教師對他們有何感受的線索（Charles, 1999; Babad, Bernieri, & Rosenthal, 1991; Waller, 1965）。

教師對於男女生不同的刻板印象，造成男女生在學校有不同的經驗。例如：許多教師深信男生在數學方面的能力較強，因此，對於男生的數學表現期望較高（Li, 1999）。受到系統冷落疏離的（alienated）學生，可能也會試圖破壞教學的努力，對教室所發生的一切保持情感上的冷淡，貶低正在進行的活動、欺騙、做白日夢，以及表現出無精打采的樣子（Jackson, 1968）。

學生的另一種應付機制是情感上的抽離（apathy）——在一場他們覺得自己不可能贏的競爭中，保護自己不致全盤皆輸。如果他們的自我價值感遭到威脅，這可能會降低試圖成功的願望。除非這些學生看到努力會帶來成功的可能性，而非僅感到自己一無所成的無用感，不然他們不太可能去付出必要的努力。有正向態度的學生較可能成為高成就者，那些具有防衛性、低自尊或其他問題的學生常需要協助以達成功。雖然學校不能解決社會問題，但卻能辨認出有學習困難的學生，並和其他人文服務機構合作以滿足學生的需要。

　　爲何需要關心疏離、無精打采、情感抽離的學生？因爲損失了極多的人類潛能。「我們的社會正逐漸高齡化，兒童及青少年人數較其他年齡層的人數逐年減少。如果以目前的趨勢持續下去，太多年輕人將成爲貧乏、欠缺教育、未受訓練的人，值此之際，我們的社會需要全體年輕人健康、受過教育、具備生產力」（Children's Defense Fund, 1996）。

學校中的失敗者與中輟生

　　疏離感（alienation）是一種無力的、無所適從（normlessness）、無意義的、孤立的或自我異化（self-estrangement）的感受。在學校，其根源爲官樣的、無人性的、科層體制的教育系統。爲了防止疏離的感受造成有些學生自教育系統中輟，實有必要徹底檢查學校的結構。

　　中輟生（此處是指「身分地位」上的中輟）是介於 16 到 24 歲，未就讀於任何學校，也尚未完成高中學業的人，但不論他們離開學校的時間。通過高中同等學力鑑定（General Education Degree, GED）獲有證書者，則算爲已完成高中學業者。（U.S. Department of Commerce, 1998）

193

☐ 是誰中輟？

　　希瑞（Sheri）是位高中的中輟生，也是個未婚媽媽——雙重的污名。她原先的想法是想完成高中學業，讓小孩接受日間的托嬰；完成學業後，她可以找份好的職業以扶養嬰兒長大。但是冬天來臨時，她的孩子生了病，她無法按時上學，因此而中輟。朱安（Juan）上小學時，他家從母國波多黎各搬到某個大都市。因爲家庭需要錢，所以在高中時，他有部分時間有

打工賺錢。由於語言的障礙、急需現金、家庭未支持，他便中輟，好在勞役的工作上投入更多時間。希瑞與朱安只是許多年輕人自高中中輟的例子。

美國 16 到 24 歲總學生數的 11%自高中中輟（National Center for Education Statistics, *Digest,* 1999, p. 124, Table 104）。且種族愈多樣的學校，其學生保留率就愈低。非裔美國人及拉丁學生感受到較多的疏離，與其他白人學生相比伴隨有較高的無力感、孤立感；這些感受特別對男性決定中輟有影響。注意表 7-1 中不同種族的退學率。

1980 年代，幾乎有半數的西裔學生在完成高中教育前中輟，許多是為了幫助家計，但大多數最終都陷入更深的貧困。在 1997 年，有近 40%超過 25 歲的西裔中輟者未完成高中教育，而非西裔者則僅 7.7%（National Center for Education Statistics, *Conditions,* 1999, p. 138）。16 到 24 歲的西裔者在 1997 年未完成高中教育的比率為 25.3%，而 25 到 34 歲的西裔者未完成高中教育者在 1989 到 1997 年間比率已些微下降，從 39.1%降到 38.5%（National Center for Education Statistics, 1999, p. 138）。

來自墨裔美籍且不講英語之家庭的學生，在美國更可能被疏離；雙語的學生傾向於比說非英語的學生更容易適應環境，因為他們在學業的成功及社會流動方面能夠獲得制度的支持（Stanton-Salazar & Dornbusch, 1995, p. 116）。

中輟生當中，男性的比率偏高，其年紀大多超過平均年齡（落後二至三個學年），有成績不佳及行為的問題、少數民族、來自低教育成就的低收入家庭，以及甚少受到教育方面的鼓勵。在資本主義的系統中他們遂成為後備勞動力的來源。在 1998 年，16 到 24 歲男性中輟生有 14%失業，而女性中輟生則近 20%失業（*Statistical Abstracts of the United States, 1999,* U.S. Census Bureau, 1999, p. 191）。

中輟問題在美國許多重要都市已日趨嚴重，平均比率已超過 40%；在紐約市此比例約 50%。就美國整體而言，中輟率已不再升高，並稍微下降（見表 7-2）。

195

表 7-1　1972 到 1997 年 10 月份，10 至 12 年級，15 至 24 歲依性別、種族、　*194*
家庭收入之短期中輟率 a

| 10 月 | 總計 | 性別 | | 種族 b | | | 家庭收入 c | | |
		男性	女性	白人	黑人	西裔	低	中	高
1972	6.1	5.9	6.3	5.3	9.5	11.2	14.1	6.7	2.5
1974	6.7	7.4	6.0	5.8	11.6	9.9	—	—	—
1976	5.9	6.6	5.2	5.6	7.4	7.3	15.4	6.8	2.1
1978	6.7	7.5	5.9	5.8	10.2	12.3	17.4	7.3	3.0
1980	6.1	6.7	5.5	5.2	8.2	11.7	15.8	6.4	2.5
1982	5.5	5.8	5.1	4.7	7.8	9.2	15.2	5.6	1.8
1984	5.1	5.4	4.8	4.4	5.7	11.1	13.9	5.1	1.8
1986	4.7	4.7	4.7	3.7	5.4	11.9	10.9	5.1	1.6
1988	4.8	5.1	4.4	4.2	5.9	10.4	13.7	4.7	1.3
1990	4.0	4.0	3.9	3.3	5.0	7.9	9.5	4.3	1.1
1991	4.0	3.8	4.2	3.2	6.0	7.3	10.6	4.0	1.0
1992	4.4	3.9	4.9	3.7	5.0	8.2	10.9	4.4	1.3
1993	4.5	4.6	4.3	3.9	5.8	6.7	12.3	4.3	1.3
1994 d	5.3	5.2	5.4	4.2	6.6	10.0	13.0	5.2	2.1
1995 d	5.7	6.2	5.3	4.5	6.4	12.4	13.3	5.7	2.0
1996 d	5.0	5.0	5.1	4.1	6.7	9.0	11.1	5.1	2.1
1997 d	4.6	5.0	4.1	3.6	5.0	9.5	12.3	4.1	1.8

一：資料從缺。
a：「短期中輟率」（event dropout rates）是指去年 10 月時在學，十至十二年級，年齡
　介於 15 至 24 歲，但今年 10 月未在學也未畢業者的比例。
b：涵蓋在總計內，但並未分別呈現的中輟生是來自其他種族團體者。
c：低收入是指所有家庭收入最低層的 20%，高收入為全體家庭收入最頂端的 20%，而
　中間收入則介於中間的 60%。
d：在 1994 年，「當前人口調查」（Current Population Survey, CPS）的調查工具有所改
　變，此表已經加以加權調整。
註：1992 年起，「當前人口調查」（CPS）改變那些用來獲得回答者教育成就的問題。

資料來源：U.S. Department of Education, National Center for Education Statistics, *Dropout
　　　　Rates in the United States, 1997,* 1999 (based on the October Current Population
　　　　Surveys).

196 表 7-2　中輟的原因

中輟原因	總計	性別		種族		
		男性	女性	西裔	黑人，非西裔	白人，非西裔
與學校有關						
不喜歡學校	51.2	57.8	44.2	42.3	44.9	57.5
無法與教師相處	35.0	51.6	17.2	26.8	30.2	39.2
無法與同學相處	20.1	18.3	21.9	18.2	31.9	17.4
太常被停學	16.1	19.2	12.7	14.5	26.3	13.1
在學校無安全感	12.1	11.5	12.8	12.8	19.7	9.5
被開除	13.4	17.6	8.9	12.5	24.4	8.7
無歸屬感	23.2	31.5	14.4	19.3	7.5	31.3
無法跟上課業	31.3	37.6	24.7	19.5	30.1	35.8
在學業上挫敗	39.9	46.2	33.1	39.3	30.1	44.8
轉學後不喜歡新學校	13.2	10.8	15.8	10.3	21.3	9.8
與工作有關						
無法同時上班與上學	14.1	20.0	7.8	14.3	9.0	15.9
必須找份工作	15.3	14.7	16.0	17.5	11.8	14.3
已找到工作	15.3	18.6	11.8	20.8	6.3	17.6
與家庭有關						
必須資助家庭	9.2	4.8	14.0	13.1	8.1	9.0
想要成家	6.2	4.2	8.4	8.9	6.7	5.4
懷孕。	31.0	—	31.0	20.7	40.6	32.1
為人父母	13.6	5.1	22.6	10.3	18.9	12.9
結婚	13.1	3.4	23.6	21.6	1.4	15.3
必須照顧家人	8.3	4.6	12.2	7.0	19.2	4.5
其他						
想去旅行	2.1	2.5	1.7	(b)	2.9	1.9
朋友中輟	14.1	16.8	11.3	10.0	25.4	10.9

一：不適用。

a：只有女性。

b：個案太少無法可靠的估計。

資料來源：U.S. Department of Education, National Center for Education Statistics, National Education Longitudinal Study of 1988 First Follow-up Survey, 1990.

□ 為什麼學生要中輟

「許多進入學校的青少年居無定所、疾病在身、餓肚子、貧困——他們為這些問題所苦，也使得想要留在學校並獲得成功，渺無機會（DeRidder, 1990, p. 153）。學生所面臨的問題範圍極廣，從學校環境條件到家庭破裂，以至於來自鄰里幫派與毒品的危險（見表 7-2）。

有些學校財政困窘且空間擁擠，無法提供學生在校的協助，亦甚少與其他機構統整以滿足學生的需要。柯周爾（Kozol）描述兩所位於芝加哥區學校的差異——一所有錢，一所很窮。那間富有的學校其班級平均兒童人數為 24 人，為學習緩慢兒童所開的班則只有 15 人。很窮的那所學校其輔導班有 39 位學生，「資優」班為 36 位。富有的學校中每位學生都指定一位輔導老師；而貧困學校則是一位輔導諮商員需要指導 420 名學生（Kozol, 1991, p. 66）。符合強迫、嚴格、正式教育系統的要求條件困難重重，無法適應此系統者亦無法見容於此，結果他們在達到法定年齡之後便不再接受學校教育（National Dropout Prevention Network Web site）。

青少年懷孕與幫派團體的同儕壓力問題，是影響學生中輟率因素的兩個例子。青少年懷孕問題常是阻礙年輕媽媽完成學業的主因。此問題最常發生在大都市的貧民區。早期防治之道是必要的，提供性教育、親職教育訓練、兒童照顧、暢通接受教育的管道。有許多方案的對象便是這些都市貧民區學校（"Teen Pregnancy," 1998; Scott-Jones, 1991, p. 461）。幫派暴力對學校及鄰近社區都是威脅。攜帶武器、憤怒、衝動、充滿敵意的年輕人極少會去顧到他人。不健全的社會與少年參加幫派有直接的關係（McEvoy, 1990, p. 1）。

□ 幫派與學校

美國許多地區及其他許多國家都出現少年幫派問題。少年為何加入幫派？有些學者認為少年加入幫派是階級與種族的議題。大多數的幫派是由

居住在貧民區的冷血（disaffected）[3] 少年所組成，在學校遭遇困境者，有時也包括無法融入主流社會的種族團體。少年加入幫派經常是爲了尋求保護，並表現出對於他們所屬鄰里的忠誠，以及「保護自己的地盤」。參與幫派與青少年的冒險行爲有關，幫派成員的犯罪率甚高（Thornberry & Burch, 1997; Crowley et al., 1997）。這些再加上族群差異、無法同化到環境、有限機會，是產生幫派份子最佳的配方（Rodriguez, 1993）。移民者加入幫派以捍衛並維持自己種族的身分，並創造歸屬感。

　　由美國司法部（U.S. Department of Justice, 1999）所撥款進行的「全國青少年幫派調查」（National Youth Gang Survey, NYGS），自 1995 年起開始提供幫派份子與活動的概況，該調查也提供給各級警政單位。從這些調查的資料，NYGS 估計 1998 年全美約有 28,700 個幫派存在，總計約 78 萬名幫派份子，比 1998 年減少一些。幫派成員大多數爲男性；僅有 1.5% 的幫派爲女性所主導。幫派成員主體年齡爲 18 至 24 歲之間（46%），小於 15 歲者占 11%，15 至 17 歲占 29%、24 歲以上占 14%。西裔占所有幫派人數的 46%，非裔美國人占 34%、白人占 12%、亞洲人占 6%。約三分之一的幫派其團體成員是多種族混合。雖然幫派在都會區最爲普遍，但亦可在都市郊區、小城鎮及鄉村地區發現幫派的存在；1998 年只有鄉村地區的幫派人數有所增加。

　　幫派人員從事何種活動？許多幫派參與嚴重且暴力的犯罪。28% 的幫派專門從事毒品運送交易；其他幫派則從事鬥毆及搶劫，有時伴隨著吸毒活動。打架、偷竊、酗酒、嗑藥使幫派成員從其他成員得到權力與敬重。估計約 50% 的鬥毆行爲有攜帶槍械。

　　幫派如何影響學校？事實上，學校裡的幫派成員數相當少，但幫派的出現對於學校具有十分的破壞性，將恐懼、暴力、毒品、招募幫派成員，

---

3. 譯按：此處譯爲「冷血」並非在指責幫派中的少年，而是用來指出原來滿有人性的少年，爲何會與社會的主流團體漸漸疏離、冷淡、自我異化，由熱情而至冷血的過程發人深省。

帶進校園之中（Burnett & Walz, 1994）。

　　有些族群被學校教師及同學貼上標籤，預期他們會失敗，且會加入幫派；拉丁裔的少年常經驗到這種刻板印象（Katz, 1997）。對某些學生持既定成見，他們可能會受到不公平的分類。學校氣氛、語言的限制、缺乏對異文化的尊重、缺乏歸屬感，都是造成失敗感的原因（Burnett & Walz, 1994）。

　　學校對於幫派的影響力，有何因應之道？首先，他們可以依法保護學生的學習環境，使其免於恐嚇、害怕或暴力的威脅。不過，禁止學生穿戴有幫派標示作用的飾品的規定，實乃於法無據，除非能夠證明這些裝飾干擾了學習與表達的自由（Gluckman, 1996）。此外，學校氣氛扮演重要的角色。

　　社區可以藉由提供加入幫派的替代方案，以幫助青少年。例如：青少年俱樂部、體育活動、深夜籃球賽、拳擊、討論會，以及其他活動，均能吸引青少年遠離幫派。最好的處方則是讓全體學生都能融入學校生活，並能感受到在參與中的既得利益，並了解他們的努力將能引向在就業市場中獲得成功。

學校犯罪與暴力

　　民眾對學校態度的調查中，發生在學校中的犯罪與暴力被認為是最重大的問題（Elam & Gallup, 1999）。雖然學校中的槍擊案件會成為頭條新聞，但許多學生每天面對欺凌、性騷擾、挨揍，卻也是個事實。有些學生害怕上學，或攜帶武器到學校以自衛，此議題在本書第二章討論過，亦見於本書的其他章節。家長、教育人員及社區成員都極為關心學生的人身安全，以及學習歷程的正直無邪（integrity）。然而研究顯示，大多數學校是安全的，有 80%至 90%的學校教職員認為學校是安全的環境（Verdugo & Schneider, 1999）。那麼為何人們感到學校並不安全？發生於學校的驚悚事件登載於報紙頭條，看似隨機卻又那麼真實。這些事件震撼了大部分受影響之學校的教育人員；加上這些行動看似隨機，且無法預知，更令人惴慄難安。雖然90%的學校發生校內暴力行為的可能性微乎其微，但是其他10%則大有可能。公眾很少聽聞某些都市貧民區學校的問題，在這些學校裡犯罪與暴力行為是家常便飯，而學校也配備有金屬探測器，以及有警察駐守於學校之內，以保校內安寧。

考量女性墨西哥裔（Chicana）[4]青少年團體的處境：她們所就讀之學校的條件甚差，擁擠的教室、經費缺乏的學程、高輟學率、多數家徒四壁、她們的教師耗竭而挫折、學校採社會升級制（social promotion）[5]、無任何方案補救這些學生的弱勢、她們之中只有少數預備好進入大學、學校之中性別主義與種族主義熾盛。這種學校之內的年輕女子基於現實處境，所做的選擇通常包括早期懷孕、依附幫派、自學校中輟（Dietrich, 1998）。

像這種涉入反社會行為的女學生可能陷溺於學業失敗。然而焦點置於處理反社會行為或學業成功問題之一的方案的確存在，但並未將二者加以連結；許多計畫只狹窄的關注於改變學生的態度或行為，卻忽略行為發生所在的脈絡與氣氛。透過對允許學業失敗與反社會行為氣氛的辨識，學校可能可以更有效的對症下藥解決問題（McEvoy & Welker, 2000; Noguera, 1995）。

---

4. 譯按：Chicana 是 Chicano 一字的陰性。Chicana 這個字的創造主要是牽涉到墨西哥人移民到美國之後，其文化與政治上自我認同的努力。一方面，在美國他們是後到的「外國人」，對其母國墨西哥則是「嫁出去的女兒潑出去的水」。以其所代表之新「阿茲提克」（Aztec）文化與母國有別不被認同，因為，Chicana 融入了許多現代性的成分。對 Chicana 而言，他們是文化上「失根蘭花」的典型。其處境之尷尬可想而知。（http://encyclopedia.thefreedictionary.com/? Word=chicana）

5. 譯按：social promotion 是指不論學生成績有多差，都讓他們隨其他學生一起逐年升級，通常國小與國中教育屬之，譯者將之譯為「社會升級制」。與此詞相反的就是「留級制」（grade retention）。「社會升級制」頗富爭議，支持者認為此種作法可以保全學生的自尊、使他們與同年齡者一同發展群性、讓問題學生順利畢業減少學校的困擾。反對者則認為「社會升級制」欺騙了兒童自身，使他們自以為是合格的；他們未受到足夠的教育，使他們未來的學習能力降低；進入社會職場前，他們可能未具有足夠的訓練與知能；家長會誤以為自己的子女在校學習成效正常良好，殊不知大謬不然；教師面臨一間教室內同時有素質良窳不一的學生，將難以教導。（見 http://encyclopedia.thefreedictionary.com/Social+Promotion）

　　爲了克服校園暴力，遂有「安全學校運動」（Safe Schools Movement）的形成。當圍繞共同目的而有集體行動時，遂發而爲各色運動。減少暴力是美國所有學校的目標，也是「安全學校運動」的宗旨。然而，發展有效的學校本位計畫，並將之與學校系統整合，使之能改變學校氣氛，是一大挑戰。所面臨的困難包括「減少暴力計畫與政府部門二者間的衝突、缺乏適當的方案評鑑、試圖改變個體的屬性而非暴力發生之環境的方案仍相當有限、缺乏理論原則以指引學校本位暴力防治的發展與介入的努力」（McEvoy, 1999）。

199

☐ 留級與停學：學校對於問題學生的反應

　　學校必須基於社會學的研究結果，重新思考如何處置「高風險」學生與那些製造問題的學生。留級是造成中輟決定的因素之一。留級似乎並未增進弱勢學生的學校表現，但留級的確很明確的傳達給學生，他們在他人眼中是能力不足的，因著挫折與沮喪，這使他們中輟離校的機會增加（Roderick, 1995, 1994）。

　　留級學生的自尊心低，留級對修補學業缺陷的功效不彰，重讀後學生的學業技能還是原地踏步（McCollum et al., 1999）。留級學生課業退步，因而中輟率較高。據估計 260 萬名留級學生將花費 100 億元美金。這些學生通常爲男性、低社經地位、欠缺自尊心、學習動機較低，此描述與典型中輟生的描述相符（Nason, 1991）。

　　那些尋求經費，想以特殊方案取代留級制的學校，要找到經費來源相當困難，使得留級制並無太多可用的替代方案（Natriello, 1998）。因此，預算的限制造成留級制不得不然，進而造成更高的中輟率，至終學校與社會二者都必須爲人力與社會服務的損失而付上代價。

　　不幸的，有太多學校利用停學策略，降低對學生的期望並苛責學生。遭遇停學處分的學生通常是高風險學生誤入歧途的開端。雖然勒令學生停學可能可以緩解當下燃眉之急的問題，卻又造成了許多長期性的問題，這包括遭停學處分的學生課業落後，而提高了中輟的機率。「相當可悲，雖

然讓陷入麻煩的學生與製造麻煩的學生離開學校，可以讓學校系統鬆一口氣，但此等策略忽略敵對行為背後的根本原因，也將最需要強勢的學業基礎、關懷的學校環境，與正向同儕關係的兒童，驅離學校」（Hudley et al., 1998）。

要預防學生中輟，有些方案著眼於最易受傷害的母群，試著減少會造成冷漠與疏離的原因、提高自尊、提高學生的成功、在學生求學生涯的早期開始甚為重要。大部分專家建議早期便找出高風險群的學生，並迅速的介入輔導。許多介入的輔導計畫被提出，也在中小學試行。加速學校（accelerated academics）、另類學校（alternative schools）、週六與課後輔導計畫，都是某些學業取向的輔導計畫。有許多州已經立法，拒發駕照給學業不佳的學生，或未滿 18 歲便已中輟者。其他策略如請家長參與計畫以確保學生留在學校，並要求家長為不來上課的學生負責。最後，對於已中輟的學生，愈來愈多用來完成高中的計畫皆已唾手可得，可資運用。

大約有半數的中輟生最後終能完成高中教育，有些學生回到高中，其他學生則完成「高中同等學力鑑定」（GED）。這些學生能完成高中教育與幾個變項有關：學業能力佳者，縱使表現不佳，仍最有可能完成高中。中輟生來自較高社經地位家庭者，75%能完成高中教育。約四分之一的中輟生進入大專學校就讀（National Center for Education Statistics, June 1998）。

□ 青少年打工及中輟

青少年打工導致對學生期望的衝突；青少年出賣勞力成為速食店店員、送報員，以及傍晚或週末的許多差事。打工經驗對成年角色的訓練而言有其價值，特別是養成負責、守時、忠於雇主、遵守規定、管理金錢，與任何可習得之工作技能的練習。然而，打工也用掉了個人課業學習、課外活動、結交同儕，以及「成長」（growing up）的時間。

有關高中生打工有兩個主要的質疑：學習時數對學業成就有何影響，以及打工的高中學生是否更可能自學校中輟？超過半數的十年級學生，以及幾乎所有的十一和十二年級學生在該學年內都曾打過工（Schoenhals,

Tienda, & Schneider, 1998）。打工時數及工作類型對學生的中輟決定有顯著的影響。學生打工的傳統職業，如：嬰兒保母、整理草皮、臨時工和農場幫傭，學生在這類工作所經驗到的工作環境與那些在零售業或私有企業部門工作者的經驗並不相同。傳統工作環境較少有世風敗壞的問題，還可能與成人進行有意義的互動，也是一種社會化的來源。相反的，若長時間在服務業工作，不論對男學生或女學生皆有不利影響。

　　不幸的，這意味著大部分高中生打工的職業，對他們留在學校受教育有不利的影響。「政策制定者長期以來認為讓青少年脫胎換骨成為一個年輕成人的方式之一，便是鼓勵他們工作。然而這些發現卻指出青少年就業有負向且非預期的後果：即較高的中輟可能性」（McNeal, 1997, p. 217）。

　　如果青少年打工時數不要太長，有時候對其他活動也不會有太大的妨礙，那麼這些打工經驗是有益的。許多人均指出學生打工的動機在於想要有能力購買衣服、汽車、電器產品、音樂 CD 及其他想要的東西。1990 年時，三分之一的高中生從事打工，非裔美國學生打工人數未超過一半，與白人學生相似（見圖 7-1）。

　　自高中中輟與高中生打工時數及打工動機有關：有些學生的工時超過法規允許的上限。其他學生打工是因為有學校方面的難處、缺錢，或有家庭上的難處。雖然有些學生必須工作幫助家計，但不到十分之一的學生會將所得的部分或全數拿出來協助支持家計。

❏ 中輟生的未來

　　許多中輟生前途黯淡。在 1997 年僅 47%中輟不久的高中生找到工作（見圖 7-2）。他們比較可能需要請領救濟金，或扶養年幼的小孩；中輟生最後進入國家監獄的比例偏高，而且從事不法行為者的比例亦較其他人高出 4 倍；中輟者在勞動市場中很難與其他人競爭；他們缺乏今日職業所需的技能，對日常生活也缺乏知識，有較低的自尊。但最重要的是，為了那些在世界上並無競爭力以自存的中輟者，社會所需付出的代價。更糟的是，有些計畫正提議要提升學校教育的標準，要求學生需經過考試才得畢業，

202

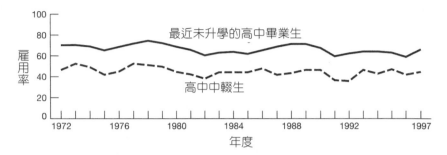

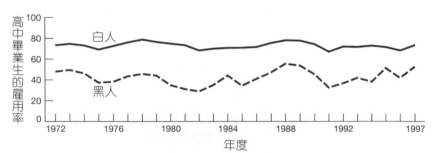

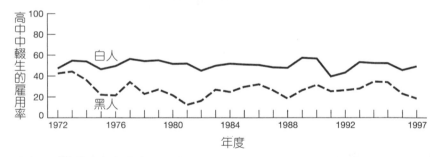

註：「最近未升學的高中畢業生」（high school completers not enrolled in college）是指年調查當年完成高中學業，年齡介於 16 至 24 歲的個體。「高中中輟生」（high school dropouts）是指年齡介於 16 至 24 歲，12 個月前仍就讀於高中，調查進行的當月尚未完成高中學業亦未在學者。1994 年 CPS 調查工具已有改變，並修正其加權。1992年因為觀察樣本太少，無法可靠估計黑人學生的中輟率。

圖 7-1　1972 至 1997 年 10 月間，最近未升學的高中畢業生受雇率與最近中輟生的中輟率

資料來源：U.S. Department of Commerce, Bureau of the Census, October Current Population Surveys.

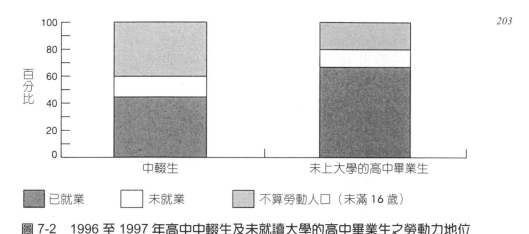

圖 7-2　1996 至 1997 年高中中輟生及未就讀大學的高中畢業生之勞動力地位

資料來源：U.S. Department of Labor, Bureau of Labor Statistics, "Employment Status of School Age Youth, High School Graduates and Dropouts, 1997."

這可能使邊緣學生的中輟率更為增高，然而許多中輟生最後仍可藉由「高中同等學力鑑定」（GED）以取得高中文憑。

　　「提升方案」（Project RAISE）是由社會學家所研擬的一項計畫，結合許多中輟問題研究所得的知識。其計畫包括利用社區人力為高風險的國中學生進行一對一的指導。該計畫開始後的頭兩年，學生出席率已獲改善、英文成績也見提高；但單靠此計畫並不足以一一解除數年的中輟危機（McPartland & Nettles, 1991, p. 568）。另一項由聯邦政府專為年紀較大的中輟生所設計的「獲益能力」（ability to benefit）計畫，允許未具高中學歷或同等學歷資格的學生，參加由大學所主辦的考試以獲取聯邦補助進入大學的資格。雖然這些學生被認為很有可能會中輟，但是許多中輟者發現這正是個重啟他們所需的機會（Burd, 1996）。增加資源、更彈性的上課時間、改變停學政策、特殊諮商服務，均是其中一些建議（McEvoy, 1988, p. 7）。

　　學校對中輟過程也有「貢獻」──或者正如有些人稱此為「推出」（pushout）過程──學校發出有些學生是校方無法處理的訊號。留級、停學、開除處分、無法自學校系統取得支持，這些是製造中輟生的「配方」

（recipes）（Herbert, 1989, p. 84）。

□ 學生角色的批判

　　學生對自己學業的火候相當清楚。從學校生活的早期，老師及其他同學便將之分類。在某個二年級教室中，老師將學生分成三個閱讀小組——火箭組（Rocket ships）、噴射機組（Jet airplanes）、螺旋槳飛機組（Piper cubs）。由此種分組名稱，毫無疑問的，那些兒童對自己站在哪裡會有何想法！學生年齡稍長之後，即使是選課，也是在鼓勵學生為自己的角色下定義；有些是「蠢蛋」（dumbbell）科目，而另有些則是「菁英」（elite）科目。這些安置及標籤對學生的自我知覺會有永久、且有時是傷害性的影響。

　　不同文化對學生學習的態度並不相同。日本極少有學生「失敗者」（failures），部分是因為他們不將學生定義為失敗者。如果某個學生未獲成功，家長及老師會期待他（她）應更加努力來達成目標，其背後的假定是，不論何人，如果付出更多的時間與努力，必能通過考驗。這與對美國境內有效能學校的發現相符合，維持對學生與教師的高期望，結果就是高成就表現。

204　　根據人類學家茱莉‧亨利（Jules Henry）與其他學校教育批判者的說法，學生所處的位置使他們失去渾樸的天真（integrity）；他們必須「應付教師的需要」。亨利在其著作《違反人性的文化》（*Culture Against Man*）一書中說明其理由：

　　　　美國班級教室，就如任何其他地方的教育機構一般，傳達整體文化裡的價值觀、想法與害怕。學校別無選擇，它必須訓練兒童能適應「如實的文化」（culture as it is）。學校可以在技能方面施以訓練，但卻無法教給兒童創造力。……學校處理大量的學生，為了能夠管理，只好將所有學生化約到一個共同的定義（Henry, 1963, pp. 287, 320-321）。

　　換句話說，也因此學生並未被鼓勵具有創意，他們只需要循規蹈矩即可。

　　許多教育研究者批判有關社會自身核心的學生角色。包爾斯和季提思（Bowles & Gintis, 1976）認為學校裡學生角色絕大多數乃是將之塑造到不均等的社會階層系統中。學生依照不同的行為常模，安置到特定的路徑中。「職業與一般路徑強調遵守規則與嚴密的督導，但大學路徑則傾向於在開放的氣氛中，著重規範的內化。」這些社會關係的差異，乃是學生社會背景與未來可能之經濟地位的反映。

　　　　因此黑人與其他少數民族學生都在學校裡受到壓榨，恣意的壓迫、混亂的內部秩序、強制的權威結構、進步的可能性渺茫，這些均是弱勢處境的鏡像。相似的，以勞動階級為主的學校，強調行為控管與遵守規定，而富裕的郊區學校則採用有利於較多學生參與的開放系統，較少直接的監督，更多的選修科目，以及一般而言，強調將控制標準內化的價值體系。（Bowles & Gintis, 1976）

　　根據上述觀點，馴服、缺乏創意、服從是學校預備學生進入勞動世界所要達成的目標。

　　在多數學校情境中，即使各式教育運動倡導學生的權利、權力、均等機會與自由，學生角色仍然沒有太大變化。學生是教育事業的顧客，但他們對所得之服務幾乎沒有任何控制權。學生有權決定學習的內容，以及如何學習嗎？激進的教育家依黎胥（Illich, 1971）及柯周爾（Kozol, 1991）主張這是學生的基本權利，卻基於健全教育學之外的某些理由，拒絕了學生的此等權利。

教育社會學之應用　描述你過去在各級教育體系中的學生角色。你的角色是如何改變的？

學生與非正式系統

要扮演好某個角色，個體必須相信他們能獲得成功。因此，學生必須相信自己會成為高成就者，他們才會嘗試去成為一個高成就者。我們對自身能力的估量會隨著我們相信要付出的代價、能得到的酬賞，以及參與的動機而改變。接下來的段落，我們將揭開影響學生學業成就及學校經驗的複雜因素。

□ 學生自我概念

布洛克歐爾（Wilbur Brookover）及其研究團隊（1996）顯示學業能力的自我概念與學業表現有顯著相關。標籤作用（labeling）及制約作用（conditioning）影響我們看待自己在任何領域之能力的方式。如果某所學校的許多學生對自己持較低的成就期望，將會影響該校的成就水準。操弄學校變項或能提升學生獲得學業成功的機會，學校的價值氣氛、個人的背景經驗、同儕團體關係，以及其他學生生涯的因素均會影響學業的自我概念，反之亦然。因此，研究學校效能的文獻均建議應提升學生的自我概念及學業期望。

□ 學校價值氣氛和學生成就

學校教育鼓勵無能。傑克森（Jackson, 1968）提出如此的論題，他指出一般學生每週花 20 小時在各種科目上、幾乎不做任何家庭作業、玩歲憩日。學校裡成功的獎賞就是更多的作業，所以何必嘗試？此處我們檢視學校如何影響學生的成就。

布洛克歐爾等人（Brookover, 1973）開始考驗柯爾曼（Coleman）及傑克（Jencks）的研究發現，後者指出家庭環境對學生學校成就的影響大過學校。他們針對學生及教師進行問卷調查，持續研究學校氣氛及學業表現。結果顯示小學學生的課業價值氣氛受到四種知覺的影響：

1. 在學校及社會體系中，學生所知覺到的「他人」（家長、教師、朋友），同其當前的「評價／期望」。
2. 在學校及社會體系中，學生所知覺到的「他人」（家長、教師、朋友），同其未來的「評價／期望」。
3. 學生對學校社會體系所彌漫之無用感的知覺。
4. 學生對存在於學校及社會系統中，強調學業成就之學業規範的知覺。
（Brookover & Erickson, 1975）

到目前為止，學生所報告最重要的變項是無用感（sense of futility）——無望感及感到教師對他們的學業成就漠不關心。形成這些感受的教師角色及同學態度，明顯是學校氣氛的重要部分。

最近布洛克歐爾等人（Brookover, 1996）的研究，探討學校社會結構及學校氣氛對學生成就的影響。「學生成就」（student achievement）是由閱讀與寫作能力、學業自我概念、自信（self-reliance）的測量所代表。「學校社會結構」（school social structure）則是由教師對學校結構的滿意度、家長參與力、學生計畫的分化、校長自陳用於教導所花的時間，以及學生在校的流動來衡量。「學校氣氛」（school climate）則是指學生知覺、教師知覺、校長知覺的測量。結合上述三類變項，能解釋學生成就 85% 以上的變異。在摘要中，布洛克歐爾等人比較了進步的學校與退步的學校，結果發現：進步的學校其內的教職員更強調要達成基本閱讀及數學的目標；他們相信所有學生都能精熟基本目標，並對學生抱持高期望；學校的教職員承擔學習的責任，並願意為績效負責。進步學校的校長是教學領導者，也是嚴格紀律的執行者。簡而言之，布洛克歐爾主張學校能夠（並且也的確會）有重要的影響力。

為了說明這一點，並將「學校氣氛」的概念加以實際應用，布洛克歐爾及其同事設計了一個實驗性的計畫，他們在芝加哥公立學校系統，運用前述所提的變項以改變學校氣氛。結果學校的成就水準有顯著的提升。

一份英國的研究確認了其他以「學校有何作用」為題之研究的發現。

206

其研究者以倫敦 12 所都市貧民區內的中等學校為對象,這些學校原本彼此間的學生行為與學業能力的差異即相當懸殊。即使控制了學生的家庭背景與個人特徵之後,學校的差異仍然相當恆定。考試結果、行為、虞犯程度三者在成功的學校有緊密的關係,但這三者與學校的規模、建築的實體層面,或管理結構無關。

結果變項與學校即社會制度的特徵有關——「強調學業、教師授課行為、誘因與獎勵制度的可得性、學生的良好狀態、兒童負責任的程度」。這些因素均受學校教職員所影響,兒童的能力也影響研究結果。將這些因素合併形成「一種特殊的生活場域,或價值觀、態度與行為的組合,這些將成為學校整體的特徵——這亦即學校的價值氣氛。行為與態度是由學校經驗所形成的,這些接著又塑造了學校的產出」(Rutter et al., 1979, pp. 177-179)。

207 最近許多委員會的報告書也鼓勵教師應提高學業標準、指定良好結構的家庭作業、給予成績及有意義的評論。事實上,高的標準與家庭作業有關;研究指出隨著學生課堂之外學習時間的增加,其成就與測驗分數也會提高。教師、家長和同儕所設定的高成就表現標準,也會使學生更用功地做家庭作業。教師與同儕為那些能接受挑戰的高能力學生,設定較高的標準;家長比較可能為那些無能力接受挑戰的較低能力學生,設定過高的標準。這種差異可能是來自教師對高能力學生的期望,以及父母對自己子女差勁表現的反應(Coon et al., 1993; Natriello & McDill, 1986; Pashal et al., 1984)。

學生的自我概念、家庭環境、教師期望、學校氣氛以及其他許多因素總合起來彼此交互作用,影響學生的成就表現。不論學校的學業常模規範如何,學生都傾向於與之一致。哪裡的教師與同儕獎勵學業成就,那裡的學生傾向更能達到成就(McDill et al., 1967)。學校氣氛能解釋許多學校成就程度的差異,這些差異有時只是單獨被歸因於社經地位及家庭的影響(Brookover & Erickson, 1975)。

教師與學生期望

在學校，學生同儕團體可以由其向心力〔或譯：凝聚力（cohesiveness）〕加以辨識；隨著這種向心力便產生一組期望、價值與成功的抱負。威爾斯（Willis, 1977）曾描述英國一所全男生的綜合中學，如何區分為「男子漢」（lads），「男子漢」能「運作整個系統」，以掌握控制權；而「傳話筒」（earholes）則順從權威與學校的期望。「男子漢」藉由拒絕學校的心智作業而固守其所屬的勞動階級；他們增強與再製自身的社會地位。「男子漢」為自身所創造的文化，依照威爾斯的說法，實際上是他們對學校與社會階級的脈絡中所提供之機會的切實衡量。學校的改革者主張學生自覺一無是處的無力感可藉由設定高期望而改變：「不允許任何學生的學習水準低於他們在下一個教育階段獲得成功所必備的」（*Effective School Practices*, 1990）。

教育社會學之應用　*如果可能，你會如何改變你所處社區學校的價值氣氛，以改進學生學習與成就？*

同儕團體和學生文化

當我們進入一所學校，或觀察操場上的活動，我們看見學校獨特的文化正在彰顯自己。控制同儕團體成員的行為規範是很強烈的，一個人只需要觀察服裝、姿勢、語言與俚語，便能發現特定學校之內什麼是可被接受的。曇花一現的流行與熱情是學生文化的重要層面，使團體得以凝聚一起。

操場上的活動與遊戲幫助設定有別於成人文化的學生世界。即使在操場的遊戲中，兒童藉由遵守規則、排隊，以及口語與非口語的表達自我，兒童學著與同儕發生關聯，來學習與同伴相關的看法，這種行為當正式進入成人世界時，仍會持續存在，因此，也是兒童社會化的重要媒介。

學生次級文化在決定學校發生什麼事件上有重要的影響。因為學生是依年齡分組，並受到一系列與年齡有關之要求的約束，所以他們發展出不

208

同的次級文化，同其規範、期望，以及因應這些要求的方法或「策略」。這種同儕次文化的開展，是長期學校訓練的結果，在工業化社會亦有其必要，可資以延緩年輕人進入成人的世界。同儕團體為其成員提供了許多目的：年齡相仿以及社會與教育系統地位相似的年輕人可以自在地表達自己；在學習與他人相處的事上進行社會互動與友誼的試驗；學習性別角色；作為規範、規則與道德性的增強物。同齡友伴在此過程中甚為重要，因為他們是一同被投入學校活動中的人。

在《青少年社會》（*The Adolescent Society*）一書中，柯爾曼（Coleman, 1961）寫到，次級文化的厲害在於其對所屬成員所具有的凌駕權力。他發現對一個青少年而言，無法得到同儕的認可，其嚴重性總是如同無法得到父母的認可那樣的嚴重，一個人必須為他的不順從而付出代價。對大部分的青少年而言，他們的同儕是影響他們穿著、行為舉止、語言型態、偏好——整個生活方式的參照團體。抽菸、早期性經驗、酗酒、吸毒都與最親密好友的行為有關（Wang et al., 1995; Bauman & Ennett, 1994; Webb et al., 1993）。

高中次級文化對男性從事體育及女生從事領導活動給予高的評價，但不論男性或女性，表現出聰明機靈或學業導向者則不甚受重視。對女生而言，好成績通常被認為會不受歡迎。有些學生因為害怕失去同儕的認可，甚至試著不要看起來很聰明。在高中學校之內，有最高地位的學生傾向於是來自該所學校內的主流社經地位團體、以參與學校活動為主，不十分在意成人的認同。在學業上傑出的學生較少獲得同儕的接納或鼓勵，有時甚至遭人揶揄。柯爾曼（Coleman, 1960）建議學校應轉移焦點，好使十幾歲的青少年社群的常模規範能增強教育目標，而不是加以抑制。然而在那些學生對教育與職業有高期望的學校，成績的競爭亦會相當激烈。在這種學校中如果獲得高學業成就則會受到獎勵，並且有些學生可能甚至會訴諸作弊，而免冒表現太差的危險。

209　　學生同儕團體常形成鄰里友誼，這些友誼可能自小學即已存在。雖然鄰里朋友會影響學業成就，以及其他組織的層面，像是課外活動等，但是他們的活動可能與學校的學業層面關係不大（Garner & Raudenbush, 1991, p. 251）。

　　學生同儕團體的行動是在學校環境或架構之內所建構出來的。庫希克（Philip Cusick）列舉「社會文化環境」（sociocultural environment）的重要部分，包括意圖的效果（拒絕學生的活動自由、對學生一視同仁）與非意圖的效果，見圖 7-3（Cusick, 1973, pp. 216-217）。如同庫希克在他所研究的那所高中的發現：「學生傾向於……維持緊密、校內的團體，是學校基本組織結構自然但難以辨識的後果。只要支持結構存在，學生將可能不斷組成團體」（pp. 208-209）。

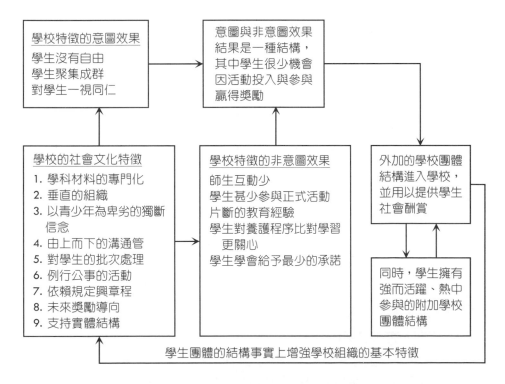

圖 7-3　學生行為與學校組織的關係

資料來源：Cusick, Phillp A., *Inside High School. The Student's World* (New York: Holt, Rinehart & Winston, 1973).

在具有潛在疏離文化的高中之內，擁有能一起結伴而行、坐下來吃飯、一起參加活動的朋友很重要。通常學校有一群菁英的「陽光男孩」與綺年玉貌的女學生為核心，有些學校可能還有高地位的音樂與戲劇團體。遺憾的是，學校中也有社會孤離份子，他們沒有朋友，也因此在系統中失去「保護」（Cusick, 1973, p. 173），通常這些學生為數不多。哈格瑞夫（Hargreaves, 1967）根據其對高中學校的研究，描述兩種主要的學生團體或次級文化：正面積極導向者與負面消極導向者。對學校價值持正向積極態度的學生結局就是在較高地位的團體，這亦增強他們的導向；持負面消極態度的學生則在較低地位的團體。對負面消極次文化的成員而言，同儕文化變成主要的身分認同，而積極正向的學生則同時受學校價值與同儕的影響。

學校組織有時會透過能力分組，或「分流」（streaming），造成學生間的分類對立，一如社會階級差異所造成的。威爾斯（Willis）提供證據，說明來自勞工階級或低階級背景的學生對於未來能有所改善不存希望，並結黨成群形成消極負面導向的團體。

> 反學校文化提供有力的非正式標準，與人在江湖身不由己的經驗歷程，這些造成勞動階級的年輕人「自願」選擇進入工廠，以及幫助現存階級的雇用結構與「工廠場區控制文化」（culture of the shop floor）的再製，後者是貫徹於整個勞動階級文化的區塊。（Willis, 1977, pp. 53-54）

有證據顯示，在許多國家中，值此家庭對青少年的影響力降低之際，同儕團體的影響力正持續增加。研究指出，父母教養子女的作法的確對兒童的同儕關係有影響（Brown et al., 1993）。家長花時間在青少年身上，的確能減少青少年犯罪的傾向，並禁止子女結交違法犯紀的朋友（Warr, 1993）。雖然美國家庭一向對青少年的價值觀與行為具有支配的影響力，但如今身負社會化功能的家庭則必須與同儕團體相互競爭，以得到兒童的青睞（Goodlad, 1990, 1984）。

210

☐ 學生的應付策略

　　學生的「應付」（coping）策略，或適應學校文化權力結構的方式，是非正式體系的主要層面。學生基於他們自身的學校教育、自我概念、同儕團體關係、能力分組與其他因素的經驗，發展與他們自身需要有關的策略。雖然早期的學習對學生在校的成功很重要，但在學校中所需要的策略與在早期社會化歷程中在家所學的策略十分不同。兒童漸漸習慣於競爭、判斷、訓誡的學校世界。教師因為其在教育系統中的職位所具有的職權，所以師生間的社會距離（social distance）在入學早期階段就已形成。因此，學生自低年級起即開始學習應付學校世界與班級的各種策略。

　　此一領域的許多研究是互動論理論取向的分支，它們部分的主張為，我們在環境脈絡下建構實體，之後又依循該建構行為舉止。從上述觀點，策略的發展可以視為一種「協商」技術，學生必須了解教師的角色及需要，同時最大化自身的利益。學生的態度各有不同，從完全順從教師目標的學生，到缺乏承諾的學生都有之。教師雖擁有權力，但要學生表現可欲的行為，除了直接權力的運用之外，仍需採行某些策略（Woods, 1980）。個別學生之間、師生間，和班級團體間的「協商」，雖然一般而言是慣例，但亦時有更迭。

　　在學生發展成熟的過程中，不同的時期為得其宜，各有不同的策略。學習如何工作和解決問題可能在某時期是關鍵的。然而，精熟參加考試的技能在學生生涯的另一個階段可能才是焦點所在（Woods, 1980）。學生生涯的轉捩點可以使他們從「載浮載沉者」（drifters）轉變為「專家」（experts），或將原本活潑的學生轉變為枯燥乏味的學生。因為同儕為班上或學校裡的每個學生角色下定義，所以同儕對學生的自我概念有重要的影響。如不受歡迎的青少年被歸類為「書呆子」（nerds），有些十幾歲的青少年則透過團體活動或聯誼去除這種標籤，進而獲得較佳的自信（Kinney, 1993）。

　　瑪斯雷和透娜（Martyn Hammersley & Glenn Turner, 1980）發展出用以

教育社會學
The Sociology of Education: A Systematic Analysis

解釋學生與教師策略的互動模式。該模式首先分析學生行動的意圖、動機及觀點。學生考量可能的行動、其代價與報償，基於各種行為的知覺與實際後果做決定。教師設立運作於教室情境中的指導方針、期望、體統（frames），或將之關聯於特定的部門、課程或問題。學生可能會遵從教師所建立的體統，或脫離教師所訂的體統，另行建立替代性的選擇或體統。至於學生是遵守或脫離體統，部分與學生同儕團體的行為，以及他們在課程內容上的投入有關。

　　學校的社會文化結構對學生經驗與策略具有決定性的重要影響。莫頓（Robert Merton）注意到此，故提出學生對學校目標及手段（指學校達成目標的方法）之反應的分類。莫頓指出，個別學生對學校目標與手段的反應，由接納到拒絕，有四種類型：

　　1.順從（conformity）：接納學校的目標與方法。
　　2.逃避（retreatism）：拒絕目標與方法。
　　3.矛盾心理（ambivalence）：冷漠疏離。
　　4.以替代而拒絕（rejection with replacement）：心中另有盤算。

　　渥斯（Peter Woods）以英國公立寄宿學校男生為對象，考驗上述目標與方法的分類，並根據個別學生的反應修改此模型，使其能代表更多類型的學生。他為此「目標－方法」的分類加上幾個範疇：

212

　　1.殖民化（colonization）：殖民化結合了對目標的冷漠疏離與對手段的矛盾心理。這種學生接納學校是一個他們必須花時間的地方，並試著去獲得個人最大的滿足感，不論這是否被允許，也不論正式或非正式。學校系統的各部門是他們所接受的，但他們有時會以非法手段去應付學校，如作業抄襲或者考試作弊。
　　2.完全投入（indulgence）：對學校目標與手段強力的正向回應。
　　3.順從（conformity）：可分為以下類別——
　　　(1)服從（compliance）：學生「感到目標及手段間某種可結合性，以及目標與手段間的關聯性」。

(2)逢迎（ingratiation）：學生「想要藉由獲得有權力者的支持，最大化自己的利益，並且常常因不受同儕歡迎，而為所欲為」。

(3)機會主義（opportunism）：學生表現出「不專心於工作，以及對其他方式一時興起的學習」，他們在決定一個目標之前，會逐一的嘗試。這會造成行為上的波動。

4.冥頑抗拒（intransigence）：學生選擇此種策略是對學校目標的漠視，也拒絕學校藉由規定、慣例、規範的手段達成其目標。他們可能會干擾上課、對教職員暴力相向，或者破壞公物。由外觀可能可以區別出這個類型的學生——頭髮、衣著、鞋子或靴子。一般而言，這些學生是讓學校感到棘手的人物。

5.起義（rebellion）：學生拒絕接受學校的目標與手段，但他們會代之以其他的。起義型在學校生涯的後期是常見的現象，此種目標的替換使這類型的團體較無「冥頑抗拒者」那樣高的威脅性。

這種由莫頓所發展再經由渥斯加以修正的模式，提出中小學學生因應學校目標和達成目標的手段有關的策略之架構。大學階段因為要求及情境本質的差異，策略也隨之不同。大學生的應付機制其導向為他們必須在每一堂課完成修課任務。史尼德（Snyder, 1971）指出高等教育中潛在課程與正式課程間有鴻溝；亦即，隱而未顯的要求與明訂的要求間，很容易辨識出來。

有些大學生很快發現到那些精通潛在課程者，他們學會「操弄系統」（play the system），並習得重要的因應策略。例如：米勒和帕雷特（C. M. L. Miller & M. Parlett, 1976）提出「線索意識」（cue-consciousness），即學生從教授獲得有關考試主題與熱門研究領域主題等事物之線索的多寡。米勒和帕雷特描述有三種類型的學生：

1.意識線索（cue-conscious）：這種學生倚靠努力用功和好運道。他們並不全然是為考試而做準備，因為他們嘗試著去學習更寬廣的主題。

他們蒐集到的線索相當有限。

2.**尋找線索者**（cue- seekers）：這種學生的學習是有選擇性的。他們通常會積極向教授蒐集資訊，並且在尋找有關哪個主題比較重要時，不忘留給教授好的印象。

3.**線索聾目者**（cue-deaf）：這種學生幾乎不蒐集任何重點所在的線索，而且毫無選擇的，他們試著去學習所有材料。

米勒和帕雷特發現「意識線索」型的學生與高測驗成績間有相關。

近年來，有些研究者研究學生的學習風格。每個人都有主要的學習方式；如果教師清楚學習風格的個別差異與班級特性，教師便能設計符合主流學習風格方式或風格多變的教法。知道自己風格的學生能夠適應各種學習的模式。藉由耳聽、眼觀、觸摸，我們學習；在合作小組、競爭情境或孤立中，我們學習。目前已發展出幾個學習風格的量表（見錦囊 7-2）。

學生策略造成多種的個人角色，與多種標籤[6]：順從者、載浮載沉者、計畫者、逃避者、冥頑抗拒者、起義者、教師寵愛者、無足輕重者、麻煩製造者、陽光男孩、笨小孩、腦筋聰明者、蛋頭學者、受歡迎者、瞌睡蟲、搖旗者（Jackson, 1968）。任何分類都會改變，然而一旦被貼上標籤，兒童可能會變得更以與標籤有關的方式來行動舉止，實現自驗預言。

當評估學生的策略時，考慮學生所處的整個系統是很重要的，在其中學生運作，包括權力的動態、其他學生與老師的策略，以及學校的社會文化結構或目標與手段。我們現在要考量學生所處的環境。

教育社會學之應用　作為一個學生，你用何種策略應付各個科目？

---

6. 譯按：這些標籤原文為："conformists, drifters, planners, retreatists, intransigents, rebels, teacher's pet, nobodies, troublemakers, jocks, dumb kids, brains, eggheads, popular, sleepers, or hand-wavers."

◆◆◆ **錦囊 7-2　學習風格問卷** ◆◆◆

以下是來自葛蕾沙（Grasha-Reichman）所提出學習風格問卷的例題
（Grasha, 1975）。（學生回答的量尺為「同意」到「不同意」。）

1. 就我所知道，我部分的學習都是靠自己。
2. 我發現其他同學的想法，對我了解課程內容相當有幫助。
3. 我盡我所能參與一個科目裡所有的層面。
4. 我學習那些對我重要的內容，但這些內容對教師而言未必重要。
5. 我認為學習與他人相處是上課的重要部分。
6. 我接受老師為科目所設定的結構。
7. 上課專心對我不是難事。
8. 我認為學生藉著與他人分享觀念，可以比將觀念放在心中學得更多。
9. 我喜歡為了與同學一起考試而學習。
10. 我覺得為了得到好成績，我必須與其他同學競爭。

　　研究者分析每位學生和整個班級的反應；由此資訊，學生與老師二者
都更能了解哪一種學習風格是最有效的。

學生與其環境

☐ 家庭環境在教育成就上的影響

　　有一位學校社會工作者，在她的區裡有一所小學飽受貧窮之苦，她曾
提到有些小孩是家長無法照顧的，因為家長工作時數太長、疾病纏身，或
其他社會問題，而且年幼的小孩還必須照顧更小的弟妹。她說這些小孩常
以碳酸飲料或洋芋片當作早餐，冬天時穿著有破洞的鞋子，雙腳浸溼；有
些小孩身上有無法解釋的淤青，甚至說是被老鼠咬的。兒童面對這樣艱困
的環境，卻沒有必要的支援系統，使他們在學校能做得好。對於這些問題
我們有許多解決方法——那麼為何不見有人採取任何行動？

214　　　兒童在學校與社會的地位大體上是由家庭背景所決定的。柯爾曼（Cole-man, 1966）和傑克（Jencks, 1972）的研究發現：約二分之一到三分之二學生成就的變異是直接與家庭變項有關，如社會經濟水準（Greenwood & Hickman, 1991, p. 287）。與其他變項相比，家庭「歷程」（processes）是預測良好成就與成績的較佳變項（Dornbusch & Ritter, 1992）。

　　　潛在的問題是，學校如何滿足每個學生的需求？我們知道學校運用社會的建構，伴隨較為中產階級及上流階級所熟悉的組織與語言。這些兒童較可能有家庭經驗支持這些能幫助他們適應學校規定的價值觀、態度與認知技能的訓練。在兒童早年成長過程，兒童學習語言、價值與對世界的導向。兒童早期的家庭學習環境是重要關鍵。布洛姆（Bloom）估計我們潛在智能的 80%在 8 歲時即已發展完成。環境刺激能幫助還原失喪的潛能，但此過程變得愈來愈困難（Bloom, 1981）。

　　　讓我們以兩位具同等能力的 5 歲小孩的上學經驗為例。喬依（Joey）來自勞工階級的家庭，比利（Billy）來自中產階級家庭。為什麼打從一開
215　始喬依就可能在未來的成就上不如比利？我們必須十分謹慎的從這兩個例子類推，並且必須注意到養育兒童的方式存有許多差異；然而在美國與英國的研究已發現某些常見的、與階級有關的兒童養育的型態，這些養育型態使喬依與比利在處理學校經驗時有不同的方法。

　　　喬依與比利的差異落入幾個範疇：他們帶進學校的文化資本、學習對錯、態度與價值觀、語言能力與認知技能、家庭結構、親子互動。當喬依犯錯時，他的父母會迅速的懲戒他。最常見的處罰方式就是以其行為後果加以威脅，或收回其福利，或者以皮帶鞭打。比利也會受到父母親的處罰，但方法卻大不相同。他的父母對他說理、喚起罪惡感、羞恥心，並灌輸其價值觀。喬依的社會化經驗對於生活在危險環境中可能是有用的訓練，但並無法幫助他達到班級情境的特殊要求，諸如創意或獨立思考。

　　　喬依與比利可能發展出不同的語言模式。雖然他們倆均說英文，但中產階級的兒童除了學習日常生活「大眾」（public）所使用的對話語言之外，亦且學習正式的或更精緻的語言。「大眾」語言的局限性，限制兒童

概念化新理念與概念的能力。正式語言讓比利能處理更複雜的想法與感覺
（Bernstein, 1981）。

　　雖然大多數家長對於教育與兒童的學業成就，都甚為重視，但他們鼓
勵教育的方法則不同。勞動階級的家長期望他們的孩子在校行為檢點，強
調順從與服從權威，強調勞動階級職業必要的行為。中產階級兒童的社會
化過程則強調獨立、自我指導，這對做決策與從事白領職業很重要。

□ 家庭背景與家長參與

　　兒童獲得成功，大部分是因為家庭背景及父母支持子女接受教育的作
為。教養風格和家長期望在設定子女教育計畫時扮演重要的角色。放學後
和週末活動、看電視、家庭作業，以及其他學校相關決定的計畫，給予兒
童結構並協助兒童設定目標（Dornbusch & Ritter, 1992; Lee, Dedrick, & Smith,
1991）。兒童在學校成功的最重要因素之一，是家長在子女教育過程的參
與程度。家長的哪些活動幫助或傷害子女的學校成就，便成問題所在。家
長的參與係由其社會與財務資源、參與的機會，與自身教育態度所塑造（見 *216*
圖 7-4）。

　　影響學生成就的一些家庭環境因素包括：家庭的社會階級、早期家庭
環境、教養風格、母子互動「類型」（type）、母親就業的影響、家長對於
學校決策與活動的參與、家庭與學生的抱負、家庭子女的人數（Rubin &
Borgers, 1991）。家庭小孩人數愈多，家長在每位小孩身上所花的時間就愈
少，現在讓我們討論這些因素。

□ 社會階級背景

　　不同社會階級的家長對教育過程的參與有別。許多研究專門討論兒童
自他們的家庭生活所帶進學校的「文化資本」（cultural capital）（Kalmijn
& Kraaykamp, 1996）。有些類型的文化資本能促進兒童學習，有些則無此
效果（Bourdieu, 1977）。事實上，社會階級地位可以變成「文化資本」的
一種形式，進而造成學校經驗的差異。中產階級和上層階級兒童的文化資 *217*

216

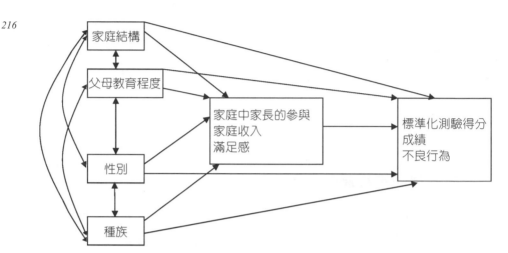

圖 7-4　家長影響子女成就與行為的影響因素

資料來源：*Parents, Their Children, and Schools by Barbara Schneider*, Copyright © 1993 by
Westview Press, A Member of the Perseus Books Group. Reprinted by permission
of Westview Press, a member Perseus Books, L.L.C.

217　本——例如他們的母親曾受過良好教育（Rosenweig, 1994）——提供對教育經驗有益的資源，而同時較低階級的兒童的文化資本則不受主流社會制度如學校者所青睞（Lareau, 1985）。

　　社會階級地位較高的家長較積極管理兒童在家和在學校的教育，反之，低社會階級的家長僅配合學校的要求，而不會尋求更進一步。兩種家長持相似的教育價值，學校對兩種家長亦相同。然而高階級的家長有更多的「文化資本」，如果他們使用這些資本，則其子女就會受惠。勞動階級子女的父母與校方及老師打交道時，比高社會階級學生的父母更感到不安，相對的，高社會階級的父母在和教師溝通時相當的安適，並且參與更多的學校活動。

　　中產階級家庭傾向於有更多的學習材料——書籍與報章雜誌等。這些學生在家中大量閱讀，所以在閱讀成就測驗上的成績比低階級的兒童高。他們的父母常常閱讀、到圖書館，並參與學校活動（Anderson et al.,

1985）。他們也會參觀更多的博物館、觀賞演奏會，並在學校放假期間提供兒童額外的教育機會（Entwisle & Alexander, 1995）；所有這些活動均增強教育的價值，並補充學習。

　　雖然來自不同社會階級背景的兒童都進入大學，但是他們的文化資本與他們所就讀的大學類型仍息息相關。學生選擇就讀的大學與他們的家庭背景、朋友，以及對生活機會的看法有關（McDonough, 1997）。此外，長期的差異顯示，低社經地位學生的日後收入、教育成就、教育抱負，以及就讀研究所的比例，都低於高社經地位的學生（Walpole, 1997）。

教養風格

　　教養風格也影響學生成就。在美國社會中，「威權式」（authoritar-ian）、過度保護的和放任式的教養風格（很嚴或很鬆）與學生成就有負相關，且來自這種背景之下的學生有較高的輟學率（Taris & Bok, 1996）。權威式（authoritative）的教養風格（說理式的輔導）是父母要求明確且標準高，與動之以情並尊重子女自主性二者的折衷。權威式教養風格的取向與成就有正相關（Darling, 1999）。此風格特徵為父母方面的高度監控、高支持及高參與，與兒童心理上的高度自主性（Lam, 1997）。在某些社會中，結構嚴謹、凝聚力強的家庭與高成就有關（Georgiou, 1995; Fontaine, 1994）。

家庭抱負

218

　　家庭與學生對未來的抱負是階級、種族或族群背景所影響的另一個層面。為子女設定高標準、高抱負的父母更可能培育出高成就的子女。柯爾曼（James Coleman）等人發現非裔美國人和白人大學四年級學生的抱負水準相差不多；二者差異在於實現目標所採行的必要步驟。非裔美國學生相信自己對環境有較少的控制權，而將命運交給運氣及機會（Coleman et al., 1966），不過，許多較低階級的非裔學生的母親找到鼓勵子女學校成就的多重策略（Rosier, 1993）。柯爾曼的「教育機會均等」（Equality of Educa-

tional Opportunity）〔即「柯爾曼報告書」（Coleman Report）〕，是教育領域最大規模的研究，此研究顯示家庭環境對學生成就的效果遠大於學校教育計畫的效果。教育和社會階級背景是決定學生差異的最重要因素。其次是學校的組成——同一所學校中其他學生的背景。

　　另一項大規模的研究，由傑克（Christopher Jencks）等人（1972）所執行的，他們也獲致相同的結論：家庭特徵是學生學校環境的主要變項。事實上，傑克的發現指出家庭背景能解釋一半以上的教育成就變異。不論所使用的指標為何——職業、收入、家長教育程度——家庭的社經地位是預測學校成就最有力的因素。

□ 單親家庭

　　來自單親家庭的兒童，與雙親家庭的兒童比較，其學業成績較低、測驗得分亦較低，平均中輟率則較高；這些結果還受到種族、族群、家長教育程度、家長缺席所致的低度參與所影響。兒童可能在學校出問題的警訊，在許多接受福利照顧的兒童身上最早於 3 到 5 歲時已可見端倪，他們罕有認知刺激或情意上的支持。除非有家長強力的支持與監督，上述單親家庭的情形與學生遲到或缺課、未做作業、兒童與父母無聯絡、經常約會、早期的性經驗有關聯（Moore et al., 1996; Pallas, 1989; Mulkey, Crain, & Harrington, 1992）。

　　生活在單親家庭的兒童比生活在雙親家庭的兒童，在教育活動方面，更少受到父母的鼓勵與關切。這些兒童對教育的期望較低、較少監控自己的學校作業，整體而言，比起健全家庭的子女更少受到監督（Astone & McLanahan, 1991, pp. 318-319）。

219 ## □ 母親的角色

　　窮困的母親因為與教師相處時感到不安且缺乏社會支援，所以比較不可能會參與子女的學校教育（Thurston & Navarrete, 1996）。父母參與少，子女獨自做教育計畫與決定，成為中輟生的機會便增加不少（Rumberger,

1990）。這些現象已由荷蘭的研究獲得證實，該研究報告單親家庭的負面效果自 1980 年代逐漸趨於嚴重（Dronkers, 1992）。然而，如果單親家庭的家長能積極參與子女教育，即能彌補這些問題（Lee et al., 1991; Pallas, 1989）。最近的發現指出，非全職上班的母親傾向於非常投入子女的教育，他們的子女表現優異的比率也較高。全職工作影響子女放學後的課業督導時間，差異點就是在此（Muller, 1991）。

其他證據也顯示母親參與對學校教育過程的影響。例如：子女為八年級學生的一群母親與其他家長討論相似的策略，以鼓勵他們子女的學校成就，但他們執行運用這些策略的方式卻隨社經水準不同而有別。大學教育程度的母親藉由選擇大學預科課程而「經營」（manage）其子女的高中計畫。高社經背景的兒童在學校體系中表現較佳，部分是因為他們的父母採取較佳的管理技術（Baker & Stevenson, 1986）。事實上，有些中產階級的父母如果子女在學校產生問題時，父母會試圖「控制」學校並採取行動，反之，低階級的父母與學校互動時，常感無助和疏離。

很多家庭關切的問題是，母親就業對子女成就的影響。研究結果是紛雜的，牽涉到許多變項如工作時數、工作的密集性、對子女的關懷、家庭的社經水準（Williams, 1993）。綜合主要的研究發現，我們可以說母親就業能提供正向的角色楷模，並且他們的子女在成就測驗的得分較高（Radin, 1990）。最特別的是，非裔美國人、單親且在職的母親對其子女的小學成就有正向的影響。非裔美籍雙親家庭的在職媽媽，則對子女的成就較無影響。研究發現也顯示母親的職業與女兒的職業抱負關係甚微，也許因為許多母親的職業屬於機械性的工作。然而，當母親從事較適合女性的職業時，其女兒較可能以女性職業為抱負（Mickelson & Velasco, 1998）。

❏ 同胞手足的人數

家庭小孩人數是影響學校經驗的另一變項，特別是影響子女接受學校教育的年限。小家庭的父母提供子女更益智性和教育性的優勢。我們知道來自子女人數少的家庭的男孩子，有更大的流動性；亦即，他們通常比父

220

親完成更多年的學校教育。家庭子女愈多，父母的注意與物質資源就愈分散而稀少（Blake, 1991），因而學業成就表現也更低（Hanushek, 1992）。

　　家庭手足人數較少的兒童「得到許多個人本質的優勢，包括顯著較高的語言能力、在校表現的動機、偏好益智性的課外活動、家庭環境有助於學習和課業發展、受鼓勵接受大學教育」。家庭手足人數多的兒童，「平均而言，語言智能較低、在校表現不佳、較少投入益智性的課外活動、較常投入運動與社區活動、較少受鼓勵接受大學教育，理所當然，如果他們要從高中畢業，他們更依賴家庭狀態的支持」（Blake, 1986, p. 416）。

　　要使家長的參與成爲可能，學校角色不容小覷（Spencer, 1994, p. 5f）。並非所有學校都歡迎家長參與；教師工作已經超載，而家長參與則是雪上加霜（Dornbusch & Ritter, 1992）。有些家長期望於教師者太多，或者全然濫用毫無節制（Ostrander, 1991, p. 37）。然而，讓家長參與子女的教育與學校計畫，也有建設性的方式（Epstein & Dauber, 1991, p. 289）。

教育社會學之應用　　家庭能夠做些什麼，以提高其子女的學業成就？

　　學生是學校參與者中最大的團體，因此，他們在影響學校的成就水準與氣氛上可謂舉足輕重。理解學生角色的重要性在於，能以知道他們所帶進學校的環境影響因素，以及他們離校時對社會參與做好了哪些準備。

摘要

　　學校系統最大的構成團體是學生。學校的存在，是爲了將學生社會化，使學生成爲大社會中具生產力的角色。本章探討學生角色的多種層面。

1.學生的特徵

　　美國中小學中，少數民族學生入學人數正在逐漸增加。學生深受學校、同儕和家庭期望的影響，這些因素左右了學生成就。學生的次級文化和友誼型態也會影響學生自我概念和在校成就，社會階級與性別也有相似的影響。學生在學校生活的早期——托兒所或幼稚園——即學習學生的角色，並在整個學校生涯中實現這些角色。每個新團體即同期群或班級，接受批次的處理。有些學生面臨成人權威（由教師與行政人員所代表）與同儕間期望的衝突。學生藉由在班級中採取不同的角色以因應這些期望；這些角色可能是冷淡的、疏離的，或者配合學校的計畫。失敗對那些和此系統發生問題的學生而言是可能的。

2.學校中的失敗者與中輟生

　　有些學生一蹶不振，這些是學校中輟危機最大的學生。家庭問題、懷孕、第二語言問題、依附幫派、移民者的地位、貧窮、對學校系統感到疏離，均可能導致中輟。青少年為了獲得保護和歸屬感而加入幫派；許多幫派涉入非法活動，其影響波及學校。雖然他們可能為數不多，但卻對學校產生衝擊，製造恐懼、暴力、威脅、吸毒，以及吸收幫派成員。為了控制幫派的影響力，學校試圖影響學習環境，使其更易於接納這些高風險群的學生，並同時為顧及其他學生的緣故保護學校。「安全學校運動」（Safe Schools Movement）發展一系列方案以減少校園暴力和暴力的威脅。有些學生遭受留級或停學的處分，通常這些學生最具中輟危機。為了解決這些問題，本書也提出許多建議。打工對學生成就有益或有害，端視工作的類型與工時而定。中輟生前途黯淡，因此試圖將學生留在學校是重要的目標。衝突論者力陳，學校是預備學生進入其所屬的社會階級地位中。

3.學生與非正式系統

　　自我概念影響學生成就，學校或班級的低期望，造成了低成就。學校的價值氣氛影響期望，學校的確對學生成就有影響，本章亦已探討有效能的學校特徵，如教師為學生設定高的標準。教師對學生的期望和同儕團體的影響力，兩者相競影響學生成就。高中的體育團體便是一例，能力分組也會影響學生同儕的分組，然其結果不總是積極正向的。由互動論者所提的學生「應付策略」，係指學生解釋學校期望並對之反應的方式。其中一

個探討學生策略的模式，關注學生的目標手段與他們成就的關聯。

4.學生與其環境

　　環境是指校外的影響力對學生校內角色的影響，例如：家庭環境起重要作用。學生是否受到家庭的支持、角色楷模、被要求在校表現良好，均對其成就有影響。當父母參與子女的學校教育時，子女的成就較高。家長參與隨社會階級與教養風格而有異。家庭對未來的抱負也會影響學生成就，例如：高學歷的母親在管理子女的教育上，擔任積極的角色。是否母親就業會對子女的成就有影響尚難斷言。另一方面，同胞手足人數的多寡也會影響成就，小家庭能給予每位子女更多的關注。

　　此外還有許多因素影響學生在校的成就。

運用社會學作業

1. 討論教師期望如何影響你的教育或你子女的教育？
2. 你念高中時，學校有哪些顯而易見的同儕團體或結黨的小團體？在對學校與成就水準所持的態度上，這些團體對參與其中的學生有何影響？
3. 兒童的自我概念如何影響他（她）的學習？舉例說明。
4. 訪談來自不同社會階級、少數民族身分和性別背景的家長。請教他們參與子女學校教育的情形，以及他們參與的理念是什麼。
5. 就你所認識具學生身分的人，如你的子女、同胞手足等，影響他們學生生活最重要的因素是什麼？家庭、同儕或其他？

Chapter 8

非正式系統與其「潛在課程」
——學校裡真實的情形爲何？

當季格（Ginger）的父親自一年級教室離去時，她猶嗆著淚水。她可以　*223*
認識任何新同學或交到朋友嗎？她會喜歡老師嗎？能理解班上的規定嗎？
會獲得成功嗎？當學生面對可能意味著成功或失敗的新挑戰時，這些問題
縈繞在每個人心中。記得你新學年的第一天或進新學校的第一天嗎？這些
回憶歷歷在目難以忘懷，因爲我們投入大量的時間與精力，以適應學校教
育。在我們當學生的時候，我們每年花在學校的時間超過一千個小時以上
（Jackson, 1968）。或許我們記憶最清晰的是學校中起起伏伏的生活點滴，
而不是那些每天的例行公事。問問你周遭的朋友，他們還記得幼年學校經
驗的什麼事情，你會聽到有關贏得拼字大賽、站在教室前面背誦一首詩、
莫名其妙被罰站、爲了尋找脫逃的小白鼠而數學課缺課、在操場跌倒結果
縫了好幾針，或是擔綱表演卻忘記台詞，諸如此類的。這些生活點滴，有
歡笑有眼淚，幫助形成我們對學校的態度，並塑造出個人的學校經驗。這
均是學校非正式系統的一部分。本章我們要探討非正式學校系統的幾個層
面，這些不在計畫之內的經驗，其發生與正式、有計畫的學校課程無關，
或作爲正式課程的結果。

我們傾向依照我們與周圍的人——我們的同儕與老師——的關係來定
義自己。我們接受測驗、獎勵、責備、哄騙、處罰、青睞、揶揄、讚美、　*224*
戲弄，而且我們可能會失敗。赫特（John Holt, 1968）討論此主題，並指出
形塑兒童學校經驗的某些變項：

學生尤其害怕失敗，害怕辜負大人的期望，或令身旁許多焦慮的大人感到不悅，大人無止盡的希望與期待對他們而言無異於烏雲罩頂。他們常感無趣，因為他們在學校所被告知要做的事情是如此的瑣碎、如此的索然無味，又是何等的叫他們寬廣的智能、能力與才華無法盡情發揮。他們感到困惑，因為他們在學校時聆教的長篇大論對他常是接近於無意義。他們被告知的事常自相矛盾，這些事與他們真實所知者──他們心思裡有關實在的粗略模式──常毫無關係。（pp. xiii, xiv）

我們對學校的信念常受到教師、班級氣氛、發生於校外的事件、個人知覺和解釋的影響。但我們大多未充分思考我們對學校所持的信念。直到最近，社會科學家與教育專家才開始注意這個主題。由研究的稀少來判斷，似乎學生對學校有何信念是個無關緊要的問題；畢竟，孩子們必須上學，所以何必問他們對此有何感受？執意探討此問題有何好處？學校肩負有待實現的功能任務，而且學校不能總是想討學生喜歡，畢竟學生可能對什麼才重要、什麼該學習毫無所知。

非正式系統所涵蓋的主題，從個別學生與教師在微觀分析層次上的因應策略，到鉅觀層次的學校結構與文化。因為非正式系統滲透教育每一環節，我們只能舉例說明此系統是什麼，以及其運作方式。

開放系統取向和非正式系統

學校的非正式系統包括正式與非正式兩部分，正式部分包括角色與結構。思考圖 8-1 所呈現的模式，注意內部系統與環境的交互作用，這將於本書第九章討論。本章的主題包括非正式系統的幾個層面：潛在課程與再製理論、教育學的「準則」（codes）、教育氣氛、學校效能、同儕文化與同儕團體的影響、學校裡的動態權力關係，以及學生與教師的因應機制。

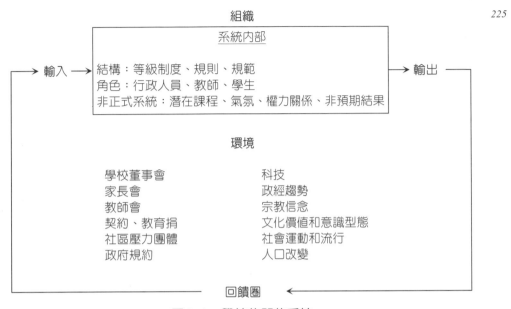

圖 8-1　學校的開放系統

潛在課程

　　在有組織、有結構的課程之中存在著另一種 3R：規則（rules）、固定程序（routines），以及潛在課程的規範（regulations），表 8-1 的課程大綱為其例示。我們大多數人進入新班級或評價每位新教師時，都有相似的問題。「潛在課程」（hidden curriculum）一詞是由史尼德（Benson Snyder, 1971）所創造的，多年來，這個詞已被教育學者、社會學家和心理學家沿用，以描述學校的非正式系統。史尼德用此詞指涉「在每個學習機構中皆可發現的內隱要求〔相對於顯性課程（visible curriculum）中外顯的規定〕，學生為求在學校中生存，必須辨識這些內隱的要求，並加以回應」（p. 6）。

　　「潛在」課程有許多變通的形容詞：未書寫的（unwritten）、未研究的（unstudied）、未明言的（tacit）、潛伏的（latent）、未被注意的（unnoticed），以及隨同課程（paracurriculum）。在哈格瑞夫斯（David Harg-

225 （表 8-1 101 課程的教學大綱

實際或顯性課程	潛在課程
教學者：姓名	教學者：我應稱呼教學者什麼？
教材：名稱	教材：我們真的需要買教科書，並且閱讀嗎？
課程主題：列表呈現	課程主題：教學者真正想教的是什麼？什麼是他（她）真正感興趣的主題？
要求：	要求：
閱讀	想要及格，什麼是我真正必要做的？
專題報告	在班上暢所欲言會有幫助嗎？
考試	如果我去見教學者會有幫助嗎？
參考書目	參考書目：我真的該運用這些書目嗎？

226　reaves）對「隨同課程」的分析研究中，發現存在兩個主要的範疇：(1)來自保守功能論者或激進衝突論者觀點，隨同課程的社會－心理層面；(2)源自保守功能論者的說明或更激進衝突立場的社會學層面。我們將在討論非正式系統時提到上述觀點。

　　從系統觀點而論，潛在課程是整體系統的一部分，唯有藉著對學校情境或脈絡的理解，我們才能理解潛在課程。現在我們要回顧非正式系統的構成要素。

再製理論和非正式系統

　　對衝突論者而言，潛在課程的社會控制功能再製了學生的社會階級（Bowles & Gintis, 1976），例如：勞工階級學生在學校裡學會處於無聊沉悶，這使他們能一生之久忍受職業上的單調無趣。此種學習係透過教育系統中「沒有寫出來的」潛在課程而進行的。

　　潛在課程包含社會和經濟的綱領，並肩負區分社會階級的責任，給予菁英者更多自由與機會，而訓練非菁英份子接受他們的命運，成為服從與準時的勞工。大多數的學生學習接納他們在政經系統中的位置，並以之為美善，不管他們在此系統中占有何種地位。

　　安雅（Anyon, 1980）透過勞動階級、專業人員與行政菁英所在之社區的對照，比較不同社區的小學類型，指出學校經驗與期望也有類型上的差異。雖然這些學校外表上有許多相似處，但每一所學校的潛在課程，均滿足學校中大體學生之社會階級的「需要」。

1. 勞工階級的學校強調依循程序步驟、機械化的背誦、甚少做決定的機會、少有選擇權，或得到爲何要如此進行的解釋。成績評等是根據遵守程序的情形來評定。

2. 中產階級學校強調獲得正確的答案。有些許推理、選擇與做決定的空間，例如：教師問學生他們是如何得到答案的。

3. 富裕的專業人員的學校強調獨力完成創意活動，並要求每位學生表達和應用觀念與概念，並思考這些想法。

4. 行政菁英學校則強調發展分析智能的力量、對問題進行全面的推理、將規則概念化，藉由這些要素使系統得以密合，並應用這些要素於解決問題中。此處尚包括成功的自我表露（presentation of self）。

　　安雅指出潛在課程的這些層面是爲學生未來進入社會能成爲具生產力 *227* 的角色而準備。勞工階級預備好擔任未來受薪的勞動者，從事機械性或例行性的工作；中產階級則預備好進入資本世界的科層關係中；專業人員則受訓練從事重要協商的教導或表達性的角色；而菁英階級則受成全能以分析並操弄整個系統。總之，潛在課程爲著學生在未來社會的角色，使學生預備妥當。

　　麥克里歐（MacLeod, 1995）描述芝加哥「窮人安家專案」（poor housing project）的兩組青少年的生活。在此俗民誌研究中，他觀察、「駐點在那裡」（hang out with）、與團體成員晤談；他的焦點是這些青少年與學校教育的關係、阻礙這些青少年在學校與生活中獲得成功的因素，以及他們的行動如何再製他們的生活機會。另一個由莎莉・魯貝克（Lubeck, 1984, p. 230）所進行早期兒童教育的俗民誌研究，支持運用時間與空間傳遞成人價值的重要性。「啓蒙計畫」與她研究之其他兒童照顧情境的差異，是價值

之於階級再製的重要性很好的例證。在「啓蒙計畫」的情境中，對參與的低收入兒童而言，時間與空間都傾向於更嚴謹的結構，不像其他機構的兒童有某些控制權。對學生的意義則在於其結果長遠來看，會再製階級地位。

所有教育層級的學生爲求在充滿矛盾的結構中存活，發展出應付的機制或策略——每天許多時間是用來等待迎頭趕上者而延誤，或者是告訴學生許多事情他們不能做而加以否定。學生試著在紛雜的訊息中找出能受認可的反應；成功的學生變成善於擊敗系統。

教育社會學之應用　描述你所在教育環境的「潛在課程」，以及你所修習科目之「潛在課程」。

教育「氣氛」與學校效能

讓我們再度深入學校，如同我們先前討論正式學校系統時一樣。然而，這次所要探討的是系統中非正式的層面。雖然我們只能觀察到少數的情境，但這些將提供學校非正式系統的例子。

「氣氛是指能作爲團體、組織、社群特徵的一種普遍社會狀態，就如社區中的共同意見」（Brookover, Erickson, & McEvoy, 1996, p. 26），因爲氣氛影響學校與班級所發生的事，並對學校效能有貢獻。比較非正式的說法是，氣氛與文化爲非正式的存在與氛圍，彌漫於整個教育系統之內——溫暖而接納、嚴格而剛愎，或巨大而無人性。自 1960 年代起，許多研究者就對組織氣氛的概念深表興趣；早期研究指出留意學校氣氛可能會影響學生學業成就。因此，理解使學生學習的效果最佳化所需要的狀況或環境，就成爲美國與其他國家研究者共同的焦點（Johnson et al., 1999）。有些非正式系統的元素相當容易觀察：學校建築、開放式或封閉式的教室、能力分組、依齡分級（age grading），以及協同教學。這些元素大多在本書其他章節有所討論，少數則不容易觀察到。此處我們特別對教育「氣氛」或「文化」感興趣，因爲這將影響學校參與者的經驗。校內或校外因素二者均影

228

學生大部分的學習發生在課室外與同儕的互動中

響價值氣氛，也是我們要探討的第一個主題。

□ 價值氣氛

　　影響學生動機、抱負與成就的因素有哪些？為何有些學校比其他學校
更具成效？學生同儕的影響力是否大過教師和家長？很難拆解這些環環相
扣的問題，也因著這些變項彼此緊密關聯，所以沒有任何單一變項能提供
答案。任何關切價值氣氛的研究都包括稍微不同的研究問題、變項、方法、
背景，結果所獲得的結論常是多樣分歧的，甚至是矛盾的。雖然這個領域
仍在發展與改變的過程，此處所引用的研究顯示價值氣氛與家庭環境、自
我概念、成就、教師期望的關係，並且舉例說明此領域某些重要的主題與
發現。

　　學校不只是教導閱讀、寫作和算術的地方。正式與非正式組織都包括

229

價值與道德的教導內容。傑克遜（Philip Jackson）及其同僚（1993）研究學校將道德價值傳遞給學生的作法。例如：道德教學作爲公立學校正式課程的一部分，向來總是從缺。雖然道德的教導隨其他學科的課程內容一起呈現，但少有任何一堂課以傳輸道德內容爲目的。道德教育以其他形式呈現，如儀式與典禮中——藥物濫用的代言者、造勢歡呼、畢業典禮、效忠宣誓、節日慶典如金馬丁路德日（Martin Luther King day）。視覺展示的符號、圖片、海報中，包含道德訊息如「以你所做的爲榮」、「和平地球」，鼓吹「貼在保險桿上的道德」[1]。有時候教師可能會在一天之中俟機穿插道德課題，例如：評論竊盜、殘酷的行爲，或差勁的運動精神。

　　許多道德訊息並未教導給學生，但卻被教育環境吸收內化成爲其中的部分。例如：每間班級與每所學校都有公約與禁令——規則、規範、習慣、傳統。當學生的行爲不被接受時，經由口頭與非口頭線索讓學生得知，而透過這些訊息，學生學習到非正式的學校課程。

☐ 學校氣氛與有效能的學校

　　學校的許多方面是熟悉的：走廊、闔著門的班級、大鐘，和指引到學校辦公室的指示牌。但不同學校環境或氛圍也各有獨特之處，有些東西是無形的——這些形成了學校「氣氛」。

　　學校文化　每所學校有自己的文化，就如同一個小型社會的縮影。這是學校氣氛的一部分，其內包括價值觀、態度、信念、規範，以及構成系統的習慣。每所學校的文化都包括自身各式的儀式和典禮（Waller, [1932] 1961）。文化的重要功能或目的，即是要產生對團體的忠誠感。造勢活動、加油體育賽事、會議、歌唱、奉獻、消防訓練、榮譽授獎儀式、朝會、畢業典禮，甚至連課後換教室也成爲學校常見的象徵儀式，但各校仍有獨特

---

1. 譯按：「貼在保險桿上的道德」（bumper sticker morality）就是指視覺呈現的道德標語或口號，屬於道德教導的一部分，其中有些可能能帶有幾分幽默戲謔（2007/1/28 取自 http://community.gospelcom.net/Brix? pageID=18952）。

之處。許多儀式的發生與體育運動有關；運動選手常是學生間的領導人物，*230*
甚至在學校裡享有特殊的權利和身分。在大學階段，兄弟會（fraternities）
與姊妹會（sororities）[2] 也可找到相似的儀式；這些團體將參加者從較「嚴
肅」的學術世界與教授中區隔開來，並提供兩者之間的緩衝。

　　學生因居住區域的機會就讀於指定的公立學校。學校文化是學校所處
社區及此區學生特徵即時的反應。學校情境與大環境文化二者的規範均鼓
勵師生保持距離。一位對學生過度友善的新進教師，可能會受到其他教師
從取笑到排斥不等的制裁。在大多數的學校情境中，老師與學生保持距離
是權威的象徵，並且可能也用來避免師生間的親密關係，親密關係可能會
使彼此行為輕率。

　　教師代表成人社會與主流團體的文化。學生的文化疆界以年齡相仿的
同儕團體、學校和社區為中心，較為狹窄。這兩種團體所持的世界觀是一
種割裂的影響力。教師被學生認為是「不同的」；教師身上充滿了奧秘。
回想你對形形色色教師的印象、所流傳有關教師的謠言，以及學生為教師
所取的綽號。學生形成自己的文化，並傳遞給學校每一屆的新生；這些文
化包括語言、服裝、幽默、音樂、遊戲、調教（hazing）[3]。

　　學校學習氣氛　雖然我們能詳細列舉學校所發生的問題，但我們如何
定義有效能的學校？學習氣氛係指「一所學校之內會影響學生整體學業成
就水準的規範性態度與行為模式」──即教師期望、學業常模、學生的無
用感、角色定義、分組型態與教學實施（Brookover et al., 1996, p. 28）。有

---

2. 譯按：兄弟會與姊妹會是北美大學流行的學生社團，其目的有社交性的、專業性的、
　　服務性的、榮譽性的；規模有全國性的，也有地方性的；有些與宗教活動有關
　　（2007/1/29 取自 http://encyclopedia.thefreedictionary.com/Fraternities+and+sororities）。
3. 譯按：此處的調教是指同儕團體所默許的行為，例如：在台灣過去的部隊裡有所謂
　　的「學長學弟制」，學長可以「調教」學弟，作法包括言語詬罵，或科以勞務工作
　　等。有些團體會要求成員身體刺青，也可以視為是一種調教（hazing）。一般而言，
　　調教雖是學生次文化的一部分，但可能涉及合法性的問題，在美國曾有人因受調教
　　致死，故已有立法禁止的例子（2007/1/30 取自 http://encyclopedia.thefreedictionary.
　　com/Hazing）。

效能的學校，在概念上能滿足正式結構的變項與非正式的氣氛變項，並重視二者之間的交互關係。

正向積極的學校氣氛彌漫著上述特徵，其觀念獎勵學業成就、強調學業成功的重要，以及秩序維護與獎懲公平。此外應該再加上正向的家庭學校關係：支持學生的家庭環境、參與學校的家長、對學生完成家庭作業的支持（Epstein, 1995）。

這些內在於學校與班級脈絡的關係，所構成的教育系統，必須由地方、州與全國性的層級加以控制運作，以求改善學校，並使之更有效能（Levine & Ornstein, 1993）。

231

教育社會學之應用 以你所學關於有效能的學校當基礎，需要做出哪些改變，使你所在之社區的學校更有效能？

教室學習氣氛

班級通常被描述與視為一種自足而獨立的系統，與外界社會隔絕。心理學家與社會學家一直關注這種「一位教師－多名學生」的模式，而非如開放系統模式所倡議那樣，在較為寬廣的脈絡下看待教室。教室亦被等同於群眾情境（Jackson, 1968, p. 10）：許多人密切靠近，一位核心人物試圖保持控制，通常是透過獎懲的運用。不論哪種模式，除非辨識到環境的重要，否則教室行為的動態性是無法被理解的。「喬尼有吃早餐嗎？」、「琳達和同學吵架了嗎？」、「史帝芬的家長離異了嗎？」、「教師有私人或專業的問題嗎？」

學習氣氛係由許多加諸教室內學生的例行事務所構成，這些例行事務目的在維持控制與常規。事實上，許多教學模式顯然十分相似。學生通常扮演被動的學習角色，不積極從事思考或實作活動。然而教師可以考慮不同的智能類型，以及學習風格的差異，使教學能滿足學生的需要（Lazear, 1992）。教師總攬大權並決定活動的內容，如果教師相信他們能產生影響，他們通常也真能有所影響（Weber & Omotani, 1994）。

教室因其組織與結構，假定學生部分有某些的行為與態度——如延宕滿足、對團體凝聚力的支持，以及凌駕個人喜好之上的目的。養成這些學校態度並非易事，卻是教學情境中的必要元素。在入學之前，兒童必須對教室學習所必要的行為與態度有初步的養成。對「尚未預備好」的兒童而言，學校經驗可說是毫無意義的。家庭問題、某些家庭對子女缺乏管教、電視的影響，都對兒童適應傳統的教室沒有益處。準備學生就學，不再是由教師來承擔的責任。在預備學生上能夠做些什麼？建議的範圍從解決社會經濟問題以提高家庭的穩定性，一直到如第十三章所提的「去學校教育的社會」（deschooling society）。

學生以許多不同的方式，理解個人的教室經驗，大部分的方式受到學生彼此關係的影響。尤其對於青少年早期，社會與個人的發展需求顯示，合作學習活動是重要而有效的（Gilmore & Murphy, 1991）。

處在具競爭性、限制性的班級教室氣氛中，特別可能會產生反學校教 *232* 育的情緒；反之，教室氣氛也能使有自我精進動機的學生，獲得學業的成功，並樂在學習。在學生動機低落之處，教師若投入關注與參與，可能會減少班級的問題。然而，遺憾的是，隨著學生在各階段學校的進程中，教師積極正向且鼓勵的行為有減少的趨勢。在高中階段，「教師讚美、鼓勵、關懷輔導，與學生正向互動的行為，與小學階段早期所觀察到的次數減少了近 50%」（Benham, Giesen, & Oakes, 1980, p. 339）。

教室準則：教室中的互動　互動是學校系統的主要過程之一。有關期望、權力關係、對他人和學習過程態度的訊息，都藉由口語和非口語線索而傳遞。教室互動的類型與範圍和教師風格有關，而教師風格可以區分為三種類型：

◆**獨裁者**（authoritarian）：正式的權力由教師所擁有並行使。
◆**民主**（democratic）：學生參與能影響教室活動的決策過程。

◆自由放任（laissez-faire）[4]：教室之內相當自由。

　　師生每天的互動和人際關係，決定了教室之內的氣氛。在一般的教室中，會發展出例行事務，雖然教室之中一天的生活，很少真的那麼有規律。想想看班級中一小時的時間，大約會出現 300 至 600 次的互動行為。再想看看，每一句說出來的訊息，伴隨著好些經由語調、姿勢與面部表情的未明言訊息，這種無聲的語言，比起任何說出來的語句，告以吾人更多關於班級教室的氣氛。

　　英國社會學家伯恩斯坦（Basil Bernstein），對學校教育過程曾有周延的探討，他關注在教室中所發生的正式與非正式過程、影響互動的規則、師生權力關係，以及這一切與學生社會階級有何關聯。他認為這些教室中的動力因素（dynamics），能再製社會階級（Bernstein, 1996）。他強烈主張教室有互動的「準則」（codes）——規定、作法，及行動的方式，用以調控決定權力分配的溝通。準則是指「各種訊息系統的潛在規範性原則，特別是課程與教學法」。教學法（pedagogy）指涉知識的傳遞，通常是經由結構化的課程。這些準則具有階層性——傳遞者（教師）與習得者（學生）之間的互動；順序與步調，或進展與速度，各種訊息在階層中傳遞；這些準則也是標準尺度，用來決定學生是否接受教育歷程中所傳遞之事物的正當性。所有這些因素影響學生的學習。如此一來，控制和權力結構及社會分工有關。控制哪些知識在課程中傳遞的人，也控制其傳遞的方式——所使用的教材、知識的組織、步調、進度（Bernstein, 1990）。學校對成功有複雜細膩的條件要求，此種學校教育的主流準則，對勞動階級者的子女並不利，也使得原來並非缺陷的差異，在鉅觀權力關係的脈絡下，變成了缺陷。

　　費希曼（Kalekin-Fishman, 1991）考驗伯恩斯坦「教育方法之準則」

233

---

4. 譯按：Laissez-faire 是 "laissez faire, laissez aller, laissez passer" 的簡寫表達。原為法文的片語，意為「讓他做、讓他去、讓他通過」（let do, let go, let pass）（2007/1/31 取自 http://encyclopedia.thefreedictionary.com/laissez-faire）。

（pedagogical codes）的概念，研究德國和以色列幼稚園中師生間訊息傳遞的方式。教室裡的「噪音」（noise）型態，反應了教室的目標與結構。例如：教師的獨裁管理使得噪音型態更受控制，兒童只有經允許後，才能說話。這種模式在某些情境，如勞工階級地區的學校教室最為有效，能產生欲求的結果。「催化者」（facilitators）型的教師，製造出教室內更多的「白色噪音」（white noise），即無區辨意義的聲音，因為學生交談的自由更大了，也更少受到教師直接的命令。不同教育方法的準則，的確影響學習環境與社會階級的再製。

□ 學生友誼和教室中的互動模式

　　學生和誰「廝混在一起」，是學校裡非正式經驗很重要的一部分。這些友誼型態影響每位學生的同儕團體依附，並進而影響對教育成就的抱負。學生友誼型態與互動的改變，係隨著教室以開放的或傳統的方式加以組織而定。開放、彈性和民主的教室強調學生感情或情緒的成長（Grubaugh & Houston, 1990），而傳統的教室則以教師為中心，並常強調學習基本技能。根據哈琳娜（Hallinan, 1976）的研究，富有感情的（affective）教室包括與日俱增的互動及分享活動，學生間彼此受歡迎的程度也更為均一，更有機會能精於某些任務。開放性的（open）教室鼓勵更多更長久的友誼。在開放性的班級中，學生較少有死忠的朋友（Hallinan, 1979），相對的，他們有更多一般性的友誼。在傳統的教室中，因為座位安排的結果，坐在兒童附近的人可能成為他們的朋友。

　　在幼稚園裡，即已開始發展友誼模式：兒童在遊戲過程中發展友誼，並且這些模式持續到整個兒童期（Corsaro, 1994; Evaldsson & Corsaro, 1998）。結交朋友與小孩的受歡迎程度有關，也與促成社會情緒的成長與行為有關（Walden, Lemerise, & Smith, 1999）。對青少年而言，擁有知己很重要，因為知己是互相親密來源，並且提供接納與了解，也是一個自我表露並相互建議的地方。隨著青少年日漸成長，忠誠與承諾漸漸成為友誼的重要層面。

234

同儕社會地位和友誼不盡然一致。有些被排斥、受冷落的兒童有朋友，也有些受歡迎的兒童沒有朋友。關鍵是所有的兒童都需要使他們可以感覺到歸屬的社交同伴與親密朋友；教師能夠藉由催化這些關係，而在某種程度上改善兒童的成就（Vandell & Hembree, 1994）。

男女生受歡迎的因素及友誼模式有明顯的差別：女性彼此親密連結且相互平等對待，分享親密感以及疑難問題；男性則彼此間鬆散連結，在共同分享的活動如運動中，發展出明確的地位階層（Corsaro & Eder, 1990）。小學階段男女生受到歡迎的因素，與性別社會化有關。男生因為運動能力、耍帥裝酷、強健結實、社會技能，以及在異性關係裡的成功，而獲致高地位；女生則因為家長的社經地位、長相外貌、社會技能與學業成功，而受歡迎（Adler, Kless, & Adler, 1992）。

愛德（Eder, 1985; Eder et al., 1995）描述國中女生之間明顯的派系（cliques）階層。受歡迎的女生會刻意迴避與低身分地位的女生互動，但此行為也使這受歡迎女生引起他人討厭，因此形成受歡迎者輪替的現象。許多女生想要看起來友善，並且與他們所不喜歡的人互動，以避免被人貼上「勢利眼」或「自負高傲」的標籤。青春期的男孩通常感覺漠然而幹勁十足，他們所採取的這種型態，是強調競爭以達成功的一部分（Eder et al., 1995）。小學班級中男女生經驗最大差異處，來自於性別角色的期望；對男女生的教導有細微的差異：教男生更自恃與獨立，教女生更服從與負責。

學校的組織結構也會影響互動。例如：分軌或能力分組限制了學生接觸對象的人數與類型，也影響學生接觸，諸如學校中的種族互動，學校中的分組使種族界限涇渭分明。種族間友誼的重要性在於它是未來工作環境的訓練基地，並且影響大學的抱負與參與。同儕愈親密，影響也就愈大，彼此性別相同且在相同軌道上時尤為如此（Hallinan & Williams, 1990）。教師常操弄教室情境，以便妥善控制個人或學生團體的互動模式。調整座次表、重新安排課桌椅、將學生重新分組均影響互動型態和氣氛。

特殊事件或組織變革會改變教室的例行事務，也會影響教室的參與：如代課教師來上課時、學生從一個階段的閱讀組別進到下一個時、當校長巡察教室時、舉行考試時、學校有特殊集會或假日方案時。

　　座位安排以及學校和教室的物質條件　學校設施安排的領域中，有關 *235*
建物環境與使用者行為與表現關係的問題，是個歷久不衰的老問題（Earth-
man & Lemasters, 1996）。已有證據指出教室結構與學校條件對學生成就的
影響。

　　大部分教室的設計都是要讓教師成為活動的中心；學生面向教師，並
且安排位置時，是以能將最大注意力聚焦在中心點為考量。以此方式，教
師較能掌控學生的注意力。如果某個學生無法專心，或者一群學生破壞上
課的秩序，重新編排座位或能解決這些問題。

　　學生座位的位置影響學生行為和教師對學生的態度。在進行個人的課
業任務時，學生排排坐比較能專心；研究顯示排排坐時學生有 75% 的時間
花在作業，而分組坐時則掉到 56%，當再度回到排排坐時則上升到 79%。
對某些任務而言，沙發及有效的教室布置（像是受學生歡迎的海報），能
創造理想的學習環境。這透露的訊息為，如果座位的安排符合作業任務，
則效果最佳；分組坐對合作學習的任務最適宜（Hastings, 1995; Arnold,
1993）。

　　從小學到大學教室，研究都顯示坐在教室前面或中心的學生，上課參
與較多，成就較佳。這些學生也較受教師和同儕的關切。教師對坐在較靠
近教室前面的學生，在言談互動給予更多的自由，也較少對他們運用職權
的命令。在大學教室中，坐這些位置的學生傾向於比較聰明機靈，並對上
課較感興趣、得到較好的成績、比較喜歡老師，這也許是因為他們能看或
聽得更清楚、更多的投入，以及看更多也參與更多。然而有些學生選擇座
位與他們對隱私的需求有關（Pedersen, 1994; Stires, 1980）；他們可能會選
擇非位於教室主要焦點區的位置。

　　也有人注意到能夠產生最佳工作條件的物質因素，包括開放空間計畫、
學校建物年齡、溫度因素、視覺因素、顏色和內部牆壁粉刷、聽覺因素、
無窗戶的場所、地下室場所、空間大小和建築物的修護（Earthman & Lem-

asters, 1996）。估計 25%的學習與物質環境有關（Hayward, 1994）。研究者發現影響學生表現與成就，最重要的環境因素是溫度、光線、適當的空間、設備和室內陳設，對科學教育尤為如此。最佳學習的理想教室溫度約在攝氏 20 度左右，隨著活動、衣著、壓力等因素而改變。儘管無窗戶的學校對學生並不適宜，針對採光的研究卻甚為罕見。除了上述因素外，甚至「電磁場」（electrical atmosphere），或氣候中的離子，也被認為是影響學習與表現的因素之一，負離子被認為是有益於學習的（Kevan & Howes, 1980）。其他因素，諸如椅子的形式、牆壁的顏色、教室的形狀、教室內外的音樂和噪音程度，均對學習有某種影響（雖然這方面的證據都還十分貧乏）。圖 8-2 顯示可能影響學習的物質條件。注意其中所提到的心理文化（phychocultural）、生物，與物質因素彼此間的關係。

關切教室與學校健康危機者甚眾。美國政府績效局（The U.S. Government Accountability Office, GAO）[5] 執行一項調查各州學校設備條件的研究，檢查建築物的狀況、環境條件及其他與安全有關的變項（General Accounting Office, 1996）。據估計約八分之一的學校是老舊的、瀕臨倒塌的、學習條件惡劣；25%的學校缺乏適當的空間、維護與安全性，然而，學校卻缺乏資金以修復建築物。如二氧化碳、一氧化碳、水蒸氣、二氧化氮、石綿、甲醛、懸浮物質、生物性排泄物、鉛金屬、氡等建築污染物，幾乎存在於每所學校建築中（Greim, 1991, p. 29）。

觀察美國最大的學校系統之一——紐約市的公立學校，是老舊建築設施問題的例證。該系統試圖一方面改善老舊建築物的條件，同時擴大招生的員額。可惜結果並不理想。在 1990 年代，原來已經擁擠的學校建築變得更加擁擠；班級學生人數增加；建築物狀況更加惡化；學業成就仍然很差，

5. 譯按：Government Accountability Office（GAO）係依據「預算與績效法案」（Budget and Accounting Act, 1921）而成立的中立會計稽核單位，屬於國會在政府機構的分支單位。該法案要求 GAO「調查在政府或其他處所，一切有關進帳、付款、公帑運用，向總統及國會報告並建議，以找出在公眾支出上較佳的經濟或效益」（Sec. 312 (a), 42 Stat. 25-26）（請參閱 http://en.wikipedia.org/wiki/Government_Accountability_Office）。

236

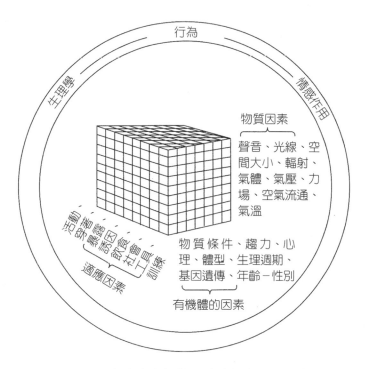

行為

生理學

情感作用

物質因素

聲音、光線、空間大小、輻射、氣體、氣壓、力場、空氣流通、氣溫

物質條件、趨力、心理、體型、生理週期、基因遺傳、年齡－性別

有機體的因素

活動期間的喝醉或服用藥物不舒服或生病住在訓練

適應因素

圖 8-2　在決定人類熱環境時須考量之因素圖示

資料來源：Rohles, F. H., "Environmental Ergonomics in Agricultural Systems," *Applied Ergonomics*, Vol. 16, No. 3, 1985, pp. 163-66 (chart p. 163). Reprinted with kind permission from Elsevier Science Ltd., The Boulevard, Langford Lane, Kidlington 0X5 1GB, UK.

閱讀及數學平均成績至少落後一個年級程度。1996 年之平均班級人數，高　*237*
中為 32 人以上、四到九年級為 26 人、幼稚園到三年級則為 29 人，且此情
況仍在惡化中（Rein, 1997）。

　　學校與教室規模　有個假定為教室「小則美」（smaller is better），教
室規模愈小，意味著較少管理問題、教師工作量較少、師生溝通互動更頻
繁。證據顯示從幼稚園到三年級，降低班級人數的確能提高學生成就。事
實上，聯邦政府在 1999 到 2000 年，花費近 12 億美元執行「班級規模縮減

行動」（Class-Size Reduction Initiative），有些州包括加州和田納西州已導入方案以降低小學階段的班級人數（Sullivan, 1998）。田納西州政府在 1991 至 1992 學年進行「師生成就比」（Student/Teacher Achievement Ratio, STAR）方案，降低一到三年級班級人數規模，達成一位教師對 15 位學生的人數比。對此方案的評鑑為「持續利益研究」（Lasting Benefits Study），發現降低教室人數能有效提升成就表現、改善教學（Achilles, Harman, & Egelson, 1995），這些效果至少持續至五年級。少數民族和都市貧民區學生獲益最多（Black, 1999）。

另一個有待回答的問題是：「小班級以及小班級之內的團體，會發生什麼事？」班級規模小，以及每位教師分配的學生數少的學校，有更積極正向的教室氣氛，這是與高學業成就有關的因素之一。兒童在小組中彼此教導特定材料的教室，也獲致較高的成就水準。然而教師未必都能運用班級規模小的優勢，創造有利學習的氣氛（Galton, 1998）；要使小班級的學習潛勢充分發揮，師資訓練不可或缺。

早在 1974 年，社會互動由柯爾曼（James Coleman）所主持的「青少年組」（Panel on Youth）（Coleman et al., 1974, pp. 154-156）建議學校規模宜小，因其對社會互動有影響。此後，其他研究陸續指出小學校的益處，包括對學校活動較有興趣、學業成就提升、促進社會均等（Griffith, 1995; Lee, 1995）。在規模小的學校中，學生在學校生活經驗中可以扮演更積極的角色，並且與教師和行政人員有更多的非正式互動。相對的，大型學校的氣氛導致學生面對大人較被動、學生成為追隨者、更加依賴他人幫他管理事務、比較少有領導的機會。參與率隨學校規模的擴大而減少。有些類型的活動（如興趣俱樂部），可以不斷招收成員擴張規模，但其他如體育隊伍、音樂與戲劇活動的招收人數則較受限制；就讀大型學校的學生較不利，因為學校人口中只有少部分的人可以參加。

學校的建築物　建築設計反映出建築物所要提供的用途；接著，建築設計又影響該建築內的活動，及其與周遭活動及建築物的互動方式。學校

238

的建築風格與場地，使學校與其他建物截然不同，凸顯學校建築鮮明獨特的功能。不論學校建築是與其他建築擠在一起或座落在分散的校區，也不論學校座落在圍牆內或其他實體的區隔，都使學校建築與社區裡的多數有所不同。有些教育學者反對這種自周圍社區隔離出來的建築設計，此種區隔使學校自廣大社區的有價值互動中孤立出來。不過區隔提供專注於學生的效果，師生能在一地從事專特的活動（"An Architectural Revolution," 1990, p. 9）。

　　基於柯周爾（Kozol, 1992）《野蠻的不平等》（*Savage Inequalities*）一書，影片「美國學校裡的兒童」將該書內容視覺化，顯示許多學校的狀況——過度擁擠、暖氣不足、糟糕透頂的建築物、油漆斑駁、石綿、管線散落、屋頂牆壁處處漏水、教科書破損老舊。這不禁讓人質疑，如此差勁甚至危險的環境中，能夠學習到什麼。

　　學校是由許多彼此配合的動態元件所組成的，從可能產生某種互動模式的建築物，到影響學習過程的學校氣氛，所有這些均是複雜且非正式教育系統的部分。我們現在轉到非正式系統的另一重要層面：權力關係。

教育社會學之應用　由建築物、規模及物質條件的層面，描述你心目中理想的學校。

非正式系統中的權力動態與角色

　　教室中存在著正式期望與非正式過程的脆弱平衡。學校之內，許多規範正式行為的規則是以非正式的方式傳遞的。有些人主張用不著那麼拘泥於形式，便能使學校與教室上軌道；教育與許多正式組織相較，科層體制的成分較少（Dreeben, 1973），學校是由家庭到職場的過渡。當學生不受正式規則的束縛時，他們更容易受到這些規定潛移默化的影響，正是透過這些非正式的歷程，學生才學會如何處理組織裡的正式與非正式的期望。由較寬廣的定義來看，權力（power）可以是指用來達成教師與成人利益的

239

實際作法，也可以是指為了達到控制或安全可欲結果，未必會運用的非正式威脅。

□ 教室權力動態的理論解釋

在探討權力動態時，本書其他各章所討論的理論取向也很重要。功能論者強調教室社會化功能所產生的和諧共識，因為它是在為學生將來的社會角色做預備（Parsons, 1959）。另一重要的基本功能為篩選與分派（allocation），此功能於小學階段即已開始進行，並持續整個學校教育歷程。學校教育不僅強調成就表現，也強調服從與合作。兒童迅速的學會所期望於他們的是什麼，並且他們的合作也使學校系統得以運作。大部分符合成就要求與行為期望的成功者，在學校系統中表現最佳。學生被「篩選」，係依照他們社會化到學校系統所獲得的成功，以及與有權力者合作的成效。

衝突論者對於教室動態則有不同的解釋。他們視學校教職員間的權力鬥爭，代表主流團體與成人世界的價值，學生必須藉由許多不同的策略受到控制、強迫及收攏納編。教室裡的衝突此一主題，在瓦勒（Waller）1932 年（1961）的書中甚為顯眼。他描述成年人與學生文化間的差異、維持兩者間社會距離的機制，以及在教室中為了滿足規定而有的「爭鬥」（battles）。

資本主義要求學校應該讓學生成為忠誠、馴服、恪遵紀律的社會勞動者，可將之視為教室中「強迫力」背後的社會力量：

> 學校所培養的個人發展類型，與經濟領域中的主流及從屬者的關係相容……其方式為使職場中統治個人互動的社會關係，能與教育系統中的社會關係相一致（Bowles & Gintis, 1976, pp. 11-12）。

從上述觀點來看，衝突可以視為動態系統中的必然現象。權力影響「文化資本」傳遞與再製的方式。教師控制時間與空間的運用、展開互動、定義規則，並且，學校的例行事務與儀式代表學校所欲傳遞給年輕一代的主流價值系統。當個人在學校接受篩選、分級、評估時都順利成功時，便很可能在成人社會中獲得成功（Bernstein, 1990; Bourdieu, 1977）。獲得較高教育成就的少數民族和主流團體間合流的部分因素是，父母有意識的將文化資本傳給子女；這可能確實是失利的弱勢團體達成向上流動的有效方式（Kalmijn & Kraaykamp, 1996）。少數民族兒童的父母以不同的方法「玩弄把戲」（play their hands），這些方法取決學生家長與其兒童所就讀學校的互動（Lareau & Horvat, 1999; Fordham, 1996）。

240

　　學校自身不能決定內部的權力結構或不均等的結果。更確切的說，我們必須看見學校處於較大的社會脈絡之中，包括社會階級、意識型態及道義（material forces）⁶（Apple, 1980）。近來有些來自政府的教育改革，受到保守派的意識型態與政策所稱許，正使不均等現象更形惡化（Apple, 1997, 1996），然而教育理論學者僅用很少的時間分析學校之外權力系統的衝擊影響。

　　從互動論者的觀點來看，每一位階級的成員對於教室世界有其獨特的知覺。每一位成員的行動計畫與他（她）如何看待世界並對其作出反應有關。許多因素影響知覺。思考貝克（Howard Becker）對芝加哥教師的經典研究（Becker, 1952），教師學生的知覺與文化差異及班級學生的階級起源有關，並進而影響教師處理學生問題的麻煩程度。

　　學生通常在教育歷程開始不久後就被分類，被安置於僵硬且無彈性的學習軌道中。例如：有位老師將學生分為「老虎、紅雀、小丑」三組，學生內化這些標籤，並產生自驗預言的行為。老虎組的成員得到最積極的互動，而較次等的組則較少受到注意。研究者指出，這些組別與學生的社會階級有關，老虎組的成員比其他兩組成員來自較高的社會階級（Gouldner, 1978）。基於階級而有的差別期望，影響篩選與分派的過程，也使低階級

---

6. 譯按：所謂的 "material forces" 不能直譯為「物質力量」。《易經》謂「一陰一陽謂之道」，其中的陰陽為「氣」，「氣」的英譯就是 "material forces"。在美國人所寫的教育社會學中若將 "material forces" 譯為「氣」，恐讀者無法理解，故譯為「道義」較為辭暢意達。

背景的學生處於不利的地位。另一項標籤效果對學生行為的影響，可見之於個別學生不受教師讚賞的感受；不受教師稱許的學生與虞犯行為增加有關（Adams & Evans, 1996）。

　　學生對於自己獲得成功機會的看法，會影響他們在學校所扮演的角色。例如：有些研究顯示如果區隔不會造成不同的機會與價值觀，則純女性的班級有益於女性的參與程度（Stromquist, 1995, p. 423）。與女性受教育的相關議題正持續產生爭議與研究，如第四章所討論的。

☐ 教師策略與非正式系統

　　「班級經營」（classroom management）係指教師主導計畫、管理、監督學生學習活動與行為的整個範圍。學校氣氛不只是教職員所有班級經營的總合，也包括全校性規定與規範，藉以定義並確保學生展現適當行為（Brookover et al., 1996, p. 184）（見 錦囊 8-1）。教師面對每一新環境都需採取不同策略。教師與學校的思維、學校與教室的組織、能夠取得的資源、學生人數、學生的興趣程度，均影響教師的目標與策略。

　　何曼斯雷（Martyn Hammersley）和渥斯（Peter Woods）概述幾項變通的技術與策略，可資教師運用於班級事務的處理：

1. 正式組織意味著教師是活動的中心；典型的策略是讓學生背誦教材、做問答題及紙筆作業。非正式組織意味著學生分組共同合作，且班級成員間互動更頻繁。
2. 教師可能監督學生活動，並當學生脫離正軌時介入干預。另一種作法，教師可能扮演參與者，涉入更多的活動。
3. 教師可藉由強制力與職權的支持，下令並要求。另一種作法則是教師藉由法理的資源，以教師個人訴求的方式，維護任何人的權利與義務。
4. 班級與學校測驗可用來比較學生間表現的差異。另一種作法，可能完全沒有正式的測驗。許多常用的非正式分組策略，係依據年齡、

241

◆◆◆ 錦囊 8-1　學校有效能的研究 ◆◆◆

◆教師在學年或課程開始進行時……能快速而完整的重新檢閱重要的概念與技能。

◆在重新教導時，運用有別於初次教學時的材料及範例，而不只是舊調重彈。

◆重新講解重點課程，直到學生確實學會為止。

◆整個年度定期複習重要的關鍵概念。

◆選擇包括複習與增強的電腦輔助教學活動。

資料來源：Brookover, Wilbur, et al., *Creating Effective Schools: An In-Service Program*. Holmes Beach, FL: Learning Publications, Inc., 1996, p. 140; and Cotton, K. *Effective Schooling Practices: A Research Synthesis 1995 Update*, Northwest Regional Educational Laboratory, 1995.

能力、「麻煩製造者」，以及隨機分組策略，根據學生的選擇、好朋友團體，或完全不分組。（Hammersley & Woods, 1977, p. 37）*241*

　　教師所採用的技術會影響教室的氣氛，以及所發生的學習類型，雖然在許多方面，並無清楚證據顯示何種技術最為有效。

　　學生經常挑戰教師的權威，而教師為了避免事端擴大，常是調適自己以適應學生，而不是調整學生以適應老師。根據瑪莉·麥茲（Mary Haywood Metz）所指出，位於後段的學生常以身體與語言的混亂策略來挑戰教師，而前段的學生則挑戰教師對於科目的精熟程度。學生挑戰教師都是以自己覺得最能勝任的問題開始（Metz, 1978, pp. 91-92）。新進教師即使接受過最好的訓練、擁有豐富的教學技術，也都必須經歷教室的現實面，從而發展出自己的一套策略，以達成班級的目標。

　　接著來思考獲得並維持學生專心的這項任務。教師對每天的活動與課程成竹在胸，然而他們必須相信課堂中學生的重要性，並且鼓勵他們遵守規定──甚至積極參與。專注在課業任務上的時間與班級經營有關；「教

室中的教師浪費掉 50%的教學時間，因為學生不專心於學習任務，或其他妨礙學習的活動」（Charles, 1999, p. 107）。研究有效能的學校發現，教師能藉由周詳計畫、控制上課進度、主題的快速轉換、讓學生進行簡單的課業和書面作業、建立每天的例行事項，並利用其他能節省時間的科技，省去不少浪費的時間（Brookover et al., 1996, pp. 185, 198）。

242

教師必須使課程免於失之零碎及內在的缺失。學生被要求必須注意「官方環境」——亦即，教師在班級裡所指導的活動——而非注意某位朋友、漫畫書，或其他造成分心的事物。在典型的情境中，教師在教室的最前方，面對著學生。教師找出不專心的同學，並且可能運用諸如問問題之類的策略，以抓住學生的注意力。學生可能會試圖偽裝他們不法的活動，而教師可藉由控制對學生重要的事物——如下課休息時間、體育課或遊戲，以行使其權力。

多數人都認為偏差學生對於教室情境是有害的。然而也有些老師發現將這些具有破壞性的學生視為「資源」，或能將他們轉換為一項資產。偏差學生是教室社會組織的產物；教師藉由考慮他們所處的總體社會脈絡的三個因素，或能發現如何操弄教室結構，以符合其利益：(1)偏差學生的等級是如何建立的？(2)偏差者的地位是如何維持的？(3)偏差學生對維護秩序如何貢獻，或者他們可以由破壞行為中得到什麼好處（Stevenson, 1991）。

時至今日，學生有一種想要娛樂的需要；他們期望即刻獲得滿足。由於注意力持續的時間較短，他們需要教師更多的注意，也更難取悅服事，對教師有較高的期望，比較沒有意願努力學習，而且對他們而言，外在酬賞在促動動機上比內在酬賞更管用。

243

教育社會學之應用　你的教授（們）在班級裡運用哪些因應策略？

教室裡的決策　我們已在本書第六章討論過教師在教育系統中的角色，在第四章探討教師決定和行動對於學生成就表現的影響。隱含在這些討論之中的是教師在教室之內所扮演重要決策者的角色。教室所發生的事，與影響決定的過程極為複雜。大多數對此主題進行的研究都是來自「互動」

（interaction）論者，以及「新教育社會學」（new sociology of education）
的努力，他們將焦點置於教室互動的動態及個體如何察覺其處境。儘管要
觀察這些動態並不容易，也存在著方法論上的困難，「如何做決策以及為
什麼如此決策」如今已成為眾所關切的主題。

　　教師的決策行為幾乎是基於經驗的本能。但教師的確有做決定的策略，
不論是有意識的或無意的。這些決定策略可能是「情境性的特殊決定，或
協商策略」，用以應付當前興起的特定處境。教師的策略，尤其是新進教
師所採取的策略，通常是以教科書中的理想世界為基礎。學生未能盡如理
想，這強迫教師也必須從理想模式中岔出去，採用適合現實情境的策略。

　　運用角色衝突模式，該模式將焦點置於教師角色內的不一致，我們在
此模式中可以看見做決定不只是受到學生、家長、其他教師和行政人員的
觀點與期望所影響，也受到教師個人對所要達成之任務的定義所影響。教
師必須思考自己能做什麼與不能做什麼、要做什麼與不做什麼。教師可能
鑽研規定、運用經驗，以及談判以獲得權力。決策是個很複雜的過程，受
到許多互動元素的影響。當在教室環境中只給教師很有限的控制權時，便
更形增添教師不滿及職業耗竭的感受（Lee, Dedrick, & Smith, 1991）。

　　辨識學校非正式系統的重要性——潛在課程、教育氣氛、權力動態，
以及其他主題——在於藉以理解深藏於教育系統表面之下的諸多層面。本
章列舉教育版圖重要層面中的數例。對學校動態也很重要的則是環境，也
就是我們的下個主題。

摘要

　　想要了解學校與教室所發生的過程，必須覺察其非正式系統，非正式
系統是社會研究的重要領域。在以上簡略討論中，我們已試圖強調以系統
取向完全理解系統及其統整部分的重要性。

244

1. 開放系統取向和非正式系統

非正式系統的潛在課程包含學生從正式課程中未學習到的課程——隱而未顯的要求、價值觀、潛在功能。有些衝突論者主張學校再製學生的社會階級，大多是透過潛在課程。學生的學校經驗差異與其階級背景有關。

2. 教育「氣氛」與學校效能

學校和教室氣候或氣氛，包括學校建築物、教室的類型、能力與年齡分組，以及學校其他方面。價值氣氛影響學生動機、抱負水準和成就表現。家庭環境、自我概念和學校價值等因素均能影響學校的效能。每所學校的文化各不相同，教室的互動型態也是氣氛的一部分，而性別等因素會影響教室互動亦已討論如上。

3. 非正式系統中的權力動態與角色

權力動態現象出現在任何階層系統中。藉由觀察學校中的師生關係，我們認識一些權力動態的議題。學生和老師雙方都會發展出因應權力動態的處理策略。學校中的權力可以積極運用，或可以看成是讓學生循規蹈矩的潛在力量。功能論者主張學生藉著與成年強制的規定配合，學習社會角色；而衝突論者則因為權力動態的因素，感受到恆常的潛在衝突。

教師企圖在強勢運用權力及獲取學生合作之間保持精緻（卻脆弱）的平衡。教師必須在教室中決定要運用哪些策略；前已討論過許多影響這些決定的因素。可用的策略從權力到細微的線索，以改變班級的物質或社會的安排。

為要了解教育系統如何運作，了解非正式系統是必要的。

運用社會學作業

1. 訪談一群學生，有關他們學校經驗的特殊回憶。

2. 描述自己念高中和大學時的學生同儕次文化。是否有些人是社會孤立者，你能回想起他們的特徵嗎？藉由觀察或訪談，比較你念高中時與現在的高中有何異同。 245

3. 你過去就讀高中時，學生扮演哪些角色？與現在高中生談談有關他們現今所扮演的角色。

4. 就你對高中的觀察，教師運用哪些策略以取得學生的合作？

Chapter 9

教育系統與環境
——共生關係

　　我們身處的環境圍繞著我們，它包括涵蓋我們。沒有任何人或任何事 246
存在於真空中，因為我們不能生存於自身的環境之外。每個人的環境不同，
就如每個教育系統不同一樣。我們的環境因個人背景經驗、所出生的家庭、
所接觸的人與機構而顯得獨特。

　　身為大學生，我們付學費、選修課程、從事研究、得到成績，至終畢
業。我們實現學生角色係受我們的教育環境所左右，此外在我們的環境中
尚包含其他因素，如：家庭、教會、職業、兒童、朋友。與一組行為或角
色有關的事件，將影響我們所扮演的其他角色，因為它們均環環相扣。現
在假定有個重要的考試即將來到，也許我們的家人或朋友會受到冷落，或
是我們決定不要花太多時間準備考試。吾人環境中的每個元素均受到來自
其他元素之要求的影響。

　　本章我們思考環境的意義，以及學校制度環境的例子，包括：家庭、
宗教、政治與法律系統、經濟、社區。學校系統隸屬較大社會系統的一部
分，被來自意識型態團體、政治系統、經濟條件，以及社會其他潮流的壓
力所包圍。社會各環節均交互關聯；學校不能忽略政治、經濟、文化一意 247
識型態的環節，這些環節構成了學校的環境（Apple & Weis, 1986）。

環境與教育系統

　　教育系統的環境賦予教育系統目的與方法，並定義其功能、限制及衝突。在有關學校對年少者社會化的功能上，學校特別容易受到環境影響。兒童常被視如海綿一般，等待著吸收呈現於他們眼前的知識，並且環境中的許多部分，如：政府、社區壓力團體、宗教和其他特殊利益團體，對教導兒童的內容應增加什麼及如何教有所要求。

　　人口改變、科技進步、潮流、社會運動，是影響教育功能的一些環境因素。例如：1960 年代美國有實驗性的前衛計畫，產生許多影響公立學校的觀念。在 1970 年代，對學校建立秩序有很大的關切；「回歸基礎」（back-to-basics）成為論題。1980 與 1990 年代產生教師績效與學生精熟測驗，這種種運動構成學校的環境壓力。

　　我們在討論系統內部運作時，曾考慮個人在教育系統裡所占的職位，與學校組織的結構單位。但沒有任何組織、單位或個人，能完全自環境獨立出來不受環境影響而存在。圖 9-1 強調組織與其環境的關係。

248　　所有個體與組織為了要生存並滿足需求，均依賴於他們的環境；接著，他們影響他們所居住的環境，藉著留下個人的或制度的印記於個人及制度上。

　　組織與環境的相互依賴關係可以在許多系統中清晰可見。細想像美國紐約這樣複雜的系統，設若系統中某一部分功能失調時，所會產生的混亂（Rogers, 1969, p. 211）。如果停電，或者清潔隊員、地鐵員工、電話接線生、學校教師罷工，整個城市相互依賴的結構便瓦解，且系統的各部門在這斷裂點上均動彈不得。紐約市的學校系統就是這麼複雜；在 1998 至 1999 年間所雇用的教師人數為 75,209 位，加上 23,704 位輔助性專業人員，與數千名行政人員和技術人員，提供 110 萬名學生服務。學校預算超過 90 億美元，系統內有接近 1,600 所學校。其範圍涵蓋紐約市五大行政區，為不同人口與社區提供服務（New York City Board of Education, 1999）。這個超大型

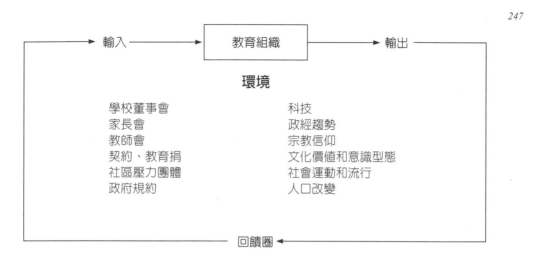

圖 9-1　學校系統的環境

的學校系統各個相依的部門，迫使系統小心維護相競社區團體利益間平衡
的行動。

🔲 環境類型

　　我們的環境中有些部分會比其他部分對於我們生存而言更形重要；這
些部分的組織結構稱為「立即性環境」（immediate environments）。而「次
級環境」（secondary environments）則對生存較不重要。我們的家庭對我們
的情緒、身體與經濟福祉很重要，而一場星期五晚上的派對，對我們多數
人而言，則不是生死攸關的事。對組織而言，與環境有關的部門落入幾個
範疇：政府（包括地方、州、全國性的立法機構與行政機構）；司法系統；
財務資助單位；圍繞於每所學校的「實體」社區，包括人口組成（年齡、
性別、宗教、種族、社會階級）；社區裡的利益團體；科技環境，包括教
學創新與新的科學研究；教育系統產出的消費者，諸如雇用畢業生的企業
主或自教育系統獲得新知識者；以及宗教機構。

　　立即性環境或基本環境，與較不重要的次級環境的區別，未必總是涇

渭分明。重要性會隨時間而改變，但環境因素中造成重要性之差異的事實
依舊。體認這項事實後，讓我們能將在任何時間點最能影響學校系統決策
的那些環境因素篩選出來。當環境單位變得離學校更遠，對學校的影響力
即減少，猶如池塘的漣漪，由中心到圓周漸次衰減。

249   組織並非一成不變的，相反的，組織依賴於資源、器物、人們的權力
及最終的存在。教育系統裡最重要或醒目的環境單位可以繪成一個連續向
度（見圖 9-2）。環境單位（environmental units）[1]的突出性隨著所考量的
個別學校處境而有變化。

在此有另一個要點需要解釋。我們通常視學校裡占有職位的個體是內在
組織的部分或零件——行政人員、教師、學生和支持性職員。這些團體在學
校內在結構內任職，並實現學校歷程，他們提供學校非正式關係的基礎。然
而毫無疑問的，每一任職者都會將個人的獨特背景與人格帶到學校裡，這可
以視爲一種「環境的影響力」（environmental influence）（有些社會學家認爲
學生是學校的當事人，也因此，學生也變成學校環境的一部分）。此外，有
些學校人員，如：校長、學校諮商員、社工員，實現提供學校與家庭或社區
環境的橋梁角色。這些「邊界擴張」（boundary-spanning）角色，催化了學校
系統內外的觀念運動與產出，在維護與環境的關係及與環境保持接觸上甚爲
重要。

教科書公司　　測驗公司　　教師工會　　法定地位　　財務　　社區壓力團體

不顯眼 ←──────────────────────────────→ 衆所矚目

圖 9-2　環境的醒目度

---

1. 譯按：字典中 unit 的其中一個解釋爲 "A group regarded as a distinct entity within a larger
   group."（http://www.thefreedictionary.com/unit）。因此，環境單位在本文是指大的社
   會環境中許多的團體，以學校而言，就包括家長、學生、教師、行政人員、捐款來
   源等。

　　總之，環境單位的重要性應視爲變化不一的；有些對繁茂興盛很重要，甚至在某個時間點對組織的存亡起關鍵作用。系統環境中某個部分的問題，或與環境關係出了問題，影響所及，其他部門也會受牽連，這與出問題的部門對系統生存的重要性程度而定。

　　本章我們將焦點放在學校的制度環境。然而任何學校環境有很多元素，從構成學校的個人，到周遭施加壓力或提供服務之附屬組織均有之。

250

教育社會學之應用　各種環境類型對你所在的區域學校的影響，請加以列舉。

學校系統的環境：制度間的相互依賴關係

學校行政人員每天所需處理的外在環境議題爲：

◆ 不願接受學校片面蠱惑的家長與社區成員，正要求學校及教師爲他們所提供的教育負責。結果許多學區甚至是州規定實施標準化測驗，以測量學生的學業成就水準。

◆ 如果家長將小孩送到未認證的宗教學校就讀，他們是否違犯任何未成文的規定？學校應該教導「科學創造論」（scientific creationism）[2]和「演化論」嗎？

◆ 許多學區所在的法院正在處理有關教會與國家之分際的問題：公立學校行政區可以提供交通運輸、矯正輔導班、諮商服務給依屬於宗

---

2. 譯按：舊約聖經創世記一章一節：「起初神創造天地」。記得國高中時生物課所教的進化論嗎？實際上「演化論」或「進化論」並未完全被接受，因爲西方的基督教信仰，及猶太教與回教，都不接受「演化論」。他們認爲一如「創造論」，演化論與創造論二者都不算是科學的理論，充其量二者都是「宗教的」（religious）。這種爭議也反應在其相關課程內容中。該教進化論嗎？若該教，很顯然其處理方式會不同於譯者受教育時將「進化論」視爲科學定律那樣的方式來教，而會更周全的，並留給學生思考空間來處理這個議題。本文後面會詳述美國這段課程議題的歷史與結果。有關「科學創造論」，可參閱 http://en.wikipedia.org/wiki/Scientific_creationism。

教的學校嗎？

◆ 當有些行政區為興學所需而課徵較其他區更高的財產稅時，如何補助學校經費也造成爭端。

◆ 社區裡特殊的利益團體之間，各自在少數民族研究、教科書的選擇、學校在性教育上的角色，以及無數其他議題上，代表不同的觀點，沸沸揚揚爭議不休。

本節我們將探討某些環境壓力，及其所造成影響學校的幾個議題：

1.家庭的影響力與壓力。

2.教會與國家在教育上的分際。

3.學校經費的挹注。

4.政府規定和法院判決。

5.社區及特殊利益團體對學校的影響力。

□ 家庭和家人對學校的影響

當兒童走進學校建築物，他們隨身所帶來的抱負、動機、壓力、期望，和身體與心靈的強勢與弱勢，有時候還帶來受虐的身心、缺乏安全感、不安，以及其他問題。因此，教師在處理學生時，為學生傳授學校的社會及家庭脈絡具備知識便相當重要（Henry, 1996）。在第七章，我們已討論過家庭對於學生成就表現的影響，此處我們重新強調家庭制度與教育之間的連接（Epstein, 1995）。

251 　　許多家庭在工作及教養之間尋求平衡。家長必須為學前兒童找到可信賴的兒童照顧中心。在美國有 600 萬名兒童每天待在日間照顧中心，1993 年國會通過「國家兒童保護法」（National Child Protection Act），以保障年幼的兒童，離家去兒童照顧中心時免於受到虐待（Clinton, 1993）。一旦兒童正式入學，「家庭的課程」──培養支持學習及看重個人發展的態度與習慣──影響兒童在學校的學習與學業成就。這種「課程」包括家庭規模、在家閱讀及讀物、收看電視所花的時間、對家庭作業的注重、在校的出缺席、家長對學校決定的參與，以及家庭資源（Barton & Coley, 1992; Redding, 1992）。

　　一項關鍵的發現為，家長參與子女的學校教育愈高，子女整體的學業表現就愈好（Keith & Lichtman, 1994; Parent Involvement in Education, 1994; Reynolds, 1993）。家長以幾種主要的方式影響其子女的教育成就與抱負。男女生均甚受到家長對行為「定義」的影響，並藉此建立對合宜行為的期待（Cohen, 1987）。對女生尤為重要的是「楷模作用」（modeling），或想要向父母看齊。在所有的社會階級中，家庭的影響力都很大，但母親的教育程度愈高者，投入學校活動也愈多，與教師有更密切的聯繫，並為子女選擇大學預科課程。父母投入學校較多的兒童，有較佳的學校表現水準（Stevenson & Baker, 1987; Baker & Stevenson, 1986）。這個結果包括來自少數民族家庭，且父母投入其子女教育的兒童（Keith & Lichtman, 1994）。然而，來自被認為是「社會貧乏」（socially deprived）的家庭或鄰里的兒童，則經驗到這些對他們教育成就所產生的負面影響（Garner & Raudenbush, 1991）。

　　在「中小學研究中心」（Center for Research on Elementary and Middle Schools）持續的研究裡，伊波斯坦（Epstein）發現使家長在家陪同子女活動（尤其是閱讀）的教師，為兒童產生正向積極的學習成果（Epstein, 1988, 1987）。單親的家長對於協助兒童在家學習常備感壓力；婚姻狀態健全的家長對學校協助較多（Epstein, 1984）。她的研究顯示，家庭環境以及讓家長參與其子女的教育所具有的正向影響（Epstein, 1987）。

　　在美國，當我們將家長、同儕和教師的影響力合在一起，我們便對學生的學校態度、家庭作業、成就表現，及其他學校教育的層面有很大的影響力（Natriello & McDill, 1986）。

　　家長在子女身上的投資，並支持他們受高等教育，與父母對於地位成就的觀點有關。有些家長依據「人力資本理論」（human capital theory），視子女是一項投資。其他人則視教育支出是一種「資源稀釋」（resource-dilution），這通常與家庭可得到的資源及子女人數的比值有關。例如：如果父

252　母的上一代曾爲他們受教育而付出，這些父母會更願意爲自己子女受高等教育而花費，因爲他們相信這是他們應盡的責任；如果家庭中子女的人數不會將他們的資源耗盡，他們也會更願意付出（Steelman & Powell, 1991）。

教育社會學之應用　正面或負面的家庭環境如何影響子女在校的成就？

宗教制度：教會與政府的分際

　　在許多社會裡，教會和國家是同義的，而教育系統反映這兩者的信念與價值觀。宗教的少數族群可能擁有自己的學校，否則他們可能會容忍主流的宗教課題。例如：在英國，時常討論到如何運用假日，讓住在英格蘭的非基督學生，提升不同文化間彼此的了解。

　　美國曾嘗試一項獨特的實驗。從國家建立之初，教會與國家分離的原則便已確立採行。此原則表述在美國憲法的「第一修正案」（First Amendment）：「國會不得制定違反宗教建立的法律，或禁止其內的實行自由。」美國憲法的制定者力圖確保其他許多國家曾發生的宗教衝突不會出現在美國。政府的責任就是保障所有人的權利及自由，無所偏私。然而保持教會與國家的清楚界限並不容易。問題的癥結在於美國是個多元的社會，敬拜的自由是價值體系和政治意識型態統整的部分（見錦囊 9-1）。

　　我們已經在我們的開放系統模式中見到每一個制度均與其他制度相互依賴。當個人將宗教從日常生活用於家庭、經濟、政治、教育制度所花的時間中切割出來，不太可能引起衝突。但如果宗教融入個人生活中，包括教育的每個層面時，從宗教環境加諸學校的壓力便應運而生，要求代表這方面生活的部分。

　　宗教對學校施加壓力已產生法院訴訟案，這些訴訟案由宗教團體及偏好世俗教育者雙方所提出。這些法院訴訟主要有兩種類型。第一類認爲學校侵犯個人的信念，上課或集會裡的禱告或教導進化論爲其例子；其他的訟案爲學校的教職員或政策禁止個人在學校裡或就學期間參與宗教活動，

◆◆◆ 錦囊 9-1 美國教育裡的教會與國家 ◆◆◆

在學校應該准許禱告嗎？在什麼環境之下准許？允許學生在重要事件如畢業典禮上帶領禱告嗎？宗教學校在特殊教育方面應該接受聯邦的經費補助嗎？國家的學校應該支付學生的宗教出版品嗎？

美國最高法院在 1971 年建立判斷違反政教分離的指導方針（Cook, 1995, p. 17）。「來蒙考驗」（The Lemon test）（源自 1971 年 *Lemon* v. *Kurtzman* 的判例）制定了違憲的考驗標準。政府措施必須禁得起以下的挑戰：(1)為世俗目的服務；(2)其主要或基本的結果既非提倡亦非抑制宗教；(3)不會使政府深陷於宗教的泥淖中（Cord, 1992）。儘管上述指導原則存在，近年來愈來愈多的案件訴諸法院，而最高法院卻很少給予明確的指引。他們嘗試避免呈現出迫害宗教團體的樣子，也避免提倡宗教或為之背書。在 1992 年的李對魏斯曼（*Lee* v. *Weisman*）的案例中，法院判決在公立學校畢業典禮上，以非宗派的方式向上帝禱告也是違憲的。

思量以下社區的案例，約耳鎮（Kiryas Joel）[3]，一個位在紐約市外的哈斯迪克派（Hasidic）猶太社區。「依迪須」（Yiddish）[4]是其主要的語言，其穿著和文化模式與其他團體有別。兒童就讀由哈斯迪克社區出資的猶太教區學校。

哈斯迪克社區的殘障兒童過去必須越區就讀才能得到特教服務，但家長退縮不前，因為「他們為孩子離開自己的社區而擔心、害怕、傷痛……」（Drinan, 1994, p. 9）。於是為了 220 名兒童，在約耳鎮就設立了新的學區，參加的學生僅限於有特殊需求者，以英語授課，且沒有任何宗教的象徵。為著具有特殊需求的學生，在法律層面上的論爭引起如下的問題：這些學校是在幫助宗教嗎？這種學校受到挑戰，而紐約的高等法院判決該行政區違反美國憲法「第一修正案」的規定，並且 1994 年美國最高法院也支持該判決的決定（Rabkin, 1994）。

最近，美國最高法院在一個案例中處理宗教導向的學生刊物的經費補助問題，法院判決維吉尼亞大學必須從學生活動經費中支付宗教導向的學生刊物的印刷費，過去大學不補助實已違反自由言論的權利（Hernandez, 1995）。

政教分離是個具爭議的政治性議題，任何時候都不可能以乾淨俐落的方式解決。

---

3. 譯按："Kiryas" 為希伯來文 "town"，即「鎮」之意。
4. 譯按："Yiddish" 為西元 10 世紀之後，根據希伯來文發展出來的一種語言，至今仍在部分猶太社群中使用。

252　例如：將學校設施用於宗教用途。

　　早在 1948 年，在公立學校建築裡所進行的宗教「赦免時間」（released-time）被判定違憲。1962 年，最高法院通過一項極富爭議的判決，反對公

253　立學校背頌祈禱文的要求（*Engle* v. *Vitale*, 370 US 421）。許多州已經通過法律允許自願性的禱告；伊利諾州、康乃狄克州、阿肯色州、麻薩諸塞州，以及其他州通過法律允許「靜默時間」（period of silence），「在寂靜中沉思預見今日的活動」。這種作法合憲，因為並沒有「倡導宗教」。至於背誦主禱文，並強迫學生記誦「忠誠的宣誓詞」（Pledge of Allegiance）[5]，則被判定為違憲。

254　　　1963 年，「賓夕法尼亞州阿賓頓鎮對史其普案」（*Abington Township, Pennsylvania* v. *Schempp*）的判決定案，對宗教教育有不同的強調：「個人的教育，若缺少了比較宗教及其與文明提升之關係的學習，將不完整……」其論點為我們不能忽略宗教是學業學習的領域之一，因為宗教圍繞著許多人生活的重要部分。有些組織可以提供學校，適合班級使用的法則及材料（the law and materials）之意義的詮釋。因此，學校能教導宗教的相關學科，如比較宗教、宗教史、聖經文學，但這些並非用來提倡宗教。

　　另一項相關的爭議，與用公家的錢提供教區學校教材及服務有關。在 1975 年最高法院的案例中（*Meek* v. *Pittenger*），寬與嚴的憲政建構論者間的衝突一觸即發。結果法院判決：「州政府得借世俗性的教科書給就讀教區學校或其他宗教導向學校的兒童。」政府亦得提供非公立學校以下的服務：公車；午餐；消防保護；水；警力；下水道；稅捐減免；標準化測驗與計分；校內的語言、聽力、心理異常診斷；校外的治療、輔導和矯治服務；田野旅遊的費用；學生教材與設備的貸款。但若是直接貸款提供教材、輔助性的設施，如諮商、測驗、治療與矯治性的協助，則被視為違憲，因為這些服務會直接造成宗教活動的盛行。

---

5. 譯按：通常是在朝會時宣誓，典型的誓詞類似：「我宣誓向美國的國旗效忠，並效忠共和國，一個在上帝看顧下、不可分割、對所有人自由且公義的國家。」（http://encyclopedia.thefreedictionary.com/? Word=pledge+of+allegiance）

在「阿吉勒對費爾頓案」（*Aguilar v. Felton*）中，公立學校依法被要求管理聯邦政府的援助，但關於如何實施的問題仍懸而未決。有些法院主張不要提供電腦或影印機等設備的補助，因為可能會被用於宗教目的上（Crawford, 1986, p. 15）。顯而易見的，在什麼是可被接受的與什麼是不被接受的二者之間有條細微的線隔開，而更多嘗試性的案例則訴之於法院。

1999 至 2000 年間，好些州和聯邦法院對教育券系統及特許學校的判決，已造成私立學校經費補助的混淆問題。在俄亥俄州、緬因州、佛蒙特州、賓夕法尼亞州、佛羅里達州的法院判決已送出訊息給全美的教育券計畫。眾所關注者為教育券若提供補助款給就讀宗教學校的學生，將違反憲法中教會與學校分離的原則。法院似乎在鼓勵各州將焦點放在改進公立學校，而非尋求補助私立學校的配套（www.nbsa.org）。

另一項政教爭議的問題是國家的標準與私立學校標準相牴觸。發生於1976 年俄亥俄州達克郡的案例與此有關，當時為杜卡（Dunkard）宗教團體提供服務的「會幕宗基督徒學校」（Tabernacle Christian School），得到未能遵守州教育董事會要求的通知，而父母應該為未能將子女送到世俗學校就讀負責。這被學校的支持者與同情者視為企圖消滅依照聖經福音的基督徒學校。其他案例則牽涉到宗教團體如阿曼（Amish）教派與其所居之州政府的衝突，主要與強制入學條例有關。教會團體想要對兒童所接受的學校教育的類型及數量都能有主控權。在多數的區域中，州政府與宗教團體間的調適已經達成。

與政教分離有關且最富爭議的一項案例，發生在 1981 和 1982 年的阿肯色州小岩石（Little Rock）鎮。眾所周知的「史考伯第二」（Scopes II），即「麥克連對阿肯色州教育董事會案」（*McLean v. Arkansas Board of Education*），該案與 1925 年約翰·史考伯（John Scopes）所提在教室中教導進化論的訴訟相似。1981 至 1982 年的訴訟案旨在要求在教室中教導「科學創造論者」與「進化論者」的理論，所用的時間應該相等。該案與相似的訴訟案，其論戰集中在創造論者所相信的「絕對真理」（absolute truth）與

255

基要派基督徒所標示爲「世俗人文主義者」（secular humanists）所提出的「相對眞理」（relative truth）。贊成麥克連主張的人，認爲進化並不是一項已獲證實的理論，因而其他理論應該得到相同的時間；反對者則主張創造論者的觀點源自於聖經，可能會將宗教帶進教室中。

在經過專家提出冗長的證詞之後，法院判決教導創造論觀點，將違反政教分離的原則。該訴訟案特別重要，因爲此判決結果成爲其他 18 州相關待判之訴訟案的判決先例。1987 年 6 月其中一項訴訟案上訴到最高法院，論點爲「創造科學」與進化論有相等的權利在教室中教導。支持者主張創造是一種當受尊敬的科學理論，生命的形成並不是進化來的，而是瞬間出現的，而這個觀點應該得到相等的教學時間。結果 7 票對 2 票，法院再次維持原判決，認爲這是將聖經帶回教室的藉口，違反「第一修正案」的權利規定（"Louisiana Creationism Law," 1987, p. 23）。

最近，這個議題在堪薩斯州被再次提出，州教育董事會通過的「堪薩斯州科學教育課程標準」（Kansas Curricular Standards for Science Education），並未在必修的科學課程中包括進化論，而把教導進化論的選擇權留給地方的學校董事會（"Evolution/Creation Science Controversy Continues," 1999）。有關此議題的民意調查顯示，有 83%的美國人希望在科學課程中教導進化論，70%的人不認爲在科學課程中教導進化論，而將創造論當成宗教概念，二者間有何矛盾。不到 30%的人希望科學課程中教授創造論（People for the American Way, 2000）。

最近的其他法律訴訟案回到在學校中禱告的議題，以及課外宗教性社團的複雜議題。在 1981 年的判決中（*Widmar* v. *Vincent*），最高法院認爲大學生有權在校園裡籌組宗教性社團；在 1990 年 6 月的判決中（*Westside Community Schools* v. *Mergens*），在某些條件下將前述判決延伸適用於中等學校（Sendor, 1990, p. 15）。「相等機會法案」（Equal Access Act）載明學校如果允許任何非課程相關的社團集會——康樂性、政治性、哲學性聚會，則學校也必須允許宗教團體聚會。美國國會也進到教會與國家的議題之中，考慮「十誡」（Ten Commandments）是否能張貼在學校裡。

256

另一個訴訟案（*Weisman v. Lee*）有關在畢業或晉升典禮中禱告是否合憲。一方主張呼告神的名應被視爲合憲；另一方則主張此舉違反分離的權利，且青睞某些宗教，而且也使非依附於該宗教者感到自己是「公立學系統的外來者，不屬於他們」（Walsh, 1991, p. 1）。另一個正由最高法院審理中的當前議題是足球比賽時的禱告；在德州的訴訟案中，政教分離對學生言論自由權的議題正爭論中。根論全國性的民意調查，三分之二的美國人認爲學生應該可以准予帶領這種禱告（Carelli, 2000）。

教育社會學之應用 陳述贊成與反對公立學校內有宗教性社團與禱告存在的論點。

□ 教育經濟學：為學校挹注經費

大部分的社會將教育視爲對未來的投資。訓練青少年的功能，使他們適應社會成爲有生產力的角色，對社會有所貢獻，也「篩選」（selects）他們進入未來的角色。許多國家的中央政府提供地方行政區資金，以實現均等的大眾教育。這些政策的基礎爲效率、公平與自由的目的，然而社會富裕的人可能會爲其子女「購買」菁英教育，以確保他們崇高的地位，從而再製其階層系統。

學校效力於不斷成長擴張、技術成熟的經濟部門。這反應在訓練人口進入職場的學校快速成長。美國學校教育的成長甚鉅，自 1890 年到 1960 年代間，中等教育高中年齡者的入學率由 7%增加到 90%以上。1997 年的數字顯示 14 至 17 歲學生，有 97%在學，但該數字在 18 至 19 歲時，下降到 61.5%（National Center for Education Statistics, *Digest*, 1999, p. 15, Table 6）。

學校成長的現象被功能論者視爲在滿足經濟上對有教養之勞動力的需要。二者攜手並進，以支持國家的經濟。學校的成長與進步改善了勞工的技巧與人格特質，進而使經濟成長與促成社會進步。個人接受的學校教育愈多，對個人及國家而言，均開啓了更多的經濟前景。

257　　　　一項反對功能論者的論證指出，單單是社會進步模式所提的教育改進本身，並不能促成社會的發展。學校是篩選與排序（sorting）的機構。衝突論者相信學校訓練使個人能滿足社會的經濟、職業要求。訓練藉著授與個體證照而將之階層化，正如測驗將個人排序那樣，但這不必然意味著社會進步。

　　　　美國學校的財務環境並不十分確定。用於教育的實際金額持續增加，但學校開銷增加的費用遠比通貨膨脹來得快，而為了滿足學校增加的支出，圖謀增收教育捐很少獲得成功。以 1997 至 1998 年的定值美元估算，教育公立學校學生每日平均花費由 1919 至 1920 年的 453 元提高到 1997 至 1998 年的 6,624 美元（National Center for Education Statistics, 1999, p. 186）。

　　　　學校財務發生在三個階段中：地方政府、州政府與聯邦政府。州政府所提撥給公立學校的經費，總體而言是最多的；然而，其比例是浮動的。在 1980 年代州政府分擔的經費穩定成長到 50%。之後州政府投入的比例，因為地方政府經費增加而減少，由 1986 至 1987 年的 43.9% 到 1995 至 1996 年的 45.9%。此分攤比例在某些州相當不同，例如：新罕布夏州 87% 的教育經費來自地方資金，而佛蒙特州和伊利諾州則為 64%。聯邦政府分攤 6.6% 的經費（National Center for Education Statistics, *Digest*, 1999, p. 170, Table 158）。

　　　　經費支出較高的都市貧民區學校，在取得學校經費上特別艱難，包括：城市裡的教師工會甚為強勢，且常成功的要求更高的薪資；學校建築需要修繕；都市貧民區對補救教育等特殊方案需求更大；學生流動率更高。不幸的，當稅率攀升以支持學校時，有些居民就遷徙到郊區，進一步使得城市的稅基流失。因此，聯邦與州的資金投入都市貧民區之類的區域較多，因為他們沒有強健的稅基。有高比例貧困兒童的學區，聯邦政府提供學校預算 13% 的比例，而州政府分攤 60%，地方稅收分攤 27%。即使受惠於政府補助，比較貧窮的區與富裕的區，經費來源的情形相當不同：有錢的區聯邦補助只有 3%，州補助 41%，地方政府補助 56%（National Center for Education Statistics, 1995, p. 390）。

地方經費　財產稅是地方經費主要的來源，但各行政區之間差異甚大。都市貧民區來自財產稅的稅基較小，並持續失去其稅基，且有錢人搬到郊區並形成新的產業；因此，郊區有較大的稅基，藉以提供較佳的學校。如果財產稅不足以提供適當的經費，經由投票可以發行債券；但是成功的紀錄對仰賴這種經費來源的學校而言並非好的兆頭。在市中心的學校每生分得的教育經費通常較少，雖然協助貧困的學生、保養並升級老舊的學校建築，並收到財產稅的需求更為孔亟。 *258*

全美的行政區與小鄉鎮都面臨經費短缺的相似狀況。1960 年代早期，地方稅款提供了學校預算的 6%。到了 1974 年，該數字為 26%，且持續成長。今天，在最富裕的區，學校總收入的 56% 是源自地方經費。納稅人抗議如此沉重的負擔。1990 年代，學校財務改革為當務之急；州的補助在學校預算的提供比重漸增，而地方與聯邦稅收所提供的則漸減。地方稅基受

學校通常仰賴地方經費來源，如：各種稅賦

到如關閉軍事基地、產業及存放款機構的破產之類的危機影響。因此，有些地方行政區只好藉由每週上課四天、販賣兒童的美術作品，以及發行樂透彩等措施以募集所需的經費。

州的經費　近年來，州提供的教育經費已增加至貧窮區總經費的60%；這些錢主要來自銷售稅、個人所得稅，以及州所發行的彩券等特殊經費。超過40個州有全州性的銷售稅，構成州的歲入30%以上，這些稅率因州而異。愈來愈多州發行樂透，以募集教育經費。

259　　有關學校經費的爭議早在25年前即已開始，至今仍是法庭裡的議題，且大多數的州都訴訟在身。法院主要的判決為：

1.重新定義憲法所要求州必須提供的教育層級。

2.運用新標準以量度合憲性。

3.除了公平性外，將焦點置於適切性。

4.依據州法律教育條款簡單明確的意義。　（Verstegen, 1994, p. 244）

眾所關切的是經費如何公平的分配到所有的團體及州內所有的區域。州的經費達到地方行政區有四種主要的方法：

1.**基本補助**（flat grants）：不論是否有特殊的需要，提供相同的金額給所有區裡所有的學生；有些州則修正此項基本補助，以提供窮區更多的補助。

2.**基金會計畫**（foundation plans）：從史拉諾案（*Serrano*）之後最常見的方式（稍後討論之），提供每生每年最低限的經費。

3.**動力均等計畫**（power-equalizing plans）：「州付給地方學校經費的百分比為該區富裕人口比例的倒數。」[6]

4.**學生加權計畫**（weighted-student plans）：估量學生的特殊需要，雙

---

6. 譯按：例如甲區有錢人的比例為50%，是個富裕的區；乙區有錢人的比例只有2%，是個窮困的區。州補助甲區為 1/0.50=2（%），補助乙區為 1/0.02=50（%）；換句話說，乙區較窮所以州給的補助較多（50%＞2%）。這也是教育優先區概念的應用。

語、殘障、職業教育。

上述好些計畫均試圖將地方支援學校的能力，以及有特殊需求的學校等差異納入考慮，藉此圖謀各校之間的均平。

有關運用財產稅援助學校的財務之爭議仍在繼續中，許多州亦已上訴於法院。反對這樣做的團體其論點為：較有錢的區有更多的錢挹注到學校裡，所以能提供他們的子女更有品質的教育。因此，州正尋求消除地方行政區經費補助「大小眼差別」（disparities）的方法。

解決地方學校透過財產稅取得經費的爭議，有兩項知名的法院訟案。1971 年，「史拉諾對普利司特案」（Serrano v. Priest），加州最高法院的判決為：「這種經費補助計畫喚醒對窮人的歧視，因為它使兒童受教育的品質成為家長與鄰里富裕程度的函數。」這個具里程碑意義的判決影響其他許多州的學校經費分配。1973 年德州的訴訟，「聖安東尼奧市對羅德利奎茲案」（San Antonio v. Rodriquez），該案的論點為教育是一項基本的權利，並且所有的學校應該有相同的財務基礎。該案上訴於美國最高法院，結果維持「教育不是一項基本的權益或權利」，從而拒絕這項反對財產稅補助的訟案。雖然鼓勵各州徵收新稅與開源節流，但將財產稅用於學校並未受到阻礙。

其他的訴訟案已造成地方、州、聯邦政府三者之間，教育經費的重新分配。自「史拉諾對普利司特案」（1971）及「聖安東尼奧市對羅德利奎茲案」（1973）兩個里程碑意義的訟案後，公院對經費計畫的判決呈現紛雜的局面（Fulton & Long, 1993）。目前超過 34 個州，在鄉村對都會區的學校經費上，仍有訟案尚未解決（Dayton, 1998）。

聯邦經費　聯邦教育經費受到國家內州的經濟影響。1980 年代早期，美國苦於經濟景氣不振，政府稅收減少。此外，國家的優先計畫也會影響錢的去處。

在雷根與布希總統執政期間，其哲學乃是將教育與決策留給州和地方政府。藉此，為失利兒童服務的方案，除了「啟蒙計畫」例外，其餘的聯邦計畫均受到刪減。27 項聯邦教育方案合併成撥給州政府的單一補助,結果造成其中有些計畫在州的層級被漏失掉;如果計畫的本身在該州有權勢團體中間不受歡迎時,尤為其然。這使許多人要求聯邦政應該繼續支持這些計畫方案,以促成機會均等。都市學校更容易因為失去計畫方案及經費而受害。結果便是美國花在每位學生身上的錢,比其他工業國家更少(見 圖 9-3)。

261　　　有許多意見被提出來以改進學校經費的取得,諸如:所得稅學費直接扣除額、教育券與特許學校、私人組織的協助、由企業經營學校,而發行樂透彩則是最常採用的方法。如前面章節所提,教育券在各個環節產生爭議。其基本的理念是兒童與其家庭可以得到教育券,以償付所選擇或是能夠滿足學生特殊需要的學校。對教育券理念的批評則為:可能會造成學校之間的區隔、挑戰教師工會、讓特殊利益團體得以操控教育、破壞大眾教育的概念。

260

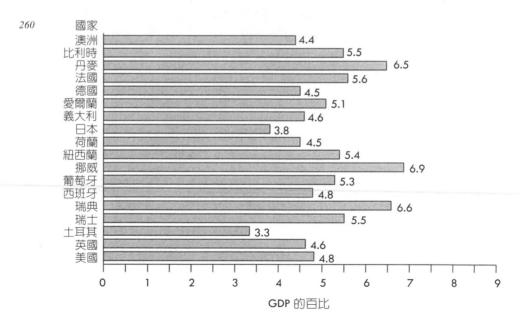

圖 9-3　教育公共支出占國內生產總值的百分比:選擇性的國家,1994 年

資料來源:Organization for Economic Cooperation and Development, unpublished data.

因為財務的壓力，學校被置於必須向環境自我推銷的處境、出售他們
的教學方案的優勢、稱許自己的教職員團體，並證明他們的成功。那些被
社區認為是「炫耀性裝飾」的方案，受到最仔細的檢視。因此，課外活動
——運動、音樂與美術方案、諮商服務、年刊、報紙、辯論社、戲劇、音
樂會——通常是砍預算時首當其衝的。學校的財務環境對學校辦學及計畫
的類型有很大的影響。

教育社會學之應用　公立學校經費來源的平衡，有何意涵？

政治氣氛與其哲學直接影響教育的經費分配。接著我們要探討的下一
個環境制度是政治部門。

☐ 政治與法律的制度

政府直接參與教育，不論是透過影響所教的內容與價值、補助特殊方
案，或制定政策。許多國家的教育系統受到中央政府的控制，通常是透過
教育部。其他政府常以法律及財務控制和影響臨及學校。學校所面臨的政
治議題有些是全球性的，有些則是個別系統所特有的。思考下列地方及國
家教育系統所面臨的議題：

1. 應該提供學生廣泛而全面的教育，還是分軌的教育，有些接受職業
   教育，另一些接受學術課程？
2. 學校應該接受中央「教育部」或地方當局的管轄？
3. 是否應該容許家長選擇學校（縱使該校如某些教會學校那樣未經認
   可）或選擇在家教育，以教育他們的子女，或者應該規定兒童就讀
   於合格登記的學校？
4. 應該給家長教育券讓他們為其子女選擇學校嗎？
5. 是否應該讓關注特殊意識型態的家長團體禁止學校使用教科書，因
   為這些書對該團體有所冒犯？
6. 是否該在教室中教導 AIDS 及性教育這類受爭議的社群或社會議題？

262　　　教育與政治在許多方面無法分開：

◆ 興辦學校受到經濟需要的影響；有些實施計畫經濟的國家為每一種
職務指派多少人能接受該職務的訓練。

◆ 家長與社區施予學校壓力，要學校為兒童的成功而努力。

◆ 不同的利益團體對哪些知識該透過課程內容及教科書傳遞給兒童有
所衝突。（Apple & Weis, 1986, p. 8）

　　　學校一向是社會改革的試驗場。在美國，這意味著公眾教育的責任及
「提高全民福祉」（promoting the general welfare）。美國歷史的早期，聯
邦政府參與教育的方式包括保留教育用地及募集資金，如 1785 年的「西北
法規」（Northwest Ordinance）、1862 年「莫里爾法案」（Morrill Act）所
規定者，並立法保障美國原住民等特定族群的學生。近年來，亦以立法保
障殘障學生的教育。

　　　法院在各級教育系統中聽訟並解釋法律，內容從為殘障者廢除教育的
隔閡到教育券系統及特許學校。社區住民及利益團體興訟，上訴於法院；
我們在整本書已考量過好些例子：教科書、創造論、校車接送與族群融合、
特殊教育，以及其他許多議題。

　　　立法對學校有重大影響的其中一例為其在聯邦政府的管理上，有些人
預測立法對教育的影響可能會與下列訴訟案的影響同樣深遠：1954 年「布
朗對教育董事會案」（*Brown v. Board of Education*）、1964 年「民權法案」
（Civil Rights Act）。「94-142 公共法」（Public Law 94-142），以及「殘
障兒童教育法案」（Education for All Handicapped Children Act），規定學
校將 3 至 21 歲殘障生「回歸主流」（mainstream）。「殘障者教育法案」
（Individuals with Disabilities Education Act, IDEA）改變了許多兒童的生
活。在「94-142 公共法」通過之前，100 萬名的殘障兒童自公立學校系統
中被排除，數十萬名兒童得不到適當的服務。現在許多人已自高中畢業、
進入大學，並進入勞動市場。融入統整這些兒童的論點包括如下（IDEA,
1997）：

1.如果殘障生不被孤立的話，他們能夠達到較高的學術及社會成就。

2.尋常的學校情境幫助他們適應這個他們成人時所必須居住的世界。

3.接觸殘障生幫助其他的兒童理解孩子們之間的差異。

「美國殘障法案」（Americans with Disabilities Act, ADA）──全面性保障殘障者的民權法律──立法五週年慶時，法務部發起對該法律之效果的評估。從使學生回歸主流、確保活動的參與，到提供公平的測驗機會，殘障學生的處境在過去短短幾年內的改善不可同日而語（"Enforcing the ADA," 1995）。

該法的反對者主張許多的殘障兒童苦於遭受同學的嘲笑戲弄，那些試圖讓此方案運作的教師未經訓練，亦使學生吃盡苦頭。他們建議小心的安置、提供教師特別的訓練、限制每間教室殘障兒童的人數。

學校環境相關的政府主體與各個層級的機構，有責任通過並執行學校運作的法律。整個教育系統牽一髮而動全身。結構必須接受調整以加進適當的教材、物質設施及支援的人事；角色必須重新定義以涵蓋新的期望；學校目標必須重新陳述，以避免互相衝突的目標。法律要求學校、教室、課程，以及個人角色責任作出改變，這意味著系統的重構，也意味著結構及各級職位者的反彈回應。

教育社會學之應用 政治的系統在你們社區的學校中扮演什麼角色？

社區與學校

有時候，我們多數人對學校系統面臨的議題會選邊站。可能的議題包括學校適當的角色、教育課程的內容，或人事的任免。因為學校很容易因環境要求而受傷，行政人員必須多方的考慮對他們的各種要求。學校行政常處於進退兩難，它受到壓力必須考量對某個議題的所有意見，然而並非所有的意見觀點都可為人接受。

家長團體抱怨學校不該有性教育。工商企業對學校施加壓力，要求以

行業取向的電腦及科技訓練學生。有些移民團體希望學校能用他們的母語進行教學。學生同儕團體與學校相互競爭，要取得學生的注意與忠誠。所有這些例子均顯示學校系統容易受到來自許多社群的壓力而受傷。學校所在之社區的組成，決定了進入地區學校的「素材」（raw material）。

學校合夥關係 工商企業界對於學校的參與逐漸增加，尤其在某些大城市，高中生得到實習的機會、公司行號承諾畢業生職位、就讀大學者獎助學費。工商企業領導人認為這種支持符合他們的利益，提供訓練有素的勞動力，並使城市更適宜人居。而公司法人與都市貧民區學校裡繼續念大學之學生的連結，鼓勵一些學生繼續完成他們的高中教育。但公司法人也總是不清楚他們的現金及給學校的仁慈捐款之下落如何，而不免為此感到挫折。測量效能有其困難，而許多公司法人的領導者對他們的努力是否有任何的作用甚表質疑。

美國的法人團體了解未來的勞動力正在流失，因而更加的注意學校。這種注意有幾種不同的形式：從直接捐款到學校運作必須基於公司法人的前提。基金會在撥款給學區執行專案上特別活躍；有些公司則將先前用來捐助大學的資金轉來支持中小學教育。地方的小型企業則為特殊計畫、圖書館及運動計畫而捐款。

有些學校人員質疑企業在公眾教育中所扮演的角色，害怕來自公司法人不當的影響，他們用錢來指引課程與政策；其他人則覺得企業夥伴將更多經費投注到窮困的學區，並嘗試改進成就水準的創意點子，使希望存在。

同儕團體對兒童的影響隨著他們進入青少年期而益形重要；每個兒童可能受到幾個不同團體的影響——有些是學校正式組織的，如運動隊伍；有些是透過社區活動如宗教團體或童子軍；有些則是非正式團體如鄰里及同儕團體。

特殊利益團體對學校有特定的要求：

◆ 應該將更多錢投資於運動方案。
◆ 性教育不是學校的角色，而應該在家教導。

◆教導多樣的文化遺產應該是學校的當務之急。

◆學生應該在校學習紀律與尊重，好能成為健全的公民。

◆少數民族學生應該有特殊的文化方案。

　　實施弱勢族群方案是特殊利益團體所推動的議題之一例。教室在階級、多元文化、多族群的組成上更加多樣化。理解社區的興趣與需求，能改進教育的歷程（Drake, 1993）。

　　過去幾年，弱勢團體要求學校課程上增加許多科目；如非裔美國人研究、西裔研究、女性研究，以及其他科目均廣受提倡。最近，慈善組織如「福特和洛克菲勒基金會」（Ford and Rockefeller Foundations）提供經費補助種族研究的專案。許多教育者同意，標準化課程──原來設計用以將兒童社會化，使之相似於社會的主流團體，並將各個團體同化成為「美國人」──此種觀點需要修正。今天的趨勢是以跨文化的方案支持系統內的多樣群體。至終這可能將每個團體置入全國圖像的觀點中，並強調對文化差異及多元主義的尊重。

　　社區內推動議題的利益團體，其實力愈強大，該議題所考慮者，愈有可能被接受。有些小團體擁有不成比例的影響力，這是因為他們願意在各種場合中大聲表達出來。回顧第二章所提書本檢查制度的例子。學校的制度環境塑造全世界學校的內部歷程，在教育環境中使每一個組織都獨特不同。

　　源自教育系統環境的許多影響使得學校之間有些相似性，但也因為來自學校環境的不同壓力，使得每一所學校與眾不同。為了理解學校內部的政策及活動，有必要理解加諸學校的環境壓力。

265

教育社會學
The Sociology of Education: A Systematic Analysis

摘要

1.環境與教育系統

　　學校爲求生存，對環境中各式各樣的要求作出反應。因爲學校仰賴環境供給資源，所以來自環境的要求不能忽視。本章我們將焦點置於學校的制度化環境：家庭與家人、宗教團體、財務與經濟、政治與法律系統，以及社區。

　　利益衝突是學校環境無法避免的問題，反對團體要求他們的觀點能夠優先實現。爲了得到生存所必需的資源，學校必須耗費更多精力，處理環境中較重要而有力之團體的要求。

2.學校系統的環境：制度間的相互依賴關係

　　構成環境的重要制度包括家庭、宗教組織、財務環境、政府與法律系統，以及社區和特殊利益團體。

(1) 兒童自家庭中帶來對學校的態度，及其他的特徵。父母對學校的參與有不同的程度；愈積極的父母，他們子女學校經驗的成果就愈正向。

(2) 有些社會裡，宗教、國家包括教育，三者合一，也都相同。在美國，政教分離已在幾個議題上產生衝突，最顯眼的議題是怎樣才算是在學校裡教導宗教，以及教室裡該教導什麼內容。「創造論」的爭議是最佳的例子。

(3) 教育經費有三大來源：聯邦政府、州政府和地方政府。經過這些年，這三者所提供的經費比率有所更迭。法院的訴訟案挑戰了地方層次學校經費計畫，對貧困的學區不公平，影響所及，近年來州政府給學區的比例在三者中已經增加。經費的來源包括：個人所得

266

稅、銷售稅、財產稅、教育捐，以及在某些州所發行的樂透彩券。
經費分配的方式亦隨州而異，而「基金會計畫」最為普及。聯邦經
費資助弱勢團體、殘障者和其他鎖定的方案計畫。改革的提議包括
稅賦減免、教育券，仍在討論中。

(4) 政府在教育中扮演的角色，包括通過法律和制定政策。雖然在美
國，地方的控制力量最強大，但聯邦政府對那些不能遵守聯邦教育
方針者，藉由限制教育經費，亦有強大的影響力。只要問題有關法
律或政策，便可訴諸法院請求判斷；例如：法律為殘障者所設定的
教育政策對該團體有巨大的影響，而帶來法院的訴訟案也不斷的考
驗該法律。

(5) 社區提供「素材」進入學校，並影響個別社區所提供的教育類型。
社區的組成決定諸如雙語教育等特殊方案的需求，社區的特殊利益
團體也對學校施加壓力，以取得他們所想要的利益。

(6) 學校環境對學校內部功能有巨大的影響。未考慮影響教育系統的重
要元素，就不能完全了解學校。

運用社會學作業

1. 描述你所處的環境中影響你學生角色的部分。這些部分造成任何角
色上的衝突嗎？

2. 哪些運動或人口趨勢影響你們的學區？詢問教師與校長他們察覺哪
些與當前趨勢有關的壓力加諸學校。比較當前的影響力與 1960 年代
的影響力（亦見於本書第十章）。

3. 你們當地學校的立即性環境與次級環境為何？圖示之。

4. 討論學校系統因環境的回饋而產生改變的幾個例子。

Chapter ***10***

高等教育系統

「通往大學之途模糊不清」（Boyer, 1987, pp. 13-14）。我們有些人有
楷模可以效法（如兄姊、父母或諮商員），以指引通過大學預科課程、大
學測驗、申請及篩選歷程，以及獲得入學許可的途徑。其他人則幾乎無人
可以指引，而常常就是這些學生進入大學無門，並在高等教育中獲得成功
的機會渺茫。小學與中學的學校教育是強迫義務教育，但是是否進入高等
教育機構則出乎我們的選擇。高等教育的氣氛、教師的專業態度、系統的
組織方式均與小學及中學截然不同。

　　本章我們探討高等教育的系統——其發展與意義；進入高教系統的管
道；系統內的結構、過程和角色關係；變革的環境壓力；高等教育的產出
與改革。開放系統模式幫助我們描繪高等教育的許多面向，並觀察它們與
整個系統的關係（見圖 10-1）。此模式顯示現今高等教育系統的各個部分。
然而，對整個歷史上曾受過高等教育的人而言，它可能看起來相當陌生。

高等教育的歷史與發展

　　走過英國的牛津與劍橋大學，便想到許多高等教育的傳統是建立於 12
世紀到 13 世紀，也就是在這些有庭園、尖塔、布置井然的花園、長廊、彩
繪玻璃窗，以及早期知名學者塑像的情境裡所建立的。牛津大學古代的圖
書館裡，中世紀的學者坐著並研讀，一如今日的學生穿著牛仔褲、背著背

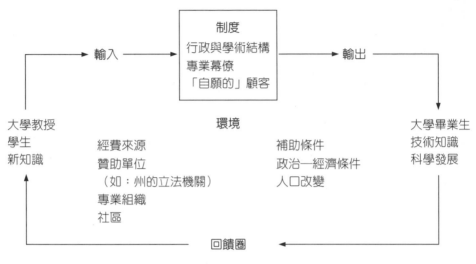

圖 10-1　高等教育系統模式

包的場景。傳遞知識的傳統開始於早期的大學：法國的巴黎，義大利的波隆那（Bologna）、威尼斯，西班牙的薩拉曼卡（Salamanca），以及英國的牛津與劍橋（Perkins, 1973, p. 3）。這些大學在行政決策以及與教會、國家政府的互動間，建立脆弱而細緻的平衡，維持學術獨立與自主，並與教會及國家互動，立下了教會－國家－高教機構平衡關係的先例，經過了幾個世紀，直到今日。

☐ 高等教育歷史功能

在 19 世紀，除了傳統上傳遞知識的功能或使命外，大學增加了一項新的功能。研究本身成為目的（Perkins, 1973, pp. 6-7）。這項新的使命造成教學與研究之間的張力，使得師生關係緊繃。這項張力對今天的我們甚為熟悉，因為教授將自己的時間分為教導學生及做研究二部分。許多國家，做研究勝出，因為從事這些活動所獲得的金錢與聲望的酬賞比教學更多（Ballantine, 1989）。

未來仍有兩個新使命或目的企待發展：對社區提供無限服務，並創造體制內理想民主的團體（Perkins, 1973, pp. 10-13），但可以預見此兩項任務也將使各大學面臨嚴重的兩難困境。

　　隨著時間的遞嬗，高等教育的管理、行政結構、課程、學生主體的組成等均已發生改變。新的學門迅速發展，要求現有結構進行調整。近年來，要求更能代表多元文化的課程，以及為更多階層的人口提供高等教育機會的壓力，已成為全世界重視的議題。 *269*

☐ 高等教育的發展趨勢

　　美國高等教育的發展與英國及西班牙等歐洲國家有些許不同。在殖民時期，美國建立了一些小型的大學，大部分是由宗教團體所出資，由外行人營運，其型態在日耳曼民族國家為典型。接下來的時間，許多大學一一興起——但其中很多不久就關門大吉了。大學意味著為來自「可敬的家庭」及少數來自窮困家庭的幸運年輕人服務。一般而言，大學是由中上階級者所建立，以維護他們在美國既有社會階級的差異。1776 年時，200 人中僅有 1 人接受大學教育，其他人則是透過師傅（tutor）或自修的方式學習（Jencks & Riesman, 1968, pp. 90-91）。此期，女性被排除於高等教育之外；少數女性在小型私人團體裡聚集，接受來自鄰近大學具有寬廣心智之男性教授的訓練。

　　直到內戰（Civil War）結束後，莫瑞爾法案（Morrill Act）通過，許多州將國有土地捐給大學，建立公立學院與大學，其目的在提供廣大學生文雅及實用的教育。公立的師資訓練學院，或「師範學校」（normal schools），為了滿足對教師漸增的需求，也紛紛成立。美國第一所提供研究所教育的學院，並藉此成為大學者為哈佛大學，1869 年獲准改制；而約翰霍普金斯學院則在 1876 年獲准改制成為大學。

　　到了 1900 年時，全美有幾百所小型、私立、大專院校，大部分有希臘文、拉丁文、數學、倫理和宗教等「古典」課程。此外出現一些專門學院，今日專業學校的先驅——例如：麻省理工技術學院（Massachusetts Institute of Technology, MIT）和加州技術學院（California Institute of Technology），

二者均鑽研工程領域。

今日的英國高等教育機構的數量相對較少，大致可區分為：大學、多元技術學院（polytechnics）和學院三類；25 至 34 歲的青年中僅約 15%完成高等教育。相對的，美國有超過 4,000 所高等教育機構，包括二年制的學院（*The Chronicle of Higher Education Almanac*, 1999, p. 24），延攬高中畢業生在秋天時立刻進入大學，其比例男生為63.5%，女生為70.3%（National Center for Education Statistics, *Digest*, 1999, p. 209），居全世界之最高比例。加拿大、紐西蘭、澳州就讀高等教育學府的人數比例緊接在美國之後。英國限制的模式與美國大眾教育的模式係由各種歷史因素所造成，而美國的學生人口甚為多樣。不過，英國正在擴張其模式，提供相當於兩年制學院的教育，如我們將要介紹的（Trow, 1987）。

二年制學院，有時也被稱為社區學院（community colleges）或專科學校（junior colleges），是 20 世紀才出現的現象。這類學院提供修業的文憑，或將學生轉銜到四年制的學院及大學，或兩者都有。「與四年制的學院及大學相比，社區學院更可能招收學業程度落後的學生、少數民族團體的學生、半工半讀的學生、經濟狀況不佳的學生、學電腦的學生、年紀較大的學生，及家裡讀大學的第一代」（Oromaner, 1995, p. 1）。這種原創於美國的機構為多重目的服務：專注於學生、視需要提供矯正教育、行業科目、社區服務，以及讓非傳統與少數民族學生可以進入高等教育學府（Grubb, 1991; Vaughan, 1991）。「約一半的後期中等教育的學生，他們的大學教育開始於二年制學院，美國約40%的學生，現在就讀於二年級學院」（Olson, 1996; National Center for Education Statistics, 1995, p. 42）。少數民族團體的學生半數以上就讀於社區學院。在高等教育中曾就讀社區學院者，約有五分之一的學生從四年制大學畢業，這個數字在過去十年相當固定（Cohen, 1997; National Center for Education Statistics, 1995, p. 42）。根據研究（Lee, Mackie-Lewis, & Marks, 1993），由二年制學院轉入四年制學院的學生，花六年時間自四年制學院畢業的機率，與一開始便就讀於四年制學院的學生相比，機率相同（69%）。

　　四十年前，克拉克（Burton Clark）觀察了加州 1950 年代的專科學校，指出此類學校有兩項功能：提供修業兩年的文憑，以及預備一小群學生轉學到四年制的大學機構。克拉克指出當學生想要轉學的意願顯明時，專科學校會勸阻他們，並告以他們的學業弱點，以及二年制修業學程具有職業導向的本質。克拉克稱此為「降溫冷卻功能」（cooling-out function）（Clark, 1960）。

　　「降溫冷卻功能」的觀念激發了許多有關二年制學院角色的爭辯。對二年制學院的批評落入幾個類別：菁英主義者認為社區學院較低劣，其學業標準也不能與四年制的高教機構相提並論；主流的批評者則在原則上支持二年制學院，但認為社區學院在服務較弱勢的學生上可以做得更好，並應致力讓學生轉銜到四年制大學；結構的批判者則視二年制學院在製造不平等的高等教育階層系統上，難辭其咎（Pincus, 1994）（見圖 10-2）。後者相信社區學院好像一個篩子，濾除貧窮及少數民族的學生，阻礙這些學生循教育之階，拾級而上；邊緣學生，通常是少數民族學生，從高教系統中被濾除了。例如：西裔學生進入二年制學院的比例出奇的高（Velez & Javalgi, 1994）。許多少數民族學生，在都市貧民區的高中修習品質不佳的大學預科課程，這些學生接近 90%將時間耗費在社區學院發展性的教育課程中。取得四年制學位之途因之受限（Littleton, 1998）。

　　另一個環繞社區學院打轉的爭論，關注社區學院宗旨的轉移，變成以服務企業文化為宗旨，並與企業簽訂契約提供滿足他們需要的客製化訓練方案。因為宗旨更具有社區及職業的色彩，所以教導傳統的博雅學科，以及將學生轉銜至四年制大學的功能便削弱了（Lee & Pincus, 1989）。1970年時，三分之二的社區學院生轉銜到四年制的學校；但到了 1980 年時，70%的社區學院學生留在兩年制的職業學程中。回顧此局面新近的一份評論中，提出這種巨大轉變的幾點理由，從社區學院對經濟社會、與政治環境的高度反應，到學生對學程的選擇都有之（Dougherty, 2000; Dougherty & Bakia, 2000）。

　　研究顯示社區學院自身可能已在追求更多職業性與半專業的科目，因

271

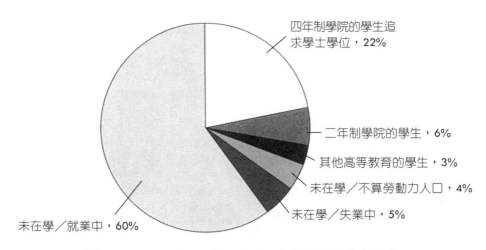

四年制學院的學生追
求學士學位,22%

二年制學院的學生,6%

其他高等教育的學生,3%

未在學/不算勞動力人口,4%

未在學/失業中,5%

未在學/就業中,60%

圖 10-2　1991 年 10 月,完成二年制學院學生的動向

資料來源：U.S. Department of Commerce, Bureau of the Census, Current Population Survey, October 1991. Reprinted in *The Condition of Education*, 1995, p. 45.

爲那是他們在高等教育市場中可以取得的安身之所（Brint & Karabel, 1989）。然而,與業界簽約提供其員工訓練、課程、工作坊,引發了如下的擔憂：社區學院可能會發現商業利潤比教育自主、比爲它們的學生顧客服務,更有吸引力。

教育專家也關切轉銜到四年制學院者的輟學人數,雖然大學所提供的銜接課程已使這個過程更容易（Eaton, 1990）。有些人主張轉銜功能的重要性,在於它肯定了社區學院的學術目的；許多學生的確有抱負要獲得四年制大學的學位,但對其過程則卻步不前；平等主義者的訴求也有賴於轉銜的功能,他們支持給所有學生進入四年制高等教育的機會（Grubb, 1991, p. 194）。那些轉入四年制院校的學生,他們自其中畢業,以及繼續升入研究所的機率,與那些一開始便就讀於四年制院校者差異甚微（Lee, Mackie-Lewis, & Marks, 1993）。

社區學院的學位對謀職與成功有何影響？我們所就讀之學院的類型塑造我們的職業地位。社區學院男性學生與那些一開始就進入四年制學院者相比,達到較低的職業地位。對女性而言,每多受一年教育所得到的職業

272

回報，社區學院的學生也比四年制學院的學生爲低。平均而言，社區學院的入學者所達到的職業地位，低於四年制學院的入學者。1990 年已完成社區學院兩年的修業者中，60% 已就業，而約 5% 畢業一年後仍處於失業中。

根據最近的研究，進入社區學院的學生其職業與經濟地位僅較那些高中畢業後即就業者，多出少許的優勢。考量到其工作經驗較少，他們所得的經濟報酬不會太高（Monk-Turner, 1992b）。完成博雅教育副學士的學位，實際上可能會阻礙學生得到額外教育年限的機會（Monk-Turner, 1992a）。因此社區學院會使高等教育的階層化現象永存（Lee & Frank, 1990, p. 191）。

社區學院所提供的職業教育，導向特定類型與層級的工作，諸如房屋銷售、具備電子或商業技能；它使那些需要技術勞動者的雇主受惠，也可能使員工有機會自低微薪資、無升遷機會的職務中向上攀升（Pincus, 1985），但也可能會使員工在職業地位較低的工作中動彈不得，如衝突論者所擔憂的。

二年制學院所服務的角色很顯然與眾不同，儘管有爭議，卻在全世界中擴散出來。例如：英國在許多綜合學校中增設「第六型」（sixth-form）學院，這類學院的結構與功能都與二年制學院相似。日本也在二年制學院中提供可選修的學科。

教育社會學之應用　你認爲社區學院可以或應該爲學生及社區扮演何種角色？

高等教育的理論取向

過去半個世紀，高等教育在世界各地正急速擴張。主要的理論問題爲爲什麼會這樣，以及這產生了什麼後果？另一個主要的爭辯則集中在高等教育的可取得性——是否有些團體比其他團體有更多接受高等教育的機會。讓我們以功能論者與衝突論者的眼光仔細查看這兩項問題。

273

□ 高等教育的擴張

　　功能論者與共識論者認為大學能夠藉由發展並運用新知識，在漫長的軌道上解決社會的問題；衝突論者則主張大學常使現狀永存，如果我們要改變當前不均等之狀態的話，更基本的社會變革是必要的。

　　功能取向　　根據功能論者的觀點，高等教育在美國及其他國家快速發展有幾個原因。第一，高等教育在協助改善個人機會上是令人滿意。第二，高等教育藉由教導個人複雜的科技世界中所需要的技能，增進機會均等的可能性，並藉此增進個人的能力，使個人能夠以具有生產力的方式在系統中競爭，而順利融入系統中。第三，社會需要高等教育協助預備個人進入重要的角色中；前述論點已推進高等教育在發展中國家的擴張。

　　衝突取向　　衝突論者認為高等教育的成長直接與資本主義系統需求的改變有關。他們相信高等教育就如中小學教育一般，其組織形成旨在為菁英地位者的需求服務，並使他們的優勢地位永存。如同中等教育的學校，將學生導向職業的或學術的軌道，高等教育系統也可以視為一系列的軌道。向上流動的幻象看似存在，但其實是大有問題的。自二年制學院或技術學校畢業者，與那些自菁英大學畢業的學生相比，在職業地位上有很大的落差。包爾斯（Samuel Bowles）與季提思（Herbert Gintis）將大多數的高等教育系統詮釋為將學生導向較低階、白領職業中，這些行業的自主性及決定權甚少。在準備學生成為菁英地位的大學機構中，學生可以在沒有督導的情況下有更多的選擇權，及更大範圍的研究（Bowles & Gintis, 1976, Ch. 8）。但這些作者懷疑，即便是菁英教育，未必鼓勵學生提出系統及其自身合法性的問題。研究經費也受到菁英者利益的引導，要維護現狀。

　　要了解「守門」（gatekeeping）的政治學（Karen, 1990），或誰有權進入菁英學院，就必須研究教育系統的每個部分，包括誰決定入學權，這些人包括學院裡掌管入學的代表及高中的諮商員（Rosenbaum, 1996）；他們所採用的標準；他們想要打造的大學類型。取得入學許可的過程可能反應

274

出這所大學在社會裡的地位，以及它是多麼的難以攀及。因此，社會對入學權的爭鬥均反應在取得入學許可的過程中（Collier & Mayer, 1986）。

高等教育的途逕

誰獲准進入什麼大學？為什麼？這是全世界都有的問題。不論是否真是如此，但大多數國家都相信教育是晉升與成功之途。許多社會裡，菁英者的確控制了常春藤大學的入口，而當機會結構隨現代化而改變之際，社會中的其他人刻正要求分享箇中的好處。

世界上許多歷史悠久的大學也被迫重新考慮入學的限制條件，新成立的大學則敞開門戶接受新的學生團體。例如在馬來西亞，國立大學目前主要服務馬來學生，但在過去幾年，馬來人團體在高等教育中的人口與印度及華人團體相較，比例很低。

在美國情況就大為不同。菁英大學的入學許可條件與英國和日本相似，但它主要不是根據大學入學考試。美國90%的公立大學機構有「開門政策」（open-door policies），意即任何符合規定之條件的高中畢業生均可獲得入學的認可。私立學校的入學許可，則分為「開門性」（47%）與「選擇性」（selective）（48%）兩種。1980年以後，公立四年制大學機構變得更具選擇色彩，意即對高中修課及成就測驗分數的期望增加了。極富盛名的哈佛大學，其同意入學的決定與某些學生的菁英地位有關，也與另一些學生「肯定行動」（affirmative action）的考量有關（Karen, 1991）。這種漸漸關門的作法引發對高等教育的菁英主義及入學管道的抗議。

高等教育中的階層化與機會均等

在美國，大學入學代表所考慮的因素——高中成績、活動表現、推薦信、測驗成績，其中測驗成績最富爭議。偏好在審核入學許可過程中運用測驗成績者，認為測驗分數可以幫助淘汰那些「無法成功」（can't make it）的學生。批評成就測驗者則主張測驗並不能正確的代表學生所學習的內容，經濟上負擔得起的學生可以惡補提高成績，這些測驗並不能測量它們

275 　宣稱所能測量的，而且也對少數民族團體的學生不公平。少數民族團體學生的分數已有稍微上揚；在 SAT 上，大多數團體的分數都有些微上揚，如表 10-1 所示。

　　在歐洲、拉丁美洲、非洲、亞洲及世界上其他的國家，大學入學測驗成績決定一個人的未來。通過與不通過──就這麼簡單！這在日本產生一種稱為「浪人」（ronin）的年輕人，他們在大學入學考試中，未能金榜題名，便額外花一年的時間更努力學習，於來年重考。在日本也有些學生乾脆放棄這場爭進一流大學的戰鬥，而去讀較沒有名氣的大學或去就業（通常這些學生是藍領勞工的子女）藉此就使現有的階級系統更加鞏固。

　　贏得英國牛津大學的入學許可，可以代表進入世界菁英大學的入學過

表 10-1　性別和種族團體在 SAT 測驗上的平均分數，1998 年

	語言部分		數學部分	
	成績	一年後的改變	成績	一年後的改變
男性	509	+2	531	+1
女性	502	-1	496	+2
美國印第安人	480	+5	483	+8
亞裔	498	+2	562	+2
非裔美國人	434	0	426	+3
墨裔美國人	453	+2	460	+2
波多黎各裔	452	-2	447	0
其他西裔者	461	-5	466	-2
白人	526	0	528	+2
其他	511	-1	514	0
全體	505	0	512	+1

註：SAT 分測驗的量尺從 200 到 800。
資料來源：*The Chronicle of Higher Education Almanac*, August 27, 1999.

程；大學入學考試是最重要的。每一個想要進大學的高中畢業生都必須參加「英國 A 級測驗」（British A-level exams）。社經變項（特別是該名學生所畢業學校的類型）在決定得到入學許可上很重要。隨著許多國家的社會、經濟與政治的快速變遷，開放大學窄門給更多學生的壓力，正迫使政府考慮新的模式，如綜合大學（multiversity）、擴大招生名額、考慮允許設立更多私立大學（Hayhoe, 1995）。更多的機構正在採取開放入學許可的政策，部分原因是入學管道爭議多，這也是我們的下一個主題。

□ 菁英大學與公立大學

276

　　來自低社經背景的學生不論其能力、成就與期望，最可能就讀於低選擇性的大學，如二年制的及開放招生的機構。雖然美國高中學生都知道某些學校會接受他們的申請，但較少中產階級的學生入學，特別是在高選擇性的學校。菁英寄宿學校的學生最可能就讀高選擇性的學院或大學（61%來自菁英學校，其餘占 39%，根據申請大學的一個普通學生樣本）（Karen, 1990, p. 238）。審核入學許可的代表刻正朝向於使校園裡學生人口更多樣化，通常這是自願的，因為他們完全獨立於法規之外，有完全的自主性決定選擇誰入學（Farnum, 1997）。然而，這些努力已產生爭議，並引發「肯定行動」的問題。

□ 入學許可與法院

　　少數民族學生的入學規定並不總是大學機構自願的選擇。政府藉由提供特殊方案的經費、通過「肯定行動」的立法，以及拒絕撥付研究經費給未符合政府所設定有關少數民族團體的入學，和人員雇用之標準的大學機構，以向大學施加壓力。

　　法院愈來愈參與重要的決定，影響著各級教育的方向；此一教育系統的環節重要性日漸升高。在高等教育中，法院的決定與其意涵的範疇從入學許可及「肯定行動」到補助學校運動及學生權利的問題。兩個早期有關機會均等的訴訟案展現了高等教育環境中法院的角色。

277

高等教育系統從開放入學到高度篩選者皆有之

　　某些人認為是偏袒少數民族團體的待遇，並非全然未受挑戰。1970 至 1971 年，戴凡尼斯（DeFunis）提出訴訟，他申請華盛頓大學法學院被拒絕後，他認為分數較低的少數民族學生受到偏袒。該案上訴到最高法院，結果判決對他有利，但有關少數民族學生入學及配額系統的議題仍然未能明朗。

　　大學的入學許可官員希望 1978 年的巴克（*Bakke*）訴訟案能解決自戴凡尼斯訴訟案以來懸而未決的問題：有關少數民族學生配額的偏袒待遇。在巴克案中，加州大學達維斯分校的醫學院設有配額，巴克與入學許可失之交臂，而分數比他低的特殊申請者反而得到入學許可。巴克提出訴訟，認為這是反向歧視（reverse discrimination）。法院支持如下的觀點：大學機構可能試圖透過入學許可及「肯定行動」方案達成種族的平衡。但保護個人權益的觀念在入學許可上不該被忽略；因此，應該採行配額系統之外，其他類型的種族－意識計畫（race-conscious plans）。這個引領企盼甚久的判決，給懸而未決的許多問題留下答案。之後的討論，有些對法院在照顧少數民族團體上走回頭路感到失望，有些則理解到需要更多的訴訟案以考驗此判決的分枝。

1996 年 3 月，美國第五巡迴上訴法院（Fifth Circuit Court of Appeals）判決美國德州大學法學院的入學許可政策敗訴。在「哈渥德對德州政府」（*Hopwood* v. *State of Texas*）的案件中，法院禁止對墨裔美國人及非裔美國人的偏袒政策，結果該校少數民族學生通過申請的件數大幅減少（Diaz, 1997）。這項法院命令留給路易斯安那州與密西西比州等，在處理造成衝突之「肯定行動」時有所指引（Healy, 1998）。

關於高等教育入學許可受到攻擊的另一議題則為種族（race-based）獎學金。許多大學機構為少數民族學生保留一筆獎學金，以協助入學或復學，雖然這些獎學金只占所有獎學金的 5%。因為近來法院的判決都反對這種作法，許多大學正刪除少數民族獎學金。與此有關的訴訟案之一為馬里蘭州立大學，最高法院判決他們為非裔美國學生的獎學金方案違憲（"Supreme Court," 1995, p. 22）。現在有些大學為了符合法院的命令，提供「家庭第一代大學生獎學金」（first-generation student scholarships），其對象包括某些失利的白人學生以及少數民族學生（Gose, 1995）。批評者認為並指證少數民族學生人數將會減少，我們尚不知道這個困難議題的結果為何。

278

教育社會學之應用 高等教育或其機構如何提供均等機會，且對所有學生團體都同樣公平？

美國高等教育的特徵

高等教育是個涵蓋很多項目的詞彙，包括所有提供高中之後某類學位的計畫。然而，在本節我們所指的高等教育不包括職業或行業訓練學程。

我們在選擇大學時，會先從二年制、四年制、或大學系統、私立或公立裡挑選。一旦做好選擇，我們進入該系統直至：(1)兩年或四年後畢業；(2)退學；(3)轉校。

全美有超過 4,000 所高等教育機構（"Number of Colleges," 1999, p. 24）。首先，出資者是重要的區隔，有兩種主要的類別：公立與私立。在公立學校的類別中，高等教育機構又可分為地方、州、聯邦層級。大多數公立學校機構都是由州政府所出資的。地方出資的學校多為兩年制學院與技術訓練學校。超過半數的私立學校多附屬於宗教，通常是基督教和羅馬天主教。

第二，經由學生的組成使我們得知有關機構的某些事：男女性比例、少數民族、說外語的學生比例；學生的年齡與背景（見表 10-2）。

第三，學程計畫的類型使每間機構與其他機構有別：二年制、四年制、碩士或碩所層級、授與博士學位，以及法律或醫藥等專業學校。很多機構發展特定的專門領域或專業學校而聞名遐邇。有些機構，特別是公立的、由州政府出資的系統，朝向多校區發展。加州大學是很好的例子，它有 9 個校區、19 間四年制的州立大學、超過 100 個二年制的學程，本身可以是修業的終點，也可以繼續就讀於該系統中的其他部分。

279

278

表 10-2　大學一年級的特徵，1998 年秋季

種族背景	總數	男生	女生
美國印第安人	2.1	2.0	2.2
亞裔美國人	4.0	4.1	3.8
非裔美國人	9.4	8.2	10.4
白人	82.5	83.2	81.9
墨裔美國人	2.1	2.2	2.0
波多黎各美國人	1.0	1.0	1.0
其他拉丁裔	1.4	1.5	1.4
其他	2.3	2.4	2.3

資料來源：Higher Education Research Institute at UCLA.

在每一種分類方法中，都可能有更多的類別。例如專業學校有許多種 *279*
類型，包括：

建築	新聞	驗光
商業	法律	藥學
牙醫	圖書館學	公共健康
教育	醫學	社會工作
工程	音樂	神學
森林保育	護理	獸醫

這些學校在規模、財務資源、研究所或大學部訓練、肯定行動與性別分配、大學所依附對象的屬性上，有所不同。高等教育系統中的變化甚大，它們之間的共通點在於所服務的學生均已完成十二年的學校教育，且自願進一步繼續他們的教育。

美國高等教育歷經一段蔚為風潮的發展，現在已告緩和。接著我們來看這些趨勢及其意涵。

高等教育的成長

美國高等教育的發展自 19 世紀下半葉起（特別是 1960 年代），與過去任何時期相比蔚為風潮。儘管高等教育機構在數量上快速成長，此期的中輟率仍維持相同。最近資料顯示在 1997 年秋季，共有 1,550 萬名學生入學（全時學生與兼職學生）。成長最多的是二年制學院（*The Chronicle of Higher Education Almanac*, 1999, p. 24）。在 2002 年時此數字將超過 1,600 萬（Evangelauf, 1992）。這些數字中少數民族學生人口正在增加，而白人學生人口則稍微下滑。

學校到工作的過渡與證書危機

每人都有上大學的權利？不上大學的人有工作的權利嗎？誰能決定誰有這項權利？至終，某些嘗試進入職業市場的人是否必定會失敗？

比起世界其他國家，美國較少協助其高中與大學畢業生的職業準備及 *280*

媒合。高中畢業生會發現學校與工作之間的關聯很少,然而他們卻必須調整自己以適合職業市場的需求。大學生則稍微順遂一些,因為他們在專門領域受過訓練(Reich, 1994, p. A16)。老闆需要員工具有的專特技能,新進員工往往不具備。這意味著雇主必須努力訓練新進員工,且花費不貲,又要在督導時間去解釋及監督員工的工作狀況。此外,雇主還得努力留住那些具備良好技能的員工(Rosenbaum & Binder, 1997)。

影響大學畢業生的一項問題為「證書危機」(credential crisis),該問題的產生係因為畢業生離校後不再受到職務的保障。許多大學畢業生無法就業,否則就是進到研究所以增加他們就業的機會(Wilson, 1990)。許多新式的證照發展出來,而對工作條件的要求也增加了,這不只是教育新知的結果,更是因為尋找系統中高階職務的人愈來愈多。如此一來,許多人就他們所得到的職務以觀,是過度教育了,這現象被稱為「職務鴻溝」(job gap)。過去由未受良好教育者所操作的職務,現在則由高教育水準的個人擔任,直到他們能找到更適合於他們所受之訓練的工作(Halaby, 1994)。

證照的膨脹與經濟系統及階層化系統關係緊密;學生想要得到較高級的證照以取得較佳的職務,進而有較高的地位。然而,大專院校為「達到佳美生活的必經之途」的形象基礎已經流失。高中與大學畢業證書的差距正在縮小,此與一國之經濟地位,以及經濟面無法提供更多、更高薪的職務給更多大學畢業生直接有關(Moore & Trenwith, 1997)。事實上,許多大學畢業生接受與他們大學主修無關的職位。功能論者對擴張教育機會以滿足社會需求的解釋在當前的經濟局面中受到挑戰。依照衝突理論,大量不滿的畢業生出現所產生的張力,迫使經濟系統重構,以其隨後教育系統的重構。

教育社會學之應用 是否每個人都該有管道進入高等教育?我們是否使人口過度教育?誰該為此作出決策?

高等教育系統的功能

　　高等教育對社會提供特定的功能與目的。這些目的是什麼、該是什麼，是個爭議的話題，且可能造成家長、教育專家、學生、政府官員、社會其他團體之間的衝突。接下來的討論，我們一一考慮大學的社區、大學的功能，以及功能之上的衝突。

❏ 大學即社區

281

　　衡量大學功能的方式之一是透過社區（community）的概念：成員之間有何共通點、成員分工、彼此之間的相互依賴（Sanders, 1973, p. 57）。大學作為社區擁有完整的學程規畫、集中管理的物理情境、一種統治的形式，以及一系列的服務。人們可以在那裡吃、睡、工作。也許描述現代大學最好的說法是：一個實現無數功能的機構。

　　完備的大學有廣闊的學程計畫、研究設備、研究所與專業學院、支持性的服務，這些為高等教育的學術系統定下良好的標準。然而，矛盾的目標（特別是組織結構及大學自主的領域），使大學深受其擾。過去傳統上共享之信念、態度、價值等連帶感，漸漸瓦解，取而代之的是正式的結構、規章、程序等（Perkins, 1973, p. 258）。這引發大學社區基本價值的問題——學業方案的本質是什麼；教導事實知識之外，是否也該教導價值觀及信念，甚至是實用的技能；學術探討自由的意義；大學裡的活動該包括哪些。

❏ 研究功能

　　擴張延伸知識是高等教育廣為接受的目的，特別是在那些具有強大研究能力的大學。研究計畫的方向及廣度大部分受到提供財務支持的商業、工業、政府所左右。這種對研究努力方向的影響，已使某些學者質問：「為誰的知識？」有些研究，特別是與應用科學相對的純粹科學，經常被刪除，

因為在經費縮水時這類研究不具優先性。有些人認為這會造成未來知識的斷裂。大學環境的一環，國家與政府經費的縮水，對那些仰賴這些經費以支持研究學者、學生，以及各部門的研究機構有重大的影響（"The American Research University," 1993）。

□ 教學功能

關於教授教學與研究角色的平衡是高等教育機構中眾所關切的主題，特別在那些設有研究所的機構尤為如此。繼康乃爾（Cornell）及其他大學之後，史丹佛大學在 1990 年代早期接棒，當時他們公布教學評鑑將是教授升等過程的重要部分。許多學門在教學過程中製作教材，並提高專業發展，專業學院也更為強調教學的藝術。

282

□ 服務功能

大學的另一功能或目的是對於廣大社區提供公共服務。大學教師受到期許，能透過出版、媒體、教學、演講等管道，傳播新知的發展。觀念的傳播能引發廣大的回響，甚至刺激世界各國的社會變革。學者藉由社會覺醒企圖搧動意見，或以具體行動產生變革，至於該參與到何種地步則是個爭論性問題。許多大學生參與社區服務工作，有時那是他們教育中規定做到的部分。

□ 「國家安全狀態」的功能

高等教育被假定應具有經營自主性，事實上，這對訓練個人成為更高階技術人力的要求很重要；有些人視此對國家安全及經濟發展為必要的。有些人認為大學的權力結構是由董事會中為法人團體之利益服務的董事所掌控，這些利益所在，對大學組織有很大的衝擊（Rhoades & Slaughter, 1991）。大學與企業界的結盟，此連結可見之於其學生畢業後在這些組織任職，而機構研究經費的取得也與私人企業的利益有關。

大學教授在實驗室中創造的理念與點子，其中一些成為商業產品。由實驗室中將技術轉移給商業使用的結構，大部分係由大學的行政層級所控制，他們運用「公共財」的觀念來控制這種轉移；然而大學教授依照科學界的規範，應該指導這種技術轉移。這些資訊如何轉移影響誰得到認證、專利及財務獲利（Rhoades & Slaughter, 1991, p. 75）。

大學功能的衝突

　　一個秋高氣爽的星期六下午，許多人聚集圍觀一場大型比賽，這項傳統的對抗賽將決定由誰代表爭奪橄欖球大賽的冠軍。大學運動項目是個產值幾百萬美元的事業，圍繞著體育的議題，已經變成大學功能衝突之中的主要標的。體育賽事是部大型的賺錢機器，且吸引學生入學。批評者主張大學體育項目並不是大學的主要功能——知識的獲得與傳遞、服務，或其他傳統的功能。這個例子說明了大學學術功能與大型商業導向的衝突。

大學的學業功能與「大生意」

283

　　近年來某些炙手可熱的議題可以當成這類衝突的好例證。「體育是大塊的牛肉」是議題之一。體育星探及招募者訪視高中體育的好手，並與他們簽下合約。提供他們諸如汽車或超級享受的生活之類的酬賞或賄賂是違法的，但眾所皆知這些都曾發生過。更常見的是，要讓體育項目成功的壓力大到使大學機構鋌而走險去規避法令。幾所機構篡改體育選手成績的醜聞，使個人與機構受到法律制裁。為體育競賽而招募進來的年輕男女其學業基礎很弱，他們有時無法在取得學位上有所進展。少數民族學生受到的影響特別大。然而近年來，第一年入學的選手在入學積分上已比過去來得高，而且六年後的畢業率達到58%，而「第一部」（Division I）[1]學校的學生畢業率為56%，二者可互相比較。

　　「國家大專運動協會」（NCAA）所蒐集的統計資料顯示，進入「第

---

1. 譯按：「第一部」（Division I）是美國「國家大專運動協會」（National Collegiate Athletic Association, NCAA）的部門之一。「第一部」學校是美國大專院校體育的主力，這些學校提供較多的體育預算、更精良的體育設施，以及更多的體育獎學金（http://en.wikipedia.org/wiki/Division_I）。

一部」大學的非裔美國學生，以較低積分進入大學的機會是其他學生的 5 倍，而他們（41%）與其他所有領獎學生的體育選手（58%）相比，較難畢業。然而，領有體育獎學金的非裔美國學生六年內畢業的比率略高於所有未領體育獎學金的非裔美國學生（見表 10-3）；在某些機構，運用學業家教計畫協助體育選手（1999 NCAA Graduation Rates Summary, 1999; Blum, 1995, p. 34）。最近則是六年內畢業率由 1991 年的 45%掉到 1998 年的 41% 而受到關切（Haworth, 1998, pp. A41-42）。

兩位社會學家運用參與觀察法，花了數年的時間研究「第一部」大學裡的運動員，觀察運動員衝突的角色。大多數的運動員進入大學時都期望玩球、有社交生活、獲得學位，也許以後能加入NBA 或其他專業的聯盟。許多人很快的就幻想破滅，有些人感到被球迷甚至教練剝削，因為他們只有在運動員表現良好的時候，才對他們感興趣。問題是運動員進入大學時對學業的準備是不足的，而訓練又已耗盡了一切。他們的居所通常孤立，與校園分開，使他們感到自己好似「放逐者」。有些中產階級的運動員畢業了，但招募自低階級的運動員則很少畢得了業（Adler & Adler, 1991）。

另一問題是，運動員一旦進入學院就讀後就缺乏奧援。有些機構裡，運動員只要還能替球隊打球，就盡量用他們，然後他們被退學了，只留給他們一片慘白的未來。有些提案試圖矯正這個「食肉市場」的現象。為了要成為「合格者」，好能在第一年時參與球賽，運動員必須自高中畢業，完成 13 門核心的學術課程，學業成績及 SAT 或 ACT 分數，須達到 NCAA 所設定的學業合格標準。即綜合成績從 GPA[2]2.5 或以上、ACT 成績 17 分、SAT 成績 820 分，到 GPA 2.0 或以上、ACT 成績 21 分、SAT 成績 1,010 分（"NCAA Guide," 1999, 1995）。反對這項要求者主張，這太過強調那些具有種族偏差的測驗。

有項提議為：給運動員五年打球時間的，要讓運動員有更多時間能完成大學的課業。許多學校提供特殊個別指導計畫、限制「賽季」或練習時

285

---

2. 譯按：GPA（grade point average），學業平均分數。

表 10-3　1998 年 NCAA 畢業率摘要表　　　　　　　　　　　　*284*

1. 「第一部」學生運動員			2. 「第一部」男性學生運動員		
入學年度	非第一部學生運動員畢業率(%)	第一部學生畢業率(%)	入學年度	非第一部學生運動員畢業率(%)	第一部學生畢業率(%)
1992	58	56	1992	52	54
1991	57	56	1991	51	53
1990	58	56	1990	53	54
1989	58	57	1989	53	55
1988	58	57	1988	53	55
1987	57	56	1987	53	54
1986	57	55	1986	52	54
1985	52	54	1985	48	52
1984	52	53	1984	47	51
3. 「第一部」非裔男性學生運動員			4. 「第一部」白人男性學生運動員		
入學年度	非第一部學生運動員畢業率(%)	第一部非裔男生畢業率(%)	入學年度	非第一部學生運動員畢業率(%)	第一部白人男生畢業率(%)
1992	40	31	1992	58	57
1991	41	34	1991	56	56
1990	43	33	1990	57	57
1989	43	35	1989	59	57
1988	42	34	1988	58	57
1987	43	33	1987	58	57
1986	41	30	1986	57	56
1985	32	30	1985	55	55
1984	33	28	1984	55	54

資料來源：NCAA Graduation Rates Summary, National Collegiate Athletic Association. http://www.ncaa.org/grad-rates/

間、諮商服務，或可幫助學業成就低落的學生。許多大學中的個別指導與顧問指導計畫，是對運動員實施補救的方案；這些計畫有些有用，有些沒效。有些運動員被逐出校園或中輟，成爲掃地工或從事其他僕役之事。當強調「大生意」時，學業「教導」的功能就岌岌可危，但最近的注意則是聚焦在前面所提及的那些努力上，使教導的功能達到平衡。根據某些研究發現（Lederman, 1990, p. A47），值得慶幸的是，曾參與過大學體育代表隊的學生在職業市場中的表現比未參加過的學生，表現更好。

☐ 課程類型爲何？

課程議題的衝突仍舊持續。一方想要保留大學文藝與科學博雅教育的傳統，大學傳遞知識給學生本身就是目的，並培養各方面均衡的人。另一方則倡導實用、職業生涯的訓練，強調知識傳遞的社會實用性。這些衝突在今日特別重要，因爲大專院校面臨招生減少的時期，而經濟條件又迫使學生要得到他們能「用」的學位──有實際作用、能夠直接導向就業的學位。只有少數菁英的學校或許能抗拒這股對立於「純粹」文藝與科學，而要使課程多樣化、開設更多應用或實務學程的壓力。對大多數的機構而言，適應變革或環境衝突的能力可能決定其存廢與否。

社會衝突反映在課程內容的爭論，與「政治正確」（politically correct）的壓力。種族主義、歧視、偏見、狹隘、差別待遇、性騷擾、排斥同性戀，都是大學校園裡的熱門話題。1960 年代以後，從行動主義（activism）[3] 轉換成「自我中心主義」（MEism），但我們在 1990 年代又看到重返行動主義（Altbach, 1990, pp. 33-48）。極端者從丟掉一切「舊」課程，代之以全新教材並特別凸顯過去的錯誤，到「憎恨言論」，以及校園裡的種族及性別事件。爭辯點在於何種責任優先，先保護言論的自由，還是先保護那些因仇恨敵視而受害的學生與教職員（Munitz, 1991, p. 4）。最高法院在一項

---

3. 譯按：行動主義（activism）即帶有改革社會與政治之意圖的行動主義。其表現形式甚多，從不合作運動、罷工、街頭運動、絕食，以及比較平和的「合作運動」、説服等皆有之。

判決中規定「憎恨言論」是自由的言論，但其他法院判決則禁止教師與學生使用這些帶有輕蔑涵意的字眼，除非是出現在典籍之中（Zirkel, 1999）。

　　大部分學院的課程都使課程「國際化」（internationalizing），加入第三世界與對環境的關切；主修這些領域的學生人數也正在增加（Dodge, 1990, p. A31）。要求學生參與社區服務顯示了課程朝向學習服務與發展公民責任的趨勢。

　　衝突亦可見諸大學社區之各種成員的角色轉變。例如1950年代，行政人員被期望應如家長一樣的照顧學生；因此就有了「代位家長」（*in loco parentis*）[4]這個辭彙。學生的寢室作息時間很嚴格、強制執行熄燈的規定、男女宿舍分離，這種氣氛不只是要保持青少年的依賴性，也將家庭結構帶到學校中。到了1960年代，學生對於行政人員的不滿與攻擊，使大部分的行政主管逐漸減少或刪除這種角色。教員的角色也隨著新科技而改變，如錦囊10-1所述。

教育社會學之應用　　大學應該滿足社區的需要，或不受社區需要的影響，或找出其他選擇？

高等教育的組織

□ 高等教育的結構與科層體制模式：起得了作用嗎？

　　當大學像科層體制或商業模式般繼續運作時，將面臨相互矛盾的情況，但何者最具影響力？大學的等級制度可能與許多商業組織結構相似，其相似處為：

　　1.大學有兩種不同的結構：平坦的學術結構與階層分明的行政結構。

4.譯按：為拉丁文，等於英文的 "in the place of a parent"。

◆◆◆ 錦囊 10-1　高等教育的未來：虛擬大學的例子 ◆◆◆

　　想像一所向所有想學習、希望修課的公民開放的大學，從高中生到退休人員皆不拘。學習地點不拘，家裡、圖書館或任何有網路連線能力的地方皆可。

　　我們不需想像！這樣的場景在肯塔基州與其他各州已經實現。面對州、國家及全球的經濟變化，使得過去傳統產業如煤礦煙草遭到淘汰，肯塔基虛擬大學正是用來解決失業問題與貧困問題的方案之一。

　　虛擬大學運作過程為何？虛擬大學全體職員僅為 20 人，坐在一間擁有電腦設備的小房間，安排要傳遞給州境內或更遠地方之學生的服務。肯塔基公私立大學均提供必修學分四分之三的線上課程。其他服務包括與課程設計專家簽約、圖書館的線上資源、學生諮商服務、網路書店服務。

　　教師已由講課的角色轉變為顧問指導的角色，與學生討論問題、使用服務，如：輔助線上寫作，當然還有為學生打分數。眾所關切缺乏面對面互動的問題，現已可透過與教授或班級成員在電腦螢幕前相見來解決。

　　在虛擬大學，學生是消費者，可以自己控制學習的過程，能夠在線上登記註冊並完成所有任務，並以個人最舒適的步調學習，收看專業的線上課程並互動，包括執行專案與完成分配的作業、從線上書店中閱讀文章、與教授在線上互動。根據肯塔基州立虛擬大學的校長蘇斯曼（Susman），虛擬大學的特徵為「軌道式移動」（orbital shift）。學生不需像從前一樣到達指定的地點，到辦公室登記註冊或得到教授的修課許可，以及取得停車證。學生再也不用擔心上課準時的問題——課程在網路上 24 小時皆可取得。

　　尋找娛樂消遣是大學生活經驗的一部分？那就加入虛擬足球隊。密西根虛擬大學挑戰肯塔基虛擬球隊一決勝負。其他遊樂的機會還有西洋棋、讀書會等，課程的聊天室；有無限的可能性。

　　總體說來，對某些學生而言，虛擬大學的學習經驗隨科技的創新，未來可能另有一番風貌。

資料來源：Taken in part from a lecture by Mary Beth Susman, president, Kentucky Common-
　　　　wealth Virtual University, August 11, 2000, Bethesda, MD, at the meeting of the So-
　　　　ciety for Applied Sociology.

2. 大學裡受雇的員工是知識的專家，而專業人員傳統上期望自主性及　*286*
　學術自由；他們對機構可能只有一時的忠誠，但對他們的學術領域
　則是永遠的赤誠。

3. 大學教授在相當大的程度上與社區及大型社會分隔，專心追求他們
　主要的活動——傳遞知識與執行研究。

4. 個別教師對教學與研究的終端的產品必須擁有自主性。

5. 政策的決策是整個組織每個成員的事，而且學生在某些議題上也有　*287*
　重要的發言權。

讓我們更仔細的思考階層與決策的問題。

雙重階級制度　學術機構有兩個階層體系。大學的「學術結構」設有　*288*
許多的系及學程，其階層形式是基於教授位階及終身職。雖然大學教員有
不同位階，但他們在大學的正式地位均相同，不過其非正式的影響力、權
力、責任與薪水則可能不同。大學的「行政結構」很接近於企業模式及韋
伯的科層體制分工。此類結構的頂端是大學校長及其他一級主管，包括各
學院的院長。其他行政人員則實現各種的功能，提供健康服務、書店、餐
飲服務、建築物及操場修繕、財務服務及諮商。

大學的結構鬆散，強調學術自由，不太容許集權式的決策。專業的教
員期望在他們專精的領域內做決策，且厭惡他人越俎代庖，或制定規則以
染指這項「權利」；特別在聘任、升等、保留職缺、選擇課程材料等層面
尤為如此。一旦教員由他們的同僚賦予終身職，他們獨立於行政決策的能
力就大增。最後，「提供良好的教育」與「經濟且效率的行政運作」之間
有內在的衝突，後者是企業體或科層模式所強調的。

因大學的規模擴張及隨「綜合大學」（multiversity）而來的管理複雜
性，前述問題及矛盾因而加劇。新的系所、學程、研究專案的加入，也使
行政結構隨學術結構而益趨於複雜。

大學的階層結構與決策　儘管有差距，用科層模式的特徵來描述大學

仍然有用，因為科層模式對大學實際的情況還是比其他任何模式更接近。
高等教育的階層結構有七層。

1. **系所**：系所是一個行政單位，裡面的系主任或所長（head or chair）[5]
   是由任命或選舉而產生的，或者由系所內的成員輪流擔任。系所主
   管向其內所有的成員及更高層的行政主管負責。這個職位本身有內
   在的衝突，因為系所主管必須同時支持教員，而有時則要在有關加
   薪、升等的事上做斷案。系所本身也是階層結構，常見的位階為講
   師、助理教授、副教授、教授。權力及做決定通常所有成員共同有
   分，他們以民主的程序做出單位內的重要決定。

2. **學院**：一個學院內有幾個相關的系所，內設一位院長為行政的領導
   者。大學裡的專業學校（professional schools）有相似的地位。在此
   行政階層之內，所做的決定與財務、薪資、時間表、新學程等等有
   關，會影響其內所有的系所。

3. **行政單位**：大學校長（president or chancellor）、副校長、學院院長、
   其他主管（assistants）未必都是教員。他們對大學的各個層面負責，
   包括學務、學生服務及財務事宜。

4. **教授代表**：校務會議（faculty councils or senates）是由各學院的代表
   組成的，對學術議題有決定權。

5. **信託董事會**：來自大學社區之外的人，對大學有最高的法律責任。
   董事（trustees）通常是由其他董事會成員選舉產生，或由州長任命。
   大多數的董事會對所推薦的機構校長或學院院長都會予以正式的同
   意。近年來所形成的中央委員（central committees），作為某些多校
   區之大學的統整結構。這些「超級董事會」如同一般董事會的董事
   一樣有最終的控制權，但拿掉他們對各學院及個別校區更進一步的
   決策權（Clark, 1976）。

289

---

5. 譯按：此處就直接以台灣所習用的「系主任」、「所長」意譯之。

6.**區域性的認證協會**：全美有六個自發性的協會[6]，負責評價大學機構的成就與其所訂的目標是否符合，這些協會的專家來自區域之內，這六個區域為：中北、西北、新英格蘭、中部、南部、西部。其企圖並不在使大學機構均等化或標準化，而是要協助機構達成他們自身所訂的標準。

7.**國家組織**：許多國家的公立教育機構由國家進行協調管制。在美國，雖然國家對大學機構的決策並沒有任何正式的控制權，但聯邦政府的確有許多方式發揮其影響力。某種程度上說來，一國的教育政策的發展是對國際競爭壓力、國家在經濟、政治及軍事領域之需要的回應。聯邦經費對一所大學機構所追求的研究內容有很大的影響力，也可能構成大學整體學程的經費支援。如果學校被判定在肯定行動上有所疏失，經費將會遭致刪除。許多機構如果喪失聯邦的支援也將遭致經營危機。

控制與決策　學校重要決策多由校長或信託董事會決定或同意，綜合大學多樣性的學程受到行政層級的統整協調。雖然需要統整的結構數目上增加了，但決策分權化的要求也增加了，權力由個別的單位所掌控。然而，這些單位想要從外在的行政當局獲得經費的同時，他們也必須接受檢視（Friedman, 1995, p. 746）。

大學中較低層級的參與者所掌握的權力不總是正式的，但在決策上的影響力則不容小覷。例如：辦公室裡的職員有管道與人、資訊及技術接觸，並加以控制。很多辦公室的職員所掌握的知識，使他們成為無可置換的。然而，他們所得的薪水報酬與他們所擁有的潛在影響力無法相提並論（Reyes & McCarty, 1990）。

學生在決策結構中有不同程度的權力：他們停留在組織中的時間較短

---

6. 譯按：這幾個協會的網站可由以下網址進入：http://www.ncamichigan.org/regional_accrediting_associations.shtml。

290 暫；帶給學校新的觀點；他們走過並留下痕跡。因為學生在機構中停留的
時間短暫，所以通常不是主要的決策者，但他們卻提供許多評鑑及改變現
狀的必要刺激。

<u>教育社會學之應用</u>　你能辦認出大學階層結構與商業模式之間的衝
突領域嗎？

高等教育中的角色

我們每個人在高等教育中占有一個角色，這只是我們扮演的眾多角色
之一。但高等教育的問題之一便是在此，一如其他的任何組織——它必須
爭取具有多重角色義務之成員的忠誠，這進而造成組織的問題。當我們討
論高等教育系統的主要角色時，請將角色義務衝突的兩難銘記在心。

□ 高等教育中的角色：顧客

沒有學生就不會有高等教育的機構，大多數的教授也將無事可做。學
生高等教育系統的顧客，他們購買服務、是系統內的成員、在系統的運作
上扮演不可或缺的部分。系統內的學生於不同的時間握有不等程度的權力，
從一個來來去去幾乎沒有權力也不起作用的團體，到運用他們的選擇權，
甚至可以決定哪些教職成員、學程、大學得以存續。

1950 年代的學生是謹言慎行的「沉默世代」（silent generation）。到
了 1960 年代，學生才開始要求在大學及其他機構的治理上占有重要的角
色，並創造變革的壓力。這種政治活躍的學生人口在柏克萊（Berkeley）以
「言論自由運動」（Free Speech Movement）展現其力量；在 1960 年代晚
期及 1970 年代，其力量漸行漸強，到抗議越戰達到高潮。1960 年代的抗拒
中最顯眼的是，青少年的觀念及實踐廣為成人所採納，他們的文化深深的
衝擊高等教育社群的其他成員。學生所倡導的變革影響高等教育的其他成
員，因為他們角色的參與本質上是相互的。

戰後「嬰兒潮」（baby-boom）那幾年，大專院校入學人數大量擴張；之後便大幅萎縮。在1979和1985年之間，18歲高中畢業生人數減少50萬人。大專院校擔心所招收的學生不足以維持學校的營運，故擴大招收非傳統的學生，而經濟不景氣則使學生就讀於離家較近的學校，再加上高中畢業生進入大專院校的數量增加，這些因素使許多小型的高教機構免於倒閉的災難。大專院校招生的行銷預算已大幅增加，方式包括郵寄、影片、電話接觸、邀請參觀、提供獎學金給具學術潛力的學生等。諷刺的是，接受高等教育比例偏低的團體，值此可能獲益之際，許多大專院校不但沒有降低他們申請的門檻與期望，反而提高這些條件，招收SATs成績更高且來自更富裕區域的學生，並拒斥少數民族的學生。

高等教育在1989至1999學年度有超過1,460萬的學生入學，比1996至1997學年度增加1.7%。私立大專院校入學人數降低了1%，而公立機構則增加2.5%（*The Chronicle of Higher Education Almanac*, 1999）。入學人數的波動由許多因素造成，包括大學生年齡的人口減少，而某些團體的入學率則提高。1996年在1990年代是大學生年齡人口最少的一年，但未來入學人口應該會逐漸增加，預計到2005年時將超過1,600萬人（*The Chronicle of Higher Education Almanac*, 1999, pp. 24-25）。

大專學生的人口組成變得更多樣化，年齡較長的非傳統學生、少數民族學生、已婚學生就讀大學者增加。在1965年全美僅有4.8%的大學生為非裔美國人，學習法律的學生只有1%為非裔美國人。過去三十年，這些數據也有很大的改變（Bowen & Bok, 1998）。今天，非裔美國人占進入大學人數的15%，從1990到1996年增加了21%，而同一時期的西裔入學人數也增加了49%（*The Chronicle of Higher Education Almanac*, 1999, p. 24）。美國原住民入學人數也增加，而且今日美國有24所由部落控制的大學。

在28所選擇的大學，75%的非裔美國學生在六年內畢業，4%以上的學生從轉學的學校中畢業，這些比率比其他許多團體高。在專業學院中90%的非裔美國人能完成他們的訓練，收入為學士學位的非裔美國人的兩倍。儘管有些成功的學生，當年若沒有肯定行動，他們可能無法得到入學許可，

而目前的法院正在改變拒絕特殊考量的法律。

□ 高等教育中的性別與種族

　　自 1970 年代以來，美國婦女就讀大學的人數已雙倍成長。事實上，1996 年美國女性大學生遠超過男性大學生，女性 796 萬名而男性爲 630 萬名。女性增加的原因，部分是因爲非一般入學年齡的女性重返校園之故。然而證據顯示，在一些非核心的開發中國家，女性接受高等教育的機會常受到跨國公司的阻礙，這些公司大多雇用男性擔任高職位的工作，如此一來，對受過高等教育的女性之需求就降低了（Clark, 1992）。

292

　　女性所取得的學位大多在人文學科、社會與行爲科學、教育、健康專業領域，而男性則在自然科學、電腦科學及工程、商業管理等領域。兩性在工程學與電腦科學的差異特別明顯（National Center for Education Statistics, *Digest*, 1999, p. 306, Table 268; Olsen, 1999）。學者不斷地付出努力以探討女性各個階段的數學與科學課程的學習成就。大專院校中，兩性的成績從數學到微積分均相似（Bridgeman & Wendler, 1991, p. 283）。

　　1997 年擁有學士學位、工作年資超過二十五年的全職男性，全年平均收入約 48,616 美元；副學士學位者則爲 38,022 美元。同上類別且擁有學士學位的女性則爲 35,379 美元，有副學士學位的女性則爲 28,812 美元（National Center for Education Statistics, *Digest*, 1999, p. 434, Table 380）。儘管有些因素，諸如女性可能爲了照顧子女中斷工作等，與男性擁有相同學歷的女性收入仍然較低。

　　某些高等教育機構入學人數下降，他們的冀望之一，在於吸引非一般年齡的女性入學。近年來，承辦入學許可的行政主管已經開始考慮以此群體爲招收對象。這些女性很多已進入或重返大學就讀。目前在高等教育系統中，這些「重返校園女性」（reentry women）已超過 100 萬人。許多重返校園的女性試圖實現兩組期望：家庭角色與教育角色。家庭地位的改變常需要婦女重返校園。調查資料指出大多數重返校園的女性努力學習，而且充滿了自信與精力。有些大學（包括菁英的女子大學），接受每個班級內有一定比例的女性重返學校就讀，並為她們提供特殊教育計畫（見錦囊10-2）。

　　大部分的女性學生對於大學生活經驗，包括教授、同學、教室和學習情形似乎感到相當滿意。純女子大學的學生對於校園的生活經驗傾向非常滿意。她們感到自己學習技能的能力很高，而教育的抱負，包括攻讀研究所的可能性也很高（Smith, 1990, p. 181）。

　　許多大學透過繼續教育或終身學習計畫，為成年男女提供許多非學位性的課程。這些計畫不只使有興趣的成年人為樂而學，也幫助學校弭平那些賠錢的課程方案所造成的預算赤字。作者調查所任教的繼續教育班的學生，發現有各式各樣的成年人會來選修課程，包括：「自己動手做的人」（do-it-yourselfers）；退休公民；具特殊動機的學習者，如：學習語言以便能海外旅遊；為重返校園做準備、與他人接觸、增加精神刺激，或者只是純為趣味而來學習。

293

　　總體而言，女性在學術環境中已有進展，在女性學生與行政人員比例

◆◆◆ 錦囊 10-2　女性重返校園的個案 ◆◆◆

　　安‧馬汀迪爾（Ann Martindell），過去曾經擔任州參議員與外交大使，以她的案例來說明，女性試圖重回大學接受教育所遭遇的種種挑戰與衝突。

　　馬汀迪爾將政治先鋒的角色留給較年輕一代的議員。儘管如此，這並不意味著她已停止打破藩籬。她在 85 歲的高齡重回史密斯大學繼續完成教育，成為「艾達康斯托克學者」（Ada Comstock Scholar），完成她六十年前未竟的學業，那時她的父親因為害怕受過教育的女生將很難出嫁，而禁止她回學校接受教育。現在，馬汀迪爾得到史密斯大學最年長學生的頭銜，她讓大學同學及教師學到一些有關年長的事情……。馬汀迪爾的指導教授說：「她求知若渴，想要盡其所能的學習。我希望學生能在她的例子裡看見，生命是往前的，而人們不論何種年紀，都能繼續學習，並成為教室中積極的參與者。」（MacMillan, 2000, pp. 1, 14ff.）

較高、較不注重研究的學校,女性較不會受到排斥(Kulis, 1997)。然而,其他少數民族的情況就不是那麼明朗。預計 2010 年全美將近三分之一的人口為非裔美國人或西裔;2050 年,非西裔的白人預計約將占全美人口的 52.8%(U.S. Census Bureau, 2000)。不過,在高等教育系統中的少數民族學生人數並未反映出此種多樣性。因為入學的統計數字是兩年前的舊資料,這些數字尚未反映出加州與德州法院在「肯定行動」的判決,將使高等教育中的少數族群人數減少的衝擊。目前許多計畫旨在增加這些數字,但只有時間才能決定這些計畫是否能成功(見圖 10-3)。

與少數民族成功或失敗有關的因素 學生在高等教育階段成功與否,不但基於個人目標、動機和能力,也受到社會階級、種族、性別及早期標

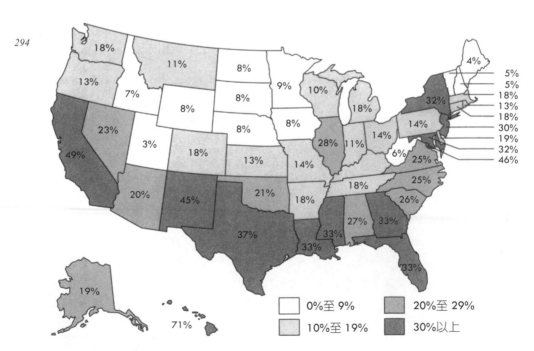

圖 10-3 少數民族身分之大專學生的比率,1996 年秋季

資料來源:*The Chronicle of Higher Education*, Dec. 17, 1999, p. A53.

籤作用的影響。兒童隨著所受的標籤，生命中的「成功」或「失敗」便已 *293*
開始。到了高中階段，教師、諮商員、學生本人及家長對於學生學業能力
已相當了解，通常很容易決定要將學生分軌進入大學預科課程或職業學程。
對那些徒有高抱負卻沒有得到支持的學生而言，衝突難免，教師不看好他 *294*
們、測驗結果、諮商員評估也不利於他們、家長也不鼓勵他們。

　　高等教育系統提供開放的競爭，讓高成就者進入較好的學術機構以酬
賞他們，這被稱爲「競賽的流動性」（contest mobility）。而「蔭襲的流動
性」（sponsored mobility）則從開放性競爭中保留一些位置，它挑選出某些
特權或菁英的學生，並訓練他們得到社會中的特殊職位（Turner, 1960）。

　　其他學生尚未準備好體驗大學的挑戰。缺乏讀寫算的基本技能，再加
上未修過大學預科課程，使得這些學生在大學中面臨危機。高中階段早期
的診斷與輔導矯正行動以建立學生的基本技能，能幫助學生成功，而且許
多大學也提供學生特殊的輔導與發展教育服務。

　　經濟收入有限的學生畢業的機率比其他學生少 8 倍（Levine, 1995），
可貸款的選擇隨著政府與學校的財政窘困也愈來愈少（"The Widening
Gap...," 1996）。受到經濟拮据影響最深的是占了高等教育入學人口 23.4%
的少數民族學生。只有 16% 的非裔美國學生，以及 13% 的西裔學生獲四年 *295*
制大專院校或以上的學位，這與白人學生的 30% 恰成對比。經濟上的差異
常在學校教育的早年即已開始，而許多大學也發現必須提供加強輔導課程
給那些技能低落的低成就學生。尤其是市區大學往往因經費不足而減少服
務，大學無法有效的滿足許多少數民族學生的需求。許多就讀大學的少數
民族學生未能拿到學位，並不是因爲能力不足，而是因爲尚未預備好學業
的學習，以及校園的氣氛不佳。舉例言之，爲特定宗教團體或社會組織成
員的拉丁裔學生，他們在大學生涯的前兩年與其他學生有課外的接觸，與
那些面臨種族敵視的學生相比，他們更可能繼續完成大學的學業（Hurado
& Carter, 1997）。經濟不佳者就算畢業了，畢業成績往往較差，進入研究
所的機會也較少（Steele, 1992）。獲得博士學位的非裔美國學生自 1977 到
1997 年間微幅增加，達到獲得博士學位總人數的 4.8%（*The Chronicle of*

Higher Education Almanac, 1999, p. 29）。其他少數民族學生獲得博士學位所占的百分比可以參考表 10-4。

　　許多少數民族學生即使做了妥善的學習準備，仍然感到不受重視、羞辱與動輒得咎，彷彿其他人都在找理由要「證實」他們所屬種族的劣等（Steele, 1992）。對許多人而言，大學是個無人性、不親切（Thompson & Fretz, 1991），甚至是充滿敵意的世界。大學挑戰個人的自尊與價值，特別是當個人對自己大學課業的能力感到不安，又認為別人也會如此質疑他們的能力時尤為如此（Kraft, 1991）。最近校園裡的種族事件阻礙了消除對少數民族的偏差待遇，並增進他們對自我價值的努力。其中一項解釋是這些事件係因對稀有資源的競爭──成績、爭取加入有競爭力的學程、畢業、最終的職業與收入而引起的。

296　　　　**學生次級文化或同儕團體**　學生隸屬於同儕團體，對他們的活動、興趣及學業成功有極大的影響力。幾年前，克拉克與馬汀・楚（Burton Clark & Martin Trow, 1966）發展出學生次級文化或同儕團體的分類法，將學生大致歸為四類：

　　1.**大學生型**（collegiate）：運動、約會、玩樂、兄弟會和姊妹會、「朱

（**表 10-4　得到博士學位者的特徵，1996 年（所有的領域）**

所有博士人數	44,652
美國印第安原住民	153
亞裔	2,492
非裔美國人	1,563
西裔	950
白人	26,363
非定居的外國人	11,450
種族不詳	1,681

資料來源：*The Chronicle of Higher Education Almanac*, August 27, 1999, p. 32.

歐學院」（Joe College）[7]、有些錢。

2. **職業型**（vocational）：準備工作、態度嚴肅、經濟上較不富裕、常打工、已婚。

3. **學業型**（academic）：智性的、被教師認可、把時間花在圖書館或實驗室、計畫畢業與專業訓練。

4. **獨樹一格型**（nonconformist）：有許多種類，如：激進的知識份子、尋找自我認同的學生、反叛型的學生。

1960 年代激進的學生運動，出現了新的學生類型，並不很明確的符合上述類型。儘管分類上可能已有變化，但「參照團體」（reference group）提供學生歸屬感與行為模式的概念則並無多大改變。

兄弟會與姊妹會提供某些高等教育學生團體的認同。這些「形式化」（formalized）的同儕團體關係落入大學生的次級文化中。他們提供大學學習領域之外的另一種生活。雖然這類社團在 1960 年代期間逐漸減少，但自 1970 年代中期之後，許多大學這類社團成員人數與勢力又逐漸增加。此類同儕團體的壓力常引起許多嚴重的指控，從兄弟會與姊妹會對新進成員的羞辱（Nuwer, 1990），到約會強暴、輪姦（Sanday, 1990），有時與酗酒有關。雖然許多大學主管對此訂有嚴格的政策，並陳明此類社團活動所違犯的法律，批評者則指出這些法律不起作用，而問題依舊（Gose, 1997）。好消息則是校園中濫用酒精與毒品問題已稍微減少，有些兄弟會也不再辦理飲酒狂歡派對（見錦囊 10-3）。

因為經濟壓力與工作競爭的關係，以及許多家庭中第一代進大學者試圖增加向上流動機會，有些大學校園以職業型的學生次級文化為主。

---

7. 譯按：*Joe College* 是培羅塔（Tom Perrotta）所寫的一本小說，其主角 Danny 出身自微薄的家庭，他的父母極盡所能的付出讓他上耶魯大學，故事描述他在耶魯中的見聞與經歷（http://www.amazon.com/Joe-College-Novel-Tom-Perrotta/dp/031228327X）。

教育社會學
The Sociology of Education: A Systematic Analysis

◆◆◆ 錦囊 10-3　校園反強暴運動 ◆◆◆

　　校園反強暴運動起源於女性主義與受害者人權運動，可視之爲一種「新的社會運動」，因爲其社會基礎超越了社會階級結構，囊括了年輕人、各種性別（男、女）或性取向（異性戀、雙性戀、同性戀）等團體（Johnson, Larana, & Gusfield, 1994, p. 6）。參與者來自不同社會團體。雖然在預防與消除校園強暴的共同目標上一致，但如何達成這些目標卻有著不同觀點的衝突。

　　爭論所涵蓋的範圍包括：強暴警覺教育的內容應該爲何？誰來教？誰是此項教學的對象聽眾？性攻擊的指控該如何處理，適當的處罰是什麼？大學應提供哪些受害者可以得到的支持服務？個人與機構各自應擔負的責任爲何？

　　該運動促成媒體及公眾態度的轉變，強暴不再只是性行爲而已，而是暴力犯罪。性暴力的數量與後果的資料統計，破除了有關強暴的迷思，加上發展對受害者的服務，均是此項運動的成就。

　　在 1980 年代末期及 1990 年代早期，關於校內約會以及熟人強暴的問題受到眾人的注意，許多方案及諮商服務亦隨之興起。法律規定大學應該追蹤校園中的強暴犯罪，並使學生可以取得相關資訊。

　　校園強暴在十年前是個乏人問津的議題，到如今大多數的學校都關切此問題，反強暴運動在喚醒校園重視此問題上已有長足的進展。大多數此運動的參與者分享強暴案件受害人所感到的不平，雖然尚未見到國家出面整合反強暴運動，但政策與立法上的改變將持續進行。

☐ 大學畢業生的灰暗面

　　1980 年代，年齡在 18 到 22 歲的大學生人數減少了 270 萬人。然而大學生總數卻增加 180 萬人，爲何如此？因爲年齡超過 25 歲的學生人數明顯增加，人口調查局（Census Bureau）的報告顯示 1997 年美國大學入學的學

生年齡 25 歲以上者占 38.2%（*The Chronicle of Higher Education Almanac,*

1999, p. 24）。年齡較長的非傳統學生藉由選修學分或旁聽課程以提升他們的職業技能、轉業機會，並尋求個人的發展。教育使許多人所從事的有價勞動力得以重新充電而顯得重要。財務補助（包括聯邦或州政府的補助），可以幫助較年長的公民付得起學校教育的費用，而退休人員通常上課是免費的。

這種人口特性的改變對課程與大學校園生活產生影響：夜間班與週末班增加；尤其是在大都市中建立更多便利的分部上課點；大部分的課程作業可以在家完成；有些大學更對年長學生提供轉銜的學程計畫。

許多年紀較長的學生接受加諸他們身上的刻板印象，不過，脫離學校多年後重返校園，仍感到害怕。他們害怕使自己或他人知道自身缺乏能力與人相處、完成功課、適應新的且有所要求的環境，或得因應壓力。雖然某些成就表現可能會隨年齡而衰退，但許多年紀較長的學生仍然具有高生產力，也愉快的享受大學生活。老學生是好學生，他們不但學習動機高且值得信靠（Cox, 1996）。

戰後嬰兒潮，使出生嬰兒從 1940 年代的 275 萬人，增加到 1960 年代的 435 萬人。依照「中推計法」（middle series projections），預估年齡超過 65 歲的人口到西元 2010 年約有 3,900 萬人，2030 年則增加到 6,900 萬人。到了 2030 年超過 65 歲的人數將占總人口 20%，這個數字可與 1990 年代後期的 13%互相參照（Current Population Reports, 1996）。因為現代醫學發達，這批老人的壽命將更長久。雖然年齡歧視（ageism）向來使老年人受苦，但是這波嬰兒潮所誕生的世代因為占人口比率甚高，他們可能會顛覆大多數與年齡有關的刻板印象。聯邦與州政府針對老年人的需要所制定的法律，包括美國在內已有許多國家通過實施，其中保障了所有公民的教育機會，「不論先前的教育或訓練、性別、年齡、殘障情形、社會或種族背景，或經濟環境」。

例如，俄亥俄州內所有得到州政府補助的大專院校，只要尚未額滿，就必須提供 60 歲以上者免費入學的機會（Ohio Revised Code）。教育年長公民並善加利用的國家，能鞏固其經濟、社會系統。

　　高等教育所服務之對象的輪廓正在改變，他們的需要必須列入考慮。大學機構將會遇見目標及興趣更多元之異質學生組合，要滿足這些變化中的需要，有必要聘雇更具彈性的教員體系。

教育社會學之應用　你在高等教育系統中扮演何種角色？在高等教育裡，請比較你的角色與其他身旁之人的角色。

☐ 高等教育的角色：大學教師

　　大學所期望於教授者——教學品質優良、在學科領域上具備專精而新穎的知識，其研究能影響深遠、聲望卓著。藉此大學機構也得到聲望，聲望進而產生資源。此外，大學機構的環境中，學生、家長、其他人員也對大學教師有特定的期望，以下段落將處理此角色的特定層面。

　　大學教師的特徵　社會學家在辨認人群團體時，部分是藉由找尋他們之間共同的特徵。大學教師也不例外，他們的特徵包括種族、性別、機構類型、所屬學門（見表 10-5）。1940 年全美大專院校共雇用約 15,000 位教師。1960 年代，大學教師的人數隨學生主體擴大而增加，到了 1970 年代，大學教師人數超過 60 萬人。至 1992 年時，降到 526,222 人，於 1995 年又稍微增加至 550,822 人，其中有 380,884 位屬於兼課性質（*The Chronicle of Higher Education Almanac*, 1999, p. 38）。

299

　　大學教師男女兩性的比例隨科系有異。在護理領域，教師清一色幾乎都是女性，但在工程與農業領域，則占不到 1% 的比率。女性通常任職於教學型的機構（相對於研究型），所屬科系聲望較低。女性大學教師的人數為 190,672 人，而全體大學教師共 550,822 人。

　　過去四十年，美國高等教育機構的非裔全職教師人數甚少變化，1995 年，非裔大學全職教師為 26,835 人。最近的統計數字顯示女性與少數民族的教授人數比率已有緩和的成長。但這些非裔教師較少得到終身聘用職，或在得到終身聘用職的軌道上，也很少是生於美國的公民（Finkelstein,

表 10-5　背負教學責任的全職大學教師成員的特徵，1992 年秋 *300*

| | 印第安美國人 | | 亞裔 | | 非裔美國人 | | 西裔 | | 白人 | |
| | 男性 | 女性 | 男性 | 女性 | 男性 | 女性 | 男性 | 女性 | 男性 | 女性 |
全職教師人數										
總和　526,222	0.3%	0.2%	4.0%	1.3%	2.6%	2.3%	1.7%	0.8%	58.9%	27.9%
機構類型										
公立研究　108,493	0.1	0.1	5.7	1.3	1.5	1.2	1.4	0.5	68.7	19.7
私立研究　32,350	0.2	—	6.7	2.4	2.8	1.9	1.2	0.7	59.2	25.0
公立博士 a　54,433	0.6	0.2	4.9	1.4	1.6	1.3	1.7	0.6	62.1	25.7
私立博士 a　25,397	0.1	0.1	5.1	1.4	2.9	1.2	2.3	1.0	66.5	19.4
公立綜合　96,350	0.2	0.3	4.1	1.0	4.9	3.9	1.8	0.8	55.5	27.5
私立綜合　36,548	—	0.1	2.5	0.9	1.4	1.6	1.0	0.6	60.5	31.3
私立博雅教育　37,560	0.3	0.1	1.9	0.9	3.7	1.8	0.9	0.5	54.2	35.8
公立二年制　109,551	0.7	0.3	1.9	1.4	2.5	3.6	2.5	1.6	47.8	37.7
其他 b　25,540	0.3	0.2	3.7	0.9	1.6	1.2	0.8	0.4	67.3	23.6
學門										
農業與家政　11,466	—	0.7	1.0	1.8	2.2	1.5	1.6	0.2	71.3	19.6
商業　39,848	0.6	0.3	4.0	0.8	1.9	2.0	0.9	0.4	62.3	26.6
大眾傳播　10,344	0.9	0.3	4.3	1.2	2.8	2.8	1.6	—	56.3	29.8
教育　36,851	0.7	0.3	0.5	1.1	3.9	5.1	0.9	2.4	43.9	41.2
工程　24,680	0.7	—	15.6	1.3	2.1	0.6	2.8	0.2	73.0	3.8
藝術　31,682	0.3	0.2	1.2	1.6	3.8	1.8	2.1	0.3	60.4	28.3
健康科學　77,996	0.1	0.1	4.0	2.0	2.0	3.2	1.3	0.3	43.1	43.5
人文　74,086	0.3	0.1	1.3	1.9	2.1	2.0	2.0	2.0	53.5	34.8
法律　7,337	—	—	0.2	0.7	5.8	2.9	1.3	1.1	57.8	30.0
自然科學　101,681	0.2	0.1	7.2	1.4	2.5	0.9	1.5	0.3	69.0	17.4
社會科學　58,526	0.3	0.2	2.6	0.7	2.9	2.9	1.9	0.9	65.4	22.3
特殊職業計畫　15,395	0.5	0.2	1.9	0.2	3.5	0.9	3.1	0.3	75.9	13.5
其他　27,466	—	0.1	2.3	0.6	2.8	3.3	2.0	0.7	58.1	30.1

301

—：人數太少無法可靠估計。

a：包括醫學院。

b：包括公立博雅教育、私立二年制學院、宗教、其他專門學院，但不包括醫學院。

註：這些數據是根據 1992 與 1993 年對 817 所大專院校內 25,780 位全職與兼職教師與其他教導人員的調查。這份調查涵蓋那些平日的工作，包括教學的雇員；具有大學教師地位但平日工作不包括教學者；擔任教導工作的暫時性或永久性的雇員；以及正在長期休假的大學教師及教導人員。此份調查排除由研究生擔任的教學助理。樣本的加權是為了能產生全國性的估計。本表所含括的成員至少都曾擔任過某些教導工作。因為四捨五入的關係，數據明細加總後可能不等於「總和」。

資料來源：*The Chronicle of Higher Education Almanac*, August 27, 1999, p. 36.

299 Schuster, & Seal, 1995）。非裔教師有近三分之一任職七年以內。任職七年以內的教師（新進教師）之中，43%是出生於美國的男性白人，此數據可以與任職八年以上者（資深教師）的59%相比較。女性占新進教師的41%，而資深教師中女性只占28%，但這些女性教師並未集中在研究型的大學裡。新進教師約 17%為少數民族，而資深教師中少數民族只占 11%；其中成長最多的是亞裔美國人，尤其是男性。

　　要增加大學教師的人數，就得有更多的學生進入高等教育的系統中。我們先前已經觀察到非裔美國人攻讀研究所和接受博士學位的人數幾無增加。來自勞動或藍領背景的學生人數也有相似的情況，但因為他們不在「官方的」分類中，所以較不受到重視（*The Chronicle of Higher Education Almanac*, 1995, p. 29）。20 世紀前半葉，天主教與猶太教背景的大學教師人數成長近倍，不過近幾年已呈現和緩或減少的趨勢。

☐ 高等教育之教師的議題

　　關乎高等教育教師角色的議題有三項特別重要：專業主義、勞資談判，以及機構內女性教職員的地位。

　　專業主義和導向：大學教師的角色　大學教師歷經多年的密集訓練才成為專家。被接納為專業的最基本標示是在該領域中的最高學位：哲學博
302 士（Ph.D）、法學博士（L.L.D.）、醫學博士（M.D.）等。在受教育的這段期間內，研究生在密集的訓練及專業社會化中所學習的，不僅是學科知識而已，尚包括適當的態度、行為，與該學門的倫理律則。研究所對攻讀博士學位者的訓練，通常包括三到四年的學科學習，接著是資格考，以及主要的原創性研究——畢業論文。親身體驗這段密集的訓練之後，畢業者成為一種「兄弟會」的社群，藉由維護傳統以捍衛該學門的入口通道。學術傳統在聲望最高的專業，如：醫學領域上門戶最森嚴。有些研究生抱怨他們所受的訓練與他們將要進行的專業任務缺乏關聯性。有些研究生的實習經驗相當有限，其他人則強調他們在教導技巧上所受的訓練嚴重不足，而

且他們的研究領域通常很窄。全職的大學教師平均每週實際工作 47 到 57 個小時（Magner, 1995）。大學教師自陳他們的時間 54.4%用於教學活動，17.6%用於研究與學術，行政工作的時間占 13%。

美國大專院校協會（Association of American Colleges and Universities）與研究所協會（Council of Graduate Schools）在 1993 年開始進行名為「培養未來的大學教師」（Preparing Future Faculty）計畫。許多大學的確提供未來大學教師的訓練，以及大學教師持續性的專業發展（Cage, 1996, p. A19），也有許多大學針對助教（teaching assistants, TAs）及教師舉辦專題研討會。因為大學生人口變得不是那麼穩定，所以更多的大學機構強調教學品質的重要。

一旦開始工作，大學教師面臨不同的角色期望。在二年制學院與四年制的博雅（liberal arts）學院中，教學是教師最主要的工作；而大多數的大學教師做研究的時間則占了很重的比例。教師的導向與所屬機構的類型有關，「包山包海型」（cosmopolitan）的教師——他們在所屬機構之外有專業的興趣及關係——在寫作及研究發展上貼近較廣泛的讀者；他們能獲得更多的補助款與聲望。而「區域型」（local）的教師則將注意力集中在所屬機構之內，他們在機構內的事務上積極關切，對機構有更大的忠誠。雖然這兩種類型的大學教師在所有機構中均可發現，但是「區域型」的教師在兩年制及四年制的學院中更容易見到。

最有聲望的機構，吸引來最負盛名的教師成員，不過要留住他們也有問題。這些教師教得少，花較多的時間在專業諮詢、演講、參加會議，或到其他機構擔任訪問學者或課座講師。相關的會議作業及教學工作常常落在那些較年輕的教師身上。大學對此亦能容忍，因為保有受尊敬、知名的大學教師可以增進大學的聲望，而且可能會吸引其他頂尖學者及學生前來，並爭取到更多的經費。

對許多大學教師而言，教學與研究如何兩全其美，是個困難的問題。*303* 這種兩難深深的困擾年輕學者；他們必須「證明自己」，好能保住飯碗，進而得到終身的教授職。這意味著他們不但需在教學上與學校服務上表現

優良，也必須在研究及出版上有卓越表現，而這些通常不會列入「徵人要求」（job requirement）之中。身負家庭責任的年輕教師常被迫在家庭與事業之間做困難的抉擇。有些人認為大學教師被迫做「寫下來，但不一定要正確」這樣的事。像這樣，大學教師受聘教導學生，但常被期望要有學術出版——否則就滅亡（perish）。儘管壓力存在，大學教授對他們職業仍感愉快，有 65% 的男性與 59% 的女性教師指出，如果有機會可以重新選擇，他們仍將追求學術生涯為職業（Leatherman, 2000）。

專業人員、工會、勞資談判　一般咸認學術專家具有某些特徵，如：學術自由、對學門與教育過程有自主決定權、服務社區。全美大學教授協會（American Association of University Professors, AAUP）傳統上代表大學教師的利益，明訂薪資的標準、升等方式、各種政策。AAUP 對學校強大的影響力已成為大學教師的靠山，被 AAUP 列入黑名單的機構，可能會遭到教師的抵制而不願在那裡任教。

大學教師對於工會代表性的支持則有相當大的歧異。許多大學教師不願意將他們對行政單位的惱怒交由工會調停，他們比較願意保留對問題解決的控制權。在二年制的機構中，教師比較可能會認為自己是「雇員」，所依循的模式很類似中等學校，並期待藉由工會代議能有所得。任教於聲望卓著之大學的教師比較不可能「紆尊降貴」，以工會為討價還價的媒介，因為透過代議對他們並無明顯的好處。許多相對於其他人而言已有高薪者，如果他們對機構不滿意，他們有更大的彈性另謀高就。不過，許多大專院校的教師均隸屬於代議組織——各種專業協會及 AAUP——組織會員的觀念由之而生（當前在那些工會化的校園裡面，AAUP 實際上代表教師的權益，包括權利保障及教師薪資等）。美國教師聯盟（American Federation of Teachers, AFT）及全國教育協會（National Education Association, NEA）都已在嘗試吸引大專院校教師的注意。

近年來，大專院校的教師工會與集體協商對學術社區中許多區塊的吸引力漸增。高等教育系統擴張快速，特別是二年制的學院，其內的教師成員比較少有哲學博士的學位。經濟問題也造成學術領域職業市場的不確定性。教師的行政決策權愈來愈少，而年輕的教職成員來自各種背景，這個核心使大專院校的教師接受集體協商作為一種策略（Morgan, 1992, pp. 2719-2720）。 *304*

高等教育的性別議題　女性教師大多數集中在二年制的機構，較少任教於大學。在所有高等教育機構內，擁有終身職之女性教師的比率低於全體女性教師的比率，換句話說，女性在機構內的學術位階較低。這種情況的原因之一，按照女性研究的學者，學術機構長期的傳統均由男性主導。傳統的研究取向是基於男性的生命循環，依照前人既定的順序，逐步達到成功（Gilligan, 1979）。不過，女性可能會以不同的生涯規劃在研究上求精進，像是生養子女那幾年之後再進入專業，或進行協同研究。女性以其他模式達到成功也未受到應得的肯定，這種態度使那些勝任而有效能的女性吃虧——進而使學術社群蒙受損失。

一項調查女性在學術圈所面臨之處境的研究指出，「女性在大專院校的工作環境充滿敵意」。不但有性騷擾的老問題，也包括同工不同酬、低薪、低職位、少晉級等不公平待遇（Blum, 1991, p. A1; Lomperis, p. 643）。非裔女性常覺得她們必須比其他相似處境的少數群體（如在學術界的白人女性），在學術研究上表現更出色、思想更超越、表現更傑出，才能在學院之內取得生存的合法性，他們常感到強烈的孤獨感（Fontaine, 1993, p. 121）。

近幾年女性大專教師的比例緩慢增加，女性占所有全職教員的34.6%：占全體教授人數的 17.8%，占助理教授的 50.4%。然令女性深感擔憂的則是，能夠取得終身職並升等的女性實為鳳毛麟角，而且她們居於較低職階、非全職，與非終身職徑路上的比較不合理的高（Greenberg, 1995, pp. 35-36）。

當機構裁員時，女性的教職員首當其衝。女性及少數民族在行政管理職位，這種過去向來將他們排除的職位上，仍然甚少受到聘雇。此外，女

性的大專教員在女性主導的領域，以及低薪與低聲望的機構中所占的比例
也偏高。

□ 高等教育中的角色：行政人員

行政人員必須手腕高明，在機構重要的環境因素及教員與學生的學術
興趣二者間維持良好的關係。

公立學校主要的財政事宜與方案的權責落在州（或地方）的董事會或
理事會上，並且可能受到州的立法委員及州長的態度與偏見所左右，理論
上說，他們反應公眾的意見。

私立學校的行政人員則部分仰賴私人經費的支持，通常是來自校友的
捐款。但再一次，這種經費是細水長流的，需要與捐獻者保持良好關係。
在那些聲望卓著的機構中，來自校友的壓力曾影響機構的決策。校友所發
行的新聞刊物中報導著傳統的大學結構中所即將發生的改變：原來的男校
開始要招收女生；學校向更多少數民族的學生敞開門戶；重新考慮是否給
予校友的親戚在入學時放寬標準。校友揚言要停止捐款的憤怒之聲亦時有
所聞。這些議題成為政策，但是都曾酌以修正使校友能夠接受。

對行政人員所增加之角色的批評者指出，大學已落入一種競爭的商業
模式，成為獲利導向的機構，高薪的行政人員人數眾多，形成頭重腳輕
（top heavy）的局面。批評者也指出在許多機構中，行政人員薪水的高
漲，例如：1998年比1997年平均薪資高5%，過去六年的加薪比率遠超過
同時期通貨膨脹的速度。1999年之內平均薪資增加4.5%，1998年為4.6%
（Lively, 2000）。

若不考慮高等教育系統中校友之類的環境因素，吾人將不能理解高等
教育。下一節我們進一步討論高等教育環境中的一些例子。

加諸高等教育的環境壓力

影響高等教育系統的環境壓力來自於政府、法院、教師組織、出版公

305

司、教會、社區、家長和其他利益團體（見圖 10-4）。高等教育機構在進行一場生存遊戲；環境中哪一個部分對於生存的影響最大，該部分對行政決策及所發生的變革衝擊也最大。讓我們逐一考量幾個影響高等教育的重要環境來源。

政府對高等教育經費的影響

　　政府透過經費上的控制，對高等教育機構有一定程度的權力。在 1992 至 1993 學年，聯邦政府、州政府與地方政府對於公立高等教育機構的補助金總計大約占這些機構預算的一半（見表 10-6）。雖然私立學校也依靠政府對研究與特殊方案的補助，但政府對公立學校的影響還是較大。大多數私立學校經費主要來自學生所繳的學雜費。附屬於宗教的學校通常最不依

306

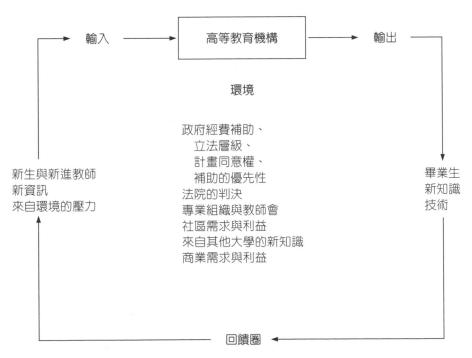

圖 10-4　高等教育開放系統模式

308 表 10-6　各大專院校的歲入與歲出，1995-1996 年

	公立機構		私立機構	
	總數	總百分比	總數	總百分比
歲入				
學雜費	$23,257,454,000	18.8%	$32,002,839,000	43.0%
聯邦政府				
分配款	1,826,738,000	1.5	210,210,000	0.3%
補助金與契約	11,595,201,000	9.4	6,770,274,000	9.1
獨立運作	250,529,000	0.2	3,286,124,000	4.4
州政府				
分配款	40,081,437,000	32.5	241,864,000	0.3
補助金與契約	4,161,109,000	3.3	1,208,263,000	1.6
地方政府				
分配款	4,397,098,000	3.6	3,643,000	—
補助金與契約	677,412,000	0.5	529,754,000	0.8
私人贈與、補助與契約	5,089,344,000	4.1	6,813,782,000	9.1
捐款收入	721,079,000	0.6	3,841,091,000	5.2
銷售與服務				
教育活動	3,528,610,000	2.9	2,002,153,000	2.7
附屬事業	11,595,408,000	9.4	7,272,132,000	9.8
醫院	12,275,778,000	9.9	6,335,792,000	8.5
其他來源	4,043,955,000	3.3	3,954,162,000	5.3
總歲入現金	$123,501,152,000	100%	$74,472,083,000	100%
歲出 *309*				
機構	$38,653,245,000	32.3%	$19,156,788,000	27.0%
研究	12,076,357,000	10.1	5,441,530,000	7.7
公眾服務	5,321,014,000	4.5	1,686,399,000	2.4
學術支援	9,004,113,000	7.5	4,292,950,000	6.1
學生服務	5,810,403,000	4.9	3,820,174,000	5.4
機構支援	10,710,279,000	9.0	7,545,490,000	10.6
營運與設備修護	8,005,101,000	6.7	4,325,784,000	6.1
獎學金與講學基金	5,084,653,000	4.3	8,110,450,000	11.4
規定之經費移轉	1,420,459,000	1.2	980,417,000	1.4
附屬事業	11,309,031,000	9.5	6,290,030,000	8.9
醫院	11,878,939,000	9.9	6,062,047,000	8.5
獨立運作	250,906,000	0.2	3,239,604,000	4.6
總歲出現金	$119,524,500,000	100%	$70,951,662,000	100%

注意：—表示少於 0.1%。因為四捨五入進位的關係，加總可能不等於總數。

資料來源：*The Chronicle of Higher Education Almanac*, August 27, 1999.

靠政府，也最少受其影響。高等教育經費大多都是用於學校機構中。　*306*

　　如果政府優先補助某些特定的方案與研究，如 AIDS、癌症研究、心智遲緩等，便會吸引研究者到這些領域以尋求經費的支持。事實上某些領域比其他領域有較高的經費優先權，比較可能維持經費不絕。經費補助優先性的改變會造成學術部門教職員人數的改變。政府一次性補助方案中所聘雇的人員可能會受到裁減或不再更新。實驗室或其他設備、教師的教學負荷、科系吸引學生主修的人數，甚至學系或機構的生存機會，部分取決於政府補助的程度。

　　學校也接受來自校友、公司法人、基金會與宗教團體的經費支持。這些錢通常都有指定用於某些特殊的專案。1989 到 1994 年間，捐款增加了38%，校友所捐的錢增加甚多，這是因為學校募款的動機更趨積極所致。1990 年代早期，大部分的學校均經歷了一段慘澹的時期，紛紛撙節支出，並提高學雜費以支應所有的費用（見表 10-7）。在某些都市，許多公司提供經費給來自都市貧民區的學生，使那些從高中畢業者能進入大專院校就讀。

　　當學費攀升時，家庭供給學生教育的代價便是沉重的家計。近來某個研究探討家庭中同胞手足的男女兩性在讀大學所能得到經費的差異。有很多兒子的家庭相較於許多女兒的家庭，家長更有財務供給的責任感，也許　*307*
這是因為父母更鼓勵兒子讀大學；如果女兒進大學，父母也同樣會支持她，不過如果是兒子讀大學，家長更會努力的籌措所需的錢（Powell & Steelman, 1989）。

　　聯邦政府提供財務匱乏的學生補助與貸款，協助他們支付就讀大學所需的款項。1990 年代後期美國教育部部長宣布禁止專門以種族為條件的獎學金，引爆了爭議；種族只能是頒發獎學金時考慮的因素之一，目的是為了增進校園中種族的多樣性，或用來改善確實存在的歧視。到了 1995 年，最高法院對相似的案例，支持此項禁止規定，藉此便刪減了種族獎學金的數量（Myers, 1995, p. A13）。

　　高等教育的社會經濟意涵超越了受教育之個人。資本主義國家的私人

教育 社會學
The Sociology of Education: A Systematic Analysis

310 表 10-7 大專院校的平均花費，1998-1999 年

	公立學院		私立學院	
	定居者	通勤者	定居者	通勤者
四年制學院				
學雜費	$3,243	$3,243	$14,508	$14,508
書籍與日常用品	662	662	667	667
住宿與伙食ª	4,530	2,098	5,765	2,101
交通費	612	1,011	547	861
其他	1,411	1,491	1,046	1,233
總計	$10,458	$8,505	$22,533	$19,370
二年制學院				
學雜費	$1,633	$1,633	$7,333	$7,333
書籍與日常用品	624	624	663	663
住宿與伙食ª	—	2,039	4,666	2,163
交通費	—	978	562	880
其他	—	1,171	998	1,162
總計	—	$6,445	$14,222	$12,201

a：通勤學生的住宿未包括在內。

—：資料不足。

註：表中的數字係依入學人數加權估算，以反映每一類機構向大學部學生實際收取的平
　　均費用。

資料來源：*The Chronicle of Higher Education Almanac*, 1999, p. 46.

307 經濟受到政府在高等教育上花費的刺激——特別是將錢花在研究上，遠勝
於花在其他層面上。研究活動的花費對私人生產有持久的影響。這特別真
實，因為大學是進行純粹研究的主要場所，而美國的工業則花錢應用這些
研究的發現。當政府與家庭共同支持高等教育的財政需要，我們對環境的
影響及制度間的相互依賴便有另一種的例示。政府在發展課程及補助上也
與學校一起努力，以達到國家的優先需求。

□ 法院及預防歧視的積極作為

　　法律通常禁止公家機構與接受聯邦政府補助經費的學校,有種族、性別、膚色、宗教、祖先、國族、年齡、殘障、榮民身分、性傾向上的歧視性差別待遇。聯邦法律要求大學採取「積極作為」以排除或糾正過去的差別待遇,不論這些差別待遇是有意的或無意的皆然。但同時法院也有互相矛盾的判決,如先前所提到的「哈伍德對德州政府案」(*Hopwood v. Texas*)之判決。

　　預防歧視的積極作為涵蓋各種範圍的活動,如公立學校在徵聘教師時,必須以公開廣告的方式徵才,取代之前「私人情誼的人際網絡」或「口說為憑」的聯繫。其他的積極作為尚包括去除那些排除特定團體的不當藩籬,確保申請入學與聘雇的決定與所公告的標準一致。

　　引發爭議之積極作為的類型包括:(1)在入學申請或聘雇人員時將種族或性別列入考慮,好提高他們在符合資格之潛在申請者中的競爭力,其用意是希望能增加少數民族或女性在機構中的身影;(2)建立數字目標,評估少數民族或女性在機構中人數增加的情況。所謂目標是指藉由忠信的努力以達到預懸的目的,但反對運用「目標」者則認為目標有時會被解釋成「配額」(必須達成一定數目以免遭受處罰)。建立「配額」的結果可能是,凡在做決定時不考慮種族或性別因素時,可能會喪失所有聯邦政府的補助經費,包括補助金、研究契約,甚至學生貸款的進帳。

　　預防歧視的積極作為濫觴於 1965 年發布的「行政命令 11246 號」(Executive Order 11246),至今已經存在三分之一世紀了;而其受到抵制的時間也同樣的長久。在減少種族、性別歧視或其他各種不同教育標準與雇用機會的差別待遇,已獲得很大的進展,但要達成均等的機會還需要更多的努力。

　　1995 年,美國最高法院判決規定,政府依據種族或民族而提供利益的積極作為方案,必須受到法院「嚴格的檢視」。此判決意味著這類方案必須對達成「不可或缺的國家利益」(亦即,政府的意圖)而言是必要的。

310

311 目前尚不知道增加大學裡的人力或學生主體的多樣性的努力，藉以增進教育歷程自身的多樣性與豐富度，是否能夠被判定為「不可或缺」的利益。（註：本節的資訊是由懷特州立大學積極作為辦公室 Juanita Wehrle-Einhorn 所提供）。

□ 環境回饋與組織改變

1964 年 9 月 30 日，有五位關心公民權的學生被加州大學柏克萊校區的學監傳喚，因為他們違反了不得在校園內宣傳政治的禁令（"Ten Years Later," 1974, p. 1149）。根據史麥爾（Neil Smelzer）「集體行為」（collective behavior）理論（Smelzer, 1962），此傳喚就是使學生與大學裡的行政人員對抗四個月之久的「加速性因素」（precipitating factor），也立下了世界各地學生抗議事件的先例。發生了以下的事件：

> 1964 年 12 月 2 日，一千名學生受到民歌手瓊・貝茲（Joan Baez）的挑動情緒激越，並占據柏克萊校區的行政大樓。接下來發生的是轟動社會的大場面，約七百名警力與長官將不退讓的示威者拖離現場。自發的大批同情者及同夥，使人數迅速的增加了數倍。（"Berkeley Student Revolt," 1965, p. 51）

大學關心自己的公眾形象，因為形象影響大學是否得到公家或私人的贊助，也對大學能否吸引學生就讀有所影響。「柏克萊言論自由運動」（Berkeley Free Speech Movement）改變了加州大學的環境形象及決策結構二者。許多研究者試圖針對該事件提出分析解釋。有些學者直指該運動是學生試圖奪取教育系統內之權力的結果，其他人則認為這只是學生因為言論自由受到剝奪而有的反應（"Berkeley Student Revolt," 1965, p. 51）。這些學運抗爭的往後幾年，對大學的目的為何有許多的論爭，而大多數高等教育機構均感受到變革迫在眉睫的壓力。有些學校在決策結構中加入更多的學生代表，或對言論自由的議題採取更寬容的態度。其他學校則以相反的方式回應，它們固守決策的控制權以因應來自社區的壓力。

　　本例顯示來自主要環境（學生被視為當事人）以及來自次要環境（社區）的回饋，所帶來的變通與改革。柏克萊事件的劇烈反應是要求注意與有所作為之回饋的一種形式，引向了變革及長期探尋系統的改進之道。

　　不同情境之下，影響變革的變項亦有所不同，但是持續性變革的歷程藉由開放系統模式卻能加以追蹤並研究。運用該研究取向，組織不必然是靜態的——組織的功能分析論在此常受到批判；變革也不必然如衝突論所言是小團體或利益團體之間持續不斷的權力鬥爭。毋寧說變革可被視為組織歷程與功能中很自然的部分。變革是任何系統內持續不斷的動態過程；如果組織希望能繼續生存，就必須依靠來自環境的回饋，也必須不斷調整與改變，以滿足環境所要求的變革。

教育社會學之應用　你所處的高等教育機構有哪些環境壓力？學校如何處理這些壓力？

高等教育的產出

□ 高等教育：態度、價值觀與行為

　　大學教育對於就讀的學生有何影響？這是研究學生長期之政治、宗教、道德、態度和價值觀的改變時，甚為重要的問題。「高等教育研究機構」（Higher Education Research Institute）所進行的大學新鮮人年度調查，保留了過去二十九年的紀錄結果；例如：1996 年，57.8%的學生指出「關心政治時事是重要的」。這個數據之後逐年降低，1994 年時達到最低點，僅有31.9%學生認為關心政治時事對他們而言是重要的。1990 年代中期最受關切的議題是環境，84%的學生表示必須更努力的保護環境（*The American Freshman*, 1995）。

　　過去幾年，大學生的態度與信念展現出極大的改變。最大的正面改變

即是對女性主義的支持、承諾保持環境的整潔、提升對種族的理解、發展有意義的人生哲學、支持合法墮胎；對健全財務狀況的強調則見之衰退。

1999 年秋季的調查發現，有近三分之一的大學新生感受到高度壓力；許多人必須努力工作才能達到目標，並且表達對競爭的關切。女性關心金錢而感到較大的壓力。女性比男性花更多時間在研究上、擔任義工、參與學生活動、做家事或者照顧兒童；男性則花較多時間在休閒活動上。

1999 年 40%的學生認為在教室很無趣，而 1985 年卻僅有 26%。學生花在家庭作業的時間也較少，其後果可能就是高中階段需要補救教學的學生人數愈來愈多。

其他的趨勢指出酗酒、抽菸的人口已持續減少；大一新生中只有一半說他們以前常喝啤酒。學生抽菸的比率從 1998 年的 15.8%下降到 14.2%（Sax et al., 1999）。

☐ 大學教育的價值

高等教育的文憑真的會使參與者未來得到較高的職業地位及更高的收入嗎？大學畢業生的薪資比高中畢業生高 52%，但此一薪資差距隨著大學文憑日益普及而縮小。其他像所就讀的大學與主修的科目變得更為重要，比在學成績與職場表現更能預測未來的地位與收入（"Costs and Benefits," 1993, p. 2; Hurn, 1978）（見圖 10-5）。

就讀有名望之大學的學生比就讀來者皆收之學校的學生，有較多機會爭取到高薪；然而，其他大學的學生若標準化測驗得分與常春藤大學聯盟的學生相同，則未來職業收入亦相同，這可歸因於動機、成熟度與抱負水準（Gose, 2000）。

許多學生接受畢業後從事與大學主修領域無關的職業。學非所用，再加上大學畢業所能取得之薪資優勢的縮小，使年輕人質問為了念大學花費時間與金錢是否值得。參考圖 10-5，圖中的比較顯示大學畢業生比高中或小學畢業生所賺的錢多，但其差距近年來已逐漸降低，團體之間的差距也在縮小。

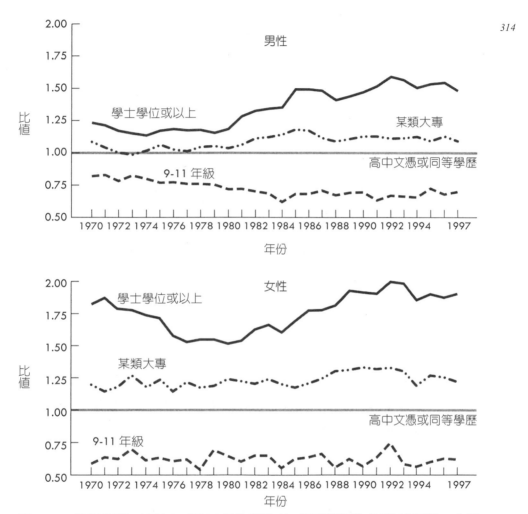

314

圖 10-5　依照性別，比較 25 至 34 歲的勞動者，最高學歷為 9 至 11 年級、大學
　　　　　肄業，或學士以上的學歷者，與領有高中文憑或通過高中同等學力鑑
　　　　　定（GED）者，年平均收入的比值[a]，1970-1997 年

a：這些比值在與 1.0 比較時最有用。例如，1997 年男性具學士以上學位者，其收入比領
　有高中文憑或高中同等學歷者，高出 50%，圖中的比值即為 1.5。1997 年男性其最高
　學歷為 9 到 11 年級者，其收入比領有高中文憑或高中同等學歷者，少了 29%，圖中
　的比值即為 0.71。圖中 1994、1995 與 1996 年的資料係修訂自本原文書前一版的資料。
註：「當前人口調查」（CPS）問卷中有關教育成就的問題在 1992 年已有所變更。1994
　年 CPS 的調查亦有所變更，並調整其加權。
資料來源：U.S. Department of Commerce, Bureau of the Census, March Current Population Surveys.

313　　　　大學的類型與品質攸關個人從教育中所能得到的薪資與聲名的回報。學生能力與社經地位變項控制恆定時，結論則較不確定，但大學的類型與品質仍然相當重要。

　　　　亞歷山大・阿斯汀（Alexander Astin）在《大學裡什麼是關鍵？重返四年的黃金歲月》（*What Matters in College? Four Critical Years Revisited*）（1993, p. 211）一書中做了個總結，提出較具體的結論。大學幫助學生發展積極的自我形象、良好的人際與智性能力。大學生得以對社會議題採取更開放的政治觀點與態度（這種態度可能會持續下去，也可能不會）。學生的宗教傾向也會趨於減低。

315　　**教育社會學之應用**　值得投資時間與金錢就讀大學嗎？請說明原因。

高等教育的問題與改革

　　　　隨著責成教育系統具有績效的壓力日增，高等教育受到社會大眾與政策制定者最嚴格的審視。象牙塔刻正面臨更多的挑戰，許多學校對問題正在回應：改善教學品質、評鑑課程計畫、增加少數民族學生就讀的機會、使學生具備開創未來的知識技能。

　　　　大學也因某些「沒原則」（unethical）的措施受到抨擊。1960 與 1970年代，學生成績迅速膨脹，惟目前已經緩和；許多學校的管理政策與程序失當，學生作弊層出不窮；科目課程與學分授與刻正接受檢討，經費濫用亦正在調查，課程改革則是持續的歷程。

　　　　任何組織都有其批判者，高等教育也不例外。有些批評者有一種支持改革派的論據。近年來好些作者對高等教育作出全面性的批判，尤其是針對人文與社會科學。衝突的中心點為：何謂學習的正確方式，哪些是有待學習的正確知識。校園中「政治正確」的議題，部分是受到這些批判者的刺激，且已產生了校園中課程與重要議題的變革。這些衝突代表一種潛在的張力，一端是權利與父權制度，另一端則是弭平差異的積極作為與文化多樣性的議題（Wilkinson, 1991, pp. 550-551）。

並非所有有關高等教育的觀點都是負面的。高等教育中有價值的積極層面包括：漸趨於機會均等；作為討論全國性事務的論壇；許多學生認真求學，也滿意於所受的教導與學術課程，信任教師且感到老師樂意協助他們，並且不斷的學習。

大學教育特別受到注目，因為大學所產出的成果是顯而易見且可以評價的。有些委員會報告力促以提高教育地位為主要的目標，其他人則主張學生應該主修某個學科領域，並接受第五年的教育（Astin, 1993）。

傳統的智慧以為大學是為著知識的保存、提升、傳遞與解釋。20 世紀廣為多數人所接受的普遍定義，所意涵的目的永存性，不必然需要方法或課程內容的永存。大學全然不能與社會分離，大學是其環境很重要的部分，其中的教職員與學生經歷到經濟與科技快速變遷所帶來的社會張力與緊繃。　*316*

摘要

高等教育不是單一的系統。我們已經討論了高等教育系統裡一些共同的特徵與問題，以便能類推到各種的系統中，這些特徵與問題包括：高等教育的發展與意義；進入高等教育的途徑；系統內的結構、歷程、角色關係；促成變革的環境壓力；高等教育的產出與改革。

1.高等教育的歷史與發展

有組織的高等教育可以追溯自 12 與 13 世紀。高等教育的結構與功能也與時俱進，變遷快速。目前高等教育具有雙重結構——行政與教學——再加上幾項附加的功能，如研究與服務。20 世紀二年制的學院應運而生，具有新結構與新功能。

2.高等教育的理論取向

透過功能理論與衝突理論，我們更能理解社會學家對高等教育的看法。

本章介紹的系統模式，幫助我們以更爲全面的觀點，統整高等教育的各個層面。進入高等教育途徑的議題，討論誰可以以及爲什麼這些人能接受高等教育，是教育理論家主要關切的所在。焦點特別在申請程序、考試，以及公立或私立學校。申請進入專業學院受到法律訟案的挑戰，而結果仍不明朗。

3.美國高等教育的特徵

學校機構視不同的經費提供者、學生組成、學程的類型與所提供的學位而不同。高等教育快速增加，危及大學的價值（譯按：因爲物以稀爲貴）。招生人數與經濟的衰退，也會迫使學程整併與削減人員編制。

4.高等教育系統的功能

大學可被視爲大型的社區。隨著大學的成長，大學的功能備受爭議：應該採用何種課程；研究與教學的關係爲何；服務在大學社區中該扮演何種角色。大學學術功能的爭議可由某些校園將體育運動「商業化」，以及大學應該採取何種課程類型來加以說明。

5.高等教育的組織

317

高等教育向來是以科層模型的方式來管理，但許多學者主張這種模式並不適合大學特殊的組成架構。大學的決策受到相關成員的影響而改變，如同決策責任的領域一樣，例如：大學教師通常保有對課程事宜的控制權。

6.高等教育中的角色

大學的學生逐漸多樣化，年齡較長的學生、少數民族學生、已婚學生就讀大學的人數愈來愈多。今天相較於過去，愈來愈多的女學生身兼數個角色並完成學業，之後進入研究所就讀。大學也努力補救那些缺乏完成學業所需之技巧的學生，所帶來預備不足的問題。

本章亦探討大學教師所需面對的三項議題：專業主業、勞資雙方談判、性別議題。

7.加諸高等教育的環境壓力

有關高等教育環境的幾項議題，本章舉例說明以強調其重要性者有：高等教育的經費、法院的行動、社區對各種學程施加的壓力。

8.高等教育的產出

高等教育的產出包括：價值觀、態度與行為的改變，以及就讀大學對未來收入的影響。

9.高等教育的問題與改革

本章已簡要的討論挑戰高等教育系統及倫理之問題與改革領域，包括對教師與課程的幾項批評，改革的提案亦有所酌加考量。

運用社會學作業

1. 列出你所在的地理區內所有的高等教育機構。
   (1)每一機構服務的宗旨為何？（提供何種課程與學位、服務對象是誰？）
   (2)每一機構的學生類型為何？
   (3)你的高中同學畢業後做什麼？就讀大學？就業？或其他？
   (4)你所在的區域中，是否有人高中畢業後沒有高等教育的機構可以讓他們入學？
   (5)你所在的區域中，是否發現高等教育系統的任何差距？
2. 思考你的學校最近所發生的爭議。讓你自己設身處地，或代表不同 *318* 爭議觀點的學生；或站在教師成員的立場；或站在與該爭議有關的行政人員的立場。他們在爭議的觀點上有何不同？訪談涉入者或許對你會有幫助。

3. 思考本章所提到有關高等教育的幾項議題，或你在意的其他爭議。闡述功能論者與衝突論者在解釋這些議題時會有何不同。

4. 就你所見，你的學校或主修領域的學程或課程有何問題？請提出能夠協助你的學校當前系統，解決這些問題的變通方案。

5. 在你學校的各種領域中，誰掌握正式權力與決定權？誰掌握非正式權力？舉例說明之。訪談他人這個問題，可能會有幫助。

6. 你的學校必須與環境中的哪些領域互動？與行政人員談談有關大學的壓力，或許會提供有用的資訊。

Chapter *11*

全世界的教育系統
——比較的觀點

在西非的一個小村落裡，幾個孩子坐在樹下，有幾個孩子拿著書寫用的
石板與粉筆。大家共用一本課本，這裡沒有任何紙、鉛筆或其他文具。老師
自己僅有六年級的教育程度，試著幫助孩子們專注於學習閱讀。北方幾千英
里處，孩子們坐在教室裡，配備有教育他們所使用的物資。現在讓我們訪問
這些系統的兩個兒童，並觀察他們的教育與生命機會有何等的不同。

阿曼優（Aminu）是一個 8 歲小孩，他出生於有九個兄弟姊妹的家庭。
他與家人住在西非某個國家北方的一個小農村，耕種是當地村民最主要的
工作，每個家庭都耕種自己的農地。阿曼優的家庭以人力來從事犁田農務，
他們的生活相當辛苦，幸好尚足夠維持一家人溫飽——大多是靠黍麥等澱
粉類食物、樹薯莖、香蕉及些許的肉維生。阿曼優的其他親戚像是堂兄弟
姊妹、阿姨、叔伯和祖父母，也同住在這個農村。

阿曼優在很小的時候即開始幫忙家人工作，父親教他耕作，祖父告訴
他家庭關係與宗教知識。雖然他僅是家裡眾多孩子之一，但他需要時還是
能從一些親戚那兒得到幫助，因此幼年的生活是安全而幸福的。

到了 6 歲時，他開始上村落裡的小學。所有 6 到 9 歲的兒童都必須就
學，因為那是中央政府規定的。阿曼優對此並不太介意，因為在學校裡可
以見到他的朋友，下課時間可以一起玩遊戲。他的老師是本地人，曾經離
開這裡去外地接受過中學教育，現在則回來掌管這所設於村莊會議廳裡只
有一間教室的學校。莫倫·海珊（Molam Hassan）看起來是個溫和的人，

319

320

· 377 ·

世界各地的學校教育在許多情境中舉辦

但是卻非常嚴格，經常責打學生或處罰他們站在教室角落。由於班上兒童的年齡有大有小，很難選擇一體適用的教材。阿曼優比較喜歡學習演算基本的數學函數，不過他認為那對他並無任何用處。他也能閱讀一些簡單的書籍，書的內容是有關英國的男孩與女孩帶著他們的小狗去野餐。阿曼優也讀可蘭經，並學習背誦經節。但他不喜歡被老師點名站在教室前背誦，因為如果他不小心忘了，可能會遭受處罰。他沒有任何時間可以坐在家舒適、安靜的學習背誦；而他的寫作更糟，孩子們有時需要聽寫，而阿曼優從未寫對過。

當忙碌的栽種或收割時期來臨，阿曼優與哥哥弟弟會向學校告假，以協助農事。如果家中有人生病時，小孩也必須輪流請假在家幫忙。有一次阿曼優缺席一個月去幫忙父親，和他一同到 20 英里外的鎮上辦事。

321　　　這個學年結束後，阿曼優將和他大部分的朋友一起從學校畢業，僅有兩位在校表現優異的男生考慮到鎮上就讀中學。其中一位男生可以居住在鎮裡的親戚家；但另一位學生則對於前往鎮上念書猶豫不決，因為他的父親需要他的幫忙，雖然中學教育免付學費，不過家裡負擔不起他住在外面額外的生活費用。除此之外，村民中許多人對那些出外求學的男孩頗有微詞，因為他們常是一去不返，而當他們衣錦還鄉時，似乎帶著一種優越感。

　　瓊（Joan）今年 10 歲，居住在英國的某個大都會。她與雙親在鎮上的住宅區中有棟舒適的家，她的父親每天通勤上班。瓊 3 歲時就開始在私人托兒所接受教育，在那裡她學會字母、數字及童謠，遵守規則、常規、時間表。之後，她到家附近的幼稚園及小學就讀。來年秋天她將進入女子公學就讀（英國公學相當於美國的私立學校，必須自行支付學費。就讀公學一般都認為是為了將來能就讀好大學預做準備）。在公學裡，她除了學習一般的學術科目，包括拉丁文與法文，還要再加上馬術訓練與樂器演奏。她特別喜好畫畫，因此也有請私人的家教學畫。瓊的父母都非常注重教育；她每天晚上至少需研讀一小時，只要她的成績優良時，還會獲得獎賞。她的父母兩人習慣閱讀大量書籍，因此家中有許多書籍、雜誌與報紙。瓊的母親是一位曾受過專業訓練的老師，而她的父親在牛津大學時主修數學，目前是位成功的商人。瓊只有一位哥哥，目前就讀男子公學。

　　瓊是一位用功的好學生，當她公學畢業之後，她認為她會想繼續念大學，而她應該會如願以償。

　　上述兩個場景提供我們初步認識這兩種教育系統，及其代表兒童所經歷的兩個世界。這種區分不僅是兩個兒童之間的而已，更是兩個教育系統、兩個國家，甚至兩個世界，其一貧其一富，其一尚待開發，其一為已開發。當我們討論全世界的教育系統時，我們必須將這個區別牢記在心。不過二者雖然不同，兩種教育系統之間仍有其共通性。本章我要探討其中一些共通性與差別。

　　我們首先考慮全球化的教育系統：第一，比較教育、跨文化之教育研究、用來研究各種文化之教育的取向。之後，我們探討比較教育的各理論觀點與類型。接著討論學校之內與社會之間相互依賴。本書第十二章將呈現全世界教育系統的例子。

跨文化教育研究

教育社會學的跨文化研究提供吾人對自己的社會新的洞察、想法與觀點。它告以哪些事物在教育系統中是獨特的，哪些是普遍的。跨文化的研究大多不易進行，因為不同的教育系統很難比較，各有自身潛在的意識型態與目標，社會學家對比較教育領域主要的貢獻為：發展有用的研究方法、確認重要變項、建構分析的模式、完成研究案。這類研究在應用上與實踐的目的上，大多有其用途。

☐ 比較教育的研究領域

全世界有超過 6,000 種語言，許多語言沒有可資書寫的文字。運用古老技術的文化與那些使用最現代科技的文化並存在世界上。受到不平等對待的少數民族無由得到基本的生活品質、感受到被拒絕、失利的少數民族中有高失業率、傳統的知識與文化日漸消失、宗教問題、不寬容……。（"The Challenge of Multicultural Education," 1994, p. 2）

這些變項使得比較教育的研究對研究者成為一種挑戰。

比較教育的領域從以描述性資料為主、探討所選擇之國家特定問題的個案研究，轉變成科際整合的領域，運用各種方法，探討跨文化脈絡之下的教育（Cummings, 1999; Epstein, 1988; Altbach, 1986）。研究的領域範圍從描述的人類學及俗民誌方法，到大型的學科成就研究。今日許多方法與理論可供應用，包括女性主義、後結構與後現代理論、教育系統發展的歷史比較、課程的內容分析、基於國際資料庫所建立的大規模研究，以及區域或地域研究所運用的多種技術，包括從觀察到晤談及問卷。雖然除了實驗設計之外，比較教育的研究者運用所有的社會研究技術，不過仍然有不少研究並未使用比較研究的技術，與其說是「比較研究」，不如說是「外國研究」（foreign education）──即描述性的或個案研究（Cummings, 1999; Rust et al., 1999）。

　　威廉・柯明（William Cummings, 1999）說明比較教育的研究領域，在歷史發展階段的進展：

1. 19 世紀中期：「借用者」（borrowers）與「預測者」（predictors）運用比較調查的方法，改良或提升本國的教育系統。
2. 1950 年代中期：將事實分門別類，形成歷史及地域的研究。
3. 1960 年代：焦點置於新興開發中國家教育所扮演的角色。
4. 1970 年代早期：比較研究受到忽略，因為當時的觀念認為美國社會走在時代的尖端，沒有必要向其他國家借鑑。

　　過去二十年，受到國際性組織及世界潮流和議題的影響（McNeely, 1995），幾項跨文化教育研究的主題吸引眾人的關注：課程、每位學生的教育經費、教科書、師資訓練等（Benavot, 1992）。本章將討論其中三個主題：課程議題、國際測驗、知識的正當性。馬克思主義（Marxist）、新馬克思主義（neo-Marxist）、符應論（correspondence）、反抗（resistance）與再製理論（reproduction theories）、依賴理論（dependency theory）、女性主義（feminist theory）與後現代理論（postmodern theories）等理論取向，都已加進現存理論中，使此研究領域更為豐富（Hall, 1990; Heyneman, 1993; Paulston, 1999）。

　　雖然美國在比較教育領域的發展上扮演主要的角色，其他國家也有特定的動機進行此類研究；例如：中國大陸在教育、鉅觀教育系統及高等教育方面，所進行蘇維埃理論（Soviet theory）與經驗的研究，嘗試汲取新觀念融入自身的系統中（Chen, 1994）。

　　隨著該領域的發展，對比較教育的重點何在也有不同的意見。我們來思考下列四個主要的意見：

323

1.教育系統的發展過程對個別國家而言相當重要，應由「地區的文化權威」（local cultural authorities）來推動，不應由外來國家與組織進行。

2.單純的解決之道對教育成功是關鍵：科技、教育券、遠距教學與學習等。

3.不當接受由國際組織所發展的普世卓越標準，也不該用之以發展教育系統，即使這些標準的提出是基於研究及經費的投資。

4.跨文化的教育模式應該指引教育系統的發展。

　　考以實情，上述沒有一個觀點永遠正確，但每一觀點在某種情境下可能會適用（Heyneman, 1993, pp. 383-384）。

　　教育在許多方面已進行跨文化的比較：教育的品質與數量、系統的內部結構、教育目標、教材、教育財政、教學技術、教育的效能、課程、教育控制、群體的人口統計、分析的層級等等（Bray & Thomas, 1995, p. 1）。方法上的難題包括入學年齡的差異、課程、學校類型、測驗與紀錄保存的技術、跨文化研究的經費支出等，均使得要找出標準的比較技術與資料相當吃力。例如：以 19 個國家為對象的比較研究，調查工具必須有不同的語言版本，方能獲得所需的資料（Baker & Jones, 1993; Hambleton, 1993）。

　　為了協助蒐集標準化的資料，聯合國已經建立一些共同性的教育測量技術供會員國使用。當這些技術得到採行，比較分析能有更可信的資料，並引起各國政府對國際研究的興趣，從而使教育的比較分析得到擴展。由此產生出許多新的研究問題、理論取向及方法論。

□ 比較教育和系統取向

　　我們不能忽略國家之間彼此的影響，也不能忽略整體社會系統之內教育與其他制度之間的互動性。再一次，系統取向對於結合這些動力關係是有用的。運用開放系統取向幫助吾人概念化各國所存在的世界脈絡（見圖11-1）。從這個觀點來看，世界體系是個別國家的環境，世界體系內各國之間經濟與政治的互動及發展的程度，影響各國所發展之教育系統的類型。

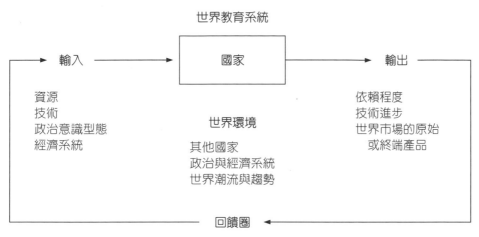

圖 11-1　世界教育系統顯示國家間的相依性

教育系統跨文化研究的取向

　　我們想要比較什麼？應該如何著手？最近的比較研究顯現出研究的多樣性：性別議題、學校內的變項、學校教育的失能、國家的角色、課程與教科書的議題、測驗結果的比較，以及許多其他不同議題（McAdams, 1993; Altbach, 1991, p. 506）。這些潛在的問題形成以下五種取向，惟這不可能窮盡所有存在的取向：

1. 以模式比較各國教育的特定層面如學科領域成就。
2. 辨識教育系統內部結構中可資跨文化比較的重要元素。
3. 發展教育系統的社會系統「策略」或取向，以滿足社會的需要。
4. 以模式顯示大眾教育課程與國家標準課程及結構的連結關係（Benavot et al., 1991）。
5. 以模式顯示社會制度與環境之間的交互關係。

　　許多跨文化研究的取向提出模型或分類標準。模型有如房子的架構：

The Sociology of Education: A Systematic Analysis

提供每個獨特的料件基礎與支撐。我們改變房間、室內裝潢、外牆的油漆，然而房間的基礎都是依照共同的原則構築的。同樣的，模型提供發展或研究同類型系統的架構；在此是指教育系統。到目前為止，模型是有用的，因為它在與實際的情境比對時能反映實在。模型常與教育的特定層面或系統的比較有關。因為方法愈來愈精密，所以跨文化研究的模型也愈趨複雜。圖 11-2 的模型顯示目前大多數研究分析時所用的三個向度：教育與社會層面、地緣性／區位的層次（分析的層次），及無關乎地緣特性的群體人口統計。

　　圖 11-3 的模式顯示能用於成就的跨文化比較研究的變項。「特定層面」研究的例子可能有助於澄清；在這個例子中研究的特定層面是成就。

326

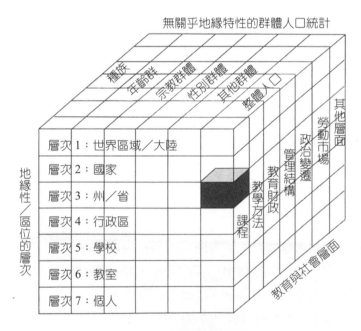

圖 11-2　比較教育分析的架構

資料來源：Figure 1, p. 475, from Bray, Mark, and Thomas R. Murray, "Levels of Comparison in Educational Studies: Different Insights from Different Literatures and the Value of Multilevel Analyses," *Harvard Educational Review 65:3*, pp. 479-490. Copyright © 1995 by the President and Fellows of Harvard College. All rights reserved.

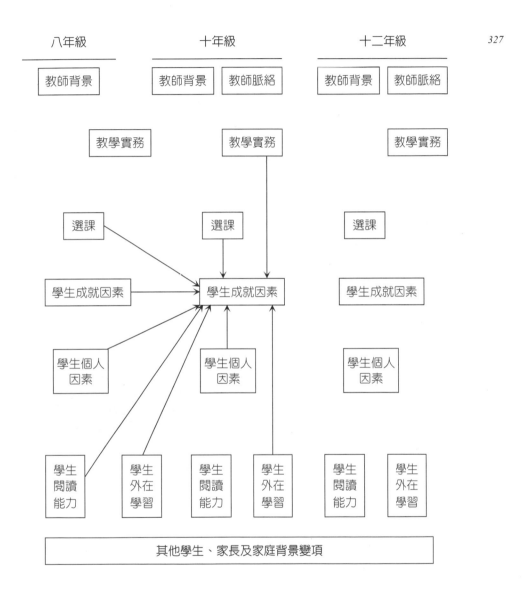

圖 11-3 NELS:88 調查變項類別的圖式（箭頭指出該報告所研究的關係）

資料來源：Kupermintz, Haggai, et al. "Enhancing the Validity and Usefulness of Large-scale Educational Assessments: I. NELS: 88 Mathematics Achievement," *American Educational Research Journal*, Vol. 32, No. 3, Fall 1995, p. 528.

325 ☐ **成就的國際性比較研究**

　　工業化國家勞動力人口的教育水準透露出該國工業發展所需的技術。雖然在頂尖的工業國完成中學階段教育者相去不多，但拿到學士學位占人口比例最高者則爲美國（見圖 11-4）。

　　學業成就的國際性比較研究提供閱讀能力、數學與科學成就的跨文化資料。國際性研究的用途日增，因爲它們具有提供教育實務、學校課程、學校政策、學生背景，以及其他影響教與學的社經變項，其變通觀點的價值（Fletcher & Sabers, 1995, p. 455）。

　　「國際教育成就評鑑協會」曾進行有史以來最大規模的跨文化研究。
326 這項原創性的研究注定會成爲該領域的經典研究，不只是因爲它的廣度及

328

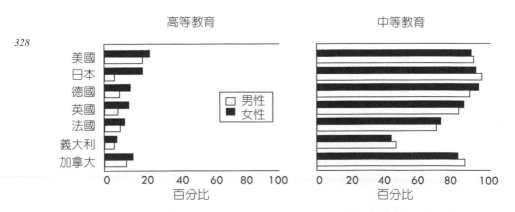

圖 11-4　依據性別與國家，七大工業國 25 至 34 歲者完成高中與高等教育的人口比例，1992 年

註：美國完成高中教育的定義爲畢業於高中或取得高中同等學歷證明（GED）者；完成高等教育者的定義則爲已拿到大學學士學位或以上者。

資料來源：Organization for Economic Cooperation and Development, Indicators of Education's Systems, *Digest of International Education Statistics*, 1995. Reprinted in "International Comparison of Educational Attainment," *The Pocket Condition of Education 1995*（Washington, DC: U.S. Department of Education, 1995）.

進步的跨文化研究技術，更是因為像這樣耗幾百萬美元的研究案可能不復 　　326
可見（Passow et al., 1976, pp.12-13）。根據這些資料出版的研究汗牛充棟，
其主題從該研究的重要性到方法論，到比較的發現皆有之。後繼的研究已
提供可資比較的額外資料。

　　該研究的主要目的在辨識影響國家教育系統的關鍵因素，及其與學習
成果之間的關係（Passow et al., 1976, pp.12-13）。該研究分析的學科有數
學、科學、閱讀理解、文學、公民教育，以及外語（如法文與英文）。該
研究比較 10 歲與 14 歲學生，以及學生離校前一年的測驗結果。其重要變
項包括入學年齡、離校年齡、學校與班級規模、離校時各年齡群的比例、
行業課程或綜合課程、學生的社經地位及性別差異。　　　　　　　　　　328

　　因為所蒐集、處理的資料如此龐大，所考驗的假設如此多，此處要總
結其所有的發現是不可能的。然而，龐雜的資料仍能從資料分析中加以總
結：一旦國家達到「臨界閾值」（critical threshold）之後，國家間的教育效
能相差不多。例如：已開發國家彼此間的差異，最能由他們投入了多少資
源在教育的哪些層面中來加以解釋。

　　IEA 的研究顯示先進國家（主要是歐洲各國）其成就差異不大，不過
像數學、科學、閱讀理解等學科成就的全距變化則較大。這種確實存在的
差異可由學校結構或課程的差異加以解釋（Elley, 1994）。圖 11-5 顯示 41
個國家四年級與八年級學生的數學與科學成就的比較發現（Martin et al.,
1999; National Center for Education Statistics, *Conditions*, 1999, p. 7）。

　　比較未開發國家與先進國家學校之間有極大差異，如同這個開放的例
子所顯示的。此種差距的可能理由是在未開發國家的兒童「入學時與學校
表現最有關的技能嚴重不足」（Inkeles, 1982, p. 228），而學校也無法補救
這些缺陷。然而當研究者將設備、老師、學生等因素加以控制時，則學業
成就的水準與先進國家者相差無幾。比較 19 個國家的數學成就表現，發現
性別階層（亦即女性接受高等教育及職業的機會）才是說明學業水準差異　330
的主要變項（Baker, 1993）。

　　由美國「全國教育進步評鑑」（National Assessment of Educational Prog-

教育社會學
The Sociology of Education: A Systematic Analysis

329

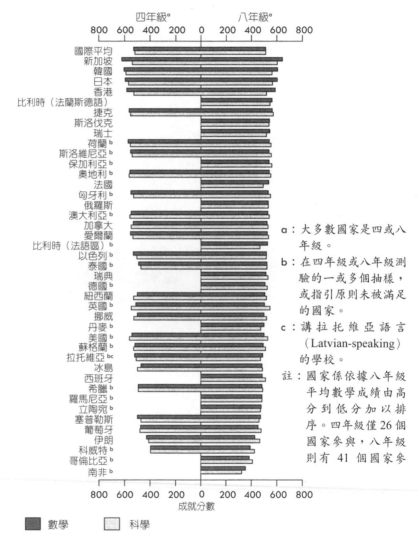

圖 11-5　性別與各國數學與科學成就平均分數之差異

資料來源：International Association for the Evaluation of Educational Achievement. TIMSS International Study Center, *Mathematics Achievement in the Primary School Years, Science Achievement in the Primary School Years, IEA's Third International Mathematics and Science Study*, 1997; *Mathematics Achievement in the Middle School Years, Science Achievement in the Middle School Years, IEA's Third International Mathematics and Science Study*, 1996.

ress, NAEP）所進行的另一項大規模的比較研究，發現美國 9 歲與 13 歲的 *330*
受測學生在國際的排名上落後於他們的異國同儕。美國學生在閱讀方面表
現優異，科學方面普通，數學較差（Griffith et al., 1994）。15 個主要的工
業國的資料顯示，韓國和台灣的 13 歲學生的數學與科學成績最高，成績最
低的則是約旦、美國和西班牙。針對中國大陸、日本與美國十一年級學生
的研究顯示，美國學生奮力於學業上所花的時間較少，用在實作及社交活
動的時間較多（Fuligni & Stevenson, 1995）。在最有效能的學校中，學生較
少收看電視，待在學校的時間較久，選修較多像是數學等進階課程，對學
業感到積極正向（Mullis et al., 1994）。學校一天上課幾小時或一年上課幾
天、所花費的金錢、運用創新教學技術等因素之間的關係並不清楚。不過，
研究發現的確指出，高期望、嚴謹的課程、教導品質與內容，有助於產出
高成就（Griffith et al., 1994; Educational Testing Service, 1992）。

比較教育的理論觀點與類型學

　　世人將教育視爲機會之門。許多第三世界聰明熱切的兒童冀望於外國
訪客能幫忙他們得到更多的教育；但許多已開發之國家的兒童則認爲，如
果能夠免去義務教育的負擔，善莫大於此。但教育實質上爲一國之民做了
些什麼？對此問題，並沒有明確的答案；比較教育的領域中彌漫著意識型
態上的見解差異。辨識這些意識型態上的差異有其必要，以此爲基礎，方
能對教育在世界發展上所扮演的角色，有更深的理解。

　　意識型態的某些差異已呈現在圖 11-6，圖中顯示主要理論與從屬理論。
下一節我們由功能論與激進（衝突）理論的觀點來探討其從屬理論。如果
我們所持的觀點爲，教育系統是社會的大「篩子」，提供個人往前的機會，
以及社會在經濟發展時所需的技術人力，則我們的觀點將是功能論的觀點。
反之，如果我們相信教育系統反映社會中菁英份子與資本家的欲求，教育
組織乃是要維護現狀，則我們在討論比較教育時是持衝突的觀點。採取哪
一種觀點，端賴研究者的視角與所探問之研究問題的性質。 *332*

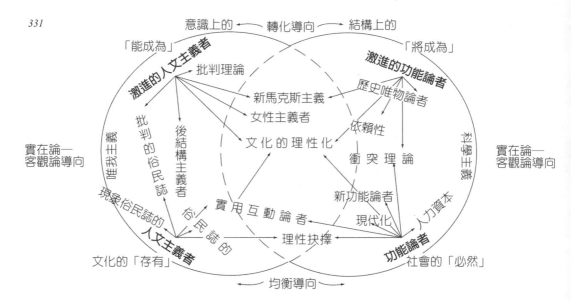

圖 11-6 比較教育與國際教育的典範與理論的鉅觀，向所有的理論家開放空間，使其觀點保留在社會環境裡

資料來源：Paulston, Rolland G., and Martin Liebman, "An Invitation to Postmodern Social Cartography," *Comparative Education Review,* Vol. 38, No. 2, May 1994, p. 224.

332 ## 🔲 現代化與人力資本的觀點

　　許多研究者專特探討教育與經濟成長和發展的關係。現代化與人力資本的觀點，在 1960 年代和 1970 年代早期，是比較教育領域主流的理論，其觀點指出教育的重要在於其將個人信念、價值觀和行為，轉化成經濟現代化所需者——勤勉、理性的深思熟慮、秩序、樸素、守時、成就導向（Slomczynski & Krauze, 1986）——以及新的社會價值觀，如「功績制度」（meritocracy），亦即能力強者便能獲得成功（Becker, 1993）。

　　雖然全球經濟與教育的角色關係極為明顯，但現代化與人力資本的觀點取向仍受到幾項批判：

　　1.功績制度的理想僅在極少數國家中實現。根據 20 個代表不同政經體系國家的資料顯示，前「東歐非市場經濟體」（波蘭、捷克、匈牙利、前蘇聯）較工業化市場經濟體的西歐國家（法國、英國、瑞士、荷蘭、德國、芬蘭、瑞典）更接近於功績制度。與一般人的信念迥異者，日本與美國距離理想的功績制度甚遠──比一些較未開發的國家更不如（Kerbo, 2000）。

2.某種內嵌於「種族中心」（ethnocentric）主義的假定，認為所有的國家都將循西方國家的發展模式。事實上，縱使採取西方國家的模式，也未必就會失去自身固有的教育系統；國家可能會採取其他國家的模式加以修改，以滿足自身的需要（Brown, 1999）。在個案研究中曾發現隨著受到西方國家影響日增，傳統回教世界的學校教育仍然屹立不搖（Morgan & Armer, 1987）。

3.透過教育使個人變得更為「摩登」，未必能造成現代的社會（Benavot, 1987）。工作機會欠缺、性別不均等、高學歷低薪資，都可能導致社會大眾不滿及「人才外流」（brain drain）的問題。事實上，一種相當新的人才流動結構，刻正形成「人才循環」（brain circulation）現象，其中「專技人員」（highly skilled personnel）在國與國之間流動，但可能不會留在自己的母國太久（Cao, 1996）。

4.因為大多數新職業都屬於需要特別訓練的服務與銷售業，對身懷較佳技能之勞動者的需要已被高估。幾乎沒有證據顯示新技術性的工作會因為勞動者接受更多的訓練而創造出來（Redovich, 1999）。

世界體系論與依賴理論這兩種變通的觀點，挑戰教育是經濟發展之積極力量的主張。

　　依賴理論和世界體系論的學者主張：⑴全球化的資本主義經濟是一個完整的系統，其特徵為國際間及國家內部都有不均等的結構；⑵第三世界國家的經濟體在歷史的早期曾受到有系統的掠奪，至今仍處於未發展的狀態，構成全球化系統中邊緣的部分，

333

並繼續提供原物料及廉價的勞力給工業大國；(3)世界體系裡的核心國家與跨國企業徵收邊緣國家的利潤與剩餘價值，乃是藉由邊緣國家菁英份子的共謀與權力，而他們通常受過西方學校系統的教育；(4)尋求回饋給外國投資者最大的利益，以及根據外國標準來設定國家發展的優先性，一國之中產階級的這些作為，已使國家內部不公平增加，也增強第三世界國家對核心國家的依賴性，使本國長期的經濟發展遲滯。（Benavot, 1992, p. 8）

取而代之的，世界體系論與依賴理論觀察「一個國家在世界經濟、貿易流、對原料出口的依賴、國家強弱、外國投資的多寡，以及跨國企業的出現」（Benavot, 1992, p. 8）。根據這些觀點，教育在決定與影響經濟發展上扮演的角色微不足道。

近來有些再製理論的學者主張教育確實會影響國家發展：受過西方教育的第三世界國家領導人，使國家維持之前的殖民型態，繼續處於依賴的地位。邊緣國家的教育系統再製並增強階級結構，鞏固國家菁英份子的職位（Carnoy, 1982）。雖然有些許的經濟成長，但利潤卻流到國外，社會大眾未嘗到經濟成長的果實。

❏ 「知識合法性」的觀點

根據威爾許（Welch, 1991）的研究，比較教育對知識的研究已經過兩個廣闊的發展時期。第一階段在研究教育知識取得合法性（亦即被公民所接受）的過程，以及知識基礎如何隨時間而改變；第二階段則關切現代國家中，教育知識的合法性與權力結構之間的關係。衝突或「批判」（critical）理論家在這些討論上居於領導的地位，他們採用韋伯（Max Weber）、馬克斯（Karl Marx）、哈伯瑪斯（Jurgen Habermas）及其他學者的著作為基礎。

1970 年代，隨著「新」教育社會學的出現，楊格（Michael Young, 1971）等人不再相信教育代表社會共識或一國公民的和諧；事實上，「批判」社會學家質疑每項假定與結構。有些學者視教育爲一種「意識型態宰制」（ideological domination）的形式，掌權者得以控制所傳授的知識，進而鞏固自身的權力。

　　知識合法性有三個中心問題：某知識如何取得合法性？在何種條件下 *334* 知識會改變？對知識合法性過程的跨國比較能夠告訴我們什麼（Welch, 1991, p. 515）？這些問題之下的假設是，在知識傳遞的過程中（對兒童的教育），有些社會群體可能對課程的選擇毫無決定權。

　　許多最近的著作其基本論題爲，課程與衆所接受的知識傳遞並不是中性的，會受到社會元素如有勢者及握有經濟控制權者的驅動（Archer, 1979; Habermas, 1978）。有些學者主張學校教育所採取的形式，如歐洲的「綜合學校結構」（comprehensive school structure），係受到資本主義勞動市場需要的影響（Levin, 1978）。另一個影響來自國際組織，它們「定義並提升放諸四海皆準的原則與觀念，然後用來導引國家政策的發展……國家政策目標傾向於與國際組織的決定及政策相一致」（McNeely, 1995, p. 504）。

　　甚至全世界每所學校裡每天發生的例行活動，以及兒童所接受到的潛在訊息，都可能受外部國際組織的影響，這些均在研究之列。這種「潛在課程」可以用非洲人的思考過程爲例證。科學教育與西方「原因－結果」之世界觀的關聯，遠比與農業、宗教國家固有的傳統世界觀關係更緊密。當科學成爲大多數國家基本課程中不可或缺的部分後，這些新的西方世界觀也就傳遞而來。有人認爲這些「潛在訊息」使國家的生活水準快速提升（Benavot, 1991），但這種世界觀也可能會藉著給予某些社會成員更多的菁英教育，從而使階層系統永遠存在。

　　儘管對社會裡教育角色的觀點有所衝突，所有的國家均有某種形式的正式教育。下一節我們要討論比較教育的跨國研究：富國與窮國教育系統內部結構的研究，以及社會的教育策略。

□ 富裕對貧困：一種教育的類型學

　　尼泊爾是世界上最貧窮的國家之一，平均國民生產毛額約 220 美元，但比起其他許多非洲國家情況已算較好的，如：衣索比亞（110 美元）、莫三比克和浦隆地（140 美元）、獅子山（160 美元）；些微領先尼日（200 美元）、坦尚尼亞、馬拉威和盧安達（210 美元）（United Nations, 1999）。尼泊爾多數人口約 2,400 萬人（81%）從事農業，但多數僅足以餬口而已。嬰兒死亡率（從出生到 1 歲）每千人就有 73.6 人，幾乎半數嬰兒體重不足（*The Time Almanac 2000*, 1999）。許多兒童營養不足或嚴重饑饉，且平均壽命低於 60 歲。人口增加並不能解決此困境，受教育率通常是國家在世界體系所占位置的指標。尼泊爾有 89%的女性及 46%的男性是文盲，雖然性別上的差異正在縮小中（United Nations, 1999），此外最貧窮的公民其讀寫能力也最弱。

雖然政府的各種施政計畫企圖改善人民的基本健康、福利和教育程度，但仍有許多障礙必須克服。僅夠餬口的農業需要全員投入農事，因此無論他們多重視教育的價值，兒童還是沒有時間能上學，也沒有受教育的機會。人口成長使得政府的錢只足夠應付增加的兒童；女孩們協助打理家務及照顧幼兒；學校距離太遠也使上學更困難。教師素質也會影響學生的就學率。尼泊爾政府想要藉由大型的成人教育系統打破文盲代代相傳的惡性循環，目前已有數以千計的成人受惠。以上只是在發展中國家的正式教育所遇到的障礙之一例。

學習的進行有許多方式與情境：對於富有者來說，許多學習都是正式的，是在教室中以及特別的建物裡進行；對貧困者而言，學習可能在教室，也可能不然。通常正式的學習只占窮人子弟教育的一小部分，他（她）的學習大多是非正式的，可透過對年長者的模仿，或是學習家庭手藝。一位人類學教授曾經提醒道：在我們嘲笑非正式學習之前，我們應該先想想它的重要性。他要求我們想像當自己住在喀拉哈里沙漠，我們如何求生存？去哪裡找食物與水？如果乏人幫忙，我們可能連活命的指望都沒有。然而何騰托人（Hottentots）與布西曼人（Bushmen）卻能在此活了下來，且繁衍子孫；他們自幼便已開始學習這種代代相傳的生存技術。電影《上帝也瘋狂》（*The Gods Must Be Crazy*）就呈現了歐洲人與布西曼人生活的強烈對比。

　　1995 年，全世界的中小學學生共超過 10 億人（National Center for Education Statistics, *Digest*, 1999, p. 445）。專業教師共 5,200 萬名（National Center for Education Statistics, *Digest*, 1995, p. 451）。這還不是全貌，因爲不丹只有 13.2% 的兒童就讀小學，海地 19.4%，尼日 24.4%（United Nations, 1999, pp. 178-179, Indicator 10），而西方富有國家則高達 100%。任何國家兒童在學人數都與該國的財富和經濟發展程度有關聯；在經濟上掙扎的第三世界國家，同時也有最高的文盲比率，高達近三分之二的女性、三分之一男性是文盲（"The World's Women," 1995）。全世界成人中，男人的識字率爲 81%，女人的識字率爲 65%（UNICEF, 2000）（第四章圖 4-1 列出了幾個區域的男女文盲率）。

　　不幸的是，許多第三世界的窮國，學校品質正在崩壞，每生的公共支出正在下滑。雖然中間收入的國家其教育品質已有提升，但第三世界國家與工業國家相比，整體差異甚大，其鴻溝還在擴大中。爲什麼有這種差異？其原因眾多，但主要是與第三世界國家在世界體系中的位置有關。乃是一國的財富水準影響了該國的教育處境；入學者快速增加，迫使有限的資源分散而更稀薄；其他因素與國家的依賴性及負債情形有關（Fuller, 1986; Gallagher, 1993）。遺憾的是，某些最窮的地區，人口的快速成長將只會使問題更加惡化（見圖 11-7）。 *336*

　　非正式的說，許多國家之內有兩種教育系統存在：一個在鄉村，另一個在都會區（Hannum, 1999）。某些都會區的教育是屬於菁英教育，如本章開放場景中所見的鄉村學校，其資源較少、合格教師不多、家長支持也弱。鄉村學校可能是由國家運作，或附屬於地方上的寺廟、回教寺院、傳教組織；宗教教育可能是主要的重點。開發中國家裡的都市學校通常在組織上及運作上，採取西方或殖民者的模式，依照英國或法國的教育形式辦學；許多這類型的學校爲國家中的菁英人口服務。窮國裡的家庭也難以受惠於可取得的學前教育與小學教育，因爲他們的子女必須幫忙農事；生存比學校教育更優先。某些國家（如拉丁美洲諸國），兒童早期的介入計畫 *337*

336

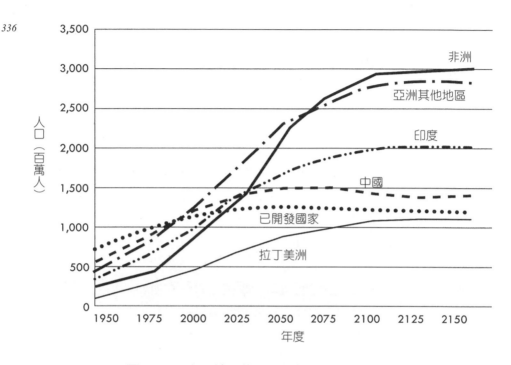

圖 11-7　主要地區的人口趨勢，1950-2150 年

資料來源："The UN Long-Range Population Projections"（Washington, DC: Population Reference Bureau, 1995），p. 15.

337　（early-childhood intervention programs）是可以取得的，提供有用的資訊、服務，並且扶持家庭與兒童。這提供各國政府一種方式，以促進健康並充實家庭對養育的知識。

　　許多分析小學課程的跨文化研究，顯明主要學科領域中的普世標準，常罔顧地域及經濟系統，反映具有跨國性格的意識型態、規則與慣例。基於科學價值的世界體系指引著課程發展的過程，代替個別國家或區域決定課程內容（Meyer et al., 1992; Benavot et al., 1988）。如前所提及的，標準化通常反應的是西方的模式，未必與開發中國家有很大的關聯。有些理論家不同意世界教育體系的指標，但支持系統內的相似性。

　　中學課程也顯示跨越文化的同質性。以 120 個國家為研究對象，比較

進大學的預備課程，其中標準的世界模型顯而可見；雖然可見到中學課程
有不同的類型，像是藝術人文軌（tracks），或數學自然軌（Kamens, Meyer,
& Benavot, 1996）。對開發中國家的鄉村兒童而言，中學教育比小學教育
更加遙不可及，因爲他們可能得自行支付交通費、住宿費、書籍費或服裝
費，使受教育成爲不可能的事。

　　教育系統常爲永續社會不均等的情況效力，藉著只讓菁英份子取得教
育的機會，他們通常來自都會區。不均等現象處處可見，在富裕、已開發
的工業社會中可見之，在貧窮、新興、發展中、邁向現代化的國家中也可
見之。個人之間的不均等與階級、種族、性別、宗教，以及住在鄉村或都
市有關，甚至各國之間兒童入學年齡和小學入學比率皆有差異。例如：芬
蘭、挪威許多兒童直到 7 歲才入學，而西班牙、比利時、法國和荷蘭則有
90%以上的 4 歲兒童已在學校裡了（"Preprimary Enrollment Rates," 1992, p.
7）。

世界體系分析

　　全球化批判（衝突）觀點視列國間的階層化，就如衝突論研究國家之
內的種族、階級、性別的階層化一樣。世界體系的分析者爲跨國的社會結
構系統內的教育，觀察此系統對下層單位即國家的影響（Wallerstein,
1974）。意識型態系統與組織（政治、經濟、宗教）兩者都影響教育發展
的方向。各國政府是資本家控制世界市場及教育系統的手段（Chase-Dunn,
1980），例如：絕大數的國家陷入「進步的迷思」（myth of progress）
（Ramirez & Boli-Bennett, 1987, p. 18）。因爲列國對全球化意識型態的反應
皆相同，教育發展也就彼此相似，其基本的假定是成長對社會與對個體都
是有益的。「核心」（core）（已開發的資本家）國家常參與「邊緣」（pe-
riphery）（開發中）國家的教育發展，有些學者認爲這是使核心國家能夠
將資本由邊緣國家轉入核心國家的因素（Clayton, 1998）。

　　世界體系分析的另一個範例，可見之於羅伯・亞諾夫（Robert Arnove）
（1994, 1980, p. 49）所發展的理論模式，他運用「依賴理論」（dependency

338

theory）以解釋社會與教育之間的關係。剝削鏈存在於好幾個層次：宗主國
（已開發國家）與世界組織剝削邊緣（開發中）國家；第三世界國家的權
力中心又剝削邊緣的鄉；像這樣鄉再剝削村。在此體系中，邊緣區域可能
可以得到所需的資源，其代價則是地方事務受到（宗主國或中心區域的）
宰制，包括課程、文本（texts）、改革等例子。

　　爲了說明教育的世界體系，學者指出許多協調全球教育的國際組織：
福特與洛克菲勒基金會、世界銀行、聯合國教育科學與文化組織（UNES-
CO）、聯合國兒童基金會（UNICEF）等（McNeeley, 1995; Samoff, 1993;
Meyer, Ramirez, & Soysal, 1992）。這些組織有權也有錢，到全世界推行理
念與計畫，國際機構所倡導的模式也散布全世界。其中有些計畫實施得相
當成功，有些計畫則令人失望──例如：在印度鄉村的例子，因著強調「非
正式教育」，反而給予當地政府藉口，不提供學生教室。第三世界國家高
等教育機構的教授受到諸如洛克菲勒基金會的贊助。對某些人看來這是種
慈善行爲，但對衝突論者而言，這是國際組織藉由慈善行爲將資本家的意
識型態加以傳播的例子，並塑造第三世界的教育系統，使之能滿足國際的、
跨國的及美國企業的需要。他們指出世界銀行是由富有的資本國家出資的，
好向開發中國家提出建議。

　　出自傳統的世界體系論的理論家強力主張，附庸的邊緣國家也常知道
他們與其他國家的關係，也的確照他們的知識有所反應，通常是藉由抵制
核心國家的宰制。在某些國家，這是採取控制自身教育系統的方式。加入
對邊緣國家在歷程中扮演有意識的參與者的考量，從鉅觀層次的分析過渡
到後現代的詮釋，這恰與衝突理論的發展平行（Clayton, 1998）。並非所有
339　理論家都同意世界體系正在將教育系統變得整齊劃一的看法（Carnoy &
Samoff, 1990; Cummings, 1999）。

　　每個社會的教育系統，受到較大之世界系統的影響。在今日互相依賴
的世界中，對社會的研究罕能不仔細考慮整個世界社區；然而這是個艱鉅
的任務，因爲在比較複雜且不同的系統時，往往會產生方法上的困難。

　　不論所持的理論觀點爲何，大家都同意教育不能自外於社會，教育必

須與其他社會制度一併考量，也必須與其社會的國際環境一併考量。這對開發中國家的狀況特別重要，因為它們正處於後殖民時期，並繼承了先前殖民權力的教育系統。下一節我們將討論機構相互依賴的例子。

全球制度的相互依賴性

每個社會分享一套共同的制度：家庭、教育、宗教、政治、經濟和醫療保健系統。藉由科技、溝通網路、交通運輸系統之助，世界變得更小，許多制度的模式彼此影響，全球的制度更加雷同。然而，政治系統、經濟系統與宗教信念也是區分國家的主要變項。例如：我們可以粗略地將世界上所有國家區分為北半球與南半球，南半球的國家大多為開發中國家，其特徵為晚近才獨立（1945 年之後）、殖民主義的遺跡、向富有國家借款。窮國政府忙於處理貧困、疾病、飢餓、人口快速膨脹、文盲等問題，而教育議題也被迫在此背景下處理。最近的新聞報導告訴我們有關死亡及接踵而來的戰爭、饑荒、流行病、難民危機等。

制度的相互依賴性在取向上可以是「全球的」（global），一如「世界體系觀點」的例子（Wallerstein,1974）；可以是「跨國的」（cross-national），如同在威廉遜（Williamson）社會政治經濟分類學中的例子，或課程、知識或測驗的研究中的例子（Williamson, 1979）；可以是「制度的」（institutional），焦點擺在教育制度與其他制度的關係（Benavot, 1997）；可以是「國家的」（national），可資用於比較研究。在全球化取向中，世界被概念化為一個系統，其內有許多相互依賴的單位。內部與外部的變遷與國家間的關係有關。雖然文化及意識型態的元素也在檢視之列，但與此理論有關的多數研究，在處理經濟與政治的制度特徵。最近，此取向已被擴張，採取國際的觀點來看在所有社會中產生相似型態的社會變革的推動力量。

340

在相對較新的制度取向中，有幾個對教育研究共通的主題：

　　首先，焦點擺在 20 世紀的歐洲與美國及其遍及全球的制度化歷程，探討現代、世俗的大眾學校教育系統的起源與擴展。第二，它分析社會裡頭教育的制度化支撐基礎……。第三，該取向檢視大眾教育與菁英教育如何改變重要的社會建構，及社會裡頭的制度安排。（Benavot, 1997, p. 340）

　　由此觀點，制度化論者視教育為在各國社會中創造政治與經濟權力重新分配的手段。

□ 教育與宗教制度

　　一國之內，甚至是一村之內，教育與宗教關係複雜，時而矛盾。以下幾個例子可以說明之：

◆ 北奈及利亞：一所回教男子學校強調傳統宗教信念、態度與行為模式，且不支持變革。該學校旁邊有一所由政府運作的村落學校，先前是由基督教的傳教組織所經營的，強調「現代的」態度，以及教育對贏得成功的重要性。

◆ 北愛爾蘭：天主教的教區學校與主要是新教徒就讀的公立學校，維護自身並使社會上的這種區隔與敵意永遠存在。

◆ 伊朗：基本教義派的回教學校支持現狀，擁護回教宗教領袖的領導與觀點。

◆ 美國：基要派的基督教學校強調某些價值，反對憲政上的政教分離；他們也表現出對科技社會的疏離。後者的例子是有關教科書的爭議，質疑在科學課中教導進化論。

◆ 以色列：宗教與教育攜手共同完成國家目標。在這個諸多方面都是異質的社會中，希伯來語及宗教訓練提供合一的基礎。在許多情形中，宗教與政治信念攙雜在一起，從 1995 年以色列總理拉賓（Yitzhak Rabin）遭到好戰的宗教學生殺害可窺知一二。

宗教常與種族、族群團體或國家起源緊密相關，因此在快速變遷、令人困惑迷惘、社會規範崩潰，即社會學者所稱「社會失序焦慮」（anomy）[1]的時期，宗教或能提供團體穩定的力量。對變革的態度亦反應於宗教學校，或代表宗教的公立學校中。如果變革與宗教的原則一致，教會實際上還可能成為該變革的主導者；然而，如果變革威脅到其信仰系統的原則，則宗教也可能會攔阻變革的進行。

341

家庭、社會階級、教育

家庭是最基本的社會聯繫單位，也是價值的傳承者。在家庭中我們發展出對自身態度，以及我們會成為什麼的期許；我們發展對出對教育的期望。在家庭所創造的環境中，我們得到非正式的教育，以及追求正式教育時所需的鼓勵、支持及行為模式。離開這早期的影響可能意味著我們可以有另類的模式，而這也是真實的：兒童可能會受教師、牧師、兄姊友伴的影響；社區可能會要求兒童入學，並鼓勵最聰明的學生繼續升學，甚至可能會提供必要的支持。

開發中的「邊緣」社區，有些家庭可能因太過貧窮而無法善用教育的機會；正式教育對他們的生活而言並不真實。因此，永遠有些人在貧窮的循環裡，另一些則永遠坐擁很多的教育機會──對個別國家及全世界皆然。巴西聖保羅州的教育部長保羅‧弗雷勒（Paulo Freire）曾積極發展對貧民教育，並將他所見到窮人階級的無望寫成書，這種無望一部分是因為窮人無法看透當前的難題所在，也無法以批判的眼光看待世界。缺乏此種能力使得教育菁英的地主得以宰制鄉村裡未受教育的農民（Torres, 1994; Freire, 1987, 1973, 1970）。這些農夫對生活持宿命的消極態度，再加上超自然宗教信念的支持，使他們一直留在卑賤的地位中。

隨著社會大眾讀寫能力的增進，就會發生某些改變：都市化、社會流

---

1. 譯按：「社會失序焦慮」（anomy）是指個人因為缺乏社會控制與管制，而引起的孤立及焦慮感。

動、現代化。這些對家庭都有直接的影響。因為出生率下降、都市化加速；在都市、流動的社會中，大家庭要一起吃住、生活有其困難，於是便開始分家。隨著步入都市生活，許多女性的身分地位也有所改變，很多婦女投身工業勞動，家中小孩人數減少。再一次，我們看見社會中某個部分的變革無可避免的會影響其他部分。個人所從出之家庭在社會結構中的位置會影響他的教育機會，也會影響他在教育系統中的位置。

透那（Turner, 1960）發展出一種著名的分類，他建議該以向上流動的型態來塑造教育系統。在比較了英國與美國的學校之後，他做出結論，英國的價值觀支持他所稱為「贊助式」（sponsored）的流動，其中菁英選擇菁英，使他們自己永遠穩固。「贊助式」流動力可與美國「競爭式」（con-test）的流動相比較，後者在教育安置時更注重個人的能力。這些價值觀深植在每個國家的教育制度之內。

已開發國家的家長一般都想要對子女的教育有決定權，「管理」子女的學業。例如：在美國學校裡，家長管理子女的日常活動，以提高他們的學業地位；在德國，家長的管理隨子女所就讀之中學類型而有不同的管理方式；在日本，家長在學校之外支持學校教育的活動，聘請家庭教師及補習，藉以準備考試，並提高未來成功的機會（Baker & Stevenson, 1989, p. 348）。家長想要為子女選擇學校，包括學校所附屬的宗教、教學方法、課程。少數民族及移民者的家長可能會做特別的努力，以影響他們子女的教育（Baker & Stevenson, 1990; Glenn, 1989）。個人的家庭背景對其教育成就的重要性已在本書其他各章中加以討論。

當我們嘗試了解彼此大不相同的教育系統時，教育與其他社會制度的相互依賴性，幫助我們聚焦在重要的變項上。

□ 教育與經濟制度

大多數國家相信教育、經濟發展與現代化有關。儘管各種事實未必支持此種說法，政府仍基於此前提有所作為。它們投資於教育，藉此該國的教育能反應該國的政治哲學，以及掌權團體的目標。許多政府有權去採用或拒絕哪些教育方案，或甚至完全重建教育系統，如同中國及古巴在共產黨革命時期所做的那樣。如果政府為社會的發展設立某些優先順序，則教育系統很可能會將這些優先權反應在課程、文本，以及該國教育計畫中的其他層面。

　　為了達到一國之目標，需要訓練有素的人力。人力資本論者認為個人就像機器的零件，是一種「資本財」（capital-good），並且藉由增加教育，特別是行業技術的訓練，能增加他們在勞動力市場中的價值（Becker, 1993; Bowles, 1976）。這個論點受到包爾斯和季提思（Bowles & Gintis, 1976）及其他學者的挑戰，他們強力主張個人是勞工，不是資本財。然而，高知識技能的供需系統中，因為好些原因，也未必運作得很完美。文盲與學校教育的不足是第三世界所面臨的主要社會問題，這些問題會妨礙經濟成長與政治穩定性。例如：開發中國家裡受過高等教育者必定成為該國的菁英份子，但他們所受在某個專業領域的訓練，未必是該國所需要者。例如印度有許多受過訓練的律師與工程師，卻無法被印度的社會系統所吸收，這導致許多高級技術人員離開印度移居國外。中國大量學生出國留學，也正經歷相似的現象。1998 年，美國留學生中，中國大陸的人數高居第二位，僅次於日本（*The Chronicle of Higher Education Almanac*, 1999, p. 29）。1978到 1993 年間，有將近八萬名中國學生到國外留學，但回國者僅兩萬人，而引發人才外流的疑慮。中國大陸企圖吸引這些人才回國，承諾提供較高的薪資、較高的社會、政治、經濟地位，但北京天安門廣場前鎮壓民運學生的事件，對此過程並無助益（Broaded, 1993）。

　　很不幸地，這個供需失衡的問題大多是起因於不適合的教育模式。有些教育模式延襲自殖民政權；另一些則是西方科學與技術模式的翻版。中國大陸試圖透過研究西方的系統，以使其教育系統達於現代化，但這陷入一種藉由研究西方教育以發展適合中國需要之系統的問題（Chen, 1994）。殖民時期所留下的結構仍影響著權力關係，如同我們所見，先前的殖民社會裡婦女的社會地位低落的例子。除非這些權力關係有所轉變，否則國家的人力資源無法充分應用到極致，特別是婦女（Acosta-Belen, 1990）。有

343

些跨國企業大量雇用第三世界國家的勞工（特別是女性），但通常是從事於不需特殊技能、教育訓練的工作（Fisher, 1990）。唯有當地主國與跨國企業見到教育在經濟發展上的重要，才可能促成女性的進步。

許多國家已放棄這種徒勞無益的模式，而發展出不同的定義與教育形式，注意到各國需要的歧異性。教育改革與宗教、社會、經濟和政治意識型態有關。像伊朗、尼加拉瓜和坦尚尼亞這麼不同的國家，已經跳脫西方的模式。許多比較教育學者提倡以國家需求為本的教育計畫。1970 至 1980 年代，坦尚尼亞在這方面以其稱為「自立的教育」（education for self-reliance）蜚聲國際。這是奈伊瑞爾（Julius Nyerere）總統於 1964 至 1980 年間所推動的，目的在訓練國民需要的技能。肯亞的領導者肯雅塔（Kenyatta）[2] 於國家獨立後開始推行哈拉比（harambee）學校運動，鼓勵各地區設教興學以滿足地方的需求。可惜的是，哈拉比學校與政府運作的中等學校相比，較不受社會大眾的重視。

經濟發展的階段與教育變革　教育系統的發展與技術的三個階段有關。第一階段只有特權的少數人能接受教育——例如寺院裡的僧侶。第二階段的教育則更進一步，訓練一批核心人口參與工廠的勞動及公民服務，以及成為工商業及政府部門的領導者。第三階段的訓練係應科技時代「溝通社會」（communication society）的要求而生，因為教育、勞動及社會三者彼此密切相關（King, 1979; Bell, 1973）。

邁向現代化的教育——「現代人」　當社會經過這三個階段時，除了技能教育及讀寫能力之外，還發生許多改變。根據因克爾斯（Alex Inkeles）和史密斯（David Smith）對現代化過程的功能論觀點，人民的價值觀與對教育的態度及發展也會有所改變。因克爾斯和史密斯所謂的「現代人」

---

2. 譯按：肯雅塔（Jomo Kenyatta）是肯亞 1963 年獨立後的第一任總理，隨後擔任總統。其任內採用「Harambee」（其意近同心協力）的概念，以匯聚全國的力量以建立一嶄新的國家。

（modern man）強調經濟發展的社會需要。「現代人」具有「藉著參與大型的企業生產，諸如工廠等，於反覆中學習的個人特質……如果工廠想要能有效率運作的話」（Inkeles & Smith, 1974）。這些個人特質包括：

1. 對新經驗開放。
2. 對社會變遷準備就緒。
3. 產生、掌握與形成意見的傾向、覺察不同意見，並對於各種意見給予積極的評價。
4. 對於獲知事實與資訊有興趣。
5. 接受固定的行事曆、守時觀、活在當下。
6. 相信人能控制環境並提升目標。
7. 對公眾事務與私人生活有長遠的計畫。
8. 對世界與他人感到信任。
9. 重視技術性技能。
10. 具有教育與職業上的抱負。
11. 察覺並尊重他人的尊嚴。
12. 了解生產與決策的過程。

這十二項個人特質與個人的經驗背景、社會關係等其他因素密切相關，包括：親屬關係和家庭、女權、宗教、年長者的角色、政治、大眾傳播、保護消費者利益運動、社會階層化、工作承諾。「現代人」重視學校正式教育的價值，諸如培養讀寫算的技能，並且具備經濟發展所需的技能與態度。

　　現代化的挑戰　　工業革命的早期階段是個簡單而漸進的過程。一個發展自然引發另一個發展，而資本的投資也愈來愈多。今天，開發中國家面對壓力，不得不加快這種轉型的速度。科技是不難取得，但經濟發展需要整個社會結構及價值體系有所改變。僅足以溫飽的農業社會要成為「現代的」，必定得做極大的轉變。想像一下，某個傳統、大多數是農村、以農

345 立國的國家，其內部結構依賴於大家族的關係與對中央政府或地方政府者一樣多。為了實現現代化，領導者必須得到支持，方能將所有牽涉到的社會制度進行快速而大規模的變革。有些宗教與政治系統讓社會變革更加容易，但也有些則是抗拒變革。交通運輸與大眾傳播、健康醫療系統、計畫經濟、建立資本，提供各種層次及類型之知識與技能的教育系統，都是變革所不可或缺的。為了經濟發展，必須先建立人力資本，因此人們必須有意願追求現代化、社會流動、追求所必備的教育或訓練，並與執政者所設定的目標配合。換句話說，經濟的發展有賴人民的態度與價值，其重要性不亞於機械技術及所需要的資本。

對富國的依賴在發展過程中可能難免，因為在這樣的社會流動中，需要富國帶來的大量資本及專業技術。第三世界的國家常會與已開發世界——社會主義者或資本主義者——討價還價尋求援助，同時也默認自己虧欠資源提供者某種程度的忠貞。包括世界銀行和國際貨幣基金會（International Monetary Fund, IMF）等世界組織，在全球經濟發展上參與較多，對第三世界國家的發展扮演重要角色，也因而受到批評，因它們使這種負債與依賴的關係長久不變。

☐ 社會系統中的政治經濟區隔

社會學家提出社會的主要政治經濟區隔，並歸納其對教育系統所具有的廣泛意涵。例如，社會主義從馬克思主義到社會民主主義；資本主義從自由市場經濟到國家調節的資本主義與福利國家。社會主義的模式特別強調「平等主義與適切有關的教育」，如同我們將於本書第十二章所呈現中國的例子；資本主義的模式盛行於整個西歐與美國，則容許不均等的存在，並且強調「古典的」與「實用的」課程科目並重，如我們在英國的例子中將要看見的。一般而言，教育系統反應出社會主流團體的位置。

過去四分之一個世紀，在拉丁美洲、亞洲和東歐許多國家，更趨向於代議式的民主政府形式，社會學家在此提出教育對新政治系統的出現、穩定政局上所扮演角色為何的問題。現代化的理論家主張大眾教育是為了預

備人民能在民主體制下生活、成爲一個負責參與的公民，因此視教育的功
能在爲成功的民主政治做準備。衝突論者則洞見這有可能會將大衆導引到
預謀的位置，從而使現存的結構永存不變，就算是在民主政治下亦復如此。 *346*
透過制度化的觀點，有些研究者正在探討高等教育對民主政治的發展與穩
定有何影響（Benavot, 1996）。

　　威廉遜（Williamson, 1979）在系統模式裡，舉例說明了制度間的相互
依賴性，且將政治與經濟制度的元素合併考量。他強力主張教育系統反應
社會裡的政治結構與權力分配。理解一國之歷史的比較性脈絡，以涵蓋其
過去、現在與未來環境是很重要的。在後殖民的教育系統中這尤其重要。
威廉遜將世界區分爲四個主要的社會類型（見圖 11-8）。

　　已發展的社會主義社會　前「蘇聯」（USSR）及某些東歐社會可被理
解爲社會主義社會，其特徵歷史上源自列寧（Lenin）與史達林（Stalin）的

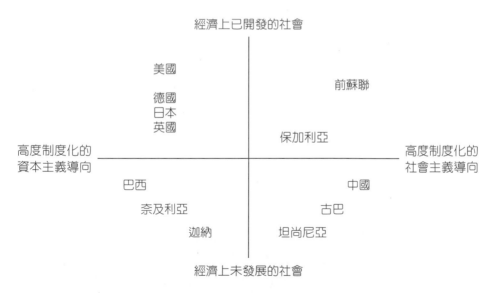

圖 11-8　發展模式與經濟類型

資料來源：Williamson, Bill, *Education, Social Structure, and Development* (London: Macmil-
　　　　lan, 1979), p. 36. Used with permission.

346 　工業發展計畫。此蘇維埃系統提供許多第三世界農業國家發展的參考模型。

　　開發中的社會主義社會　耕農社會嘗試建立社會主義的社會。因為這些國家大多是以農為主，所以欲藉此累積資本，實現工業化相當困難。這迫使他們淪為依附其他國家的角色。開發中的社會主義社會面臨的結構難題是，要將農人與鄉村裡的人放進革命性的變遷中；這些變革必須滿足人們當下追求更好生活，以及長期能累積資本的雙重需求，但後者卻使人們不免有所犧牲及延宕消費。

　　先進的資本主義社會　資本主義可以用許多方式來描述，多年來也不斷在改變。以古典理論來說明資本主義，其主要特色包括如下：

　1.生產工具為私人所有。
　2.自由的勞動力市場。
　3.生產集中於工廠，以及農業整併到資本主義市場裡。
　4.生產必須合於市場所需，以獲利為目標。
　5.經濟生活理性化，符合明確的資本會計的準則。
　6.為全球市場而生產。

　　今日世界的跨國企業集團擴展至全球，爭取價格低廉的原物料、勞動力及全球市場。

　　依賴型社會　依賴型社會（dependent societies）的特徵為「貧窮、低收入、低生產力、高死亡率、市容骯髒、經濟依賴、政治腐敗、文盲眾多，

347 這些現象彼此息息相關」（Williamson, 1979, p. 39），此類社會占了全球人口的三分之二。依照威爾遜的觀點，經濟落後是貧窮社會的經濟與政治系統受到海外資本主義企業擴張而扭曲的結果。因此，貧窮並不是這些社會所固有的性質，而是源自歷史因素如殖民主義的結果。這些社會在努力於現代化的過程中必須依賴西方的援助與專業技術，因而使他們在世界經濟中永遠處於附庸的地位。

以幾個國家為樣本，圖 11-8 所呈現的經濟政治分類的模式，合併了經濟發展的層次及政治導向兩個向度。威廉遜（Williamson, 1979）主張教育並非是供買賣的商品，相反的，教育是具有政治及意識型態意涵的行動計畫。這幫助如何解釋各國的教育形式及內容的差異變化。教育變革或發展的模式反應這些政治意識型態的基礎，並且定義社會的概況，透露社會所要採取的行動。當然，對掌權的政治團體之意識型態的支持有各種程度的不同，這進而可能會影響教育系統中對反應主流意識型態的支持。如果社會中某個團體覺得他們並未得到資源大餅的那一份，它可能會反對這個現存的系統。

上述分類及其他基於制度的相互依賴性而做的相似分類，與開放系統模型取向密切有關；這些分類使教育制度與其他國家系統及國際環境的制度，有重要的關聯。而當社會變遷時，這些模式也必須有所調整。

☐ 世界各國的高等教育

1989 年，中國的學生占據了共產主義的大本營天安門廣場，為民主而激烈抗爭。當局掃蕩清除這些反對者；有些領導人物被捕監禁，其他人則轉為地下活動。現在的大學生都在嚴密監控下，新生必須通過密集的政治灌輸。然而表層之下則是，民主運動仍舊持續發燒中（Lin, 1992）。全世界的大學機構，從中國到南非，都經歷學生對於所關注之議題的激進活動。他們具有共同的趨勢：要求高等教育孔亟、期待增多、要求給學生的經費支持增加、要求研究參與及繼續教育、提供多元化教育的類型、性別平等的議題、對退學率的關切；任何上述的議題都可能會導致學生激進活動與混亂（Rubin, 1996）。

有些共通的主題繞著全世界的高等教育機構。如同亞特巴哈與戴維斯（Altbach & Davis, 1999）所列舉的，這些主題包括以下：

1.入學機會與公平。
2.教育與就業的連結。

3.學校到工作的過渡。

4.科技發展的影響。

5.人才遷徙無疆界。

6.研究所教育的擴張。

7.高等教育私有化。

8.學術專業的危機。

9.績效責任。[3]

　　上述這些共同的主題已經充斥在全世界的高等教育系統中。首先考查第一點，進入高等教育之管道。全球的人士都視高等教育是未來職業的叩門磚，但各國提供高等教育以滿足需求的能力則落差甚大。在中國與印度，最近的高中畢業生中只有5%能進大學；大多數的非洲國家就讀大學的人數更是寥寥可數。高等教育系統在提供更寬廣的入學管道上面臨改變，亦即從只有菁英能就讀大學，到大多數人能進大學，以至於普及大學教育。

　　隨額外的入學管道而來的則是對這些增加的學生經費補助的問題。國家應該從其他重要服務中（包括中小學以下的教育中）挪用經費，投資於公民的高等教育嗎？公民應該自掏腰包接受高等教育，讓少部分的人口可以得到大學教育，藉此使菁英的教育系統永存嗎？抑或是大學的經濟支撐應該源自於外部，包括國際組織、企業、私人契約，使高等教育受到這些來源的影響嗎？上述每一種方案都有其利弊得失，衝擊著這些爭論議題。

　　某些地區的高等教育機構刻正彼此聯繫著。例如：歐盟（European Community）諸國間更積極合作，使其高等教育國際化（Cerych, 1990; Woodhall, 1911, p. 30）。交換學生創造大學機構與國家間的聯繫關係，每年有超過100萬的學生留學海外（Altbach & Davis, 1999）。表11-1呈現出在美國留學的外國學生，美國則有數千位學生赴世界各國取經（見圖11-9）。從美國到其他國家學習之交換學生的學習結果顯示，他們帶回來更多有趣的當前事件、

---

3. 譯按：原書第348頁的第1點與第9點皆為 "Access and equity"，當為原著排版之疏失，譯文中逕予改正此項錯誤。

表 11-1　在美國留學的外國學生之祖國，1997-1998 年

國家或區域	學生	一年的變化量	國家或區域	學生	一年的變化量
日本	47,073	+1.7%	阿根廷	2,473	+8.7%
中國大陸	46,958	+10.5	奈及利亞	2,436	+11.5
南韓	42,890	+15.5	挪威	2,316	+2.1
印度	33,818	+10.4	澳大利亞	2,308	+4.6
台灣	30,855	+1.2	保加利亞	2,265	+25.5
加拿大	22,051	-4.1	阿拉伯聯合大公國	2,225	+4.3
泰國	15,090	+11.9	祕魯	2,127	-3.5
馬來西亞	14,597	+0.5	約旦	2,027	-3.2
印尼	13,282	+6.6	塞普勒斯	2,026	+12.2
香港	9,665	-11.7	羅馬尼亞	1,951	|16.9
墨西哥	9,559	+6.5	荷蘭	1,938	+2.9
德國	9,309	+3.5	千里達托貝哥	1,927	-13.3
土耳其	9,081	+11.8	巴哈馬	1,917	-6.9
英國	7,534	+2.4	伊朗	1,863	-12.5
巴西	6,982	+13.2	斯里蘭卡	1,852	+2.0
俄羅斯	6,424	+3.6	瑞士	1,850	0.0
法國	5,992	+5.3	波蘭	1,844	+8.0
巴基斯坦	5,821	-4.5	埃及	1,831	+18.9
委內瑞拉	4,731	+3.1	南非	1,809	-2.3
沙烏地阿拉伯	4,571	+7.2	尼泊爾	1,697	+21.2
瑞典	4,412	+7.7	厄瓜多爾	1,643	+8.4
西班牙	4,371	-6.5	前南斯拉夫	1,498	+5.6
肯亞	4,346	+16.7	迦納	1,494	+12.6
哥倫比亞	4,345	+19.5	烏克蘭	1,402	+7.4
新加坡	3,843	+3.1	黎巴嫩	1,321	-3.6
孟加拉	3,458	0.1	巴拿馬	1,286	0.0
義大利	3,090	+8.8	越南	1,210	+24.1
希臘	3,065	+1.8	摩洛哥	1,168	+10.9
科威特	2,810	3.9	智利	1,156	+17.0
			丹麥	1,063	+5.7

資料來源：*The Chronicle of Higher Education Almanac*, 1999, p. 29.

350

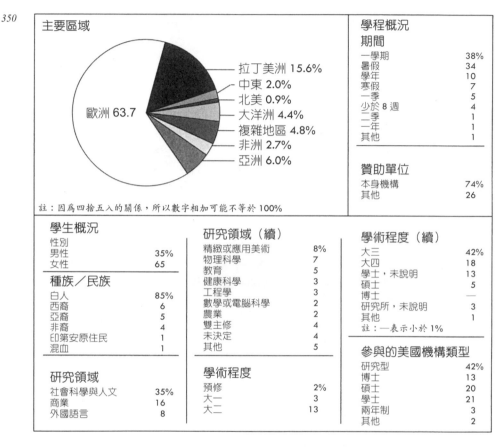

主要區域

歐洲 63.7

拉丁美洲 15.6%
中東 2.0%
北美 0.9%
大洋洲 4.4%
複雜地區 4.8%
非洲 2.7%
亞洲 6.0%

註：因為四捨五入的關係，所以數字相加可能不等於100%

學程概況

期間
一學期	38%
暑假	34
學年	10
寒假	7
一季	5
少於 8 週	4
二季	1
一年	1
其他	1

贊助單位
| 本身機構 | 74% |
| 其他 | 26 |

學生概況

性別
| 男性 | 35% |
| 女性 | 65 |

種族／民族
白人	85%
西裔	6
亞裔	5
非裔	4
印第安原住民	1
混血	1

研究領域
社會科學與人文	35%
商業	16
外國語言	8

研究領域（續）
精緻或應用美術	8%
物理科學	7
教育	5
健康科學	3
工程學	3
數學或電腦科學	2
農業	2
雙主修	4
未決定	4
其他	5

學術程度
預修	2%
大一	3
大二	13

學術程度（續）
大三	42%
大四	18
學士，未說明	13
碩士	5
博士	—
研究所，未說明	3
其他	1

註：—表示小於 1%

參與的美國機構類型
研究型	42%
博士	13
碩士	20
學士	21
兩年制	3
其他	2

圖 11-9　赴海外留學的美國學生，1997-1998 年

資料來源：*The Chronicle of Higher Education*, December 10, 1999, p. A61.

國際事務，對外國文化也有更多的欣賞（Carlson, 1990; Kraft & Ballantine, 1994）。此外，網路溝通的增加也使學者間的接觸與研究更容易。

　　如紀錄數字所顯示的，隨著最優秀、最聰穎的人才到海外尋求教育與工作的機會，有些國家有「人才外流」（brain drain）之虞。再看表 11-1，其中顯示到美國求學的國際學生之人數。1997 年，有 35%的博士學位是授與外國學生（*The Chronicle of Higher Education Almanac*, 1999, p. 29）。與美國大學授與外國學生的博士學位相比，美國學生得到博士學位者相對減少。

　　因為許多國家在奮鬥求進步，某些高等教育的形式可能不適當。這些社會的缺乏與制度的要求，可能會改變現存之高等教育的結構。除非發展中國家能夠吸納所有的大學畢業生，否則人才外流的現象會繼續帶走一些年輕而資優者。許多學生就算是在已開發的國家裡，都要求更職業導向、更實用的教育，以幫助他們能順利就業。

351

　　為了舉例說明世界各地的教育系統，本書第十二章將呈現落入威爾遜分類法之四分象限中的其中三個：英國為經濟上已開發、資本主義導向的國家；中國是社會主義導向的開發中國家；西非（尤其是迦納）是比較傾向資本主義的開發中國家。僅有極少數國家落入第四象限已開發的社會主義國家。我們已經預備好要探討這些國家的教育系統。

教育社會學之應用　*海外留學有何利弊得失？*

摘要

　　本章是關於世界各國的教育。討論教育系統所面臨的問題，以及可資理解系統之間的相似性與差異的理論取向與分類法。

1.跨文化教育研究

　　跨文化教育研究的領域過去大部分是屬於描述性的，使用所選的國家進行個案研究。此領域的理論及分類法正在增加我們對此領域的知識。系統取向幫助我們概念化國家之間的聯繫關係。比較研究的其中一個取向為進行跨社會的各個科學的成就評量。

教育 社會學
The Sociology of Education: A Systematic Analysis

2.教育系統跨文化研究的取向 [4]

制度的相互依賴性是指每一制度都會受到其他制度的影響。某個制度的變革意味著其他制度也必須有所調整。世界體系的分析強調世界各國的相依性，其中「大都會」中心國家宰制著「邊陲」區域。

列國的比較上，因爲政治－經濟系統影響教育系統，所以受到最多的重視，威爾遜的分類法說明了此一觀點。教育與宗教及家庭的關係亦已加以討論，並舉了「世界環境」爲其例子。

高等教育的結構，從西方模式到本地模式皆有之。某些國家面臨的問題是菁英學生在國外接受教育，學成歸國後亦將西方的政治與法律模式帶回本國；然而這些西方模式對那些奮鬥力求發展與提高公民素質的國家未必是最佳的。此外，有些教育菁英可能會發現他們的學識技術在開發中國家無用武之地，而變得落寞疏離。

352
3.比較教育的理論觀點與類型學

最近的理論取向將功能論與衝突論兩相對比；其中的焦點之一是教育與經濟成長及發展的關係。早期的理論聚焦於改變個體使之適合於現代社會。文獻回顧了人力資本、知識的合法性、富國對窮國、世界體系分析等論點。

世界體系分析強調世界各國的相依性，其中「大都會」中心國家宰制著「邊陲」區域。跨文化研究可分爲以下幾種類型：富國與窮國的對比、研究教育系統的內部結構、研究制度間的相互依賴性。

4.全球制度的相互依賴性

制度的相互依賴性是指每一制度都會受到其他制度的影響。某個制度

4.譯按：原文書第 2 點與第 4 點的內文重複。按內容看，第 2 點的內文應予刪除，因爲標題與內容不一致。爲了忠於原著，譯者仍然將兩段譯文列出，供讀者諸君自行判斷。

的變革意味著其他制度也必須有所調整。世界體系的分析強調世界各國的相依性，其中「大都會」中心國家宰制著「邊陲」區域。

　　列國的比較上，因為政治－經濟系統影響教育系統，所以受到最多的重視，威爾遜的分類法說明了此一觀點。教育與宗教及家庭的關係亦已加以討論，並舉了「世界環境」為其例子。

　　高等教育的結構，從西方模式到本地模式皆有之。某些國家面臨的問題是菁英學生在國外接受教育，學成歸國後亦將西方的政治與法律模式帶回本國；然而這些西方模式對那些奮鬥力求發展與提高公民素質的國家未必是最佳的。此外，有些教育菁英可能會發現他們的學識技術在開發中國家無用武之地，而變得落寞疏離。

運用社會學作業

1. 與幾位國際學生討論他們本國的教育系統。訪談有關結構、各種團體及社會階級學生的入學管道，以及他們的系統與美國的系統有何差異。

2. 如果依你選擇，你到了某個國家留學，請找出在你的主修領域上，你會受到如何的教導。

3. 選擇兩個開發中國家，一個屬資本主義，另一個屬社會主義。它們的教育系統有何差異？其差異是否能歸因於其政治的意識型態？

4. 假設你自己是某開發中國家的教育部長。在規劃教育方案時，你的主要關切是什麼？

5. 提出一個有關跨文化教育系統的問題。在回答你的問題上，何種理論取向可能比較有用？

Chapter 12

全世界的教育系統
——個案研究

教育提供訓練有素的勞動力，促進國家的統一及認同，這些都是個人 353
與國家進步所需要的品質（Benavot, 1992）。晚近的已開發國家，其教育
系統通常循西方模式發展，但不全都如此！萊米勒斯（Ramirez）與波里
（Boli）認為各國之間的經濟競爭所產生的壓力迫使各國採取相似方式來組
織其教育系統，造成學校教育的普及，以及系統之間的相似性。來自經濟
統合且可靠的已開發世界的壓力，也使較新的國家承諾由政府出資辦理大
眾教育的模式，是國家建設的一部分（Ramirez & Boli, 1987）。國家課程
的共通性是這個趨勢的例證。

當前全世界的教育趨勢，如：增加就學人口、建立教育事業、義務教
育法規、增加國家教育經費、普及教育機會，包括女性與少數民族；學校
為國家的目的效力，扮演社會化的媒介。

儘管世界關係的交織，因著跨國的壓力與宰制的力量，社會科學家仍
必須小心，不可認為所有的系統都彼此相似。儘管教育可能會受到殖民模
式及世界潮流的影響（Archer, 1987），每個系統都帶著其國家獨特的文化
進到教育之中。如同在第十一章所討論的，有些國家或國家內的團體積極
地反抗採用西方模式。

接下來的案例中，我們看見這些教育系統裡的異同。這些個案所代表 354
的系統，落在威爾遜（Williamson, 1979）的政治－經濟分類法的三個不同
類別（見圖 11-8）。英國位於經濟上已開發國家的部分，其政治系統的取

世界上大多數地區婦女的教育機會愈來愈多

向明顯的資本主義多過社會主義；中國代表社會主義傳統的系統；最後，
迦納原屬英國的殖民地，經濟上依賴，其發展亦沿著資本主義的政治路線。

　　每一個國家的討論都包括：造成目前系統的歷史背景；該教育系統的
國家目標；教育的結構層面，諸如學校教育的年限及課程的類型；教育系
統的均等或不均等；以及高等教育。

英國的教育

□ 英國教育的發展

　　英國是君主政體、貴族與縉紳、浮華與排場之地，這塊土地曾經統治
世界的三分之一。這塊土地亦曾在兩次世界大戰中飽受蹂躪，也曾在工業
355　繁榮之初歷經極深的窮困，現在它有來自先前殖民屬地的移民，他們搬來

英國，而且必須受教育以及融入英國社會中。

　　英國是早期工業化及都市化的國家之一。其教育系統產生的過程是漸進的；流動的農人能夠提供所需的勞動力，以及國際貿易市場對購買產品的焦慮，扮演順水推舟的角色。在此革新的過程中，英國嚴密的階級結構更被強化，且反應在其教育系統之內。

　　馬克思主義的解釋者描述英國教育系統的發展是在為菁英份子的需求而效力。對資本主義的擴張而言，需要大眾受過教育。道德規範、順從、勤儉樸素均可透過學校加以教導，而這些目標也都反應在課程中。使下層社會者依附菁英階級有好些目標，包括：政治控制、壓制犯罪及酗酒、傳佈基督教的道德觀、預備下層社會者投入工業勞動的生活（Williamson, 1979, p. 55）。

　　當勞動階級人口增加而且更組織化時，他們要求眾多的權利以及受教育的機會。這符合菁英份子的利益，因為他們需要更伶俐幹練、技能佳的勞動力。首先，中等教育向勞動階級開放，繼而強迫參與 5 至 11 歲的義務教育。家長依規定須在這段期間內監管兒童的教育過程，之後再經過五年中等教育的洗禮，學生約 16 歲時能獲得「普通中等教育證書」（General Certificate of Secondary Education）。

　　二次大戰後，只要程度夠好，所有人都可以受教育——甚至大學教育。不過，學校的分門別類仍然使社會階級的區分繼續存在：文法學校、提供學術課程的綜合中學、代表貿易訓練學程的技術中學。隨著新大學的建立，1960 年代高等教育的容量擴大，這些大學包括科技大學及「紅磚大學」（red-brick universities）（現在也是大學系統的一部分）、專科學院，以及「開放大學」（Open University），給那些捨此便無法就讀高等教育機構者。

　　1988 年的「教育改革法案」（Education Reform Act）以及其他接踵而來的教育法案，揭露英國教育的官方目標為：揭高各種能力程度之學生的學業標準、給父母更多的學校選擇權、改進學校與家長的夥伴關係；使進階教育與高等教育能更經濟適當，讓更多人能夠入學受惠；以及整體的教育服務讓對學生具有良好的金錢價值（Education in Britain, 1995）。

對菁英份子的教育與對中產階級的教育是截然不同的事。英國的「公學」（public schools）與世界各國的私立學校相似，對平民而言，學費太貴根本讀不起，對那些想要維持社會階級分野者而言，過去公學為這種區別服務，至今仍然一樣。這些公學提供學生卓越的學業基礎，也訓練他們成為「淑女紳士」，展現菁英份子所特有的儀態與談吐。公學提供學生通過升學考試進入菁英大學如牛津與劍橋，所需具備的多才多藝的教育。許多年長的公職人員與商業及專業領袖，過去及現在都是自這些學校選拔出來，儘管下層階級的資優學生也有些機會能以獎學金學生的身分進入菁英學校。

因為 16 歲離校的年輕人面對高失業率特別嚴重，所以為期兩年的「後義務教育」，即「第六級」（sixth-form）[1]或稱「A級」（A-level）[2]教育，用以預備年輕人就業或繼續進大專受訓練。勞動學習計畫[3]也被提出來。也有政府出資的訓練方案，但粥少僧多，只能容納少部分需要的人。因此，大量的年輕人正黯然離開學校，且對就業不抱太大希望。

☐ 教育的管理與決策

從歷史來看，英國重視地方管理，至今仍然如此。1988 年的「教育改革法案」賦予中央政府管制權，以實行國家研究與計畫；提出修正教育結構；決定基本的全國課程。學生必須修習由國家所制定的課程，但學生的日常決定及運作仍然藉著「地方教育當局」（Local Education Authorities, LEA）保留給地方社區，這些組織的權責甚為廣泛。每一所學校均有統治的組織，理想上包括相同人數的地方當局代表、包括校長的學校職員、推

---

1. 譯按：The sixth form 在英格蘭、威爾斯及北愛爾蘭的教育系統裡是指中學教育最後兩年選擇性的階段，學生年齡介在 16 到 18 歲之間，通常學生此時在準備 GCE A-level 考試。

2. 譯按：原指GCE A-level 考試，在此是借指 16 到 18 歲之間這兩年在準備GCE A-level 考試的期間。

3. 譯按：所謂勞動學習計畫（work-study plans），即指合作教育（cooperative education）計畫，類似台灣高級職業學校所辦的「建教合作」。

選出來的家長、高年級的學生及社區代表。LEA 有管理學校的責任，以及對行政人員的適當指導。（國家所支持的）縣立學校及（通常是教會主持的）民辦學校皆在 LEA 的管轄之下。教師感到這些變革減少地方的自主權，且在政府的要求下評鑑學生的文書負擔加劇（Poppleton, Gershunsky, & Pullin, 1994, p. 346）。

🔲 教育系統的結構

由國家政府扶助的英國幼稚園與小學受到世人的注意，提供美國及全世界各地小學的興辦模式。大家所熟知的「普勞敦報告書」（Plowden Report）、「兒童與小學」（Children and Their Primary Schools）（Central Advisory Council for Education, 1967）詳細說明了英國的初等教育。這些學校的非正式且開放的教育取向甚有名氣。英國小學的訪客能感受他們彷彿進入了兒童的世界——天花板上掛著活動雕塑作品；牆壁上貼滿美術作品；書籍及益智性玩具沿牆置放著。教室內結構化的活動極少，強調個別工作，而課程包括許多活動時間、音樂、勞作、特殊方案時間，此外，電視教育、劇場之旅，及參觀博物館的機會相當多。

357

近年來，英國教育改革的結構層次已移至「高級中等」（upper-secondary）教育與高等教育的層次。1970 年代形成的綜合中學，是對將兒童分流到菁英及勞動階級學校的反動。綜合中學結合了先前的文法學校（旨在升學的）與現代中學。目前有 370 萬名兒童就讀中學，其中有些接受技術、語言、運動、藝術的專門訓練。近 10%的高中生就讀公學（Whitaker, 1999）。中學內的學生可能在學術軌及職業軌上有某些區別，不過所明言的目標則是，要發掘資優者並讓孩子們發展其才能。

伊頓（Eton）、黑羅（Harrow）、拉戈比（Rugby）、溫徹斯特（Winchester）等公學及其他菁英中學，在英國教育系統中扮演獨特的角色。例如：伊頓公學座落在距離溫莎古堡不遠的一個小城鎮。那兒可以看到在迴盪著英國傳統的古老建築裡，年輕男孩滿帶自信的行走著。「你註定要成為政治家與紳士」，伊頓似乎如此的感染著它的駐留者。學生在隆重肅穆的儀式與典禮中，穿著黑白條紋褲子、白色蝴蝶領結、黑背心及鑲著垂綴飾帶的燕尾服，你絕不會將伊頓公學的學生誤認為其他綜合中學的學生（London Sunday Times Magazine, 1980, p. 94）。

□ 英國學校的組成

1999 年英國的人口約 6,000 萬人（包括北愛爾蘭），其土地面積相當於美國奧勒崗州大小。約 890 萬名學生，就讀於 30,500 所中學，以及 2,500 所獨立學校（independent schools）；約 520 萬名是幼稚園與小學生；150 萬名學生年齡在 16 歲以上，屬全時的學生，或半工半讀的「三明治」（sandwich）學生（與全歐洲相比，英國這個年齡群在校的人數相對較少）。

1988 年的「教育改革法案」反應國際的變革壓力。主要的影響是所有的學校必須實施法令所規定的共同課程，包括十個科目：英文、數學、科學、技術、現代外國語言、歷史、地理、藝術、音樂和體育（Davies, 1991, p. 28）。制定全國課程的國家教育部，在 1995 年出版新課程標準，1998 年出版新課程大綱；這些出版列舉了各科的教學目標、內容及衡鑑測驗。這些指導手冊也提供「普通中學教育證書」（GCSE）考試的基礎，這個考試是所有學生畢業離校前必須接受的測驗。

英國有效能的學校與其他國家有效能學校之間有許多共有的特徵。研究倫敦有效能之小學，挑選出的特徵為：小班小校、教師計畫期間（teacher planning periods）及參與計畫課、單元計畫、報告每個學生的進步狀況、人事異動及學生流動少，以及井然有序的工作環境（Mortimore et al., 1988）。

□ 考試與證書

英國是一個高度「證照化」的社會，特別強調考試與證書。它也宣稱其國民 99%具備讀寫能力。考試是分學科領域進行的，年約 16 歲的學生接受諸如數學與文學這類主要學科的 GCSE 考試；再經過兩年的學習，學生參加進階（Advanced）或 A 級（A-level）考試。在這兩種考試中間的尚有 AS 考試，AS 的證書效果上等於兩張「普通教育證書」或一張 A 級考試證書，而大學通常要求三張 A 級證書才能入學（Whitaker, 2000）。

另一個極負盛名的「國際學位」（International Baccalaureate）考試，參加者為第六級教育的學生（16 至 18 歲），要求六個學科領域的能力：個人母語、一種外國語言、人文研究（歷史、地理、社會科學或哲學）、實驗科學、數學，以及藝術或某一領域的專題作品。

批評者認為那些有錢進入「菁英」學校的人能夠為 A 級或菁英大學的入學考試做最佳的準備，而此種考試系統幫助階級系統的永存。

□ 教育的不均等與職業的流動性

幾位英國社會學家探討英國某些年輕人對學校教育的抗拒。這種男性勞動階級「抗拒的反對文化」（counterculture of resistance）特別在某些行為模式上顯現——服儀、曠課、抽菸、破壞公物、莽撞——這些行為模式呈現他們的觀點，視學校與他們未來要經歷的生活無關（Lees, 1994, p. 86; Willis, 1983; Corrigan, 1979）。提供各種社會背景學生在教育系統中得到盡可能多的教育機會，已有長足的進步。然而，在此努力過程中至少遭遇到兩類困難。「普勞敦報告書」以及最近的研究指出，都市貧民區裡的貧困問題，那裡的健康與居家環境很差，且兒童的死亡率高。很多住在這些區域的都是移民團體，以及社會裡最貧窮的階級。「普勞敦報告書」建議對這些條件險惡的區域，由國家 7%教育預算中額外提撥經費加以補助，不過這份報告書也承認教育失利的問題並不能只有學校層次來解決（Garner, 1991, p. 251）。

另一個妨礙職業流動性的問題是「公」學與政府扶助學校之間的區別。菁英學校背後的傳統，以及所提供的優質教育，再加上菁英大學及政府與工商業界都傾向以這些學校的畢業生來填補它們的上層職缺，所以社會頂層的流動性仍然為少數團體所獨占。英國的教育反映其長期以來的歷史與所建立的傳統。除非徹底改變教育系統的基礎結構，否則完全的均等似乎是河清難俟。

教育不均等對職業成就的意涵為何？根據所使用的測量，我們能概略

359

的說，個人出身的階級對職業成就的重要性，英國是大於美國。在美國，教育成就比出身階級更重要，特別是對個人的第一份工作而言（Kerckhoff, 1989）。雖然兩個國家生涯流動的過程不同，如果我們看長遠些，進入勞動力市場後的十到二十年，則兩國職業的開放性或流動程度約略相同。

□ 英國的高等教育：菁英教育或大衆教育

牛津與劍橋大學——聲望卓著的機構，有尖塔、庭院與悠久的傳統——已成為全世界教育系統的楷模。與世隔絕的圍牆內，古典、傳統的教育可以習自學界泰斗。學生在大學裡附屬於某一個學院。

幾世紀以來，這些大學提供取得高級職位的管道，並使智識的菁英階級永存。隨著世界潮流愈趨向所有社會團體都能進入各級教育中，以及需要更多受過教育的人去填補工業化社會中的技術職缺，已發生了如下的改變：頂尖的大學嘗試打開門戶，增加來自政府扶助的學校且符合資格之學生名額；大專院校陸續發展起來，以滿足訓練有素人力的需求。大學的入學管道仍然有限，專業人士的子女比低社經階級者，較有機會通過入學申請。然而英國政府正在擴張進入大學修習三年學位課程的管道；目標是 31% 到 33% 的 18 與 19 歲人口能在 88 所高等教育機構的其中一所就讀；1998 年入學者達到了 34% 的目標（Whitaker, 2000）。高等教育機構提供那些未能通過大學入學考試者，進入最負聲望之大學的管道，或得以追求專門訓練。男性與女性教師在大學裡的待遇有別，1991 年女性整體的受薪平均（不分年齡與學門）比男性少了 3,520 美元（"Female Professors in Britain," 1991, p. A46）。

為了滿足對工程師、技術專家及科技人才的需要，許多科技學院自 1996 年開始發展，這些科技學院也與工商業界關係緊密。英國高等教育的另一項發展是「開放大學」（Open University）。自 1971 年開始，開放大學提供給捨此無法就讀大學者機會（例如：教師、在職者、在家者），這個理念推廣風行，到了 1976 年時，申請開放大學的案件有 53,000 件，每年入學者達到 20,000 人。目前開放大學每年約有 24,500 名新生入學，包括 5,900

名碩士生，及 625 名博士生（Walker, 1991, p. A25）。開放大學的學生必須支付學費與選修課程，他們收聽英國國家廣播公司（British Broadcasting Corporation, BBC）的廣播或電視教學節目。各科均有發展教材，學生的作業寄給教師，教師批改後寄還學生，年底時學生接受考試。開放大學提供的科目範圍甚廣，所授與的學位大多數是一般藝術與科學。學生平均花六年的時間取得學位，與住宿大學相較，後者只要三或四年即可；此外，開放大學的中輟率比一般大學更高。

值此開放大學計畫步入第三十年之際，開放大學的學生人數快速成長；1996 年大學部有 95,000 名入學，其中 50%為女性。開放大學的歷屆畢業生總計已超過 10 萬名，大多是家庭主婦與那些想要提高學歷的全時員工（Walker, 1991）。

最近高等教育入學人數的增長，部分肇因於社會裡工作機會減少。消化這些增加之學生的變通作法相當常見：大班教學、使用助教、某些原來正常要三年時間才能完成的領域，已有「24 個月取得學位」的密集課程（Walker, 1991, p. A51）。未來，英國將面臨要求教育系統更進一步開放的壓力，並提供機會給社會裡許多未就業的勞動階級與移民者。

中華人民共和國的教育

中國大陸多年來向西方執行閉關自守的政策，然而近年來，中國再度向西方開放。1999 年這個地大物博的國家人口已超過 1,246,872,000 人，預估西元 2025 年將高達 15 億人。其領土涵蓋地球陸地面積近四分之一。共產主義的執政者選擇性的允許其官員與學者到外面的世界做短暫的訪問，現在也允許好奇的觀光客及外國學者造訪它廣大的國土。事實上，在美國的外國留學生人數中，中國留學生人數高居第二位（*The Chronicle of Higher Education Almanac*, 1999, p. 29）。

361

☐ 影響教育的近代歷史事件

幾個重要的日子對中國的變遷影響深遠：1949 年中國共產黨取得政權，宣布成立中華人民共和國，同時封鎖對外的邊界。當時中國關閉了 2,200 所私立學校，占當時學校數的 4%。1976 年中共國家主席毛澤東去世；自此開啟政治改革與計畫的新扉頁，並再度開啟中國對外的邊界。自從 1978 年採用市場社會主義以來，已超過 6 萬所私立學校成立。這些被稱為「社會運作」（society-run）或「人民運作」（people-run）的學校，屬於私人所有的機構，較少受到政府的限制（Kwong, 1997）。

1989 年，大學生主導的抗爭受到武力鎮壓，與西方各國的接觸因而受阻，但這種情況近來已有緩和。儘管中國對西方人的動機仍有所懷疑，大部分的交流已回復到抗爭之前的水平。然而社會科學的研究受到限制，因為中國懷疑西方世界在窺探其社會情勢（"Chinese Academy Considering New Restrictions," 1991, p. A27）。

在回顧中國的教育時，任何時期都不能忽略；每個時期都是對前一時期的反動，每個時期也都反映當時變化中的政治經濟的景象。

☐ 邁向現代化的驅力

中國儒家的教育遺產，向來為中國掌權之菁英份子的利益服務，因為它精微潛在的反平等主義的政治意識型態，使偏私菁英份子的教育得以稱義（Hayhoe, 1992）。但近年來，現代化的呼聲高漲；此外，理解到國家發展及現代化過程係與普及基礎教育攜手並進的。基本上，教育為「用來滿足基本的學習需求」：即基礎程度的教育、早期兒童教育與小學教育、提高讀寫能力、一般知識與生活技能（"Meeting Basic Learning Needs," 1990, p. ix）。中國在人口識字率上已獲得某些進展，問題的關鍵已成了如何在競爭的觀點與現代化之間取得平衡。

362　　　中國的教育存在著緊張的態勢，因為有四項相競的教育目的：「經濟的現代化、提供教育資源作為一種普遍的公民權、建立菁英份子招募與流通的途徑、分享共同的政治意識型態藉以重新形成不同的政治利益」（Robinson, 1991, p. 177）。朝向現代化的推力來自內部與外部力量：國際情勢、市場力量、對社會與政治要求的敏感（Law, 1995），一般咸信這乃是經濟成長與繁榮所必要者（Hayhoe, 1992）。

　　1977 年中共國家領導人鄧小平上台，在他領導之下，共產主義的意識型態重新詮釋，並推動經濟改革，引進西方科技與管理技術以加速現代化。隨這些變革而來的就是教育系統的改革。

　　某種程度的下授權力給地方的教育當局，與自嚴峻的中央政策之下鬆綁，是各級教育系統進行現代化改革所需要者（Du, 1992）。中央政府正授予地方社區及私立學校改革所必需者的自主權。1980 年代晚期所開始的私立學校，約半數是貿易學校，半數是學術學校；他們是對政府不能滿足的教育需求作出回應，也的確部分的滿足了需求。雖然政府認為它應該控制整個教育，但也領會到政府無法滿足所有的需求，並且也允許私立學校得以建立。這些學校不是種族或宗教性質的學校，而是在市場社會主義系統下，辦學以賺取利潤。

　　教育系統再製、維持與永續現存的社會秩序，在政府的管制之下尤為如此。然而當社會歷經變遷，教育系統也將經歷同樣的變革。中國政府面臨幾項兩難：共產主義政府允許分權化的限度何在，學者旅居國外所造成的潛在「人才流失」，用來教導學生的方法，像機械背誦——對預備現代化的決策人才並沒有幫助（Hayhoe, 1992）。而分權化刻正產生潛在的影響——菁英主義——即有權接受私人教育者就能成為菁英份子（Kwong, 1997）。海外留學的學者歸國後帶來新的觀念，並且預備師生適應競爭的世界市場需要新的技術（Kelly & Liu, 1998）。

　　在中國誰得到最佳的教育係受到政治過程的影響，這些過程又隨當時執政掌權者是誰，以及其政策偏向的團體有關。有時候家庭地位重要，有時政治優先性重要。緊接著文化大革命之後，父親是政府高幹有很大的正面作用，雖然當時所有的學校教育都很少。其他時期，家庭地位並不重要，或者只教有關係者受惠。從 1978 到 1994 年，中國因為經濟快速成長與改

363 革，教育不均等現象持續擴大。例如：私立學校的興起，給予有錢人就讀的門路。這些變革中受惠最多的是住在都市的政府高幹、專業人士與男性（Zhou, Moen, & Tuma, 1998）。

□ 中國的教育現況與結構

中國小學典型的一天，包括如下的科目：國語、數學、體育、音樂、素描、繪畫與道德（政治）教育，語言教育占每天三分之一的時間。一天開始於晨間運動，接著上午有四堂課。午餐與午休時間共二小時，緊接著再上三節課，下午四點放學，課後有些學生留校接受特殊輔導。星期六早上放學後，有組織性的體育活動（Hauser, 1990, pp. 44-45）。外語的學習從三年級開始；四到六年級上歷史、地理、科學課程。班級規模介於 40 人到 55 人不等。

根據中國官方的統計數字，98%的小學學齡孩子，為數 1 億 3,600 萬人，就讀於 646,000 所小學（Turner, 2000）。中學學齡孩子有 40%就讀中學，其中男生的比例比女生略高一些（The World Bank, 1990, pp. 234-235）。約 320 萬名學生就讀於 1,032 所高等教育機構，其中三分之一主修工程。大學生爭取獎學金以支付他們的教育費用。

中國也相當關注成人識字教育，相信這是經濟成長之基本條件（Stites & Semali, 1991）。遠溯到 1949 年毛澤東所說的：

> 自人口中掃除 80%的文盲，是建設新中國的重要任務。我們必須竭力實現這個目標，好讓工人與農人能夠輕易的掌握科學的學習，並成為階級鬥爭與社會主義建設的工具——完整且已發展的武器，以實現人民的民主專制。（Stites & Semali, 1991, p. 73）

毛澤東的目標已經達成，識字率已達 82%。中國的學校也向來是政治教條灌輸的場所（Kwong, 1988），偶爾中學課程也強調工業與農業科目。

中國學校的管理結構是基於個人連帶及人際網絡，以及對當局與政治系統的忠誠。因為黨領導階層察覺教育的缺失可能會妨礙現代化，教育系統的結構變革刻正進行中。這些變革包括地方行政區自籌財源以辦學日形重要，職業與技術學的擴張，以及要求新教學技術以增進創造力與獨立性（Delany & Paine, 1991）。1990 年代早期的政治氣氛正式重申黨的權威，包括在經營學校上所扮演的角色。不過經濟與人口壓力所激起權力關係的改變，尚未見平息（Delany & Paine, 1991, p. 43）。 *364*

　　最近政府教育政策的改變使狀況渥泥揚波。例如：隨著強調個人責任而非集體責任，已帶來對鄉村自給自足的強調，包括鄉村學校應自籌經費。但同時，許多兒童也紛紛離開學校去參與個人家庭的賺錢冒險活動。

🞏 高等教育在中國

　　中國的高等教育可追溯至三千年以前；在現代來臨之前，中國的大學教育是由儒家的觀念所主導，大學教育主要在培養政府官員。中國長期以來相信教育與經濟是一體連結的；因此，大多數的改變均反映這種信念，當前的思考亦遵循此一路線。高等教育正在快速的變遷，對科學、應用研究與外國語言的強調日增，商業學校適時出現，以及依據西方科學管理模式來重新建構教育管理的模式。值此中國教育環境快速變遷之際，這些措施會維持多久並不確定。

　　中國在文化大革命期間裁撤教育部，直到 1975 年才重新建立。主要的改革始於 1976 年，將政治與高等教育決策作出區隔──將教育委付學界、教育部及地方委員會之手。教育部控制教育計畫、課程及入學事宜。1985 年 5 月成立的「國家教育委員會議」（State Council Education Commission）取代教育部，以便能更緊密的控制區域，並反應區域的需要（Kwong, 1987）。

　　大學在 1976 年毛派的四人幫垮台後，受到最嚴格的控制與密集的政治教條灌輸（Sautman, 1991）。因為背叛的「反革命」份子在天安門廣場前的抗爭，學生被要求接受意識型態教育，並重新接受政治洗禮（Robinson, 1991）。北京大學一年級新生必須接受一年的軍隊服務（"Forcing Bejing

University Students," 1991, p. A51）。學生心不甘情不願的被送到遠地的工廠學習社會主義經驗（Lubman, 1990, p. A37）。近幾年來，「國家教育委員會」（State Education Commission）[4] 以及各機構「校長的職責」已使改革更加可能；高等教育的改革聚焦於兩個受關注的領域：管理與結構，以及課程與教學（Du, 1992）。這包括增加教師的證書與擴充高等教育的入學管道。例如：1995 年，約大學年齡群的人口中有 3.5%接受高等教育。2000 年時，這個比例接近 8%。中國的經濟、社會與政治變革已刺激「國家教育委員會」提出新的全面計畫（Hayhoe, 1995, p. 299），而私人機構也增加了高等教育入學的機會。

365

對應用研究的強調造成大學教授對契約研究的關切更勝於純粹研究或教學工作，已有學者指出這種缺點所造成的危險。與其他國家如：美國、加拿大、日本、西歐的大學聯合研究方案，常由中國發起，而且彼此相互尊重與分享，並不是所謂的由工業大國控制；不過，大家倒是關切「外國人」（foreigners）並不了解他們所打交道之對象的文化（Hayhoe, 1986）。

中國努力於遏制西方的影響力，通常採取削減交流的形式，必須五年以上的努力才能獲得交流的回應；再政治化的計畫；限制研究的類型。政府正在尋求對西方學者與知識的需要，與忠誠及政治灌輸的需要，二者間的平衡；政府與學者間存在著主僱關係（patron-client relations），即政治統治者提供聲望、權利與保護，以換取學者的支持（"Forcing Bejing University Students," 1991）。至於允許知識份子追求研究的自由與中共對獨立與民主的逼迫是否相容，仍有待觀察。

中國已有好長一段時間不受其他國家的影響；然而，大部分的非洲地區至今仍在艱苦打拼，殖民時期的流風遺俗對其教育有很重要的意涵。

4.譯按：「國家教育委員會」簡稱「國家教委」或「教委」，1998 年被撤銷，由「中華人民共和國教育部」所取代。

殖民時期非洲的正式教育

19 世紀與 20 世紀初，歐洲人占領大部分的非洲國家。表面上的目的是要終結買賣奴隸、傳教及撒播文明、打開貿易的區域。殖民強權絕口不提其占領的目的在擴張新領土與獲取所喜愛之豐饒的原物料。

在殖民早期，傳教士設教興學，教導基督教義與研讀聖經。殖民政府也仿照其母國的教育系統在殖民地建立學校。殖民政府的目的在教導殖民強權的語言，並發展一群非洲人當核心幹部，令其擔任殖民地行政的低階官員，並發展非洲人民對歐洲法律與秩序的理解與接納。許多歐洲人想要將對非洲人的教育局限於技術、職業及農業技能上，這麼做有助於歐洲人充分開發利用這些國家的資源。然而，非洲人視這類型的訓練是企圖使他們保持原狀，所以他們尋求西方菁英所受的學術教育。有些人在歐洲人的鼓勵下，負笈國外接受這種訓練。

那些循著殖民教育拾級而上的非洲人採取歐洲人的觀點，並為殖民政府效命。他們常與自己的本國人民與傳統疏離，成為自己鄉土的陌生人。獨立之後，有些同樣受過歐化教育的非洲人成為後殖民時期的領導者；不過，他們的提案常受到人民的懷疑與不信任。

☐ 迦納的教育史

葡萄牙人、荷蘭人、丹麥人、英國人先後統治過被稱為「黃金海岸」（Gold Coast）的迦納。這是個一流的殖民地，具有豐富的礦產，後來種植可可樹均極有經濟價值。英國自 1820 年起統治迦納；從 1844 到 1957 年，英國在迦納發展與其他國家的貿易關係。因此，當迦納在 1957 年獨立時，它在經濟上已相當穩定，其機構均基於英國的模式。獨立後，迦納歷經好幾個不同政府的興起、統治、推翻。迦納在 1961 至 1966 年，各級教育有一段快速擴張的時期。然而 1966 年之後，迦納各地公立小學的入學人數便持續穩定下降（McWilliam & Kwamena-Poh, 1975, p. 116）。

1966 年迦納被軍事政府接管，早期快速成長不再。該政府下令對教育系統進行研究，結果研究建議：「對教師訓練重組並採用新的取向；擴充中學一年級⁵的招生容量，強化中學的基礎，作為擴充大學的先聲；在發展技術教育時考量國家的需求」（McWilliam & Kawamena-Poh, 1975, p. 117）。然而研究歸研究，建議歸建議，1966 年以來，該國教育系統幾乎沒有改變。政治不穩定的情勢造成了 1979 到 1981 年的政變。這可能與人民對政府的不信任、人口的貧富區隔、缺乏機會，或政府在教育領域缺乏作為有關。1965 年時，6 至 11 歲的兒童入學率攀升至 66.8%，之後的 1965 到 1972 年這七年間，該年齡層的兒童入學人數率幾乎下降了 14%。

1974 年政府設計了一項實驗性的教育結構。不過 90%的學生仍舊依循舊系統。到了 1983 年，小學前六年的入學率為 79%（男生的入學率為 89%，女生為70%）；中學的學齡兒童入學率為38%（男生為48%，女生為28%）。1992 年與 1996 年的大選，結果羅林斯（Jerry Rawlings）勝選，提供了一個政治不安定的國家一段清平的政治時期。到了 1990 年，小學的入學率為 *367* 75%，中學的入學率為 39%（Turner, 2000）。近71%的男生與 63%的女生就讀小學（40%）與中學（32%）。只有 2%的學生接受更高一級的教育；這些數字已比其他許多非洲國家為高（The World Bank, 1990, p. 234）。

非洲的文盲比率為 52.7%，而迦納只有 36%（25%的男性與 47%的女性）。深受貧窮與飢餓所擾的大部分非洲國家，增加人民識字率的優先性相對較低。然而，如果第三世界國家的人口仍然不具有讀寫算的能力，它們將無法與已開發國家競爭。有些國家將消除文盲視為教育目標的一部分，例如坦尚尼亞，減少文盲的動機已產生政治與經濟兩方面的目標（Stites & Semali, 1991）。

□ 教育的形式

迦納與其他非洲國家的教育早在現代輪廓與歐洲系統引進之前便已存

---

5. 譯按：若以英國的中學一年級（secondary Form I）而論，相當於 11 歲。

在。因此，對許多非洲國家的傳統教育與正式教育加以區分，甚為重要。

> 在殖民地時期以前，非洲即有其教育系統；因為每個社會都
> 必須有方法將累積的知識傳遞給年輕的一代，使他們能扮演成人
> 的角色，並確保他們的子孫能夠生存、社會能夠綿延。
> 在非洲的社會中，老一輩傳遞給下一代知識、技能、行為模
> 式，以及關乎他們在成人生活中該扮演之社會角色的信念。
> 年輕人被教導如何因應環境，如何耕種、狩獵、捕魚、準備
> 食物、建築房屋，或管理家務。在語言與行為舉止上，以及整個
> 社會文化上都受到教導。這些教導的方法都是非正式的，年輕人
> 藉著與年長者一同參與活動而學習。他們藉由傾聽、觀察與實踐
> 來學習。以許多實際的方式，他們學會如何成為社會的一份子。
> （Busia, 1964, p. 5）

許多教育專家正在探究傳統的系統如何能作為一種基礎，以滿足國家邁向現代化之需求。選項包括接續以法國、英國或其他殖民地的模式，到發展出全新的本土教育模式。正規的學校教育主要提供給都市裡的菁英。問題成為：該提供給鄉村農人社會什麼樣的教育？

「非正規」（nonformal）教育與「基礎」（basic）教育受到許多非洲教育學者的注意。他們在以下的事實上，與「正式學校」（formal school）有別：

1.（正規的）學校教育只是教育的一部分。
2.不能將教育視為僅發生在某特定年齡、階段、時間和地點而已。教育總是一項無止境的事業。
3.教育機會（不論是正式的或非正式的）都必須彼此有水平的關聯（例如：學校、家庭、清真寺、媒體、工作經驗），在垂直關聯上則貫串學習者一生的不同階段。

368

4.有許多學習的途徑，沒有絕對的好壞，只有比較有效率的或比較適合的途徑。

5.方法、教材以及傳遞系統，必須依目的及可得的工具加以變化。

（Hawes, 1979, p. 163）

「非正規」教育與「基礎」教育似乎二者並行。二者都未限制教育的年齡或時間結構；都提供許多不同的教育途徑、個別的目標設定，與終身學習；二者均包括多種實施單位──家庭、學校、社會。學科的範圍從功能性的讀寫算，到過程性知識，如健康與公共衛生；五穀與牲畜；家庭技能，包括照料病人、縫製衣服及公民知識。非正式之草根化教育的嘗試，可見之於「社區發展」實驗，這項實驗已在幾個社區中試行。村落裡的居民可以得到非正式的科目或訓練，如：預防性的醫藥、保健、營養、烹調、縫紉，以及其他技巧。另一個非正規教育的例子是庫瑪西（Kumasi）的曼徹爾女子職業學校（Mancell Girls' Vocational Institute），其中的學生年齡介於 13 到 28 歲。超過 1,000 名學生加入為期一年的科目：學習自我發展的必備技能，以及洗衣、烘焙、縫紉、女裝裁縫、設計、餐飲業所需的技能（Sine, 1979）。其他發展出來的計畫尚包括保留非洲人的方法，但教導西方的思想。

一項與課程有關的議題是上課教學所使用的語言。如果使用先前殖民強權者的語言，有些人會覺得這猶如將「語言的帝國主義強加於國家之上」；但如果使用當地的某種方言，則可能會造成某個族群凌駕於其他族群之上。因此，好些國家提倡學習各個族群自身的母語，以保存文化的多樣性，並避免衝突（Akinnaso, 1991, p. 89）。

問題仍然存在：是否「基礎的」或「非正規的」教育以及母語教學能滿足個人與國家的需要，或者其實施反而會使貧富的二分更形堅固，無益於國家自貧窮中發展？對許多國家而言，問題在於如何一方面得到最大程度的發展，同時保存國家的文化傳統。

對許多第三世界的國家，如西非諸國，國際基金會機構嘗試指引其教育的發展，這一點先前已提到。然而就算這些努力是出於善意，仍然可能會造成問題，因為這些政策傾向於強調國際組織的目標與其政治性議程，更甚於各國的需要。

　　其中一個例子是世界銀行。在對各國發展研究的歷程以及提供經費上，該組織的發展專業技術以及經驗「管理知識創造，並且藉此設定了什麼才能被稱為知識生產的標準」。有些行動方向受到國際組織的青睞，其他的則受到捨棄，儘管它們可能對一國之公民有好處（Samoff, 1993, p. 181）。

迦納教育系統的結構

　　迦納的兒童 6 歲入學，有些人 12 歲進入中等學校，待在中學五年。國家的義務教育目標為十年，但是迦納距離達成此目標還有很長一段路要走。

　　中學所教導的科目普遍依照英國的模式，包括：語言、數學、普通科學、社會研究、宗教教育和體育。唯一例外是「文化與實踐活動」，這個科目強調非洲人的遺產與必備的日常生活技能。考試也遵循英國的模式。迦納的高等教育機構包括大學、技術與手工藝機構、科技學院，以及職業學校。在正式學校環境之外，某些社區也提供職業訓練。

迦納教育的機會均等

　　當個人隨教育系統拾級而上時，都市菁英份子之子女受教育的機會特別多；這包括當教師的比率。然而，當前所有人都有受基本教育的經濟動機──在世界上具有競爭力並達成社會的均等（Stites, 1991, p. 74）。

　　如同其他國家一樣，迦納的家庭為子女做教育的選擇時，考慮相當多因素，包括家庭所需負擔的費用、學校品質、到校所需時間，以及預期的投資回報。在所有適齡入學且留在學校學習的兒童中，能力佳的孩子的確有更多的機會就讀好學校，並且推進向前（Glewwe, 1994; Glewwe & Jacoby, 1992）。

　　然而，菁英份子與一般民眾的教育機會有別的現象，仍然普遍存在大多數非洲國家。在迦納，教育機會差別的程度與區域有關。例如：迦納北

部的許多民眾從來未進入學校就讀。有關機會均等最具關鍵性的主題是：講英語的能力已成為「學術殖民主義」（academic colonialism）的重要力量，將受過教育的菁英份子與鄉村的文盲加以區隔（Sherman 1990, p. 363）。

雖然非洲各國系統有其獨特之處，許多後殖民國家仍有些共通之處。他們皆視教育為自殖民者控制下獨立之後，具有高優先性的工作，因為認為透過教育，國家才可能真的完全不受外國人的宰制，也才能在長期邁向推進現代化的過程之中，提供技術發展、工業化、商業、政治運作所需的本地領導。這些國家受過教育的菁英，可能負擔得起將子女送往國外深造，追求像工程或法律等專業領域（也包括希臘文與拉丁文，不過其對幫助國家現代化並不是那麼直接有用）。歸國學人所帶回來的不只是他們的專業知能，也帶回了外國的意識型態與課程模式。然而，科技與農業技術的發展，在傳統部落醫藥的脈絡下強調預防醫學，將新知識與現有的價值觀及傳統作法加以統整，可能比歐洲人的教育模式更適切有用，也更能滿足國家的需要。

有些非洲菁英排斥自己祖國的傳統價值、文化獨特性，與部族的連帶關係，而偏好西方模式。其他人則因為過度教育無法覓得適當的職業，顯得不滿與疏離。當律師或工程師固然有高聲望，但對開發中國家而言，並不需要那麼多律師與工程師；非洲國家可能比較需要學校教師及農業技術員。

□ 高等教育

非洲有相當傑出的大學，其中有些大學很難將其學程融入非洲大陸的生活中（Sherman, 1990, p. 363）。其他國家則提供結合本地與西方教育的學程。例如迦納有兩所大學，學生人數共 11,225 人；阿克拉市的迦納大學（University of Ghana at Accra）提供某些傳統非洲藝術、音樂、舞蹈及口述的文學傳統等傑出的科目，也提供取法歐洲模式的科目。在奈及利亞，計畫的目的是要藉由適當比例的學生以改善國家的科技基礎，60%的學生主修科學，40%的學生主修藝能，不過真實情形與此數字相去甚遠。有些大學是政治活動的中心，是邁向民主驅力的先鋒，但有時會演變成暴力衝突（Morna, 1990, pp. A1, 40）。同時，相當高比率的大學畢業生因為找不到工作，而感到理想破滅（Chuta, 1986）。

　　非洲許多大學為一些問題所困。一份針對非洲小撒哈拉（sub-Saharan）沙漠區域高等教育的報告，專家回顧整個情勢後發現，其高等教育的招生與需求快速增加、歲入與經費短絀、品質下滑、所提供的服務與國家所需者關聯性不足；結果便是系統的嚴重失調。該報告直接指陳這些問題並給予建議（Saint, 1992; United Nations Development Program, 1992）。

　　未來，企求改善人民生活水準的非洲領導人，勢將注視新的教育模式。雖然政治因素可能會阻礙教育系統的變遷，但對這些問題的覺察日深，而另類的教育模式也日漸普及。 *371*

　　本章已討論過三種教育系統，分別是英國、中國與迦納及其他前身為殖民屬地的非洲國家，這三個系統由第十一章所討論的威爾遜分類法來看，落在其中三個象限。不論我們將世界各國切割成不同的政治－經濟象限，或核心國家與邊陲國家，或北半球國家與南半球國家，或富國與窮國，或後工業化時期國家與農業國家，或已開發國家與開發中國家，事實仍然是，所有的兒童刻正接受很不同的教育，為不同的生活做準備。世界各國多數兒童都接受某種正式的教育，但所受教育的量與條件，則受各國文化及其在世界政治－經濟系統中所處的地位影響很大。

摘要

　　所有的國家都提供其國民某種形式的教育，這些教育形式隨各國發展的水準及政府所面臨的問題而有所不同。

1.英國的教育

　　英國教育的產生是為了預備領導的菁英階級。隨著對技術工的需要，

教育滲透到社會大眾，一開始是爲了貿易工作而訓練，至終普及到每個人都能接受小學與中學教育。雖然菁英「公學」仍然只讓特殊群體受惠，但大多數年輕人受各級教育的機會已大爲增加。

2.中華人民共和國的教育

發端於儒家哲學思想，教育在中國格外受到重視。1949 年的文化大革命，使教育系統停滯不前。到了 1970 年代，教育在政府嚴密的控制下普及全國。最近的改變是許多私立學校的設立，以塡補對教育的需求（尤其是高等教育）。今日的中國宣稱在其幅員廣大的國土之內，國民識字率已達82%，且正與其他國家的教育增加建立聯繫關係。

3.殖民時期非洲的正式教育

殖民地非洲的正式教育是由歐洲殖民者建立並控制的。獨立後，非洲國家必須奮力找出最適合其文化風貌的教育形式。在某些案例中，新的混合式教育系統是歐洲與當地系統的合璧，迦納便是其明證。本章討論追溯 372 迦納所面臨的議題與困難，在於如何建立一個同時滿足國內需要，又能使迦納人朝未來邁進的現代教育系統。

運用社會學作業

1. 訪談來自其他國家的外籍學生，問他們關於其國的教育系統：歷史、就讀管道和公平性、經費、課程，以及如何預備人民迎向 21 世紀。
2. 本章你已閱讀了前身爲殖民屬國的迦納歷史，查讀其他前身亦爲殖民屬國的國家，並比較其異同。
3. 有些國家對教育採中央集權的控制（中國）。其他國家則允許地方有更多的學校控制權（美國與英國）。二者各有何利弊得失？
4. 本書第十二章並未舉例第四象限的國家——已開發的社會主義國家。請研究此象限內任一國家的教育系統。

Chapter 13

教育變遷與改革

哪一種學校更有效能：是強調基本技能與紀律的傳統學校，或是變動 373
自由、結構較不死板、讓學生更多參與行政決策的另類「開放」（open）
學校？哪一種學校你能學習最多：是採團體教學、學生以相同教材與速度
學習的學校，或是個別化教學、學生依照個人的速度學習的學校？這些問
題類型是本章討論教育變遷與改革的基礎。

自 1980 年代早期起，許多教育委員會、特別小組及私人，為文表達對
美國教育環境條件的不樂觀，並主張教育改革的必要。美國已依據數百份
報告書的建議進行改革，其中許多方案已開始運作。值得注意的部分是績
效責任：目前已有超過 35 州要求新進教師在進駐教室以前，必須先通過考
試，而許多州也規定學生在晉級或畢業之前，必須先經過不同程度的成就
測驗。當你閱讀本文時，想一想所討論的主要教育變遷對你的教育經驗有
何影響。這些變遷在分權決策的教育系統中相當普遍，因為在地方層級影
響教育比較容易。每個學區對於自己的教育決策均有最終的管轄權，這個
因素鼓勵教育的許多觀點齊鳴。美國向來以學校的地方自治為豪，其緣起 374
是為了將地方人口的多樣需求列入考慮。教育決策愈集權，人口愈同質的
國家，其教育計畫愈無差異，而改革的變動也較不受歡迎。

近年來，對績效責任的要求，以及有關廢除種族隔離、審查制度、政
教分離，及財政經費的法律訴訟案，已促使美國的州立法機關及州教育董
事會在影響地方層級的教育決策上扮演更重要的角色。社會大眾的態度如

鐘擺般從右擺盪到左，再從左擺盪到右（見圖 13-1）。教育只是社會的一部分，而教育的擺盪實則是反應社會整體趨勢、變遷及態度，如同我們在討論各種變遷時所發現的一樣。

理論取向也進到對各種變遷的理解上。有些衝突論者主張，保守派及少數民族團體強調基本技能的企圖，只會擴大機會結構的鴻溝而已。其論點為：學校愈強調基本技能、嚴格、循規蹈矩，未來的勞動者就必將更順從。這接著會藉著創造訓練有素的勞動力，使不公平的階級結構得以永存——而這正是那些掌權者要永存此種階級分野時所需要的。衝突論者認為只有揚棄教育與經濟系統並加以重構，方能擴張機會之梯。如果接受這種理論，那麼很諷刺的，就是那些最可能被強調基本技能及紀律所傷害的團體——少數民族，他們亦在推動朝這個方向改革之列。

學校預備年輕一代進入職場的角色，已成為教育改革運動的最前線，學校與職場之間有某種的聯繫。然而，衝突論者關切的是，學校受到國家的控制；學校也生產為資本主義系統所用的勞工。學校與社會裡追求機會均等的民主社會運動，可以幫助抗衡於衝突論者所視為社會階級系統的再製（Carnoy & Levin, 1986）。

功能論者的觀點則大不相同。他們相信愈強調基本技能、紀律及績效責任，愈能幫助人們在競爭的社會中得到利基。基本技能的教育可能會提

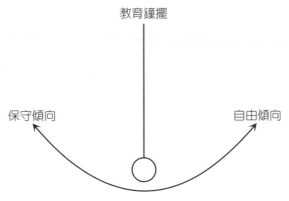

圖 13-1　態度鐘擺由右到左再擺盪回去

供人們機會，不過它不太可能在社會的階層系統上產生根本的變革。　375

教育變遷的本質

　　因著來自各方持續的內外部壓力，系統發生變革。圖 13-2 顯示教育系統變革的某些來源，毫無疑問的你可以想出更多原因。

　　當任一社會系統或次系統發生改變時，比如教育與政治，它也會影響其他系統。社會變遷是社會運動方向的主要指標，也是系統各部分所受持續變革壓力的指標。

　　社會運動的概念常被用來指涉許多集體變革的努力──女權運動、民權運動、禁酒運動（prohibition movement）[1]、反戰運動，以及生命權運動（right-to-life movement）[2]。變遷之起是因為大群的人對現有狀況的不滿意。其焦點多在一普遍指導的意識型態或哲學、一種強大的理想主義，而擁護者樂意實行此種意識型態，以及採取某種形式的行動。

　　歷史上從無任何時期，所有的社會成員完全對其社會或教育系統感到滿意。變遷運動的支持者通常圖謀產生或抗拒某種社會變革；他們參與變遷運動的動機不一，從理想到個人對歸屬於某個信仰團體的滿足感，以及持特定「原因」者皆有之。因著某個社會運動的蓬勃發展，某些社會問題才浮上檯面接受檢視。如果某個運動「抓住」（catch on）並吸引大批的支　376
持者，則很可能會對現存系統有直接的影響。社會運動之初通常是一小群偏激團體強烈反對某個共同的趨勢；隨著領導與溝通網路如報紙的發展得到媒體的注意，就會有更多人被吸引到這個社會運動來。至終，該運動的理念可能會被學校或其他機構所採納，且被「制度化」（institutionaliz-ed），亦即被接納成為社會整體的一部分。有些社會運動吸引不到跟隨者，至終便消聲匿跡。也常有團體所推動的理想不易統整到現存的系統中。任

---

1. 譯按：禁酒運動即美國自 1850 年起由虔信派基督徒所發起的禁酒運動。
2. 譯按：生命權運動就其最廣的意義而言是指將人命當成最高的價值。該運動爭辯的中心在以下的議題：墮胎、死刑、安樂死、胎兒幹細胞研究、自我防衛與戰爭。

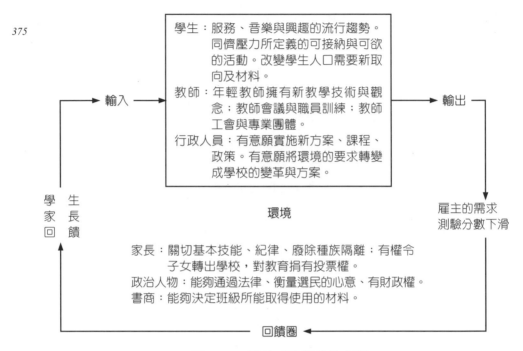

375

學生：服務、音樂與興趣的流行趨勢。同儕壓力所定義的可接納與可欲的活動。改變學生人口需要新取向及材料。
教師：年輕教師擁有新教學技術與觀念；教師會議與職員訓練；教師工會與專業團體。
行政人員：有意願實施新方案、課程、政策。有意願將環境的要求轉變成學校的變革與方案。

輸入

輸出

學生家長回饋

環境

雇主的需求
測驗分數下滑

家長：關切基本技能、紀律、廢除種族隔離；有權令子女轉出學校，對教育捐有投票權。
政治人物：能夠通過法律、衡量選民的心意、有財政權。
書商：能夠決定班級所能取得使用的材料。

回饋圈

圖 13-2　學校系統變革的來源

376　何大型社會運動都可能包括分裂出來的團體，或更小的改革者或激進者團體，這些分支團體支持特定關聯的意識型態，當支持者為手段與目的爭執時，也造成內部的異議不合。

運動可能是有組織的，也可能是無結構的、沒有明確的領導，例如：自由學校係醞釀於反文化運動（counterculture movement）。但是，個人或書籍所呈現的共同理路或意識型態，例如渴求個殊性及自由，則使運動能凝聚一起。寫下具有影響力書籍的領導者所發揚及信奉的變遷運動的哲學與觀念基礎，則提供共同的焦點。

現已建構出好幾種變遷運動的分類法。以下是摘要那些與我們討論最有關聯之社會運動的類型：

1.**改革運動**（reform movements）相信某種的改革是必要的，通常是針對社會的特定領域。

2.回歸運動（regressive movements）的目標是「使時光倒流」（put the clock back），倒轉當前的趨勢，回到先前事物的狀態。

3.革命運動（revolutionary movements）是對現存秩序強烈不滿，尋求重組社會。

4.烏托邦運動（utopian movements）是一種「鬆散的（loosely）集體主義，想徹底改變現狀以達於極樂的狀態」，就如 1960 年代的反文化運動那樣。（Robertson, 1989, pp. 383-384）

1960 年代的反文化運動發展出自由學校運動。該運動的發展是對結構化、威權式學校的反動，造成可以自由選擇及較無結構之學校的發展。一開始這只是個相當孤立的烏托邦運動，隨著更多人認識它及其觀念，有些事情就發生了（見圖 13-3）：(1)有些人受吸引而加入。(2)其他人則好奇感興趣，但並未參與該運動，也未放棄他們在社會或教育系統中的位置，他們採取中間立場或妥協的地位，接受某些可以適應現存系統卻免於主要結構變革的理念。這些人過去的行動有如變革的代理者（change agents）[3]，而今則穿上改革運動的元素。(3)教育系統對外需面對來自教育運動的壓力，對內則面對想要採行運動理念的個人。

對變革的要求從「將整個系統丟掉然後另起爐灶」到「在現有架構內總有改革的空間」。大多數的教育政策制定者對變革的態度持謹慎的中間立場，因為漸進式的變革可以在不必大舉破壞現有系統下，做出計畫與調整。然而這種取向對某些想要在結構及觀念上根本變革者，似乎是反應遲鈍的。

當將「運動」（movement）這個詞用來指涉特定的或短期的變革時，必須特別小心。例如許多科技的「流行」（fads），諸如閱讀機、發音打字機，以及編序式教材等，在許多學校產生重要的結構變革，但這些可能不

_377_

---

3. 譯按：變革的代理者（change agents）是指那些有意或無意、直接或間接的造成或加速社會、文化、行為變革的人。

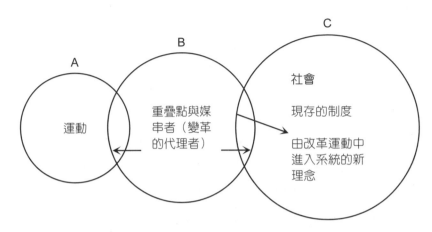

圖 13-3　教育運動所能帶進系統的變革

宜視之爲運動。它們可能涵蓋在一個較大的「運動」之下，如「教室工學」
（classroom technologies）。

　　本章餘下的部分有兩層目的：強調教育變遷對學校系統的影響，並討
論已影響到美國教育的主要教育變遷運動。因爲教育背後的觀念（ideol-
ogy）幫助決定其結構、功能運作、系統裡的變革，所以理解這些主要的變
遷運動甚爲重要。

　　教育社會學之應用　變革的來源有哪些？請以你所在學區內的學校
　　　　　　　　　　　　爲例具體說明。

教育運動的整個歷史

□早期的歐洲教育：目的與其社會功能

　　教育一直是社會陶冶其年輕一代的方式之一，教導兒童使之成爲社會
的一份子。教育兼有非正式與正式的性質：非正式的一面，因爲兒童在耳
濡目染、沉浸參與之中，習得其社會文化的道理；正式的一面，則因爲兒

童在特定場所，比如學校之中，受教於老師，而學習文化的特定層面。

古希臘與羅馬，男孩（女生少有機會）受教於各處雲遊的教師，即所謂 *378*
的「智者」（Sophists），智者教導年輕人發展他們的推理能力與修辭所需的
技能，亦即雄辯術。這種「形式的」（formal）的教育符合當時社會與時代
的需求。哲學家與偉大的教師，像蘇格拉底與他的學生柏拉圖，以及亞里斯
多德，他們對於有教養的人、思想自由及理性探究的概念，至今仍受到重視。

羅馬帝國瓦解以及古代古典文明衰退後，正式教育僅見諸宗教機構等
少數場所。許多歐洲城鎮有僧侶學校進行小學教育，但中學階段則只有僧
侶才有受教的機會。此時期的社會並不仰賴受過正式的教育階級以執行所
需要的功能。然而正式教育可能在大領主的城堡內可以見到，年輕的騎士
受教學習軍事策略及騎士精神。此外，商人與職業行會（craft guilds）仍維
持教導學徒如何貿易的功能。大學在中世紀逐漸演變。

中世紀教育對今日教育變遷運動的影響之一是人類墮落的概念。因為
情慾是一種罪惡，所有嬰孩都是在罪中成孕的，所以都是生來墮落的。早
期的宗教領袖聖奧古斯丁（St. Augustine）以及後來的約翰·喀爾文（John
Calvin）、馬丁·路德（Martin Luther）都強調人類敗壞的缺陷可以藉由嚴
格的老師用威權的方法加以改正。相似於此，在早期殖民地的新英格蘭有
「老說謊者撒旦法案」（Old Deluder Satan Acts）的立法，要救兒童不受試
誘而自信仰中迷途。到今天仍有多人主張在教室中使用威權的方法。

歐洲文藝復興時期，發展出多才多藝以及博雅教育之人的概念，對希
臘及拉丁經典的人文層面有很大的興趣。相對於宗教改革時期的宗派教育，
及其以神為中心的世界觀，文藝復興的世俗教育則聚焦於人們屬地的經驗。
這些觀點繼續影響課程運動，特別是高等教育，強調培養多才多藝的學生。

歐洲歷史影響美國教育的另一時期為 18 世紀的啟蒙運動。啟蒙運動相
信人們可以透過理性改善他們的生活，用頭腦來解決問題；教育能使社會
朝向一個更新更好的世界進展，而學校則被認為能促成並培養年輕人理性
推理的能力。

美國的教育運動

公立學校運動（The Public School Movement） 19世紀初以前，許多美國兒童僅讀過小學。中等教育階段的學校只有菁英份子的子女就讀，在那裡他們為進大學做準備，大學畢業後便能進入教會或商業界服務。這種型態使菁英與商業階級永遠存在。

擴充學校教育機會的運動受到幾個重要因素影響：

1.隨著美國東北方的工業化過程，許多人關心那裡兒童的福祉；學校是一種到工廠長時做工的替代方案。
2.企業家找尋可行的方式，以教育並都市化那些由鄉村區域進入到城鎮者，使他們成為可靠的、順從的勞動者。
3.許多人想要將移民到美國者加以美國化與同化。

學校似乎是能解決上述問題的機構。

1820年代晚期至1830年代，麻薩諸塞州議員赫瑞斯·曼（Horace Mann）是公立學校運動最有影響力的提倡者與領導者。就是在他的推動下，才建立了所有兒童可以免費上學、沒有宗教教導、經費來自課稅的學校。他的名言是「讓家庭與教會教導信仰與價值觀，讓學校教導事實」（Blanchard, 1971, p. 88）。他也提倡由地方選舉教育董事會，以移除保守的教會牧師及校長對學校的控制權。地方學區則在集權的科層體制——州教育董事會影響之下。赫瑞斯·曼本人曾任麻薩諸塞州教育董事會的主席。

赫瑞斯·曼的另一項創新為教師專業化：籌設師資訓練學院或「師範學校」（normal schools）；以高薪吸引最適任的教師，並運用科學的方法進行教師評鑑。這項改革運動符合社會想要發展大眾教育的需要。繼麻薩諸塞州之後，其他州的人民紛紛要求制定法律以建立普及、免費的小學教育。這項運動也擴及中等教育，不過直到美國內戰後，隨著對受過良好教育之勞動力的需求大增，「讓更多人接受更多教育機會」的呼聲才真正發揮了影響力。

進步主義教育運動（The Progressive Education Movement）　如同發生於 19 世紀前半葉的公立學校運動，係與較大的社會潮流並行，要將新來者加進工業社會裡；延伸到 1920 及 1930 年代的進步教育運動，則是與 1890 年代的政治進步運動有關。

　　進步教育哲學的產物至今仍存有爭議者為「生活技能」（life skills）。舉凡性與藥物教育、婚姻、養育子女、死與瀕死、價值澄清、金錢管理、消費者知識、購屋、保險及其他實用技能等科目，被視為是學生在離開高中前所必備的重要技能。其他人則主張學校應該專注於教導學科基本技能，至於生活技能則應該在家教導。

380

精粹主義（The Essentials）　布雷莫德（Theodore Brameld, 1977, pp. 118-120）曾為文廣泛的討論美國教育中的各種運動，他用「精粹主義者」（essentialist）這個詞來指涉 1950 年代對進步教育的反對運動。精粹主義者對進步教育所衍生的「生活適應運動」（life adjustment movement）甚為憂心，因為他們相信為了教導家政、駕駛人教育、衛生，勢必排擠其他教育——忽略了學校教育教導學科的智性任務。

　　精粹主義者的批判者如貝斯特（Arthur Bestor）與赫欽斯（Robert Maynard Hutchins）責難學校「智性的軟弱與頭腦的不扎實」。海軍上將瑞克歐佛（Hyman Rickover）抱怨他找不到足夠的科學家與技術人才來建造並運作海軍的核子潛艇；許多教會領袖及其同人亦譴責學校教導文化相對主義，忽視永恆的真理。政治上，1950 年代的十年是一個令人恐懼的時期；麥卡錫（Joseph McCarthy）強調共產主義者的威脅，共產主義者就潛伏在美國學校的教師休息室與教育局長辦公室裡。有些人視進步教育是使教育制度軟化無能的運動。

　　人本主義教育（Humanistic Education）　20 世紀的美國教育依循著鐘擺理論。進步主義是對壓抑束縛、單調乏味的維多利亞式威權式學校的反動；精粹主義則是對進步主義的反動；而 1960 與 1970 年代的人本主義教育運動則是對學校中從未被放棄的威權主義的反動。它是兒童中心進步主

義的重新發揚。

人本主義運動的領導人認為學校應該刪除強制性的規定與管制。應該為學生創造更多機會，讓學生參與制定教育目標，尤其是中等教育階段。此運動受到個案中心治療理論的心理學家卡爾・羅吉斯（Carl Rogers）與亞伯拉罕・馬斯洛（Abraham Maslow）很大的影響。實務上，教育學者如希妮・西蒙（Sidney Simon）提出「價值澄清法」（Values Clarification）、勞倫斯・柯爾伯格（Lawrence Kohlberg）提出「道德發展階段論」（Stages of Moral Development），提供教師許多技巧以澄清學生的價值觀，並發展其道德基礎。查理斯・希伯曼（Charles Silberman）所著《教室中的危機》（1970），是人本主義教育的主要基調。在他描述下的美國教育，學校流於形式、毫無生氣、常違反人性。他將英國小學的非正式班級當作是改革的典範。許多師資培育大學，最富盛名者如北達克塔州大學，採納英國小學的作法，並提供職前教師學習經驗，藉此讓他們得到訓練，能感受到學生的需要與興趣所在，並在教室中依循之。人本主義教育者強調應該將更多注意力放在「情意領域」的發展，即兒童的情緒與感覺，而非只側重智性的「認知領域」。情緒、智能與心理動覺技能均須並重。

人本主義教育運動盛行，引發對道德教育的興趣，道德教育是「生活預備」領域之一，該領域亦以公民教育、公民／道德教育、道德感受力、道德推理、價值澄清著稱。不過道德教育並不「教導」道德；相對的，係透過班級活動的進行，幫助兒童處理會影響他們，以及他們所處之世界的倫理議題，這些倫理議題也會在他們日常決定歷程中出現（Simon, 1972）。

價值澄清的概念整體是：不論新舊價值皆不灌輸或教導學生，只要幫助學生發現他們本來已經有的價值。此外，該理論強調透過像紙筆這樣的練習，這種「操練」（exercising）[4] 可以幫助學生對自己的價值觀更篤定（Etzioni, 1977）。

批評人本主義教育者主張，我們在教導價值時應該更具指導性、更絕

4. 譯按：「操練」（exercising）這詞在這裡是個隱喻，意思是像做運動那樣的操練。

對，不宜採取道德中立的立場。他們也質疑教師真能在教學過程中保持中立，或隱藏自身的價值觀（Etzioni, 1977）。

另類教育與相關運動

另類教育運動來自於人本主義哲學的觀點，強調兒童的整體性。整個運動所分享的絕不可能是一家之言的哲學觀，用來描繪學校應該遵守的哲學信念包括：自由、開放、創新、實驗、新而又新、根本徹底。許多詳加說明這些哲學基礎的書籍，已成為另類學校倡導者的「聖經」。

自由學校（free schools）是指賦予人自由與選擇權；反應如下的特質：開放、非正式、彈性、家長與社會參與、融合而不隔離；強調智能、社會、情緒的發展；鼓勵自我的知識、獨立性、相互依賴性；在責任分攤的環境中激發創造力；盡可能減少失敗、競爭、威權主義、由上到下的管理、昂貴的設施與分類標籤。

夏山學校（Summerhill）是座落在英國鄉村的小型住宿學校，該校倡導完全自由的學習環境，以及毫無限制的自主性。夏山學校是由尼爾（A.S. Neill）於 1921 年所創辦，他相信如果要培養自我實現的成人，必須許兒童有「自由」的經驗，不受任何規矩的禁錮。學校裡極少數的規則是由學校全體以民主的方式共同建立的。雖然有小學到中學階段的例行上課，但上不上課是自由的（Hart, 1970）。美國有些自由學校完全取法夏山學校的模式，另一些自由學校則採用此模式的部分。

不過自由學校運動並不只是單純對壓迫性之學校結構、不合時宜之課程、或無效能之教學方法的反動而已，更是反抗將學校當成主流文化的工具。雖然不是全部，但許多自由學校的倡導者，其背後的哲學即為：教育應該被視為是政治目的的手段。

自由學校裡大多數的學生屬於想要掙脫傳統學校的焦慮與沉悶的聰明兒童，也包括一些經歷學業失敗、可能會中輟的學生。對這兩類學生而言，自由學校能滿足其需要。

第三世界的另類教育運動

改變教育的權力結構，也是某些第三世界教育學者的目標。巴西教育學者保羅·弗雷勒（Paulo Freire）在《受壓迫者的教育學》（*Pedagogy of the Oppressed*）（1970）一書中斷言，藉由引導受壓迫的農民覺察文化的實情（壓迫他們的權力），增加農民的讀寫能力，藉此就賦予他們知識及參與能力，來反擊壓迫者。弗雷勒發展一種教導閱讀的新方法，在巴西窮困的東北部獲得相當大的成功。其結果是農民的政治立場增強，讓政府感到威脅。後來弗雷勒被捕入獄，至終被迫流亡國外。艾文·依黎胥（Ivan Illich, 1971）本是一位在墨西哥工作的教士與改革者，他視學校是強迫的、歧視的、殘害人的幾個制度之一。他認為藉著擺脫「學校教育」（schooling），社會秩序的去制度化過程才會發生，變革才有可能。依黎胥也主張人不需要去上學受教育，因為學校實際上是妨害教育的。

英國的小學

英國開放式小學模式的特色是對個別化教育的承諾，並強調基本技能——閱讀、寫作、數學。在此系統中，兒童依據個人基本技能程度來學習，讀寫算的教導與其他學科如歷史、自然、音樂、美術等共同進行。對此系統的評估，指出：

> 美國與英國的「回歸基礎」（back-to-basics）教育運動似乎是假定，如果兒童花更多時間，以較嚴密的方式學習基本技能，他們未來的成就會較高。我們主要的國家調查報告指出，事實不然。如果兒童致力運用他的人格與存在的各個面向，在直接經驗的網絡上，學習每個面向所鑲嵌的基本技能，則基本技能的學習效果最佳。（"A British Administrator," 1979, p. 61）

383　　　　另類教育（alternative education）運動的影響，可以見諸許多學校系統與教室之內，那裡以迥異於傳統的方式教導學生，而許多學區也提供另類型態的學校或班級。

許多公立學校系統爲那些可能中輟的學生，以及在傳統高中系統中無法有效發展的子衿，建立了「另類的公立學校」。這些「從屬的」（fringe）公立高中具有許多私立另類學校或自由學校的特徵。它們是非正式的、小規模、個人學習、學生參與做決定、創新的學習技術，以及社區參與。有些大城市保留另類高中給有限的學生。

開放教室

「開放教室」（open classrooms）根源於進步主義教育運動。有時又稱爲開放教育（open education）、開放學校（open schools）和開放空間（open space），具有以下的特色：

1. 著重師生互動的品質：溫暖、接納，認眞看待兒童的想法。
2. 強調合作而非競爭；很少行爲問題。
3. 在某個確定的界限內，可以自由的移動與運用材料。
4. 其他的因素與正向的自我形象及願意冒險與堅持的意願有關。

教師能催化學生的學習，並在活動中幫助他們。教師的角色是支持性的、輔導指引的、兒童中心的。物理環境呈現出非正式的氣氛。桌子合併分組，教室的不同部分可以進行不同的活動。開放教室在小學裡是最常見的（見圖 13-4）。

家長傾向於參與開放教室，自願協助或爲孩子們帶來新的方案。開放教室產生教室中不同的互動型態；通常學生間的互動較多，而正式的師生互動則較少。開放教育對某些學生特別有益，例如美國原住民兒童，他們所從出的文化固有的價值觀，與開放教育合作、分享、個人決定的責任甚爲類似。

值此「回歸基礎運動」的時期，開放教育教室受到抨擊，因爲在「無失敗的學校」裡，並未鑑定成就的缺乏與否就自動讓學生晉級。某些開放

384

383

教師

	D
C	C
C	C
A 和 D	B
	D
	A
A 和 D	

A：活動中心
B：安靜空間
C：工作桌
D：資源

圖 13-4　開放教室

384　教育結構已被傳統課桌椅行列成排的傳統教室所取代，但許多教師仍在教室中保留某些開放教育氣氛的皮相。

🔲 回歸基礎

　　從另類教育運動的一端，教育運動的鐘擺復盪到保守的一端。這個運動稱爲「回歸基本技能」（back to basics），其特徵爲良善且舊式的讀寫算，加上良好的紀律，去除所有人文教育及藝術的「裝飾」。回歸基本技能教育的支持者主張學校應該遵循精粹主義的原則，包括如下：

1.小學課程應將目標放在培養基礎工具技能上，這些基本工具技能促成讀寫能力，以及對算數運算的精熟。

2.中等教育課程應該培育歷史、數學、科學、文學、英文及外國語言的能力。

3.學校教育需要有紀律，以及對法定權威的尊重。

4.業精於勤，注意紀律。

學生一旦完成上述學校課程，應該能運用知識解決許多問題。然而，也有些人主張，學生也會在此學到他們在階級結構中所處的位置。回歸基礎技能強調基本技能；推動該運動的壓力，一開始來自關心子女技能程度的家長。隨後，壓力自四面八方蜂擁而來，有委員會的報告書、議員，以及公眾對成就測驗分數落後的關切。

歷史回顧顯示回歸基礎技能的教育，並不算推陳出新。在清教徒時代，多數學校的設置，就是為了教導基礎技能與宗教，使兒童能發展出對道德、宗教與法律的理解。出身菁英家庭的年輕男孩就學於文法學校，修習希臘文與拉丁文獻；總之，都在強調基礎技能。隨著殖民地的擴張，遂建立了不同型態的學校，以滿足學生與社會各自有別的需要；但也總是強調基礎技能。麥克高菲讀本（McGuffey Readers）盛行於 1836 年到 1930 年代，幾達一世紀之久。除了基礎技能之外，該讀本強調道德與禮儀，見錦囊 13-1，這是文化傳遞其主流價值的鮮明例子。 *385*

「基礎教育會議」（Council for Basic Education）於 1956 年設立，是那些有志於基礎教育或基礎技能者的聯盟團體。今日基礎教育的支持者有許多種興趣與動機。有些倡導者順水推舟，強調真實、美德、正義、宗教原則、服儀規定，並以此為學校主要的焦點。而其他人則只想要確定學生是否都精熟了讀寫算這 3R。

期待前一波改革帶來奇蹟卻歸於失敗、廢止種族隔離、禁止在教室中讀《聖經》及禱告的反動；「社會道德的瓦解」；對「愛國主義、道德、禮儀、成人權威、紀律、秩序、均等教育」的需求，這些提供了回歸基礎技能運動的支持者主要的觀念統一基礎（Egerton, 1976）。

這些對學校的變革有何意義？許多開放教室遭到廢止。基礎技能之外 *386* 的課程遭到質疑或刪減，包括藝術、音樂欣賞、性與藥物教育、體育、駕駛人教育，其他如對全人兒童福利的強調，以及各種社會服務方案亦復如此。紀律與基礎技能一時大行其道，不過近年來我們已見到鐘擺又慢慢盪到另一邊，而有某些社會計畫與額外科目的加入。

◆◆◆ 錦囊 13-1　麥克高菲讀本：謹記在心的事情（節錄）　◆◆◆

1. 當清晨起床時，記得是誰使你在晚上免於危險。記得是誰在你睡覺時眷顧你，誰的陽光照耀你，並給你一天甜美的時光。

2. 讓神得到你內心對祂的感謝，因祂的仁慈與看顧。在一天醒著的時間裡，禱告尋求祂的保護。

3. 當你坐在餐桌前，不要像一頭豬那樣貪婪地吃。要安靜的，不發出一點聲音地吃。不要自己伸直手去取食物，要請別人幫忙你。

4. 避免板起臉孔、看起來生氣、說氣話。不要用力甩門，上下樓梯要安靜；絕不要在屋內製造噪音。

5. 行為舉止必須和藹親切；不要像冬天咆哮的暴風雪，卻要像明亮的夏日清晨。

6. 父母吩咐你的，務必做到。心裡隨時準備好順服他們，而且和顏悅色。

7. 不要做你害怕或羞於讓父母知道的任何事。記得，就算沒人看見你，神也在鑑察；甚至你最隱密的思想，你也無法向神隱藏。

8. 我們必須盡力對所有人行善，因為這在神眼中是可喜悅的。祂喜愛自己的兒女行走在愛中、行善。

　　操練——早上應該記得什麼？應該感謝誰？該為了什麼而禱告？餐桌上該如何表現？應該避免什麼？對雙親應該如何表現？晚上該做什麼？總要信靠誰？

資料來源：McGuffey, William H., *Third Eclectic Reader* (Cincinnati: Wilson, Hinkle, 1857; 2nd ed., 1965), pp. 55-57.

☐ 私立學校

　　私立學校如雨後春筍般的設立應歸功於倡導回歸基礎的支持者。私立學校的興盛，是基於受挫不滿的父母，他們想要擺脫廢除種族區隔的衝突，他們也察覺到紀律的欠缺，以及明顯的標準降低。

　　私立學校的類型包括如下：菁英預備學校如喬特（Choate）、菲力普斯安道佛（Phillips-Andover）、葛羅頓（Groton）與勞倫斯佛（Lawrenceville），這些學校迎合有計畫送子女上菁英大學的富人；為殘障、資優、遲緩兒所設的特教學校；由天主教、猶太教、浸信會、路德會、貴格會、基要派基督徒，以及其他各種宗教團體所贊助的日間學校。眾人對教育所扮演之角色的信念不同，而私立學校滿足各自的偏好。

　　基本教義派的基督教私立學校在 1970 年代急速增加。有些這類學校的成立是人們對於公立學校觀感負面的反動，另一些則是對公立學校種族統合的反動。這個運動的核心是對教育系統的不信任，公立學校似乎強加給人們非他們所有的價值系統。

　　基要派基督徒認為教育與基督徒的教訓是不能分開的。他們反對公立學校的教學內容，包括像是人是由較低等的生命進化而來的，以及拒絕《聖經》所明言的創造；以人為動物的想法，意謂著人沒有靈；以及其他特定的教導，皆在反對之列。反對公立學校這類的教導，已造成人們對基督教學校的興趣增加。在此，如同在其他的運動裡，個人對團體內外的意識，或者是「我們－他們」的共鳴是存在的。「他們」在毀壞我們的子女在神裡的信心，將異端的觀念撒播在他們的心田。

　　自 1991 年起，私立學校教育因為政府推行教育「選擇權」系統，而更加蓬勃發展。選擇權系統讓父母得以從各種類型的學校中做選擇，接著又讓各校依入學人數得到經費補助（*America 2000*, 1991）。就這樣，可能會有更多學生就讀私立學校。

教育社會學之應用　應該讓家長與學生有權能選擇學校嗎？支持意見與反對意見為何？

□ 績效責任運動

　　績效責任（accountability）是指涉到控制學力標準的工具，也是對每一分錢所得到之效果的測量。績效責任運動是起於對太強調人本教育的反動。績效責任運動中，眾所關切的是，企圖要看到花錢所得到的效果，並藉著測量學生的成就，要特定人（通常是教師）為學校的產出負責。有些主張學校改革的教育作家，支持績效責任的理念。耐特‧漢塔夫（Nat Hentoff）即為一例，他鼓勵家長應發聲對抗這種「偉大的消費騙術」（great consumer fraud），要求教師必須具有能力，不過他也指出，幾乎未曾有老師是因為缺乏能力而被炒魷魚的（Hentoff, 1978, pp. 3-8）。為了確保績效責任，許多如何測量教師表現的提案已被提出，其方法從衡量學生在標準測驗上的表現，到教師自己參加「全國教師檢定」（National Teacher Exams）。例如師資培育機構的能力本位教育計畫（competency-based education, CBE），即要求學生在畢業前必須精熟特定的教學技能。

低成就學生、學校暴力事件、高中輟率等都是現今要求績效責任運動所引用的理由。許多州要求學生在學校生涯中成績必須高於某個門檻，有些州及地方學區已提案，教師的給薪要按照其學生測驗的結果。這種作法可能會降低班級裡的創造力，因為教師是為了考試而教學。績效責任運動已增強了學校環境因素中測驗機構的分量。各個學區想要將他們的學生與其他州或全國常模做評比，有賴於標準化測驗。「大學入學考試董事會」（College Board）[5] 發展、教育測驗服務社（Educational Testing Service, ETS）施測的 SAT[6] 標準化測驗分數漸漸不受重視，而被 ACT[7] 取代。ACT 盛行並取代 SAT 的主要理由是 1970 年代早期與 1980 年代早期的回歸基礎運動。

人本主義論者指出績效責任可能會使學校從鼓勵正向自我概念及成功、充滿了人味、自動自發、創意的所在，變成冷漠、形式、有明確的測驗程

---

5. 譯按：「大學董事會」是美國在 19 世紀所成立的非營利性測驗委員會，全名為「大學入學考試董事會」（College Entrance Examination Board, CEEB），其下最有名的測驗即為「大學性向測驗」（Scholastic Aptitude Test, SAT），唯該測驗的發展、出版與計分係由大學董事會進行，但施測則是委由教育測驗服務社（ETS）辦理。

6. 譯按：同前。

7. 譯按：ACT 測驗原來是 American College Testing 的縮寫，1996 年時，該組織改名為 ACT。ACT 測驗的發行公司就叫作 ACT 公司。就應用的角度說，ACT 與 SAT 是目前美國大學入學申請時常會用到的測驗分數，不過本書作者指出 ACT 似有凌駕 SAT 的趨勢。就測驗的理念來說，ACT 是學業成就測驗，測量學生在高中時代所學的內容；SAT 是性向測驗，旨在測量學生的潛在能力，是否足以勝任大學的課業。

序及目標，卻讓內在自發與創造力無由施展的地方。

　　根據系統取向，教育問題不能僅歸因於單一因素。教師與學生不是唯一值得苛求的對象。也許學校是代罪羔羊，對學校的苛責是因為期望學校能夠解決這個社會一切的問題。如同所有在學校任職者一樣，政府的各部門也都有責任，而家庭對學校成就也有其當扮演的角色。

　　有些批判績效責任運動的論者指出，除了教師或學校行政人員之外，教育問題的成因眾多，相關人員還包括家長、社區居民、學校董事會的成員、納稅人，以及最重要的學生自己。最近，家庭以及師資培育方案都因為學校的失敗受到指責。無數人在教育兒童上有當盡的角色。只集中注意於系統及環境中的一個層面，雖然會有「包紮效應」（bandage effect），但終究難以解決問題的沉痾。

　　測驗的爭議相當複雜，成績退步的因素繁多。學生接受測驗的人數及類型，以及學生的動機只是其中兩個會改變的因素。事實上，有些批評者認為測驗本來就完全不該用於安置的目的，也不該用於大學的入學，因為測驗本身就是教育領域達到機會均等最大的單一障礙。

□ 學校效能與教育改革

　　學校效能（effective schools）是最近教育界盛行的話題。學校效能這詞準確的涵義時而更迭，不過其常見的主題包括：哪些學校的學生成就較高，或何種成就有顯著的進步。由許多學校效能的研究中，我們可以摘要出能使學生得到高成就的學校特徵，如下：

1. 專業的教職員對所有學生抱持高期望，並相信學生都能達到這些期望。
2. 學生理解高期望、具備良好的自我概念、無學業上的徒勞感。
3. 教師與學生的角色期望均包括高成就。
4. 學校的酬賞結構係以成就為主。
5. 盡量少將學生分層，教導方案也盡量一視同仁。

6.學校的目標與宗旨是共享的。

7.學校氣氛是有益於學習的。（Brookover, Erickson, & McEvoy, 1996）

　　許多研究與報告的主題都是如何成為有效能的學校。學業成就進步最多的學校，由報告中顯示其具有如下的特點：成績的期望與每個學科領域的標準相結合；全校有明確的家庭作業的政策；所有的學生都依其年級接受課程與教導。其他發現強調教學技術、教室期望及常規；學科的分組型態；以及其他特定的建議，有些在先前各章已討論過（Talbert, 1995）。

389　　像學校效能這種改革運動的危險在於，學校、行政區或州政府只企圖使「一連串」（list）的改革措施成為制度，卻不去慎思對每一所學校而言，什麼改革措施才是最佳的。有些具有影響力的改革者強調，個別學校才是學校改革之努力的中心。古萊德（Goodlad, 1984）在一項根據 13 個不同行政區中 38 所學校之描述性資料的大型研究案中，調查學校的各個層面：學校運作、學校對學生的適切性、教師教學的方式、教學周遭環境、課程、學習資源的分配、公平性、潛在課程、對學校品質的滿意度、學校資料蒐集的需求。他強調學校改革必須在各個學校與教室層級中發展，而不是在某些遙遠的中心區域。來自上級辦公室整齊劃一的要求，反而會阻礙真實變革的發生，分權的決策方式是必要的。校長強力的領導，賦權給教師，並同教師一起打拼，對學校成就有最佳的影響（Bernhardt & Ballantine, 1995）。

　　回歸基礎、績效責任以及學校效能的改革風險在於某些落在後半的失利學生，程度落後愈來愈多，至終走向中輟一途。

學校裡結構的變革與課程改革

　　引進教育系統的改革常影響結構與角色的關係。當變遷運動帶來新的觀念、關切及方案時，通常需要努力將之合併到現存的系統之內。這需要學校的物理結構及角色結構有所調整。結構變革發生的層次可以是在系統層（例如：磁性學校、教育券系統或特許學校）；學校層（例如：將學生分軌、融入殘障者、資優兒童方案、設置另類建築）；與教室層（例如：變通的課程模式、團隊教學、開放教室）。

□ 「選擇學校」運動

有好些教育運動提倡學生與家長應該具有選擇權。這些運動可歸為四類：特許學校、在家教育、開放登記入學與教育券。學校選擇權在公眾教育中是個快速成長的創新，美國幾乎每十位公立學校的學生中就有一位有分於某種形式的選擇權。許多州的特許學校也日漸受到歡迎，不過法院的判例正在限制其擴張中。在家教育則容許家長能安排自己子女的「學校教育」。開放登記入學則使家長有權選擇他們的子女要到哪裡上學，但通常是在同一個行政區之內。教育券系統也容許父母能依照自身的偏好，將他們的子女送到任何一間學校（Education Commission of the States, 1999）。

雖然磁性學校（magnet schools）的觀念已在許多城市行之有年，不過直到最近才有學區正式採用磁力學校政策，用以廢除種族隔離與實施融合教育。這通常帶來全系統的變革。某些城立設立了磁性學校，並依照特殊興趣或天賦（如科學、數學、藝術與音樂、職業教育）分派學生，去除學校之間的藩籬。實施磁性學校計畫的某些城市，有時也將之當成是校車接送以廢除種族隔閡計畫的一部分。1992 年全國有將近 5,000 所磁性學校，而且這個數目持續增加，直到各行政區開始探索其他的變通方案才告稍歇。有研究指出磁性學校能增加學生選擇權，幫助廢除種族隔離的努力，並提升教育品質（Blank & Archibald, 1992）。*390*

特許學校（charter schools）是更晚近的創新；它們也讓家長有選擇權，在某些方式上與磁性學校相似。到 1998 年底時，全美已有 27 個州，共 1,050 所特許學校營運中（Berman et al., 1999），不過大多數特許學校只運作了一陣子，有些已經關閉不再運作。特許學校可以是公立學校系統的一部分，也可以是營利性的機構；有些特許學校是新創的學校，也有些是自既有的公立學校轉型而成的（Schneider, 1999）。新設的特許學校可以服務那些高

風險或少數民族的兒童，或滿足家長所關切的事物。然而只要有機會選擇，總有些家庭會放棄選擇的機會，而這種不做選擇的選擇，對某些人可能會造成更嚴重的不均等（Wells et al., 1999）。

社區學校與特許學校相似，但通常社區學校將社會福利服務整合進來，例如兼顧健康與情緒的需求（Coltoff, 1998）。與特許學校相似，社區學校強調某種特殊的方法、主題或課程；它們的經費來自公家，但賦予家長及學生管理上的自主權（Bennett, deMarrais, & LeCompte, 1995, p. 298）。對營利性特許學校的批評在於，懷疑這類學校可能會考慮成本效益而簡便行事，或形成科層體制，從而限制教師的創意與自由（Dykgraaf & Lewis, 1998）。

教育券系統也帶來系統性的變革。學區建立不同哲學、不同教育方案、多種訓育方式、不同服務的學校。理論上，社區及家長能夠參與學校的篩選與運作。每個家庭的學齡兒童都得到現金教育券。教育券在所選擇的學校，一年內有效。

這些方案的每一個都落入學校選擇權的範疇中。選擇權運動的領導者倡導家長與學生應該有自由選擇學校的機會，如此一來家長才能在教育哲學與課程之間做出選擇。這些方案的論點之一為，學校之間競爭吸引學生，以爭取教育券現金時，可能辦學品質會提高。在任何方案中，主要的目標都是要使家長為自己子女的教育做出抉擇。

反對選擇權者，主要是考慮到以下幾個關鍵因素：都市的公立學校可能成為「垃圾蒐集場」，亦即未被其他學校吸納的學生都集中於此；私立學校得到部分的公家經費，可能會造成社會上更大的區隔，因為它們變得更能篩選到他們所要的學生群。有些人已經預測公立學校系統會因此瓦解，學校內的異質組合將不復可見。然而，密爾瓦基市（Milwaukee）教育券計畫早期評估的結果，顯示家長選擇權方案正吸引某些具有更多行為問題的學生，而且這些家長比起那些未參與該方案的家長，參與更多、也更滿意他們子女所受的教育（Olson, 1991, p. 12）。

是否選擇權系統能改善低收入家庭子弟的學校教育，目前的情形仍不明朗。一方面，選擇權可能會鼓勵更多年輕人與家庭參與選擇，並給子女有不同的學校可供選擇。另一方面，選擇權可能會讓富人子弟與窮人子弟的差距持續拉開，因為高收入家庭的年輕人可能會藉由他們的選擇，繼續得到更好的教育（Wells et al., 1999; Manski, 1992, p. 1）。

教育社會學之應用　近來的選擇權運動對你所在的學區有何影響？

❑ 「多元文化主義」與「政治正確」

多元文化主義是指在其他學科之外，教導歷史與文學，以正確的反應我們的社會及世界不同文化間的糾葛（Ravitch, 1990）。將多元文化教材融入到現行的課程，包括閱讀少數民族的資料、所有團體的關聯歷史，以及其他加廣的主題，藉以提升對美國及世界各地的多元文化社會，其內所有段落的理解。

「嘿嘿！哈哈！西方文化要逝去了！」是 1987 年在史丹佛大學發出的呼聲。次年在史丹佛的「西方文化」必修科目產生變革，也見到了對學校及大學教導內容的論辯轉趨激烈。

一方面，大學課程與入學許可標準正受到唾棄，共同的核心知識──有時候被稱為「準則」（the Canon），在多元文化的律動裡刻正受到忽視，校園面臨「反西方的狂熱」（anti-Western zealotry）。而假借多元文化主義之名攻擊西方觀念者所在多有（Sacks & Thiel, 1995）。

另一方論點的範圍，從對新課程的理性規劃，以至於激進的計畫要推翻大學的內容與教導，正如我們所知者。多元化的民主社會需要受過教育的公民，能接納民主的理念與變動，超越國家之內種族、民族、階級與文化界限的區隔（Banks, 1999）。

有些教育學者認為欲真正落實多元文化於課程與教室之中，就必須加強多元化（Cope & Kalantzis, 1997）。激進變革的多元文化主義主張，應重新分析資本主義系統的權力與特權，這些權力與特權與西方的觀念法則有所牽連，其中「白人性」（whiteness）[8]的意涵也可能成為某個研究的主題

（McLaren, 1997a, 1997b）。

政治正確（political correctness, PC）是指在討論歷史、文學及其他學科時，公平且正確的將少數民族及婦女包括進來。這個運動刺激許多校園裡議題的片段——種族主義、性別主義以及其他敏感的領域。有關「政治正確」的辯論到處都有，且常是十分尖銳的，這些論辯的核心為，什麼是公平、正確，以及是否傳統學術自由的價值正面臨壓力，必須修訂「傳統的」課程。

隨著這個運動將課程內容加廣，且批評某些教師教導傳統的課程，或使用「不合時宜的」用語或解釋。以新紐澤西州普林斯頓大學為主，知名的「全國學者協會」（National Association Scholars）對此展開反擊。起初該會是由保守派的學者所組成，但這幾年來該組織已變得更多樣多元，因為愈來愈多的學者關切學術自由的議題（Monney, 1990）。

迪奈許（Dinesh D'Souza）是「政治正確」運動的辯論中最富爭議的人物之一，他認為：

> 政治正確的議題並不包括提供更多工作給女性，或更多工作給黑人，或更多有別於西方傳統的工作；適當且合理之較廣的呈現，已被容許。真正的議題是——那些大範圍的校園論爭——包括許多人所假定的，西方的價值本質是壓迫的，教育的主要目的是政治的轉型，而且所有的標準都是恣意的。（D'Souza, 1991）

當這些爭辯消退後，我們將看見某些新穎且創意的取向，已在公立學校與高等教育中將傳統的及新穎的取向整併到核心課程中。

---

8. 譯按：「白人研究」（whiteness studies）是美國與英國近年來始出現的研究，包括普林斯頓大學及加州大學洛杉磯分校等，均有開設此門課程。在英國，白人研究的範疇常與人文、藝術、社會科學、溝通與文化傳播等探討後殖民主義及東方主義的研究領域重疊。

科技與教室

　　1950 年代晚期，因著對成就分數降低的關切，遂有許多萬靈丹紛紛提出。教學機、閱讀計畫、說話打字機、教學電視、錄音機，以及其他各種科技創新紛紛引進全美的教室中使用。提倡新科技的人主張學校應該善用科技革命，如同商業與其他機構部門所做的那樣。「傳統的」教室可以轉變成個別化教學中心，以滿足各種不同的學習風格與興趣。科技具有將家庭與學校的學習加以連結的潛勢，使許多教育人員感到興奮。電腦在教室中的應用，以及電腦輔助教學（CAI）也在 1960 年代晚期開始盛行。

　　雖然教室裡特定的科技類型已經有所改變，但這些新的形式將留在這裡。當新科技發展出來，新用途將被實施。邁向 21 世紀之初，我們只見到這個可長可久的運動之濫觴。未來的教室與教師角色可能大不相同。使用電子化的方式檢索資訊將成為關鍵，而遠距學習將帶給全世界無限的學習潛勢。這是趨勢因其對未來社會的職業有其重要性，可能會有長遠影響力的一個例子。不過，也存在著對科技的懷疑，有人害怕教育與學習當中的人性層面將會失去，包括運用感覺，以及透過與他人接觸來學習（Jones & Smart, 1998）。

其他運動、改革和流行

　　「近十年來，社會學界及新聞界提出數以百計所費不貲的研究報告，以及數以千計的文章，力陳美國學校的缺失。對改革的必要性一般而言已有共識；但對改革的內容與哲學理念則有很大的不一致之處」（Ewen, 1990, p. 1）。

　　許多教育改革方案被提出，用來解決主要的教育關切乃至細瑣的小問題。有些想法經過嘗試、獲得成功，並被整合到系統之內，成為永久性的措施；另一些想法則因為乏人問津與支持而告失敗。新理念被接受的程度不同，與幾項因素有關，包括政治氣氛、經濟條件、改革的資源與壓力、例行性的變革需要在學校與班級的層次中進行，以及班級教師的支持。例

在家教育是一種另類教育

如，新近提出的創新是「區塊行事曆」（block scheduling），將可能是個短命的創新，也可能會廣為採行。初步的研究顯示學校氣氛因而改善、出席率提高、閱讀與數學的成就及標準化測驗分數提高；教師也同樣喜好這種方式（Rettig & Canady, 1999; Thayer & Shortt, 1999）。

過去三十年來，學校改革的用語已有很大的改變，從「創新」（innovation）的概念到「重建」（restructuring）與「轉型」（transformation）的系統想法（Hartoonian, 1991）。愈來愈多低收入家庭及少數民族家庭的子女中輟及失敗，這刺激了改革的努力。

觀察家憂心當前教育改革的努力，並不是基於研究的發現或全面性的計畫，因而可能非但不能解決問題，反而會使問題更加棘手（"Research and Renewal," 1991）。教育研究者與策略專家及對所採取的行動有影響力的意見領袖之間極少對話（Gardner, 1992）。教育學者認可學校的困境有許多成因，但由於沒有影響力，學者的建議常是無疾而終。

　　雖然有些人想要重回教育「美好的舊日時光」，但歷史上從無任何時期學校能免於教育批判及問題，包括學生的中輟率太高、閱讀能力低落、沉悶、暴力、不守紀律。我們能預測到這個教育改革的鐘擺還會繼續擺盪下去。

　　運用開放系統取向，能幫助吾人領悟在這樣多元環境壓力及運動下，很難制定統整取向的教育政策。必須考慮到系統內許多相互依賴的部分。學校很容易受到環境壓力及時代特性的傷害。一個四平八穩的方案難以成功，因為每個潮流創造系統中的「地殼隆起」，從而改變其結構與角色關係。

教育社會學之應用　進入 21 世紀，你預測學校裡會有哪些變革？

摘要

　　社會與教育運動反應社會中存在著多元歧異的意見，它們反應出各種已覺察之選擇的全部範圍。系統經驗到來自社會運動的改革壓力，改革可能只是對現存計畫的細部修正，也可能是結構與課程上的重大改變。只有在能獲得社會大眾的注意，以及所提出與刺激的方案具有可行性時，運動才能有效的改革社會制度。有些運動尋求自現存的結構中分離出來。本章我們已概覽了運動的理論、影響今日教育的教育史，並以美國的運動為例說明，以及探討運動的各種趨勢。

395

1.教育變遷的本質

　　教育運動就如鐘擺擺盪般來來回回，反應時代的基調。教育運動作為來自環境的壓力團體，影響著教育系統。有些運動刺激了非傳統或公立學校系統之外的學校應運而生，其他運動則迫使系統內部發生改革。

2.教育運動的整個歷史

早期歐洲教育對於今日之教育環境和系統的影響有三，包括：

(1)影響深遠教學方法，諸如「推理能力、修辭、雄辯術」，以及理性的探究。

(2)兒童墮落的人性，促使威權方法的運用。

(3)文藝復興時期對多才多藝、博學多聞之人的概念。

有幾項運動主導美國教育歷史的發展：公立學校運動、進步主義教育、精粹主義、人本主義教育。

3.另類教育與相關運動

另類教育運動的興起適逢美國所有的機構制度受到挑戰之際。它的焦點在於，擁護者所感受的學校本質是壓迫的。夏山學校與英國小學在另類教育運動哲學中影響深遠。此運動中興起了不屬現存系統的自由學校，以及設有開放教室的另類學校。

4.學校裡結構的變革與課程改革

回歸基礎運動是對「另類教育之放任」的反擊。它強調基礎技能，不強調「非精粹的要素」（nonessentials）。由之而興起私立學校、能力本位教育，以及其他附屬的運動，如：績效責任運動。

績效責任的意涵很豐富，但它通常包括教師對能力的關切，以及學校一面考慮所花的費用，一面衡量教育過程的結果[9]。

學校效能運動關切如何幫助學生提高成就，研究指出學校為了提高學業成就的水準，應該考慮的變項。

某些運動的效果能持久；其他被認為可能是萬靈丹的運動則失敗了。

396

9.譯按：即考慮「成本效益比」。

某些教育科技的形式及績效合同（performance contracting）並未達到期望。職業教育與某些結構的變革——磁性學校及教育券系統——已經部分獲得成功。開放教育則在相當的程度上光環不再。

　　社會運動也透過課程及結構改革而反應在高等教育系統中，有些機構已發展出另類的教育模式。

　　相關的教育運動變革反應在所提出來的創新、激進的改革，以及其他的變通方案上。許多個別團體的關切也反應在這些變革裡。對教育機會均等的關切，預料將會持續下去，又因著經濟的條件，實用教育也將成為焦點。

運用社會學作業

1. 找出你所居住的地區中有何另類的小學與中學教育方案。
2. 你所居住的地區是否曾經試圖推動本章所提到的任何「潮流」？目前仍在實施嗎？有何成敗紀錄？
3. 設置一所你會想要去就讀的假想性學校，層級不限。應包括本章所討論的系統特徵，以及其他你可能會想加上去的部分。
4. 以你所在的鄰里為範圍，進行一次非正式的調查，調查家長對其子女教育的態度，以及對另類或基礎教育的傾向。
5. 花時間觀察兩所代表不同哲學取向的地方學校或教室。

教育系統的
變革與計畫

本書呈現的是動態系統的故事。動態系統既非停滯，也無法停滯不前，*397*
因為不斷有促成改變的壓力。請回憶我們所提的學校系統模式（見圖
14-1）。社會中每一份子都受到學校系統的影響。大多數人都曾參與學校
系統：包括受教於其中的學生，以及任職於其內的教職員。學校系統也與
所有納稅人、家長及學生的生活休戚相關。

學校不斷遭受來自系統內部及環境的挑戰。像學校這樣的開放系統若
想要生存，彈性及適應力是不可或缺的；它有賴於內外部的個人與團體的
協助，才能使計畫順利執行，並滿足需求。改革會影響教育系統的所有層

398

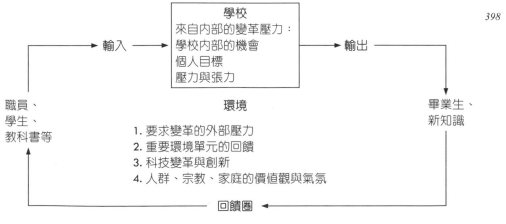

圖 14-1　學校變革的系統模式

397
面。有些改革的壓力，聚焦於使社會結構「鬆綁」（loosening），並讓學生有更大的彈性與選擇的自由；另一些改革則呼籲嚴格的控管。有關物理空間及學習的實驗，已見諸「開放空間」學校與另類教室。在這最後一章裡，我們要探討教育系統變革的歷程，以及某些用以產生變革的方法。

398

變革的動力學

變革（change）始終存在。變革可能發生在社會、組織、團體與個人身上。當我們要爲變革下一個定義，這個定義要能夠適合各種層次與類型的變革，也不論是計劃中的或非計劃中的變革，就有困難了。以下是變革的其中一種定義：變革就是「社會現象中轉換的過程，不論這種轉換是不是有計畫的，也不論是質的或量的轉變」（Vago, 1989, p. 9）。此外，「有計畫的社會變革是指審慎的、有意識的、藉由變革的推動者集體合作的努力，以改進社會系統的運作」（Bennis, Benne, & Chin, 1985, p. 280）。讓我們考慮幾個變革過程的要素：

◆ **變革的本體**：是指社會進行明確的轉型的現象。
◆ **變革的層次**：是指發生特定變革所在的位置。
◆ **期間**：是指某種特定變革的形成在爲人所接受之後，持續時間的久長。
◆ **變革的方向**：是指發展的或衰退的，進步的或退步的。
◆ **變革的幅度**：可能有三種形式，漸增的或累積的（marginal）、綜合的，以及革命式的變革。
◆ **變革的速度**：可能沒有明確的衡量尺度，像是快或慢。（Vago, 1989, p. 9）

變革的發生可能是驟然爆發，也可能漸進和緩，但幾乎都是演進而來。可能是在計畫之中的，也可能是不在計畫之內的。有計畫之變革的發生，是「外顯功能」（manifest functions）或系統所陳述之目的的結果。非計畫中的變革，有時稱爲「潛在功能」（latent functions），可能是有計畫之變革的非預期後果。

變革的動力可能來自於學校內部的功能運作，或來自環境施加於學校
的影響。我們不妨想一想快門捕捉瞬間影像的例子。明天所拍到的影響已與今天的有所不同，因爲這是無止盡之變革的本質，此過程是貫穿本書的重要主題（Hall, 1991）。

變革通常被認爲是一種正面積極、有利於改善人們生活的歷程。但也可以是一種具有威脅性的、令人驚怕、製造衝突的力量，推拉人們不斷的移動。變革常會打破我們所建立的常規，而我們需要某種的穩定感，變革使我們感到不安。由美國社會學家亞玟‧塔佛勒（Alvin Toffler）發明一個詞稱爲「未來衝擊」（future shock），就是指無能去調適或適應快速的社會文化變遷的極端狀況（Toffler, 1970）。例行常規很重要，它們給人熟悉的參考基準；如果拿掉所有的常規慣例，則從一個活動到另一個活動就不再有結構可循。乃是在這種歷程架構下，我們探討教育機構的變遷。

教育社會學之應用 概述你所在的學校或社區裡所發生之計畫性變革的要素爲何。

□ 變革與分析的層級

當思及變革的議題時，我們必須使此一複雜而無所不在的過程形象化。當我們提出並執行變革，以及研究其影響力時，覺察到變革發生所在的層級是有幫助的。社會科學家在提到像學校這類的系統變革時，通常會概念化四種「分析的層級」（levels of analysis）：

1. 個人層級（individual level）：是指變革係由個人所發起，或者是指向系統內擔任特定角色的個人——教師、學生或其他人。例如：可能企圖要改變教師對新計畫的態度。
2. 組織層級（organizational level）：是指學校內的變革。也許新課程模

教育社會學

The Sociology of Education: A Systematic Analysis

式的引進，需要學校的物理環境與角色結構有所改變。

3.**制度或社會層級**（institutional or societal level）：是指系統性的變革。通常這與社會其他部分的變革有關。例如：政治制度及一國結構的變革通常會造成教育政策的更張。

4.**文化層級**（cultural level）：是指社會態度與價值觀的變革。這通常是最緩慢的變革，遠落在科技創新之後。

400 　　每一層級所發生的改變以及重大的變革，會影響所有的層級。當考慮到分析的層級時，我們能依照變革是短期性或長期性的變革，運用幾種策略類型（見表 14-1）（Vago, 1989, pp. 281-282; Zaltman & Duncan, 1977, p. 11）。在微觀或個人的層級上，個人的態度及行為可能會有短期的改變（類型 1）。這種變革的例子之一為敏感訓練（sensitivity training），以改變個人的態度。在微觀層次上一項較長期的改變（類型 2），為對機構新進人員的訓練與社會化過程。例如，當神職人員開始受訓時，他們學習會影響他們整個生活的一組新態度與行為。在短期變革的團體或中間層級中，可能會引進規範性的或行政上的變革。當團體暫時改變其常規，以實驗其創新作為時，規範性變革便由之發生（類型 3）。例如，某公司團隊設置了一個新穎的電腦化資訊庫。該團隊的成員能自由的實驗，也能改變先前已

表 14-1　時間向度與目標層級

時間向度	社會層級		
	微型（個人）	中型（團體）	大型（社會）
	類型 1	類型 3	類型 5
短期	⑴態度改變 ⑵行為改變	⑴規範性的變革 ⑵行政的變革	發明－創新
	類型 2	類型 4	類型 6
長期	生活圈的改變	組織的變革	社會文化的演變

資料來源：Zaltman, Gerald, & Robert Duncan, *Strategies for Planned Change* (New York: Wiley, 1977) , p 11. Reprinted by permission of John Wiley & Sons, Inc.

建立的組織規則。該變革的代理者（此例中，即負責該創新的經理）鼓勵
這個團隊。一旦這項創新經過試行，且證實有用，它就納入公司制度之內
（Kanter, 1991, 1985）。此時，它將在組織層級上成為更長期性的變革（類
型 4）。努力於該變革的原創參與者將會得到酬賞；這個過程進而提供其
他想要實驗的人誘因。

　　社會層級的短期變革（類型 5）通常是創新或發明的結果。例如，在
一個能接受節育觀念的社會中引進控制生育的技術，可以在短期間內改變
出生率與人口規模。長期而言，這些變革可能會造成社會結構的重大改變。
此長期的結果為社會文化的變遷（類型 6）──例如促成發展中國家的現
代化過程。

　　一項全國性的「效能學校方案」以及其他教育改革的研究，「從下而　　*401*
上的改善學校」，提供解決學校中的問題、改良教學、增加學生學習，以

學習在多種情境與方式中發生進行

及成功改革的資訊。成功的改革通常發生在個別的學校之內，其內的教師集體合作、對決策有表達發聲的機會、對改革過程有一種捨我其誰的參與感（a sense of ownership），這種改革也不漏掉地方的行政官員。成功的改革平衡由上而下（top-down），以及由下而上（bottom-up）的決策結構（Shields et al., 1995）。

　　藉由辨識改革發生的環境，更能了解改革的過程，並因應其後果。

☐ 變革的緣由

　　壓力（stresses）與緊張（strains）是學校系統變革主要的緣由。根據歐森（Olsen, 1968, pp.141-142），所謂壓力是「外在於組織的來源」，也是系統環境的部分，可分為四種類型：

1. **人口規模與組成**：1960 年代早期，由於戰後嬰兒潮導致學生人口激增，當時需要更多的教師以滿足需求；然而現在隨學生人口銳減，許多學校已被迫關閉，師資超額嚴重。雖然這些趨勢幾乎無法控制，但仍可相當準確的預估出來，以資未來計畫之用。

2. **人口素因**：在位掌權者，透過他們的人格特質，可以帶來教室與學校之結構或氣氛上的改變。例如：班級教師常在此一層級上領銜改變。系統裡的在位者，應該考慮到變革的計畫、執行與分析。

3. **器物科技**：總是有新觀念與新器物（materials）能統整到教育系統裡。不論器物或科技發明的重要與否，教育人員受到挑戰，將新科技融入系統裡，並藉由學習器物科技的過程將之傳遞下去。

4. **自然環境**：包括如「氣候適應」（climatic adaptation）[1]、重要的自然資源的耗竭、自然災害、流行性傳染病、氣候條件）。有些學校經歷過在 1977 與 1978 年極嚴寒的冬季，適逢能源短缺，只有緊閉門窗

402

---

1. 譯按：「氣候適應」是指有機物對氣候與居住地改變的特殊調適。這些調適包括體質改變（如：膚色改變）、行為改變（如：住在沙漠的人需要有特殊的蓄水方法，也花更多時間在取水這件事上）。

方能上課。暴風雪與冰雹也會影響學校上課的天數與改變行事曆，這些都是自然環境影響的例子。

　　壓力除了歐森所提的四種來源之外，也有些重要的社會趨勢會刺激所有的機構發生變革，例如：朝向都市化、工業化、現代化、後工業化、科技治國社會的趨勢。其他變革源自公眾的態度，以及教育人員受到社會關切所在之社會運動的刺激。學校變革的主要來源尚包括立法、上級命令或認證（accreditation）[2]的要求（Adams, 1997）。

　　緊張（strains）是組織內部衝突與壓力產生的根源。文獻中許多變革的例子均強調緊張的概念，然而必須銘記在心的是，組織內部的變革也受發生於外部環境之因素的影響。讓我們思考以下幾種教育系統內部緊張的例子：

1. **組織內的個人或次級團體**：組織內的個人或次級團體，可能會支持系統的目標，或者，他們也可能牴觸組織的目標。當目標不同時，衝突也應運而起。如果個人或次級團體很有影響力，或位高權重且青睞改革，則很可能由此衝突處產生變革。然而，觀以系統裡少數民族的案例，成功的定義是個人收穫及向上的社會流動，成功的假定為，這些對所有人都同樣可及的，且所有人都分享相同的目標。這項假定也可能引起衝突（Sleeter & Grant, 1988）。

2. **組織內「脫軌的」（deviant）個人與團體**：叛逆、行為有問題、瀕臨退學的學生，因為並不努力循系統的目標而往前，而在系統內產生緊張。因此，教育系統常投入更多的人力資源與經費，以減少或消除這種緊張。「脫軌」教師提出可能迫使系統做出改革的變通方法或結構，也會製造緊張。

3. **意識型態、目標、結構與資源**：緊張的發展也是系統某些層面不和

403

---

2. 譯按：在美國，認證（accreditation）這個詞常用於學校與醫院。通常這些機構需要由私人非營利的會員制協會加以認證。在台灣，並沒有學校的認證制度，而是由教育部對學校機構進行評鑑考核。

諧的結果之一，包括系統的意識型態、目標、系統必須在其中運作的結構，以及系統可以取得的資源。設立於 1960 年代晚期與 1970 年代早期的「開放空間」（open space），或沒有圍牆的學校，有時被視爲是嚴格管教的阻礙。

教育社會學之應用　請針對表 14-1 每一細格類型，舉例說明。

變革的觀點

假使我們有一項作業是要概述學校變革的產生過程，則這個過程中很重要的一個層面是，確認我們對變革的觀點。當社會學家考慮變革的過程時，文獻中主要有兩種理論的觀點。結構功能論視變革爲系統對壓力與緊張之漸進的調整；衝突理論則視變革爲衝突或更激進的革命（見表 14-2）。

☐ 變革的結構功能取向

教育系統試圖維持系統內各個主要部分的秩序與統整。教育系統基本上是處於平衡的狀態；社會控制機制協助維持穩定與適應。以壓力的方式要求改變，將威脅到系統的平衡，可能會被視爲是負面的或「功能失調的」（dysfunctional），而平衡過程是個持續的過程。「功能失調」、緊張局勢、脫軌一直存在於系統內，且傾向於成爲系統運作的一部分，或定型成爲制度（institutionalized）。系統試著要達到並維持平衡與統整。變革被認爲是以一種漸進的、調適性的方式發生的；快速的改革反而會讓核心結構保持不變。由此觀點來看，變革有三個主要來源：系統對環境要求的調適、系統的成長、團體成員的發明或創新。

對結構功能論的批判指出，該理論並無法給予變革完整的觀點。例如：它不能解釋突然的或激進猛烈的變革，也不能解釋那些並未統整的系統。對某個團體可能是具有功能的變革，卻可能傷害到另一個團體（Einsenstadt,

· 476 ·

表 14-2　教育社會學理論的摘要及其對計畫擬訂的意涵　　　404

理論取向	社會理論	教育理論	優先政策	計畫策略
功能共識論	統整社會制度 基於共識的社會秩序 內在平衡,即尋求制度之間的平衡	與其他制度整合的教育 社會化的功能 篩選與分派的功能 創造新知識 「保母」的功能,即不讓小孩子闖入街道,以及延緩進入職場	相同機會/功績制度;每個人都能到他們的能力水平 充分發揮天賦 與社會其他部門緊密聯繫	篩選性的教育系統/延後篩選 人力資本、計畫「回收率」 將教育擴張視為投資 補救教育方案 移除社會流動率的障礙
衝突論(馬克斯主義與新馬克斯主義[3])	衝突與剝削 維持秩序的權力與力量 主流與附屬之間的不斷鬥爭	教育是主流團體權力的延伸/對主體性沒把握 教育再製社會等次	打破學校組織與經濟結構及需要的聯繫 學校教導意識的覺醒並抗拒	改變學校/工作/社會的結構 置換課程中的主流意識型態 教育擴張即解放
互動論	社會實體是由行動者所協商並定義的 社會秩序是符號與價值共享的結果	教育是定義實在的過程 班級互動是教育過程的中心 教室即自驗預言	從教室互動中去除偏見 教室中公平的機會及對待	教師訓練——揭露教師偏見 強調學生積極的自我概念與自信 重建班級情境以消除標籤作用 減少對考試與班級競爭的強調
批判理論	主流階級與主流意識型態的壓迫,藉由潛在的政治議程與潛在課程得以維持	教育為虎作倀,維持壓迫	藉由賦權增能而移除壓迫	課程改革 課程研究

405

資料來源：Saha, Lawrence J., "Bringing People Back In: Sociology and Educational Planning," in A. Yogev (ed.), *International Perspectives on Education and Society,* Vol. 5 (Greenwich, CT: JAI Press, 1996).

---

3. 譯按：此處應為新馬克斯主義（neo-Marxist），原文為「非馬克斯主義」（non-Marxist），"non" 似為 "neo" 之誤。

403　1985）。本章稍後，我們要討論幾個功能論產生變革的策略，即在對系統最少破壞的條件下，一面維持秩序並力圖完成變革。

406 □ 衝突理論的變革觀點

　　衝突論者認為變革在所難免，且一直持續存在，是各種事件本質的一部分。變革是社會生活重要的元素。

　　現代社會中各個相競的利益團體之間的衝突，給學校與社會帶來更大的變革壓力。主流團體或掌權者企圖保護系統，免於那些會改變其地位或威脅其既得利益的變革，青睞特定團體的教育系統可為其一例。當變革確實發生了，它可能是危機、權力衝突與決策的結果。當前課程內容的衝突提供了一個很好的例子。依照衝突理論，學校重大變革的產生不太可能是資源增加的結果，相對的，它往往要求校內結構、角色、權力關係的鼎新革故。運用衝突觀點明言的教育系統變革策略很少，但變革的確是藉由破壞而生，而且系統裡向來有衝突的潛勢。

　　表 14-2 是取自於沙赫（Lawrence Saha, 1996）的文章，摘要了變革的概念與理論架構，及其與教育變革的關係。注意計畫擬訂的策略以及其結果，端賴所運用的理論取向。每一欄之內的項目代表一個叢集，但相鄰的細格項目間並沒有特殊的關聯。

　　當社會科學家探討變革議題時，所持的理論觀點將影響到他們的解釋方式。例如：對「教育變革的原理」，結構功能論者強調「系統的需要」，而新馬克斯主義者強調「社會正義與公平」，二者不同值得注意。

> **教育社會學之應用**　思考你所在之學區特定變革的例子。這個例子要如何以不同的理論取向加以解釋？

□ 變革的開放系統取向

　　開放系統取向是基於以下假定，即不論是演化性或革命性的變革都是無可避免的，且變革永遠存在於系統中。系統因環境的回饋而調適，故一直處於不斷變革的過程中。開放系統取向提供吾人一種觀看全系統的視野，透視變革的能動性（impetus），以及追蹤貫穿系統之變革的回應（repercussions）。先前討論的兩種變革的理論觀點均有其局限性。變革的開放系統 *407* 取向移除對安定性及均衡的強調，並由不同的觀點檢視系統。它並不囿於任何特定的理論觀點，因此能幫助我們分析整個系統之變革的類型、速度、位置及影響。它也不預設變革與平衡或崩毀有關。系統不被看作是僵硬的或是處於危機中的；相對的，它將變革視為系統裡正常的部分，不論這些變革是否在計畫之內。變革的理論也能與開放系統取向合併運用，以加深對變革歷程整體影響的理解。

　　由開放系統取向的觀點來看，變革可能由學校系統或其次系統的內部所激發，也可能是來自外在環境。環境對學校的影響是持續的。投入學校系統的因素包括法律要求、經費來源、社區態度等，這些因素不斷的在改變，並要求學校系統適應之。改變可能是快速的，就像學生運動或流行那樣，也可能是緩慢的，例如學生或教師人數的增加或減少（Morris, 1996）。

　　思索以下的例子：對教師而言，最重要的教育環境脈絡並不只是由官方政策所定義者，尚包括其他正式或非正式組織所定義的。系統裡的每一個部分都會促成或阻礙系統的變革。圖 14-2 顯示影響系統變革過程的各個部分（McLaughlin & Talbert, 1993, p. 17）。

　　學校系統必須依環境所給回饋而調整其計畫。例如：如果學校的目標是要產出能找到工作的學生，學校系統必須注意到這種對技能要求的改變。學校可能甚至會企圖藉由與商業及社區的互動影響職業市場。學校系統可能企圖控制其環境的各個層面，例如：經費與財務對計畫方案的繼續運作很重要。為了確保安全與穩定，學校系統可能會致力於公關，好將自身「行銷」（sell）給大眾。當學校努力爭取預算，或要讓教育捐過關時，尤為如此。在學校與環境之間有一種施與受的關係，不過學校必須適應環境的要求，而這通常使變革在所難免。

　　系統取向最常強調組織結構與角色的層級，並鳥瞰系統與其各部分。在一張大傘之下，進行大量系統變革的研究，能獲得整體的觀點，比個別

408

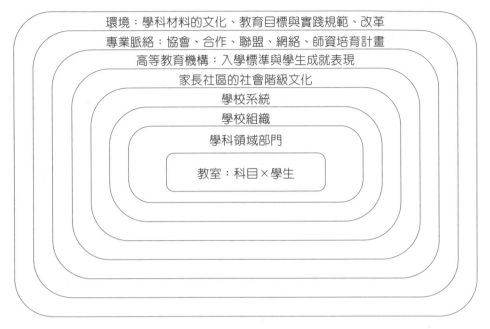

環境：學科材料的文化、教育目標與實踐規範、改革
專業脈絡：協會、合作、聯盟、網絡、師資培育計畫
高等教育機構：入學標準與學生成就表現
家長社區的社會階級文化
學校系統
學校組織
學科領域部門
教室：科目×學生

圖 14-2　鑲嵌教學的脈絡

資料來源：McLaughlin & Talbert, "Context that Matter for Teaching and Learning," Center for Research on the Context of Teaching. Stanford, CA: Stanford University School of Education, March 1993, p. 17.

407　研究所能提供的更接近真實的情形，也存在更大的潛力。

　　對局外人窺視或局內人試著要得到對組織的某種觀點，開放系統取向能幫助找出組織或其環境特殊利益的元素。這種能看出部分與整體之關係
408　的能力，對正確評價變革過程的潛在問題及匱乏，是很重要的。開放系統取向也對擬訂變革計畫有所幫助，在瞬息萬變的社會運動中，這比起漫無章法的（haphazard）回應更有效能。

變革的產生

觀察教育系統時，人們感到一種力量，一部永遠運轉的機器。然而，

參與者的抗拒以及決策者的謹慎小心，使變革的過程不致魯莽向前。這些阻力並不能停下這個系統，但他們能使它減速。教育系統的每個部分都無法自外於變革，因為沒有任何部分是完全自主的。是哪些因素推動朝向變革呢？大部分的因素有其組織或結構上的根源，而不能只歸因於個人。

　　無論何時我們引進一項重要的變革，我們必須考慮它對整個系統的影響，因為系統裡的每個部分都因此經歷到壓力與緊張。變革的動能來自環境壓力與教育階層，常是由中心辦公室所指導。教育局長擁有地方行政區層級所沒有的權力與資源，以產生變革。但乃是個別學校與教師，必須執行該變革；沒有他們的支持，變革很可能會失敗。

❑ 系統中的個人

　　任職於教育系統的個人，藉由他們的發起、接納或抗拒，而影響變革的速度。讓我們看看行政人員與教師的例子。來自行政人員變革的動能，包括法院規定的校車運送制度，或消除教職員間的種族差別待遇、殘障生回歸主流的政策、衡量預算的刪減、新方案，如：電腦科技與電腦輔助教學（CAI）、為了同質性或異質性重新建構班級，以及閱讀或測驗計畫。一般而言，變革的倡導多發自權力較大的單位，因為他們掌握變革所需的資源。權力較小者縱然反對變革，他們不是被說服同意，或對變革維持中立，就是無能發起有力的抗拒。雖然學校行政人員（特別是教育局長）在創新與變革上扮演重要的角色是眾所承認的，研究結果則顯示他們的影響力各有不同；有些行政人員被認為是現狀的保存者，而有些則是促成變革的推手。

　　變革的動能也可能來自班級教師。許多來自環境裡的新科技與材料蜂擁而來提供給教師，並承諾能改進教學，減輕教學負荷，像是新版的教科書、創新的編班方式、為求更佳的互動將學生重新編排，以及新科技的進步。教師倡導改變的角色時而受到削弱，因為他們在結構中處於下屬的地位。許多教師都能憶起他們曾有的好點子，但因著行政人員、學校董事會或家長的抗拒，而從未能實現。

□ 學校層級的變革

　　學校層級的變革提議牽涉到教師、行政人員、董事會，有時也包括家長及其他外界決策機構。我們來看看以下兩個例子，其一來自賓州費城學區，其二則為全國性的層級。

　　費城一開始的複合計畫 PATHS/PRISMS 的目標為「促成提供低收入家庭學生服務之學校的系統變革」（Useem, 1994）。獲得成功的計畫是那些透過共享做成決策與行動的方案執行者：

成功要素：該項倡議案獲得成功的學校是：(1)教師與校長間，以及教師間向來彼此互相尊重；(2)一或多個有能力且願投入的教師或行政人員，願意實踐計畫與理念的任務；(3)校長願意支持；(4)建立包括所有教職員的委員會結構；(5)一或多個教職員過去曾有參與 PATHS/PRISMS 計畫的紀錄。（p. 3）

410

　　「國家教育目標」第 7 條明訂「西元 2000 年時，美國的學校將沒有藥物、暴力、未登記的槍枝與酒品，且將提供有益於學習的環境紀律」（The National Education Goals Panel, 1995）。另一個報告列舉在學校裡完成這些目標的策略。它指出任何成功的策略必須是綜合性的——涵蓋同儕團體、家庭、學校、媒體、社區組織、宗教與法律的規約，以發展生活技能，並改變社區的政策與規範（"Reaching the Goals,"1993, p. 2）。

　　再一次，這些例子的關鍵點在增強我們的系統理論——變革除非發生在系統裡所有的層次，否則不可能奏效。

教育社會學之應用　*在你所居住區的學校裡，你想要看到何種的變革？當計劃這變革時，有哪些因素是必須考慮的？*

學校變革的策略

　　為了使重要的變革得以進行，整個學校系統及社區必須參與其中。在1960 與 1970 年代，推動變革者強調由下而上的變革取向，變革過程應納入教師，並使他們感到捨我其誰的責任。到了 1980 與 1990 年代，則轉為強調由上而下，以及外部的驅策（Levine & Levine, 1996, p. 445）。然而這種取向必須配套以內部與外部法令的支持，否則不可能成功（Shields, 1995; Fullan & Miles, 1992）。首先，社區對某個議題的關切能夠刺激變革的發生，因為社區提供回饋與財務支援。第二，必須得到學區的支持，因為學區提供金錢、計畫、額外的員額，以協助執行變革。第三，校長必須在變革的過程中提供領導。第四，教師必須有意願支持變革。在此變革過程中，有些教師會成為「早期的採納者」（early adopters）；其他教師在欣賞他們所做的之餘便會跟進。變革的執行須經過好些階段，一開始有些教師學習要做什麼、如何做，然後將此變革過程擴大至其他人，至終使此變革成為制度（Shachar, 1996）。並非總是需要全體教職員皆支持某項創新，但能有「早期的採納者」願意冒險參與改革的過程則甚為必要。最後，受變革影響的學生也可能促成變革，或敵對這些新的計畫。

411

☐ 策略類型

　　教育學者及社會科學家在有關執行變革何種策略最有效的觀點並不相同。在一本關於教育系統變革的經典著作中，波爾瑞喬與迪爾（Baldridge & Deal, 1975, pp. 25-33）列舉五種常被提到、產生變革的重要觀點，這五種觀點恰與我們的分析層級一致。

　　個人的觀點　　個人觀點著重在個人與小團體取向，此觀點受到心理學與社會心理學很大的影響。此種觀點相信個人可以提出、採納或拒絕變革。因為對變革的態度受到個人價值系統的影響，所以組織變革的重要假定為，

只有改變個人態度及其行動，組織變革才能發生。

變革的執行端賴改變那些將要學習並運用創新或發明的個人。組織成員因其可靠與願意負責而獲錄用，這些因素也會造成維持現狀的慣性。

然而在概念化並計劃變革時，僅強調在學校任職之個人的問題為，這忽略了變革所發生之系統的特徵。

目標與組織歷史的觀點　目標常是教育變革的焦點。儘管澄清模稜兩可與冗長的目標時有其困難，但因為目標能表明組織存在的理由，以及指引從事者努力的方向，所以這個觀點仍然相當重要。英雄傳說（saga）是一種植根於組織歷史中的迷思或信念系統，它稱義組織的存在，並減少維持系統所需的時間與精力。組織若有扎根甚深的英雄傳說，將會很難改革。然而，在危機的情況中，它仍可能會發展出新的英雄傳說，並產生長而持久的變革。目標與組織歷史是在管理組織變革時應該考慮的重要元素。

技術的觀點　系統或組織的技術是該組織執事的本質，也是幫助組織完成其目標與宗旨的程序、歷程、活動與憑藉。技術的變革有好幾個理由，有時是環境對組織有新的要求，或有新發明發展出來，有時是組織的參與者自身會發現新的辦事方法。衡量技術的變革必須思考其對結構所做的要求。例如：執行新的個別化教學法，可能牽涉到將教師組織成團隊，並加強他們輔導個別學生的能力（一種結構上的改變）。技術創新要求新的角色、更多的協調與問題解決，也增加了彼此的相互依賴，所有這一切均為結構的變革。

環境的觀點　學校環境不只包括家長、學生、教師、地方社區，也包括教師工會；州政府、地方政府及聯邦政府的機構；其他教育機關；專業氣氛與教育氣氛。所有的教育系統均仰賴其環境提供財務及精神上的支持。環境對教育變革而言，可以是促進者，亦可以是絆腳石。當意欲執行變革時，必須不斷考慮環境的因素。

結構的觀點　結構的元素包括個人職掌；次級單位（部門／處室）；

412

組織的階層、規則、目標、計畫。組織的結構可以視爲是變革的結果（例如：教學設備的改變可能會對結構產生新的要求），或者亦可視爲是創新的催化者。兩個組織間的合作需要平衡兩造之間的利益與緊張（Osguthorpe & Patterson, 1998）。

許多社會科學家主張，唯有操弄組織變項（權威結構、酬賞系統、技術與環境的關係）才能產生長期的組織變革。雖然個人與小團體對執行變革是必需的，但在計劃時必須考慮系統的結構層面。對學校而言，要達成目標、監控並影響環境，以及成功的採用新科技，基本的結構重組是必需的。這些策略可分成四個一般性的範疇：

1. **催化策略**（facilitative strategies）：使變革的執行在目標團體或藉著目標團體更爲容易（Zaltman & Duncan, 1977, p. 90）。
2. **再教育策略**（reeducative strategies）：再教育策略的運用，通常是時間尚不甚急迫。運用相對較客觀的方式，意欲在提供行動的合理論據。
3. **說服策略**（persuasive strategies）：試圖藉由呈現一種已經組織過、且偏於一面的訊息以促進變革。
4. **權力策略**（power strategies）：包括運用強制手段以確保衆人遵從目標（Vago, 1989, pp. 289-290）。

由我們開放系統的觀點來看，具有下列特性的系統較能回應許多組織的內外部要求：能夠使變革導向活動的主要人員參與其中；能考慮到組織的結構層面；在因應環境壓力時，能發展內部的歷程以帶進變革（Goodlad, 1975）。

我們對一些未竟全功的好點子十分熟悉。添購閱讀機以及衛星傳播教育 *413* 後，卻從未將之統整到教室之中，可爲其例。爲什麼這樣的點子會失敗呢？

學校裡實際的變革在計畫階段，應將重要的參與者皆納入。如果變革影響到班級，在計畫伊始時若讓教師一同參與，可以減少對變革的抗拒。訓練是成功方程式裡重要的一項；如果教師未能了解新方案的細節，是不可能採用該方案的。領導者的支持對執行成功也很關鍵（Goodlad, 1984）。重要的原則是，任何層級的變革、組織任何部門的變革，均將影響其他層級及部門——變革不是發生在真空裡的——如果關鍵的參與者能有分於計畫與執行的過程，則該變革更可能成功。

　　執行創新的程度也有賴於在執行時的某些條件：目標與計畫的清晰性、行政人員與教職員的能力、資源的可取得性、所提之變革與組織結構的相容性，以及參與者肯花時間及努力的意願。這些條件能達到何種程度，端賴於行政人員在執行階段的表現。重要的參與者（例如教師與學生）能確保變革得以平穩的進行。然而，他們也能作為變革的阻礙者。

<hr>

教育社會學之應用　你先前所提的變革與此節所提的每一項觀點之間有何關聯？

🗌 執行變革的障礙與抗拒

　　對那些參與執行變革的人而言，變革面臨的障礙常是艱鉅無比的。現狀中的既得利益者、對價值觀與目標的反對、所提出的改變有明顯的缺失或不適切、察覺到難以忍受的後果、人們因循的慣性，這些本身就會限制變革，或使反對聲浪形成，並阻礙變革。

　　有待克服之最艱難的障礙係來自教育系統內部的抗拒，特別是來自那些感到會因變革而受到傷害的教師。他們的害怕可能來自於受到威脅，被認為在工作上不適任。教師有他們固有的工作模式與例行活動，因此要他們放棄那些模式並嘗試新的工作方式，對他們而言一定得有令人信服的理由。教師，特別是經驗老到而資深者，可能會認為所提出的變革都很糟糕。尊重他們的觀點與工作，在決策過程中讓他們參與，可以減低變革的阻力（Rusch & Perry, 1999）。

414　　理念、價值觀、傳統與信念是我們的非器物文化（nonmaterial culture）的基礎，也是包含於非器物文化內之制度的基礎。雖然器物文化正快速的變遷，但非器物文化的變遷則瞠乎其後，有時則抗拒變革。科學家發展出衛星電視，咸信其能藉由將教育傳送到家中或天涯海角的任一處基地台，而解決全世界的讀寫能力及基本技能的問題。但與發明的過程比較，要使系統同意此萬靈丹進入教室與社區中並得以落實，顯然複雜得多；理念的變革十分緩慢。

摘要言之，變革的執行必須考慮幾項因素：

1.必須嚴謹的評估組織需求。

2.所提議的變革必須適切於該組織。

3.必須考慮環境的因素。

4.必須兼顧組織結構與個人態度。

5.變革必須導向可以操縱的因素。

6.變革必須具有政治上與經濟上的可行性。

7.變革必須能有效解決所診斷出來的問題。（Baldridge & Deal, 1975, pp. 14-18）

一旦這些因素都列入考慮，變革比較可能獲得成功。

社會學家在教育變革與政策形成中的角色

公民權運動、廢除種族隔離主義之戰、融合與校車運送制度的爭議、肯定行動的議題、少數民族的獎學金的爭議，以及其他當代的重大爭議，社會學家都不曾缺席。社會學家具有很多不同的職位，扮演很多種角色。在最後一節，讓我們考慮社會學家的某些角色，以及有關社會學家適當角色的爭議。

社會學者從事「基礎研究」（basic research）。他們以理論架構概念化學校系統、搜集資料，並分析系統的諸多層面。他們可能會以韋伯的科層體制模式，或馬克斯論者的衝突論為基礎，或其他的許多取向。其研究關切學校教育的許多層面，就如本書所討論者。

基礎研究所提供之教育系統的知識，是他處得不到的。這些知識可資調查委員會的委員、法律系統、學校董事會、行政人員、教師等,進行決定時使用。有些研究是委託案或接受補助案,諸如由社會學家針對教育進行調查資料分析。

415　　　問題研究與統合是教育社會學家的另一重要角色,包括以下的任務:

1.**為特定的目的蒐集資料**:研究者可能會得到特定的問題,例如招生數銳減,乃試圖透過蒐集相關資料,並加以解釋,以釐清問題所在。
2.**研究現有的資料**:社會學家可能會由一或多個來源取得現有的資料,例如民意調查或學校的測驗結果,並且可能會在理論架構下分析並解釋資料,以發現當前的趨勢。

教學是大多數社會學家所實現的角色。許多大學教師擔任教學及指導教授的角色,深知學生的組成及需要正在改變,而他們必須能夠訓練學生能夠因應終身學習並解決複雜的問題(Ewens, 1987)。在此職位上,有關教育系統的知識傳播給未來的社會學家、教育人員及公民。隱含於此角色的是選擇理論觀點,以及教導資訊的內容。

因為近來對績效責任的壓力,評鑑研究日益受到注意;評鑑可以在教育系統中,作為產生並控制創新與改革的一種策略。評鑑的目的在於研討某方案或創新的措施如何達成其目標。實務上,評鑑最常用於幫助決定有關採納、改進或中止某方案。評鑑能表明以下三件事:

1.變革的需要。
2.是否已實施變革。
3.任何特殊變革或革新的結果。(Ballantine, 1992)

過去,評鑑研究常有可以支持或否定教育革新的潛能,因為教育系統已顯示對有害或負面的資訊——以及無益之變革的抗拒。又因為在教育領域中,準確評鑑的重要性已得到肯定,加之許多提供經費的機構對績效責任的要求,所以未來評鑑研究可能會更為興盛,甚至可能成為未來變革的一項策略。

　　政策的形成與倡導是社會學家最受爭議的角色。爭議點在於，是否社會學家應該參與他們研究訓練之外的領域，亦即進入「不客觀」的領域中。這項爭議在 1950 年代最火熱，當時米爾斯（C. Wright Mills, 1959）倡導社會學家應扮演更積極的角色。他主張社會學家若擁有一旦成為政策加以施行便能教許多人受惠的知識時，就不該再保持中立與公平超然的立場。許多社會學家選擇中間立場，俾能對教育與變遷作出有價值的貢獻。

　　教育的動態系統將不斷變革。只有當我們具有研究能力、理解變革的過程、對教育系統有清晰的概念時，我們才能以符合邏輯且一致的態度因應變革。　　　　　　　　　　　　　　　　　　　　　　　　　　　*416*

　　不論你目前已身為或將成為學者、納稅人、學齡兒童的家長、家長委員、學校董事、教育人員，理解構成教育系統的複雜元素都將幫助你有效的因應其問題。

摘要

　　第十四章裡，我們已經分析了無所不在的變革歷程。

1. 變革的動力學

　　變革是動態的過程，也是教育系統概念不可或缺的部分。變革能發生於任何分析層級——個人、組織、社會或文化——如果是重大的變革，也會影響所有的層級。變革過程的產生，係肇因於來自系統內部或外部的壓力或緊張。

　　變革來自系統外部所施壓力，像是人口規模與組成；或影響系統的個人；或物質科技與自然環境；或來自系統內部的緊張。這些緊張可能是來自個人或次級團體的目標衝突，或脫軌的個人或團體，或意識型態與目標間的不一致。

2. 變革的觀點

變革可由許多理論觀點加以審視。結構功能取向視系統處於平衡之中，並傾向回復穩定。重大的變革會威脅此平衡狀態，然而，大多數的變革是漸進的，且系統調整自己以適應之。衝突取向視變革為不可避免的，且常是破壞性的；開放系統取向則視變革是系統的一部分，它可以是破壞性，也能是幫助系統適應變化中的環境要求。

3. 變革的產生

產生變革時最重要的是顧及系統所有的層級。對嘗試執行變革者，某些條件是必要的，包括：理解系統、熟悉產生變革的策略、具備變革過程的經驗。行政人員、教師、學生作為變革的催化者，理想上一個組織應該具備某些特徵能兼容並蓄並在改革上獲得成功。組織的健康度可能會決定變革的成敗與否。

417

如果希望變革過程能夠順利，則重要的參與者必須獲得變革的細節並參與其中。然而，通常在變革能實施之前，必然會遭遇某些障礙。

4. 學校變革的策略

變革策略的範圍，從小型的方案變革到改革策略，以至於全系統的翻修。多數的計畫屬於方案變革的執行，雖然計畫性、可控制的變革十分理想，實際上變革的過程不總是能如此平順的運作。策略強調系統中不同的層級與部分。

對變革的抗拒可能來自系統內任何部分或環境。在計劃變革時，將班級教師納入其中是最重要的，否則變革不可能會成功。

本書的系統觀指陳，要變革執行成功，任何單一層級都是不夠的。本章已列舉幾個組織變革的例子，並討論變革失敗的理由。

5. 社會學家在教育變革與政策形成中的角色

社會學家在教育變革過程中扮演幾項角色：基礎研究者、問題研究者與解釋者、教師、評鑑專家、政策制定者、變革的倡導者。

運用社會學作業

1. 想像自己居於學校系統的任一職位：學生、教師或行政人員。現在，想像學校裡進行一項重大的變革，讓我們舉個例子，假設這個變革是從正規、封閉式教室結構，轉變為開放教室（沒有圍牆的學校）。想像一下，你居於此職位，你正經歷到什麼樣的感受？因著這樣的變革，你的角色是否面臨衝突？為什麼？

2. 調查某個曾在公立學校或大學中執行之變革方案的歷史，找出該方案執行的各個階段。該方案目前的狀態為何？

3. 追蹤某個失敗的或未能執行的計畫或專案的歷史，討論為什麼會發生這種狀況？

4. 設計某個你願見諸實行的專案，你將採取哪些步驟以計劃施行之？

5. 訪談行政人員與教師，談談有關他們引進新理念的技術，以及他們的職位對該理念實行的成功有何影響？

跋文

21世紀初的學校

計畫變革時通常對教育系統及未來趨勢的知識有所假設。人口統計學家提供我們相關的資訊：人口預估、移民型態與社會趨勢。其他社會科學家也研究教育系統。改革與創新的提出來自教育組織之內，也來自其環境——政治、經濟、科技向度，以及全世界及國家趨勢（Tedesco, 1995, p. 1）。在這最後的跋文中，我們將提供某些影響教育之趨勢與預估的例子，及其政策上的意涵。

人口特性的趨勢

1960年代美國及其他許多國家的教育快速發展，並創造了過熱的人氣：師資培育方案擴張、新建大樓、經費充裕、進行創新。隨景氣繁榮之末而來的則是，末日來臨的預言、失業、學校關門，以及財務基礎惡化。

自1960年代，出生率即節節下降，其中也曾短暫回升。1983年入學人數下降至最低點；之後才漸漸逐年增加，直到1990年代中期。高中入學人數的低點在1990年。表1顯示到2009年以前，實際的與預估的入學人數。

表1　依學校層級所有公私立中小學的招生人數（含預估），1984-2009年秋季

年度	總計		
	K-12[a]	小學	中學
1985	44,979	28,330	16,649
1990	46,448	31,145	15,304
1995	50,502	33,894	16,608
2000[b]	53,539	35,438	18,101
2005[b]	54,477	35,075	19,403
2009[b]	54,174	34,844	19,330

[a]：包括大多數的幼稚園與某些托兒所的入學人數。

[b]：預估的數字。

註：歷史數字可能與先前的版本有所不同……。小學與中學所代表的年級各校不盡相同。
　　預估的數字是基於1996年整年度的資料。因爲四捨五入，所以明細相加可能不等於
　　總數。

資料來源：U.S. Department of Education, National Center for Education Statistics, *Statistics of Public Elementary and Secondary Schools*; Common Core of Data surveys; *NCES Bulletin*, December 1984; 1985 Private School Survey; "Key Statistics for Private Elementary and Secondary Education: School Year 1988-89," *Early Estimates*; "Key Statistics for Private Elementary and Secondary Education: School Year 1980-90," *Early Estimates*; "Key Statistics for Private Elementary and Secondary Education: School Year 1990-91," *Early Estimates*; "Public and Private Elementary and Secondary Education Statistics: School Year 1991-92," *Early Estimates*; "Public and Private Elementary and Secondary Education Statistics: School Year 1992-93," *Early Estimates; Private School Universe Survey, 1995-96;* and National Elementary and Secondary Enrollment Model.

家庭、經濟與社會趨勢

　　學齡人口的社會階級組成正在發生改變，因爲少數民族團體教育成就低落的比例很高，且是美國目前成長最快的人口。他們的兒童處在貧困中的比例也是最高的（見圖1）（Levine & Levine, 1996, p. 28）（錦囊1列舉了使許多學生受教與學習困難的因素）。

　　西裔人口是美國成長最快速的族群團體（National Center for Education

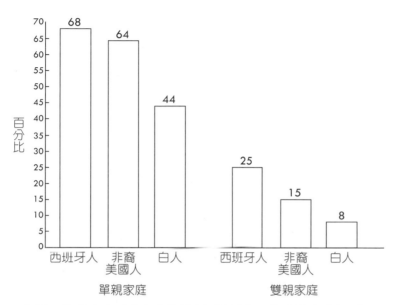

圖1　18歲以下的兒童處於貧困中的比例（依種族／族群與家庭類型，1990年）

資料來源：U.S. Bureau of the Census; reprinted in Levine, Daniel U., Rayna F. Levine, *Society and Education*, 9th ed. (Boston: Allyn and Bacon, 1996), p. 28.

Statistics, 1999），其中超過三分之一者就讀的學校是少數民族占90%到100%的學校，他們的中輟率是其他群體的兩倍。這些數字指出，學校將必須教導愈來愈多來自貧窮背景與家庭非以英語為母語的兒童。

　　部分少數民族人口成長來自亞洲難民、移民者及非法居留外國人；這正對某些州（如加州）產生重大的影響，在那裡英語作為第二語言，是課程中很重要的部分。由於來自都市區域貧窮家庭的兒童比例漸高，城市的稅基正在流失，也造成了更多的財政問題。除了階級與種族組成之外，家庭結構也正在改變；許多兒童在他們滿18歲之前，將住在單親的家庭裡（見圖1）。愈來愈多學齡兒童的母親上班工作，兒童放學後的照顧需求由之而生。

　　因著中輟率及缺乏管道或經費受教育，許多貧困兒童成就低落。社會中，服務業及高科技產業的工作與日俱增，但因為所需要的技能隨著新科

421

◆◆◆ 錦囊 1 　阻礙學生成功的因素 ◆◆◆

◆將近 1,300 萬名兒童處於貧困中，比十年前多出 200 萬名。

◆每六位兒童中至少有一位沒有任何的醫療健康保障。

◆僅有一半多一點的學齡前兒童接受全面的預防注射。

◆任何一個晚上至少都有 10 萬名兒童無家可歸。

◆每年都有超過 100 萬名青少年在逃家者的行列中。

◆1985 至 1990 年，白人、非裔美國人、西裔高中生畢業人數百分比下降。

◆高中中輟生被捕入獄的機率比高中畢業生高出 3 倍〔美國教育部前部長
　瑞里（Riley, 1995）聲稱監獄服刑者有 82%為高中的中輟生〕。中輟生成
　為未婚父母的機率高出 6 倍。

◆每年約有 100 萬名少女未婚懷孕。自 1986 到 1991 年，單身青少年生的小
　孩人數增加了 16%。

◆從 1960 到 1988 年，青少年因暴力犯罪被捕者增加了 300%。

◆每天有 135,000 名美國學生會攜帶槍枝到學校。

◆酒醉駕車仍為青少年的頭號殺手。

◆自殺為青少年第二大死因，人數與 1960 年代相比增加近 3 倍。

◆15 至 19 歲的少數民族青少年的第一大死因為被殺，白人青少年被殺死亡
　的人數也正在增加中。

◆虐待兒童的案件自 1968 到 1991 年增加了 48%。

◆美國成人中有 50%為「功能性文盲」。

資料來源：Stallings, Jane A.,"Ensuring Teaching and Learning in the 21st Century," *Educational Researcher*, Vol. 24, No. 6, August-September, 1995, p. 4.

技的發展，常有變化，因此從業人員的再教育是必需的。未能完成高中學
業者缺乏足夠的職業技能，接受新工作的訓練時亦有困難。

　　當我們的社會邁入後工業化資訊時代，知識的創新與處理已成為最具
價值的商品。健康、教育，以及其他領域的服務業工作快速增加，而漁業、
林業、農業與製造業等基本產業則正在消退，因為白領的工作勝過藍領的

工作（Judis, 1994）。這些新興的產業將需要資訊處理的技巧，特別是操作電腦的能力與相關的技術。如此一來，在那些要求高教育水準的領域中工作機會增加；高中的中輟生與未受良好教育的公民，則愈來愈沒有競爭力，其中有些將遠遠地被拋在後端。

422

新世紀的學校

　　預測總是有些困難；科技以如此快的速度在變化，所以明天會如何有許多的變數。然而，許多未來學家已藉由運用社會經濟條件的知識、對新科技的預期、超過30個委員會及專案小組的報告、人口統計學的知識，以及其他來源的資訊，嘗試勾勒出明日學校的場景。《未來學校：21世紀教育》（*Schools of the Future: Education into the 21st Century*）（Cetron et al., 1985）提出以下的概念：每週工作時數縮短、學校上課週數變長、更早開始接受教育、更多教育機會、全體勞動力的再教育，藉以因應快速變遷的勞動世界；一學年至少增加到210天；更多運用新科技的在家教育、工商業界與學校密切聯繫、教師薪水提升、電腦軟體取代某些教科書、學生被安排到業界中接受工作訓練。

　　未來學家預測科技將在教育歷程中扮演日益重要的角色，包括教室內的學習以及教室外的資訊檢索。教師更可能與學生維持密切關係，藉以增加教育裡人與人的接觸；更多班級時間將用於團體討論；田野參觀將更頻繁；展覽、調查研究、動手實作的實驗益形增加；教育將變得更為個別化。終身學習將成為成人尋常經驗的一部分，且將發生在許多情境中。學校結構也可能改變，包括學校規模變小；尤其當教育券系統立法實施之後，將使私立學校增加；課後及夜間輔導計畫的時數加長。

　　這些計畫多數聽起來頗為合理，但我們必須將幾項因素銘記在心；第一，錢。大多數學校改革的建議需要經費，值此許多行政區努力爭取經費讓他們所有的計畫及教師得以維繫而不刪減之際，經費短絀是個大問題。到目前為止，由紀錄來看，通過提高教育捐以支應改革所需的額外金錢，機會相當渺茫。

此外，美國社會中的某些團體可能無分於此新教育與經濟的情勢。今日的知識與技能存在的落差很可能會擴大團體間的社經差距，並使社會底層階級更為突兀。

教育系統的改革與政策

423

我們對今日教育面臨之議題的討論，貫串本書。在有些案例中，像是廢除種族隔離，以及早期幼兒教育，這些已有各種政策的形成與各種方案的執行，以解決這些問題。在其他現存的以及新興的領域中，例如教育的世界體系，其中的問題正開始受到注意。社會學家在研究、政策訂定、變革過程等階段中扮演其中一個角色。每個組織需要建立持續性的資料蒐集機制。社會學家能幫助發展蒐集與分析資料的程序，可能會需要蒐集特定的資料，因此方法學的技術以及資料蒐集甚為重要。方案執行通常也需要評鑑，以決定是否達到目標，而社會學家常被邀請參與這些方案的評鑑。社會學家藉由研究系統如何運作、其內各部分如何配合，所提供的資料對我們理解教育系統有幫助。將教育視為一個整體系統，幫助吾人看見教育這個動態組織。

我們已經檢視組織內部與外部張力、緊繃與變革的來源，這些是組織變革的動能；然而，許多改革者對能否切實改變這個「自存且彈性」的教育系統並不樂觀。我們所討論內容的意涵為：教育系統雖容易受到系統內部及外來環境壓力的傷害，但如果執行變革的人，能周全的考慮整個教育系統及其成員的脈絡，則改革將是可能的，因為永遠有我們無法預期之結果的可能性。那麼，要產生改革，對於個人、組織及環境的理解是極其重要的。

❑ 國家教育目標

2000 年教育目標（Goals for the year 2000）係代表著美國總統布希與柯

林頓及各州州長的教育施政。教育的六項國家目標（見錦囊2），其企圖在引導教育系統擺脫泥淖，每十個學生就有一個未能完成高中學業，50%的學生在校感到不安全，此外也存在著許多其他的問題。蓋洛普民意調查要受訪的民眾評估每一目標的重要性，結果民眾認為最優先的是掃蕩校園裡的藥物濫用與暴力，並提供學生在校一個紀律嚴明的環境（Rose & Gallup, 1999）。這些目標是否能實現見仁見智，但大多數的教育人員並未感受到當前的政策能夠扭轉系統以獲得重大的進展；事實上，有些人甚至預測教育統計的結果只會每況愈下（"How're We Doing," 1991）。

424

我們已學到的功課

學校無法解決社會問題，其理甚明。雖然一度人們對均等的教育機會曾懷抱希望，認為其可以減少社會不公平，但我們現在對學校教育的限制，

◆◆◆ 錦囊2 2000年國家教育目標 ◆◆◆

◆所有兒童入學時都已準備好學習。

◆高中生的畢業率至少達到90%以上。

◆美國學生在四、八、十二年級肄業後，將能在學科教材上展示能力，包括英語、數學、科學、歷史與地理；並且每一所學校都要確定所有學生學會運用他們的心智，使學生能在現代經濟之中，預備好成為負責任的公民、未來繼續學習、從事有生產力的工作職業。

◆美國學生在科學與數學成就上將成為世界翹楚。

◆每一位美國成人都要具有讀寫能力，並能持有全球化經濟競爭以及行使權利及善盡公民責任所必備的知識與技能。

◆每一所美國學校都不再有藥物濫用及暴力，並提供有助學習的紀律環境。

資料來源：National Education Goals Panel, "The National Education Goals Report: Building the Best" (Washington, D.C. : NEGP Communications, 1993), p. 3.

已有更實際的體認。雖然學校教育可以增進某些個體的社會地位與在社會制度中的機會，但學校也有可能透過其結構、期望及其他措施使不公平的現象永存。

我們已學到有關學校結構、個人所表現的角色，以及某些結構內的功能失調。例如我們知道，科層體制的結構常與專業人員發生衝突，而教育系統裡的決策在科層體制下益形複雜。

我們已學到班級與學校氣氛是如何影響學習。我們知道潛在課程在學生與教師的經驗中扮演關鍵的角色，來自學生背景及其他因素的價值氣候對學生成就很重要，班級內師生互動的型態及權力關係也影響成就。

我們已學到環境既能促成也能阻礙教育系統所致力投入的活動與決策，有關學校資源與決策控制的問題皆與環境控制有關。家庭環境是學校成功的關鍵因素，因為兒童在家庭裡學習的語言模式及行為律則會影響他們在校的成功。此外，社區承諾與支持的型態及程度，對學校功能的運作也很重要。

我們學到了世界各國的教育系統大不相同，也已討論某些與這些差異有關的變項，包括迫使國家自立或依賴狀態的經濟與政治系統，以及被殖民的歷史。

我們學到了各種來來去去的教育運動，有些新理念受到青睞廣為接受，並統整到結構之中，而其他理念則因為缺乏認同者或難以執行而被捨棄。這是以自由學校及另類學校運動為例曾加以說明的。教育系統正不斷的回應環境中的變革。若條件適當，則變革能被計畫與執行；熟悉系統及其環境意謂能達成有計畫的變革。

參考文獻

ACHILLES, C. M., PATRICK HARMAN, and PAULA EGELSON "Using Research Results on Class Size to Improve Pupil Achievement Outcomes," *Research in the Schools*, Vol. 2, No. 2, Fall 1995, pp. 25–30.

ACOSTA-BELEN, EDNA "From Structural Subordination to Empowerment: Women and Development in Third World Contexts," *Gender and Soceity*, Vol. 4, No. 3, September 1990, pp. 199–320.

ADAMS, FRANK G. "Guiding Institutional Change," *ATEA Journal*, Vol. 25, No. 1, October-November 1997, pp. 12–14.

ADAMS, MIKE S., and T. DAVID EVANS "Teacher Disapproval, Delinquent Peers, and Self Reported Delinquency: A Longitudinal Test of Labeling Theory," *Urban Review*, Vol. 28, No. 3, September 1996, pp. 199–211.

ADLER, PATRICIA A., and PETER ADLER *Backboards and Blackboards: College Athletes and Role Engulfment* (New York: Columbia University Press, 1991).

ADLER, PATRICIA A., STEVEN J. KLESS, and PETER ADLER "Socialization to Gender Roles: Popularity Among Elementary School Boys and Girls," *Sociology of Education*, Vol. 65, No. 3, July 1992, pp. 169–87.

AGUIRRE, ADALBERTO, JR. , and JONATHAN H. TURNER. *American Ethnicity: The Dynamics and Consequences of Discrimination, 3rd* ed. Boston: McGraw-Hill, 2001.

AKINNASO, F. NIYI "On the Mother Tongue Education Policy in Nigeria," *Educational Review*, Vol. 43, No. 1, 1991, p. 89.

ALEXANDER, KARL L. "Public Schools and the Public Good," *Social Forces*, Vol. 76, No. 1, September 1997, pp. 1–30.

ALEXANDER, KARL L., GARY NATRIELLO, and AARON M. PALLAS "For Whom the School Bell Tolls: The Impact of Dropping Out on Cognitive Performance," *American Sociology Review*, Vol. 50, June 1985, pp. 409–20.

ALEXANDER, KARL L., and A. M. PALLAS "Private Schools and Public Policy: New Evidence on Cognitive Achievement in Public and Private Schools," *Sociology of Education*, Vol. 56, 1983, pp. 170–82.

ALEXANDER, KARL L., and A. M. PALLAS "In Defense of 'Private Schools and Public Policy': Reply to Kilgore," *Sociology of Education*, January 1984, pp. 56–58.

ALEXANDER, KARL L., and A. M. PALLAS "School Sector and Cognitive Performance: When Is a Little a Little?" *Sociology of Education*, Vol. 58, April 1985, pp. 115–28.

ALTBACH, PHILIP G. "Trends in Comparative Education," *Comparative Education Review*, Vol. 35, No. 3, August 1991, pp. 491–507.

ALTBACH, PHILIP G., and TODD M. DAVIS "Global Challenge and National Response: Notes for an International Dialogue on Higher Education," *CIES Newsletter* (New York: Institute of International Education. January 1999), No. 120, P. 1+.

ALTBACH, PHILIP G., and GAIL P. KELLY (eds.) *New Approaches to Comparative Education* (Chicago: University of Chicago Press, 1986).

"Alternatives, Yes; Lower Standards, No: Minimum Standards for Alternative Teacher Certification Programs" (Reston, Va.: Association of Teacher Educators, 1989).

America 2000: An Education Strategy (Washington, D.C.: U.S. Department of Education, 1991).

American Association of University of Women "Gender Gaps: Where Schools Still Fail Our Children" 1998.) www.aauw.org/2000/ggbod.html

American Association of University Women "Hostile Hallways: The AAUW Survey on Sexual Harassment in America's Schools (1993)" www.aauw.org/2000/hhbod.html, 2000.

American Freshman: National Norms for 1986 (Los Angeles: Higher Education Research Institute, UCLA, 1986).

The American Freshman: National Norms for Fall 1994 (Los Angeles: Higher Education Research Institute, UCLA, January 1995).

American Library Association. "The Most Frequently Challenged Books of 1999." Copyright 2000. Available: http://www.ala.org/bbooks/challeng.html#mfcb (Access Date: March 1, 2000.)

"The American Research University," *Daedalus*, Fall 1993.

American School Counselor Association "Role Statement." Approved June 1999.

AMES, NANCY L., and EDWARD MILLER *Changing Middle Schools: How to Make Schools Work for Young Adolescents* (San Francisco: Jossey-Bass, 1994).

ANDERSON, RICHARD C., ET AL. *Becoming a Nation of Readers: The Report of the Commission on Reading* (Washington, D.C.: National Institute of Education, National Academy of Education, 1985).

ANDERSON, RONALD D. "Curriculum Reform: Dilemmas and Promise," *Phi Delta Kappan*, September 1995, pp. 33–36.

ANDREWS, RICHARD L., and MARGARET R. BASOM "Instructional Leadership: Are Women Principals Better?" *Principal*, Vol. 70, No. 2, November 1990, p. 38.

ANYON, JEAN "Social Class and the Hidden Curriculum of Work," *Journal of Education*, Vol. 162, 1980, pp. 67–92.

ANYON, JEAN "Social Class and School Knowledge," *Curriculum Inquiry*, Vol. 11, 1981, pp. 3–42.

APPLE, MICHAEL W. "Analyzing Determinations: Understanding and Evaluating the Production of Social Outcomes in Schools," *Curriculum Inquiry*, Vol. 10, 1980, pp. 55–76.

APPLE, MICHAEL W. *Teachers and Texts* (New York: Routledge, 1988).

APPLE, MICHAEL W. *Official Knowledge* (New York: Routledge, 1993), p. 215.

APPLE, MICHAEL W. "The Politics of Official Knowledge: Does a National Curriculum Make Sense?" *Teachers College Record*, Vol. 95, No. 2, Winter 1993, pp. 222–41.

APPLE, MICHAEL W. "Power, Meaning and Identify: Critical Sociology of Education in the United States," *British Journal of Sociology of Education* Vol. 17, No. 2, June 1996, pp. 125–44.

APPLE, MICHAEL W. "Justifying the Conservative Restoration: Morals, Genes, and Educational Policy," *Educational Policy*, Vol. 11, No. 2, June 1997, pp. 167–82.

APPLE, MICHAEL W., and LOIS WEIS "Seeing Education Relationally: The Stratification of Culture and People in the Sociology of School Knowledge," *Journal of Education*, Vol. 168, No. 1, 1986.

ARCHER, MARGARET *The Social Origins of Educational Systems* (London: Sage, 1979).

ARCHER, MARGARET "Cross-National Research and the Analysis of Educational Systems," paper presented at American Sociological Association meetings, Chicago, August 1987.

"An Architectural Revolution Is Going on Inside Schools," *The American School Board Journal*, August 1990, p. 9.

參考文獻

ARNOLD, ANITA C. "Designing Classrooms with Students in Mind," *English Journal*, Vol. 82, No. 2, February 1993, pp. 81–83.

ARNOVE, ROBERT F. "Comparative Education and World-Systems Analysis," *Comparative Education Review*, Vol. 24, 1980, p. 49.

ARONSON, RONALD "Is Busing the Real Issue?" *Dissent*, Vol. 25, 1978, p. 409.

ASTIN, ALEXANDER W. *What Matters in College?: Four Critical Years Revisited* (San Francisco: Jossey-Bass, 1993).

ASTONE, NAN MARIE, and SARA S. MCLANAHAN "Family Structure, Parental Practices and High School Completion," *American Sociological Review*, Vol. 56, No. 3, June 1991, pp. 318–19.

AYRES, ROBERT, ERIC COOLEY, and CORY DUNN "Self-Concept, Attribution, and Persistence in Learning-Disabled Students," *The Journal of School Psychology*, Vol. 28, No. 2, Summer 1990, pp. 153–62.

BABAD, ELISHA, FRANK BERNIERI, and ROBERT ROSENTHAL "Students as Judges of Teachers' Verbal and Nonverbal Behavior," *American Educational Research Journal*, Vol. 28, No. 1, Spring 1991, pp. 211–34.

BAKER, DAVID P., and DEBORAH PERKINS JONES "Creating Gender Equity: Cross-National Gender Stratification and Mathematical Performance," *Sociology of Education*, Vol. 66, No. 2, April 1993, pp. 91–103.

BAKER, DAVID P., and DAVID L. STEVENSON "Mothers' Strategies for Children's School Achievement: Managing the Transition to High School," *Sociology of Education*, Vol. 59, July 1986, pp. 156–66.

BAKER, DAVID P., and DAVID L. STEVENSON "Parents' Management of Adolescents' Schooling: An International Comparison," Chapter 20 in Klaus Hurrelmann and Uwe Engel (eds.), *The Social World of Adolescents* (New York: Walter de Gruyter, 1989), p. 348.

BAKER, DAVID P., and DAVID L. STEVENSON "Institutional Context of an Adolescent Transition: Going from High School to College in the United States and Japan," *Journal of Adolescent Research*, Vol. 5, No. 2, April 1990, pp. 242–53.

"Balancing the Tensions of Change: Eight Keys to Collaborative Educational Renewal." ERIC: ED424590, 1998.

BALDRIDGE, J. VICTOR, and TERRENCE E. DEAL (eds.) *Managing Change in Educational Organizations* (Berkeley: McCutchan, 1975).

BALLANTINE, JEANNE H. "The Role of Teaching Around the World," *Teaching Sociology*, Vol. 17, No. 3, July 1989, pp. 291–96.

BALLANTINE, JEANNE H. "Market Needs and Program Products; The Articulation Between Undergraduate Applied Programs and the Marketplace," *Journal of Applied Sociology*, Fall 1992.

BAMBURG, JERRY "Raising Expectations to Improve Student Learning," North Central Regional Educational Laboratory Monograph, 1994.

BANKS, JAMES A. "Multicultural Education in the New Century," *School Administrator*, Vol. 56, No. 6, May 1999, pp. 8–10.

BARR, REBECCA, and ROBERT DREEBEN *How Schools Work* (Chicago: University of Chicago Press, 1983).

BARTON, PAUL E., and RICHARD J. COLEY "America's Smallest School: The Family," Policy Information Report (Princeton, N.J.: Educational Testing Service, 1992).

BAUER, SCOTT C. "Designing Sote-Based Systems, Deriving a Theory of Practice," *International Journal of Education Reform* Vol. 7, No. 2, April 1998, pp. 108–21.

BAUMAN, KARL E., and SUSAN T. ENNETT "Peer Influence on Adolescent Drug Use," *American Psychologist*, Vol. 49, No. 9, September 1994, pp. 820–22.

BECK, E. M., and GLENNA COLCLOUGH "Schooling and Capitalism: The Effect of Urban Economic Structure on the Value of Education," in George Farkas and Paula England (eds.), *Industries, Firms and Jobs: Sociological and Economic Approaches* (New York: Plenum Press, 1987).

BECKER, GARY S. *Human Capital: A Theoretical and Empirical Analysis with Special Reference to Education*, 3rd ed. (Chicago: University of Chicago Press, 1993).

BECKER, HOWARD S. "The Career of the Chicago Public Schoolteacher," *American Journal of Sociology*, Vol. 57, 1952, pp. 470–77.

BECKER, HOWARD S. "The Teacher in the Authority System of the Public Schools," *Journal of Educational Sociology*, Vol. 27, 1973, pp. 128–41.

BEGLEY, SHARON "Your Child's Brain," *Newsweek*, Feb. 19, 1996, p. 55.

BELL, TERREL *A Nation at Risk*, National Commission on Excellence in Education, April 1983 report, p. 5.

BELLAS, MARCIA L. "Faculty Salaries: Still a Cost of Being Female?" *Social Science Quarterly*, Vol. 74, No. 1, March 1993, pp. 62–75.

BELLISARI, ANNA "Male Superiority in Mathematical Aptitude: An Artifact," *Human Organization*, Vol. 48, No. 3, Fall 1989, pp. 273–79.

BELLISARI, ANNA "Cultural Influences on the Science Career Choices of Women," *Ohio Journal of Science*, Vol. 91, No. 3, 1991, pp. 129–33.

BEN-DAVID, JOSEPH *American Higher Education* (New York: McGraw-Hill, 1972).

BENAVOT, AARON "Education and Economic Growth in the Modern World System, 1913–1985," paper presented at American Sociological Association meetings, Chicago, 1987.

BENAVOT, AARON "Curricular Content, Educational Expansion, and Economic Growth," *Comparative Education Review*, Vol. 36, No. 2, May 1992.

BENAVOT, AARON "Educational and Political Democratization: Cross-National and Longitudinal Findings," *Comparative Education Review*, Vol. 40, No. 4, November 1996, pp. 377–403.

BENAVOT, AARON "Institutional Approach to the Study of the Education," in Lawrence J. Saha, (ed.), *International Encyclopedia of the Sociology of Education*. (Oxford, England: Elsevier Science Ltd., 1997), pp. 340–45.

BENAVOT, AARON, DAVID KAMENS, SUK-YING WONG, YUN-KYUNG CHA, and JOHN MEYER, "World Culture and the Curricular Content of National Educational Systems, 1920–1985," paper presented at American Sociological Association meetings, Atlanta, August 1988.

BENAVOT, AARON, ET AL. "Knowledge for the Masses: World Models and National Curricula: 1920–1986," *American Sociological Review*, Vol. 56, No. 1, February 1991, pp. 85–100.

BENBOW, CAMILLA PERSSON, and LOLA L. MINOR "Mathematically Talented Males and Females and Achievement in the High School Sciences," *American Educational Research Journal*, Vol. 23, No. 3, 1986, pp. 425–36.

BENBOW, CAMILLA PERSSON, and JULIAN C. STANLEY "Sex Differences in Mathematical Reasoning Ability: More Facts," *Science*, December 2, 1983, pp. 1029–31.

BENHAM, BARBARA J., PHIL GIESEN, and JEANNIE OAKES "A Study of Schooling: Students' Experiences in Schools," *Phi Delta Kappan*, Vol. 61, January 1980, p. 339.

BENNETT DEMARRAIS, KATHLEEN, and MARGARET D. LECOMPTE *The Way Schools Work: A Sociological Analysis of Education*, 2nd ed. (White Plains, N.Y.: Longman, 1995).

BENNIS, WARREN G., KENNETH D. BENNE, and ROBERT CHIN (eds.) *The Planning of Change*, 4th ed. (New York: Holt, Rinehart and Winston, 1985).

BERGAN, JOHN R., ET AL. "Effects of a Measurement and Planning System on Kindergartners' Cognitive Development and Educational Programming," *American Educational Research Journal*, Vol. 28, No. 3, Fall 1991, pp. 683–714.

"Berkeley Student Revolt," ed. S. M. LIPSET and S. S. WOLIN, Review. *Newsweek*, 66:51, Sept. 6, 1965.

BERMAN, EDWARD H. "The Foundation's Role in American Foreign Policy," in Robert Arnove (ed.), *Philanthropy and Cultural Imperialism: The Foundations at Home and Abroad* (Boston: G. K. Hall, 1980).

BERMAN, PAUL, ET AL. "The State of Charter Schools: National Study of Charter Schools. Third Year Report" (Washington, D.C.: National Institute on Student Achievement, Curriculum and Assessment, June 1999).

BERNARD, HAROLD W., and DANIEL W. FULLMER *Principles of Guidance*, 2nd ed. (New York: Thomas Y. Crowell, 1977).

BERNDT, THOMAS J., JAQUELINE A. HAWKINGS, and ZIYL JIAO "Influences of Friends and Friendships on Adjustment to Junior High School," *Merrill-Palmer Quarterly*, Vol. 45, No. 1, January 1999, pp. 13–41.

BERNHARDT, GREGORY, and JEANNE BALLANTINE "General Education and the Education of Educators," *Record in Educational Leadership*, Vol. 14, No. 2, Spring/Summer 1994.

BERNSTEIN, BASIL "Social Class and Linguistic Development: A Theory of Social Learning," in A. H. Halsey, J. Floud, and C. A. Anderson, *Education, Economy and Society* (New York: Free Press, 1961), pp. 288–314.

BERNSTEIN, BASIL "Social Structure, Language, and Learning." *Educational Research*, Vol. 3, 1961, pp. 163–76.

BERNSTEIN, BASIL "Sociology and the Sociology of Education: A Brief Account," in John Rex (ed.), *Approaches to Sociology* (London: Routledge, 1974), pp. 145–59.

BERNSTEIN, BASIL *Class, Codes and Control*, Vol. 3 (London: Routledge, 1975).

BERNSTEIN, BASIL "Codes, Modalities and the Process of Cultural Reproduction: A Model," *Language and Society*, December 1981.

BERNSTEIN, BASIL *Class, Codes and Control: Vol. 4. The Structuring of Pedogogic Discourse.* London: Routledge, 1990).

BERNSTEIN, BASIL *Pegogogy, Symbolic Control and Identity: Theory, Research, Critique* (London: Taylor and Francis, 1996).

BERNSTEIN, RICHARD J. *The New Constellation* (Cambridge: MIT Press, 1993.)

BIAGI, SHIRLEY *Media/Impact: An Introduction to Mass Media*, 3rd ed. (Belmont, Calif.: Wadsworth, 1998).

BIDWELL, CHARLES E. "The Sociology of the School and Classroom," paper presented at American Sociological Association meetings, Boston, August 1979.

BINDER, FREDERICK M. *The Age of the Common School, 1830–1865* (New York: Wiley, 1974), pp. 94–95.

BJORKLUN, EUGENE C. "School Book Censorship and the First Amendment," *The Educational Forum*, Vol. 55, No. 1, Fall 1990, pp. 37–38.

BLACK, SUSAN "Less Is More," *American School Board Journal*, Vol. 186, No. 2, February 1999, pp. 38–41.

BLAIR, SAMPSON LEE, and ZHENCHAO QIAN "Family and Asian Students' Educational Performance: A Consideration of Diversity," *Journal of Family Issues*, Vol. 19, No. 4, July 1998, pp. 355–74.

BLAKE, JUDITH "Sibship Size and Educational Stratification: Reply to Mare and Chen," *American Sociological Review*, Vol. 51, 1986, p. 416.

BLAKE, JUDITH "Number of Siblings and Personality," *Family Planning Perspectives*, Vol. 23, No. 6, November 1991, pp. 272–74.

BLALOCK, GINGER "Paraprofessionals: Critical Team Members in Our Special Education Programs," *Intervention in School and Clinic,* Vol. 26, No. 4, March 1991, pp. 200–14.

BLANCHARD, JOHN F., JR. "Can We Live with Public Education," *Moody Monthly,* October 1971, p. 88.

BLANK, R. K., and ARCHIBALD, D. A. "Magnet Schools and Issues of Educational Quality," *The Clearinghouse,* Vol. 82, No. 2, 1992, pp. 81–86.

BLOOM, BENJAMIN S. *All Our Children Learning* (New York: McGraw-Hill, 1981).

BLOOM, BENJAMIN S. *Human Characteristics and School Learning* (New York: McGraw-Hill, 1976).

BLUM, DEBRA E. "Environment Still Hostile to Women in Academe, New Evidence Indicates," *The Chronicle of Higher Education,* October 9, 1991, p. A1.

BLUM, DEBRA E. "Athletes' Graduation Rates," *The Chronicle of Higher Education,* July 7, 1995, p. 34.

BOE, ERLING E., SHARON A. BOBBITT, LYNNE H. COOK, GEMA BARKANIC, and GREG MAISLIN. "Teacher Turnover in Eight Cognate Areas: National Trends and Predictors" (Washington, D.C.: Department of Education, October 5, 1998).

BONETARI, D. "The Effects of Teachers' Expectations on Mexican-American Students," paper presented at the annual meeting of the American Psychological Association, New Orleans, April 1994.

BORMAN, KATHRYN M., PETER W. COOKSON JR., ALAN R. SADOVNIK, and JOAN Z. SPADE *Implementing Educational Reform: Sociological Perspectives on Educational Policy* (Norwood, NJ: Ablex Publishing Corp., 1996).

BOURDIEU, PIERRE "Cultural Reproduction and Social Reproduction," in J. Karabel and A. H. Halsey (eds.), *Power and Ideology in Education* (New York: Oxford University Press, 1977), pp. 487–511.

BOURDIEU, P., and J. C. PASSERON *Reproduction in Education, Society and Culture* (London: Sage, 1977).

BOWDITCH, CHRISTINE "Getting Rid of Troublemakers: High School Disciplinary Procedures and the Production of Dropouts," *Social Problems,* Vol. 40, November 1993, pp. 493–509.

BOWEN, WILLIAM G., and DEREK BOK *The Shape of the River: Long-term Consequences of Considering Race in College and University Admissions* (Princeton, N.J.: Princeton University Press, 1998).

BOWLES, SAMUEL "Unequal Education and the Reproduction of the Social Division of Labor," in Jerome Karabel and A. H. Halsey (eds.), *Power and Ideology in Education* (New York: Oxford University Press, 1977), p. 137.

BOWLES, SAMUEL, and HERBERT GINTIS *Schooling in Capitalist America: Education and the Contradictions of Economic Life* (New York: Basic Books, 1976).

BOYER, ERNEST L. *College: The Undergraduate Experience in America* (New York: Harper & Row, 1987).

BRACEY, GERALD W. "Test Scores of Nations and States," *Phi Delta Kappan,* Vol. 80, No. 3, November 1998.

BRAMELD, THEODORE "Social Frontiers: Retrospective and Prospective," *Phi Delta Kappan,* October 1977, pp. 118–20.

BRAY, MARK, and R. MURRAY THOMAS "Levels of Comparison in Educational Studies: Different Insights from Different Literatures, and the Value of Multilevel Analyses," *Harvard Educational Review,* Vol. 65, No. 3, 1995, pp. 479–90.

BRIDGEMAN, BRENT, and CATHY WENDLER "Gender Differences in Predictors of College Mathematics Performance and in College Mathematics Course Grades," *Journal of Educational Psychology,* Vol. 83, No. 2, June 1991, p. 283.

BRINKLEY, ELLEN HENSON *Caught Off Guard: Teachers Rethinking Censorship and Controversy* (Boston: Allyn & Bacon, 1999).

BRINT, STEVEN, and JEROME KARABEL *The Diverted Dream: Community Colleges and the Promise of Educational Opportunity in America, 1900–1985* (New York: Oxford University Press, 1989).

"A British Administrator Looks at British Schools" (interview with John Coe by Vincent Rogers), *Phi Delta Kappan*, September 1979, p. 61.

BROADED, C. MONTGOMERY "China's Response to the Brain Drain," *Comparative Education Review*, Vol. 37, No. 3, August 1993, pp. 277–303.

BROOKOVER, WILBUR B., and EDSEL L. ERICKSON *Sociology of Education* (Homewood, Ill.: Dorsey Press, 1975).

BROOKOVER, WILBUR B., FRITZ J. ERICKSON, and ALAN W. MCEVOY *Creating Effective Schools: An In-Service Program for Enhancing School Learning Climate and Achievement* (Holmes Beach, Fla.: Learning Publications, 1996).

BROPHY, JERE "Interactions of Male and Female Students with Male and Female Teachers," in *Gender Influences, Classroom Interactions* (Madison: University of Wisconsin, 1985).

BROPHY, JERE E., and THOMAS L. GOOD *Teacher-Student Relationships: Causes and Consequences* (New York: Holt, Rinehart and Winston, 1974).

BROWN, B. BRADFORD, ET AL. "Parenting Practices and Peer Group Affiliation in Adolescence," *Child Development*, Vol. 64, No. 2, April 1993, pp. 467–82.

BROWN, FRANK, and CHARLES J. RUSSO "Single-Sex Schools and the Law," *School Business Affairs*, Vol. 65, No. 5, May 1999, pp. 26–31.

BROWN, TONY "Challenging Globalization as Disclosure and Phenomenon," *International Journal of Lifelong Education*, Vol. 18, No. 1, January-February 1999, pp. 3–17.

BURD, STEPHEN "Who Has the 'Ability to Benefit'?" *The Chronicle of Higher Education*, January 12, 1996, p. A25.

BURNETT, GARY "Alternatives to Ability Grouping: Still Unanswered Questions." New York: ERIC Clearinghouse on Urban Education, December 1995. ED390947, Digest Number 111.

BURNETT, GARY, and GARRY WALZ "Gangs in the Schools" (Washington, D.C.: Office of Educational Research and Improvement, July 1994).

BUSIA, K. A. *Purposeful Education for Africa* (London: Moutin, 1964).

BYRNE, JOHN J. "Teacher as Hunger Artist: Burnout: Its Causes, Effects, and Remedies," *Contemporary Education*, Vol. 69, No. 2, Winter 1998, pp. 86–91.

CAGE, MARY CRYSTAL "Learning to Teach," *The Chronicle of Higher Education*, February 9, 1996, p. A19.

"California Student Sues School: Poor Reader Fault of System," *Library Journal*, Vol. 98, 1973.

"California and Texas Enter Textbook Deal," *The American School Board Journal*, August 1991, p. 11.

CANADA, KATHERINE, and RICHARD PRINGLE "The Role of Gender in College Classroom Interactions: A Social Context Approach," *Sociology of Education*, Vol. 68, July 1995, pp. 161–86.

CAO, XIAONAN "Debating the 'Brain Drain' in the Context of Globalization," *Compare*, Vol. 26, No. 3, October 1996, pp. 269–85.

CAPLAN, N., M. H. CHOY, and J. K. WHITMORE "Indochinese Refugee Families and Academic Achievement," *Scientific American*, 1993, Vol. 266, No. 2, pp. 36–42.

CARELLI, RICHARD "Divided Supreme Court Hears Arguments on School Prayer," *Texas News*, March 30, 2000.

CARLSON, JERRY S., BARBARA B. BURN, JOHN USEEM, and DAVID YACHIMOWICZ *Study Abroad: The Experience of American Undergraduates* (New York: Greenwood Press, 1990).

Carnegie Commission on Science, Technology, and Government, "In the National Interest: The Federal Government in the Reform of K–12 Math and Science Education," 1991.

The Carnegie Corporation, "Education That Works: An Action Plan for the Education of Minorities," 1990.

Carnegie Task Force on Education of Young Adolescents, *Turning Points: Preparing American Youth for the 21st Century* (Washington, D.C.: Carnegie Council on Adolescent Development, 1989).

CARNOY, MARTIN *Education as Cultural Imperialism* (London: Longman, 1974).

CARNOY, MARTIN "Is Compensatory Education Possible?" in M. Carnoy (ed.), *Schooling in a Corporate Society* (New York: McKay, 1975).

CARNOY, MARTIN "Education for Alternative Development," *Comparative Education Review*, Vol. 26, 1982, pp. 160–77.

CARNOY, MARTIN, and HENRY M. LEVIN "Educational Reform and Class Conflict," *Journal of Education*, Vol. 168, No. 1, 1986, pp. 35–46.

CARNOY, MARTIN, and JOSEPH SAMOFF *Education and Social Transitions in the Third World* (Princeton, N.J.: Princeton University Press, 1990).

CARTER, R. L. "The Unending Struggle for Equal Educational Opportunity," *Teachers College Record*, Vol. 96, No. 4, Summer 1995, pp. 619–26.

Central Advisory Council for Education, *Children and Their Primary Schools* (London: H.M. Stationery Office, 1967).

CERYCH, LADISLAV "EC '92: What Will It Mean for Higher Education?" *Educational Record*, Spring 1990, pp. 38–41.

CETRON, MARVIN J., BARBARA SORIANO, and MARGARET GAYLE *Schools of the Future: Education into the 21st Century* (New York: McGraw-Hill, 1985).

CHADDOCK, GAIL RUSSELL, ET AL. "A Challenge for Public Schools: Educating Minds and Hearts," *The Christian Science Monitor*, May 4, 1999.

"The Challenge of Multicultural Education," *Educational Innovation and Information*, September 1994, p. 2.

CHARLES, C. M. *Building Classroom Discipline* (New York: Longman, 1999).

CHASE-DUN, CHRISTOPHER "Socialist States in the Capitalist World-Economy," *Social Problems*, Vol. 27, June 1980, p. 506.

CHAVERS, DEAN "Indian Education: Dealing with a Disaster," *Principal*, Vol. 70, No. 3, January 1991, pp. 28–29.

CHEN, SHU-CHING "Research Trends in Mainland Chinese Comparative Education," *Comparative Education Review*, Vol. 38, No. 2, May 1994, pp. 233–52.

CHEN, XIANGLEI "Students' Peer Groups in High School: The Pattern and Relationship to Educational Outcomes" [Washington, D.C.: NCES. ERIC (ED410518, 1997)].

CHERRYHOLMES, C. *Power and Criticism: Poststructural Investigations in Education* (New York: Teachers College Press, 1988).

Children's Defense Fund, *A Children's Defense Fund Budget* (Washington, D.C.: Children's Defense Fund, 1996).

"Chinese Academy Considering New Restrictions on Joint Research," *The Chronicle of Higher Education*, Vol. 37, No. 42, July 3, 1991, p. A27.

The Chronicle of Higher Education, June 19, 1991, p. A25.

The Chronicle of Higher Education, Vol. 11, No. 12, November 20, 1991, p. 15.

The Chronicle of Higher Education Almanac, August 28, 1991; September 1, 1995; August 27, 1999.

CHUBB, JOHN E., and TERRY M. MOE *Politics, Markets and America's Schools* (Washington, D.C.: The Brookings Institution, 1990).

CHUTA, E. J. "Free Education in Nigeria: Socioeconomic Implications and Emerging Issues," *Comparative Education Review*, Vol. 30, No. 4, 1986, pp. 523–31.

CLARK, BURTON R. "The Cooling-Out Function in Higher Education," *The American Journal of Sociology*, Vol. 65, 1960, pp. 569–76.

CLARK, BURTON R. "Structure of Academic Governance in the United States," working paper, Institute for Social and Policy Studies (New Haven, Conn.: Yale University, 1976).

CLARK, BURTON, and MARTIN TROW "The Organization Context," in Theodore Newcomb and Everett Wilson (eds.), *College Peer Groups: Problems and Prospects for Research* (Chicago: Aldine, 1966), pp. 17–70.

CLARK, ROGER "Multinational Corporate Investment, and Women's Participation in Higher Education in Noncore Nations," *Sociology of Education*, Vol. 65, No. 1, January 1992, pp. 37–47.

CLAYTON, THOMAS "Beyond Mystification: Reconnecting World-System Theory for Comparative Education," *Comparative Education Review*, Vol. 42, No. 4, November 1998, pp. 479–496.

CLEWELL, BEATRIZ CHU, ET AL. *Breaking the Barriers: Helping Female and Minority Students Succeed in Mathematics and Science* (San Francisco: Jossey-Bass, 1992).

CLINTON, WILLIAM J. "Remarks on Signing the National Child Protection Act of 1993," December 20, 1993.

COHEN, ARTHUR M. "The Transfer Rate: A Model of Consistency" (Los Angeles: Center for the Study of Community Colleges, July 1997).

COHEN, JERE "Parents as Educational Models and Definers," *Journal of Marriage and the Family*, Vol. 49, May 1987, pp. 339–51.

COHEN, MURIEL "Gender Bias: A Textbook Case," *The Boston Globe*, March 1, 1992. p. A1.

COLCLOUGH, GLENNA, and E. M. BECK "The American Educational Structure and the Reproduction of Social Class," *Sociological Inquiry*, Vol. 56, No. 4, Fall 1986, pp. 456–73.

COLEMAN, JAMES S. *Equality and Achievement in Education* (Boulder, Colo.: Westview Press, 1990).

COLEMAN, JAMES S., THOMAS HOFFER, and SALLY KILGORE *Public and Private Schools, Report to the National Center for Education Statistics* (Chicago: National Opinion Research Center, 1981).

COLEMAN, JAMES S., ET AL. *Equality of Educational Opportunity* (Washington, D.C.: U.S. Department of Education, 1966).

COLEMAN, JAMES S., ET AL. *Youth: Transition to Adulthood* (Chicago: University of Chicago Press, 1974).

COLLIER, PAUL, and COLIN MAYER "An Investigation of University Selection Procedures," *Supplement to the Economic Journal*, Vol. 96, 1986.

COLLINS, RANDALL *The Credential Society* (New York: Academic Press, 1978).

COLTOFF, PHILLIP "Community Schools: Education Reform and Partnership with Our Nation's Social Service Agencies" (Washington D.C.: Child Welfare League of America, 1998).

"Comparing Two Plans for Education," *The New York Times*, March 29, 2000, p. A18.

COOK, RONALD J. "The Religious Schools Controversy." *America*, Vol. 172, No. 5, February 18, 1995, pp. 17–19.

COOKSON, PETER W., JR. *School Choice: The Struggle for the Soul of American Education* (New Haven, Conn.: Yale Univeristy Press, 1994).

COOKSON, PETER W., and CAROLINE H. PERSELL "English and American Residential Secondary Schools: A Comparative Study of the Reproduction of Social Elites," *Comparative Education Review*, August 1985, pp. 283–84.

COON, H., ET AL. "Influence of School Environment on the Academic Achievement," *Intelligence*, January/March 1993, pp. 79–104.

COOPER, HARRIS, and CONSWELLA J. MOORE "Teenage Motherhood, Mother-only Households, and Teacher Expectations." *Journal of Experimental Education*, Vol. 63, No. 3, Spring 1995, pp. 231–48.

COPE, BILL, and MARY KALANTZIS "White Noise: The Attack on Political Correctness and the Struggle for the Western Canon," *Interchange*, Vol. 28, No. 4, October 1997, pp. 283–329.

CORD, ROBERT L. "Church, State and the Rehnquist Court," *National Review*, Vol. 44, No. 16, August 17, 1992, pp. 35–37.

CORRIGAN, PAUL *Schooling the Smash Street Kids* (London: Macmillan, 1979), p. 92.

CORSARO, WILLIAM A. "Discussion, Debate and Friendship Processes: Peer Disclosure in U.S. and Italian Nursery Schools," *Sociology of Education*, Vol. 67, No. 1, January 1994, pp. 1–26.

CORSARO, WILLIAM A., and DONNA EDER "Children's Peer Cultures," *Annual Review of Sociology*, Vol. 16, 1990, pp. 197–220.

"The Cost and Effectiveness of Educational Technology" (Washington, D.C.: Department of Education, November 1995).

"Costs and Benefits of Higher Education," *Society*, Vol. 30, No. 2, January 1993, p. 2.

COTTON, KATHLEEN "The Academic and Social Effectiveness of Small-Scale Schooling," *Journal of Early Education and Family Review*, Vol. 6, No. 1, September-October 1998, pp. 25–28.

COUGLAN, SEAN "Lessons from on High," *Times Educational Supplement*, June 30, 1995.

COX, HAROLD G. *Later Life: The Realities of Aging*, 4th ed. (Englewood Cliffs, N.J.: Prentice Hall, 1996).

CRAWFORD, JAMES "Chapter 2 Limits Set in Suit Settlement," *Education Week*, September 17, 1986, p. 15.

CROWLEY, CAROLYN L., BARBARA LAVERY, ALEXANDER W. SIEGEL, and JENNIFER H. COUSINS "Moving Beyond Labels: Approaching Gang Involvement through Behavior." ERIC 417240, 1997.

CUMMINGS, WILLIAM K. "The Institutions of Education: Compare, Compare, Compare!" *Comparative Education Review*, Vol. 43, No. 4 (1999) pp. 413–37.

CUSICK, PHILIP A. *Inside High School: The Student's World* (New York: Holt, Rinehart and Winston, 1973).

D'SOUZA, DINESH *Illiberal Education: The Politics of Race and Sex on Campus* (New York: Free Press, 1991).

DANDY, EVELYN B. "Increasing the Number of Minority Teachers: Tapping the Paraprofessional Pool," *Education and Urban Society*, Vol. 31, No. 1, November 1998, pp. 89–103.

DARLING, NANCY "Parenting Style and Its Correlates." ERIC #ED427896, March 1999.

DARLING-HAMMOND, LINDA "Performance-based Assessment and Equation Equity," *Harvard Educational Review*, Spring 1994, Vol. 64, pp. 5–30.

DARLING-HAMMOND, LINDA, and MILBREY W. MCLAUGHLIN "Policies That Support Professional Development in an Era of Reform," *Phi Delta Kappan*, April 1995, pp. 597–604.

DAVIES, MARTIN R. "The English National Curriculum: A Landmark in Educational Reform," *Educational Leadership*, Vol. 48, No. 5, February 1991, p. 28.

DAVIS, KINGSLEY, and WILBERT MOORE "Some Principles of Stratification," *American Sociological Review*, Vol. 10, 1945, pp. 242–49.

DAYTON, JOHN "An Examination of Judicial Treatment of Rural Schools in Public School Funding Equity Litigation," *Journal of Education Finance*, Vol. 24, No. 2, Fall 1998, pp. 179–205.

DEAL, T. E., and K. D. PETERSON *The Principal's Role in Change: Technical and Symbolic Aspects of School Improvement* (Madison: University of Wisconsin, Wisconsin Center for Educational Research, National Center for Effective Schools, 1993).

DELACY, DAN R. "Unitary Status," *American School Board Journal*, Vol. 184, No. 12, December 1997, pp. 22–24.

DELANY, BRIAN, and LYNN W. PAINE "Shifting Patterns of Authority in Chinese Schools," *Comparative Education Review*, Vol. 35, No. 1, 1991, pp. 23–44.

DERIDDER, LAWRENCE M. "How Suspension and Expulsion Contribute to Dropping Out," Educational Horizons, Spring 1990, pp. 153–57.

DEWEY, JOHN *Democracy and Education* (New York: Free Press, [1916] 1966).

DIAMOND, J. "Speaking with a Single Tongue," *Discover*, 1993, Vol. 14, No. 2, pp. 78–85.

DIAZ, IDRIS M. "What's at Stake: The Court Decisions Affecting Higher Education and Diversity," *Black Issues in Higher Education*, Vol. 14, No. 22, December 25, 1997, pp. 19–21.

DIETRICH, LISA C. "Chicana Adolescents: Bitches, 'Ho's,' and Schoolgirls." 1998 ERIC #ED425036.

DIETZ, TRACY L. "An Examination of Violence and Gender Role Portrayals in Video Games: Implications for Gender, Socialization and Aggressive Behavior," *Sex Roles: A Journal of Research*, Vol. 38, Nos. 5–6, March 1998, pp. 425–42.

DODGE, SUSAN "More College Students Choose Academic Majors That Meet Social and Environmental Concerns," *The Chronicle of Higher Education*, December 5, 1990, p. A31.

DORNBUSCH, SANFORD M., and PHILIP L. RITTER "Home-School Processes in Diverse Ethnic Groups, Social Classes and Family Structures," in Sandra Christenson and Jane C. Conoley (eds), *Home-School Collaboration* (Silver Spring, Md.: National Association of School Psychologists), 1992, pp. 111–25.

DOUGHTERY, KEVIN J. "The Community College: The Impacts, Origins and Future of a Contradictory Institution," in Jeanne H. Ballantine and Joan Z. Spade, (eds.) *Schools and Society* (Belmont, Calif.: Wadsworth, 2000).

DOUGHTERY, KEVIN J., and MARIANNE F. BAKIA "Community Colleges and Contract Training: Content, Origins, and Impacts," *Teachers College Record*, Vol. 102, February 2000, pp. 198–244.

DRAKE, DANIEL D. "Student Diversity: Implications for Classroom Teachers," *Clearing House*, Vol. 66, No. 5, May 1993, pp. 264–66.

DREEBEN, ROBERT *On What Is Learned in School* (Reading, Mass.: Addison-Wesley, 1968).

DREEBEN, ROBERT "The School as a Workplace," in R. Travers (ed.), *Second Handbook of Research and Teaching* (Skokie, Ill.: Rand McNally, 1973), pp. 450–73.

DRINAN, ROBERT F. "The Constitution and Handicapped Hasidim Children." *America*, Vol. 170, No. 7, February 26, 1994, pp. 8–11.

DRONKERS, JAAP "The Changing Effects of Single-Parent Families on the Educational Attainment of their Children in a European Welfare State," presented at meetings of Social Stratification and Mobility, International Sociological Association, Trento, Italy, Spring 1992.

DU, RUIQUIG   *Chinese Higher Education: A Decade of Reform and Development (1978–1988)* (New York: St. Martin's Press, 1992).

DUNN, SAMUEL   "The Virtuality of Education," *The Futurist*, March/April, 2000, pp. 34–38.

DURKHEIM, EMILE   *Education and Sociology* (trans. Sherwood D. Fox) (Glencoe, Ill.: Free Press, 1956), p. 28.

DURKHEIM, EMILE   *Moral Education* (trans. Everett K. Wilson and Herman Schnurer) (Glencoe, Ill.: Free Press, 1961).

DURKHEIM, EMILE   *The Evolution of Educational Thought* (trans. Peter Collins) (London: Routledge, 1977).

DWORKIN, ANTHONY GARY   *When Teachers Give Up: Teacher Burnout, Teacher Turnover and Their Impact on Children* (Austin: University of Texas, 1985).

DWORKIN, ANTHONY GARY, and C. ALLEN HANEY   "Fear, Victimization, and Stress Among Urban Public School Teachers," *Journal of Organizational Behavior*, Vol. 9, 1988, pp. 159–71.

DWORKIN, ANTHONY GARY, and MERRIC LEE TOWNSEND   "Teacher Burnout in the Face of Reform: Some Caveats in Breaking the Mold," in Bruce Anthony Jones and Kathryn M. Borman (eds), *Breaking the Mold: Alternative Structures for American Schools* (Norwood, N.J.: Ablex, 1993).

DWORKIN, ANTHONY GARY, ET AL.   "Stress and Illness Behavior Among Urban Public School Teachers," *Educational Administration Quarterly*, Vol. 26, No. 1, February 1990, pp. 60–72.

DYE, THOMAS R., and HARMON ZEIGLER *The Irony of Democracy: An Uncommon Introduction to American Politics*, 10th ed. (Belmont, Calif.: Wadsworth, 1997).

DYKGRAAF, CHRISTY LANCASTER, and SHIRLEY KANE LEWIS "For-Profit Charter Schools: What the Public Needs to Know," *Educational Leadership*, Vol. 56, No. 2, October 1998, pp. 51–53.

EARTHMAN, GLEN I., and LINDA LEMASTERS "Review of Research on the Relationship Between School Buildings, Student Achievement, and Student Behavior," paper presented at the annual meeting of the Council of Educational Facilities Planners, International, Tarpon Springs, Fla., October 8, 1996.

EASTON, DAVID   *A Systems Analysis of Political Life* (New York: Wiley, 1965).

EATON, JUDITH S.   "Minorities, Transfer, and Higher Education," *Peabody Journal of Education*, Vol. 66, No. 1, Fall 1990.

ECCLES, JAQUELYNNE   "Does Junior High Itself Create Those 'Monsters'?" *Institute for Social Research Newsletter*, Vol. 18, 1994, p. 10.

ECKERT, PENELOPE   *Jocks and Burnouts: Social Categories and Identity in High School* (New York: Teachers College Press, 1989).

EDER, DONNA   "The Cycle of Popularity: Interpersonal Relations Among Female Adolescents," *Sociology of Education*, Vol. 58, No. 3, 1985, pp. 154–65.

EDER, DONNA, ET AL.   School Talk: Gender and Adolescent Culture (New Brunswick, N.J.: Rutgers University Press, 1995).

Educational Testing Service, "Learning Mathematics" and "Learning Science" (Princeton, N.J.: Center for the Assessment of Educational Progress, 1992).

Education in Britain (London: Foreign and Commonwealth Office, 1995).

Education Commission of the States, "New Strategies for Producing Minority Teachers" (Denver, Colo.: Education Commission of the States, 1990).

Education Commission of the States "School Choice." *The Progress of Education Reform 1999–2001*. May 1999.

Education Commission of the States "Youth Violence. The Progress of Education Reform 1999–2001," *The Progress of Education Reform 1999–2001*, Vol. 1, No. 2, July-August 1999, p. 5.

"The Educational Progress of Hispanic Students," *The Condition of Education*, 1995, U.S. Department of Education, NCES 95–767.

"The Educational Progress of Women." Findings from *The Condition of Education, 1995* (Washington, D.C.: U.S. Department of Education, 1995), p. 13.

Effective School Practices: A Research Synthesis, 1990 (Portland, Ore.: Northwest Regional Educational Laboratory, 1990).

"Effective Schools: What Makes a Public School Work Well?" *Our Children*, Vol. 24, No. 1, August-September 1998, pp. 8–12.

EGERTON, JOHN "Back to Basics," *The Progressive*, September 1976, p. 21–24.

EISENSTADT, S. N. "Macro-Societal Analysis—Background, Development and Indication," in S. N. Eisenstadt and H. J. Heile (eds.), *Macro-Sociological Theory: Perspectives on Sociological Theory*, Vol. 1 (London: Sage, 1985), pp. 7–24.

ELAM, STANLEY M., LOWELL C. ROSE, and ALEC M. GALLUP "The 27th Annual Gallup Poll of the Public's Attitudes Toward the Public Schools," *Phi Delta Kappan*, September 1995.

ELIAS, MAURICE J. "Preventing Youth Violence," *Education Week*, August 2, 1995, pp. 54, 56.

ELKIND, DAVID "Educational Reform: Modern and Postmodern," *Holistic Education Review*, 1994, pp. 5–13.

ELLEY, WARWICK B. (ed.) *The IEA Study of Reading Literacy: Achievement and Instruction* (Oxford: Pergamon Press, 1994).

ELLIOTT, MARTA "School Finance and Opportunities to Learn: Does Money Well Spent Enhance Students' Achievement?" *Sociology of Education*, Vol. 71, No. 3, July 1998, pp. 223–45.

"Enforcing the ADA: Fifth Anniversary Status Report" (Washington, D.C.: Department of Justice, July 26, 1995).

ENTWISLE, DORIS R., and KARL L. ALEXANDER "A Parent's Economic Shadow: Family Structure vs. Family Resources as Influences on Early School Achievement," *Journal of Marriage and the Family*, Vol. 57, No. 2, May 1995, pp. 399–409.

EPPERSON, AUDREY I. "The Community Partnership: Operation Rescue," *Journal of Negro Education*, Vol. 60, No. 3, 1991.

EPSTEIN, ERWIN H. "The Problematic Meaning of 'Comparison' in Comparative Education," in Jurgen Schriewer and Brian Holmes (eds.), *Theories and Methods in Comparative Education* (Frankfurt am Main: Peter Lang, 1988), pp. 3–23.

EPSTEIN, JOYCE "Single Parents and the Schools: The Effect of Marital Status on Parent and Teacher Evaluations," Report 353 (Baltimore: Johns Hopkins University, Center for Social Organization of Schools, March 1984).

EPSTEIN, JOYCE "Target: An Examination of Parallel School and Family Structures That Promote Student Motivation and Achievement," Report 6 (Baltimore: Johns Hopkins University, Center for Research on Elementary and Middle Schools, January 1987).

EPSTEIN, JOYCE "Toward a Theory of Family-School Connections: Teacher Practices and Parent Involvement Across the School Years," in Klaus Hurrelmann and Franz-Xavier Kaufman (eds.), *The Limits and Potential of Social Intervention* (Berlin/New York: Aldine de Gruyter, 1987).

EPSTEIN, JOYCE "Effects on Student Achievement of Teachers' Practices of Parent Involvement," in S. Silvem (ed.), *Literacy Through Family, Community, and School Interaction* (Greenwich, Conn.: JAI Press, 1988).

EPSTEIN, JOYCE L. "School/Family/Community Partnerships." *Phi Delta Kappan*, May 1995, pp. 701–12.

EPSTEIN, JOYCE L., and SUSAN L. DAUBER "School Programs and Teacher Practices of Parent Involvement in Inner-City Elementary and Middle Schools," *The Elementary School Journal*, Vol. 91, No. 3, 1991, p. 289.

EPSTEIN, JOYCE, and KAREN SALINAS "New Directions in the Middle Grades," *Childhood Education*, Annual Theme 1991.

ESTRICH, SUSAN "Single-sex Education Deserves a Real Chance," *USA Today*, September 15, 1994, p. A11.

ETZIONI, AMITAI "Can Schools Teach Kids Values?" *Today's Education*, September/October 1977.

EVALDSSON, ANN CARITA, and WILLIAM A. CORSARO "Play and Games in the Peer Cultures of Preschool and Preadolescent Children: An Interpetive Approach," *Childhood: A Global Journal of Child Research*, Vol. 5, No. 4, November 1998, pp. 377–402.

EVANGELAUF, JEAN "Enrollment Projections Revised Upward in New Government Analysis," *The Chronicle of Higher Education*, January 22, 1992, p. A1.

EWEN, LYNDA ANN "Turning Around the American Dream: The Social Implications of the Changes in Education," paper presented at American Sociological Association meetings, Washington, D.C., August 1990.

EWENS, WILLIAM "Sociology and Social Change in the Coming Century," paper presented at American Sociological Association meetings, Chicago, August 1987.

FARNUM, RICHARD "Elite College Discrimination and the Limits of Conflict Theory," *Harvard Educational Review*, Vol. 67, No. 3, Fall 1997, pp. 507–30.

FARRELL, EDWIN *Hanging In and Dropping Out: Voices of At-Risk High School Students* (New York: Teachers College Press, 1990).

FARRELL, JOSEPH P. "A Retrospective on Educational Planning in Comparative Education," *Comparative Education Review* Vol. 41, No. 3 (1997) pp. 277–313.

FEENEY, STEPHANIE *Early Childhood Education in Asia and the Pacific: A Source Book* (New York: Garland, 1992).

"Female Professors in Britain Paid Less Than Males, Study Finds," *The Chronicle of Higher Education*, Vol. 38, No. 5, September 25, 1991, p. A46.

FENNEMA, ELIZABETH, and G. C. LEDER (eds.) *Mathematics and Gender* (New York: Teachers College Press, 1990).

FERDMAN, BERNARDO M. "Literacy and Cultural Identity," *Harvard Educational Review*, Vol. 60, No. 2, May 1990, p. 201.

FINCH, MICHAEL D., ET AL. "Work Experience and Control Orientation in Adolescence," *American Sociological Review*, Vol. 56, No. 5, October 1991.

FINKELSTEIN, MARTIN J., JACK H. SCHUSTER, and ROBERT K. SEAL "The American Faculty in Transition: A First Look at the New Academic Generation," National Center for Education Statistics (Washington, D.C.: U.S. Department of Education, 1995).

FISCHER, CLAUDE S., MICHAEL HOUT, MARTIN SANCHEZ JANKOWSKI, SAMUEL R. LUCAS, ANN SWIDLER, and KIM VOS *Inequality by Design: Cracking the Bell Curve Myth* (Princeton, N.J.: Princeton University Press, 1996).

FISHER, GEORGE M. C. "World-Class Corporate Expectations of Higher Education," *Educational Record*, Fall 1990, pp. 19–21.

FISKE, EDWARD B. "Gender Issues in the College Classroom," in Paula S. Rothenberg (ed.), *Race, Class, and Gender in the United States*, 2nd ed. (New York: St. Martin's Press, 1992), pp. 52–53.

Fletcher, Todd V., and DARRELL L. SABERS "Interaction Effects in Cross-National Studies of Achievement," *Comparative Education Review*, Vol. 39, No. 4, November 1995, p. 455.

FLOUD, JEAN, and A. H. HALSEY "The Sociology of Education: A Trend Report and Bibliography," *Current Sociology*, Vol. 7, 1958, pp. 165–235.

FOERSTEL, HERBERT N. *Banned in the U.S.A.: A Reference Guide to Book Censorship in Schools and Public Libraries* (Westport, Conn.: Greenwood Press, 1994).

FONTAINE, ANNE MARIE "Achievement Motivation and Child Rearing in Different Social Contexts," *European Journal of Psychology of Education*, Vol. 9, No. 3, September 1994, pp. 225–40.

FONTAINE, DEBORAH C. "Black Women: Double Solos in the Workplace," *Western Journal of Black Studies*, Vol. 17, No. 3, Fall 1993, pp. 121–25.

"Forcing Bejing University Students to Serve a Year in the Military," *The Chronical of Higher Education*, Vol. 38, No. 8, October 16, 1991, p. A51.

FORDHAM, SIGNITHIA *Blacked Out: Dilemmas of Race, Identity, and Success at Capital High* (Chicago: University of Chicago Press, 1996).

Four Years After High School: A Capsule Description of 1980 Seniors, Office of Educational Research and Improvement, Center for Education Statistics (Washington, D.C.: U.S. Department of Education, August 1986).

FOX-GENOVESE, ELIZABETH "For Women Only," *The Washington Post*, March 26, 1995, p. C7.

FRASER, STEVEN (ed.) *Bell Curve Wars: Race, Intelligence, and the Future of America* (New York: Basic Books, 1995).

FREEMAN, JESSE L., KENNETH E. UNDERWOOD, and JIM C. FORTUNE "What Boards Value," *The American School Board Journal*, January 1991, pp. 32–39.

FREIRE, PAULO *Pedagogy of the Oppressed* (New York: Herder & Herder, 1970).

FREIRE, PAULO *Education for Critical Consciousness* (New York: Herder & Herder, 1973).

FREIRE, PAULO *A Pedagogy for Liberation: Dialogues on Transforming Education* (South Hadley, Mass.: Bergin & Garvey, 1987).

FRIEDMAN, DEBRA "The Academy," *Contemporary Sociology*, Vol. 24, No. 6, November 1995, p. 746.

FRIEDMAN, ISAAC A. "High- and Low-Burnout Schools: School Culture Aspects of Teacher Burnout," *Journal of Educational Research*, Vol. 84, No. 6, July/August 1991, pp. 325–31.

FULIGNI, ANDREW J., and HAROLD W. STEVENSON "Time Use and Mathematics Achievement Among American, Chinese, and Japanese High School Students," *Child Development*, Vol. 66, No. 3, June 1995, pp. 830–42.

FULLER, BRUCE "Is Primary School Quality Eroding in the Third World?" *Comparative Education Review*, Vol. 30, No. 4, 1986, pp. 491–508.

FULLON, M. G., and M. B. MILES "Getting Reform Right: What Works and What Doesn't," *Phi Delta Kappan*, Vol. 73, No. 10, 1992, pp. 745–52.

FULTON, MARY, and DAVID LONG "School Financial Litigation: A Historical Summary" (Denver, Colo.: Education Commission of the States, April 1993).

GALLAGHER, MARK "A Public Choice Theory of Budgets: Implications for Education in Less Developed Countries," *Comparative Education Review*, Vol. 37, No. 2, May 1993, pp. 90–106.

GALTON, MAURICE "Class Size and Pupil Achievement," *International Journal of Educational Reasearch*, Vol. 29, No. 8, 1998 Theme Issue, pp. 687–818.

GAMORAN, ADAM, and ROBERT DREEBAN "Coupling and Control in Educational Organizations," in Jeanne H. Ballantine (ed.), *Schools and Society: A Unified Reader*, 2nd ed. (Mountain View, Calif: Mayfield, 1989), pp. 119–38.

GAMORAN, ADAM ET AL. "An Organizational Analysis of the Effects of Ability Grouping," *American Educational Research Journal*, Vol. 32, No. 4, Winter 1995, pp. 687–715.

GARCIA, ANITA, and CYNTHIA MORGAN "A 50–state Survey of Requirements for the Education of Language Minority Children." Research and Policy Brief, Institute, November 1997.

GARCIA, E. E. "Language, Culture and Education," in Linda Darling-Hammond (ed.), *Review of Research in Education* (Washington, D.C.: American Educational Research Association, 1993).

GARDNER, HOWARD "The Theory of Multiple Intelligences," *Annual Dyslexia*, Vol. 37, 1987, pp. 19–35.

GARDNER, HOWARD "The Two Rhetorics of School Reform: Complex Theories vs. the Quick Fix," *The Chronicle of Higher Education*, May 6, 1992, sec. 2, pp. 1–2.

GARDNER, HOWARD *Intelligence Reframed: Multiple Intelligences for the 21ˢᵗ Century* (New York: Basic Books, 1998).

GARDNER, JOHN W. *Excellence* (New York: Harper & Row, 1984).

GARNER, CATHERINE L., and STEPHEN W. RAUDENBUSH "Neighborhood Effects on Educational Attainment: A Multilevel Analysis," *Sociology of Education*, Vol. 64, No. 4, October 1991, pp. 251–62.

GAVORA, JESSICA, and KIMBERLY SCHULD "Title IX Didn't Score the Winning Goal" *Wall Street Journal*, July 15, 1999.

GEEWAX, MARILYN "Meeting Puts Focus on Girls," *Dayton Daily News*, September 17, 1995, p. 16A.

General Accounting Office "School Facilities: Profiles of School Condition by State" (Washington, D.C.: Health, Education and Human Services Division, June 1996).

The General Social Surveys, 1972–1988: Cumulative Codebook (Chicago: National Opinion Research Center, 1998), pp. 123–41, 1223–41.

GENZEN, HOLLY "The Changing/Challenging Roles of the Principal." *The AASA Professor*, Vol. 23, No. 2, Winter 2000.

GEORGE, PAUL S., ET AL. *The Middle School and Beyond* (Alexandria, Va.: Association for Supervision and Curriculum Development, 1992).

GEORGIOU, STELIOS N. "Family Dynamics and School Achievement in Cyprus," *Journal of Child Psychology and Psychiatry and Allied Disciplines*, Vol. 36, No. 6, September 1995, pp. 977–91.

GERTH, H. H., and C. WRIGHT MILLS (eds.) *From Max Weber: Essays in Sociology* (New York: Oxford University Press, 1946).

GILLIGAN, CAROL "Women's Place in Man's Life Cycle," *Harvard Educational Review*, Vol. 49, 1979, pp. 431–46.

GILLIGAN, CAROL, NONA P. LYONS, and TRUDY J. HANMER (eds.) *Making Connections* (Cambridge, Mass.: Harvard University Press, 1990), p. 26.

GILMORE, MICHAEL J., and JOSEPH MURPHY "Understanding Classroom Environments: An Organizational Sensemaking Approach," *Educational Administration Quarterly*, Vol. 27, No. 3, August 1991, pp. 392–429.

GIPP, GERALD E., and SANDRA J. FOX "Promoting Cultural Relevance in American Indian Education," *National Forum*, Vol. 71, Spring 1991, pp. 2–4.

GIROUX, H. A. *Teachers as Intellectuals: Toward a Critical Pedagogy of Learning* (Hadley, Mass.: Bergin and Garvey, 1988).

GIROUX, H. A. *Postmodernism, Feminism, and Cultural Politics: Redrawing Educational Boundaries* (Albany: State University of New York Press, 1991).

GIROUX, H. A. "Educational Reform and the Politics of Teacher Empowerment," in Joseph Kretovics and Edward J. Nussel (eds.), *Transforming Urban Education* (Boston: Allyn & Bacon, 1994.)

GLENN, CHARLES L. "Personal Reflections," from *Choice of Schools in Six Nations* (Washington, D.C.: U.S. Department of Education, December 1989).

GLENN, NORVAL "Television Watching, Newspaper Reading, and Cohort Differences in Verbal Ability," *Sociology of Education*, Vol. 67, No. 3, July 1994, pp. 216–30.

GLEWWE, PAUL "Student Achievement and Schooling Choice in Low-Income Countries: Evidence from Ghana," *Journal of Human Resources*, Vol. 29, No. 3, Summer 1994, pp. 843–64.

GLEWWE, PAUL, and HANAN JACOBY "Estimating the Determinants of Cognitive Achievement in Low-Income Countries: The Case of Ghana," Living Standards Measurement Study Working Paper no. 91 (Washington, D.C.: World Bank, 1992).

GLUCKMAN, IVAN B. "Dress Codes and Gang Activity" (Reston, Va.: National Association of Secondary School Principals, March 1996).

Goals 2000: Educate America Act (Washington, D.C.: U.S. Department of Education, 1994).

GOODLAD, JOHN I. *The Dynamics of Educational Change Toward Responsive Schools* (New York: McGraw-Hill, 1975), pp. 175–84.

GOODLAD, JOHN I. *A Place Called School* (New York: McGraw-Hill, 1984).

GOODLAD, JOHN I. *Educational Renewal: Better Teachers, Better Schools* (San Francisco: Jossey-Bass, 1998).

GOODMAN, J. L. "Reading Toward Womanhood: The Baby-Sitters Club Books and Our Daughters," *Tikkun*, Vol. 8, No. 6, (1993), pp. 7–11.

GOSE, BEN "Test Scores and Stereotypes," *The Chronicle of Higher Education*, August 18, 1995, p. A31. (Refers to paper by Claude M. Steele, presented at the American Psychological Association meetings, New York, April 1995.)

GOSE, BEN "A 'First' for Scholarships," *The Chronicle of Higher Education*, Vol. 41, No. 24, February 24, 1995, pp. A37–38.

GOSE, BEN "Efforts to End Fraternity Hazing Have Largely Failed, Critics Charge," *Chronicle of Higher Education*, Vol. 43, No. 32, April 18, 1997, pp. A37–38.

GOSE, BEN "Measuring the Value of an Ivy Degree," *Chronicle of Higher Education*, Vol. 46, January 14, 2000, pp. A52–3.

GOTTFREDSON, DENISE C. *School Size and School Disorder*, Vol. 21, No. 2 (Washington, D.C.: National Institute of Education, February 1986).

GOULDNER, ALVIN *The Coming Crisis of Western Sociology* (New York: Avon Books, 1971).

GOULDNER, HELEN R. *Teacher's Pets, Troublemakers and Nobodies: Black Children in Elementary School* (Westport, Conn.: Greenwood Press, 1978).

GOYETTE, KIMBERLY, and YU XIE "Educational Expectations of Asian American Youths: Determinants and Ethnic Differences." *Sociology of Education* 72, no. 1 (1999), pp. 22–36.

GRACEY, HARRY L. "Learning the Student Role: Kindergarten as Academic Boot Camp," in Dennis Wrong and Harry L. Gracey (eds.), *Readings in Introductory Sociology* (New York: Macmillan, 1967).

GRASHA, ANTHONY F. "Grasha-Reichmann Student Learning Styles Questionnaire," *Faculty Resource Center* (Cincinnati, Ohio: University of Cincinnati, 1975).

GREENBERG, MILTON "Considering Tenure—It's Not Holy Writ," *Educational Record*, Vol. 76, No. 4, Fall 1995, pp. 35–36.

GREENWOOD, GORDON E., and CATHERINE W. HICKMAN "Research and Practice in Parent Involvement: Implications for Teacher Education," *The Elementary School Journal*, Vol. 91, No. 3, 1991, p. 287.

GREIM, CLIFTON, and WILLIAM TURNER "Breathing Easy Over Air Quality," *The American School Board Journal*, November 1991, p. 29.

GRIFFITH, JAMES "An Empirical Examination of a Model of Social Climate in Elementary Schools," *Basic and Applied Psychology*, Vol. 17, No. 1–2, August 1995, pp. 97–117.

GRIFFITH, JEANNE, ET AL. "Understanding the Performance of U.S. Students on International Assessments," National Center for Education Statistics report NCES-94–240, 1994.

GRIFFITHS, D. "Systems Theory and School Districts," *Ontario Journal of Educational Research*, Vol. 8, 1965, p. 24.

GROSS, NEAL, and ANNE E. TRASK *The Sex Factor and the Management of Schools* (Ann Arbor: University of Michigan Press, 1991).

GRUBAUGH, STEVE, and RICHARD HOUSTON "Establishing a Classroom Environment That Promotes Interaction and Improved Student Behavior," *Clearing House*, April 1990, Vol. 63, pp. 375–78.

GRUBB, W. NORTON "The Decline of Community College Transfer Rates: Evidence from National Longitudinal Surveys," *Journal of Higher Education*, Vol. 62, No. 2, March/April 1991, pp. 194–217.

HABERMAS, JURGEN *Knowledge and Human Interests*, 2nd rev. ed. (London: Heinemann, 1978).

HALABY, CHARLES N. "Overeducation and Skill Mismatch," *Sociology of Education*, Vol. 67, January 1994, pp. 47–59.

HALE, NOREEN *The Older Worker* (San Francisco: Jossey-Bass, 1990).

HALL, RICHARD H. *Organizations: Structures, Processes, and Outcomes* (Englewood Cliffs, N.J.: Prentice Hall, 1991).

HALL, W. D. (ed.) *Comparative Education: Contemporary Issues and Trends* (London: Jessica Kingsley, 1990).

HALLINAN, MAUREEN T. "Friendship Patterns in Open and Traditional Classrooms," *Sociology of Education*, Vol. 49, 1976, pp. 254–65.

HALLINAN, MAUREEN T. "Structural Effects on Children's Friendship and Cliques," *Social Psychological Quarterly*, Vol. 42, 1979, pp. 43–54.

HALLINAN, MAUREEN T. "The Effects of Ability Grouping in Secondary Schools: A Response to Slavin's Best-Evidence Synthesis," *Review of Educational Research*, Vol. 60, No. 3, Fall 1990, pp. 501–4.

HALLINAN, MAUREEN T., and RICHARD A. WILLIAMS "Students' Characteristics and the Peer-Influence Process," *Sociology of Education*, Vol. 63, No. 2, April 1990, pp. 122–32.

HALSEY, A. H. "Education Can Compensate," *New Society*, January 24, 1980, pp. 172–73.

HAMBLETON, RONALD K. "Translating Achievement Tests for Use in Cross-National Studies," *European Journal of Psychological Assessment*, Vol. 9, No. 3, 1993, pp. 233–41.

HAMMACK, FLOYD M. "From Grade to Grade: Promotion Policies and At-Risk Youth," in Joan Lakebrink (ed.), *Children at Risk* (Springfield, Ill.: Charles C. Thomas, 1990).

HAMMERSLEY, MARTYN, and GLENN TURNER "Conformist Pupils?" in Peter Woods (ed.), *Pupil Strategies: Explorations in the Sociology of the School* (London: Croom Helm, 1980) pp. 24–49.

HAMMERSLEY, MARTYN, and PETER WOODS *Teacher Perspectives* (Milton Keynes, England: Open University Press, 1977), p. 37.

HANNAWAY, JANE *Decentralization and School Improvement: Can We Fulfill the Promise?* (San Francisco: Jossey-Bass, 1993).

HANNAWAY, JANE "Political Pressure and Decentralization in Institutional Organizations: The Case of School Districts," *Sociology of Education*, Vol. 66, No. 3, July 1993, p. 147.

HANNUM, EMILY "Political Change and the Urban-Rural Gap in Basic Education in China, 1949–1990," *Comparative Education Review*, Vol. 43, No. 2, May 1999, pp. 193–211.

HANSON, SANDRA L., and REBECCA S. KRAUS "Women, Sports, and Science: Do Female Athletes Have an Advantage?" *Sociology of Education*, Vol. 71, No. 2 (1998), pp. 93–110.

HANUSHEK, ERIC A. "The Trade-Off Between Child Quantity and Quality," *Journal of Political Economy*, Vol. 100, No. 1, February 1992, pp. 84–117.

HARDY, LARENCE "A Private Solution," *American School Board Journal*, Vol. 186, No. 4, April 1999, pp. 46–48.

HARGREAVES, ANDY "Experience Counts, Theory Doesn't: How Teachers Talk About Their Work," *Sociology of Education*, Vol. 57, October 1984, pp. 244–53.

HARGREAVES, D. *Social Relations in a Secondary School* (London: Routledge, 1967).

HARGREAVES, D. "Power and the Paracurriculum," in C. Richards (ed.), *Power and the Curriculum: Issues in Curriculum Studies* (London: Driffields Nafferton Books, 1977), pp. 126–37.

HART, HAROLD H. *Summerhill: For and Against* (New York: Hart, 1970).

HARTOONIAN, MICHAEL "Good Education Is Bad Politics: Practices and Principles of School Reform," *Social Education*, Vol. 55, No. 1, January 1991, pp. 22, 65.

HASTINGS, NIGEL "Seats of Learning?" *Support for Learning*, Vol. 10, No. 1, February 1995, pp. 8–11.

HAUSER, MARY, CURTIS FAWSON, and GLENN LATHAM "Chinese Education: A System in Transition," *Principal*, January 1990, pp. 44–45.

HAUSER, ROBERT M., and DOUGLAS K. ANDERSON "Post-High School Plans and Aspirations of Black and White High School Seniors: 1976–1986," *Sociology of Education*, Vol. 64, No. 4, October 1991, p. 272.

HAUSER, ROBERT M. "Symposium," *Contemporary Sociology*, Vol. 24, No. 2, March 1995, pp. 149–61.

HAWES, HUGH *Curriculum and Reality in African Primary Schools* (Harlow, Essex, England: Longman, 1979), p. 163.

HAWORTH, KARLA. "Graduation Rates Fall for Athletes," *The Chronicle of Higher Education*, Vol. 45, No. 13, November 20, 1998, pp. A41–42.

HAYES, CONSTANCE "Channel One's Mixed Grade," *The New York Times*, December 5, 1999.

HAYHOE, RUTH "Penetration or Mutuality? China's Educational Cooperation with Europe, Japan and North America," *Comparative Education Review*, Vol. 30, No. 4, 1986, pp. 532–59.

HAYHOE, RUTH (ed.) *Education and Modernization: The Chinese Experience* (Oxford: Pergamon Press, 1992).

HAYHOE, RUTH "An Asian Multiversity? Comparative Reflections on the Transition to Mass Higher Education in East Asia," *Comparative Education Review*, Vol. 39, No. 3, August 1995, pp. 299–321.

HAYWARD, PAMELA A. "When Novelty Isn't Enough: A Case Study of Students' Reactions to Technology in the Classroom," *College Student Journal*, Vol. 28, No. 3, September 1994, pp. 320–25.

HEALY, PATRICK "Affirmative Action Survives at Colleges in Some States Covered by Hopwood Ruling," *Chronicle of Higher Education*, Vol. 44, No. 33, April 24, 1998, pp. A42–A43.

HEGGER, SUSAN C. "Lawmakers Pushing Gender Equity Say 'Glass Ceiling' Starts in Schools," *The St. Louis Post-Dispatch*, September 16, 1993, p. A5.

HENRY, JULES *Culture Against Man* (New York: Vintage Books, 1963).

HENRY, MARY E. *Parent-School Collaboration: Feminist Organizational Structures and School Leadership* (Albany: State University of New York Press, 1996).

HENTOFF, NAT "The Great Consumer Fraud," *Current*, March 1978, pp. 3–8.

HERBERT, VICTOR "School-Based Collaborations in Dropout Prevention," *NASSP Bulletin*, September 1989.

HERNANDEZ, DEBRA GERSH "Supreme Court orders funding of religion-oriented student publication," *Editor and Publisher*, Vol. 128, No. 28. July 15, 1995, pp. 18–19, 39.

HERRNSTEIN, RICHARD "In Defense of Intelligence Tests," *Commentary*, February 1980, pp. 40–51.

HERRNSTEIN, RICHARD J., and CHARLES MURRAY *The Bell Curve: Intelligence and Class Structure in American Life* (New York: Free Press, 1994).

HESS, BETH B., ELIZABETH W. MARKSON, and PETER J. STEIN *Sociology*, 5th ed. (Boston: Allyn & Bacon, 1996), pp. 173–74.

HEYNEMAN, STEPHEN P. "Education of the World Market," *The American School Board Journal*, March 1990, p. 28.

HEYNEMAN, STEPHEN P. "Quantity, Quality, and Source," *Comparative Education Review*, November 1993, Vol. 37, No. 4, pp. 372–88.

HIBBARD, DAVID R., and DUANE BUHRMESTER "The Role of Peers in the Socialization of Gender-Related Social Interaction Styles," *Sex Roles: A Journal of Research*, Vol. 29, Nos. 3–4, August 1998, pp. 185–202.

HILL, HOWARD "Ideas and Programs to Assist in the Untracking of American Schools," in Harbison Pool and Jane A. Page (eds.), *Beyond Tracking* (Bloomington, Ind.: Phi Delta Kappa Educational Foundation, 1995).

HILL, PAUL T., and JOSEPHINE BONAN "Site-based Management: Decentralization and Accountability," in *Decentralization and Accountability in Public Education* (Santa Monica, Calif: The Rand Corporation, 1991).

HIRSCH, E. D. *Cultural Literacy: What Every American Needs to Know* (Boston: Houghton Mifflin, 1987).

"Hispanic Education Fact Sheet" (Washington, D.C.: National Council of La Raza, February 1999).

History of Miami County, Ohio, 1880 (Chicago: W. H. Beers; reproduction by Unigraphic, Inc., Evansville, Ind., 1973).

HODGES, LUCY "Ne'er the Twain Shall Meet," *The Times Educational Supplement*, March 24, 1995, p. 16.

HODGES, LUCY "Sinbins Revived for a Dangerous Age," *The Times Educational Supplement*, April 28, 1995, p. 17.

HOFFER, THOMAS, ANDREW M. GREELEY, and JAMES S. COLEMAN "Achievement Growth in Public and Catholic Schools," *Sociology of Education*, Vol. 58, April 1985, pp. 74–97.

HOFFER, THOMAS B., and DAVID H. KAMENS "Tracking and Inequality Revisited: Secondary School Course Sequences and the Effects of Social Class on Educational Opportunities," paper presented at American Sociological Association, Pittsburgh, Pa., August 1992.

HOFFERTH, SANDRA L., ET AL. *Access to Early Childhood Programs for Children at Risk* (Washington, D.C.: U.S. Department of Education, May 1994).

HOLLINGSHEAD, A. B. *Elmtown Revisited* (New York: Wiley, 1975).

參考文獻

HOLMES GROUP *Tomorrow's Schools of Education* (East Lansing, Mich.: Holmes Group, 1995).

HOLT, JOHN *How Children Fail* (New York: Pitman, 1968).

HOOKS, BELL, and CORNEL WEST *Breaking Bread: Insurgent Black Intellectual Life* (Boston: South End Press, 1991), chap. 9.

HORATIO ALGER ASSOCIATION. *The State of Our Nation's Youth*, 1999.

"How're We Doing on the National Goals?" *The American School Board Journal*, November 1991, pp. 10–21.

HOUSE, J. DANIEL "The Relationship between Self-Beliefs, Academic Background and Achievement of Adolescent Asian-American Students," *Child Study Journal*, Vol. 27, No. 2, 1997, pp. 95–110.

HUDLEY, C., B. BRITSCH, W. WAKEFIELD, T. SMITH, M. DEMORAT, and S. CHO "An Attribution Retraining Program to Reduce Aggression in Elementary School Students," *Psychology in the Schools*, Vol. 35, No. 3 (1998), pp. 271–82.

HUESMANN, L. ROWELL, and LAURIE S. MILLER *Long-Term Effects of Repeated Exposure to Media Violence in Childhood* (New York: Plenum, 1994).

HURADO, SYLVIA, and DEBORAH FAYE CARTER "Effects of College Transition and Perceptions of the College Racial Climate on Latino College Students' Sense of Belonging," *Sociology of Education* Vol. 70, No. 4, October 1997, pp. 324–45.

HURN, CHRISTOPHER J. *The Limits and Possibilities of Schooling: An Introduction to Sociology of Education*, 3rd ed. (Boston: Allyn & Bacon, 1993).

IDEA www.ed.gov/offices/OSERS.IDEA/OVERVIEW.HTML, 1997.

ILLICH, IVAN *Deschooling Society* (New York: Harper & Row, 1971).

"In Beijing, Big Brother Is the Anchorman," *U.S. News & World Report*, June 26, 1989, p. 37.

"Information and Decision Making," *Educational Innovation and Information*, No. 79, June 1994, p. 1.

INGERSOLL, RICHARD M. "Organizational Control in Secondary Schools," *Harvard Educational Review*, Vol. 64, No. 2, Summer 1994, pp. 150–72.

INGERSOLL, RICHARD M. "Teacher Turnover and Teacher Quality: The Recurring Myth of Teacher Shortages," *Teachers College Record*, Vol. 99, No. 1, Fall 1997, pp. 41–44.

INGERSOLL, RICHARD M. "The Status of Teaching as a Profession," in Jeanne Ballantine and Joan Spade, *Schools and Society* (Belmont, Calif.: Wadsworth Publishing Co., 2001).

INKELES, ALEX "National Differences in Scholastic Performance," in Philip G. Altbach, Robert R. Arnove, and Gail P. Kelly, *Comparative Education* (New York: Macmillan, 1982), pp. 210–31 (esp. p. 228).

INKELES, ALEX, and DAVID H. SMITH *Becoming Modern: Individual Change in Six Developing Countries* (Cambridge Mass.: Harvard University Press, 1974), pp. 19–32.

IRVINE, JACQUELINE JORDAN "Beyond Role Models: An Examination of Cultural Influences on the Pedagogical Perspectives of Black Teachers," *Peabody Journal of Education*, Vol. 66, No. 4, Summer 1989, p. 51.

JACKSON, PHILIP *Life in Classrooms* (New York: Holt, Rinehart and Winston, 1968).

JACKSON, PHILIP W., ROBERT E. BOOSTROM, and DAVID T. HANSEN *The Moral Life of Schools* (San Francisco: Jossey-Bass, 1993).

JENCKS, CHRISTOPHER, and DAVID RIESMAN *The Academic Revolution* (Garden City, N.Y.: Doubleday, 1968).

JENCKS, CHRISTOPHER, ET AL. *Inequality: A Reassessment of the Effects of Family and Schooling in America* (New York: Basic Books, 1972).

JENCKS, CHRISTOPHER, ET AL. *Who Gets Ahead? The Determinants of Economic Success in America* (New York: Basic Books, 1979).

JENKINS, MELVIN "Factors Which Influence the Success or Failure of American Indian/Native American College Students," *Research and Teaching in Developmental Education*, Vol. 15, No. 2, Spring 1999, pp. 49–53.

JENKINSON, EDWARD B. "Tactics Used to Remove Books and Courses from Schools," in John S. Simmons (ed.) *Censorship: A Threat to Reading, Learning, Thinking* (Newark, Del.: International Reading Association, 1994), pp. 29–38.

JENSEN, ARTHUR, R. "How Much Can We Boost IQ and Scholastic Achievement?" *Harvard Educational Review*, Vol. 30, 1969, pp. 1–123.

JOHNSON, D. "Gambling Helps Tribe Invest in Education and the Future," *The New York Times*, February 21, 1995, pp. A1, A12.

JOHNSON, WILLIAM L., ANABEL M. JOHNSON, DOUGLAS A. KRANCH, and KURT J. ZIMMERMAN. "The Development of a University Version of the Charles F. Kettering Climate Scale," *Educational and Psychological Measurement*, Vol. 59, No. 2, April 1999, pp. 336–50.

JOHNSTON, JEROME "Channel One: The Dilemma of Teaching and Selling," *Phi Delta Kappan*, February 1995, pp. 437–42.

JONES, JAMES D. "Tracking in the 1990s," paper presented at the American Sociological Association, New York, August 1996.

JONES, JAMES D, BETH E. VANFOSSEN, and MARGARET E. ENSMINGER "Individual and Organizational Predictors of High School Track Placement," *Sociology of Education*, Vol. 68, No. 4, October 1995, pp. 287–300.

JONES, STEVEN P. and KARLA J. SMART "Humanness Under Assault: An Essay Questioning Technology in the Classroom," *Bulletin of Science, Technology, and Society*, Vol. 18, No. 2, May 1998, pp. 87–95.

JORDON, ELLEN "Fighting Boys and Fantasy Play: The Construction of Masculinity in the Early Years of School," *Gender and Education*, Vol. 7, No. 1, March 1995, pp. 69–86.

JUDIS, J. B. "Why Your Wages Keep Falling," *The New Republic*, Vol. 210, No. 7, 1994, pp. 26–29.

JUSTIZ, MANUEL J., and MARILYN C. KAMEEN "Increasing the Representation of Minorities in the Teaching Profession," *Peabody Journal of Education*, Vol. 66, No. 1, Fall 1988.

KALEKIN-FISHMAN, DEVORAH "Latent messages: The Acoustical Environments of Kindergartens in Israel and West Germany," *Sociology of Education*, Vol. 64, No. 3, July 1991, pp. 209–22.

KALMIJN M., and GERBERT KRAAYKAMP "Race, Cultural Capital, and Schooling: An Analysis of Trends in the United States," *Sociology of Education*, Vol. 69, No. 1, January 1996, pp. 22–34.

KAMENS, DAVID H., JOHN W. MEYER, and AARON BENAVOT "Worldwide Patterns in Academic Secondary Education Curricula, 1920–1990," *Comparative Education Review*, Vol. 40, May 1996, pp. 106–20, 824.

KANTER, ROSABETH *The Change Masters: Innovation for Productivity in the American Coporation* (New York: Simon & Schuster, 1985).

KANTER, ROSABETH *The Challenge of Organizational Change: How People Experience and Manage It* (New York: Free Press, 1991).

KARABEL, JEROME, and A. H. HALSEY *Power and Ideology in Education* (New York: Oxford University Press, 1977).

KAREN, DAVID "Toward a Political-Organizational Model of Gatekeeping: The Case of Elite Colleges," *Sociology of Education*, Vol. 63, No. 4, October 1990, pp. 227–40.

KAREN, DAVID "Achievement and Ascription in Admission to an Elite College: A Political-Organizational Analysis," *Sociological Forum*, Vol. 6, No. 2, June 1991, pp. 349–80.

KASTL, TAMARA "Upward Bound Experience: Water, Wind and Wisdom, *Winds of Change*, Vol. 12, No. 4, Autumn 1997, pp. 71–72.

KATZ, SUSAN ROBERTA "Presumed Guilty: How Schools Criminalize Latino Youth," *Social Justice*, Vol. 24, No. 4, 1997, pp. 77–95.

KEITH, PATRICIA B., and MARILYN V. LICHTMAN "Does Parental Involvement Influence the Academic Achievement of Mexican-American Eighth Graders? Results from the National Education Longitudinal Study," *School Psychology Quarterly*, Vol. 9, No. 4. Winter 1994, pp. 256–73.

KELLY, DONALD P., and JUDITH LIU "Sowing the Seeds: Reproduction and Educational Reform in China," *Comparative Education Review*, Vol. 42, No. 2, May 1998, pp. 184–96.

KERBO, HAROLD R. *Social Stratification and Inequality: Class Conflict in Historical, Comparative, and Global Perspective* (Boston: McGraw-Hill, 2000).

KERCKHOFF, ALAN C., RICHARD T. CAMPBELL, JERRY M. TROTT, and VERED KRAUS "The Transmission of Socioeconomic Status and Prestige in Great Britain and the United States," *Sociological Forum*, Vol. 4, No. 2, 1989, pp. 155–77.

KEVAN, SIMON M., and JOHN D. HOWES "Climatic Conditions in Classrooms," *Educational Review*, Vol. 32, 1980, pp. 514–25.

KILGORE, SALLY B. "The Organizational Context of Tracking in Schools," *American Sociological Review*, Vol. 56, No. 2, April 1991, pp. 201–2.

KILGORE, SALLY B. "The Organizational Context of Learning: Framework for Understanding the Acquisition of Knowledge," *Sociology of Education*, Vol. 66, No. 1, January 1993.

KING, EDITH W. *Teaching Ethnic and Gender Awareness*, 2nd ed. (Dubuque, Iowa: Kendall/Hunt, 1990).

KING, EDITH W. *Looking into the Lives of Children: A Worldwide View* (Albert Park, Australia: James Nicholas Publishers, 1999).

KING, EDMUND J. *Other Schools and Ours: Comparative Studies for Today*, 5th ed. (London: Holt, Rinehart and Winston, 1979).

KINNEY, DAVID A. "From Nerds to Normals: The Recovery of Identity Among Adolescents from Middle School to High School," *Sociology of Education*, Vol. 66, No. 1, January 1993, pp. 21–40.

KOHL, PATRICIA T., WILBERT M. LEONARD II, WILLIAM RAU, and DONNA TAYLOR "Vocabulary and Academic Interest Differences of Athletes and Nonathletes," *Journal of Sports Behavior*, 1990, pp. 71–83.

KOZOL, JONATHAN *Savage Inequalities: Children in America's Schools* (New York: Crown, 1991).

KRAFT, CHRISTINE L. "What Makes a Successful Black Student on a Predominantly White Campus?" *American Educational Research Journal*, Vol. 28, No. 2, Summer 1991, pp. 423–43.

KRAFT, RICHARD, JEANNE BALLANTINE, and DANIEL E. GARVEY "Study Abroad or International Travel? The Case of Semester at Sea," *Phi Beta Delta International Review*, Vol. 4, Fall 1993/Spring 1994, pp. 23–62.

KULIS, STEPHEN "Gender Segregation Among College and University Employees," *Sociology of Education*, Vol. 70, No. 2, April 1997, 151–173.

KUNKEL, DALE, and JULIE CANEPA "Broadcasters' License Renewal Claims Regarding Children's Educational Programming," *Journal of Broadcast and Electronic Media*, Vol. 34, No. 4, Fall 1994, pp. 397–416.

KWONG, JULIA "In Pursuit of Efficiency: Scientific Management in Chinese Higher Education," *Modern China*, April 1987.

KWONG, JULIA *Cultural Revolution in China's Schools: May 1966–April 1969* (Stanford, Calif.: Hoover Institution Press, 1988).

KWONG, JULIA "The Reemergence of Private Schools in Socialist China," *Comparative Education Review*, Vol. 43, No. 3, August 1997, pp. 244–59.

KYMAN, WENDY. "Into the 21ˢᵗ Century: Renewing the Campaign for School-Based Sexuality Education," *Journal of Sex and Marital Therapy*, Vol. 24, 1998, pp. 31–137.

LABI, NADYA "Classrooms for Sale," *Time*, April 19, 1999, pp. 44–45.

LAKE, ROBERT "An Indian Father's Plea." *Teacher Magazine*, Vol. 2, September 1990, pp. 48–53.

LAM, SHI FONG "How the Family Influences Children's Academic Achievement." ERIC #ED411095, 1997.

LAREAU, ANNETTE "Social Class Differences in Family-School Relationships: The Importance of Cultural Capital," paper presented at American Sociological Association meetings, August 1985.

LAREAU, ANNETTE *Home Advantage: Social Class and Parental Intervention in Elementary Education* (London: Falmer Press, 1989).

LAREAU, ANNETTE, and ERIN MCNAMARA HORVAT "Moments of Social Inclusion and Exclusion: Race, Class, and Cultural Capital in Family-School Relations," *Sociology of Education*, Vol. 72, No. 1, January 1999, pp. 37–53.

LASHWAY, LARRY "School Size: Is Small Better?" *Research Roundup*, Vol. 15, No. 1, Winter 1998–1999.

LAW, WING-WAH "The Role of the State in Higher Education Reform: Mainland China and Taiwan," *Comparative Education Review*, Vol. 39, No. 3, August 1995, pp. 322–55.

LAWTON, MILLICENT "Schools' 'Glass Ceiling' Imperils Girls, Study Says," *Education Week*, February 12, 1992, p. 17.

LAZEAR, D. G. *Seven Ways of Knowing: Teaching for Multiple Intelligences* (Bloomington, Ind.: Phi Delta Kappa Educational Foundation, 1992).

Learning to Fail: Case Studies of Students at Risk (Bloomington, Ind.: Phi Delta Kappan, 1991).

LEATHERMAN, COURTNEY. "Despite Their Gripes, Professors Are Generally Pleased with Careers, Poll Finds," *The Chronicle of Higher Education*, Vol. 46, March 3, 2000, p. A19.

LECOMPTE, MARGARET, and ANTHONY GARY DWORKIN *Giving Up in School* (Newbury Park, Calif.: Sage, 1992).

LEDERMAN, DOUGLAS "Students Who Competed in College Sports Fare Better in Job Market Than Those Who Didn't, Report Says," *The Chronicle of Higher Education*, September 26, 1990, p. A47.

LEDERMAN, DOUGLAS "A Key Sports-Equity Case," *The Chronicle of Higher Education*, October 5, 1994, p. A51.

LEE, SEH-AHN "Family Structure Effects on Student Outcomes," *Resources and Actions: Parents, Their Children and Schools, Report to National Science Foundation and National Center for Education Statistics*, August 1991.

LEE, VALERIE "Effects of High School Restructuring and Size on Early Gains in Achievement and Engagement," *Sociology of Education*, Vol. 68, No. 4, October 1995, pp. 241–70.

LEE, VALERIE E., ROBERT R. DEDRICK, and JULIA B. SMITH "The Effect of the Social Organization of Schools on Teachers' Efficacy and Satisfaction," *Sociology of Education*, Vol. 64, No. 3, July 1991, pp. 190–208.

LEE, VALERIE E., and KENNETH A. FRANK "Students' Characteristics That Facilitate the Transfer from Two-Year to Four-Year Colleges," *Sociology of Education*, Vol. 63, No. 3, July 1990, pp. 178–93.

LEE, VALERIE E., CHRISTOPHER MACKIE-LEWIS, and HELEN MARKS "Persistence to the Baccalaureate Degree for Students Who Transfer from Community College," *American Journal of Education*, Vol. 102, No. 1, November 1993, pp. 80–114.

LEE, VALERIE E., and HELEN M. MARX "Who Goes Where? Choice of Single-Sex and Coeducational Independent Secondary Schools," *Sociology of Education*, Vol. 65, July 1992, pp. 226–53.

LEE, VALERIE E., and JULIA B. SMITH "Effects of High School Restructuring and Size on Early Gains in Achievement and Engagement," *Sociology of Education*, Vol. 68, No. 4, October 1995, pp. 241–70.

LEES, LYNN HOLLEN "Educational Inequality and Academic Achievement in England and France," *Comparative Education Review*, Vol. 38, No. 1, February 1994, p. 86.

LEVIN, HENRY "The Dilemma of Secondary School Comprehensive Reforms in Western Europe," *Comparative Education Review*, Vol. 22, No. 3, 1978, pp. 434–51.

LEVINE, ARTHUR, and JANA NIDIFFER Beating the Odds: How the Poor Get to College (San Francisco: Jossey-Bass, 1995).

LEVINE, DANIEL U., and RAYNA F. LEVINE *Society and Education*, 9th ed. (Boston: Allyn & Bacon, 1996).

LEVINE, DANIEL U., and LAWRENCE W. LEZOTTE "Effective Schools Research." Chapter 29 in the *Handbook of Research on Multicultural Education*, 1995, pp. 525–47, ERIC No. 383724.

LEVINE, DANIEL U., and A. C. ORNSTEIN "School Effectiveness and National Reform," *Journal of Teacher Education*, November/December 1993, pp. 335–45.

LEVINE, DANIEL U., and J. STARK "Instructional and Organizational Arrangements That Improve Achievement in Inner City Schools," *Educational Leadership*, Vol. 40, 1983, pp. 41–46.

LEVITAS, MAURICE *Marxist Perspectives in the Sociology of Education* (London: Routledge, 1974), p. 165.

LI, QING "Teachers' Beliefs and Gender Differences in Mathematics: A Review," *Educational Research*, Vol. 41, No. 1, Spring 1999, pp. 63–76.

LIN, BIH-JAW *The Aftermath of the 1989 Tiananmen Crisis in Mainland China* (Boulder, Colo.: Westview Press, 1992).

LINDJORD, DENISE "Smaller Class Size: Raising the Academic Performance of Children from Low- and Moderate-Income Families, *Journal of Early Education and Family Review*, Vol. 6, No. 2, Nov.-Dec. 1998, pp. 6–7.

LITTLETON, ROOSEVELT "Developmental Education: Are Community Colleges the Solution?" ERIC: ED414982, 1998.

LIVELY, KIT "Administrators' Pay Increase Is Biggest in 9 Years," *The Chronicle of Higher Education*, Vol. 46, February 25, 2000, p. A46.

LOEWEN, JAMES W. *Lies My Teacher Told Me: Everything Your American History Textbook Got Wrong* (New York: Touchstone Books, 1996).

LOMPERIS, ANA MARIA TURNER "Are Women Changing the Nature of the Academic Profession?" *Journal of Higher Education*, Vol. 61, No. 6, November/December 1990, p. 643.

教育社會學
The Sociology of Education: A Systematic Analysis

London Sunday Times Magazine, December 14, 1980, p. 94.

"Louisiana Creationism Law: A 'Religious Purpose,'" *Education Week*, August 4, 1987, p. 23.

LUBECK, SALLY "Kinship and Classrooms: An Ethnographic Perspective on Education as Cultural Transmission," *Sociology of Education*, October 1984, p. 230.

LUBECK, SALLY *Sandbox Society: Early Education in Black and White America* (London: Falmer, 1985).

LUBMAN, SARAH "Facing Widespread Discontent, China May Relax Rules Limiting Graduate Education and Overseas Study," *The Chronicle of Higher Education*, Vol. 37, No. 2, September 12, 1990, p. A37.

LUCAS, SAMUEL R. "Secondary School Track Rigidity in the United States: Existence, Extension, and Equity," paper presented at the American Sociological Association meetings, Pittsburgh, Pa., August 1992.

LYONS, JAMES E. "How School Principals Perceive Their Roles, Rewards, and Challenges," *ERS Spectrum*, Vol. 17, No. 1, Winter 1999, pp. 18–23.

LYND, ROBERT S., and HELEN M. LYND *Middletown: A Study of American Culture* (New York: Harcourt Brace & World, 1929).

MACFARLANE, ANN G. "Racial Education Values," *America*, Vol. 17, No. 9, October 1, 1994, pp. 10–12.

MACIONIS, JOHN J. *Society: The Basics*, 5th ed. (Upper Saddle River, N.J.: Prentice Hall, 2000), p. 46.

MACIVER, DOUGLAS J., and JOYCE L. EPSTEIN "Responsive Education in the Middle Grades: Teacher Teams, Advisory Groups, Remedial Instruction, School Transition Programs, and Report Card Entries," Report No. 46 (Baltimore: Center for Research on Elementary and Middle Schools, The Johns Hopkins University, February 1990).

MACLEOD, JAY *Ain't no Makin' It: Aspirations and Attainment in a Low-Income Neighborhood* (Boulder, Colo.: Westview, 1996).

MACMILLAN, JOHN "A Junior at 85" (Northhampton, Mass.: Smith Alumini Quarterly, Spring 2000) pp. 1–14.

MANN, HORACE *The Twelfth Annual Report*, 1848, in *Life and Works of Horace Mann* (New York: C. T. Dillingham, 1891), Vol. IV.

MANSKI, CHARLES F. "Educational Choice (Vouchers) and Social Mobility," Institute for Research on Poverty (Madison: University of Wisconsin, June 1992).

MAGNER, DENISE K. "Wellesley Rethinks Its Multicultural Requirement." *The Chronicle of Higher Education*, Vol. 41, No. 33, April 28, 1995, pp. A45, 47–48.

MARKLEIN, MARY BETH "Fixing Classroom Gender Inequities," *USA Today*, March 18, 1992, p. D6.

MARTIN, MICHAEL O., et al. "School Contexts for Learning and Instruction: IEA's Third International Mathematics and Science Study" (Chestnut Hills, MAss.: TIMSS International Study Center.)

MASLOW, ABRAHAM H. *Toward a Psychology of Being* (New York: Van Nostrand Reinhold, 1962).

MCADAMS, RICHARD P. *Lessons from Abroad: How Other Countries Educate Their Children* (Lancaster, Pa.: Techomic, 1993).

MCCOLLUM, PAM, ALBERT CORTEZ, OANH H. MARONEY, and FELIX MONTES "Failing Our Children: Finding Alternatives to In-Grade Retention" (San Antonio, Tex.: Intercultural Development Research Association, 1999).

MCCORMICK, THERESA MICKEY *Creating the Nonsexist Classroom: A Multicultural Approach* (New York: Teachers College Press, 1994).

MCDILL, EDWARD L., ET AL. "Institutional Effects on the Academic Behavior of High School Students," *Sociology of Education*, Vol. 40, 1967, pp. 181–99.

McDONALD, LAUREN E. "Boston Public School White Enrollment Decline: White Flight of Demographic Factors?" *Equity and Excellence in Education*, Vol. 30, No. 3, December 1997, pp. 21–30.

McDONOUGH, PATRICIA M. "Choosing Colleges: How Social Class and School Structure Opportunity." ERIC #ED415323, 1997.

McEVOY, ALAN "Interview with Dr. Edward McDill," *School Intervention Report*, Vol. 1, No. 5, February 1988, p. 7.

McEVOY, ALAN "Children of Alcoholics and Addicts," *School Intervention Report*, Vol. 3, No. 6, June–July 1990, p. 1.

McEVOY, ALAN "Confronting Gangs," *School Intervention Report*, February/March 1990.

McEVOY, ALAN W. *When Disaster Strikes* (Holmes Beach, Fla.: Learning Publications, 1992).

McEVOY, ALAN "The Revelance of Theory to the Safe Schools Movement," *Education and Urban Society*, Vol. 31, No. 3, May 1999, pp. 275–85.

McEVOY, ALAN, and ROBERT WELKER "Antisocial Behavior, Academic Failure, and School Climate: A Critical Review," *Journal of Emotional and Behavioral Disorders*, June 2000.

McGROARTY, MARY "The Societal Context of Bilingual Education," *Educational Researcher*, Vol. 21, No. 2, 1992, pp. 7–9.

McLAREN, PETER L. "Decentering Whiteness: In Search of a Revolutionary Multiculturalism," *Multicultural Education*, Vol. 5, No. 1, Fall 1997, pp. 4–11.

McLAREN, PETER L. "Unthinking Whiteness, Rethinking Democracy: Or Farewell to the Blonde Beast; Toward a Revoluntionary Multiculturalism," *Educational Foundations*, Vol. 11, No. 2, Spring 1997, pp. 5–39.

McLAUGHLIN, MILBREY W., and JOAN E. TALBERT "Contexts That Matter for Teaching and Learning: Strategic Opportunities for Meeting the Nation's Education Goals" (Stanford University: Center for Research on the Context of Secondary School Teaching, March 1993), p. 17.

McNABB, MARY, MARK HAWKES, and ULLICK ROUK "Report on the Secretary's Conference on Educational Technology: Critical Issues in Evaluating the Effectiveness of Technology," U.S. Dept. of Ed., available: www.ed.gov.

McNEAL, RALPH B. "Are Students Being Pulled Out of High School? The Effect of Adolescent Employment on Dropping Out," *Sociology of Education*, Vol. 70, No. 3, July 1997, pp. 206–220.

McNEELY, CONNIE L. "Prescribing National Education Policies: The Role of International Organizations," *Comparative Education Review*, Vol. 39, No. 4, November 1995.

McPARTLAND, JAMES M., RUSSELL L. DAWKINS, JOMILLS H. BRADDOCK II, ROBERT L. CRAIN, and JACK STRAUSS "Three Reports: Effects of Employer Job Placement Decisions, and School Desegregation on Minority and Female Hiring and Occupational Attainment," Report 359, Center for Social Organization of Schools (Baltimore: Johns Hopkins University, July 1985).

McPARTLAND, JAMES M., and EDWARD L. McDILL "Control and Differentiation in the Structure of American Education," *Sociology of Education*, Vol. 55, No. 2/3, 1982, pp. 77–78.

McPARTLAND, JAMES M., and SAUNDRA MURRAY NETTLES "Using Community Adults as Advocates or Mentors for At-Risk Middle School Students: A Two-Year Evaluation of Project RAISE," *American Journal of Education*, Vol. 99, No. 4, August 1991.

McWILLIAM, H. O. A., and M. A. KWAMENA-POH *The Development of Education in Ghana* (Harlow, Essex, England: Longman, 1975).

"Meeting Basic Learning Needs" (New York: World Conference on Education for All, 1990), p. ix.

MEHAN, HUGH "Understanding Inequality in Schools: The Contribution of Interpretive Studies," in Jeanne H. Ballantine and Joan Z. Spade (eds.), *Schools and Society* (Belmont, Calif.: Wadsworth, 2001).

MEKOSH-ROSENBAUM, VICTORIA, JOAN Z. SPADE, and GEORGE P. WHITE "Effects of Homogeneous and Heterogeneous Groupings on Classroom Environment and Achievement in Middle Schools," unpublished manuscript, 1996.

METZ, MARY H. *Classroom and Corridors: The Crisis of Authority in Desegregated Secondary Schools* (Berkeley: University of California Press, 1978).

METZ, MARY "Real School: A Universal Drama Amidst Disparate Experience," in Douglas E. Mitchell and Margaret E. Goertz (eds.) *Education Politics for the New Century: The 20th Anniversary Yearbook of the Politics of Education Association* (London: Falmer, 1990), pp. 75–92. ERIC 319140.

METZ, MARY H. "Desegregation as Necessity and Challenge," *The Journal of Negro Education*, Vol. 63, No. 1, 1994, pp. 64–76.

MEYER, JOHN W., FRANCISCO RAMIREZ, and YASMIN N. SOYSAL "World Expansion of Mass Education, 1870–1980," *Sociology of Education*, Vol. 65, 1992, 128–49.

MEYER, JOHN W., and BRIAN ROWAN "The Structure of Educational Organizations," ch. 4 in Marshall W. Meyer and Associates, *Environments and Organizations: Theoretical and Empirical Perspectives* (San Francisco: Jossey-Bass, 1978), pp. 78–109.

MEYER, JOHN W., W. RICHARD SCOTT, and DAVID STRANG *Centralization, Fragmentation, and School District Complexity*, Stanford Policy Institute (Stanford, Calif.: Stanford University, February 1986).

MEYER, JOHN W., ET AL. *School Knowledge for the Masses: World Models and National Primary Curricular Categories in the Twentieth Century* (Washington, D.C.: Falmer Press, 1992).

MICKELSON, ROSLYN ARLIN, and ANNE E. VELASCO "Mothers and Daughters Go to Work: The Relationship of Mothers' Occupations to Daughters' Career Aspirations," paper presented at the annual meeting of the American Educational Research Assocation, San Diego, California.

MILLER, C. M. L., and M. PARLETT "Cue-Consciousness," in Martyn Hammersley and Peter Woods (eds.), *The Process of Schooling: A Sociological Reader* (London: Routledge, 1976), pp. 143–49.

MILLS, C. WRIGHT *The Sociological Imagination* (New York: Grove Press, 1959).

MOLITOR, FRED, and KENNETH WILLIAM HIRSCH "Children's toleration of real-life aggression after exposure to media violence: A replication of the Drabman and Thomas studies," *Child Study Journal*, Vol. 24, No. 3, 1994, pp. 191–207.

"Monitoring the Future Study, 1999" (University of Michigan, Survey Research Center, Institute for Social Research, 1999).

MONK-TURNER, ELIZABETH "Factors Shaping the Probability of Community vs. Four-Year College Entrance and Acquisition of the B.A. Degree," unpublished manuscript, 1992a.

MONK-TURNER, ELIZABETH "Is Going to a Community College Better Than Not Going to College at All?" unpublished manuscript, 1992b.

MOONEY, CAROLYN J. "Academic Group Fighting the 'Politically Correct Left' Gains Momentum," *The Chronicle of Higher Education*, December 12, 1990, p. A13.

MOORE, DAVID W. "Americans Support Teaching Creationism as well as Evolution in Public Schools." Princeton, N.J.: Gallup News Service, August 30, 1999.

MOORE, JOAN, and RAQUEL PINDERHUGHES (eds.) *In the Barrios: Latinos and the Underclass Debate* (New York: Russell Sage Foundation, 1993).

MOORE, JOHN P., and IVAN L. COOK "Highlights of the 1998 National Youth Gang Survey." *OJJDP Fact Sheet* 123, December 1999.

參考文獻

MOORE, ROB, and JOHN TRENWITH "The Intergenerational Dimension of Credentialisation and Its Implications for Vocational Change in Education." *Journal of Education and Work*, Vol. 10, No. 1, March 1997, pp. 59–71.

MORGAN, NEVILLE N. "Race and Gender Differences in Support of Collective Bargaining by College and University Faculty," *Dissertation Abstracts International*, Vol. 52 (7–A), January 1992, pp. 2719–20.

MORGAN, WILLIAM R., and J. MICHAEL ARMER "Islamic and Western Educational Expansion in a West African Society: A Cohort Comparison Analysis," paper presented at American Sociological Association meetings, Chicago, August 1987.

MORNA, COLLEEN LOWE "Africa's Campuses Lead Pro-Democracy Drives," *The Chronicle of Higher Education*, Vol. 37, No. 13, November 28, 1990, pp. A1, A40.

MORRIS, DON R. "Institutionalization and the Reform Process: A System Dynamic Perspective," *Educational Policy*, Vol. 10, No. 4, December 1996, pp. 427–47.

MORROW, ROBERT D. "The Challenge of Southeast Asian Parental Involvement," *Principal*, Vol. 70, No. 3, January 1991, p. 20.

MORTIMORE PETER, ET AL. *School Matters* (Berkeley: University of California Press, 1988).

MULKEY, LYNN M., ROBERT L. CRAIN, and ALEXANDER J. C. HARRINGTON "One-Parent Households and Achievement: Economic and Behavioral Explanations of a Small Effect," *Sociology of Education*, Vol. 65, No. 1, 1992.

MULLER, CHANDRA "Gender Differences in Parental Involvement and Adolescents" Mathematics Achievement," *Sociology of Education*, Vol. 71, No. 4, 1998, pp. 336–56.

MULLER, CHANDRA "Maternal Employment, Parent Involvement, and Academic Achievement: An Analysis of Family Resources Available to the Child," in *Resources and Actions: Parents, Their Children and Schools*, Report to the National Science Foundation and National Center for Education Statistics, August 1991.

MULLIS, INA V., ET AL "Effective Schools in Mathematics: Perspectives from the NAEP 1992 Assessment. Research and Development Report," National Center for Education Statistics, NAEP-23–RR-01, 1994.

MUNITZ, BARRY "California State University System and First Amendment Rights to Free Speech," *Education*, Vol. 112, No. 1, Fall 1991, p. 4.

MYERS, DAVID and ALLEN SCHIRM *The Impacts of Upward Bound: Final Report for Phase 1 of the National Evaluation* (Washington, D.C.: Department of Education, April 1999).

MYERS, KEN "Denial of Scholarship Case Leaves Some Officials Wondering," *National Law Journal*, Vol. 17, No. 41, June 12 1995, p. A13.

NASON, R. BETH "Retaining Children: Is It the Right Decision?" *Childhood Education*, Annual Theme 1991, pp. 300–304.

National Association for Women in Education, "The Chilly Classroom Climate: A Guide to Improve the Education of Women," 1996.

National Center for Education Statistics, *Second International Mathematics Study: Summary Report for the United States* (Washington, D.C.: U.S. Department of Education, May 1985).

National Center for Education Statistics, "States Requiring Testing for Initial Certification of Teachers, by Authorization, Year Enacted, Year Effective, and Test Used," 1990 and 1998.

National Center for Education Statistics, *Digest of Education Statistics 1991* (Washington, D.C.: U.S. Department of Education, November 1991), tables 140, 357–58, pp. 134, 135.

National Center for Education Statistics, *Science and Math Teacher Preparation* (Washington, D.C.: U.S. Department of Education, 1991).

National Center for Education Statistics, "Incidents of Student Infractions," *Digest of Education Statistics 1991* (U.S. Department of Education, 1991), p. 134.

National Center for Education Statistics, *National Dropout Statistics Field Test Evaluation* (Washington, D.C.: U.S. Department of Education, January 1992), p. xi.

National Center for Education Statistics, *The Conditions of Education 1987, 1991, 1992, 1993, 1994, 1995, and 1999* (Washington, D.C.: U.S. Department of Education, 1992–1999).

National Center for Education Statistics, *Digest of Education Statistics* (Washington, D.C.: U.S. Department of Education, 1991–1999).

National Center for Education Statistics, "Access to Early Childhood Programs for Children at Risk" (Washington, D.C.: U.S. Department of Education, May 1994), NCES 93–372.

National Center for Education Statistics, "Dropout Rates in the United States: 1993" (Washington, D.C.: U.S. Department of Education, 1994), table 21.

National Center for Education Statistics, "America's Teachers Ten Years after *A Nation at Risk*," in *The Condition of Education 1994* (Washington, D.C.: U.S. Department of Education, 1995).

National Center for Education Statistics, *Digest of Education Statistics 1994*, table 77, in *The Condition of Education 1995* (Washington, D.C.: U.S. Department of Education, 1995), p. 410.

National Center for Education Statistics, *Digest of Education Statistics*, "Selected Characteristics of Public School Teachers: Spring 1961 to Spring 1996" (Washington, D.C.: Department of Education, 1999), p. 80, Table 70.

National Center for Education Statistics, "The Educational Progress of Women." Findings from *The Condition of Education 1995* (Washington, D.C.: U.S. Department of Education, 1995), NCES 96–768.

National Center for Education Statistics "Selected Characteristics of Public School Teachers: Spring 1961 to Spring 1996." Digest Educational Statistics, October 1997, p. 80.

National Center for Education Statistics, "Sources of Supply of Newly Hired Teachers." The Condition of Education, 1996. Indicator 56.

National Center for Education Statistics, "Student Victimization at School," p. 4; and "Student Strategies to Avoid Harm at School" (Washington, D.C.: U.S. Department of Education, October 1995), NCES 95–203 and 95–204.

National Center for Education Statistics, *Student Victimization at School* (Washington, D.C.: U.S. Department of Education, October 1995).

National Center for Education Statistics, *The Condition of Education*. "Remedial Education in Higher Education Institutions." 1999.

National Center for Education Statistics, *Projections of Educational Statistics to 2009*. 1999, pp. ix, 67.

National Center for Education Statistics, *Indicators of School Crime and Safety* (Washington, D.C.: National Center for Education Statistics, 1998) pp. 34–35.

National Center for Education Statistics, "Subsequent Educational Attainment of High School Dropouts." June 1998. NCES 98–085.

National Center for Education Statistics, *Indicators of School Crime and Safety*, 1998.

National Center for Education Statistics, *The Condition of Education* (Washington, D.C.: U.S. Department of Education, 1999), p. 85.

National Center for Education Statistics, "Statistics of State School Systems; Revenues and Expenditures for Public Elementary and Secondary Education, and Common Core of Data Surveys" (Washington, D.C.: U.S. Department of Education, 1999).

National Commission on Teaching and America's Future, *What Matters Most: Teaching for America's Future*, 1996.

National Council of La Raza, "The Decade of the Hispanic: A Sobering Economic Retrospective" (Washington, D.C.: National Council of La Raza, 1991a).

National Council of La Raza, "The State of Hispanic Americans, 1991: An Overview" (Washington, D.C.: National Council of La Raza, 1991b).

National Education Association, "Status of the American Public School Teacher, 1995–96" (Washington, D.C.: National Education Association, October 1997).

National Education Goals Panel, "The National Education Goals Report: Building the Best" (Washington, D.C.: NEGP Communications, 1993).

National Education Goals Panel, "The National Education Goals Report: Building a Nation of Learners (Washington, D.C.: U.S. Government Printing Office, 1995).

National Middle School Association, "NMSA Research Summary #1: Grade Configuration" (Washington, D.C.: NCES, Digest of Educational Statistics, 1999), p. 93.

National School Board Foundation, *Leadership Matters: Transforming Urban School Boards*, 1999.

National School Boards Association, *Violence in the Schools: How America's School Boards Are Safeguarding Your Children* (Alexandria, Va.: National School Boards Association, 1993).

National Science Foundation, *America's Academic Future*, January 1992, pp. 1–4.

NATRIELLO, A., E. MCDILL, and A. PALLAS *Schooling Disadvantaged Children: Racing Against Catastrophe* (New York: Teachers College Press, 1990).

NATRIELLO, GARY "Failing Grades for Retention," *School Administrator*, Vol. 5, No. 7, August 1998, pp. 14–17.

NATRIELLO, GARY, and EDWARD L. MCDILL "Performance Standards, Student Effort on Homework, and Academic Achievement," *Sociology of Education*, Vol. 59, January 1986, pp. 18–31.

NCAA Guide for the College-Bound Student Athlete, 1995–96," Overland Park, Kans., April 1995.

NEILL, A. S. *Summerhill: A Radical Approach to Child Rearing* (New York: Hart, 1960).

1999 NCAA Graduation Rates Summary www.ncaa/grad-rates, 1999.

NEPPL, TRICIA K. and ANN D. MURRY "Social Dominance and Play Patterns among Preschoolers: Gender Comparison," *Sex Roles: A Journal of Research*, Vol. 36, Nos. 5–6, March 1997, pp. 381–93.

"A New Divide Between Black and White," *Newsweek*, June 21, 1999.

New York City Board of Education, *2000 Annual Report*.

NEWPORT, FRANK "Media Portrayals of Violence Seen by Many as Causes of Real-life Violence." The Gallup Organization, May 10, 1999b.

NEWPORT, FRANK "Television Remains Americans' Top Choice for Evening Recreation." Gallup Poll www.gallup.com/pollreleases/pr990301a.asp/2000a.

NOGUERA, PEDRO A. "Preventing and Producing Violence: A Critical Analysis of Responses to School Violence," *Harvard Educational Review*, Vol. 65, No. 2, Summer 1995, pp. 189–212.

"Number of Colleges by Enrollment, Fall 1995," U.S. Department of Education, in *The Chronicle of Higher Education Almanac*, September 1, 1995, p. 12.

NUWER, HAND *Broken Pledges: The Deadly Rite of Hazing* (Marietta, Ga.: Longstreet Press, 1990).

NYE, B. A., C. M. ACHILLES, J. BOYD-ZAHARIAS, B. D. FULTON, and M. P. WALLENHORST "Small Is Far Better," *Better Research in the Schools*, Vol. 1, No. 1, Spring 1994, pp. 9–20.

OAKES, JEANNIE "Tracking, Inequality, and the Rhetoric of Reform: Why Schools Don't Change," *Journal of Education*, Vol. 168, No. 1, 1986, pp. 60–80.

OAKES, JEANNIE *Multiplying Inequalities: The Effects of Race, Social Class, and Tracking on Opportunities to Learn Mathematics and Science* (Santa Monica, Calif: The Rand Corporation, 1990).

OAKES, JEANNIE "Two cities' tracking and within-school segregation," *Teachers College Record*, Summer 1995, Vol. 96, No. 4, pp. 681–90.

OCHILTREE, GAY "Effects of Child Care on Young Children: Forty Years of Research," Childhood Study Paper No. 5 (Melbourne: Australian Institute of Family Studies, 1994).

Office of Bilingual Education and Minority Affairs. *General Questions on Bilingual Education* (Washington, D.C.: Government Printing Office, 1996).

OGBU, J. U. "Immigrant and Involuntary Minorities in Comparative Perspective," in M.A. Gibson and J.U. Ogbu, *Minority Status and Schooling: A Comparative Study of Immigrant and Involuntary Minorities* (New York: Garland, 1991), pp. 3–33.

Ohio Revised Code 3345.27, Amended Senate Bill 497.

OLSEN, KRISTEN "Despite Increases, Women and Minorities Still Underrepresented in Undergraduate and Graduate Science and Engineering Education" (Washington, D.C.: National Science Foundation, January 15, 1999).

OLSEN, MARVIN E. *The Process of Social Organization* (New York: Holt, Rinehart and Winston, 1968).

OLSEN, MARVIN E. *The Process of Social Organization: Power in Social Systems*, 2nd ed. (New York: Holt, Rinehart and Winston, 1978).

OLSON, CINDY "Two-Year Colleges: Serving Today's Students." *Connections*, Vol. 3, No. 4, Winter 1996, pp. 1 and 7.

OLSON, LYNN "Milwaukee Voucher Plan Found Not to 'Skim' Cream," *Education Week*, Vol. 11, No. 14, December 4, 1991, p. 12.

OPIE, IONA *The People in the Playground* (Oxford: Oxford University Press, 1993), p. 7.

ORFIELD, GARY A. *Public School Desegregation in the United States, 1968–1980*, U.S. Department of Education (Washington, D.C.: Joint Center for Political Studies, 1983), p. 4.

ORFIELD, GARY A., MARK D. BACHMEIER, DAVID R. JAMES, and TAMELA EITLE "Deepening Segregation in American Public Schools: A Special Report from the Harvard Project on School Desegration, *Equity and Excellence in Education*, Vol. 30, No. 2, September 1997, pp. 5–24.

ORFIELD, GARY A., ET AL. "Status of School Desegregation: The Next Generation," Report to the National School Board Association (Alexandria, Va.: National School Board Association, 1992).

"Origin Theories Find Support for Schools," The Associated Press, March 11, 2000.

ORNSTEIN, ALLAN C. "Enrollment Trends in Big-City Schools," *Peabody Journal of Education*, Vol. 66, No. 4, Summer 1991, pp. 65–67.

ORNSTEIN, ALLAN C., and DANIEL U. LEVINE *An Introduction to the Foundations of Education*, 3rd ed. (Boston: Houghton Mifflin, 1985).

OROMANER, MARK "The Cooling Out Function and Beyond: Some Applications of Sociological Analysis to the Community College," in *ASA Resource Materials for Teaching* (Washington, D.C.: American Sociological Association, 1995).

OSGUTHORPE, RUSSELL T., and ROBERT S. PATTERSON. "Balancing the Tensions of Change: Eight Keys to Collaborative Educational Renewal." ERIC: ED424690, 1998.

OSTRANDER, KENNETH H., and KATHERINE OSTROM "Attitudes Underlying the Politics of Parent Involvement," *National Forum of Applied Educational Research Journal*, Vol. 3, No. 2, 1991, p. 37.

OTTER, JENNY *Women's Issues and Career Research Unit.* California State Framework Area: Social Studies, 1994.

OTTO, JEAN H. "Citizenship Literacy: No Longer a Luxury," *Social Education*, October 1990, p. 360.

PAGE, ANN L., and DONALD A. CLELLAND "The Kanawha County Textbook Controversy: A Study of the Politics of Life Style Concern," *Social Forces*, Vol. 57, 1978, pp. 265–81.

PALLAS, AARON M. "The Changing Nature of the Disadvantaged Population: Current Dimensions and Future Trends," *Educational Researcher*, June/July 1989, pp. 16–22.

PALLAS, AARON M., ET AL. "Ability-Group Effects: Instructional, Social, or Institutional?" *Sociology of Education*, Vol. 67, January 1994, pp. 27–46.

"Parent Involvement in Education" (Washington, D.C.: U.S. Department of Education, National Center for Education Statistics, 1994).

PARSONS, TALCOTT "Equality and Inequality in Modern Society, or Social Stratification Revisited," in Edward O. Lauman (ed.), *Social Stratification* (New York: Bobbs-Merrill, 1970), pp. 13–72.

PARSONS, TALCOTT "The School Class as a Social System: Some of Its Functions in American Society," *Harvard Educational Review*, Vol. 29, No. 4, 1959.

PASHAL, ROSANNE A., ET AL. "The Effects of Homework on Learning: A Quantitative Synthesis," *Journal of Educational Research*, Vol. 78, No. 2, 1984, pp. 97–104.

PASSOW, A. HARRY, ET AL. *The National Case Study: An Empirical Comparative Study of Twenty-One Educational Systems* (New York: Wiley, 1976).

PAULSTON, ROLLAND G. "Mapping Comparative Education After Postmodernity," *Comparative Education Review*, Vol. 43, No. 4, November 1999, pp. 438–63.

PEDERSEN, DARHL M. "Privacy Preferences and Classroom Seat Selection," *Social Behavior and Personality*, Vol. 22, No. 4, 1994, pp. 393–98.

PENA, ROBERT A. "Cultural Differences and the Construction of Meaning: Implications for the Leadership and Organizational Context of Schools," *Educational Policy Analysis Archives*, Vol. 5, No. 10, April 8, 1997.

People for the American Way, "Most Frequently Challenged Books, 1982–1987," *Education Week*, September 16, 1987, p. 3.

PERKINS, JAMES A. "Missions and Organizations: A Redefinition," in Perkins, *The University as an Organization: A Report for The Carnegie Commission on Higher Education* (New York: McGraw-Hill, 1973), p. 258.

PERSELL, CAROLINE HODGES, SOPHIA CATSAMBIS, AND PETER W. COOKSON, JR. "Differential Asset Conversion: Class and Gender Pathways to Selective Colleges," *Sociology of Education*, Vol. 65, No. 3, July 1992, pp. 208–25.

PERSELL, CAROLINE HODGES, and PETER W. COOKSON, JR. "Chartering and Bartering: Elite Education and Social Reproduction," *Social Problems*, Vol. 33, No. 2, December 1985.

PESCOSOLIDO, BERNICE A., and RONALD AMINZADE (eds.) *The Social Worlds of Higher Education* (Thousand Oaks, Calif.: Pine Forge Press, 1999).

PETERS, DONALD L. "Social Science and Social Policy and the Care of Young Children: Head Start and After," *Journal of Applied Developmental Psychology*, Vol. 1, 1980, pp. 14, 22, 24.

PETERS, WILLIAM *A Class Divided* (New York: Doubleday, 1971).

PHILLIPS, MARIAN B. and AMOS J. HATCH "Why Teach? Prospective Teachers' Reasons for Entering the Profession," paper presented at the 8th Reconceptualizing Early Childhood Education Conference, Columbus, June 27, 1999.

PINCUS, FRED L. "Customized Contract Training in Community Colleges: Who Really Benefits?," paper presented at American Sociological Association meetings, Washington, D.C., August 1985.

PINCUS, FRED L. "How Critics View the Community College's Role in the Twenty-first Century," in George A. Baker III (ed.), *A Handbook on the Community College in America: Its History, Mission, and Management* (Westport, Conn.: Greenwood Press, 1994).

"Poll: Origin Theories Find Support for Schools." The Associated Press, March 11, 2000.

POPPLETON, PAM, BORIS S. GERSHUNSKY, and ROBERT T. PULLIN "Changes in Administrative Control and Teacher Satisfaction in England and the USSR," *Comparative Education Review*, Vol. 38, No. 3, August 1994.

PORTES, ALEJANDRO, and LINGXIN HAO "E Pluribus Unum: Bilingualism and Loss of Language in the Second Generation," *Sociology of Education* Vol. 71, No. 4, October 1998, pp. 269–94.

PORTES, ALEJANDRO, and KENNETH L. WILSON "Black-White Differences in Educational Attainment," *American Sociological Review*, Vol. 41, 1976, pp. 414–31.

POWELL, BRIAN, and LAIA CARR STEELMAN "The Liability of Having Brothers: Paying for College and the Sex Composition of the Family," *Sociology of Education*, Vol. 62, No. 2, April 1989, pp. 134–47.

"Preprimary Enrollment Rates in Western Countries," *Education Week*, January 29, 1992, p. 7.

PROVENZO, EUGENE F. *Religious Fundamentalism and American Education: The Battle for the Public Schools* (Albany: State University of New York Press, 1990).

PURCELL, P., and L. STEWARD "Dick and Jane in 1989," *Sex Roles*, Vol. 22, 1990, pp. 177–85.

RABKIN, JEREMY "The Curious Case of Kiryas Joel," *Commentary*, Vol. 98, No. 5, November 1994, pp. 58–60.

RADIN, NORMA "Working Moms Are Positive Role Models," *USA Today: The Magazine of the American Scene*, August 1990, p. 5.

RAFFINI, JAMES P. "Student Apathy: A Motivational Dilemma," *Educational Leadership*, September 1986, pp. 53–55.

RAMIREZ, FRANCISCO O., and JOHN BOLI-BENNETT "Global Patterns of Educational Institutionalization," in Philip G. Altbach, Robert F. Arnove, and Gail Paradise Kelly (eds.), *Comparative Education* (New York: Advert, 1982) pp. 15–36 (esp. p. 18).

RAMIREZ, FRANCISCO O., and JOHN BOLI-Bennett "The Political Construction of Mass Schooling: European Origins and Worldwide Institutionalization," paper presented at American Sociological Association meetings, Chicago, August 1987.

RAVITCH, DIANE "Multiculturalism Yes, Particularism No," *The Chronicle of Higher Education*, October 24, 1990, p. A44.

RAYMOND, CHRIS "Pioneering Research Challenges Accepted Notions Concerning the Cognitive Abilities of Infants," *The Chronicle of Higher Education*, January 23, 1991, p. A5.

RAYWID, MARY ANNE "Separate Classes for the Gifted? A Skeptical Look," *Educational Perspectives*, Vol. 26, No. 1, 1989.

RAYWID, MARY ANNE "Current Literature on Small Schools" (Charleston, W. Va.: ERIC Clearinghouse on Rural Education and Small Schools, January 1999), p. 4.

Reaching the Goals 6: Safe Disciplined and Drug-Free Schools (Washington, D.C.: U.S. Department of Education, February 1993).

REDDING, SAM "Family Values, the Curriculum of the Home, and Educational Productivity," *School Community Journal*, Vol. 2, No. 1, Spring-Summer 1992, pp. 62–69.

REDOVICH, DENNIS W. "The Education and Financial Systems of the World and the Big Con." Part One—World Education and Educational Reform in Europe. Report 10 Update. ERIC ED4326074.

REICH, R. B. "Jobs: Skills Before Credentials," *The Wall Street Journal*, February 2, 1994, p. A16.

REIN, ANDREW S. "The State of Municipal Services in the 1990s: Crowding, Building Conditions and Staffing in New York City Public Schools" (New York: Citizens Budget Commission, September 1997).

RENZETTI, CLAIRE, and DANIEL CURRAN *Social Problems: Society in Crisis*, 5th ed. (Boston: Allyn and Bacon, 2000).

Report of the Board of Indian Commissions to the Secretary of the Interior (Meriam Report), 1928, pp. ii and 41.

"Research and the Renewal of Education: Executive Summary and Recommendations," *Educational Researcher*, Vol. 20, No. 6, August/September 1991, pp. 19–22.

RETTIG, MICHAEL D., and ROBERT LYNN CANADY "The Effects of Block Scheduling," *School Administrator*, Vol. 56, No. 3, March 1999, pp. 14–20.

REYES, PEDRO, and DONALD J. McCARTY "Factors Related to the Power of Lower Participants in Educational Organizations: Multiple Perspectives," *Sociological Focus*, Vol. 23, No. 1, February 1990, pp. 17–30.

REYNOLDS, ARTHUR J. "Comparing Measures of Parental Involvement and Their Effects on Academic Achievement," *Early Childhood Research Quarterly*, Vol. 7, No. 3, September 1993, pp. 441–62.

REYNOLDS, ARTHUR J. "Early Schooling of Children at Risk," *American Educational Research Journal*, Vol. 28, No. 2, Summer 1991, pp. 392–422.

RHOADES, GARY, and SHEILA SLAUGHTER "Professors, Administrators, and Patents: The Negotiation of Technology Transfer," *Sociology of Education*, Vol. 64, April 1991, pp. 65–77.

RICHARDSON, B. "More Power to the Tribes," *The New York Times*, July 7, 1993, p. A11.

RICHMOND-ABBOTT, MARIE *Masculine and Feminine: Gender Roles over the Life Cycle*, 2nd ed. (New York: McGraw-Hill, 1992).

RIEHL, CAROLYN, GARY NATRIELLO, and AARON M. PALLAS "Losing Track: The Dynamics of Student Assignment Processes in High School," paper presented at American Sociological Association meeting, Pittsburgh, Pa., August 1992.

RIORDAN, CORNELIUS *Girls and Boys in School: Together or Separate?* (New York: Teachers College Press, 1990).

RIORDAN, CORNELIUS "Single- and Mixed-Gender Colleges for Women: Education and Occupational Outcomes," *Review of Higher Education*, Vol. 15, No. 3, Spring 1992.

ROBERTS, TERRY, and LAURA BILLINGS *The Paideia Classroom: Teaching for Understanding* (Larchmont, N.Y.: Eye on Education, 1999).

ROBINSON, JEAN C. "Stumbling on Two Legs: Education and Reform in China," *Comparative Education Review*, Vol. 35, No. 1, 1991, pp. 177–89.

RODERICK, MELISSA "Grade Retention and School Dropout: Investigating the Association." *American Educational Research Journal*, Vol. 31, No. 4, Winter 1994, pp. 729–59.

RODERICK, MELISSA "Grade Retention and School Dropout: Policy Debate and Research Questions," *Phi Delta Kappan Research Bulletin*, Vol. 15, No. 8, December 1995, pp. 1–6.

RODRIGUEZ, L. J. *Always Running: La Vida Loca: Gang Days in L.A.* (New York: Simon & Schuster, 1993).

教育社會學
The Sociology of Education: A Systematic Analysis

ROGERS, DAVID   *110 Livingston Street: Politics and Bureaucracy in the New York City School System* (New York : Vintage Books, 1969).

ROSE, LOWELL C., and ALEX M. GALLUP, "The 31ˢᵗ Annual Phi Delta Kappan/Gallup Poll of the Public's Attitudes Toward the Public Schools," *Phi Delta Kappan*, September 1999, pp. 41–56.

ROSENBAUM, JAMES E., and AMY BINDER "Do Employers Really Need More Educated Youths?" *Sociology of Education*, Vol. 73, No. 1, January 1997, pp. 68–85.

ROSENBAUM, JAMES E., ET AL.   "Gatekeeping in an Era of More Open Gates: High School Counselors' View of Their Influence on Students' College Plans," *American Journal of Education*, Vol. 104, No. 4, August 1996, pp. 257–79.

ROSENHOLTZ, SUSAN J., and CARL SIMPSON   "Workplace Conditions and the Rise and Fall of Teachers' Commitment," *Sociology of Education*, Vol. 63, No. 4, October 1990, pp. 241–57.

ROSENTHAL, ROBERT, and LENORE JACOBSON   *Pygmalion in the Classroom* (New York: Holt, Rinehart and Winston, 1968).

ROSENWEIG, MARK R.   "Are There Increase Returns to the Intergenerational Production of Human Capital? Maternal Schooling and Child Intellectual Achievement," *Journal of Human Resources*, Vol. 29, No. 2, Spring 1994, pp. 670–93.

ROSIER, KATHERINE BROWN   "Competent Parents, Complex Lives: Managing Parenthood in Poverty," *Journal of Contemporary Ethnography*, Vol. 22, No. 2, July 1993, pp. 171–204.

ROTHENBERG, PAULA S.   *Race, Class and Gender in the United States*, 3rd ed. (New York: St. Martin's Press, 1995, 4th ed., 1998).

RUBIN, AMY MAGARO   "Around the World, a Myriad of Issues Confront Colleges, *The Chronicle of Higher Education*, August 2, 1996, pp. A32, A34.

RUBIN, LINDA J., and SHERRY B. BORGERS   "The Changing Family: Implications for Education," *Principal*, September 1991, pp. 11–12.

RUBINSON, RICHARD   "Class Formation, Politics, and Institutions: Schooling in the United States," *American Journal of Sociology*, Vol. 92, No. 3, 1986, pp. 519–48.

RUMBAUT, RUBEN G.   "The Crucible Within: Ethnic Identity, Self-Esteem, and Segmented Assimilation among Children of Immigrants," *International Migration Review*, Vol. 28, No. 4, 1994, pp. 748–93.

RUMBAUT, RUBEN G.   "The New Immigration," *Contemporary Sociology*, Vol. 24, No. 4, July 1995, pp. 307–11.

RUMBAUT, RUBEN G.   "Ties That Bind: Immigration and Immigrant Families in the United States," in Alan Booth, Ann C. Crouter, and Nancy S. Landale (eds.), *Immigration and the Family: Research and Policy on U.S. Immigrants*. (Hillsdale, N.J.: Lawrence Erlbaum Associates, 1996).

RUMBAUT, RUBEN G., and KENJI IMA   "The Adaptation of Southeast Asian Refugee Youth: A Comparative Study," Office of Refugee Settlement, U.S. Department of Health and Human Services, December 1987.

RUMBERGER, RUSSELL W.   "Family Influences on Dropout Behavior in One California High School," *Sociology of Education*, Vol. 63, October 1990, pp. 283–99.

RUMBERGER, RUSSELL W., and KATHARINE A. LARSON   "Toward Explaining Differences in Educational Achievement Among Mexican American Language-Minority Students," *Sociology of Education*, Vol. 71, No. 1, 1998, pp. 69–92.

RUSCH, EDITH, and ELEANOR PERRY "Resistance to Change: An Alternative Story," *International Journal of Educational Reform*, Vol. 8, No. 3, July 1999, pp. 285–300.

RUSSELL, AVERY   *Our Babies, Our Future* (New York: Carnegie Corporation of New York, 1994).

RUST, VAL D., AMINATA SOUMARE, OCTAVIO PESCADOR, and MEGUMI SHIBUYA "Research Strategies in Comparative Education," *Comparative Education Review*, Vol. 43, No. 1, February 1999, pp. 86–109.

RUTTER, MICHAEL, ET AL. *Fifteen Thousand Hours: Secondary Schools and Their Effects on Children* (Cambridge, Mass.: Harvard University Press, 1979).

RYAN, KATHRYN M., and JEANNE KANJORSKI, "The Enjoyment of Sexist Humor, Rape Attitudes, and Relationship Aggression in College Students," *Sex Roles: A Journal of Research*, Vol. 38, Nos. 9–10, May 1998, pp. 743–56.

SACKS, DAVID O. and PETER A. THIEL *The Diversity Myth: "Multiculturalism" and the Politics of Intolerance at Stanford* (Oakland, Calif.: Independent Institute, 1995).

SADKER, D., and M. SADKER *Failing at Fairness* (New York: Scribner's, 1994).

SADOVNIK, ALAN R., "Theories in the Sociology of Education," in Jeanne H. Ballantine and Joan Z. Spade (eds.), *Schools and Society* (Belmont, Calif.: Wadsworth, 2001).

SADOVNIK, A. R., P. W. COOKSON, and S. F. SEMEL *Exploring Education: An Introduction to the Foundations of Education* (Boston: Allyn and Bacon, 2000), Chap. 4.

SAHA, LAWRENCE "Bringing People Back In: Sociology and Educational Planning," in A. Yogev (ed.), *International Perspectives on Education and Society*, Vol. 5 (Greenwich, Conn.: JAI Press, 1996).

SAINT, WILLIAM S. "Universities in Africa: Strategies for Stabilization and Revitalization," World Bank Technical Paper No. 194 (Washingon, D.C.: The World Bank, 1992).

SAMOFF, JOEL "The Reconstruction of Schooling in Africa," *Comparative Education Review*, Vol. 37, No. 2, May 1993.

SANCHIRICO, ANDREW "The Importance of Small-Business Ownership in Chinese American Educational Achievement," *Sociology of Education*, Vol. 64, October 1991, pp. 293–304.

SANDAY, PEGGY REEVES *Fraternity Gang Rape: Sex, Brotherhood, and Privelege on Campus* (New York: New York University Press, 1990).

SANDERS, IRWIN T. "The University as a Community," in Perkins, *The University as an Organization*: A Report for The Carnegie Commission on Higher Education (New York: McGraw-Hill, 1973), p. 57.

SAUTMAN, BARRY "Politicalization, Hyperpoliticization, and Depoliticization of Chinese Education," *Comparative Education Review*, Vol. 35, No. 4, November 1991, pp. 669–89.

SAWICKY, MAX B., and ALEX MOLNAR "The Hidden Costs of Channel One" (University of Wisconsin, Milwaukee: Center for the Analysis of Commercialism in Education. School Crime and Safety, 1998), p. viii.

SAX, L. J., ASTIN, A. W., KORN, W. S., and MAHONEY, K. M. "The American Freshman: National Norms for Fall 1999" (Los Angeles: Higher Education Research Institute, 1999).

SCHEURICH, JAMES JOSEPH, and MICHAEL IMBER "Educational Reforms Can Reproduce Societal Inequalities: A Case Study," *Educational Administration Quarterly*, Vol. 27, No. 3, 1991, pp. 297–320.

SCHILLER, KATHRYN S., and DAVID STEVENSON "Sequences of Opportunities for Learning Mathematics," paper presented at American Sociological Association meetings, Pittsburgh, Pa., August 1992.

SCHMIDT, PETER "Department to Reconsider Controversial Bilingual-Ed Rules," *Education Week*, February 5, 1992, p. 21.

SCHNEIDER, BARBARA, ET AL. "Public School Choice: Some Evidence from the National Education Longitudinal Study of 1988," *Education Evaluation and Policy Analysis*, Vol. 18, No. 1, Spring 1996, pp. 19–29.

SCHNEIDER, JOE "Five Prevailing Charter Types," *School Administrator*, Vol. 56, No. 7, August 1999, pp. 29–31.

SCHOENHALS, MARK, MARTA TIENDA, and BARBARA SCHNEIDER "The Educational and Personal Consequences of Adolescent Employment," *Social Forms*, Vol. 77, No. 2, December 1998, pp. 723–61.

SCHOFIELD, JANET WARD "Review of Research on School Desegregation's Impact on Elementary and Secondary School Students," pp. 597–616 in *Handbook of Research on Multicultural Education* (New York: Macmillan, 1995).

SCHWEINHART, LAWRENCE J. "Child-Initiated Learning Activities for Young Children Living in Poverty. *ERIC Digest* (Washington, D.C.: Office of Educational Research and Improvement, October 1997).

Science Study: "Girls Need More Lab Work to Close Gender Gap," *Detroit News*, May 1, 1995, p. E2.

SCOTT, W. RICHARD, and JOHN W. MEYER *Environmental Linkages and Organizational Complexity: Public and Private Schools*, Project Report 84–A16, Institute for Research on Educational Finance and Governance (Stanford, Calif.: Stanford University, July 1984).

SCOTT-JONES, DIANE "Educational Levels of Adolescent Childbearers at First and Second Births," *American Journal of Education*, August 1991, p. 461.

SENDOR, BENJAMIN "Religious Clubs Gain 'Equal Access' to Schools," *The American School Board Journal*, September 1990, p. 15.

SEWELL, WILLIAM H., and VIMAL P. SHAH "Socioeconomic Status, Intelligence, and the Attainment of Higher Education," *Sociology of Education*, Vol. 40, 1967, pp. 1–23.

SHACHAR, HANNA "Developing New Traditions in Secondary Schools: A Working Model for Organizational and Instructional Change," *Teachers College Record*, Vol. 97, No. 4, Summer 1996, pp. 549–68.

SHAKESHAFT, CAROL "The Female World of School Administrators," *Educational Horizons*, Vol. 44, Spring 1986, pp. 117–22.

SHERMAN, MARY ANTOINETTE BROWN "The University in Modern Africa," *Journal of Higher Education*, Vol. 61, No. 4., July/August 1990, p. 363.

SHIELDS, PATRICK M., et al. "Improving Schools from the Bottom Up: From Effective Schools to Restructuring, Final Report" (Washington, D.C.: Department of Education (EDD00080), 1995).

SILBERMAN, CHARLES *Crisis in the Classroom* (New York: Random House, 1970).

SIMMONS, JOHN S. "Censorship: A Threat to Reading, Learning and Thinking" (Newark, Del.: International Reading Association, 1994).

SIMON, SIDNEY B. *Values Clarification: A Handbook of Practical Strategies for Teachers and Students* (New York: Hart, 1972).

SINE, BARBACAR "Non-Formal Education and Education Policy in Ghana and Senegal" (Paris: UNESCO, 1979).

SIZER, THEODORE R. *Horace's Compromise: The Dilemma of the American High School* (Boston: Houghton Mifflin, 1985).

SIZER, THEODORE R. *Horace's School: Redesigning the American High School* (Boston: Houghton Mifflin, 1992.)

SLABY, RONALD G. "Closing the Education Gap on TV's 'Entertainment' Violence," *The Chronicle of Higher Education*, January 5, 1994, pp. B1–B2.)

SLAVIN, ROBERT *Cooperative Learning* (New York: Longman, 1983).

SLAVIN, ROBERT "Cooperative Learning and Intergroup Relations" in James A. Banks and Cheryl A. Banks (eds.), *Handbook of Research on Multicultural Education* (New York: Macmillan, 1995).

SLAVIN, ROBERT E. "Achievement Effects of Ability Grouping in Secondary Schools: A Best-Evidence Synthesis," *Review of Educational Research*, Vol. 60, No. 3, Fall 1990, pp. 471–99.

SLEETER, CHRISTINE E., and CARL A. GRANT "Race, Class, and Gender and Abandoned Dreams," *Teachers' College Record*, Spring 1988.

SLOMCZYNSKI, KAZIMIERZ M., and TADEUSZ K. KRAUZE "The Meritocratic Relationship Between Formal Education and Occupational Status: A Cross-National Analysis," paper presented for 10th World Congress of Sociology, New Delhi, August 1986.

SMELZER, NEIL J. *Theory of Collective Behavior* (New York: Free Press, 1962).

SMITH, DARYL G. "Women's Colleges and Coed Colleges: Is There a Difference for Women?" *Journal of Higher Education*, Vol. 61, No. 2, March/April 1990.

SMITH, MARILYN E. *Television Violence and Behavior: A Research Summary* (Washington, D.C.: Office of Educational Research and Improvement, 1993).

SMITH, W. "Leadership for Educational Renewal." *Phi Delta Kappan*, Vol. 80, No. 8. 1999, pp. 602–5.

SMOCK, PAMELA J., and FRANKLIN D. WILSON "Desegregation and the Stability of White Enrollments: A School-Level Analysis, 1968–1984," *Sociology of Education*, Vol. 64, October 1991, pp. 278–92.

SNYDER, BENSON R. *The Hidden Curriculum* (New York: Alfred A. Knopf, 1971).

SNYDER, ELDON E., and ELMER SPREITZER "Social Psychological Concomitants of Adolescents' Role Identities as Scholars and Athletes: A Longitudinal Analysis," *Youth and Society*, Vol. 23, No. 4, June 1992, pp. 507–22.

Sociology of Education Newsletter, Winter 1992, comments by James E. Coleman, Caroline Hodges Persell, Karl Alexander, and Maureen T. Hallinan, pp. 4–6.

SOMMERFELD, MEG "Asked to 'Dream,' Student Beat the Odds," *Education Week*, April 8, 1992, p. 1.

SOMMERS, CHRISTINA HOFF "The War Against Boys," *The Atlantic Monthly*, May 2000, pp. 59–74.

SOWELL, T. *Race and Culture* (New York: Basic Books, 1994).

SPADE, JOAN Z. "To Group or Not to Group, Is That the Question?" final report, U.S. Department of Education, September 30, 1994.

SPADE, JOAN Z., LYNN COLUMBA, and BETH E VANFESSEN "Tracking in Mathematics and Science: Courses and Course Selection Procedures," *Sociology of Education*, Vol. 70 (1997), pp. 108–27.

SPENCER, DIANE "Tool Kit to Fix Family Illiteracy," *The Times Educational Supplement*, No. 4066, June 3, 1994, p. 5f.

STALLINGS, JANE A. "Ensuring Teaching and Learning in the 21st Century," *Educational Researcher*, Vol. 24, No. 6, August–September 1995, p. 4.

STANTON-SALAZAR, RICARDO D., and SANFORD M. DORNBUSCH "Social Capital and the Reproduction of Inequality: Information Networks Among Mexican-Origin High School Students," *Sociology of Education*, April 1995, p. 116.

"State of American Education Address: A 5–Year Report Card on American Education" (Washington, D.C.: Department of Education, February 22, 2000).

STEELE, CLAUDE M. "Race and the Schooling of Black Americans," *The Atlantic Monthly*, April 1992, pp. 68–78.

STEELMAN, LALA CARR, and BRIAN POWELL "Sponsoring the Next Generation: Parental Willingness to Pay for Higher Education," *American Journal of Sociology*, Vol. 96, No. 6, May 1991, pp. 1505–29.

STEINBERG, ADRIA "The Killing Grounds: Can Schools Help Stem the Violence?" *The Best of The Harvard Education Letter* (Cambridge, Mass.: The Harvard Education Letter, 1994).

STEPHENS, JESSICA E. "Wanted: Minority Educators for U.S. Schools," *School Business Affairs*, Vol. 65, No. 5, May 1999, pp. 37–42.

STEVENSON, DAVID L. "Deviant Students as a Collective Resource in Classroom Control," *Sociology of Education*, Vol. 64, No. 2, April 1991, pp. 127–33.

STEVENSON, DAVID L., and DAVID P. BAKER "The Family-School Relation and the Child's School Performance," *Child Development*, Vol. 58, 1987, pp. 1348–57.

STEWART, DAVID W. *Immigration and Education: The Crisis and the Opportunities* (New York: The Free Press/Macmillan, 1992).

STIRES, LLOYD "Classroom Seating Location, Student Grades, and Attitudes: Environment or Self-Selection?" *Environment and Behavior*, Vol. 12, 1980, pp. 241–54.

STITES, REGIE, and LADISLAUS SEMALI "Adult Literacy for Equality or Economic Growth? Changing Agendas for Mass Literacy in China and Tanzania," *Comparative Education Review*, Vol. 35, No. 1, February 1991, pp. 44–75.

STROMQUIST, NELLY P. "Romancing the State: Gender and Power in Education," *Comparative Education Review*, November 1995, p. 423.

SULLIVAN, PATRICIA "Is Smaller Better? Schools Move to Reduce Class Size in Grades K-3," *Our Children*, Vol. 23, No. 7, April 1998, pp. 34–35.

"Supreme Court Lets Stand Ruling Against Race-Based Scholarships at University of Maryland," *Jet*, Vol. 88, No. 5, June 12, 1995, p. 22.

Swedish Institute, Stockholm, "Child Care in Sweden," 1994.

TALAN, JAMIE "After 40 Years, Black Kids Still Lack Strong Racial Identity," *Dayton Daily News*, September 6, 1987, p. E11.

TALBERT, JOAN E. "Primary and Promise of Professional Development in the Nation's Education Reform Agenda: Sociological Views" (unpublished paper, January 1995).

TANNAN, DEBORAH "Teachers' Classroom Strategies Should Recognize That Men and Women Use Language Differently," *The Chronicle of Higher Education*, Vol. 37, June 19, 1991, pp. B1, B2–B3.

TARIS, TOON W., and BOK, INGE A. "Parenting Environment and Scholastic Achievement During Adolescence: A Retrospective Study," *Early Child Development and Care*, Vol. 121, July 1996, pp. 67–83.

TASHMAN, BILLY "Hyping District 4," *The New Republic*, Vol. 207, No. 24, December 7, 1992, pp. 14–16.

TAVRIS, CAROL "Boys Trample Girls' Turf," *Los Angeles Times*, May 7, 1990, p. B5.

TEDESCO, JUAN CARLOS "Confronting Future Challenges: The Capacity for Anticipation," *Educational Innovation and Information*, from International Bureau of Education, No. 84, September 1995, p. 1.

"Teen Pregnancy. State and Federal Efforts to Implement Prevention Programs and Measure Their Effectiveness" (Washington, D.C.: General Accounting Office).

"Ten Years Later: Berkeley After the FSM," *Christian Century*, December 4, 1974, p. 1149.

TEPPER, CLARY A., and Kimberly Wright Cassidy "Gender Differences in Emotional Language in Children's Picture Books," *Sex Roles: A Journal of Research*, Vol. 40, Nos. 3–4, February 1999, pp. 265–80.

THAYER, YVONNE V., and THOMAS L. SHORTT "Block Scheduling Can Enhance School Climate," *Educational Leadership*, Vol. 56, No. 4, December-January 1998–1999, pp. 76–81.

THOMPSON, CHALMER E., and BRUCE R. FRETZ "Predicting the Adjustment of Black Students at Predominantly White Institutions," *Journal of Higher Education*, Vol. 62, No. 4, July/August 1991, pp. 437–49.

THORNBERRY, TERENCE P., and JAMES H. BURCH II "Gang Members and Delinquent Behavior," *Juvenile Justice Bulletin*, June 1997.

THURSTON, LINDA P. and LORI NAVARRETT "A Tough Row to Hoe: Research on Education and Rural Poor Families," in *Rural Goals 2000: Building Programs that Work*. ERIC @ ED394771.

TIENE, DREW, and EVONNE WHITMORE "TV or Not TV? That Is the Question: A Study of the Effects of Channel One," *Social Education*, February 1995, pp. 159–64.

TOCCI, CYNTHIA M., and GEORGE ENGELHARD JR. "Achievement, Parental Support, and Gender Differences in Attitudes Toward Mathematics," *Journal of Educational Research*, Vol. 84, No. 5, May/June 1991, p. 280.

TOFFLER, ALVIN *Future Shock* (New York: Random House, 1970).

TOPOLNICKI, DENISE M. "Why Private Schools Are Rarely Worth the Money," *Money*, Vol. 23, No. 10, October 1994, pp. 98–112.

TORRES, CARLOS ALBERTO "Paulo Freire as Secretary of Education in the Municipality of Sao Paulo," *Comparative Education Review*, Vol. 38, No. 2, May 1994, pp. 181–214.

TREMAIN, DONALD. *Occupational Prestige in Comparative Perspective* (New York: Academic Press, 1977).

TRENT, WILLIAM L. "Outcomes of School Desegregation: Findings from Longitudinal Research," *Journal of Negro Education*, Vol. 66, No. 3, Summer 1997, pp. 255–57.

TROW, MARTIN "Comparative Perspectives on British and American Higher Education," paper presented at American Sociological Association meetings, Chicago, August 1987.

TROW, MARTIN *Comparative Perspectives on British and American Higher Education* (New York: Cambridge University Press, 1993).

TURNER, BARRY *The Statesmans' Yearbook: Politics, Cultures, and Economics of the World* (New York: St. Martin's Press, 2000).

TURNER, RALPH "Sponsored and Contest Mobility," *American Sociological Review*, Vol. 25, 1960, pp. 855–67.

ULLINE, CYNTHIA L. "The Privatization of Public Schools: Breaking the Model in Hartford, Connecticut," *Journal of Research and Development in Education*, Vol. 31, No. 3, Spring 1998, pp. 176–88.

"Under Five, and Under-Provided," *The Times Educational Supplement*, November 13, 1992, p. 19.

UNDERWOOD, KENNETH "Power to the People," *American School Board Review*, Vol. 179, No. 6, 1992, pp. 42–43.

UNESCO *The World's Women 1995* (New York; United Nations, 1995).

UNICEF "Country Statistics-Nepal" (New York: United Nations). www.unicef.org/statis/country.

UNICEF *State of the World's Children: 2000*, Table 4: Education. www.unicef.org/sowc00/stat6.

United Nations, *Human Development Report*. www.unicef.org/statis/country.

United Nations Development Program, "Development of Higher Education in Africa: The Accra Seminar, November 15–29, 1991," published 1992.

United Nations Development Program, *Human Development Report* (New York: Oxford University Press, 1993).

United Nations Development Programme, "Human Development Report, 1997" (New York: United Nations). www.unicef.org/statis/country.

U.S. Census Bureau, "Children Below Poverty Level, by Race and Hispanic Origin: 1970–1996," *Current Population Reports*, p. 60–198, No 757.

U.S. Census Bureau, "Resident Population Estimates of the United States by Sex, Race, and Hispanic Origin: April 1, 1990 to November 1, 1999 (Washington, D.C.: Population Estimates Program, Population Division, 1999).

U.S. Census Bureau, Population Division, Population Projections Program (Washington, D.C.: Government Printing Office, 2000).

U.S. Department of Commerce, Bureau of the Census, Current Population Survey, October 1993, unpublished data.

U.S. Department of Commerce, "U.S. Population, by Age, Sex, and Household, 1990" (Washington, D.C.: U.S. Bureau of the Census).

U.S. Department of Commerce, "Population Projects of the United States by Age, Sex, Race, and Hispanic Origin: 1995 to 2050" (Washington, D.C.: Economic and Statistics Administration, Bureau of Census, 1996), p. 25–1130.

U.S. Department of Commerce, *Current Population Survey* (Washington, D.C.: Bureau of the Census, 1999.

U.S. Department of Commerce, *Current Population Reports: Population Projections of the United States by Age, Sex, Race and Hispanic Origin: 1995 to 2050, P25–1130* (Washington, D.C.: Bureau of the Census, 1996).

U.S. Department of Education, *Schools That Work: Educating Disadvantaged Children* (Washington, D.C.: U.S. Department of Education, 1989).

U.S. Department of Education, *What Works? Schools Without Drugs* (Washington, D.C.: U.S. Government Printing Office, 1987).

U.S. Department of Education, "Reaching The Goals" (Washington, D.C.: National Center for Education Statistics, 1993).

U.S. Department of Justice, "School Crime Supplement to the National Crime Victimization Survey, 1989 and 1995; School Crime and Safety: 1998" (Washington, D.C.: Bureau of Justice Statistics, 1998).

U.S. Department of Justice, "Highlights of the 1998 National Youth Gang Survey" (Washington, D.C.: Office of Justice Programs, December 1999), #123.

USEEM, ELIZABETH L. "Social Class and Ability Group Placement in Mathematics in the Transition to Seventh Grade: The Role of Parental Involvement," paper presented at American Educational Research Association meetings, Boston, April 1990.

USEEM, ELIZABETH L. "Student Selection into Course Sequences in Mathematics: The Impact of Parental Involvement and School Policies," *The Journal of Research on Adolescence*, Vol. 1, No. 1, 1991.

USEEM, ELIZABETH L. *Renewing Schools: A Report on the Cluster Initiative in Philadelphia* (Philadelphia: PATHS/PRISM, Spring 1994).

VAGO, STEVEN *Social Change*, 2nd ed. (Englewood Cliffs, N.J.: Prentice Hall, 1989).

VAIL, KATHLEEN "Women at the Top," *American School Board Journal*, December 1999.

VANDELL, DEBORAH LOWE, and SHERI E. HEMBREE "Peer Social Status and Friendship: Independent Contributors to Children's Social and Academic Adjustment," *Merrill-Palmer Quarterly*, Vol. 40, No. 4, 1994, pp. 461–75.

VAUGHAN, GEORGE B. "Institutions on the Edge: America's Community Colleges," *Educational Record*, Vol. 72, No. 2, Spring 1991, pp. 30–33.

VELEZ, WILLIAM "Why Hispanic Students Fail: Factors Affecting Attrition in High Schools," in Leonard Cargan and Jeanne H. Ballantine, *Sociological Footprints*, 6th ed. (Belmont, Calif.: Wadsworth, 1994), pp. 261–67.

VELEZ, WILLIAM, and RAJSHEKHAR G. JAVALGI "Factors Affecting the Probabilities of Transferring from a Two-Year College to a Four-Year College," unpublished paper (1994).

VERDUGO, RICHARD R., and JEFFREY M. SCHNEIDER "Quality Schools, Safe Schools: A Theoretical and Empriical Discussion," *Education and Urban Society*, Vol. 31, No. 3, May 1999, pp. 286–307.

VERSTEGEN, DEBORAH A. "The New Wave of School Finance Litigation," *Phi Delta Kappan*, November 1994, pp. 243–50.

VIADERO, DEBRA "A School of Choice," *Education Week*, Vol. 15, No. 10, November 8, 1995, pp. 31–33.

VOELKI, K. E. "Academic Achievement and Expectations Among African-American Students," *Journal of Research and Development in Education*, Vol. 27, No. 1, Fall 1993, pp. 42–55.

WALDEN, TEDRA, ELIZABETH LEMERISE, and MAUREEN C. SMITH "Friendship and Popularity in Preschool Classrooms," *Early Education and Development*, Vol. 10, No. 3, July 1999, pp. 351–71.

WALKER, DAVID "Britain's Campuses Expect to Face a Rush of Students," *The Chronicle of Higher Education*, Vol. 38, No. 8, October 16, 1991, p. A51.

WALKER, DAVID "Britain's Pioneering Open University Begins Its Third Decade with a New Vice-Chancellor and Big Expansion Plans," *The Chronicle of Higher Education*, Vol. 31, June 19, 1991, pp. A25–26.

WALKER, ROBERT J. "Teaching About Television in the Classroom," *USA Today*, January 1995, pp. 66–67.

WALLER, WILLARD *The Sociology of Teaching* (New York: Wiley, 1932/1965), pp. 120–33.

WALLERSTEIN, IMMANUAL *The Modern World System* (New York: Academic Press, 1974).

WALPOLE, MARYBETH "College and Class Status: The Effect of Social Class Background on College Impact and Outcomes," paper presented at the annual meeting of the American Educational Research Association, Chicago, March 24–28, 1997.

WALSH, MARK "Justices Weigh Allowing Prayers at Graduation," *Education Week*, November 13, 1991, p. 1.

WALSH, MARK "Students at Private Schools for Blacks Post Above-Average Scores, Study Finds," *Education Week*, October 16, 1991.

WANG, MARGARET C., GENEVA D. HAERTEL, and HERBERT J. WALBERG "Models of Reform: A Comparative Guide," *Educational Leadership*, Vol. 55, No. 7, April 1998, pp. 66–71.

WANG, MIN QI, ET AL. "Family and Peer Influences on Smoking Behavior Among American Adolescents: An Age Trend," *Journal of Adolescent Health*, Vol. 16, No. 3, March 1995, pp. 200–203.

WARNER, W. LLOYD, ROBERT J. HAVIGHURST, and MARTIN R. LOEB *Who Shall Be Educated?* (New York: Harper & Row, 1944).

WARR, MARK "Parents, Peers, and Delinquency," *Social Forces*, Vol. 72, No. 1, September 1993, pp. 247–64.

WEBB, JOHN A., ET AL. "Relationship Among Social and Intrapersonal Risk, Alcohol Expectancies, and Alcohol Usage Among Early Adolescents," *Addictive Behaviors*, Vol. 18, No. 2, March–April 1993, pp. 127–34.

WEBER, MAX *The Theory of Social and Economic Organization* (ed. Talcott Parsons; trans. A. M. Henderson and Talcott Parsons) (Glencoe, Ill.: Free Press, 1947).

WEBER, MAX "The Chinese Literati," in H. H. Gerth and C. Wright Mills (eds. and trans.), *From Max Weber: Essays in Sociology* (New York: Oxford University Press, 1958), pp. 422–33.

WEBER, MAX "The Three Types of Legitimate Rule," in Amitai Etzioni (ed.), *Complex Organizations: A Sociological Reader* (New York: Holt, Rinehart and Winston, 1961).

WEHLING, CINDY "The Crack Kids Are Coming," *Principal*, May 1991.

WEILER, JEANNE "Recent Changes in School Desegregation," ERIC/CUE Digest Number 133, April 1998.

WEISTART, JOHN "Title IX and Intercollegiate Sports: Equal Opportunity?" *The Brookings Review*, Vol. 16, No. 4, Fall 1998, pp. 39–43.

WELCH, ANTHONY "Knowledge and Legitimation in Comparative Education," *Comparative Education Review*, Vol. 35, No. 3, 1991, pp. 508–31.

WELKER, ROBERT "Educating Homeless Children," *School Intervention Report*, August/September 1990, pp. 1–2.

WELLS, AMY STUART, ALEJANDRA LOPEZ, JANELLE SCOTT, and JENNIFER JILLISON HOLME "Charter Schools as Postmodern Paradox: Rethinking Social Stratification in an Age of Deregulated School Choice," *Harvard Educational Review*, Vol. 69, No. 2, Summer 1999, pp. 172–204.

WEXLER, PHILIP, WARREN CRICHLOW, JUNE KERN, and REBECCA MARTUSEWICZ *Becoming Somebody: Toward a Social Psychology of School* (Washington, D.C.: Falmer Press, 1992).

"What Matters Most: Teaching for America's Future" (New York: Report of the National Commission on Teacher and America's Future, 1996). p. 54.

"What We Know About Science Teaching and Learning" (Washington, D.C.: Council for Educational Developmental and Research, 1993).

WHITAKER, JOSEPH *Whitaker Almanac* (London: J. Whitaker & Sons Ltd., 1996, 1999, 2000).

WHITE, BURTON L. "Early Childhood Education: A Candid Appraisal," *Principal*, May 1991, pp. 9–11.

"The Widening Gap in Higher Education," *The Chronicle of Higher Education*, June 14, 1996, p. A10+.

WILKINSON, DORIS Y. "The American University and the Rhetoric of Neoconservatism," *Contemporary Sociology*, Vol. 20, No. 4, 1991.

WILLIAMS, EDITH "Paternal Involvement, Maternal Employment, and Adolescents' Academic Achievement: An 11–Year Follow-Up," *American Journal of Orthopsychiatry*, Vol. 63, No. 2, April 1993, pp. 306–12.

WILLIAMS, ROBIN *American Society: A Sociological Interpretation* (New York: Alfred A. Knopf, 1970).

WILLIAMSON, BILL *Education, Social Structure and Development* (London: Macmillan, 1979).

WILLIS, PAUL *Learning to Labor: How Working Class Kids Get Working Class Jobs* (New York: Columbia University Press, 1977).

WILLIS, PAUL "The Class Significance of School Counterculture," in June Purvis and Margaret Hales (eds.), *Achievement and Inequality in Education* (London: Routledge, 1983).

WILSON, FRANKLIN D. "The Impact of School Desegregation Programs on White Public School Enrollment, 1968–1976," *Sociology of Education*, Vol. 58, July 1985, pp. 137–53.

WILSON, KENNETH L., and JANET P. BOLDIZAR "Gender Segregation in Higher Education: Effects of Aspirations, Mathematics Achievement, and Income," *Sociology of Education*, Vol. 63, No. 1, January 1990, pp. 62–74.

WILSON, WILLIAM JULIUS *The Truly Disadvantaged: The Inner City, the Underclass, and Public Policy* (Chicago: The University of Chicago Press, 1987).

WINKLER, KAREN J. "Researcher's Examination of California's Poor Latino Population Prompts Debate over the Traditional Definitions of the Underclass," *The Chronicle of Higher Education*, October 10, 1990, p. A5.

WONG, SANDRA L. "Evaluating the Content of Textbooks: Public Interests and Professional Authority," *Sociology of Education*, Vol. 64, January 1991, pp. 11–18.

WOODHALL, MAUREEN "Sharing Costs of Higher Education: An International Analysis," *Educational Record*, Fall 1991, p. 30.

WOODS, PETER (ed.) *Pupil Strategies: Explorations in the Sociology of the School* (London: Croom Helm, 1980).

The World Bank, *World Development Report 1990: Poverty* (Oxford: Oxford University Press, 1990).

"The World's Women, 1995" (Washington, D.C.: Population Reference Bureau).

YOGEV, ABREHAMG, and HANNA AVALON "Vocational Education and Social Reproduction: Students' Allocation to Curricular Program in Israeli Vocational High Schools," paper presented at American Sociological Association meetings, Chicago, August 1987.

YOUNG, MICHAEL F. D. (ed.) *Knowledge and Control* (West Drayton, Middlesex, England: Collier Macmillan, 1971).

YOUNG, ROBERT E. *A Critical Theory of Education: Habermas and Our Children's Future* (New York: Teachers College Press, 1990).

ZALTMAN, GERALD, and ROBERT DUNCAN *Strategies for Planned Change* (New York: Wiley, 1977).

ZHOU, XUEGUANG, PHYLLIS MOEN, and NANCY BRANDON TUMA "Educational Stratification in Urban China 1949–94," *Sociology of Education*, Vol. 71, No. 3, July 1998, pp. 199–222.

ZIRKEL, PERRY A. "The 'N' Word," *Phi Delta Kappan*, Vol. 80, No. 9, May 1999, pp. 713–14.

ZUNIGA, ROBIN ETTER "The Road to College: Educational Progress by Race and Ethnicity," study sponsored by the Western Interstate Commission for Higher Education and The College Board (Boulder, Colo.: Wiche Publications, 1991).

教育社會學
The Sociology of Education: A Systematic Analysis

英中對照索引

（條目後的頁碼係原文書頁碼，檢索時請查正文側邊之頁碼）

A

B

C

D

E

S

教育 社會學
The Sociology of Education: A Systematic Analysis

U

V

W

The Sociology of Education: A Systematic Analysis

中英對照索引

（條目後的頁碼係原文書頁碼，檢索時請查正文側邊之頁碼）

二劃

三劃

四劃

328

九劃

十劃

十一劃

十二劃

十三劃

十四劃

十五劃

十六劃

國家圖書館出版品預行編目資料

教育社會學／Jeanne H. Ballantine 著；黃德祥，林重岑，
薛秀宜譯. -- 初版. -- 臺北市：心理，2007.10
　　面；公分. --（教育基礎；6）
　　含索引
　　譯自：The sociology of education: A systematic analysis
　　ISBN 978-986-191-072-7（平裝）

1. 教育社會學

520.16   96017675

教育基礎6　**教育社會學**

作　　者：Jeanne H. Ballantine
校 閱 者：黃德祥
譯　　者：黃德祥、林重岑、薛秀宜
執行編輯：林汝穎
總 編 輯：林敬堯
發 行 人：洪有義
出 版 者：心理出版社股份有限公司
社　　址：台北市和平東路一段 180 號 7 樓
總　　機：(02) 23671490　傳　真：(02) 23671457
郵　　撥：19293172 心理出版社股份有限公司
電子信箱：psychoco@ms15.hinet.net
網　　址：www.psy.com.tw
駐美代表：Lisa Wu　tel: 973 546-5845　fax: 973 546-7651
登 記 證：局版北市業字第 1372 號
電腦排版：辰皓國際出版製作有限公司
印 刷 者：翔盛印刷有限公司
初版一刷：2007 年 10 月

讀者意見回函卡

No._____   填寫日期： 年 月 日

感謝您購買本公司出版品。為提升我們的服務品質，請惠填以下資料寄回本社【或傳真(02)2367-1457】提供我們出書、修訂及辦活動之參考。您將不定期收到本公司最新出版及活動訊息。謝謝您！

姓名：_____   性別：1□男 2□女

職業：1□教師 2□學生 3□上班族 4□家庭主婦 5□自由業 6□其他_____

學歷：1□博士 2□碩士 3□大學 4□專科 5□高中 6□國中 7□國中以下

服務單位：_____ 部門：_____ 職稱：_____

服務地址：_____ 電話：_____ 傳真：_____

住家地址：_____ 電話：_____ 傳真：_____

電子郵件地址：_____

書名：_____

一、您認為本書的優點：（可複選）

　❶□內容 ❷□文筆 ❸□校對 ❹□編排 ❺□封面 ❻□其他_____

二、您認為本書需再加強的地方：（可複選）

　❶□內容 ❷□文筆 ❸□校對 ❹□編排 ❺□封面 ❻□其他_____

三、您購買本書的消息來源：（請單選）

　❶□本公司 ❷□逛書局⇨_____書局 ❸□老師或親友介紹

　❹□書展⇨____書展 ❺□心理心雜誌 ❻□書評 ❼其他_____

四、您希望我們舉辦何種活動：（可複選）

　❶□作者演講 ❷□研習會 ❸□研討會 ❹□書展 ❺□其他_____

五、您購買本書的原因：（可複選）

　❶□對主題感興趣 ❷□上課教材⇨課程名稱_____

　❸□舉辦活動 ❹□其他_____   （請翻頁繼續）

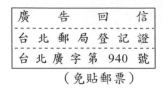

廣　告　回　信
台　北　郵　局　登　記　證
台　北　廣　字　第　940　號
（免貼郵票）

心理出版社 股份有限公司
台北市 106 和平東路一段 180 號 7 樓

TEL: (02) 2367-1490
FAX: (02) 2367-1457
EMAIL:psychoco@ms15.hinet.net

沿線對折訂好後寄回

六、您希望我們多出版何種類型的書籍

❶□心理 ❷□輔導 ❸□教育 ❹□社工 ❺□測驗 ❻□其他

七、如果您是老師，是否有撰寫教科書的計劃：□有□無

書名／課程：_____

八、您教授／修習的課程：

上學期：_____

下學期：_____

進修班：_____

暑　假：_____

寒　假：_____

學分班：_____

九、您的其他意見

_____

謝謝您的指教！ 　　　　　　　　　　41206